U0584157

构建和谐社会的
法治基础

Constructing the Rule of Law as the
Foundation of a Harmonious Society

李林 等◎著

社会科学文献出版社
SOCIAL SCIENCES ACADEMIC PRESS (CHINA)

目 录

CONTENTS

导言 法治与和谐社会

一 中国语境下的法治

（一）法治的概念

从渊源上讲，法治（Rule of Law）是一个古老的西方概念。早在古希腊、古罗马时期就有人研究讨论过法治的问题。公元前7~前6世纪时，号称古希腊七贤之一的毕达库斯（约公元前651~前569年）在担任米提利尼城邦总督时，就曾提出过"人治不如法治"的主张。[①] 亚里士多德作为西方对法治实质做出精辟概括的第一人，认为"法治应该包含两重意义：已成立的法律获得普遍的服从，而大家所服从的法律又应该是本身制定得良好的法律"。[②] 亚氏的法治理念，可以说是以制定"良法"和"普遍服从"良法为核心要素的，但他主张的这种法治并不是以民主政体为基础和前提的，而是与贵族政体的联姻，正如亚氏所言："大家认为任何守法的政体都可称作贵族政体……贵族政体这个名词如果引用到法治的意义上，应该主要是指已经具备较好的法律的城邦。"[③] 亚氏主张的贵族政体是指以少数人为统治者的政体，与近现代以来人们普遍认同的与民主共和制度相关联的法治不尽相同。

美国政治学教授乔治·霍兰·萨拜因在《政治学说史》中指出，在中世纪法律被视为一种无所不在的手段，它渗入并控制了人与人之间所有各种关系，其中也包括臣民和领袖之间的关系。因此，人们通常认为，国王本人必须和他的臣民一样地服从法律。但是，国王要受法律的约束并不意味着法律面前人人平等，而是说每个人都应按其地位与身份享有法律待遇。[④] 可见，法律的统治如果仅仅被视为或作为一种手段或方法，那么它在本质上与专制不是对立的，并不能必然地导致民主政治。在西方中世纪，"法律与宗教一荣俱

---

① 〔古希腊〕亚里士多德：《政治学》，吴寿彭译，商务印书馆，1965，第142页"注①"。
② 〔古希腊〕亚里士多德：《政治学》，吴寿彭译，商务印书馆，1965，第199页。
③ 〔古希腊〕亚里士多德：《政治学》，吴寿彭译，商务印书馆，1965，第199页。
④ 〔美〕萨拜因：《政治学说史》（上册），盛葵阳等译，商务印书馆，1986，第251~252页。

荣，一损俱损"。① 政教合一的国家体制，必然要求法律与宗教相互结合、相互转化。"如果教会应当具有各种不可侵犯的法律权利，那么国家就必须把这些权利作为对它自己的最高权力的一种合法限制来接受。同样，国家的各种权利也构成了对教会最高权力的一种合法限制。两种权力只有通过对法治（rule of law）的共同承认，承认法律高于它们两者，才能和平共处。"② 中世纪的"教会是一个 Rechtsstaat（法治国），一个以法律为基础的国家。与此同时，对于教会权威所进行的限制，尤其是来自世俗政治体的限制，以及教会内部尤其是教会政府的特殊机构对于教皇权威的限制，培育出了某种超过法治国意义上依法而治的东西，这些东西更接近后来英国人所称的'法的统治'（the rule of law）"。③ 伯尔曼在分析中世纪产生法治概念的主要条件时说，维护法治不仅需要有关正义、公平、良心和理性的抽象原则，而且还需要诸如那些体现在 1215 年英格兰的《大宪章》中和 1222 年匈牙利的《金玺诏书》中的特定的原则和规则。"法治的概念既得到盛行的宗教意识形态的支持；又得到统治者流行的政治经济缺陷以及多元的权威和管辖权的支持；最后还得到在 12、13 世纪逐渐盛行于整个欧洲的高水平的法律意识和法律复杂性的支持。"④ 应当说，中世纪法治概念和某些具体法治制度的产生，是多种因素交互作用、长期嬗变的结果。

　　一般认为，提出近代意义上法治概念的先驱者，是 19 世纪英国的宪法学家戴雪（A. V. Dicey，1830～1922）。戴雪在其代表作《英宪精义》中，第一次较系统地提出，法治概念包括三层相互关联的含义：第一，法治意味着法律拥有绝对的至高无上或压倒一切的地位，它排斥专制、特权乃至政府自由裁量权的存在。英国人受法律的统治，而且只受法律的统治。第二，法治意味着各阶级、阶层在法律面前一律平等；所有阶层的人们都平等地服从由通常法院所运用的国内通常法律，排除有关政府官员或其他人员免于遵守调整其他公民行为的法律或免于接受通常裁判所管辖的任何主张。第三，宪法性法律在由法院解释或实施时，它们不是法律规范的渊源，而是个人权利的结果。⑤ 戴雪的法治理论尽管在一些西方国家影响颇大，一度极负盛名和权威性，但也受到某些诘难。一个典型的说法是，英国作为议会至上的法治国家，

---

①　〔美〕哈罗德·J. 伯尔曼：《法律与宗教》，梁治平译，三联书店，1991，第 156 页。

②　〔美〕哈罗德·J. 伯尔曼：《法律与革命——西方法律传统的形成》，贺卫方、高鸿钧、张志铭、夏勇译，中国大百科全书出版社，1993，第 356 页。

③　〔美〕哈罗德·J. 伯尔曼：《法律与革命——西方法律传统的形成》，贺卫方、高鸿钧、张志铭、夏勇译，中国大百科全书出版社，1993，第 259 页。

④　〔美〕哈罗德·J. 伯尔曼：《法律与革命——西方法律传统的形成》，贺卫方、高鸿钧、张志铭、夏勇译，中国大百科全书出版社，1993，第 357 页。

⑤　A. V. Dicey, *Introduction to the Study of the Law of the Constitution* (*1885*), 8th ed, London: Macmillan, 1915, pp. 120 – 121.

议会可以制定任何法律，政府可以被授予广泛的甚至是专制的权力，因而法律在实际上很可能是不公正的，法治国家的合法性原则也得不到保障。英国著名法官、法学家詹宁斯勋爵在《法与宪法》中，对戴雪的法治理论提出了诘难："如果法治仅仅意味着权力必须来源于法律，那么，可以说所有的文明国家都存在着这种法治。如果它意味着民主政治的一般原则，那么就没有必要将它单独地加以讨论。如果它意味着国家只行使处理对外关系和维持秩序的功能，那么它就是不真实的。如果它意味着国家只能行使这类职能，它就是因辉格党人而存在的一条政策准则。"[①]

英国法理学家约瑟夫·拉兹（Joseph Raz）在《法律的权威》（The Authority of Law）一书中认为，"法治"一词意味着法律的统治，它有广义和狭义之分。从广义上说，法治意味着人民应当服从法律，接受法律的统治。从狭义上理解，法治是指政府应受法律的统治，遵从法律。法治由众多规则组成，其中最重要的规则包括：所有法律都应是针对未来的、公开和明确的，任何人不得受溯及既往的法律所规范，因为如果要使法律得到遵行，就必须让人民知道法律明确规定的是什么；法律应是相对稳定的，不得经常改变；特别法的制定应符合公开的、稳定的、明确的和普遍的规则；确实保障司法独立，通过任命法官、法官任期保障、法官薪金保障等，来保障法官排除各种外来压力，独立于法律之外的任何权力；必须遵守自然正义原则，公开而公正地审判；法院应有权审查其他法治原则的实施，既应审查议会立法和授权立法，也应审查行政行为；司法程序应简便易行，否则久讼不决、长期拖延，就会使法律形同虚设；预防犯罪机关行使自由裁量权时不得滥用法律。[②]拉兹强调指出，法治的重要性在于，对于个人来说，法治能够为人们提供一种选择生活方式、确定长期目标和有效地指引人们的生活走向这些目标的能力。法治是一种消极价值，是社会生活要求的最低限度的标准。

英国著名经济学家哈耶克用自由主义的理论从维护自由放任市场经济的立场出发，认为"法治的意思就是指政府在一切行动中都受到事前规定并宣布的规则的约束——这种规则使得一个人有可能十分肯定地预见到当局在某一情况中会怎样使用它的强制权力，和根据对此的了解计划它自己的个人事务"。[③]在哈耶克看来，法治应当包括以下基本原则（或者内容）："（1）一般且抽象的规则；（2）稳定性；（3）平等，即平等地适用于任何人。"[④]

美国当代著名法学家朗·富勒（Lon L. Fuller）把道德和法律紧密联系起

---

① 〔英〕詹宁斯：《法与宪法》，龚祥瑞等译，三联书店，1997，第212、216页。

② Joseph Raz, *The Authority of Law: Essays on Law and Morality*, Clarendon Press, 1979.

③ 〔英〕哈耶克：《通往奴役之路》，王明毅等译，中国社会科学出版社，1997，第73页。

④ 转引自高鸿钧《现代西方法治的冲突与整合》，载高鸿钧主编《清华法治论衡》第1辑，清华大学出版社，2000，第5页。

来，用新自然法的思想确证法律的道德性，进而提出法治的八项原则：法律的普遍性（法律应当具有普遍性）；法律应当公布；法律应当具有明确性；法律应当具有稳定性；法不得溯及既往；应当避免法律中的矛盾；法律不应要求不可能实现的事情；官方行为应与公布的法律保持一致。① 其实，富勒对于法治的理解并不比拉兹有多少高明之处，两者的基本思路如出一辙，主要强调的仍是形式正义的法治。

美国另一位主张自然法的学者芬尼斯（J. Finnis）在《自然法与自然权利》（Natural Law and Natural Rights）一书中，提出了与富勒大同小异的八项法治原则。它们是：规则可预见，不溯及既往；规则可被遵守；规则应当公布；规则应当明确；规则应当互相一致；规则应当保持稳定；特别规则应当接受公布的、明确的、稳定和较为一般的规则的指导；官方制定规则和执行规则者本身应当遵守规则，在执行规则中始终贯彻法律精神。②

美国著名政治哲学家、伦理学家约翰·罗尔斯（John Rawls）在《正义论》一书中指出，法治概念由以下一些准则组成：第一，"应当意味着能够"的准则。它表明：（1）法治所要求和禁止的行为应该是人们合理地被期望去做或不做的行为；（2）法官及其他官员必须相信法规能够被服从，而权威者的诚意必须得到那些要服从他们所制定的法规的人的承认；（3）一个法律体系不能把无力实行看成是一件无关紧要的事情。如果惩罚的责任不是正常地限制在我们做或不做某些行为的能力范围之内的话，这种责任便将是加于自由之上的不可容忍的重负。第二，类似情况类似处理的准则。第三，法无明文不为罪的准则及其相关的观念，如法律应公开并为人所知、法不溯及既往等。第四，自然正义的准则，即它要保障法律秩序被公正地、有规则地维持。③

德国人对法治的表达有自己的术语——"法治国"或者"法治国家"。根据我国台湾地区学者陈新民博士在《德国公法学基础理论》（上、下册）一书中的研究和介绍，在英美法系的"法治"概念，在德国则被称为"法治国"（Rechtsstaat）。"法治国"一词是德国人的发明，起源于康德的一句名言："国家是许多人以法律为根据的联合。"这个概念"随同其他德国法律制度及用语，先传日本，再由日本传至中国"。④ 德国哲学家普拉西度斯（J.

---

① 转引自沈宗灵《现代西方法律哲学》，法律出版社，1983，第 204 ~ 209 页。

② J. Finnis, *Natural Law and Natural Rights*, Southern Methodist University Press, 1955.

③ 〔美〕约翰·罗尔斯：《正义论》，何怀宏等译，中国社会科学出版社，1988，第 226 ~ 229 页。

④ 陈博士在这里加了一个注释，证明"法治国"一词是传入日本的："据日本学者高田敏之分析，日本在明治二十年代——按日本系在明治二十三年（1889 年）公布宪法——已经将德语的法治国译成日文，旋成为学界流行之用语。见高田敏：《法治主义》，刊载，石尾芳久（编），日本近代法一二○讲，（京都）法律文化社，1992，第 120 页。"参见陈新民《德国公法学基础理论》（上册），山东人民出版社，2001，第 3、31 页。

W. Placidus）在 1798 年出版的《国家学文献》一书中，第一次使用了"法治国"这个概念。普氏提出"法治国"的原来用语是合并"法"与"国家"二字而成，与现代用语在拼写上多了一个连字号，但其意义并不受影响。以后，"法治国"这个概念在 19 世纪以及 20 世纪初，经由魏克（Carl Theodor Welcker，1790～1869）的《客观理性法及法治国的理由》，莫耳（Robert von Mohl，1799～1875）的《法治国原则的警察学》，史塔尔（Friedrich Julius Stahl，1802～1861）的《法律哲学》，贝尔（Otto Bähr，1817～1895）的《法治国——一个构想的发表》，毛鲁斯（Heinrich Maurus）的《评现代宪政国应为法治国》（1878 年出版），奥托·麦耶（Otto Mayer，1846～1924）的《德国行政法》等学者在专著中的使用、延展而得到广泛传播。

德国人发明的"法治国"与英国人创建的"法治"是否同一概念，在学界尚有争论。据陈新民博士的介绍，任教于英国爱丁堡大学的麦克科米克（Neil MacCormick）教授 1984 年发表了一篇题为《论法治国及 Rule of Law》（"Rechtsstaat" and Rule of Law）的论文，这篇文章一开始就开宗明义地指出："'法治国'概念与英美国家的'法治'概念没有什么基本的不同。"① 论证以后得出的结论是：两个概念属于同构型，即尽管在德国和英国的法治发展史上的客观环境不同，但是这两个理论概念的本质及其目的是一致的，在用法律规范国家权力行使方式、道德价值观的追求、保障人权与抑制政府滥权等方面，它们别无二致。② 当然，也有一些学者认为两者属于异质，如德国的公法学者克理勒（Martin Kriele）教授认为："德国法治国的概念与英国的法治，无异为两个完全不同的制度。"③

刘军宁博士认为，法治与法治国存在以下区别：第一，法治起源于自然法思想，要求保护民权、限制政府权力，与宪政有着天然的联系；法治国起源于实证主义法学，强调作为立法者的统治者的意志及权力至高无上，排除了体现平等精神的契约思想和宪政主义。第二，法治体现了对公民权利和自由的偏爱；法治国则偏爱国家和作为立法者的统治者，主张法律任何时候都是国家的工具。第三，法治强调法律的规则，注重法律的稳定性、持久性；法治国强调法律的意志性、灵活性，因人而异。第四，法治的思想意味着，人们服从法律是服从普遍的、客观存在的自然法则，服从的目的在于保障个人自由；法治国的思想意味着，人们服从法律是服从统治者本人的个人意志。法治强调不仅应依法办事，而且所依之法必须合法；法治国则仅仅主张依法办事。第五，法治既合乎实质正义，也合乎形式正义；法治国充其量只合乎

① D. Neil MacCormick，"'Rechtsstaat' and Rule of Law"，*The Rule of Law*，edited by Josef Thesing，1997，Konrad-Adenaure-Stiftund，p. 68.
② 陈新民：《德国公法学基础理论》（上册），山东人民出版社，2001，第 96～99 页。
③ 陈新民：《德国公法学基础理论》（上册），山东人民出版社，2001，第 96 页。

形式正义。比较的结论是：法制和法治国都不是法治，因为它们都将最高统治者置于法律之上，其实质是为统治者的专横披上合法的外衣。①

总体而言，尽管法治概念在当代西方社会的解读中学者们见仁见智，但作为西方文化冲突的延续和承袭，人们对于法治的理解仍然有许多共识，或者共同确认的价值和原则。美国艾伦·S.科恩教授和苏珊·O.怀特教授在《法制社会化对民主化的效应》一文中，概括地表达了西方社会对于法治的看法。他们指出，在西方，"法治理想至少有下列含义：法律拥有至高无上的权威，从而防止滥用政治权力；通过保护个人权利的要求确保个人优先；通过实行'法律面前人人平等'确保普遍性原则优先于特殊性。"②的确，按照自由主义的法治观，通过分权原则、普选制度、多党制和合宪性审查等制度，制约公权力，保障个人权利不受国家权力的侵害，是法治存在的合理性依据。

（二）法治概念在中国

在中国，法治概念有着与西方不尽相同的内涵和发展轨迹。张晋藩先生的研究表明③，先秦时期作为显学的法家学派，面对社会的大变动，为了给新兴地主阶级提供治国之术，提出了法治思想。

韩非子说："治民无常，唯以法治。"④商鞅说："明王之治天下也，缘法而治……言不中（合）法者，不听也；行不中法者，不高也；事不中法者，不为也。"⑤"能领其国者，不可以须臾忘于法。"⑥成书于战国时期的《管子》更明确提出了以法治国的概念。至汉武帝时期，虽然"罢黜百家，独尊儒术"，确立了儒家思想的统治地位，实际推行的却是"外儒内法"，法家的法治思想仍然起着重要的作用，并在国家制定法中得到体现。公元3世纪西晋的《新律》中规定："律法断罪，皆当以法律令正文，若无正文，依附名例断之，其正文名例所不及，皆不论"，⑦也就是法律无明文规定的行为，不作为犯罪论处。

在中国古代，"法治"主要被理解为一种统治国家的方法，一种由形象思维方式产生出来的治国工具或手段，而主要不是一种抽象的价值理念、制度、程序或权威。在历史上著名的儒家和法家关于"人治"与"法治"之争中，

---

① 刘军宁：《从法治国到法治》，刘军宁等编《经济民主与经济自由》，三联书店，1997，第97～101页。

② 〔美〕艾伦·S.科恩，苏珊·O.怀特：《法制社会化对民主化的效应》，中国社会科学杂志社组织编译并出版的《国际社会科学杂志》（中文版）1998年第2期，第30页。

③ 张晋藩：《中华法制文明的世界地位与近代化的几个问题》，载《全国人大常委会法制讲座汇编》（1），中国民主法制出版社，1999，第183～184页。

④ 《韩非子·心度》。

⑤ 《商君书·君臣》。

⑥ 《商君书·慎法》。

⑦ 《晋书·刑法志》。

法家主张的"法治"，不过是"以法治国，则举措而已"。① 例如，管子说："尺寸也，绳墨也，规矩也，衡石也，斗斛也，角量也，谓之法"，② "法律政令者，吏民规矩绳墨也"，③ "法者，民之父母也"，④ "夫不法，法则治。法者，天下之仪也，所以决疑而明是非也，百姓所悬命也。"⑤ 对于最高统治者来说，法律并没有什么至高的权威和普遍的拘束力，只是被理解为统治者治理国家和统治人民的工具。法律面前的不平等仍是中国封建国家"法律工具主义"的典型特征。

当然，如果用现代法治观的标准把古代中国"法治"碎片化，同样能够从中找到许多可以为今人所用的本土性法治资源。这些资源包括：（1）主张法要"合乎国情，顺乎民意"。如商鞅提出："法不察民情而立，则不成。"善治国者，"观俗立法则治，察国事本则宜。不观时俗，不察国本，则其法立而民乱，事剧而功寡。"⑥ （2）要求法制统一，严明执法。如商鞅说："百县之治一刑，则从；迁者不敢更其制，过而废者不能匿其举。"⑦ 韩非强调："法莫如一而固，使民知之。"⑧ 法制统一，有利于防止官吏营私取巧、任意曲法，也便于臣民守法有所遵循。⑨ 张晋藩先生认为，中国古代（封建）法制，具有以下基本特征：引礼入法，礼法结合；⑩ 家庭本位，伦理立法；法自君出，权尊于法；天理、国法、人情三者贯通；诸法并存，重刑轻民；调处息争，追求无讼。⑪ 这些特征反映了中国法制资源的基本内涵，其中既有民主法治性的精华，也有封建性的糟粕。

对法治概念还可以从逻辑的角度加以把握。法治概念包括三层含义：（1）指"法律秩序"（Law and Order），这是法治的基本含义；（2）指"合法性原则"（Principle of Legality），这是法治的形式含义；（3）指"法的统治"（Rule of Law），这是法治的实质含义。按这种解释，法治被界定为"一种通

---

① 《管子·明法篇》。
② 《管子·七法篇》。
③ 《管子·七主七臣篇》。
④ 《管子·法法篇》。
⑤ 《管子·禁藏篇》。
⑥ 《商君书·算地》。
⑦ 《商君书·垦令》。
⑧ 《韩非子·五蠹》。
⑨ 孙钱章主编《中国历代治国方略文选》（法治卷），中共中央党校函授学院1999年内部出版，"前言"，第3页。
⑩ 如《唐律疏议·名例》序："德礼为政教之本，刑罚为政教之用，尤昏晓阳秋相须而成者也。"礼法结合体现了法律与道德的交融、亲情义务与法律义务的统一、强制性制裁与精神感召的互补。
⑪ 参见张晋藩《中国法制发展的历史进程》，载尹中卿主编《社会主义法制理论读本》，人民出版社，2002，第2~9页。

过宪法和法律设置加以实现的政治理想"。①

用美国著名宪法学教授路易斯·亨金的观点来看，民主、自由、人权、法治和宪法都是宪政的基本要素。如果对现代法治概念作扩大解释，那么我们今天讲的法治概念，实际上是包含了形式法治和实质法治的统一整合，是一种宪政意义上的法治，或者就可以称为宪政。

在当代中国语境下，法治概念既没有得到学术界和实务界的一致认同，也没有在官方文件和领导人的重要讲话中达成统一。法治与法制、法治与依法治国、法制与法治国家、依法治国与宪政、宪政与民主法治、依法治国与以法治国等概念的使用，常常是随心所欲，内涵不明、边界不清，任意混用。事实上，法治或许是一个多义、多层次的具有理念、制度和行为内涵的概念，在理解上，可以作进一步的解析。在理念层面上，法治主要是指通过宪法和法律统治、管理国家的理论、思想、价值、意识和学说等；在制度层面上，法治主要是指在法律基础上建立或形成的概括了法律制度、程序和规范的各项原则和行为规范；在运作层面上，法治则主要指法律秩序和法律实现的过程及状态。

在中国 1997 年以后的法律实践中，依法治国一度快要取代了法治概念，而依法治国又被创造性地细化、分化和碎片化为一系列的法治口号，诸如依法治省、依法治市、依法治州、依法治县、依法治区、依法治镇（乡、街道）、依法治村、依法治居、依法治港、依法治澳；依法治党、依法治军、依法治官、依法治权、依法治腐；依法治部（委）、依法治检（检察院）、依法治局、依法治企、依法治校、依法治馆、依法治园（幼儿园）、依法治院（医院）；依法治山、依法治税、依法治水、依法治路、依法治污（染）、依法治教、依法治林、依法治农（业）、依法治档（案）、依法治监（狱）、依法治火（防火）、依法治体（育）、依法治生（计划生育）、依法治审（计）、依法治访（信访）、依法治统（计）、依法治考（考试）、依法治矿、依法治库（水库）、依法治交（交通）；等等。

即使仍用法治概念，也多被具象为一系列具体化、通俗化、形象化以及中国化的表达。例如，法治国家（法治中国）、法治省（法治浙江、法治山东、法治广东、法治江苏）、法治市（法治杭州、法治无锡、法治广州、法治昆明）、法治县区（法治余杭）、法治乡、法治村等，法治政府、法治社会、法治城市、法治农村、法治工厂、法治区域等，法治文化、法治精神、法治意识、法治理念、法治观念、法治思维、法治方式、法治氛围、法治活动，等等。

（三）法治与法制的区别

在当代中国语境下，必须对"法治"与"法制"这两个概念做出区分，

---

① 《法理学教学纲要》，中国社会科学院法学研究所法理学研究室编著，1995 年 6 月打印稿。

以便尽快从法制走向法治。"法治"与"法制"的主要区别如下。

第一，法治与法制的词义不同。以现代词语的构成学来看，"法治"与"法制"的不同，在于"治"与"制"的区别。"治"（Rule）者，治理也，属动词；"制"（System or Institution）者，制度也，属名词。因此，"法治"（Rule of Law）的本意是一个动态的概念，是"法律统治"、"法律规制"或者"法律治理"的意思。就字义解释而言，"法治"表达的是法律运行的状态、方式、程度和过程。而"法制"（Legal System）的本意是一个静态的概念，是"法律制度"、"法律和制度"或者"法律和法律制度"的简称。"法制"表达的是法律或者法律制度存在的状态、方式和形式。如果不作扩大解释，则无论是英文还是中文，都不能使"法制"之"制度"变为动态概念，进而推导出"有法必依，执法必严，违法必究"、依法办事的过程和状态。正因为两者的词义不同，所以，我们不能用"中国法制史"、"外国法制史"等概念中的"法制"来取代"法治"概念。

第二，法治与法制概念的文化底蕴不同。所谓概念的"文化底蕴"，是指一个在历史上产生和形成的概念由于文化传统的长期发展和沉淀而具有的某些约定俗成的含义。法治是人类文明进步的产物。法治概念从古希腊古罗马时期萌生到近现代资产阶级革命时期逐渐成熟，历经了数千年的历史变迁和发展，在一些形式和内容方面已得到多数文化的基本认同。20世纪以来，如法律的权威性、公开性、普遍性、平等性，以及以主权在民、保障人权、制约权力等观念为主要内容的民主宪政等，都或多或少地以各种方式融进了不同国家的法治文化中，对法治概念的表述和理解已在国际范围内成为一种约定俗成的符号。正如我们用"法人"、"契约"、"侵权"、"宪政"、"人权"等符号来表达特定的法律或者政治概念一般已不易引起歧义一样，"法治"概念也有其历史赋予的某些基本不变的文化含义。而"法制"概念则不具有如此深厚的历史文化的规定性。在我国古代，虽然有过"命有司，修法制"、"法制不议，则民不相私"、"明法制，去私恩"等使用"法制"概念的时候，但这些"法制"的文化底蕴说到底只是一种"土制"。可见，如果随便用"法制"取"法治"而代之，既有违"法治"概念的文化本意，也难与国际社会进行沟通与交流。

第三，法治与法制概念的内涵不同。尽管各国法学家和政治家在使用"法治"概念时表达的具体意思有所不同，但大都是从与人治相对立的意义上来使用这个概念，并基本一致地赋予了法治相对确定的内涵。"法治"的内涵通常包括一系列原理、原则。主要是：要有一整套完备的法律，这些法律应具有合乎人民意志和社会发展规律的合理性与公正性；应具有易为人民所知晓的明确性、公开性和避免朝令夕改的稳定性；因为主权在民，人民是国家的主人，由人民制定且体现人民意志的法律的权威，应高于个人和少数人的权威，具有至高的权威性；国家存在和制定法律的根本目的，在于保障公民权利，限制政府滥用权力，同时维护社会稳定和安全，促进经济和社会福利发展；一切社会主体，特别是行使公权力的主体，必须依法办事，即权力机关依法立法，行政机关依法行政，司法机关依法独立行使审判权和检察权，一切社会组织和公民个人依法行使权利并履行义务；公民的权利在受到侵害后，能够得到及时充分的救济；要做到法律实施公正无偏，法律面前人人平等；公权力主体在获得权力的同时，也要受到有效的监督和制约；等等。实行法治的这些内在要求是"法制"概念所无法替代的。

"法制"的内涵没有质的规定性要求，相反却有某种随意性。这是"法制"概念被用滥、用乱的根本原因。任何国家在任何时期都有自己的法律制度，但不一定是实行法治。奴隶社会和封建社会的法律制度仍被认为是法制，但肯定不能被认为是法律统治。由于法制既没有形式要件和实质要件的质量规限，也没有运行状态和实现程度的指标要求，因此，可以这样认为，只要在一定程度上存在法律制度的社会就是法制的社会，同样的国家就是法制的国家；也就是说，奴隶社会和封建社会也可以建立法制社会和法制国家。

有人把"法制"分为广义和狭义两种概念。广义的法制包括一切社会形态下存在的法律和制度，狭义的法制是以民主政治为基础的，仅指资本主义法制和社会主义法制，其含义相当于"法治"。这种赋予"狭义法制"以"法治"含义的做法，以"法制"概念不能变动为前提来"吞并"法治概念，因而是不科学的，它把本来简单明了的概念人为地复杂化、繁琐化了。

为什么要这么做？有人说，有关领导人和一些文件已习惯于使用"法制"概念，因此不必更换"法制"这个名词，但可以对"法制"概念作新的解释，用"法治"概念固有的内容填充我国社会主义法制概念，赋予"法制""有法可依，有法必依，执法必严，违法必究"的内涵，进而取代"法治"概念，或者说两个概念可相通互换。这种说法是难以服人的。因为"十六字方针"并没有真正解决依照什么法办事的所谓"良法善治"的根本性问题。而且，一般说来，"法制"概念约定俗成的含义就是"法律制度"，如果宥于某些领导人因为不是法律专家使用过"法制"概念，或者因为有关文件使用了"法制"，因此就不能更改这个概念，而只能用移"法治"内容之花接"法制"内涵之木的手法，来使"法制"概念在中国现代化建设中获得新生，那么，至少可以说，这种"唯上"、"唯语录"、"唯书本"的态度是不可取的，这种"移花接木"的手法也是多余的、不科学的。既然认识到"法制"概念的局限性，就应以科学的实事求是的态度接受"法治"。"法治"概念是人类法文化宝库中的优秀遗产，而不是资产阶级的专利。

第四，法治与法制概念的存在意义不同。法治概念从产生以来就标志着与人治的对立：它强调人民的统治和法律的权威，反对君王个人的专横独裁或者少数人的恣意妄为；它张扬法律的正义性和公平性，排斥个人或者特权的偏私；它倚重法律治国的必要性和稳定性，着眼于国家的长治久安，以法律防杜"人存政举，人亡政息"以及"把领导人说的话当作法"的种种弊端，使国家的制度和法律"不因领导人的改变而改变，不因领导人的看法和注意力的改变而改变"；它坚持法律面前人人平等，反对法外、法上特权；等等。法治是相对于人治而言的概念，具有旗帜鲜明地反对人治、抵制人治的特点，具有无可比拟的保证国家长治久安的特性和功能。作为法律制度的法制则是相对于经济制度、政治制度、文化制度等而言的中性概念，在时间范围内它没有古今之分，在空间范围内它没有中外之别，在一般意义上使用它并无任何时代特色。法制不仅不能明确表达出与人治相对立的立场，而且可能出现"人治底下的法制"，如希特勒执政时期德国实行的法西斯专政以及原南非政权推行种族歧视、种族隔离政策，都曾以法律和制度的方式来进行。所以说，"法治"存在的意义是明确的、特定的和专有的，在使用上不易产生歧义，而"法制"则无此确定性。

在使用中人们常常将"法制"与"法治"混淆起来，以"法制"表述或代替"法治"，如讲"法制国家"而不是"法治国家"、"实行革命的法制"而不是"法治"、"民主与法制"而不是"民主与法治"，等等。在这些用法中，"法制"不是要简单地描述或者表达"法律与制度"的形式，而恰恰是要昭示"法治"概念所要求和包容的本质及其内涵。既然如此，为什么不在加上"社会主义"或者"中国特色社会主义"等限制词后，大胆使用国际上已有约定俗成含义的"法治"概念，理直气壮地提"建设社会主义法治国家"？这样做丝毫不会损害我国依法治国的伟大事业，而只会使之更具有理论的科学性和彻底性，更便于人民大众学习、掌握法治理论并树立法治观念，更便于与国际社会的交流，最终使我们能够更好地实行和坚持依法治国，早日将我国建设成为社会主义法治国家。

第五，法治与法制概念的基础不同。法治概念被许多国家接受，成为治国的方略，是近现代商品（市场）经济和民主政治发展的必然结果。这也就是说，法治必须以市场经济和民主政治为基础，是市场经济基础之上和民主政治体制之中所特有的治国方式。

历史和现实经验都告诉我们，市场经济的自主、平等、诚实信用等内在属性，必然要求厉行法治、依法办事，要求制定公平和完备的法律，要求法律对市场经济进行规范、引导、制约、保障和服务。所以，"市场经济是法治经济"，法治是将市场经济作为赖以生存和发展的基础的。没有市场经济就没有法治，反之亦然。法治与市场经济相互依存、相互作用、相辅相成。法制则可在法律产生以来的各种形态的经济基础上建存。

民主政治的实质之一，就是人民按照一定程序制定法律，用法律将自己的意志、利益和要求上升为国家意志，由国家依循法律来保障人民的主体地位，实现人民的各项权利。民主政治与法治有着天然的内在联系。民主政治是法治产生、存在和发展的必要基础与前提条件，而法治则是民主政治得以生存和维系的基本方式与有力保障。所以，从一定意义上可以说，"民主政治就是法治政治"。法制与民主政治却无必然的联系，它既可与寡头政治为伍，又可与君主政治为伴，甚至还可与法西斯专政狼狈为奸。

二　法治是和谐社会的基础

（一）和谐社会的理想与目标

所谓"和谐"，是对自然和人类社会变化、发展规律的认识，是人们所追求的美好事物和处事的价值观、方法论，是对立事物之间在一定的条件下具体、动态、相对、辩证的统一，是不同事物之间相同相成、相辅相成、相反相成、互助合作、互利互惠、互促互补、共同发展的关系。和谐的本质在于"异中求和"、"和而不同"。

和谐社会是人类的一种美好社会状态和美好社会理想，在这种社会里，"全体人们各尽所能，各得其所而又和谐相处"。一般认为，以和谐理念为指导的，国家强盛、民族团结、经济繁荣、社会稳定、政治清明、人民幸福、和平相处是和谐社会的美丽图景。在中国古代，人们所追求的"大同社会"在一定意义上就是和谐社会，即"人不独亲其亲，不独子其子，使老有所终，壮有所用，幼有所长，鳏寡孤独废疾者皆有所养……是故谋闭而不兴，盗窃乱贼而不作，故外户而不闭，是为大同"。① 马克思、恩格斯在《共产党宣言》里描述了和谐社会的最高境界："代替那……资产阶级旧社会的，将是这样一个联合体，在那里，每个人的自由发展是一切人的自由发展的条件。"② 这就是共产主义社会。

当代中国要建设的是社会主义和谐社会，即"民主法治、公平正义、诚信友爱、充满活力、安定有序、人与自然和谐相处的社会"，而不是建设不能实现的柏拉图式的"理想国"或者是儒家所追求的"天下大同"，更不是空想社会主义康帕内拉和莫尔的"太阳城"、"乌托邦"。社会主义和谐社会是全体人民各得其所、各依其序、各尽其能的社会，是民主与法治相统一、公平与效率相统一、活力与秩序相统一、人与自然相统一的全面小康社会。

构建和谐社会，应当努力实现城乡之间的和谐、各社会阶层之间的和谐相处、社会各领域之间以及各领域内部的和谐、区域之间的和谐、民族之间的和谐、中央和地方以及各地方之间关系的和谐、外部环境的和谐、人与自然的和谐。

构建和谐社会，应当努力实现党的十六届六中全会提出的战略目标，即到 2020 年，构建社会主义和谐社会的目标和主要任务是：社会主义民主法制更加完善，依法治国基本方略得到全面落实，人民的权益得到切实尊重和保

---

① 《礼记·礼运篇》。
② 《马克思恩格斯选集》第 1 卷，人民出版社，1995，第 294 页。

障；城乡、区域发展差距扩大的趋势逐步扭转，合理有序的收入分配格局基本形成，家庭财产普遍增加，人民过上更加富足的生活；社会就业比较充分，覆盖城乡居民的社会保障体系基本建立；基本公共服务体系更加完备，政府管理和服务水平有较大提高；全民族的思想道德素质、科学文化素质和健康素质明显提高，良好道德风尚、和谐人际关系进一步形成；全社会创造活力显著增强，创新型国家基本建成；社会管理体系更加完善，社会秩序良好；资源利用效率显著提高，生态环境明显好转；实现全面建设惠及十几亿人口的更高水平的小康社会的目标，努力形成全体人民各尽其能、各得其所而又和谐相处的局面。

构建和谐社会，应当努力实现十八大报告提出的"到二○二○年实现全面建成小康社会宏伟目标"：一是经济持续健康发展。转变经济发展方式取得重大进展，在发展平衡性、协调性、可持续性明显增强的基础上，实现国内生产总值和城乡居民人均收入比 2010 年翻一番。科技进步对经济增长的贡献率大幅上升，进入创新型国家行列。工业化基本实现，信息化水平大幅提升，城镇化质量明显提高，农业现代化和社会主义新农村建设成效显著，区域协调发展机制基本形成。对外开放水平进一步提高，国际竞争力明显增强。二是人民民主不断扩大。民主制度更加完善，民主形式更加丰富，人民积极性、主动性、创造性进一步发挥。依法治国基本方略全面落实，法治政府基本建成，司法公信力不断提高，人权得到切实尊重和保障。三是文化软实力显著增强。社会主义核心价值体系深入人心，公民文明素质和社会文明程度明显提高。文化产品更加丰富，公共文化服务体系基本建成，文化产业成为国民经济支柱性产业，中华文化走出去迈出更大步伐，社会主义文化强国建设基础更加坚实。四是人民生活水平全面提高。基本公共服务均等化总体实现。全民受教育程度和创新人才培养水平明显提高，进入人才强国和人力资源强国行列，教育现代化基本实现。就业更加充分。收入分配差距缩小，中等收入群体持续扩大，扶贫对象大幅减少。社会保障全民覆盖，人人享有基本医疗卫生服务，住房保障体系基本形成，社会和谐稳定。五是资源节约型、环境友好型社会建设取得重大进展。主体功能区布局基本形成，资源循环利用体系初步建立。单位国内生产总值能源消耗和二氧化碳排放大幅下降，主要污染物排放总量显著减少。森林覆盖率提高，生态系统稳定性增强，人居环境明显改善。

十八大报告同时提出要求："全面建成小康社会，必须以更大的政治勇气和智慧，不失时机深化重要领域改革，坚决破除一切妨碍科学发展的思想观念和体制机制弊端，构建系统完备、科学规范、运行有效的制度体系，使各方面制度更加成熟更加定型。要加快完善社会主义市场经济体制，完善公有制为主体、多种所有制经济共同发展的基本经济制度，完善按劳分配为主体、多种分配方式并存的分配制度，更大程度更广范围发挥市场在资源配置中的基础性作用，完善宏观调控体系，完善开放型经济体系，推动经济更有效率、更加公平、更可持续发展。加快推进社会主义民主政治制度化、规范化、程序化，从各层次各领域扩大公民有序政治参与，实现国家各项工作法治化。加快完善文化管理体制和文化生产经营机制，基本建立现代文化市场体系，健全国有文化资产管理体制，形成有利于创新创造的文化发展环境。加快形成科学有效的社会管理体制，完善社会保障体系，健全基层公共服务和社会管理网络，建立确保社会既充满活力又和谐有序的体制机制。加快建立生态文明制度，健全国土空间开发、资源节约、生态环境保护的体制机制，推动形成人与自然和谐发展现代化建设新格局。"

（二）法治作为和谐社会的基础

社会是由各种相互联系、相互作用的因素所构成的一个复杂的结合体，这其中包括经济、政治、文化等不同的社会领域以及道德、法律、宗教等不同的社会规范。在这个复杂的结合体中，任何一个社会因素的变化，都会直接或者间接，当时或者在许久以后对社会整体的均衡和稳定构成好的或者是坏的、不以人的意志为转移的影响。正如瞿同祖先生在《中国法律与中国社会》中所指出的那样："法律是社会的产物，是社会制度之一，是社会规范之一。它与风俗习惯有密切的关系，它维护现存的制度和道德、伦理等价值观念，它反映某一时期、某一社会的社会结构，法律与社会的关系极为密切。因此，我们不能像分析学派那样将法律看成一种孤立的存在，而忽略其与社会的关系。任何社会的法律都是为了维护并巩固其社会制度和社会秩序而制定的，只有充分了解产生某一种法律的社会背景，才能了解这些法律的意义和作用。"[①] 这就是说，任何发生效力的法律都同其所处的社会以及其各个组成部分密切相关。

构建和谐社会是一个系统工程，需要经济不断发展的物质文明、制度不断完善的政治文明和文化不断繁荣的精神文明的合力作用，需要经济建设、政治建设、社会建设、文化建设和生态文明建设的共同推进，需要充分发挥道德手段、宗教手段、政治手段、行政手段、经济手段、法律手段等各种手段的综合作用。和谐社会是民主法治的社会。没有法治，就不可能有真正的民主，也不可能有社会和谐。从分配社会利益、规范社会行为、解决社会矛盾、构建社会秩序、实现社会公正等方面来看，法治是和谐社会的基础，德治是和谐社会的辅助，政治是和谐社会的保障。

法治是和谐社会的基础，是指在正确的政治领导和政治决策下，法治在分配社会利益、规范社会行为、解决社会矛盾、构建社会秩序、实现社会公正等领域，在国家政治生活、经济生活和社会生活等方面，在推动改革、促进发展、化解矛盾、维护稳定等方面，都居于主导性和优先性的地位，具有

---

① 瞿同祖：《中国法律与中国社会》，中华书局，2003，导论，第1页。

基础性和关键性的作用。

德治是和谐社会的辅助，是指道德规范在社会主义初级阶段的和谐社会建设过程中，与法律规范和法治的作用相比，所起的是辅助性、从属性和非主导性的作用。这里并不是说道德规范、德治或者以德治国不重要，也不是轻视或者忽视德治的作用，而是说，在经济文化社会尚不发达的社会主义初级阶段，在人们的思想觉悟水平以及行为习惯还有很大差距的条件下，实际上只能实行"法主德辅"，德治是和谐社会的辅助。

政治是和谐社会的保障，是指民主政治为和谐社会提供了正确的政治领导和政治决策，正确的路线、方针和政策，保证和谐社会建设沿着人民幸福、民族团结、社会稳定、国家强盛的正确方向前进，保障和谐社会建设按照人民的意志并通过法治为主导的方式顺利进行。

1. 法治是维护社会和谐稳定的基础

我国社会主义法律体系是在人民意志基础上形成的社会价值评判标准和行为评判标准，是新中国 60 多年来正确处理人民内部矛盾、民族关系、中央与地方的关系、地方与地方的关系、国家与社会的关系、个人与集体的关系以及各种利益冲突关系等的经验积累，是判断社会行为和社会关系中发生的合法与非法、权利与义务、行为与责任、是非对错等矛盾纠纷的根本依据。构建和谐社会必须毫不动摇地坚持法治原则和依法治国基本方略，努力维护社会主义法律体系在建构有序的社会行为标准、社会关系体系、社会利益格局和社会行为秩序等方面的权威，充分发挥法律体系的规范和准绳作用。离开了法律体系提供的法律评价判断标准，离开了法律体系提供的活动原则和法定程序，离开了我国法治所建立的解决社会矛盾纠纷行之有效的各种制度规则，标新立异，另搞一套标准，就既可能损害法治的权威，又难以应对解决社会管理中出现的新情况新问题，使社会陷入无法无天的无序状态。

和谐社会应当树立正确的法治"维稳观"。一方面，和谐社会并不是没有矛盾纠纷的社会，而是存在社会矛盾纠纷的社会，但是可以通过法治等方式预防、调整、控制和解决各种社会矛盾纠纷；另一方面，和谐社会坚持尊重和保障人权，通过法治的"维权"来实现社会的"维稳"，而不是片面强调"稳定压倒一切"、"维稳是硬任务"、把维稳与维权对立起来，从而陷入"越维稳越不稳的怪圈"。和谐社会的维稳需要民主法治的新思维，而绝不能把民众的利益表达与社会稳定对立起来，把群众的依法维权与社会和谐对立起来，把公民正当的利益表达和权利诉求视为不稳定因素。如果通过非法治的手段，试图压制和牺牲群众的利益表达和权利诉求来实现所谓的社会稳定，其结果不仅不能实现社会和谐稳定，反而有可能制造更多更大的不稳定与不和谐因素。

2. 法律是社会关系的调整器

法律是什么？法律就是由国家制定、认可并保证实施的，反映由特定物质生活条件所决定的人民意志，以权利和义务为内容，以确认、保护和发展人们所期望的社会关系和社会秩序为目的的行为规范体系。西方功利主义法学（代表人物有杰里米·边沁、詹姆斯·密尔、约翰·奥斯丁和约翰·密尔），基于功利主义的伦理原则——人的本性是避苦求乐的，人的行为是受功利原则支配的，追求功利就是追求幸福，个人目标是追求其自身的最大幸福；而对于社会或政府来说，追求最大多数人的最大幸福是其基本职能，也就是所谓的"最大多数人的最大幸福原则"，认为人的一切行为的取舍都在于功利的权衡，所以立法者在制定法律时应遵守最大多数人的最大幸福的功利原则，这是立法的宗旨，也是评判法律优劣的标准。法律实施的基础也是功利。法律及相应的惩罚措施就是将痛苦施加于人，迫使人们不去为恶。法律是达到功利目标（最大多数人的最大幸福）的手段。总之，追求最大多数人的最大幸福的功利原则，既是法律的出发点，又是其必然的归宿。

法律是社会关系的调整器，是重要的社会行为规范，是社会成员在社会活动中所应遵循的标准或原则。社会行为规范引导和规范全体成员可以做什么、不可以做什么和怎样做，是社会和谐重要的组成部分，是社会价值观的具体体现和延伸。社会行为规范是社会控制的重要形式，没有社会行为规范指导、约束人们的行为，人们的行为就可能失控，必然要影响社会的正常运转。美国著名法学家庞德认为，法律是"高度特别的社会控制的形式，通过权威性戒律本身发生作用（carry on），并实施于司法和行政程序中"的规范体系。法律既是特定社会发展的产物，也是作用于社会发展的手段。法律通过调整相关主体之间的经济关系、政治关系、婚姻家庭关系、财产关系等，实现对社会的控制和管理。法律作为社会行为的基本规范，是评判人们社会行为是非曲直、正当与不正当、合法与非法、违法与犯罪的根本标准，是评价社会行为、化解社会矛盾、解决社会纠纷的根本圭臬。

在我国古人看来，法律就是"尺寸也，绳墨也，规矩也，衡石也，斗斛也，角量也"。① 这说明，法律是社会行为的规范，是判断和解决社会矛盾纠纷的根本依据。如果离开法律的标准和依据，脱离法治的程序和制度，放弃司法解决矛盾纠纷的终局性机制，实行少数人或者个别人说了算的人治，坚持"信权不信法"、"信访不信法"，信奉或者推崇"小闹小解决，大闹大解决，不闹不解决"的做法，就不仅不可能从根本上化解社会矛盾，长治久安地解决社会纠纷，而且还会极大地损害法律和法治的权威，危害国家的法治基础和社会秩序。当然，强调法律在和谐社会中的重要调整和规范作用，并不排斥和否定道德规范、纪律规范、习俗规则、规章制度和思想政治工作等其他规范和方式的作用。我们的主张是，一方面，应当把所有社会规范规则和其他行之有效的方式方法作为一个系统，统一并整合起来，形成一个分工

---

① 《管子·七法篇》。

明确、相互补充、彼此衔接的有机整体，共同作用于社会管理；另一方面，鉴于我国现阶段的基本国情和社会状况，鉴于法律规范具有的强制性、国家意志性、规范性和明确性等特征，是调整社会关系、规范社会行为的基本方式，因此应当适当凸显法律在社会管理中与众不同的作用和功能，依法管理社会事务，建设法治社会。

3. 立法是社会利益的分配器

立法是人民意志的汇集和表达，立法的主要功能在于合理分配社会利益，调整社会利益关系。古希腊的政治哲学家亚里士多德的正义论认为，立法的过程就是分配正义。古罗马的政治法律思想家西塞罗认为："法律的制定是为了保障公民的福祉、国家的繁昌和人们的安宁而幸福的生活。"① 立法的实质是通过民主的方式和法定程序，合理配置社会资源、分配权利与义务、明确权力与责任等实体性利益安排，通过立法规定相关程序、制定行为规则、划定行为界限、明确行为方式等，实现通过立法分配正义的目的。现代社会为了达成立法的分配正义，需要通过科学合理的立法程序，充分发扬人民民主，允许各种利益阶层和群体参与到立法中来，充分有效地表达他们的利益诉求和意见主张，同时倾听别人的利益诉求和意见观点；在立法过程中各种社会力量和社会利益充分博弈，最后相互妥协、达成共识，写进法律条文中。这基本上就是"良法善治"或者"良法之治"。何谓良法？现代法治所倡导的正义、公平、民主、人权、秩序、安全、幸福、尊严等共同价值，应当是评价法律"良"否的重要尺度，也是创制良法的价值追求和实现良法善治的伦理导向。"善治"就是通过法治实现有效的社会管理和建立良好的社会秩序。良法是前提，善治是手段、过程和目标。立法应当创制良法，为和谐社会提供善治的规则条件。然而，我国立法中存在的部门利益、特殊群体利益影响甚至主导立法过程的问题，尤其是"国家立法部门化、部门权力利益化、部门利益合法化"的现象仍未消除，一些明显带有部门或集团利益痕迹的立法，把畸形的利益格局或权力关系合法化，"立法扩权卸责"、"立法不公"、"立法腐败"② 影响了良法的质量，损害了法治的权威，制约了法律的实施，影响了社会的和谐稳定。所以，从和谐社会和良法善治的要求来看，我国社会主义法律体系形成以后，应当努力从制度上消除部门立法和立法不公的种种弊端，大力推进民主立法和立法博弈，在制度和规范设计阶段就消除社会矛盾的隐患，不断完善中国特色社会主义法律体系。

---

① 〔古罗马〕西塞罗：《论共和国　论法律》，王焕生译，中国政法大学出版社，1997，第219页。
② 托马斯·杰斐逊说过："在所有的危害中，任何东西都比不上立法腐败给每一个诚实的希望所带来的危害那样使人苦恼和致命。"转引自〔美〕塞西尔·海弗泰尔《终止合法化贿赂——一位前国会议员的提案》，黄福武等译，外文出版社，2002，第5页。之所以说立法腐败的危害更大，是因为立法腐败是一种通过制度安排来制造腐败的腐败——笔者。

4. 司法可以实现对权利的救济

在法律领域，人们的社会利益往往表现为各种权利。当权利受到侵害或者发生损失时，就需要司法予以救济。司法的本质和最终目的在于实现正义。正义是人类社会的美好愿望和崇高追求。在西方法律文化中，正义是法律追求的最高价值。而西语中的正义"Jus"是个多义词，有公正、公平、正直、法、权利等多种含义，是指具有公正性、合理性的观点、行为、活动、思想和制度等。正义的最低要求是，分配社会利益和承担社会义务不是任意的，要遵循一定的规范、程序和标准；正义的普遍性要求是，按照一定的标准（如量的均等、贡献平等或身份平等）来平等分配社会利益和义务，同时，分配社会利益和义务者要保持一定的中立。正义也可以用来表达安全、秩序、和谐、宽容、尊严、幸福等美好的个人和社会的伦理状态。在这个意义上讲，人类社会之所以需要法律和法治文明，一个重要原因就是要追求和保障正义价值目标的实现。亚里士多德的正义论认为，相对于立法的分配正义和执法的实现正义来说，司法是矫正正义。就是说，当人们的法定权益受到不法侵害时，在其他救济渠道和救济方式不能奏效时，就应当通过司法途径来消除侵害，矫正权利的错误形态，恢复权利的正常状态，使之回归到法治正义的轨道上。我国法院检察院是司法的主体，它们通过什么方式实现司法的矫正正义呢？《人民法院组织法》规定，人民法院通过审判活动，惩办一切犯罪分子，解决民事纠纷，保卫无产阶级专政制度，维护社会主义法制和社会秩序，保护社会主义的全民所有的财产、劳动群众集体所有的财产，保护公民私人所有的合法财产，保护公民的人身权利、民主权利和其他权利，保障国家的社会主义革命和社会主义建设事业的顺利进行。最高人民法院的工作报告显示，2010年最高人民法院受理案件12086件，同比下降6.99%；审结10626件，审限内结案率为98.31%。地方各级人民法院受理案件11700263件，同比上升2.82%；审结、执结10999420件，审限内结案率为98.51%，结案标的额15053.43亿元。2010年人民检察院依法打击各类刑事犯罪，全年共批准逮捕各类刑事犯罪嫌疑人916209人，同比减少2.6%；提起公诉1148409人，同比增加1.2%。这些数字表明，我国司法机关在惩罚犯罪、解决社会矛盾纠纷、保障公民权利、实现社会公平正义等方面，发挥了不可或缺的重要作用。但是，当前我国涉及法律和司法的事件还处于高发和频发期。据有关学者的研究，"中国社会发生的抗议事件，农民维权约占35%，工人维权30%，市民维权15%，社会纠纷10%，社会骚乱和有组织犯罪分别是5%。在农民维权中，土地问题约占65%以上，村民自治、税费等方面都占一定比例。目前农村土地纠纷最集中的地区是沿海较发达地区。其中以浙江、山东、江苏、河北、广东最为突出。这些地区争议的主要是非法或强制性征地，农民控告的对象主要是市、县政府。在中部地区的安徽、河南、黑龙江等地区所表现出来的问题主要是对农民土地承包权的侵犯，控告的对象主要是乡镇及村级组织。工人维权的问题主要是国有企业改制、拖欠工资、社会保险、破产安置、劳动时间、殴打工人等方面……随着国有企业改制的推进,传统意义上的工人将逐渐转变成为雇佣工人,工人的维权抗争将转变为包括农民工在内的雇佣劳动者与资方之间的冲突。"①《瞭望》新闻周刊的一篇文章用德国社会学家贝克提出的"风险社会"理论,描述了我国面临的社会矛盾和"社会风险"问题。"当今中国,正处于工业化、城镇化、信息化、市场化、国际化交织的战略机遇期和矛盾凸显期,遭遇社会转型拐点。21世纪的第一个十年,教育、医疗、住房、劳动就业、社会保障、收入分配、征地拆迁、安全生产、社会治安、生态环境等热点领域不断积聚能量,群体性事件和恶性极端事件增多,消极腐败现象和严重犯罪活动影响严重,还有一系列天灾人祸给公众内心带来的颠簸、震动,无不令中国人对于'风险社会'的体味更加深刻。"②"风险社会"来临,既需要加强政府的职能来防范和管理,也需要高度重视司法的有效介入和积极处置。

和谐社会应当高度重视和进一步发挥司法的权利救济功能。尤其是,我国社会主义法律体系形成后,法治建设的重点应当尽快转移到推进宪法和法律实施上来,充分保障和发挥司法机关实施法律法规的基本职能,着力解决有法不依、执法不严、违法不究的问题。在社会学看来,公正高效权威廉洁地履行司法职能,依法积极有效地救济权利,就是一种通过司法制度来实施的重要社会管理形式。

5. 法治是社会的稳定器

法治是现代国家政治文明的重要标志,也是社会秩序的稳定器。一般认为,社会主义法治包括依法执政、民主立法、依法行政、公正司法、法律监督等环节,包括有法可依、有法必依、执法必严、违法必究和科学立法、严格执法、公正司法、全民守法等方面,是一个严谨科学的制度体系。现代社会是一个大系统,构建和谐社会是一个系统工程。

对于中国共产党而言,构建和谐社会,应当进一步实现从革命党角色向执政党角色的转变。一方面,执政党不仅要学会管理经济事业,领导社会主义市场经济建设,通过经济体制改革解放和发展生产力,而且要学会统筹管理社会事业,掌握驾驭和治理社会的本领,领导社会主义社会建设,努力提高管理社会的能力和水平,通过调整和改革生产关系和上层建筑,使之与生产力发展水平相适应,与现阶段社会发展水平相适应,更好地满足人民群众对于安全、秩序和幸福的合理诉求。另一方面,要尽量减少运用过去革命战争时期习以为常的群众运动、革命斗争、行政命令、政策手段、长官意志以

---

① 于建嵘、〔美〕斯科特:《底层政治与社会稳定》,2008年1月24日《南方周末》。

② 杨琳:《中国遭遇社会转型拐点 社会管理体制需创新》,2011年1月10日《瞭望》新闻周刊。

及领导人个人说了算等方式来治国理政、管理社会，而应当更多地运用与执政党地位以及现阶段社会发展状况相适应的民主执政、科学执政和依法执政等法治思维和法治方式，把社会主义法治的各个方面和各个环节整合起来，统一设计、统筹安排、协调运行，通过民主立法、依法行政、依法办事、公正司法等法治渠道和方式，来实现执政党领导人民对于国家和社会事务以及经济和文化事业的管理。正如邓小平指出的那样："还是要靠法制，搞法制靠得住些。"①

对于全面推进依法治国而言，构建和谐社会，应当坚定不移地坚持依法治国基本方略，坚持社会主义法治原则和法治统一的原则，全面推进法治建设，通过法治方式和法律手段管理社会事务。一是要把社会主义法治视为一个系统工程，全面协调和统筹立法、执法、司法、法律监督、法律服务和法制宣传教育等法治建设各个环节的工作，使之有机统一起来，形成法治的合力和整体，全面应对和系统解决社会管理过程中的涉法问题。二是要弱化各个部门主导法治发展的模式，强化在党的领导下推进我国法治的整体改革，实现法治的全面协调发展。三是要使法治与经济建设、政治建设、文化建设、社会建设、生态文明建设相适应，真正成为现代化建设的助推器和保护神。四是要以切实保障宪法和法律实施为全面推进依法治国的主要抓手，推动立法完善，促进依法执政和依法行政，保证公正司法和有效护法，引导公民信法守法。

从社会法治的角度来看，近年来我国社会领域的立法成果十分可观。《物权法》、《道路交通安全法》、《就业促进法》、《劳动合同法》、《劳动争议调解仲裁法》、《人民调解法》、《社会保险法》、《国有土地上房屋征收与补偿条例》等法律法规，对调整社会群体利益关系、保障民生和社会权利、促进社会和谐稳定，都具有重大意义和重要作用。但是，如果没有必要的财力物力保障，没有公平及时的执行落实，缺乏有效公正的司法保障，这类法律法规难以付诸实施或者实施不到位，则社会领域的法律法规制定得越多、标准设定得越高、权益内容描述得越好，所引发和产生的矛盾纠纷、冲突事件就可能越多，公众对政府的不满也可能越多，进而有可能进一步扩大甚至激化某些社会矛盾。因此，应当把立法、执法、司法、护法等作为和谐社会建设的系统工程统一起来进行"顶层设计"，尽可能做到法治各部门分工不分家，法治各环节前后照应、相互协调、彼此兼顾、统筹运作，尽可能避免相互脱节、彼此矛盾、前后不一等现象。

尤其要坚持改革开放以来法治建设和依法治国取得的实践经验和行之有效的做法，不断完善与发展地方和行业依法治理、法治城市创建、依法治国在地方的实践模式，把区域法治建设与经济建设、政治建设、文化建设、社

---

① 《邓小平文选》第3卷，人民出版社，1993，第379页。

会建设以及生态文明建设紧密结合起来，把依法治省工作与平安、幸福、生态、文明等建设紧密结合起来。"和谐社会绝不是一个没有利益冲突的社会，而是一个有能力解决和化解利益冲突，并由此实现利益大体均衡的社会，而要实现这种调节和均衡就必须靠'法'。60余年的共和国历史证明，一旦法治沉沦，往往就是人治横行、权力为所欲为、社会混乱的时期……历史的经验表明，人类千万年的历史，最伟大的成就是实现了对权力的驯服，把权力关进了笼子。只有实现了依法治权、依法治官，保障公民权利才不会落空，公平正义才能'比太阳还要有光辉'。"[①] 美国耶鲁大学著名政治学教授詹姆斯·C. 斯科特曾经指出："我不认为有绝对稳定、绝对和谐的社会，纠纷的存在是一个社会成功实现其目标的标志。这就像一个好的婚姻里，双方常常发生争论一样。我的意思是说，一个成功的社会应该去善于管理冲突，而不是杜绝冲突。"[②] 社会治理的实践经验同样早已证明，法治是人类政治文明的积极成果，是实现社会和谐和人民幸福的根本保证。在全面推进依法治国，加快建设社会主义法治国家大战略、大趋势之下，构建和谐社会一方面要警惕和防止法治建设向政策之治、行政手段之治和人治倒退，避免法治建设的左右摇摆、停滞不前甚至倒退；另一方面，要把法治思维、法治方式与伦理德治方式、经济管理手段、行政管理手段、舆论引导手段、政治思想教育方式、社会自治方式、行业自律方式、心理疏导方式等结合起来，各种方式方法形成合力，相互补充，彼此衔接，共同保障和推动和谐社会建设。

三　法治优于德治的和谐社会

构建和谐社会需要法治，也需要德治，但在社会主义初级阶段，法律的作用应当优先于道德，法治的地位应当优先于德治，依法治国应当优先于以德治国。

十七届六中全会公报指出："改革开放特别是党的十六大以来，我们党始终把文化建设放在党和国家全局工作重要战略地位，坚持物质文明和精神文明两手抓，实行依法治国和以德治国相结合，促进文化事业和文化产业同发展，推动文化建设不断取得新成就，走出了中国特色社会主义文化发展道路。"实践证明，任何现代国家的法律和道德都不可能分离，法治和德治都需要结合。在我国，实施依法治国基本方略应当与坚持党的领导、人民民主相统一，与以德治国相结合，但是，在社会主义初级阶段，在我国经济深刻变革和社会快速转型的历史条件下，依法治国与以德治国相结合，应当坚持"法主德辅"的原则，坚定不移地发挥法治和依法治国在管理国家、治理社会、调整关系、配置权力、规范行为、保障人权、维护稳定等方面的主导作

---

① 黄豁：《消解"阶层固化"隐忧》，2011年1月10日《瞭望》新闻周刊。

② 于建嵘、〔美〕斯科特：《底层政治与社会稳定》，2008年1月24日《南方周末》。

用，在上述领域以德治国应当是依法治国的补充和助理。

（一）从法律与道德的关系看，法治体现了以德治国的基本要求

在我国，依法治国和以德治国的关系，实质上是法律与道德、法治与德治的关系。在法理学和伦理哲学看来，法律与道德存在三种基本关系。①

一是道德的法律化，即通过立法把国家中大多数的政治道德、经济道德、社会道德和家庭伦理道德的普遍要求法律化，使之转变为国家意志，成为国家强制力保证实施的具有普遍拘束力的社会行为规范。一般来讲，道德是法律正当性、合理性的基础，道德所要求或者禁止的许多行为，往往是法律作出相关规定的重要依据，因此大多数调整社会关系和规范社会行为的立法，都是道德法律化的结果。在我国，社会主义道德是法律的源泉，是制定法律的指导思想、内在要求和评价法律善恶的重要标准。改革开放以来，党和国家高度重视立法工作，不断加强民主科学立法，经过 30 多年的努力，截至2012 年 5 月，已制定现行宪法和有效法律共 240 多部、行政法规 700 多部、地方性法规 8600 多部，形成了中国特色社会主义法律体系。在这个法律体系中，许多法律规定的内容，都体现了社会主义道德的内在要求，是社会主义道德法律化的积极成果。例如，我国法律规定不得杀人放火、禁止抢劫盗窃、故意杀人偿命、借债还钱、赡养父母、抚养子女、尊重保障人权、民族团结、社会稳定、"三个文明"建设等等，总体上都反映或者体现了社会主义道德的价值取向和基本要求。所以，从一个国家或者一个社会大多数道德已经法律化的意义上讲，坚持和实行依法治国，就是通过法治的方式实施以德治国。除非这种法律缺乏社会道德的正当性支持，如规定人口买卖、种族歧视、种族灭绝为合法，或者这种法律违反社会伦理道德规范，如法律允许个人随意剥夺他人生命、限制他人自由、侵夺他人财产，允许家庭成员乱伦、虐待、坑蒙拐骗，允许公职人员贪污受贿、欺上瞒下、以权谋私等等。显然，当一个国家或者一个社会的法律（或某些法律）是"恶法"或"非良法"时，依法治国就不能反映或者体现以德治国的基本要求。正因为如此，我们讲依法治国是党领导人民治国理政的基本治国方略，其法律与道德相结合的基本要求是"良法善治"，而非"恶法专制"或者"庸法人治"。

二是道德的非法律化。道德与法律毕竟是两种不同的社会行为规范，在

---

① 法律与道德的区别还表现为它们对同一对象的态度既可能一致也可能不同。主要有以下几种情况：（1）两者没有明显区别，是一致的，如对于杀人、伤害、偷盗等，为两者共同否定。（2）道德不肯定而法律肯定，如占有他人财产达到一定时期则取得所有权，权利达到一定期限不行使就消灭，对犯罪分子因时效原因不追诉等，都是道德不予肯定的。（3）道德许可，而法律不许，如某些违反程序法律规则的行为。（4）道德许可，而法律默认，不予禁止，如开会不守时、降低效率等，是不道德的，但并不违法。（5）道德与法律互相不发生关系，如爱情关系、友谊关系等由道德调整，而国家机关职权划分等，则必须由法律来规定。参见刘海年、李林等主编《依法治国与精神文明建设》，中国法制出版社，1997。

一个国家或者一个社会的大多数道德已经或可以法律化的同时，也必须承认少数或者某些道德是不能法律化的。例如，男女之间的恋爱关系、同事之间的友爱关系、上下级之间的关爱关系、孝敬父母的伦理要求以及公而忘私、舍己为人、扶危济困等道德追求，一般很难纳入法律调整和强制规范的范畴，使之法律化。在某些道德不能或不宜法律化的情况下，不要随意使这些道德问题成为法律问题，以免产生"法律的专制和恐怖"。

三是某些道德要求既可以法律化也可以非法律化。如我国关于"第三者"的刑事处罚、"见义勇为"入法、取消反革命罪、减少和废除死刑、无过错责任原则、沉默权等，都取决于时代观念、情势变迁和立法者的选择。目前我国社会上"见义不敢为、见义不想为"、见死不救的现象屡屡发生；"毒馒头"、"毒胶囊"、"毒奶粉"、"瘦肉精猪肉"、"地沟油"、"黑心棉"等有毒有害食品用品屡禁不绝；一些领域和地方是非、善恶、美丑界限混淆，拜金主义、享乐主义、极端个人主义有所滋长，见利忘义、损公肥私行为时有发生，不讲信用、欺骗欺诈成为社会公害，以权谋私、腐化堕落严重存在，等等，所有这些现象，不仅反映出当下某些道德规范缺失和道德功能失范，败德无德行为的成本代价太低，也说明我国法律对于促进和保障社会主义道德建设的某些滞后和不足。立法对道德的促进和保障作用，主要是通过立法方式来实现某些道德的法律化，通过法律来确认和强化社会主义道德的价值诉求和规范实施。对于需要法律禁止和惩罚的败德无德行为，对于需要法律褒奖和支持的美德善德行为，都应当通过立法予以必要体现。当务之急，应当进一步加强有关社会主义道德建设方面的立法，制定诸如"见义勇为奖励法"等法律法规；完善现行法律法规，堵塞立法漏洞，加大对于违法败德无德行为的惩处力度。当然，对于"见利忘义"、"好逸恶劳"、"骄奢淫逸"等背离社会主义道德的行为，能否用法律介入以及用什么法律、在何时、怎样介入等问题，还需要进行深入研究才能得出科学结论。凡是适宜用法律规范并且以法治保障或者惩戒的道德要求，应当尽可能科学合理地纳入法律调整的范畴，通过立法程序使之规范化、法律化；凡是思想范畴的内容（如认识问题、观念问题、信仰问题等）和不宜用法律规范调整的道德关系（如爱情关系、友谊关系等），立法应当避免涉足。

在一个文明国家和礼仪之邦，应当坚持"法律的归法律，道德的归道德"，法律的"帝国"应当有所节制，道德的存在应当有合理空间。在现阶段，构建和谐社会，实现社会团结稳定，既要警惕"法律万能"，也要防止"道德至上"。不是法律越多越好，而应当是"法网恢恢，疏而不漏"；也不是道德越多越好，而应当是"管用的即是好的道德"。法律如果泛化并侵吞或取代了所有道德，就会导致"法律的专制和恐怖"；道德如果泛化并否定或取代所有法律，则会陷入"乌托邦"的空想，导致社会失序和紊乱。法律与道德之间，应当形成法主德辅、相互补充、相得益彰的最佳比例关系。

(二) 从法律与道德作为社会行为准则看，法治应当居于主导地位

法律和道德都是社会行为规范和行为准则，但就整体而言，法律和道德对人们社会行为要求的标准或尺度是不同的。社会主义道德追求的是真、善、美等价值，这是一种崇高的境界、一种高度的行为标准；法治追求的是公平、正义和利益等价值，这是一种普通而实在的境界，是大多数人可以做到的低度的行为标准。社会主义道德主要靠教育和自律，或通过教育感化和社会舆论的压力来实现，是一种内在的"软性"约束；法治的实现固然要靠教育和培养，但主要靠外在的他律，表现为以国家强制力为后盾对违法者予以"硬性"约束，对犯罪者施以惩治，直至剥夺生命，具有"刚性"特点。国家法律规定的是人们社会行为的低度标准，包括禁止性行为，例如禁止杀人、放火、投毒、抢劫、盗窃、强奸、贪污、受贿等；以及义务性行为，例如纳税、服兵役、赡养父母、抚养子女、履行职责、承担合同义务等。社会道德规定的，则是人们社会行为的高度标准，例如见义勇为、拾金不昧、公而忘私、舍己为人、扶危济困、不计名利、救死扶伤、助人为乐、团结互助等。

我国目前的实际情况是，国家法律规定的很多低度标准和要求都不能实现（做到），一些社会矛盾纠纷高发频发，各类案件数量节节攀升，违法犯罪案件不断增多，法律实施状况堪忧。例如，"中国改革开放以来，人民法院所受理的一审、二审、再审各类案件的数量已经由 1978 年的 61.3 万件上升到 2009 年的 746.2 万件，增长了 11.2 倍；其中刑事案件由 29.5 万件增长到 87.2 万件，增长 1.9 倍，民事案件从 31.8 万件增长到 643.6 万件，增长 19.2 倍，行政案件由 1987 年的 6000 多件增长到 2009 年的 15.4 万件，增长 23.7 倍。"[①] 又如，"1981 到 2009 年公安机关刑事案件立案数由 89 万件增长到 558 万件，增长 5.26 倍，刑事发案率由每 10 万人口 89.6，上升到 419.1，增长 3.68 倍，其中杀人、伤害、抢劫、强奸四种暴力犯罪由 8.4 万件增长到 50.4 万件，增长 4.99 倍；盗窃、欺诈犯罪由 76.3 万件增长到 377 万件，增长 3.94 倍。目前，暴力犯罪所占比例为 9%，盗窃诈骗犯罪所占比例为 67.6%。占比例最大的犯罪 1981 年依次是盗窃、强奸、抢劫、伤害、诈骗、杀人；2009 年的顺序为盗窃、诈骗、抢劫、伤害、强奸、杀人。这种变化说明我国犯罪的结构已经发生了重要变化，与经济利益相关的犯罪已经占据主要地位。改革开放以来增长最快的犯罪依次是抢劫、诈骗、盗窃、伤害、杀人、强奸。"[②]

在上述情况下，要求人们超越现阶段的思想道德水准，具备高素质的道

---

① 朱景文：《中国近 30 年来诉讼案件数量分析——〈2011 中国法律发展报告〉（节选）》，2012 年 1 月 18 日《法制日报》。

② 朱景文：《中国近 30 年来诉讼案件数量分析——〈2011 中国法律发展报告〉（节选）》，2012 年 1 月 18 日《法制日报》。

德品行，自觉自愿地普遍做到社会主义道德所提倡的高度行为标准，这是不切合实际的。对于社会大众而言，应当倡导人们追求道德理想，努力用高尚的道德行为标准来严格要求自己，但在实践层面上还是应当从法律所规定的已体现许多道德要求的低度社会行为标准做起，从道德法律化的行为规范做起，经过不断的引导、教化、规制和反复实践，逐步树立对法治的信仰，养成依法办事的习惯，增强遵法守法的自觉性，进而从法治国家逐渐过渡到德治社会。

道德的生命在于遵守。多数社会主义道德法律化以后，就要求各类社会主体认真实施宪法和法律，使法律化的道德要求在社会生活中付诸实现。例如，我国婚姻法规定，对拒不执行有关扶养费、抚养费、赡养费等判决和裁定的，人民法院得依法强制执行；继承法规定，遗弃被继承人的，或者虐待被继承人情节严重的，继承人则丧失继承权。从法律实施角度来看，执法机关和司法机关严格执行法律化了的道德规范，就能够从法治上有效地保证社会公德、职业道德和家庭美德的充分实现；反之，国家的宪法和法律不能有效实施，有法不依、执法不严、违法不究，徇私舞弊，则必然严重损害社会主义道德体系和道德建设。对于执法司法人员而言，在实施法律的过程中，一方面要以事实为根据，以法律为准绳，严格依法办事，坚持法律面前人人平等，秉公执法，公正司法，不徇私情，刚直不阿，把法律化的社会主义道德要求落实到法律实践中；另一方面，又要统筹法律、伦理和人情的关系，关注普遍法律规则和复杂事实背后的道德伦理因素，使法律实施的结果（如法院裁判）尽可能与社会主义道德的要求评价相一致，至少不与社会主义道德的价值相冲突。如果一项法院判决有可能导致人们不敢见义勇为、不敢救死扶伤、不愿扶老携幼、不愿拾金不昧，那么，法官就需要特别审慎地对待，否则这种司法判决就可能陷入"赢了法律，输了道德"的困境。此外，执法司法人员要带头做社会主义道德的表率，坚决防止执法腐败和司法腐败，保证法律公器纯洁和神圣。英国政治哲学家培根说过，一次不公正的审判，其危害超过十次严重犯罪。因为严重犯罪污染的是水流，而不公正审判污染的是水源。① 社会主义道德是我国法治的"水源"之一，不公正的行政执法和司法审判，令人唾弃的执法腐败和司法腐败，不仅直接毁损了社会主义法治的权威性和公信力，而且严重破坏了社会主义道德的价值基础。

（三）从法治与德治的区别来看，法治应当发挥主要作用

大量研究成果表明，法治与德治作为治国理政的方式方法，是有明显区别的：从治理的主体来看，法治是多数人的民主之治，德治是少数人的精英之治；从治理的过程来看，法治是程序之治，德治是人情之治；从治理的角度来看，法治是外在控制之治，德治是内在约束之治；从治理的标准来看，

① 〔英〕培根：《培根论说文集》，水天同译，商务印书馆，1983，第193页。

法治是低度行为规范之治，德治是高度行为要求之治；从治理的手段来看，法治是国家强制之治，德治是社会教化之治；从治理的重点来看，法治重在治官，德治重在治民。

正因为法律与道德、法治与德治存在诸多区别，同时又有若干内在一致的地方，因此法治与德治是相互补充、相互作用、有机统一的。法律是社会主义道德的底线和后盾，凡是法律禁止的，通常也是社会主义道德反对的；凡是法律鼓励的，通常也是社会主义道德支持的。社会主义道德是法律的高线和基础，是法治具有合理性、正当性与合法性的内在依据，法治的价值、精神、原则、法理等大多是建立在社会主义道德的基础上，法治的诸多制度和规范本身是社会主义道德的制度化和法律化。例如，在社会行为层面上，"危害祖国"，既是社会主义道德否定的行为，也是我国宪法和刑法等法律禁止的行为；"损人利己"、"见利忘义"既是违反道德伦理和道德规范的行为，在一定条件下也是违背社会主义法治理念和法律规范的行为；"违法乱纪"、"欺诈瞒骗"的行为，既要受到社会主义道德和纪律的制裁，也要受到社会主义法治理念的谴责，若违法犯罪了还要受到国家法律的惩罚。在法律制度层面上，社会主义法治的立法坚持"良法善治"，执法强调"秉公为民"，司法主张"公平正义"，守法要求"平等"、"诚实"和"信用"等等，法治的所有这些特征和要求，都在不同程度上体现了社会主义道德的要求，成为法律化的社会主义道德。

从宪政层面来看，现行宪法规定，中华人民共和国实行依法治国，建设社会主义法治国家。依法治国作为执政党和国家治国理政的基本方略，它要求：人民在党的领导下依照宪法和法律管理国家和社会事务、管理经济和文化事业；执政党必须在宪法和法律范围内活动，坚持民主执政、科学执政和依法执政；立法机关应当坚持民主立法、科学立法，不断完善中国特色社会主义法律体系；行政机关应当坚持依法行政，努力建设法治政府；司法机关应当坚持公正司法，努力建设公正高效权威廉洁的司法机关；全体公民应当学法遵法守法用法，自觉维护法治的统一和权威。

从现实层面来看，我国的社会主义市场经济是法治经济，而非德治经济；我国的社会主义民主政治是法治政治，而非德治政治；我国的社会主义和谐社会首先是民主法治社会，而非人情社会。

鉴于两者的上述区别，法治应当与德治紧密结合、相辅相成。法治不应当规范和调整人们的思想意志，对于思想范畴的问题往往表现得无能为力；而对于道德沦丧、良心泯灭之徒的行为，思想道德的约束也常常无济于事。正所谓"寸有所长，尺有所短"。所以，我们既要反对以法治完全取代德治的做法，也要反对重视德治而忽视法治的倾向。尽管如此，在社会主义初级阶段的治国理政过程中，法治应当发挥主要的基础性作用。

四 统筹"两型社会"法治建设

建设资源节约型和环境友好型的"两型社会",是构建和谐社会的重要内容。地方政府在贯彻落实科学发展观、率先实施"两型社会"建设战略的过程中,把法治作为"两型社会"建设至关重要的内容和保障条件,提出加强"两型社会"法治建设的重大任务,具有重要的理论价值和实践意义。从法理学角度来看,地方层面加强并推进"两型社会"法治建设,夯实和谐社会的法治基础,应当统筹处理好以下几个重要关系。

一是统筹处理好"两型社会"建设与法治建设的关系。"两型社会"建设,不仅需要法治的引导、规范、促进和保障,也会对我国的法治理念更新、法律制度完善、法治机制创新和法治整体水平提高,产生积极的影响和推动作用,两者是相辅相成的关系。在全面推进依法治国、加快建设社会主义法治国家的形势下,我国的经济建设、政治建设、社会建设、文化建设、生态文明建设、党的建设甚至思想道德建设等,都从不同领域、不同角度和不同意义上对法治建设提出了要求。与其他领域的建设相比,"两型社会"建设之于法治建设的特殊意义在于:第一,它将对"两型社会"的法治观念作出新的解释,法治的阶级性、政治性、主观性大为减弱,而法治的社会性、科学性、客观性大为增强。这就要求我们的立法、执法和司法活动必须更加尊重科学、更加尊重规律、更加尊重自然。第二,"两型社会"将对立法提出特殊需求,立法的调整对象更多的是人与自然、社会与自然、政府与自然、自然与自然等关系,而人与人的社会关系则相对居于法律关系的幕后位置。第三,"两型社会"将对法律的作用方式提出更多特殊要求,法律法规及其实施的科学性、定量化、指标化、刚性规范等特点更加凸显,相比而言其主观性、随意性、自由裁量度则明显减少。第四,"两型社会"将对立法、执法和司法人员的科学精神、科学知识、科学素质和法治能力提出更高要求,需要他们在科学人文精神指导下充分理解自然环境、自然资源、生态条件以及人与自然、自然与法律等关系的深刻本质,需要他们具备足够的科学知识、科学技能和人文关怀,真正做到科学立法、严格执法和公正司法。应当以科学精神来认识和把握"两型社会"建设与法治建设的基本关系,既要反对法治虚无主义,防止用人治、政治和长官意志的方式来主导"两型社会"建设,避免用行政手段、运动方式和道德说教来推进"两型社会"建设;也要警惕法治万能主义,防止"两型社会"建设中一切使用法治、一切依靠法治和一切法治化,避免以法治遮蔽甚至取代科学。法治在"两型社会"建设中的功能角色定位,应当是有所为有所不为。过分强调法治或者忽视法治对于"两型社会"建设的重要作用,都有失偏颇。

二是统筹处理好"两型社会"法治建设与法治社会、区域法治建设的关系。在地方层面上,"两型社会"法治建设与地方的法治社会建设、区域法治建设看上去是比较接近的概念，但实际上"两型社会"法治建设之于地方的法治社会建设、区域法治建设而言，是一个相对窄小的范畴。从逻辑关系看，"两型社会"法治建设总体上应当从属于地方的法治社会建设和区域法治建设。因此，推进"两型社会"法治建设，一方面，要着眼于"两型社会"的自身特点和内在需求，有针对性地提供特殊的法治资源和特别的法治保障；另一方面，又要把"两型社会"法治建设与本地方的法治社会建设或者区域法治建设紧密结合起来，通过本地方的法治社会建设或者区域法治建设统筹解决"两型社会"法治建设需要解决的立法、执法、司法、守法和法律监督等问题。毫无疑问，诸如公众的法治意识问题、行政机关及公务员的执法水平和执法能力问题、法院权威性和公正司法的问题，良法善治和法治环境的问题等，都是相互牵连、彼此渗透的，所有法治要素、法治环节以及法律规范的问题，都是交织融汇在一起的。因此，在强调加强"两型社会"法治建设的同时，应当同时加强整个地方的法治建设，或者将"两型社会"法治建设当做整个地方法治建设的一个重要突破口和切入点来抓，这样才可能产生应有的系统效应。

三是统筹处理好国家法治统一与地方法治先行先试的关系。1978年以来，在改革开放和加强法治建设的过程中，坚持国家法治统一原则与地方改革先行先试、创新发展的实际需要之间，始终存在一种张力，甚至成为一种不对称的矛盾。从中央和全国的角度出发，必须强调并遵循法治的统一性原则，这是单一制国家维护国家统一、社会和谐、民族团结和法治权威的必需；但从地方改革发展的实际情况出发，又需要在国家宪法原则和法律框架下赋予地方法治创新一定的灵活度、特殊性和先行先试的空间，从而在法治先行的条件下适应地方改革开放的实践需要，以法治保障和推进地方经济社会又好又快地发展。理论上讲，法治与改革发展应当紧密结合、如影随形，但由我国改革的性质和特征所决定，两者紧密结合也面临一些内在矛盾：第一，法律应当具有统一性和协调性，但改革发展的不平衡性使改革时期的立法难以统一和协调；第二，法律应当准确、具体，但改革发展的渐进性使改革时期的立法难以准确、具体；第三，法律应当具有稳定性，但改革发展措施的探索性使改革时期的立法难以固定不变；第四，法律应当具有国家强制性，但改革发展的复杂情况使立法难以相应作出强制规定。总之，法治统一与地方改革开放先行先试之间，产生某种不一致、不协调甚至矛盾和冲突，这是社会转型发展和深化改革过程中法治建设必然会遇到的问题。

四是统筹处理好"两型社会"法律实施与整体法治环境的关系。"两型社会"法治建设不仅要着力解决有法可依的问题，而且要着力解决法律法规有效实施的问题，努力培育良好的法治环境。在中国特色社会主义法律体系如期形成的时代背景下，加强"两型社会"法治建设，不仅要高度重视直接调整"两型社会"关系的那些法律（如环境保护法、自然资源法、循环经济促进法、节约能源法、清洁生产促进法、农业法、森林法等）的执行和适用，从而为"两型社会"建设提供直接有效的法律服务和法治保障，而且要高度重视间接调整"两型社会"关系的法律（如刑法、行政处罚法、行政强制法、行政许可法、公务员法、法官法、检察官法、刑事诉讼法、民事诉讼法、行政诉讼法等）的执行和适用，为"两型社会"建设提供系统全面的法律服务和法治保障。无论是国家层面还是地方层面的"两型社会"法治建设，都应当具有法治战略眼光，加强顶层设计，从系统工程的角度统筹处理好法治的局部与全局、部分与整体、直接与间接、地方与中央的关系，努力衔接好法律的创制、执行、适用、监督、服务、教育和遵守等各个环节，使法治系统在"两型社会"建设中发挥更大作用，同时通过"两型社会"法治建设成功的先行先试，推动法律体系完善和法治政府建设，实现"两型社会"建设与法治建设的协调发展。

五是统筹处理好"两型社会"法治建设中的域外经验与中国国情的关系。通常认为，现代法治具有鲜明的国家意志性、阶级性、政治性和意识形态性，因此，法治建设必须坚持和强调政治立场、政治方向、政治功能和阶级本质。但是，在一国法律体系中，相对于传统的宪法、行政法、刑法等公法部门而言，调整人与自然、人与资源、人与环境、人与生态等关系的环境资源法部门，其阶级性、政治性、意识形态性是比较弱的。"两型社会"法治建设中需要制定的法律、法规和规范，大多数属于后者；实施这些法律、法规和规范则具有较强的客观性、规律性、确定性、普适性和量化指标，较少的主观性、随意性、自由度和定性要求。因此，"两型社会"法治建设应当进一步解放思想、突破禁锢，防止用政治和意识形态思维来左右环境、生态、能源、资源等方面的决策、立法、执法和司法过程，避免用想当然的方式推进"两型社会"法治发展。同时，与宪法、行政法、刑法等公法部门相比，环境资源法部门以及相关的执法、司法和守法活动，具有更加明显的科学性、客观性、普遍性和共同性，是人类在与自然和环境和谐相处的长期实践中形成的法律规范、法治经验，是人类法治文明的共同财富。加强"两型社会"法治建设，对于包括西方资本主义国家在内的人类社会一切有关环境、生态、能源、资源等法律规范和法治经验的学习运用，既要跳出"姓资"还是"姓社"的意识形态价值判断的窠臼，也要合理强调国情和社会条件的特殊和例外。加强"两型社会"法治建设，应当全面学习和引进发达国家有关环境、生态、能源、资源等方面的法律原则、立法经验、执法机制、司法判例等有益做法，推动我国"两型社会"及其法治的跨越式发展。

第一章 构建和谐社会的法理基础

第一节 有关法律学说对和谐社会的构想

和谐是人类生存的一种基本状态，其核心是多元力量、多种要素或多样关系的协调与平衡，以达致在多样性基础上的原则认同和互动包容，实现相互性、动态性、稳定性的共识秩序。翻开人类的历史，就不难发现，和谐社会并不是个新事物，而是自古以来人类社会的不懈追求。不论是东方还是西方，不论是古代还是当今，都是如此。因为没有和谐，就会产生冲突和对抗，就会发生严重的社会震荡和危机；而有了和谐，才会产生秩序，才会有稳定和发展。和谐与不和谐一直是人类社会面临的一个重要矛盾。因此，古今中外的很多重要思想家尤其是法学家都对和谐社会进行了理论思考和制度设计。

一 西方法律学说中的和谐社会构想

法律思想在西方已有很久的历史，发展至今日，形成了纷繁复杂的诸多理论学说。其中，很多法律学说都直接或间接地对和谐社会、和谐秩序给予了充分的关注。

（一）自然法学派的理论构想

自然法学派是西方历史最悠久的法学派，它的观念源头可以追溯到古希腊的毕达哥拉斯。毕达哥拉斯以"数论"为基础，强调人类社会生活必须建立在"秩序"基础上，这个"秩序"就是数的协调、均衡，它是和谐社会生活的基本表现。只有广大公民服从贵族的统治，恪守贵族制定的法律，才是调和与均衡的最好的国家，秩序才能稳固建立起来，否则就违背了天意和人性，必须予以摧毁。[①] 这一观念为柏拉图所承继，柏拉图强调，只有各阶级的人们各安其位、各守其责、各尽其能、各得其酬，不事僭越，才能实现"正义"，从而建立和谐的"正义"秩序。[②] 如果说毕达哥拉斯和柏拉图基本上都

---

y

① 参见吕世伦主编《西方法律思潮源流论》，中国人民大学出版社，2008，第5页。
② 参见〔古希腊〕柏拉图《理想国》，郭斌和等译，商务印书馆，2002，第132~176页。

是持"贵族统治"和谐观的话,那么,亚里士多德则建立了"共和主义"和谐观。在他看来,共和政体是最好的,君主的、贵族的、平民的等各种因素混合得越平衡,这个政体就越优良,存在得也就越久。因此,"要使事物合于正义(公平),须有毫无偏私的权衡;法律恰恰正是这样一个中道的权衡。"①这样,他们都企图建立一个道德目的来作为国家的主要目标,其基本思想都是"求得这种共同生活的和谐"。②

进入希腊化时期之后,个人主义、世俗主义开始兴起,出现了斯多噶学派,他们主张人要过与自然相协调一致的生活,要顺从自然理性(神的理性)和人的本性,人定法也要服从自然法。其轴心是追求人的理性与自然理性的和谐、人定法与自然法的一致。而随后的伊壁鸠鲁学派则更进一步,否定了斯多噶学派神的理性论,主张个人的快乐主义和功利主义。但是,这些追求又必须符合"自然的公正",它是引导人们避免彼此伤害的互利约定,③从而使人们的关系变得公正协调、和谐有序。

在古罗马初期,西塞罗接受了自然法思想,并认为依自然而生活,一切都会尽善尽美,这时仍带有追求和谐的内在指向。然而,随着古罗马由共和走向帝制,私法化和法律技术化趋向加重,因而对和谐社会的构想逐渐弱化。中世纪的自然法则具有浓重的神学色彩,虽然也主张上帝面前人人平等、实在法应当服从自然法,但是,主导倾向还是为神权的统治辩护,维系等级身份关系和秩序。

随着启蒙时期的到来,自然法逐渐开始由神的理性转换为人的理性。格劳秀斯就指出:"自然法是正当理性的命令,它根据行为是否和合理的自然相谐和,而断定其为道德上鄙视或者道德上的必要,并从而指示该行为是创造自然的神所禁止或所命令。"但是,自然法是固定不变的,即使是神也不能改变它,甚至神的自身、神的行动"也要受这一规则的裁判"。④这样,神就被降低到自然法之下。此后,霍布斯赋予了自然法较浓的"和平"追求,洛克对自然法中的生命、自由和财产权利给予了很高期盼,卢梭设定了自然法的自由平等、人民主权等"社会契约"属性,最后经由潘恩、杰斐逊、汉密尔顿等思想家,形成了权力制约与平衡、自由和人权保障的法律观。虽然这一时期他们并没有十分明确、具体地论述和谐社会,但是,面对国家权力从独断的君主转移到民主的大众手中、个人自由和权利获得空前巨大释放的重大历史变革,他们竭力想通过从无序的"自然状态"向有序的"契约国家"的跨越,来建立民主制度和法治秩序;通过对国家权力的分权制衡、个人权利

---

①　〔古希腊〕亚里士多德:《政治学》,吴寿彭译,商务印书馆,1997,第169页。

②　〔美〕萨拜因:《政治学说史》(上),盛葵阳等译,商务印书馆,1986,第33页。

③　吕世伦主编《西方法律思潮源流论》,中国人民大学出版社,2008,第34页。

④　张学仁等编译《西方法律思想史资料选编》,北京大学出版社,1983,第143页。

对国家权力的分割分解，来设定国家与社会、公共利益与私人利益的界限；通过对生而平等、自由的权利保障，来设定个人与群体、私人利益与私人利益的界限。其目标就是要扼制国家权力的扩张滥用和私人权利的冲突无序，实现权力与权利、权利与权利的平衡，从而建立自由平等、多元竞争、和谐共进的社会秩序。这样看来，这些理论的内在路径，就是旨在防止独裁和无政府的极端形式，从而为各个自由、平等、理性的自然人设定了多元自主、平衡发展的和谐秩序。

进入 19 世纪末之后，人们逐渐发现，自由资本主义的发展并没能兑现启蒙思想家"自由、平等、博爱"的承诺，反而是社会分化加剧、矛盾突出，出现了形式的平等掩盖着实质的不平等、契约自由变成了以强凌弱的借口、权利释放导致了权利滥用和冲突等现象，这无疑造成了社会震荡和危机。于是，"福利国家"时代到来了。应当说，"福利国家"对经济和社会的干预，对促进平等、缓解社会矛盾产生了一定的积极作用。但是，它又造成了"家父主义"的权力扩张和对社会自由的侵蚀。为此，富勒、罗尔斯、德沃金等当代自然法学家，努力捍卫着法律的正义价值和权利尊严，促进社会的平衡与和谐。富勒就曾明确指出："社会设计中的一个普遍存在的问题便是如何把握支持性结构与适应性流变之间的平衡"，"我们所关心的不仅仅是个人是否自由或安全抑或是否感到自由或安全的问题，而是作为一个整体的社会中的各种（通常默默展开的）过程之间如何达致和谐与平衡的问题。"① 而罗尔斯对"无知之幕"和"正义两原则"的设计，也是在努力保证每个人的自由平等，如果是不平等的经济和社会安排，就要"适合于最少受惠者的最大利益"，② 这才是合理和符合正义的。同样，德沃金也强调，"我的论点中的核心概念不是自由而是平等"，并主张要认真对待权利，政府必须平等地关心和尊重人民，"自由主义平等概念支配下的每一位公民都有一种受到平等关心和尊重的权利。"③ 由此看来，他们的共同取向是对平等的期盼和对弱者的关怀，力图建立机会均等、公平合理的理想社会，这也必然是一个和谐社会。

（二）社会法学派的理论构想

社会法学是从 19 世纪末 20 世纪初开始产生的，当时正值西方由自由资本主义向垄断资本主义的过渡时期，自由放任开始让位于国家干预，个人本位开始让位于社会本位，缩小贫富分化、化解社会矛盾、促进公平发展就成为时代的主题。因此，社会法学在很大程度上成为和谐社会构建的理论动力和现实根基。

从法社会学的鼻祖孔德开始，就将合作原则作为社会的基础，并使每一

① 〔美〕富勒：《法律的道德性》，郑戈译，商务印书馆，2005，第 35～36 页。
② 〔美〕罗尔斯：《正义论》，何怀宏等译，中国社会科学出版社，1997，第 79 页。
③ 〔美〕德沃金：《认真对待权利》，信春鹰等译，中国大百科全书出版社，1998，第 357 页。

社会成员各得其所。此后，耶林、赫克、韦伯、迪尔凯姆等也十分注重法律对利益的调整和社会有机体秩序的构建。狄骥则承继了迪尔凯姆的理论衣钵，并认为"连带关系"是构成社会的"第一要素"，是社会中人们之间相互作用、相互依赖的关系。社会连带关系越是紧密，合作（社交）感觉和分工（公平）感觉也应协调得越好，而法律就是维护社会"公平"和连带关系的需要。① 而美国著名法社会学家庞德更为明确地指出，法律的任务就是对发生竞争和冲突的利益进行协调，保护和实现这些利益，"根本上必须在合作本能与利己本能之间维持均衡。社会控制的任务就在于使我们有可能建立和保持这种均衡"。② 这样，法律就成为人们评估和重新评估利益、促进社会合作的规范表达，"因为他们希望利益调和，因为他们希望保障他们本身的利益和承认尊重他人利益的正当。这种相互的权利义务观念是建设政治社会的基石。"③ 这就为建立和谐社会奠定了重要的理论基础。

在当代，随着全球化进程的不断加快，呈现出多样性、个体性、流动性、自主性的新发展，国家权力扩张、公司权利膨胀和个人权利"爆炸"交互作用和影响。公平发展与和谐秩序就成为时代的一个重要主题。这引起了当代西方社会法学家的浓重关注，其中较为典型的就是塞尔兹尼克。在塞尔兹尼克看来，法律的一个重要功能，就是确认人们的相互权利和义务、促进相互信赖与合作，从而建立彼此适应和尊重的社会秩序。为此，他划分了压制型法、自治型法和回应型法，认为压制型法立足于"压制性"统治，以维持不惜一切代价的治安秩序为第一要务，因而在古代国家和极权国家中表现得最为显著；自治型法是立足于法律与政治相分离，以忠于法律和程序公平为主旨的法治形态，它有效地限制了统治者的权威，但是仍存在致力于秩序、控制和服从的倾向，无法容纳各种张力、机遇和期待；回应型法则立足更多地回应社会的需要和诉求，促进参与合作和实质公平。在这里，"政治的——和文明的——协商、讨论和妥协的艺术获得了运用"，使得"秩序是协商而定的，而非通过服从赢得的。"④ 这无疑是对多元和谐秩序建构的一种努力。

（三）当代法治理论的理论构想

现代法治理论最初是以形式理性为主导而来构建"自由主义"法治模式的，它相信在建构起来的私法社会中，法律主体可以自由、理性地追求其人生目标，并最终能实现社会正义。但随后的资本主义发展表明，形式自由、

---

① 吕世伦主编《现代西方法学流派》（上），中国大百科全书出版社，2000，第390页。
② 〔美〕庞德：《通过法律的社会控制 法律的任务》，沈宗灵等译，商务印书馆，1984，第89页。
③ 〔英〕萨柏恩、许派德：《近代国家的观念》（〔荷〕克拉勃著）英译者序，王检译，商务印书馆，1957，第57页。
④ 〔美〕诺内特、塞尔兹尼克：《转变中的法律与社会》，张志铭译，中国政法大学出版社，1994，第104~105页。

平等的制度设计并没有带来真正的自由和平等，反而掩盖和恶化了实际上的不自由和不平等，从而出现了不稳定和秩序危机。西方人也开始反思其官僚制中的法律理性，是"如何导致奴役而不是带来自由了"。①

为此，"福利国家"的法治理论模式走上前台，它企图以实质的正义关怀来修正、改进过于形式化的"自由主义"法治，力图通过抑强扶弱、强化权利保障，来实现真正的自由平等和社会公正。然而，"福利国家"的法治模式却带来了明显的"家父主义"干预和国家的"规划秩序"，个人自由、社会自主性和法治传统受到了威胁。于是，基顿、伯尔曼、昂格尔等学者大呼这将导致西方法律传统的危机，甚至可能解体。于是，哈贝马斯等人就开始构建"私人自主"和"公共自主"的内在互动、和谐平衡关系，倡导对话沟通的"程序主义"法治模式。② 这种模式倡导如 WTO 运行机制、集体谈判制度、民间治理机制、辩诉交易制度、听证制度、ADR 机制等，因为它们都不是至少不单纯是单向的权力运作或刚性的法律规制，而是体现了一种多元互动、民主协商、平衡回应、和谐共进的价值导向，其实质是在放任和干预、权力和权利、平等和自由等的悖论冲突中寻求妥协与平衡，从而推动和谐秩序的建立。

二　中国文化传统中的理论构想

中国是一个具有深厚道德文化传统的国家，自古以来就对"和谐"有浓重的追求。早在《国语·郑语》中就记载了郑桓公与太史伯关于"兴衰之故"、"死生之道"的对话，太史伯指出，"夫和实生万物，同则不继"，而西周"去和而取同"，所以必然要灭亡。孔子则在《论语·子路》中进行了更细致的阐述。他这样论断："君子和而不同，小人同而不和。"这里的"同"，是完全相同事物或要素的简单叠加和"以同统同"，而"和"则是不同事物或要素的并存互补和均衡统一。因此，他在《中庸》中又指出："中也者，天下之大本也；和也者，天下之达道也。致中和，天地位焉，万物育焉。"可见，在古代先哲眼里，"中和"就成了事物存在和发展的一种基本规律。此外，老子、庄子等也阐发了"人法地，地法天，天法道，道法自然"、"无为而治"、"太和万物"等和谐理想。这样，"天人调和"、"以和为贵"的和谐思想，逐渐成为中国文化的一种深层内涵，成为中和均衡、公正为本、和乐天下的社会理想和追求。正因如此，"从先民的'小康'，到康有为的'大同社会'，洪秀全的'太平天国'；从孙中山的'天下为公'，到共产党人的'社会主义民主'、'共产主

---

① 〔美〕文森特·奥斯特罗姆：《政治文明：东方与西方》，潜龙译，刘军宁等编《经济民主与经济自由》，三联书店，1997，第272页。

② 〔德〕尤尔根·哈贝马斯：《包容他者》，曹卫东译，上海人民出版社，2002，第302~303页。

义'，人们所憧憬的依然是社会的和谐、人民的幸福。"①

从法律思想角度来看，儒家强调"仁"、"义"、"礼"的规范作用，主张"德主刑辅"和"无讼"，并将儒家道德贯穿于法律规范中，甚至出现了道德主宰的"春秋决狱"，从而形成了一种德化为本、仁义至上、万民协和的和谐社会观；道家主张"小国寡民"、"无为而治"、"道法自然"，设定了顺从自然、安乐无为的和谐社会观；墨家倡导"兼爱"和"非攻"，构建了一种顺天相爱、天下太平的和谐社会理想；法家注重法律的作用，力图建立尊卑有礼、等差有序的和谐秩序。后来，儒家思想逐渐变成统治阶级的正统意识形态和中国文化的主流，从理论上的"德主刑辅"，到"尚德缓刑"的法律实践，贯彻的都是礼法并用、道德教化和仁政天下，从而达致社会和谐的目标。

综上可以看出，古今中外的法律学说都不同程度地对和谐社会给予了关注，进行了理想化的描绘和追求。当然，它们都有其很大的局限性。古代西方的法律学说，基本都是力图建立维护等级特权统治的和谐秩序；近代以来的资产阶级法律学说，也是在为调和资本主义社会的矛盾、建立符合资本主义发展的"正义"秩序而努力。古代中国的法律学说，无论是德政仁政，还是德主刑辅，都是为皇权统治服务的，旨在实现皇帝、大臣、贵族、豪绅、平民之间的和平共处与"和谐秩序"。

马克思主义才真正开辟了人类和谐发展的新篇章。在马克思和恩格斯看来，只有建立"民主制"，法律才能表现出来它的本来面目——"人的自由产物"。因而，"不是人为法律而存在，而是法律为人而存在，在这里人的存在就是法律"。法典也就成为"人民自由的圣经"。②只有到了"各尽所能、按需分配"的共产主义社会，才能建立"每个人的自由发展是一切人的自由发展的条件"的联合体，③真正的和谐社会也才能建立起来。社会主义和谐社会的建设，正是走向共产主义社会的必经阶段。

第二节 法治社会与和谐社会

法律是一种社会现象，因此，法律与社会具有非常紧密的联系。同样，法治作为一种社会生活方式、运行机制和秩序状态，它与社会特别是与和谐社会形成了不可或缺的互动支撑关系。

一 法律与社会的关系

社会是人类生产生活中人与人关系的复合体，是人类各种活动及其衍生

---

① 何勤华：《历史视野中的和谐与法治》，《解放日报》2005年6月26日。
② 《马克思恩格斯全集》第1卷，人民出版社，1965，第281、71页。
③ 《马克思恩格斯选集》第1卷，人民出版社，1995，第294页。

物之间相互作用、相互影响、相互关联的总和。法律是一种社会产物和现象，它必然与社会具有十分密切的关系。

（一）法律须以社会为基础

作为一种社会规范，法律并不是凭空产生和发展的，它来源于社会、扎根于社会，并随社会的发展变化而变化，可以说，社会是法律产生和发展的土壤。

首先，在发生上，法律来源于社会。在最初的蒙昧社会，人类过着男耕女织，有衣同穿、有饭同吃的群体生活。但是，随着剩余产品和社会分工的出现，就出现了利益分化和尔我之别，这自然会产生矛盾和冲突，随即也就出现了致力于控制冲突、建立秩序的国家。然而，面对纷繁复杂的利益矛盾和冲突，宗教神谕、血亲复仇、习惯道德等都不足以建立秩序，于是，国家意志性、强制规范性、确定稳定性的法律就应运产生了，并胜此重任。可见，法律并不是神的创造，也不是人的一时灵感，而是人类社会发展进步和文明选择的必然结果。

其次，在性质上，法律是一种社会规范。法律从产生那天起，就以界定利益关系、规范人的行为、维护社会生产生活秩序为己任，其调整范围包括政治、经济、文化和日常生活的方方面面，因此，尽管法律的外在表现是一种"国家意志"，但是，它根本上必然是一种立足社会发展、满足社会需求、调整社会关系、规范社会秩序的行为规范。为此，马克思曾深刻指出："社会不是以法律为基础，那是法学家们的幻想。相反的，法律应该以社会为基础。法律应该是社会共同的、由一定物质生产方式所产生的利益和需要的表现，而不是单个的个人恣意横行。"①

再次，在功能上，法律主要调节社会关系、维护社会秩序。宗教、道德和法律是人类社会生活中的三种重要规范。但是，宗教立足"神人"，注重规范人的精神和信仰；道德立足"圣人"，注重规范人的思想和品德；法律则立足"世俗人"，注重规范人的行为和利益关系。因此，法律的主要功能就在于调节现实的社会关系和利益关系，设定人的行为尺度和边界，从而建立正常的、稳定的生产生活秩序。

最后，在发展变化上，法律随社会变迁而进化。法律在社会中产生，并承担调整社会关系和人的行为的重要功能，那么，法律必然要反映社会的物质生活条件和发展变化，并因不同的国家、不同的民族、不同的历史时期而呈现不同的发展趋向。从奴隶社会到封建社会，再到资本主义社会，法律制度的进化是有目共睹的，而从自由资本主义到垄断资本主义，再到当代资本主义，法律制度的发展变革也十分明显。

可见，法律必须以社会为基础，这是认识法律、理解法律的关键。

---

① 《马克思恩格斯全集》第 6 卷，人民出版社，1965，第 291～292 页。

（二）社会需要法律来调控

法律来源于社会，以社会为基础，但是，这不等于说法律就是简单地受制于社会，机械被动地服从于社会。事实上，法律对社会还有一定的反作用，社会也需要法律的调控来保障正常运行和实现规则秩序，甚至有些时候法律还会促进社会的发展变革。

首先，通过法律确认基本社会关系和结构。法律作为一种国家意志性、普适性、确定性、稳定性、强制性的社会规范，是国家和社会生活的总纲和指南。它的首要职责就是确认、维护基本的社会关系和社会结构，确定人们在财产关系、人身关系以及社会管理关系等纷繁复杂生活中的行为界限和尺度。如果没有法律，无论是"神灵化"的宗教，还是"弹性化"的道德、"不确定性"的习惯，都很难胜此重任，社会制度也就很难确立起来，社会统治和社会秩序也就无从谈起。

其次，通过法律建立恢复与平衡机制。从古至今，在任何社会里越轨行为都是大量存在的，都是社会秩序所面临的重要难题。因为一方面，任何时代的社会关系、社会结构和社会制度都不可能满足每个人的欲望和要求，不可能让每个人都满意和自觉服从，因而总会有突破现有关系、结构和制度规范的行为发生。此外，人既有合作的本能也有利己的本能，有共识也有分歧，因而在社会合作和利益追求中难免会发生各种矛盾、冲突甚至斗争。随着社会的发展和进步，总会出现新的机会和利益，这些新的机会和利益的分配，也会产生矛盾、冲突和纷争。可见，仅有法律确认基本社会关系、社会结构和界定人的行为限度是不够的，它并不等于建立了社会秩序。事实上，还需要法律面对日常生活中大量的越轨行为和冲突纷争，进行必要的社会控制和调适，"法律用惩罚、预防、特定救济和代替救济来保障各种利益"，[①] 从而建立起纠正、补救和平衡的法律机制，使受到冲击、毁损的社会关系、社会结构、社会秩序得到恢复。另一方面，法律也会通过对社会变革中的新生利益和新生社会关系的确认和维护，促进社会变革与发展，从而使社会关系、基本结构和制度规范更加适应变化了的社会的需要。

最后，通过法律建立起码的底线秩序。道德、宗教和法律是人类社会的三种基本规范。但是，道德主要是人际关系的基本纽带，是一种"圣人"的标准；宗教主要是信仰约束和终极追求，是一种"神人"的标准；而法律则是对行为的最低规范，是一种"俗人"的标准。为此，触犯了法律就等于冲破了社会秩序的"红线"，法律就设定了任何人不得逾越的、以国家强制力为后盾的最低秩序保障。特别是近代以来的社会发展和变革，把人们造就成为活跃于市场经济舞台和日常生活中的"经济人"，他们是世俗的、理性的、自

---

① 〔美〕庞德：《通过法律的社会控制　法律的任务》，沈宗灵等译，商务印书馆，1984，第31页。

由的、平等的，富有契约意识、民主精神、正义追求和人权信念，因此，以往的道德约束和宗教戒律都逐渐失去了原来的效用，法律就成为规范国家和社会生活秩序的主导。这样，通过法律对社会的调控，就建立起了起码的底线秩序，避免社会动荡和无政府主义，保障社会的正常运行和发展。

可见，法律与社会具有十分密切的关系，它们相互依存、相互支撑、互动发展。在和谐社会建设中，更是如此。

二 法治建设与和谐社会

对和谐社会的追求，可以说是中国文化传统的一种特质。《说文解字》中的解释是，"和，相应也"；"谐"，意为"配合得当"。由此看来，"和谐"就是旨在使不同事物"相应"且"配合得当"，是多样性、自主性的共存化"统一"，而不是单元性、压倒性的霸权化"同一"。为此，有学者概括了"和谐"的四大功能，即多样的统一、关系的协调、力量的平衡、功能的优化。① 而纵观西方社会的发展历史，也不难发现其对和谐社会的渴望和追求。但实际上，古代的和谐与现代对和谐的追求还是有很大差别的。

在传统社会，由于物质生产条件的限制、人们思想观念的束缚和社会体制的制约，形成的是一个等级的社会，因此，那时的和谐社会目标，基本上都是皇帝、大臣、贵族、豪绅、平民之间的和平共处与"安定秩序"。它在一定时期、一定范围内是有成效的，甚至也曾在西方出现了"伯里克利时代"、"奥古斯都新政"，以及中国的"文景之治"、"贞观之治"或"康乾盛世"那样的社会繁荣局面，从根本上说却是脆弱的和暂时的，它们基本都发生在颠覆了一个政权或政局重大变革之后的恢复、振兴时期。这种不断的政权或政局更迭，变化的只是不同的人，而不是等级结构，皇亲国戚、宫廷大臣、豪绅贵族和黎民百姓的等级序列则变化甚微。所以，还会有新的自主、平等诉求力量来反抗和打破这种等级关系，建立新的等级和谐秩序，这就意味着会不可避免地发生周期性的社会动荡和危机。因此，传统的"社会和谐"更多是一种"相安无事"的等级秩序罢了，不具有今天和谐社会的意义。

人类进入近代社会，则发生了质的变化。资本主义革命的胜利建立起了市场经济体系和民主政治体制，倡导自由主义文化精神，彻底打破了传统社会的等级结构，实现了人的巨大解放，从而构造了一个世俗主义、个人主义、多元利益的社会，一个可以对权利进行自由表达的社会。于是，就必然会出现太多的不和谐音符，但是，它通过市场竞争和宏观调控来满足人们的物质需求，通过民主选举和监督来满足人们的政治需求，通过文化开放和宽容来满足人们的精神需求，从而对多元利益主张和权利要求进行政治疏导和法律控制。因此，这里表面上看来是引发了各种权利冲突、利益冲突和观念冲突，

---

① 傅治平：《和谐社会导论》，人民出版社，2005，第4~6页。

但是，它肯定了人的普遍主体地位，释放了个人的正常欲求，并且纳入了法律的正当程序和规则框架之中，能够在法治机制中得以实现，使得法治成为必要和可能。这样，就能够避免传统社会那种周期性的重大震荡和危机，真正的多元平衡与和谐机制也才建立起来。可见，多元和谐发展状态构成了法治建设的重要基础，而民主与法治则构成了多元和谐发展的前提条件和根本保障。这就意味着，民主法治与和谐社会是一枚硬币的两面，彼此相互促进和影响。

（一）法治建设是和谐社会的根本保障

和谐社会是一个多元化、均衡化、自主化的开放性社会，是人与人、人与社会、人与自然和谐相处、全面发展的运行机制和秩序状态。它固然构成了法治建设的重要基础，但同时，它也需要通过法治建设来予以保障和促进。

首先，通过"良法至上"原则，建立多元利益和权利的调适平衡机制。单元霸权的社会追求的是"一致"，它靠压制冲突来达致"同一"；而在多元共存时，就会有冲突和妥协，这必然就需要追求和谐。因此可以说，和谐社会的前提条件是多元化主体、多元化利益、多元化价值、多元化追求。面对这种多元化发展，"没有规矩就不成方圆"，因此，需要按照各方公认的"正义价值准则"，以"至上"的权威规则来"划定边界"、"定分止争"，法治恰恰是这样一种机制。法治的前提条件是民主，它主张限制国家权力、保障社会权利，因而为多元化的利益、多样性的自由提供了可靠的发展空间；它要求按照民主程序和公认的正义尺度来制定法律，对多元化的利益和权利及其边界进行合法性确认和均衡化保障；它强调法律的至上权威，要求无论国王还是平民，任何人都必须遵从法律，受到法律的同等约束和平等保护，不得有超越于法律之上的特权，从而确立"法律的统治"。这样，就使得多元利益和权利有了可靠的规范尺度和制度保障，既能捍卫各自的多元存在空间，又能保证整体的有序运行，从而促进和谐发展和共同进步。否则，如果多元权利和利益失去法治保障的话，那么无序的多元必将是一场"混战"，最终会共同灭亡或者回归为"胜者王侯"式的　元"霸权统治"。

其次，通过"正当程序"，建立公正合理的纠纷解决和修复机制。一个多元社会，自然会在利益追求、价值取向、权利主张等方面发生各种碰撞、摩擦和冲突，即使有了法律对权益边界的清晰划分和厘定，仍难免产生各种纷争。和谐社会并不是要通过减少多样性、压制冲突或者消灭这些纷争来谋求通向一致的道路，[①] 而是要通过公认的理性化方式和途径来控制、化解这些冲突和纷争，使它们能够产生共识和相互妥协，从而使受到损毁的社会关系得到修复，保障社会的和谐发展。这个公认的理性化方式和途径就是法治的正当程序机制。法治的正当程序具有平等适用性、权力制衡性、公正效率性和

---

① 〔美〕科塞：《社会冲突的功能》，孙立平等译，华夏出版社，1989，第114页。

权利保障性等特性，它为多元权利和利益冲突与纠纷提供了同等的平台和框架，进而按照确定的法律规则和公正准则进行控制、妥协、平衡和化解，并基本能获得各方的信任和认同，最终把受损的社会关系基本修复到正常状态。这样，就避免了冲突失控和社会震荡，从而促进和谐秩序的建立。

最后，通过自由、平等、正义和人权价值追求，建立协调发展、和谐共进的规则秩序。和谐社会是一个呈现多元利益和权利追求的社会，但是，如果这些多元利益和权利追求都是狭隘的、特权化的、非理性的，那么就根本谈不上和谐，只会酿成混乱甚至是灾难。因此，和谐社会的多元利益和权利追求，必须是宽容的、平等的、理性的，是建立在共同的人性和主体意识基础上的，只有这样，不同人、不同群体的利益和权利才能够相互尊重、平等相待、和谐相处、"照章办事"。法治所赋予的自由、平等、正义和人权等价值追求，就是这样一种理性文化精神。在国家生活中，每个人都是具有平等权利的"公民"，在社会生活中，每个人都是自由自主的"自然人"，他们都是平等的、自由的、有正义感的，每个人都享有不可剥夺的基本人权。基于这样一种信念，他们就既有自身的利益和权利追求，同时又有对他人同等权利的充分尊重和认真对待，从而形成了权利与义务相统一、自由与责任相一致、自我权利与他人权利相协调的价值观，这就能够把多元利益和权利追求纳入理性宽容、互动协调的规则框架和正当程序之中，建立起多元和谐的规则秩序，为和谐社会提供必要的保障。

（二）和谐社会是法治建设的重要目标

如上所述，法治是和谐社会的保障，但是，法治本身并不等于和谐社会，也就是说，即使在法治条件下，也可能有很多不和谐的因素，甚至出现不和谐的状态。西方自由主义法治模式向福利国家法治模式的迈进，在很大意义上就是为了实现更多的社会和谐。可见，和谐社会是涉及政治、经济、文化、环境、道德、法律等全方位的协调和可持续发展状态，是一个多元平衡、公正合理、以人为本、自主发展的社会，这也正是法治建设所追求的重要目标。

第一，和谐社会是一个多元平衡的社会，这恰是法治实施控权平衡的目标所在。和谐社会的根本取向是多元化，是多种力量或要素的均衡发展，因此，其内在底蕴是民主化，反对一元独断而倡导多元协商；而法治的控权平衡机制正是实现这一目标的重要基础和根本途径。

历史表明，近代法治就是在王权、教权、贵族权和市民权的多元权力斗争中孕育产生的，[①] 到了 17~18 世纪，法治的目标则集中于对国家权力的控制上。首先，它以启蒙精神替代了"君权神授"理论，把国家权力的合法性转移到社会大众手中；其次，它以"守夜人"的国家模式，严格限定了国家权力的目的、职责和行动范围，并服务服从于社会自由和权利；最后，为防

---

① 马长山：《国家、市民社会与法治》，商务印书馆，2002，第二章。

止权力擅断，还必须以权力制约权力，实行三权分立。此后的法治发展也一直沿着权力制约和权利保障的轴心展开，并且无论是权力还是权利，都要服从"法律的统治"。这样，就形成了法律"至上权威"下的控权平衡机制，一方面，它把国家权力的管理限制在有限的范围内，此外皆为各个社会成员、各个群体广泛的平等、自主活动空间，成为分散在每个社会成员头上的自由和权利，从而有效地实施了对国家权力的纵向分割分解；另一方面，它又把已经受限的国家权力进行立法、行政、司法等的划分，从而形成了横向的分权制衡机制。这种横纵的双向分权制衡，就使得任何单元权力都难以形成主宰地位，而现实的情况则是形成一个更加多元化的社会，而且彼此相互独立、尊重和均衡，共同遵守既定的法律规则，从而促进多元平衡秩序的形成。

第二，和谐社会是一个公正合理的社会，法治的发展变革趋向正展现了这种追求。和谐社会里之所以能够实现多元力量和要素的和谐相处，并不是因为它们之间没有冲突和纷争，而很大程度上是在于它们设定了规范社会关系、社会结构以及调适冲突和纷争的公正尺度和规则，从而使各方都能认同社会关系、社会结构和纷争解决的合理性、公正性，建立符合公众理想的社会秩序。近代以来的法治发展变革，就是在为多元社会建立这样一种公正合理的社会秩序而努力。

现代法治是以形式理性为主导而建立起来的"自由主义"法治范式。随着自由资本主义向垄断资本主义的过渡，"福利国家"时代就到来了，从而造就了福利国家的法治范式。它企图以实质的正义关怀来修正、改进过于形式化的"自由主义"法治范式，力图实现真正的自由平等、社会公正和对弱者的保护。然而，"福利国家"法治范式过于注重国家权力的作用，因而带来了明显的"家父主义"干预，个人自由和法治传统受到了一定的威胁。为走出这一困境和危机，"程序主义范式"就意欲成为新的替代。① 它注重"私人自主"和"公共自主"的内在互动关系，倡导对话沟通，主张民主协商，从而反映各方的利益主张和价值诉求，并按照大家公认的正义原则，实现不同利益和权利的配置、平衡和协调。它体现了一种多元互动、民主协商、平衡回应的价值导向，具有一定的"规制自主性"、"内在反思性"和公正合理性诉求，促进了和谐社会秩序的形成。

第三，和谐社会是一个"以人为本"、平等自由发展的社会，它体现了法治对权利保障的价值准则。和谐社会倡导人与人、人与社会、人与自然的有机协调和可持续发展，其核心还是"人"，是"以人为本"、自由平等取向的全面发展状态。而法治的权利保障机制根本上就是捍卫人的自由、平等价值，充分尊重和保障人权，从而促进和谐秩序的形成。

在传统社会中，法律旨在维护王权或皇权的专制统治和尊卑有序的等级

---

① 〔德〕尤尔根·哈贝马斯：《包容他者》，曹卫东译，上海人民出版社，2002，第302～303页。

体系，因而它并没有也不可能有自由、平等和人权的价值追求，那里也不会"以人为本"，就算在"圣君贤相"的时代，充其量也只是"以民为本"，最终还是以不违背君权统治和等级秩序为前提。因此，自由平等、人际和谐、协调共进的社会秩序也就难以建立起来。近代民主法治的形成和发展，把人们从君权和等级秩序中解放了出来，成为自由独立、自我负责、自我发展的平等性、"个体化"公民，此时的国家制度、法律和国家本身都只是人民的自我规定，"只是人权、个人权利的保证"，在这里，"不是人为法律而存在，而是法律为人而存在；在这里人的存在就是法律。"① 这样，法治就通过权利保障机制，践行了"以人为本"的精神和原则，努力促进人的自由平等、机会公平和全面发展，释放了人的潜能和创造力，从而奠定了人与人、人与社会、人与自然协调发展的良好基础，促进了和谐社会建设目标的实现。

第四，和谐社会是一个"自主"秩序的社会，这与法治的多元规则平衡诉求相契合。和谐社会的核心是多元力量、多种要素或多样关系的协调与平衡，呈现相互性、动态性、稳定性的和谐状态。因此，它必然呈现一种内在自觉的"自主"秩序，而不是外在压制的"强制"秩序。当代法治所追求的秩序，就是以法律为主导、多元规则互动平衡的自主性秩序。

从一定意义上讲，西方法治生成发展呈现的是一种理性化的进程，意味着在国家预先制定好的普适性规则基础上来处理和调适社会关系。这种官方的、非人格化的普适性规则，固然遏制了权力的肆意专断，保证了个性化的主体平等、自由和权利，并极大地提高了社会成员规划并预测其利益和行为的法律后果的可能性，但是，这种单元化、形式化的理性规则的局限也逐渐表现出来。② 事实上，法治化进程并不意味着法律独尊而舍弃其他，而"法律制定者如果对那些促进非正式合作的社会条件缺乏眼力，他们就可能造就一个法律更多但秩序更少的世界"。③从现实生活的经验来看，大量的生活秩序也并不是由法律规则来简单规制的，更不是人们主观刻意设计或服从命令的结果，而是"它们的要素在应对其即时性环境的过程中遵循某些规则所产生的结果"。④ 因此，法治秩序只有道德、宗教、习惯和惯例等诸多规范来共同维系才是可能的。这就必须克服"法治乌托邦"的浪漫幻想和"工具主义"倾向，在发挥法律主导作用的同时，确立法律多元主义精神，注重民间法的规范整合功能，加强道德建设和发挥宗教的积极作用，进而为内在自觉、多元

① 《马克思恩格斯全集》第1卷，人民出版社，1965，第440、281页。
② 〔美〕文森特·奥斯特罗姆：《政治文明：东方与西方》，潜龙译，载刘军宁等编《经济民主与经济自由》，三联书店，1997，第272页。
③ 〔美〕罗伯特·C.埃里克森：《无需法律的秩序——邻人如何解决纠纷》，苏力译，中国政法大学出版社，2003，第354页。
④ 〔英〕弗里德里希·冯·哈耶克：《法律、立法与自由》（第一卷），邓正来等译，中国大百科全书出版社，2000，第63页。

规制的"自主"秩序奠定必要基础。目前，正在全球广泛兴起的"民间治理"的进程中，就展现着政府和民间的双向互动，"它所要创造的结构或秩序不能由外部强加；它之发挥作用，是要依靠多种进行统治的以及互相发生影响的行为者的互动。"① 这无疑发挥了官方法律、民间法、习惯法，甚至包括蕴涵伦理及宗教资源在内的社会资本的多元互动与整合作用，从而代表了法律多元主义的规则秩序走向。它所形成的多元"自主"秩序，就成为和谐社会的重要支撑。

可见，法治建设与和谐社会是深层相关的有机体，只有实现了社会和谐，法治建设才有了可靠基础；只有推进法治建设，才能为和谐社会提供根本保障，并最终实现和谐社会的建设目标。

第三节　和谐社会的法律本质

随着全球化进程的加快和多极化世界的形成，对话协商与和平发展日益成为当今时代的主导趋向。而我国随着30多年来的改革开放和经济振兴，也形成了多元分化、开放进步、诉求增长的发展态势，大大推动了民主法治进程。与此同时，不和谐的因素、社会失序的状况也日益凸显，构建和谐社会和建立规则秩序也就显得越来越重要、越来越紧迫。这就需要回应时代发展诉求，重新审视和思考法律在和谐社会建构中的重要功能，并积极促进多元和谐秩序的建立。

一　构建和谐社会要求重新审视法律的本质

从一定意义上讲，和谐社会是单元板结社会的对立物，它是一个异质多元的社会，也是一个自由理性、民主法治的社会，它表达了一种多元利益与权利诉求的秩序状态，因而需要平衡反思的法律制度框架，并立足多元诉求和对话回应来重新审视法律的本质和功能。而事实也表明，"任何研究，只要是关于探索法律与社会变化之间联系的，或者是关于估价法律对社会所起作用的，都必然首先确立某种关于法律本质和社会本质的观念，尽管研究者本身或许并没有意识到这一点。"② 因此，重新审视法律的本质，就成为充分发挥法律功能、促进和谐社会建设的重要理论前提。

法律的本质并不是一个抽象的理论问题，而是社会发展和生活现实的理论反映，因此，在不同的时代、不同的文化、不同的社会结构、不同的经济形态下，就形成了不同的法律本质观。无疑，我们曾在社会主义革命和建设

① 〔英〕格里·斯托克：《作为理论的治理：五个论点》，华夏风编译，载俞可平编《治理与善治》，社会科学文献出版社，2000，第32页。
② 〔英〕罗杰·科特威尔：《法律社会学导论》，潘大松等译，华夏出版社，1989，第78页。

时期，在中国马克思主义传播和发展进程中形成了社会主义的法律本质观，并对我国的民主法治建设起到了巨大的促进作用。但是，在当今改革开放和建设和谐社会的时代背景下，则需要对法律本质观作进一步的思考和更深刻的认识，实现新的理论转换。

首先，从"宏大叙事"转向"生活事实"。经过对几十年来社会主义建设和发展的历史反思，我们清楚地认识到，我国正处于社会主义初级阶段，需要大力发展市场经济和满足人们的物质文化生活需求，这就意味着必须面对一个"世俗社会"，在多元利益、多元权利冲突与整合的基础上来构建和谐社会，这就要求法律为"世俗社会"提供必要的确认和保障规则与制度机制。在这种时代诉求下的法律本质观，就必须由纯粹抽象、先验逻辑的"宏大叙事"转向关注"生活事实"，以世俗多元的"生活事实"来升华法律的本质认识。

其次，从"至高理想"转向"时代诉求"。在"文化大革命"时期，由于受极"左"思想的浓重影响，形成了"阶级斗争"的高度泛化，因此，关于法律本质的认识也就附庸于"人为冒进"、"一大二公"的"政治神话"需要。而在当今时代，则要大力发展私有经济和跻身全球化进程，因此，法律本质观也就必须由过去的附庸于"至高理想"而转向反映"时代诉求"，关照社会分化和多元群体的不同权利主张与利益均衡。

最后，从"集权逻辑"转向"民主逻辑"。在极"左"思潮、封建遗传因素和斯大林社会主义模式等多种因素的作用和影响下，我们曾推行高度集权的政治经济体制，尤其是在"文化大革命"期间，个人崇拜和斗争哲学统领一切，国家吞噬了社会，政治原则成为所有领域唯一的准绳，不同的声音和诉求被严重抑制甚至扼杀。在这一背景下，法律的本质也就成为纯而又纯的"统治阶级意志"，其中贯穿着"集权的理论逻辑"，进而使得民主法制遭到了严重的破坏。改革开放后，特别是在经济迅速崛起、民主建设快速推进的新时期，法律就必须充分体现和反映最广大人民的根本利益和要求，要让不同的个人利益、多元的群体主张得到尊重、表达和实现。因此，就必须在法律的本质观中剔除"集权逻辑"，贯彻"民主逻辑"，展现自由、平等、权利、正义、秩序等时代精神，从而建构多元和谐的社会秩序。

二 构建和谐社会要求摒弃传统"工具主义"法律观

在马克思主义经典作家看来，法律的目的在于实现人的自由和权利。然而，由于受苏联维辛斯基法学的影响以及对经典作家法律理论的"误读"，我们曾机械理解"法是统治阶级意志"的经典命题，进而把法律视为单纯的阶级统治工具和对敌斗争工具，并酿成了"文化大革命"这样的劫难和悲剧，人性受到严重的摧残和扼杀。1978 年改革开放以后，在解放思想、实事求是的精神鼓舞下，全国展开了关于法律本质的全国性大讨论，人们认识到法不仅具有阶级性，还有社会性；法不仅是统治阶级意志的体现，也是必须反映社会的多元利益要求；法不仅是实现阶级统治的工具，也是社会自我管理的重要手段等等，这无疑是法律本质研究的重大进步。然而，在一些地方和部门，仍有某种极"左"思想遗存在人们的理念和行为中，因此，在"依法治理"过程中，法律的震慑功能便大于保护功能，人的自由和权利也让位于权力控制和管理秩序，甚至出现了权力扩张法律化。于是，野蛮执法、违法执法、以权压法等现象就开始泛滥，法律的"人本精神"迷失了，和谐社会的目标被打破了。

另外，后发现代化国家的经验表明，社会急剧变革和快速转型很容易带来社会危机和动荡，因此，对于现代化中的国家，首要的问题是创建一个合法的公共秩序，"很显然，人类可以无自由而有秩序，但不能无秩序而有自由。必须先有权威，然后才能对它加以限制。"① 正是基于这样一种经验和认识，现代化的国家普遍采取了一种开明的"威权型"政制，以在保障社会稳定的前提下，推进社会变革和经济发展。于是，"威权型"政制的国家权力就必然要扮演民主和法治建设的导引者、推进者的角色，大量引进西方"先进"的法律制度，加快国家立法步伐和司法改革，着力培养现代法观念和法治意识，以推进现代性的、普遍主义的理性规则秩序。这固然是后发现代化国家推进法治的必要途径和手段，然而，法治不仅具有全球性和一致性，也具有"地方性"和多元性，一味地移植和过于推行国家理性规则秩序而不注意"乡土国情"，很容易造成法治根基的缺失。尤其需要警惕的是，国家在建构"现代性"的普遍主义法律秩序进程中，又会形成加强社会控制、保障权威合法性的内在动力，加之权力自身的扩张本性，就会使得国家建构的理性秩序带有严重的工具主义和实用主义倾向。诚如有学者所言："立法和执法相互脱节而导致的执法不严、法律工具主义等观念与制度是东亚社会的一个通病。"② 这种工具主义法律观会形成某种程度的重秩序轻自由、重制裁轻保障、重权力轻权利、重义务轻权利的倾向，缺少对人的价值、权利和自由的足够尊重与深层关怀，从而难以有效应对多元社会冲突和建立规则秩序。由此看来，只有摒弃法律工具主义，才能真正推进和谐社会建设。

三　和谐社会的法律是普遍利益与特殊利益、多元利益和权利的协调器与平衡器

按照马克思主义经典作家的观点，法律是被奉为国家意志的统治阶级意志的体现，但是，这种统治阶级意志并不是无拘无束的主观臆断，而是在一

---

① 〔美〕塞缪尔·亨廷顿：《变革社会中的政治秩序》，李盛平等译，华夏出版社，1988，第8页。

② 韩大元：《东亚法治的历史与理念》，法律出版社，2000，第42页。

定物质生活条件制约下的意志表现。这诚如马克思所言："人们在自己生活的社会生产中发生一定的、必然的、不以他们的意志为转移的关系，即同他们的物质生产力的一定发展阶段相适应的生产关系。这些生产关系的总和构成社会的经济结构，既有法律的和政治的上层建筑竖立在其上并有一定的社会意识形式与之相适应的现实基础。物质生活的生产方式制约着整个社会生活、政治生活和精神生活的过程。"① 因此，无论法律怎样来竭力体现统治阶级意志，它都不能脱离这种经济结构和社会基础，不能脱离社会公众的利益主张和正义诉求，需要"盖上社会普遍承认的印章"。② 然而，极"左"思潮下的法律本质观却对经典作家的科学论述进行了片面理解和误读，并形成了"唯统治阶级意志论"和"唯阶级斗争工具论"。这种误读专注于法律的政治性和工具性，抹杀了法律的社会性和正义性，"统治阶级意志"实际上转换成了"统治者的意志"，最终使法律成为当权者肆意妄为的工具和实行社会压制的利器，人治和集权淹没了民主和法治，它只能带来"文化大革命"式的周期性社会震荡和灾难，难以实现法律对生产力的适应、解放和推动作用，③ 和谐社会更无从谈起。

人类历史发展表明，只要有私有制和非自愿的社会分工存在，国家和社会的二元分离就不可避免。特别是近现代以来，市民社会与国家在并列中获得了充分发展，它们所展现的个性生活和类生活，形成了基本的社会生活结构，因而法律调整普遍利益和特殊利益的属性和任务日益明显，作用日益重要。在我国，随着市场经济的迅猛发展和民主化进程的加速，出现了重大的社会分化和社会分层，私人利益增长迅速并与公共利益并列发展，个人和群体的不同权利获得了释放、确认和保障，个性化、多元化、世俗化、自主化成为主导趋势，平等、自由、权利、契约精神成为社会经济生活的通则，民主、法治、人权、宪政成为国家生活的航标。于是，在剥削阶级作为一个阶级已经不复存在因而阶级对立消失、齐心协力推进现代化建设并构建和谐社会的新时期，法律的主要目标就不再是"政治优位"的"阶级统治工具"，而是普遍利益与特殊利益的协调器与平衡器。

首先，法律必然仍是国家意志的体现。这是由法律的一般特质所决定的，社会主义初级阶段的法律也不能例外。

其次，法律是最广大人民意志的体现。即是说，它虽然也是"统治阶级意志"，但绝不是当权者的意志或权力臆断，而是要真正承载与践行"三个代表"重要思想和"以人为本"精神，其核心和基石在于包括工农阶级、资产者、中产阶级、自由职业者、个体经营者等各社会阶层在内的"公民共同

---

① 《马克思恩格斯全集》第13卷，人民出版社，1972，第8页。
② 《马克思恩格斯选集》第4卷，人民出版社，1995，第107页。
③ 马长山：《从市民社会理论出发对法本质的再认识》，《法学研究》1995年第1期。

体"，它必须反映社会上的多元利益主张和权利吁求，合理界定国家公共利益与私人利益、公权力与私权利的各自范围和空间，努力回应、平衡不同利益主体对自由、平等、人权、正义、秩序等的价值诉求，从而化解社会冲突、保障多元权利和自由，进而建立多元和谐、自由平等、公平合理的社会秩序。

最后，法律从根本上是由社会主义市场经济的物质生活条件所决定的。自我国改革开放以来，过去那种国家兼并乃至吞噬社会，并以权力本位来宰制社会生活的传统政治经济体制被彻底打破，个人和群体利益从国家利益的"牢笼"中解放出来，真正形成了普遍利益与特殊利益、公共领域与私人领域、个性生活与共同体生活等的分立发展。新时期的这种社会经济结构和物质生活条件，就必然要求法律通过对国家权力与公民权利、公民权利与义务、自由与秩序等的确认、规范和调适，来对普遍利益与特殊利益、公共领域与私人领域、共同体生活与个性生活等进行协调和平衡，从而使国家权力受到多元社会权利的分解、监督和制约，使不同群体的利益主张和权利要求得到确认、平衡和保障，从而建立多元和谐的社会秩序。

由上可见，和谐社会的法律是以国家意志形式表现出来的，调整和平衡普遍利益与特殊利益关系的强制性社会规范的总和。也正是这一法律本质，决定了和谐社会的法律有特定的多维功能和作用。

第四节　和谐社会的法律功能

从一般意义上讲，法律具有指引、评价、预测、教育、强制等规范作用和功能，也具有管理公共事务、维护阶级统治、规范社会秩序等社会作用和功能。然而，在当下和谐社会建设这一重大社会工程中，必然会对法律提出新的要求，同时，法律也自然会在和谐社会建设进程中发挥特有的重要作用或功能。

一　多元权利的确认与维护功能

从某种意义上讲，和谐社会就是一个良性合作、平衡安定、包容发展的社会，中国古代的"文景之治"、"贞观之治"、"康乾盛世"等，不能不说是那个时代的和谐社会。但是，现代和谐社会则不同，它无疑是要建立在多元自主、民主法治基础上的。众所周知，一方面，现代社会是不论出身和血缘的"没有父亲的社会"，"社会的基本单位不再是群体、行会、部落或城邦，它们都逐渐让位给个人"。① 这种"个体化"发展瓦解了等级身份、血缘纽带和专权控制，形成了自由自主、平等竞争、个性世俗、自律协作的"日常生活世界"。另一方面，资产阶级革命在摧毁王权、神权和宗族控制并实现了

---

① 〔美〕丹尼尔·贝尔：《资本主义文化矛盾》，赵一凡等译，三联书店，1989，第61页。

"人的解放"的同时，也打碎了个人头上的这把封建"监护伞"，使个人成为单薄无力、极易受到公权力威胁的个人。于是，人们为了应对社会危机、抵御权力扩张、保护自身利益，就联合起来组建了广泛多样的利益性、志愿性民间团体，形成了民主表达和参政议政的"公共空间"。这样，就构成了个性化、多元化、异质化、世俗化、自由化的广阔发展平台，这固然极大地实现了"人的解放"和"自由自主发展"，但是，也带来了纷繁复杂的利益摩擦和矛盾冲突，社会秩序的建立也就步履维艰。而面对这一问题，道德和宗教规范是无能为力的，因此就需要法律以对权力、权利及其边界进行确认和调适的形式，来建立自由而稳定的社会秩序；也即通过三权分立实现国家权力内部的制约和均衡，通过多元社会权利来从外部分解和制衡国家权力，通过权利义务的合理设定与分配来化解横向权利冲突和确定责任体系，从而推进利益均衡与和谐秩序。由此看来，和谐社会建构中法的一个重要功能就是"稳定国家秩序和社会秩序"，"保障并保护个人和集体的权利"。①

我国是一个后发现代化国家，传统基因较为浓重。特别是过去曾推行高度集权的政治经济体制，国家对政治、经济、思想文化包括社会生活实行全面控制和家长式管理，到处是国家规划和配给制，从而导致了国家利益至上的单元板结的利益结构，造成了严重的社会停滞和动荡。而改革开放后，随着市场经济的迅速发展，则出现了巨大的社会分化和利益解组。首先，新兴社会阶层的崛起和传统身份社会的瓦解，导致了由先赋角色向自致角色的转换，中产阶级开始形成。其次，社会资源的占有也出现了高度的分散化、多元化，私有经济不断壮大。目前，90% 以上的企业、50% 以上的从业人员在私营经济领域。再次，民间社会组织广泛兴起，"民间治理"全面展开。在过去国家一统天下的时期，民间组织不发达，几乎没有民间自治管理。改革开放以后，民间组织才获得蓬勃发展，到 2004 年底，全国各类民间组织已达 26 万多个。② 它们不仅形成了组织化、群体化的权力制约和平衡力量，也形成了有效的"民间治理"，促进了多元利益、权利保障和自生自发秩序。最后，价值观念更加自由和多元。个人自由和权利意识觉醒，人们不再满足于理论说教和政治崇高，而是展开个性化、自由化、世俗化的自我追求，多元化、世俗化的趋向日益增强。③ 这就意味着，我国已开始进入了个性化、多元化、异质化、世俗化、自由化的社会发展状态，并形成了日益增长的利益主张和不断多样化的权利诉求，利益纷争和摩擦冲突也随之急剧上升，社会失范和社会和谐的问题越来越凸显。这种多元化、自由化的主张和诉求，是全球化时代的发展趋势和价值展现，是当代社会中人的"自由自主活动"发展进程的

---

① 〔德〕伯恩·魏德士：《法理学》，丁小春等译，法律出版社，2003，第 42、43 页。
② 李学举：《在全国先进民间社会组织表彰大会上的讲话》，《中国社会报》2004 年 12 月 11 日。
③ 马长山：《法治进程中的"民间治理"》，法律出版社，2006，第 4 页。

必然反映，因而只能靠疏导而不能靠压制，只能把它们上升为权利予以界定、平衡、保障而不能漠视、懈怠或消极提防，否则将导致社会震荡或社会危机。因此，这就需要法律合理调整普遍利益与特殊利益关系，按照时代诉求界定国家与社会、权力与权利的范围和领域，既要保障国家权力的公共管理效能，又要确保社会的自由民主权利和自主发展领地，从而为充分的权利确认和保障提供可靠的资源和空间，使社会主体创造出来的多种利益最大限度地上升为其多元化的自由和权利，避免权力对权利的吞噬、压制、限制和不当干预而导致不协调，甚至对立或冲突。此外，还需要法律以界定和分配基准性的权利与权力、权利与义务、自由与责任等形式，来合理分配社会利益、框定利益范围、化解利益摩擦和权利冲突、建立正当程序和利益损害纠补机制等等，从而在保障不同个人或群体的多元利益或权利主张的同时，化解他们的摩擦与纷争，促进他们的互动、平衡与协调，从而形成和谐稳定的社会秩序。

二　利益冲突的平衡与协调功能

纵观人类社会的发展史，冲突与合作一直是社会生活的主题，只要有私有制和社会分工存在，冲突就在所难免。冲突实际上是一把"双刃剑"，它既会产生敌意和对抗，也会产生联合和内聚；既会威胁统一体，也会成为平衡的安全阀；既会瓦解旧有规范，也会更新旧规范或催生新规范，等等。事实表明，和谐社会并不是没有利益冲突，而是要努力把利益冲突控制在发挥正功能的范围内，从而实现动态、稳定的社会秩序。相反，"一个僵化的社会制度，不允许冲突发生，它会极力阻止必要的调整，而把灾难性崩溃的危险增大到极限。"[①] 因此，和谐社会的法律并不是也不可能消除冲突，而是对冲突进行有效的平衡与协调。

中国自近代以来，随着现代化进程的启动和市场经济的发展，社会分化不断加剧，利益关系纷繁复杂，社会冲突也呈叠加式增长。因此，以法律手段来控制冲突、增进秩序就成为不可或缺的选择。在我国传统的高度中央集权的政治经济体制下，主要是以政治信念、政治动员来控制冲突、整合社会，虽然看起来较为高效、稳定，但是，政治动荡一直是其中深藏的威胁，而一旦这种威胁暴露出来，将会导致灾难性的后果。改革开放以后，高度中央集权的体制退出历史舞台，而市场经济在根本上又是一种自由、平等的经济，因此，多元利益和权利诉求日益增长，民主法治成为国家政治、经济和社会生活的根本目标。在众多"经济人"以及不同群体所形成的日常交往和社会交换网络中，分化、竞争、冲突、合作等就成为一种主旋律，并呈现出一种应得权利和供给、政治和经济、公民权利与经济增长的对抗，"这也总是提出

---

① 〔美〕L. 科塞:《社会冲突的功能》，孙立平等译，华夏出版社，1989，第114页。

要求的群体和得到了满足的群体之间的一种冲突。"① 在这种时代发展进程中，不可能通过减少多样性或压制冲突而谋求通向一致的道路，而是要对冲突进行合理控制来达致市民认同、利益整合、社会和谐和理性规则秩序，因此，法律要表现为一种折中的机制，在所有个人、社会和公共利益要求中保持平衡，"法律保障社会的凝聚力和有秩序的改变，其方法是对相互冲突的利益加以平衡。" 同样，在维护社会秩序方面，"合意和平衡而非约束和强制，才能使法律充分发挥它的保障作用。"② 于是，在和谐社会建构过程中，法律就必须正视不同阶层、不同群体和不同个人的多样化利益主张和权利诉求，包括地区发展不平衡的冲突、城乡发展不平衡的冲突、贫富分化和机会不平衡的冲突、不同阶层和群体不平衡的冲突以及传统习俗与现代文化的冲突、国家规则与民间习惯的冲突、经济增长与可持续发展的冲突等等，从而进行必要的、合理的法律框定、平衡、规制和化解。但是，法律的这种框定、平衡、规制和化解必须是建立在自由、平等、权利和正义原则基础上的，其对冲突的控制只能是为多样性、差异性提供自由发展空间和制度保障，而绝不能是等齐划一或消除异己，从而实现自由和谐的秩序安排。这诚如某社会学者所言："只有糟糕的社会秩序才是和自由对立的。自由只有通过社会秩序或在社会秩序中才能存在，而且只有当社会秩序得到健康的发展，自由才可能增长。只有在构造较为全面和较为复杂的社会秩序中，较高层次的自由才有可能实现，因为没有别的途径为众多的人提供选择有利于自己和谐发展的机会。"③ 由此可见，法律对冲突的平衡与协调是构建和谐社会的重要保障。

三 自由理性秩序的推进与维护功能

自由理性秩序是现代社会的一个重要成就和标志，也是和谐社会的重要基础。正因为有了这种秩序，所以在现代西方社会内部"尽管存在摩擦、紧张、不协调、不合作等现象，也经常由此而引起棘手难题，但本质上却是和谐有序的"。④ 然而，这一秩序却是在国家与市民社会的长期分离互动发展进程中形成的。

资产阶级革命摧毁了封建等级和专制体制，把市民社会从封建王权和神权的吞噬中解放出来，国家活动范围仅限于国防安全、公共事业管理和社会秩序等必不可少的领域，除此之外皆是市民社会的广阔自由空间，并以宪政

---

① 〔英〕拉尔夫·达仁道夫：《现代社会冲突——自由政治随感》，林荣远译，中国社会科学出版社，2000，第3页。
② 〔英〕罗杰·科特威尔：《法律社会学导论》，潘大松等译，华夏出版社，1989，第82、84页。
③ 〔美〕查尔斯·霍顿·库利：《人类本性与社会秩序》，包凡一等译，华夏出版社，1989，第278页。
④ 〔英〕罗杰·科特威尔：《法律社会学导论》，潘大松等译，华夏出版社，1989，第81页。

和法治形式固定下来。在这里，社会成员在理性"经济人"的定位下，奉行自由、平等、人权、正义等价值信念，崇尚民主和法治精神，财产私有、契约自由、意思自治等也都上升为不可剥夺的法律权利。与此同时，国家制度日益民主化、法治化、理性化和非人格化，并以"守夜人"姿态和功利主义原则来服从服务于市民社会发展的需要。这就极大地促进了人的解放和自由发展，开启了自由自主、理性自律的现代社会秩序之路。然而，经过19世纪自由资本主义发展的一路凯歌之后，它的内在缺陷和矛盾就逐渐暴露了出来，这种过度相信竞争的社会达尔文主义，形成了漫无止境的个人主义和利己精神，不仅导致了社会垄断，也造成了严重的两极分化和社会危机。这表明，自由资本主义的"放任自由"并不能长久建立自由理性的社会秩序。因此，进入垄断资本主义之后，强调国家干预的凯恩斯主义开始盛行，福利国家也逐渐成为主导倾向，力图通过限制个人主义自由来维护平等和社会公平。然而，这种国家干预又造成了权力扩张和"家父主义"倾向，也即国家膨胀使得市民社会的自由自主领域受到了威胁和宰制，从而产生了社会"滞胀"和福利国家危机。这就意味着，国家过度干预也不能很好地建立理性自由的社会秩序。于是，人们立足于全球化时代国家与市民社会的交叉互渗走向，开始对市场和政府的双重"失灵"、国家与市民社会的零和博弈模式和对立逻辑进行深刻反思，尤其是进入20世纪80年代以来，"治理"和"善治"思潮、"第三条道路"理论开始兴起，其核心是强调国家与市民社会的互动合作与协调行动，反对集权而主张权力分散、注重多元权威而反对自上而下的单向控制、倡导多方参与的"民间治理"而反对国家"工具主义"的机械规制等等。[①]它既摒弃了放任无拘、对立分化的秩序形态，也反对权力扩张、"家父主义"干预的秩序形态，而是力图通过当代法治的反思回应性，来合理界定国家和市民社会的领域和界限，发挥二者的互动功能，建立权力与权利相平衡、自由与责任相统一、权利与义务相一致、共同体生活与私人生活相协调的自由理性秩序，从而为社会和谐发展提供重要保证。

我国并没有西方那种国家与市民社会分离发展的历史，而是一直呈现国家兼并社会的状态。新中国成立后，极"左"思潮影响下的中央集权体制也没给社会多少自由发展的空间。因此，它在更大意义上呈现一种权力秩序，而很难形成自由理性秩序，深层不和谐与社会危机就不可避免了。然而，随着改革开放的不断深入和市场经济的巨大发展，"小政府、大社会"的格局开始形成，市民社会初现端倪。这无疑促进了生产力的巨大解放，使社会成员成为市场经济竞争中自由自主、理性自律的个人，为自由理性秩序的形成奠定了必要的社会基础。但是，也正是社会变革转型、利益分化解组、思想观

---

①　俞可平主编《治理与善治》，社会科学文献出版社，2000；〔英〕安东尼·吉登斯：《第三条道路》，郑戈译，北京大学出版社、三联书店，2000。

念革新的重大历史进程，必然产生新旧利益冲突、新生利益不平衡、社会阶层分化矛盾等困境和问题。同时，国家在职能缩减、释放社会空间的过程中，也需要与不断壮大的市民社会有个磨合、适应进而互动整合的过渡期。这些问题如果处理不好，就会发生社会动荡和危机。因此，这就需要在民主和法治的框架内，以法律机制来界定国家与市民社会的活动范围，规制多元利益主张和权利诉求，并通过设置或分配权力与权利、群体权利与个人权利、权利和义务、自由与责任等等，来抵制国家权力扩张、滥用而侵犯社会权利与自由，也抑制社会自由和权利之间的无序与冲突，推动和维护自由理性的现代秩序，进而促进社会的和谐发展。

四　制度运行机制的反思与回应功能

构建和谐社会必然要对多元化、自由化、个性化、世俗化、理性化的利益主张和权利诉求进行积极的平衡与回应，从而达致一种互动兼容、协调对话、自律发展的规则秩序，这正契合了现代制度的反思回应性功能取向。如前所述，现代法治是以形式理性为主导而建立起来的"自由主义"法治范式，但这种形式自由、平等的制度设计并没有带来真正的自由和平等，反而造成了实际上的不自由和不平等。而企图以实质正义关怀来修正、改进过于形式化的"自由主义"的"福利国家"法治范式，又带来了国家权力的扩张膨胀和过度干预，致使个人自由和法治传统受到了一定的威胁。为此，注重"私人自主"和"公共自主"的内在互动关系、倡导对话沟通的"程序主义范式"就意欲成为新的替代。[1] 同时，西方自古就形成了浓重的理性主义传统，而在当代，它又与科学技术相结合，形成了西方马克思主义所深刻批判的技术理性的"异化统治"。这样，就需要在现代性反思和重建过程中，走出形式理性和实质理性的误区而步入"反思理性"，并贯彻到"程序主义范式"当中。"它设法通过组织规范和程序规范来设计自我规制的社会系统"，"其手段是型塑它们的内在话语程序和它们与其他社会系统相协调的方法"，实现"规制的自主性"和"内在反思"。[2] 它所形成的秩序也必然带有对话协商、回应反思和"规制的自主性"导向，使得"秩序是协商而定的，而非通过服从赢得的"。[3] 如 WTO 运行机制、集体谈判制度、民间治理机制、辩诉交易制度、听证制度、ADR 机制等，都不是或至少不单纯是单向的权力运作或刚性的法律规制，而是体现了一种多元互动、自主反思、平衡回应的价值导向。其基

---

① 〔德〕尤尔根·哈贝马斯：《包容他者》，曹卫东译，上海人民出版社，2002，第302～303页。
② 〔德〕图依布纳：《现代法中的实质要素和反思要素》，矫波译，《北大法律评论》1999年第2卷第2辑，法律出版社，2000，第596、616页。
③ 〔美〕诺内特、塞尔兹尼克：《转变中的法律与社会》，张志铭译，中国政法大学出版社，1994，第105页。

点在于强调法治秩序应立足于社会需求和发展变化之上，通过确立自由、平等、民主和公正的协商和对话机制，来使多元利益要求和互竞的价值诉求得以交互理解、认同而达成共识，并反映到立法和司法实践中来。无疑，这既是当代法律对多元利益与权利诉求进行协调与平衡的本质要求，也是构建和谐社会秩序的重要基础和根本保障。

受传统极"左"思想的浓重影响，我国过去片面强调法律的"政治性"和极端"统治阶级意志论"的法律本质观，进而把法律视为简单的社会统治工具和秩序维护手段。在这种观念的作用下，法律制度体系的建立和运行也必然带有较浓的"工具主义"倾向，注重从上而下的控制、浓重的权力本位、单向度的规划管理等等，社会成员就成为简单的法律管理对象和规制客体，从而抑制了社会的生机活力和生产力发展。但是，随着小康社会的到来，社会日益多元化、自主化、世俗化，"工具主义"倾向的法律运行机制就越来越失去效力，而要求法律制度反映社会现实需要、回应多元权利主张、平衡多元利益诉求的呼声越来越高，因此，建立具有反思、平衡、回应功能的法律体系，确立开放兼容、对话协商、多元共识的制度机制和运行框架，就成为推进多元和谐秩序的必然选择。为此，近年来，我国开始确立科学发展观、和谐发展观，强调法律的人本精神，尊重和反映多元社会呼声和诉求，进而不断推进立法民主化、建立正当程序、启动民间治理、确立多元纠纷解决机制等等，从而强化了制度运行机制的反思和回应功能，促进了社会的和谐与稳定。

五　法律意识及法治观念的确立与强化功能

法律无疑是社会生活的反映，但是，法律不是生活的简单映射，而是有一定的自主性和能动性，近代以来法律所扮演的一个重要角色就是实现社会控制和推进社会变迁。这一过程也正寓于法治的形成、发展进程之中，自由、平等、权利、正义等社会价值信念形成了法律的基本价值导向，与此同时，法律制度的运行和实施也促进了法律意识和法治观念的确立和弘扬。也就是说，"价值观念控制了社会规范的内容，社会规范控制了集体活动的方式，集体活动控制了各种角色。"[1]　而这种角色则又会形成一定的角色意识、法律认知和行为观念，促进法律至上、权力制约、权利保障、平等自由等法律意识和观念的形成、传播和发展，构成一种良性互动，进而推动社会成员对法律的认同、信奉和内化而形成内在自觉的和谐秩序。为此，有西方学者甚至指出："法对'法律意识'的形成作用，远远超出法律规范的强制力。"[2]　相反，如果法律未能承载自由、平等、权利、正义等社会主导价值观，远离社会公

---

① 〔英〕罗杰·科特威尔：《法律社会学导论》，潘大松等译，华夏出版社，1989，第94页。

② 〔德〕伯恩·魏德士：《法理学》，丁小春等译，法律出版社，2003，第46页。

众的多元利益需要和权利诉求，那么法律就难以合理界定社会角色和塑造行为模式，社会成员也就难以形成对法律制度的认同、信仰和内化，甚至会产生消极抵制和不服从，从而抑制法律意识和法治观念的形成与传播，形成恶性循环。这样，不仅理性规则秩序难以建立起来，还会发生社会动荡和危机。可见，确立和强化法律意识与法治观念，是法律在推进和谐社会秩序进程中的一个重要功能。

中国改革开放30多年来的巨大发展，使得国家与社会、公共领域与私人领域、共同体生活与个人生活之间发生了重大分离，多样性、差异性、自由化、世俗化的市民社会初现端倪，要建立多元和谐的市民社会秩序，没有个人的守法精神和法秩序维持活动是不可能的。① 这种守法精神和法秩序维持活动的重要基础就是法律意识和法治观念，因为如果没有法律意识，就不能形成守法精神和遵法按章行事的行为方式，没有法治观念，就不能形成法律至上、权力制约和权利保障的诉求，也就不能限制权力扩张滥用和保障多元权利与自由，因而社会和谐和法治秩序也就难免成为一句空话。然而，我国由于封建遗传因素、极"左"思想等的深重影响，人们的法律意识和法治观念尚未真正普遍形成，制约着理性规则秩序的建立。因此，在进行必要的法律意识培养和"法治启蒙"的同时，还应以自由、平等、权利、正义等现代法的精神导向，强化现代法律体系的建立和完善，并在法律的实施和运行中发挥其塑造法律意识和法治观念的重要功能，从而促进和谐社会的法治秩序。

第五节　和谐社会的法律关系

一般认为，法律关系是指法律在调整人们行为过程中形成的权利义务关系，它由主体、客体和权利与义务三要素构成。应当说，和谐社会的法律关系的规定性也不例外。但是，从法律关系的表现形态上，则会有明显的不同。因为和谐社会是一个多元平衡、协调发展的社会，因此，就必须摒弃"二元对立"思维和"单元至上"意识，确立宽容、平衡和妥协观念。不仅权利义务关系必然体现互动平衡取向，就是与权利义务关系密切相关、对权利义务关系具有重要作用和影响的权力与权利关系也必须是互动平衡的。

一　权力与权利的互动平衡

众所周知，全球化进程不仅模糊了国家和社会的界限，而且造成了权力和权利在量上的同步生产或增长，以及在分配上的集中和分散的双向流变。一方面，随着科技发展和信息化、全球化、一体化的推进，越来越需要强有力的国家权力来促进国民经济增长和公平分配、加强国际贸易对话和保护、

① 〔日〕川岛武宜：《现代化与法》，王志安等译，中国政法大学出版社，1994，第19页。

遏制恶性竞争和保障弱者权益、解决社会问题和应对突发危机、打击毒品犯罪和恐怖活动等等，从而出现了很多新型的国家监管权力；另一方面，社会分化不断加剧，个体性、多样性和流动性日渐突出，日益多元化的个人自由、社群利益主张和"承认"诉求也不断高涨，从而出现了权利"爆炸"现象。

事实上，权力和权利都不是天使，权力自然有专断腐化的内在倾向，但也有公平秩序的公共属性；而权利自然有自由平等的本质诉求，但也有"爆炸"冲突的难题。无疑，不制约膨胀扩张的国家权力就不会有民主和法治，然而，发展中国家的无数实例也表明，"一个弱小或不健全的国家可以成为宗派屠杀的诱因和非自由的源泉"，① 从而产生分裂和动荡。就是发达国家的那种自由自主社会也并不是能够自足的，公司、团体、族群等力量的不对称，以及公司权利的崛起扩张，同样会造成强者对弱者的压制和侵蚀，从而有悖民主、自由和法治的目标。② 因此，面对权力的迅速增长和扩张，如果没有权利对权力的分解制约，就失去了民主、自由和法治的基础，这是至关重要的前提；但是，面对权利"爆炸"和冲突，没有权力对权利的协调保障，权利和自由也难以实现；而公司权利的扩张和滥用也需要国家权力和社会权力的制约平衡来予以控制。这样看来，"一个多元社会若想维持，它们（政府、市场和市民社会秩序）之间的平衡必不可少。"③ 通过这种互动平衡，既防止权力的专断腐化，也抑制权利的冲突无序，和谐社会才能形成和健康发展。

二　权利与权利的互动平衡

现代权利观念肇始于 17 世纪后期英国的自由主义，它是以反对封建专制和争取民主权利的斗争为起点的，经过启蒙思想家的理论阐释而得以发扬光大，并最终形成了原子化、多元化、理性化、功利化的个人主义世界观，即每个人都有天赋的、不可剥夺的自由、生命和财产权利。从某种意义上说，这是一个真正个人自由和权利"发现"的时代、勃兴的时代，它无疑为人的解放、民主法治和现代化进程提供了基础和动力。

但是，进入垄断资本主义之后，自由主义的理论和实践遇到了诸多挑战和困境，出现了太多不和谐的音符。比如持续的经济危机需要增加国家干预并进行化解，国家间的矛盾和战争、贫富分化加剧和社会冲突失序打破了普遍自由的梦想，垄断和不正当竞争形成了对自由竞争的异化和扭曲，等等。

① 〔美〕罗伯特·W.赫夫纳：《公民社会：一种现代理想的文化前景》，李朝晖译，载何增科主编《公民社会与第三部门》，社会科学文献出版社，2000，第225页。
② 当然，像黑手党以及恐怖组织、黑恶势力、犯罪活动等，更是社会中的"毒瘤"，需要国家力量来予以遏制和打击，也需要社会力量来防范和治理。
③ 〔英〕安东尼·吉登斯：《第三条道路及其批评》，孙相东译，中共中央党校出版社，2002，第57页。（括号内文字为笔者所加）

为此，人们开始意识到，"看不见的手"并没有创造出想象的业绩，反而造成了贫富两极分化，其公民自由和社会秩序观也无助于下层民众。也就是说，放任不拘和形式主义的制度设计，使得"自由变成了个人主义，而个人主义则变成了不可剥夺的先占、利用和挥霍的权利"，甚至"一个人拥有在自己的土地上建造栅栏的权利，愿意造多高就造多高，不管它可能把他的邻居的光线和空气挡住多少"，① 而契约自由也开始异化为强者控制、压迫弱者的"霸权"自由。这样，就导致了形式上的自由平等掩盖下实质的不自由和不平等，并造成了自由与平等的内在张力以及权利与权利的严重冲突，人性发展和社会秩序受到了严重威胁。这就意味着"自由放任"是行不通的，而一定程度的国家干预是必要的，同时，自由也"并不意味着某个或某些人可以享受以他人损失为代价的自由"，② 因而需要对自由的范围和边界进行法律规制。于是，注重自由的本质以及国家作用与功能的新自由主义和凯恩斯主义便相继走上前台，他们一方面转向强调"看得见的手"的国家作为，另一方面也转向强调"如果没有社会，也就没有个人"。③ 这样，就从"自由放任"走向了"自由限制"，从权利神圣走向了关注责任与和谐，以拯救自由主义和促进资本主义的发展。

　　然而，事实表明，福利国家的过多行政干预、难以兑现的承诺以及注重弱者保护的"从契约到身份"这一反向运动，却造成了"政府失灵"、权力扩张和福利国家危机，从而使得个人自由受到了权力的侵蚀，同时也受到了"福利主义"均等化的侵蚀。为此，哈耶克拉开了自由主义复兴的序幕，主张最低限度的国家强制和对私人领域的捍卫，④ 以推进"自生自发"的社会秩序。而罗尔斯则从"原初状态"和"无知之幕"中推导出正义两原则，力图在平等自由的基础上，确立有利于最小受惠者的开放性差序安排。然而，德沃金抱怨他对平等原则关怀不够，而诺齐克则指责他以平等主义来遏制个人自由和权利。社群主义者更是强调社群决定个人、公益优先于权利，主张放弃"权利政治学"而建立"公益政治学"，等等。实际上，他们都是在开具拯救西方自由主义危机和法治困境的药方，都是在力图化解国家与社会、强制与自由、自由与平等以及权利与权利之间的紧张和冲突，努力建构多元和谐秩序。事实表明，要化解权利冲突、促进多元和谐，其根本和关键就是要促进权利与权利的互动平衡。

---

①　〔美〕伯纳德·施瓦茨：《美国法律史》，王军等译，中国政法大学出版社，1997，第 161、136 页。

②　David Miller（ed），*Liberty*，Oxford University Press，1991，p. 21.

③　吴春华主编《当代西方自由主义》，中国社会科学出版社，2004，第 106 页。

④　〔英〕弗雷德里希·奥古斯特·冯·哈耶克：《自由宪章》，杨玉生等译，中国社会科学出版社，1998，第 43 页。

　　首先，权利冲突和难题展现了平衡的动力和要求。当代社会里，"在所有政治事务中，打权利牌成为人们在强调自己的观点以及评判国家、政府或者一种社会和经济制度的合法性时首选的方法。"① 然而，由于社会资源的有限性、权利的相互性、权利边界的模糊性、法律的局限性等等，也会造成权利的重叠、交错、冲突甚至滥用。言论自由权与隐私权、娱乐权与休息权、生产经营权与环境权、财产处置权与相邻权、胎儿生命权与母亲选择权、优先权和抵押权等等，比比皆是。尽管这些冲突可以通过增加权利资源、划清权利边界、完善法律规范等途径加以适当化解，但从根本上说，权利的冲突和滥用是不可避免的，除非权利本身消失了。因为权利所反映和表征的利益从来就没有泾渭分明、相安无事过，而且随着社会的发展进步必然会不断生长出新的权利，正因为如此，法律也才能够作为保障权利、控制冲突和维护秩序的利益调适器而获得权威性，并"通过颁布一些估价各种利益的重要性和提供调整利益冲突标准的一般规则来加以实现"。② 尤其在当今"权利爆炸"、"为权利而斗争"的时代，权利种类不断扩展、权利不断分化，权利冲突、权利滥用必然会更加凸显和加剧。因此，"立法者和法官所要解决的问题，亦就是权衡权利而衡量责任，使不断地在争抗冲突的个人权利，能得平衡"，③ 从而最大限度地化解权利的"冲突"或权利"战争"。

　　其次，权利的成本需要适当的平衡。权利的保护、救济和实现是有成本的，包括私人支出的成本、公共预算的成本和社会分担的成本等，而且，"权利一旦实施，就会有人得益、有人损失"。④ 因而，权利总是需要和暗含着一种财政性的平衡，但这种权衡不是"选择—放弃"、保护或不保护的问题，而是如何保护和保护到何种程度，"这种权衡也就是决定有限的公共资源的投入对象以及其投入量的政治选择问题"。⑤ 事实上，财产权和福利权等都代表了把不同地位的公民拉入共同的社会生活的努力，拥有财产的人离不开国家的保障，而下层民众也通过医疗保健、最低生活保障、住房供给、工作培训等福利权的实现，获得了安定和抚慰，这就使各方都能受益、互利互惠而和谐稳定。诚如西方学者所言："如果没有政府和法律，一些无产者很快就会通过私人的暴力或行窃获取大量资源。他们不那样做比他们那样做的情况多，部分是由于法律强制和社会规范的作用，部分是由于对互利的认识。"⑥ 可见，

---

① 〔英〕理查德·贝拉米：《重新思考自由主义》，王萍等译，江苏人民出版社，2005，第244页。

② 〔美〕博登海默：《法理学——法哲学及其方法》，邓正来等译，华夏出版社，1987，第383页。

③ 〔法〕路易·若斯兰：《权利相对论》，王伯琦译，中国法制出版社，2006，第214～215页。

④ 〔美〕史蒂芬·霍尔姆斯、凯斯·R.桑斯坦：《权利的成本》，毕竞悦译，北京大学出版社，2004，第35页。

⑤ 姚建宗：《权利思维的另一面》，《法制与社会发展》2005年第6期。

⑥ 〔美〕史蒂芬·霍尔姆斯、凯斯·R.桑斯坦：《权利的成本》，毕竞悦译，北京大学出版社，2004，第149页。

没有这种权利的平衡，社会结构就会发生严重倾斜，道德共识就会发生崩溃，社会秩序也就难以维系了。

最后，当代自由主义精神的重要根基就在于权宜和平衡。权利的理论根基是自由主义，而自由主义的根本点就在于对多元价值和平共处的渴望，因而"自由主义国家源于对'权宜之计'（modus vivendi）的追求"。① 特别是在当今全球化时代，出现了巨大的利益分化和解组，破碎化、多元化、流动性、不确定性等日益突出，导致了不断加剧的对抗、冲突与整合的发展态势，这便使得"现代的社会冲突是一种应得权利和供给、政治和经济、公民权利和经济增长的对抗。"② 在这种多元利益主张和权利诉求面前，不可能用"不是东风压倒西风，就是西风压倒东风"的简单办法来处理；而且在大多数情况下，也很难用一致的标准来确认究竟哪些利益和权利要高于或优于其他利益和权利，从而进行取舍、保护或限制。而事实表明，"妥协正是我们这个麻烦不断的时代下民主政治的特征"，③ 因此，新时代的自由主义原则就更需要在理性宽容、协商对话的"权宜之计"中谋求和谐秩序，对个人、群体、族群、阶层的不同自由和权利诉求进行平衡。就拿言论自由来说，"为了服务于民主社会言论自由的要求以及国家安全利益的要求，最佳途径是坦率地向人们提供情况，使其能对法律程序范围内的各种竞争的利益加以平衡。这要比宣布僵死的教条来解决问题好得多。可以代替僵死的教条的就是'利益权衡'这个特定的方法。"④ 因此，当代法治发展就必然要回应这一社会现实和时代需要，确立平衡不同利益和权利诉求的制度框架，进而实现权利与权利的平衡和妥协，促进和谐社会秩序的实现。

三　权利与义务的互动平衡

在权利和义务的关系上，学术界有权利本位说、义务重心说、权利义务一致说等不同观点，其中权利本位说影响较大，也对法治观念在中国的传播和发展起到了很大的促进作用。但是，权利和义务的现实关系及其制度设计所遇到的问题，却不是以哪个为"本位"、"重心"或"一致"就能轻松回答或解决的，而实际上，权利义务则是一种互动平衡关系，在当代和谐社会建设中更是如此。

尽管早在罗马法中就已有了"概括的权利"，但是，权利真正成为一种普遍的社会观念则是 16 世纪以后的事情，它是商品经济发展和个人解放运动的

---

① 〔英〕约翰·格雷：《自由主义的两张面孔》，顾爱彬等译，江苏人民出版社，2002，第 1 页。
② 〔英〕拉尔夫·达仁道夫：《现代社会冲突》，林荣远译，中国社会科学出版社，2000，第 3 页。
③ 〔西班牙〕萨尔瓦多·吉内尔：《公民社会及其未来》，魏海生译，载何增科主编《公民社会与第三部门》，社会科学文献出版社，2000，第 173 页。
④ 〔美〕J. 范伯格：《自由、权利和社会正义》，王守昌等译，贵州人民出版社，1998，第 116 页。

法律显现和确证。为此，在西方法治进程启动的早期和中期，自由、平等和权利得到了高度的颂扬和倡导，它瓦解了以责任和义务为纽带的传统政治——血缘等级结构，建立起以权利为基础的现代社会结构和制度体系，从而实现了个人价值、尊严对专权、等级的胜利，促进了现代法治秩序的形成和社会进步。然而，进入 20 世纪以来，这种个人本位的权利观遇到了越来越严峻的挑战，除了出现前述自由和平等的分裂矛盾、权利之间的冲突之外，人们还发现，"权利要求吵吵嚷嚷提得太多，而相比之下，对实现这些权利所需要的义务和责任却保持沉默"。① 这就造成了权利和义务的平衡完全受到忽视，于是，几乎所有公民都强烈要求享有陪审团审讯的权利，许多人却避免为别人担任陪审工作；许多公民要求享受政府津贴计划的津贴，却不愿为支付别人享受津贴而纳税；公民都要求在自己的社区内及世界各地受到公共防御，却不肯或不敢在自己街区参加警戒，不愿服兵役或承担其他较和平方式的义务；许多人要求保护他们不受交通事故或犯罪活动伤害，却不愿为防止或阻止违法活动而采取措施（如建立驾车者酒精测试站、进行毒品检测、安全检查等），等等。这无疑会造就只伸手要权利却不承担责任的"贪婪的公民"，进而导致权利"空壳化"和秩序危机。可见，"一个合理组织的社会必须使（针对社会的）个人权利与（对于社会的）个人义务相平衡。"②

针对西方社会中权利义务失衡的困境和问题，西方学者进行了深入系统的剖析。他们区分了自由主义政体（如美、日、澳）、传统政体（如法、德、意）和社会民主政体（如丹麦、挪威、瑞典）等不同的政体类型，并认为与自由主义政体相匹配的是自由主义理论，它强烈地强调个人权利，义务不受太多重视，因而占第一位的是法律权利和政治权利，特别是公民自由权和财产权，只有几项义务与之相平衡；与传统政体相匹配的是社区主义理论，它主张好的社会的建立，靠的是相互支持和群体行动，而不是以个人为中心的选择和个人自由，因而强调的重点在于义务；而与社会民主政体相匹配的则是广泛民主理论，它既反对自由主义那种个人可以在他人受苦时追求自己社会地位上升和致富的做法，也反对社区主义那种公民有义务增进群体和社区事业而将权利大多推到次后位置的主张，它所强调的是群体和个人在合作和竞争两方面关系中的权利和义务要保持平衡。而在现实生活中，不同国家也形成了各异的权利义务水平，"自由主义政体国家权利低，义务也低；社会民主政体国家则二者略高，而传统政体国家是权利高，义务也高。"③ 很明显，

---

① 〔美〕托马斯·雅诺斯基：《公民与文明社会》，柯雄译，辽宁教育出版社，2000，第 1~2 页。

② 〔美〕杰克·唐纳利：《普遍人权的理论与实践》，王浦劬等译，中国社会科学出版社，2001，第 171 页。

③ 〔美〕托马斯·雅诺斯基：《公民与文明社会》，柯雄译，辽宁教育出版社，2000，第 162、171 页。

社会民主政体的权利义务水平更接近理想的平衡状态，也更有利于促进法治秩序和社会和谐发展。

事实上，权利义务的平衡还可以从结构和功能两个方面来考察。结构上的平衡主要是指权利义务的社会分配，即针对不同社会群体和个人而进行的权利分配和义务分担，其平衡水平体现着社会公正的要求，既有同等对待，也有差别对待，但总体上应向社会弱势群体进行权利倾斜。功能上的平衡主要是指权利义务的合理设置，即何种价值取向、何种规范结构、多少种类数量的配置才能最大限度地实现权利义务的整体效能。它总体上倾向于权利和义务的功能对称和互补，防止权利义务配置的不当倾斜。由上观之，自由主义政体国家过于强调个人权利的形式化分配，轻视义务设置对于权利实现的实际效能，尤其是对个人自由和财产权的过分强调，就必然导致残酷的竞争垄断和严重的两极分化。对广大下层民众来说，很多自由、平等权利实际上只是一张空头支票，神圣权利旗帜挥舞的结果却是下层民众权利在事实上被剥夺了。这样，其结构和功能上的平衡都成了问题，因而权利和义务的平衡水平较低。于是，其较高的自由、平等、权利、正义等理想和承诺与社会现实发生了断裂，这种"内在失衡"导致了其"体制之杯有一半是空的"。① 西方学者的调查显示，这些国家的公民在其权利义务框架中的行动，更多地倾向于"有限交换"，即出于自我利益考虑，以自己本人为目标而形成交换互惠行动，在履行或承担一项义务的同时，必须获得相应的一项权利，严格对等实现。这种"有限交换"无疑会导致个人权利至上信念，从而会对社会责任体系构成严重冲击，危及社会秩序。而社会民主政体国家由于注重权利和义务的均衡，故而无论其权利义务水平，还是其结构和功能上的平衡，都能保持在较高的基准线上。因此，其社会成员不仅有一定的"有限交换"，也有较强的"总体交换"取向，即出于他人利益考虑，以群体或社会为目标而形成普惠或单向受惠的交换行动，在履行或承担义务时并不要求马上或对等地回报权利，如为公共福利而纳税、承担环保和可持续发展的义务和责任，等等。这种趋向无疑会增进整体福利和权益保障，促进自由和权利的平等实现，培育较高的公共精神和公民道德，从而建立稳定和谐的社会秩序。

当然，传统政体国家虽然有较高的权利义务水平，但是，它们是通过过高的义务来保障较高权利的实现，这就很容易造成权利义务在配置上的过度倾斜，也容易形成过多的义务负担。虽然这有利于形成较强大的"总体交换"行为取向，但是，由于"这种政体强调义务重于权利，政治体制是精英模式，而不是多元模式"，② 从而会对个人自由和权利形成抑制甚至威胁，因此，其权利义务在结构和功能上也有失均衡。此外，还需要指出的是，后发现代化国家在

---

① 〔美〕塞缪尔·亨廷顿：《失衡的承诺》，周端译，东方出版社，2005，第12页。
② 〔美〕托马斯·雅诺斯基：《公民与文明社会》，柯雄译，辽宁教育出版社，2000，第144页。

推进法治的进程中，则存在较严重的权利义务不平衡的状况。一方面，很多国家急于推进经济发展、社会现代化和社会转型而忽略公民权利的确认和保障，使得"穷人付出的牺牲很大，得到的回报却少得可怜"，① 从而导致了畸形发展、合法性危机和社会震荡；而另一方面，也有一些国家急于政治体制改革和西方化，快速地推进民主进程和释放权利诉求。然而，"对于那些行使权利的人们来说，他们可能不仅会对现存制度的运行机制，而且更可能对现存秩序的价值观发起挑战。在这种幌子下……权利就可能诱发激烈变革。如果当要求创新的提议被认为是侵犯了个人权利时，权利同样也可以被用来维护现状和阻碍改革。"② 这同样会阻滞民主和法治进程，危及社会和谐与稳定。可见，权利义务的平衡状态，不仅对法治进程是至关重要的，也是和谐社会法律关系的根本要求和表现。

第六节　和谐社会的法律实效

尽管法律在建构和谐社会秩序中有如此重要的功能，但是，并不意味着它的这些功能会自动实现，而是受多种因素和条件的影响与制约。其中一个十分重要和关键的因素，就是法律要获得实效，也即使法律从纸面上的抽象条文变为生活中的规则事实，否则，法律功能将大打折扣。尽管近年来我国法律体系不断健全和完善，法治进程不断推进，但是，法律"纸面化"的倾向仍然十分突出，很多法律还停留在纸面上而没有变为生活事实和人们的行为准则，严重制约了法律功能的充分发挥。因此，必须强化法律的实效，推进和谐社会的法治秩序。

一　促进立法的民主化、科学化，注入法的时代精神

法律的实效实际上就是法律规范在多大程度上被人们遵守，它"是基于共同的法律确信，而这种共同确信根据的是得到认可的社会道德的基本价值"。③ 这就意味着，多元和谐的法治社会自然要强调法律至上，但这个至上的法律必须是体现正义、平等、自由和权利等人们所共同确信与认同的时代伦理价值和法精神的，只有这样，法律才会被人们发自内心地信服和遵守。否则，法律就会蜕变为法律专制和法律工具主义，人们也会自觉不自觉地进行抵制，从而使法律丧失实效，法律的功能也就难以发挥。因此，要实现法律对和谐社会秩序的促进作用和功能，就必须保证法律的正义性和优良性。

---

① 〔美〕杰克·唐纳利：《普遍人权的理论与实践》，王浦劬等译，中国社会科学出版社，2001，第171页。
② 〔英〕理查德·贝拉米：《重新思考自由主义》，王萍等译，江苏人民出版社，2005，第248页。
③ 〔德〕伯恩·魏德士：《法理学》，丁小春等译，法律出版社，2003，第153页。

这就要求遏制立法过程中的人治专权和意志擅断，推进立法的民主化、科学化、公开化和程序化，使得法律能够在自由平等的民主协商过程中包容多元互竞的利益主张和价值目标，能够切实反映社会公众的真实愿望和时代诉求，切实建立公正合理的社会关系、社会结构和行为规范，从而使法律确实为人们所信奉和遵守，产生应有的实效和功能。

二　树立"以人为本"和权力制约观念，切实保障人的自由和权利

和谐社会的法治建设是建立在多元平衡、协调共进基础上的，其核心是人的自由全面发展，因此，必须贯彻"以人为本"精神，强化权力制约机制，切实保障人权和基本自由，这样，法律才能获得人们的有效认同和积极服从，从而获得应有的实效。

马克思早就指出，法律在根本上是"人的行为本身必备的规律，是人的生活的自觉反映。"① 而民主制中的法律是为人而存在的，或者说人的存在就是法律，因此，它必须是人权和个人权利的保证，"哪里的法律成为真正的法律，即实现了自由，哪里的法律就真正地实现了人的自由。"法典也就成为"人民自由的圣经"。② 目前，我国已把"依法治国，建设社会主义法治国家"确立为民族振兴、国家发展的重要战略目标。但是，我们对法治的理解和认识还仅限于理论界和学术层面，而在某些领导层、执法司法人员和社会公众当中，对法治的认知还是初步的、肤浅的，甚至没有认知。所以，在"法治"的名义和制度运行之下，往往是在畅行权力本位、官僚主义、工具主义和实用主义之实，依法治理自然就具有了维护社会稳定、保证政令畅通、促进经济实效的"急功近利"属性，甚至为权力扩张而张目。这样，"人本精神"和法治信念就无从谈起，依法治理也就陷入了误区。因此，要建立和谐社会的法治秩序，就必须确立"以人为本"的法律观，特别是对于公权力主体，尤其要在立法和执法司法过程中克服以物为本、以官为本、以利益为本的不良倾向，彻底改变法律工具主义、法律实用主义思想和专断特权意识，适时树立法律的"人本精神"，强化权力制约意识和人文关怀，突出自由和人权保障，从而推进法治文明和社会进步。

三　推进司法改革和建立正当程序，确保法律的公正实施

亚里士多德早就指出，法治包含两个方面：一是制定得良好的法律，二是法律获得普遍的遵行。这就意味着，仅仅是制定良好的法律不够，还必须保障这些法律得到很好的遵守和实施，这样才能实现法律的实效和发挥其应有的功能。而这其中的根本环节就是司法公正和程序正当。应当说，近年

---

① 《马克思恩格斯全集》第 1 卷，人民出版社，1965，第 72 页。

② 《马克思恩格斯全集》第 1 卷，人民出版社，1965，第 71 ~ 72 页。

来我国的司法改革步伐很快，正当程序的制度机制正在稳步推进，有力地推进了司法公正。但是，也要看到，很多方面的改革还未产生实质性的效果。执法司法中的"工具主义"、"实用主义"和专断特权意识还很突出，野蛮执法、以权压法以及"依法治理"中的"治下不治上"、"治外不治内"、"治人不治己"、"治民不治官"等现象还在一定范围内存在，独立司法还未完全变成现实，以抑制权力扩张、保障自由和权利、公正司法为轴心的正当程序机制还没能真正建立起来，从而使社会成员对法律产生了某种异己感和疏离感，严重制约了法律的实效，威胁到社会的和谐稳定。因此，必须加大司法改革力度，全面推进独立司法和建立正当程序机制，使权力和权利都平等地受法律的拘束，特别是国家权力不得凌驾于法律之上和僭越法定程序；严厉禁止刑讯逼供、变相有罪推定、野蛮执法、以权压法等现象，无论是官员、民众还是犯罪嫌疑人，都要给予相同的人的对待和尊重，从而促进司法公正，保障公民权利和自由，使法律变成社会成员内在自觉的价值选择和行为准则，促进法律的实效的实现和法律功能的发挥，从而建立和谐社会的法治秩序。

四　确立规则多元精神，培育自生和谐秩序

法律实效并不仅仅是法律自身的问题，实际上，"如果国家法律缺少或丧失了道德效力，也会危及或削弱法律效力"。[1] 而法治秩序也恰恰需要道德、宗教、习惯和惯例等诸多规范来共同维系。这诚如西方学者所言："法律制定者如果对那些促进非正式合作的社会条件缺乏眼力，他们就可能造就一个法律更多但秩序更少的世界。"[2] 这就是说，必须克服"法律浪漫主义"精神，确立规则多元精神，注重民间法的支撑作用，加强道德和宗教的积极作用，以充分发挥多元规范的互动、整合作用，从而促进法律的实效，推进自生自发的和谐秩序。

五　培育公民意识，强化普遍的权利信念和守法精神

法治不仅是一种制度运行，更是一种生活状态和生活方式，它需要相应的公民意识来对法律的合理性、合法性、有效性进行评判、认知和服从，进而建立有效的法治秩序。和谐社会的法治建设更是如此。

改革开放以来，我们大量借鉴西方经验和制度来建构法治秩序，这固然是必要的，但也是需要警醒的。南美、东亚现代化国家及转型国家的法治进程经验就一再表明，仅仅是简单移植国外先进的法律制度，建立健全司法机构等，并不能必然带来法治，而主体——人的因素则至关重要，只有形成全

---

[1] 〔德〕伯恩·魏德士：《法理学》，丁小春等译，法律出版社，2003，第155页。

[2] 〔美〕罗伯特·埃里克森：《无需法律的秩序》，苏力译，中国政法大学出版社，2003，第354页。

社会共同的法律信仰、公民意识和法治化生活方式，法治社会才会真正到来。诚如英格尔斯所言，"许多致力于实现现代化的发展中国家，正是在经历了长久的现代化阵痛和难产后，才逐渐意识到：国民的心理和精神还被牢固地锁在传统意识中，构成了对经济与社会发展的严重障碍。""如果一个国家的人民缺乏一种能赋予这些制度以真实生命力的广泛的现代心理基础，如果执行和运用着这些现代制度的人，自身还没有从心理、思想、态度和行为方式上都经历一个向现代化的转变，失败和畸形发展的悲剧结局是不可避免的。再完美的现代制度和管理方式，再先进的技术工艺，也会在一群传统人的手中变成废纸一堆。"① 这就是说，"先进的制度"面对"传统的人"，是会出问题的，即便不是现在也是将来。

在中国，因为具有几千年的封建社会历史，"臣民文化"的积淀甚深。因此，传统的国民性格是一种具有奴隶性的"臣民"、"草民"性格，它既与民主、法治精神严重相悖，也泯灭了人性和主体精神。清末之后，我国开始在外国列强坚船利炮的欺辱之下进行"启蒙"和"救亡"，其中很重要的方面就是由"臣民"走向"国民"、"公民"。然而，由于公民意识成长土壤的缺乏、公民意识启蒙的狭隘和肤浅以及没有相应的制度保障，导致民主、自由、权利等观念扎根不深，② 而传统意识却迟迟不肯退去。中华人民共和国成立后，马克思主义成为正统的意识形态和指导思想，它所体现的革命性和先进性是毋庸讳言的。然而，由于极"左"思潮的严重影响，我们以政治性的"人民"和"主人"概念，掩盖了法律性的"公民"概念。于是，政治思维取代了法律思维，权力立场取代了权利立场，中央集权取代了自主发展。这样，"公民"话语虽然在中国已历经了近百年的历史，但在推进民主、法治进程的今天，公民意识缺乏仍然是个亟须解决的问题。

曾有调查显示，中国公民心理上还具有一种"权威人格"，存在对权利义务认知不深、民主参与能力不高、自主自律意识不强、法制意识淡薄等倾向。③ 人们既缺少对国家制度和社会制度合理性、合法性的有效评判、民主参与意识，也潜存着一定程度的无政府主义思想意识，缺少积极的守法精神和公民责任感、义务感，同时，一旦面临权威的压力或威胁，人们又往往很容易顺从和退让。这样，就既对法律的"工具主义"、"实用主义"、权力本位倾向缺少足够有效的抵制和抗争，从而使公民自由和权利的保障处于十分脆弱的境地，同时，又因缺少对法律的认同、内化而流失了普遍积极的守法精

---

① 〔美〕英格尔斯：《人的现代化》，载《世纪档案——影响20世纪世界历史进程的100篇文献》，中国文史出版社，1996，第435页。

② 相关分析参见陈永森《告别臣民的尝试——清末民初的公民意识与公民行为》，中国人民大学出版社，2004。

③ 闵琦：《中国政治文化》，云南人民出版社，1989，第136、218页。

神，从而使得法律实效受到严重影响。因此，要克服这种情况，就必须采取各种积极有效措施，培育公民意识，发挥公民在民主和法治进程中的主体作用。只有在全社会确立起公民意识并深植人心，才能强化普遍的民主参与意识、权利信念和守法精神，也才能使法律变成人们自觉的价值要求和行为选择，从而充分发挥法律的应有功能和实效，推进和谐社会秩序的建立。

第七节　和谐社会的法治标准

从近代法治的产生，再发展到现代法治，经历了几个世纪的漫长而复杂的演进过程，至今仍在不断探索和发展之中，以至于有西方学者声称："法治在世界上的进程并不确定，而且即使是在普遍实行法治的地区也发生倒退，一个主要的解释是人们并未完全了解实行法治的条件及其所促进的价值观念。"[①] 我国才刚刚启动法治进程，并在社会整体转型过程中大力加强和谐社会建设，因此，这绝不是一个简单的、一蹴而就的过程，更不是照搬或移植所能解决的，而是需要大量借鉴西方法治建设的历史经验，并立足中国本土的实际与和谐社会建设的需要，进行更多的努力、探索和创新，从而踏实有效地逐步实现法治国家的建设目标。

一　建立和完善权力制约、权利保障的民主制度与运行机制

不受制约的权力必然走向专权和独断，而没有自由和权利保障的社会必然是非民主的社会，再健全的法律制度也只能为专权统治服务，法治也就难以建立起来。因此，权力制约和权利保障是法治的根本和核心，它的重要动力和理论来源是"社会契约论"。

"社会契约论"是现代民主政治的理论基石，为推翻封建专制统治、确立民主法治立下了汗马功劳，但它是以抽象"自然状态"的理论预设和推导为基础的，因而终将在生动的社会实践面前陷入困境。而马克思主义经典作家在批判西方"社会契约论"的同时，深刻阐发了国家权力来源于社会，来源于人民群众的"民主契约"观，并把"民主契约"思想建立在唯物史观基础上。它蕴涵着浓重的社会本位观、权利本位观和自由本位观，富有很强的民主和法治精神导向。[②] 社会主义民主法治建设就应在这种"民主契约"思想指导下，建立、完善权力制约和权利保障机制，它既是法治的前提和基础，也是法治国家的重要标志和建设目标。

---

① 〔美〕巴里·海格：《法治：决策者概念指南》，曼斯菲尔德太平洋事务中心译，中国政法大学出版社，2005，序言，第2页。

② 参见马长山《法治的社会维度与现代性视界》，中国社会科学出版社，2008，第13～39页。

（一）横向的权力分立制约机制

按照马克思主义"民主契约观"，国家是建筑在社会生活和私人生活之间、公共利益和私人利益之间矛盾基础上的，是市民社会决定国家，而不是国家决定市民社会。"国家制度只不过是政治国家与非政治国家之间的协调，所以它本身必然是两种本质上各不相同的势力之间的一种契约。"这样，国家政治生活就"只是人权、个人权利的保证，因此，它一旦和自己的目的即这些人权发生矛盾，就必须被抛弃"。① 可见，国家权力并不是先天就存在的，而是来源于社会并服从社会的。因此，只有建立对国家权力的多元分立、分割制衡机制，才能在各种权力之间形成互控平衡，从而防止任何一种权力独尊坐大而形成专断，使权力真正服从、服务于社会。这样，民主精神才能得以切实贯彻，法律规则也才能获得至上地位，这也正是近代以来民主法治进程展示给我们的真实所在。我们固然不能照搬西方的"三权分立"制度，但是，根据社会主义民主属性和中国特色，建立和完善权力的分立制衡机制是必要的。我国宪法规定，全国人民代表大会是国家的最高权力机关、代议机关和立法机关，负有监督"一府两院"（即国务院及地方政府、各级人民检察院、各级人民法院）的职责，国务院及地方政府依法行使行政权，人民检察院独立行使检察权，人民法院独立行使司法审判权，此外还有人民政治协商会议等民主参政议政制度。应当说，这已形成了一定的分权制约机制，但是很多方面还是需要改进和完善的，如人民代表大会的监督权限、手段和力度还显得不够；行政权力仍过于庞大，行政权力控制仍需加强；司法机关的独立性也显得不足；等等。因此，如何适应建设法治国家的新形势新要求，建立健全立法机关、行政机关和司法机关之间的分权制约关系，使它们能够真正地、切实地既相互合作又相互制约，从而有效抑制权力扩张和腐败，将是法治国家建设过程中必须解决的重要问题。

（二）纵向的权力分解与自由和权利保障机制

在马克思、恩格斯看来，公共权力和国家的产生最初只是人类社会发展的需要，但它从产生那天起便被统治者异化了，因此，共产主义的最终目的就是要废除国家，建立"人的自由的联合体"。然而，在社会主义阶段，还需要国家的存在，以维护公共利益和社会秩序，但必须克服"权力拜物教"和"国家崇拜"，不能把国家当成"永恒的真理和正义所借以实现或应当借以实现的场所"，更不可产生"对国家以及一切同国家有关的事物的盲目崇拜"。② 因为这种"国家主义"倾向及其对国家的忠顺信仰，会造成人治和权力独断，泯灭和侵吞人的自由权利与主体精神。改革开放前，我国推行的高度中央集权体制和全面彻底的"国有化"，其实质就赋予了国家权力相当的神圣性和贤

---

① 《马克思恩格斯全集》第 1 卷，人民出版社，1965，第 316、440 页。
② 《马克思恩格斯选集》第 3 卷，人民出版社，1995，第 13 页。

能性，倡导"为民做主"和"监护包办"。这无疑是一种"权力拜物教"和"国家崇拜"，严重背离了民主契约法律精神，民主与法制遭到严重践踏，吞噬了人的尊严和价值，窒息了社会生机活力，束缚了生产力的发展。

可见，法治国家建设不仅需要横向的权力分割制衡，使国家权力"由合变分"，更需要消除"权力拜物教"和"国家崇拜"，对国家权力进行外部的纵向分权，使国家权力"由大变小"。对于当下中国而言，一方面，就是继续深化政治体制改革，贯彻"小政府、大社会"原则，通过精兵简政、转化职能来缩减国家权力的管理权限和辐射范围，并尽量地转化为每个社会成员、各个经济主体、众多利益群体、不同民间组织等的广泛的自主自治权利，从而把原来的中央集权分解、分散成落实到多个社会主体头上的自由和权利；另一方面，随着社会发展和科技进步，必然会创造出来更多新的社会利益，而这些新的社会利益又会导致新型权力或者新兴权利的出现和增长。这时，就需要通过正当程序和法律设定，把这些新增利益最大限度、最及时地转化为社会权利和自由，而不是更多地转化为国家权力，从而形成自由和权利对国家权力的动态、同步分解机制。这样，就形成了多元社会权利对国家权力的分解、制约和平衡，这种"自由主义剃刀"式的纵向社会分权，不仅有利于遏制集权专权的产生和权力运行的肆意性，也有利于使权力与权利共同服从于法律的规制，从而达到权力制约和自由权利保障的目的。

（三）多元化的民主参与和监督制约机制

事实表明，仅有横向和纵向的分权尚不足以控制权力、保障权利和自由，还必须同时建立适应时代变化、多元化的民主参与和监督制约机制，这也是民主法治建设的必然要求和体现。在我国，多年的民主法治建设积累了一些有益经验，也形成了一些有中国特色的民主参与和监督制约制度，但是，在当今经济市场化、政治民主化、利益多元化、阶层多样化、社会自主化的新时期，很多制度和机制还需要进一步发展和完善。这主要包括：（1）继续完善人民代表大会和政治协商制度。人大代表和政协委员不仅是一种政治身份和荣誉，更是社会多元利益和权利的代言人，因此，必须加强其利益代表的广泛性、实效性，完善各项参政议政程序，切实保障他们参政议政的自主性和各项民主权利。（2）在人民代表大会和政治协商会议中，增加民间社会组织（即各种社会团体）的界别，使不同利益群体的声音能够更多地、更直接地进入民主决策程序。（3）建立健全公共决策公开制度、听证制度、意见征询制度、人民代表大会和政治协商会议旁听制度、人大代表和政协委员质询制度、国家机关的公众评价制度等，推进更广泛、更直接的社会公众参与和民主监督。（4）继续推进政治民主化、公开化，拓宽网络平台、新闻媒体等的公众舆论监督途径和民主参与渠道，加强舆论自由权利保障，强化公共政策制定过程中的公众讨论、民主对话和多元协商机制，从而为公共决策奠定必要的合法性基础。（5）建立和完善健全信访、复议、申诉、请愿制度，完善各种正当程序，拓宽并畅通民众的诉愿渠道和权利救济途径。

通过以上运行机制的建立和完善，就能有效地推进权力分解分割、制约平衡以及自由与权利的维护和保障，谁都不能擅自超越自己的边界和尺度。因此，权力和权利、权力和权力、各种多元权利之间，都不得不"坐下来"进行理性协商和对话平衡，以设定大家公认的权威规则，并且大家都必须共同服从这一既定规则。这样，法律权威才能真正得以确立，和谐社会的法治秩序也才能真正建立起来。

二 建立和完善"良性"的法律制度体系

古希腊政治哲学家亚里士多德早就指出，法治应包含两层含义：一是法律必须是制定得良好的法律，二是法律必须获得普遍的服从。而自然法学派也自古主张法律的优良性，特别是近代以来更是主张"恶法非法"。尽管分析实证主义法学曾强调"恶法亦法"，但是后来也不得不面对现实，承认现实规则必须服从"最低限度的自然法"。这意味着，"良法"体系的建立是法治国家的重要标志。而要保证"良法"体系的建立，就要实现公众的立法参与、确立法律的正义价值取向、建立理性化的法律体系。

（一）公众的立法参与

法治是以民主体制为基本前提的，在这种体制下，法律不再是维护专制统治、确保权力运行的工具，而是广大社会公众自由和权利的根本保障。因此，法律的制定就不能再是君王意志、统治集团意志或者具有优势地位的少数人的意志，而只能是社会公众多元利益和权利诉求的体现。因此，法律的制定不允许个人臆断，或者由少数人垄断，而必须是公开化、民主化和公众参与的。人们能够通过立法建议、意见征集、民意调查、网络讨论、法案辩论，甚至是"院外活动"、和平请愿等多种途径和形式，来表达各自的权利主张，形成对立法的利益诉求和舆论压力，让多方"声音"都能进入立法过程中来，使得立法过程成为多元化利益、多样性权利的对话协商、理性平衡的过程，成为社会公众把正义理想和合理性信念注入法律的过程，以确保法律的优良性。

在我国，随着法治进程的不断推进，立法的民主化也日益增强。如近年来在《物权法》、《就业促进法》、《劳动合同法》等的立法过程中，就有很多社会公众参与进来，发表看法和建议，以至于对《物权法》草案的多方建议和激烈争论，影响了物权立法的进程，这无疑是中国立法民主化的一个进步。要建立法治国家，就必须继续加快立法公开化、民主化进程，拓展、畅通和完善公众立法参与的各种途径和形式，让更多的民众意见、要求和呼声能够进入立法过程中，成为立法予以考虑和衡量的重要因素，从而使立法更多地反映社会公众的正义理想和合理性信念，促进"良性"法律体系的建立。

（二）法律的正义价值取向

正义是法律的核心价值和根本目标，因为"一个不具坚固的正义基础的法律秩序所依赖的只能是一个岌岌可危的基础"，[①] 在多元平衡的当代法治社会尤其如此。事实上，无论是柏拉图关于等级有序的和谐关系基础上的正义，还是亚里士多德关于平等均衡分配美好事物的正义，也包括启蒙思想家以来，直至当今时代仍在探寻的以自由、平等和权利为基础的公平正义等，都在一定意义上表明，正义构成了和谐与平衡的重要价值准则，中国历史上"和谐大同"的理想社会目标更是如此。即是说，"一种态度、一种制度、一部法律、一种关系，只要能使每个人获得其应得的东西，那么它就是正义的。"[②] 它的核心就是实现最大限度的自由和平等。

自西方启蒙运动以来，人就被视为生而自由和平等的，并且自由和平等是相互依存和互为条件的。但是，随后的事实发展表明，自由的扩大并不一定能够促进人类平等，而追求平等也并不一定能够增进自由，它们反而时常会产生一定的张力和冲突。历史表明，无论是过多的自由要求还是过多的平等主张，都会超出正义所赋予的限度而失去正当性、合法性。这就需要正义原则来框定自由和平等的各自范围及其正当性，只要"当正义对自由和平等的追求起着支配作用时，自由和平等就能在限定的范围内和谐地扩展到最大限度"。[③] 然而，"正义并不只是以一种声音说话"，[④] 也没有一个确定不变的铁律和图表，它会因各国的不同政治、社会和经济条件，以及一国历史发展的不同阶段而产生很大差别。但是，正义原则所要求的多元平衡的价值尺度在于实现最大限度的自由、平等和权利，这一点则是确定无疑的。

具体而言，权力与权利关系的轴心是国家权力控制范围与私人自由领域、平等权益保护等问题，权利与权利关系的轴心是不同群体和不同个人之间的权利平等、自由和权利界限等问题，权利与义务关系的轴心是利益与负担、自由与责任的平等分配等问题，而法律与多元社会规则关系的轴心则是国家理性规制与社会自主选择的问题。从某种意义上说，这四方面关系都内在地传递和表达着自由与平等的价值诉求，都必须遵循正义原则而进行恰当、合理的平衡，以实现既定政治、经济和社会条件下最大限度的自由、平等和权利，促进人的自由、平等发展，从而达致自由社会和法治秩序的目标。建立社会主义法治国家，必须确立法律的正义取向，把社会公众的正义理想和合

---

① 〔美〕E. 博登海默：《法理学——法哲学及其方法》，邓正来等译，华夏出版社，1987，第304 页。

② 〔美〕E. 博登海默：《法理学——法哲学及其方法》，邓正来等译，华夏出版社，1987，第254 页。

③ 〔美〕艾德勒：《六大观念》，郗庆华译，三联书店，1998，第170 页。

④ 〔英〕约翰·格雷：《自由主义的两张面孔》，顾爱彬等译，江苏人民出版社，2002，第7 页。

理性追求最大限度地纳入法律中，切实保障社会的多元自由和权利，从而建立起适应法治建设需要的"良性"法律体系。

（三）理性化的法律体系

良法体系的建立不仅需要公众的立法参与和确立正义价值取向，也需要建立健全从宪法到法律法规、从实体法到程序法、从基本法到部门法的严密的法律体系，以满足民主政治和市场经济发展的需要。基于法治对法律权威性、严密性、科学性、合理性、人本性的要求，法治国家的法律体系应该符合理性化精神。这主要包括：（1）法律的公开性，即法律应该随时向社会公布，让公众家喻户晓；（2）法律的确定性，即法律必须是确定的、易于理解的，不能模棱两可、模糊不清；（3）法律的一致性，即法律之间是内在一致的，不应存在严重矛盾和冲突；（4）法律的稳定性、连续性，即法律是稳定的、连贯的，不能朝令夕改；（5）法律不溯及既往，即法律是可预期的，不能对法律制定并实施以前的行为产生效力；（6）法律的可操作性，即法律是能够操作的，而不能是脱离生活实际的、空洞的、无法落实的；（7）规章命令、司法解释以及自由裁量权的行使，应当符合法律原则和法治精神。具备了这种理性化精神，法律体系才能有效发挥其应有的规范效力，从而建立起和谐社会的法治秩序。

三　建立和健全公正的执法司法体系和运行机制

法律制度体系的存在，只是实现"法律的统治"的基本前提，再完美的制度体系也不能自动运行，它只有通过执法、司法机制才能获得现实效力，取得规范国家生活和社会秩序的实际效果；同样，再好的法律制度设计，也会因执法、司法不公而大打折扣，因此，"良法"的正义价值，只有通过公正的执法司法体系和运行机制才能得到充分实现。可见，公正的执法司法体系和运行机制是法治国家建设的重要环节。

（一）司法独立

司法独立是保证执法司法公正的重要前提，也是法治国家的重要标志。在专制社会，法律是维护君王权力运行的统治工具，因此，一切执法司法都必须服从君王的最高意志，它必然是不独立的，要服从君王专制统治的需要。而在法治国家则相反，法律是社会公众意志的体现，是维护社会自由和权利的坚盾，它代表社会正义准则和最高权威，因此，无论是国家权力还是社会权利，都必须服从法律的规制。这样，作为适用法律、进行司法裁判的司法机关，就必须具有独立的、权威的地位，只有保证司法机关不受任何个人、组织的非法干预，才能使司法机关客观、中立、公正地适用法律，按照法治原则和法律规则进行居中裁判，从而建立起公正的司法运行机制。我国宪法规定，人民法院和人民检察院依法行使审判权和检察权，不受国家行政机关、社会团体和个人的干涉。同时，近年来又进行了大量的司法改革，司法独立机制也就逐步建立起来了。但是，在建设法治国家的新时期，司法独立机制还需要进一步健全和完善。

（二）正当程序

正当程序主要是指法律程序的正当化，它旨在反对肆意性、遏制权力擅断，从而保证法律的公正实施。一般认为，正当程序起源于 1215 年《英国大宪章》对法律程序的设定。发展到今天，正当程序已成为法治国家的一个重要特征，它为权利平等、权力制衡、纠纷解决、权利实现和法律权威提供了重要保障。近年来，我国随着法治进程的不断推进，颁布了大量的程序性法律法规，特别是推进了国家权力运行的程序化、规范化、法制化，建立起相应的执法司法正当程序制度和机制，但还是不能满足建设法治国家的需要。因此，需要真正确立程序正义、程序控权观念，严密正当程序制度和机制，从而以正当程序来制约权力、保障权利和自由，维护法律权威和执法司法公正，促进法治秩序的建立。

（三）法律监督

执法司法是一项十分复杂的社会活动，它难免会受到政治、经济、文化、社会甚至人为因素的影响，无论执法司法机制是多么健全和完善，都不能保证百分之百的正确和公正。因此，法律监督就成为必须建立的一种纠补机制。目前，我国已形成了一定的法律监督体系，主要包括：（1）权力机关的法律监督，主要是各级人民代表大会及其常委会，依据宪法和法律对一切国家机关制定的法规、规章的合法性的监督；依法对执法司法机关的法律实施活动的监督等。（2）行政机关的法律监督，主要是指在行政机关系统内，上级机关对下级机关以及具有特定监督权的机关对其他机关的依法行政活动的监督。如上级机关对下级机关的层级监督、监察机关对国家机关及其工作人员的监督、审计机关对国家机关及其工作人员的监督等等。（3）审判机关的法律监督，主要是在人民法院系统内，上级法院对下级法院司法活动的监督。（4）检察机关的法律监督，主要是人民检察院依法对法纪、立案、侦查、审判、刑罚执行等执法司法活动的法律监督。（5）社会的法律监督，主要包括执政党的监督，即中国共产党在宪法和法律的范围内，依据党章和组织原则对执法司法机关党组织和党员干部的政治性监督，特别是带头守法、遵法、公正执法司法的监督；人民政协和民主党派的监督，即政协代表统一战线组织、各民主党派代表所属参政议政党派，通过批评建议、议案谏书、对话协商等方式，对立法、执法、司法等活动的法律监督；社会团体的监督，即工会、妇联、共青团、行业协会、商会、学会、联合会等社会组织，通过参政议政、对话协商、批评建议、控告申诉等多种途径和形式，实施对执法司法活动的监督；社会舆论的监督，主要是通过新闻媒体、网络等，对立法、执法和司法活动进行公开讨论、对话、批评、建议，从而形成巨大的社会舆论压力和公众呼声，实施对执法司法活动的监督；社会公众的直接监督，主要是公民、群体等通过批评建议、谏言信访、举报控告等方式，形成对执法司法活动的直接监督。

应当说，这些法律监督体系是执法司法公正的重要保障，但是，要使这些法律监督机制发挥更切实的作用和功能，就必须适应法治国家建设的需要，进行深化改革和制度完善。（1）建立和完善人民代表大会及其常委会实施法律监督的具体制度，使其监督程序化、规范化、法制化，避免随机性和不确定性。（2）党的监督要在宪法和法律的范围内进行，注重政治性监督，不应直接指令、干预具体的执法司法活动，以确保司法独立。（3）完善审判机关、检察机关监督的具体程序和制度，保障监督的实效性、公正性。（4）拓展、强化人民政协、民主党派和社会团体监督的范围、途径、力度和效果，并予以程序化、制度化，使其监督不只是一种形式，而是一种真正的民主监督渠道，成为推进执法司法公正的重要力量。（5）强化媒体、网络等公众舆论平台建设和规范，切实保障言论自由，强化公众舆论监督的能力、质量和水平。（6）建立多元化的公民、群体的利益表达、意愿诉求和权利主张机制，畅通公民和群体的维权渠道，切实保障公民和群体的监督权利。可见，只有使各种法律监督机制取得实效，才能发挥其应有的功能，从而提升执法司法的公正水平。

（四）法律职业伦理

人类社会自从产生了法律，也自然需要专门从事法律事务的人。而随着法律的逐渐发达完善，专业化的法律职业群体就出现了，并逐渐形成了一套基本相同的法律信念、职业操守、法律技术和操作方法。在当今法治社会，人们称之为法律共同体，包括法官、检察官、律师、法学家等，他们是解释法律、实施法律、保障法律运行的关键主体。他们以法律为职业，承袭法律职业传统、信奉法律、忠实于法律、秉持中立立场、信守公平公正价值、坚持法律人思维，因而客观理性、依法行事、处事公正，形成了共同的职业伦理和道德操守。这种职业伦理和道德操守不仅维护着其特定的社会地位、身份和声誉，也保证了他们客观公正地理解法律、运用法律和适用法律。如果不具备这些职业伦理和道德操守，执法司法的公正性就很难实现，而偏私裁判、徇私枉法等更会摧毁法律的公正性和权威性。可见，法律职业伦理是法治建设与发展的重要推进和支撑力量。

在我国，随着法治建设的推进，法律职业伦理也日渐形成。但是，由于多种因素的制约和影响，法律信仰不足、执法司法不公、腐败现象等还在一定范围内存在，法律职业伦理的建设任务还很艰巨，成为制约和影响执法司法公正的重要瓶颈之一。因此，要建设法治国家与和谐社会，就必须大力推进司法改革，高度重视和加强法律职业伦理建设，培育适合法治国家需要的法律职业信念、职业操守和职业道德，从而为执法司法公正提供必要保证。

四　确立普遍的法治精神和法治信念

法治的运行和发展并不仅仅依赖制度，也依赖面对法律的人，依赖法治精神和信念的支撑。如果是"先进的制度"面对"传统的人"，早晚是会出问题的。确立普遍有效的法治精神和信念，对法治国家建设是至关重要的。这些精神和信念包括：

（一）民主契约观念

在马克思、恩格斯看来，人们为了实现单凭个人力量所不能实现的利益和自我保护，满足人的本质的社会性需要，就必须建立和参加国家共同体，并让渡一部分可与自身相分离的个体权利和利益给国家，而国家则必须服从个人权利和自由的需要。因此，国家"必须实现法律的、伦理的、政治的自由，同时，个别公民服从国家的法律也就是服从自己本身理性的即人类理性的自然规律"。①正是基于这一民主契约观念，在推进法治国家建设进程中，就要摒弃"国家崇拜"、权力本位和官本位意识，确立权力服从服务于社会自由和权利的观念，特别是国家权力更要如此；摒弃"臣民文化"传统，确立民主参政议政、公民自由和权利神圣不可侵犯的观念；摒弃"法律工具主义"精神，确立法律的权力制约和权利保障的观念，等等。惟其如此，才能准确、理性地认知和定位公民与国家、权利与权力、权利与权利、权利与义务、法律与国家、法律与社会等关系，从而为建立法治秩序奠定必要的思想基础。

（二）正义观念

正义是人类自古就开始不断孜孜以求的崇高美德和至善理想，甚至可以说没有正义观念，社会制度、社会秩序、社会行为、社会关系等就会失去基本的判断标准和道德约束，杀戮、偷盗、强奸等也就会滋生蔓延，人类社会自然难以为继，只是不同时代人们的正义观念有很大差别而已。从古至今，法一直被视为维护和促进正义的艺术或工具，在当今法治社会更是如此。法律具有独立的至高权威地位，是国家和社会生活的基本准则，它必然要反映、承载社会公众的正义追求和信念，从而建立公正合理的规则秩序。因此，从国家元首到平民百姓、从城市到乡村、从资产者到流浪汉，尽管身份、地位、境遇、条件等差别很大，但是，他们都有自己的正义理想和渴望。只有在全社会普遍确立以自由、平等和人权为核心取向的正义信念，才能把遏制权力扩张、强化权利保护、消解社会不平等、促进社会自由、化解矛盾和冲突等等，化作人们的价值选择、道德约束，甚至是自觉行动。这样，法治秩序才能真正建立起来。

（三）尊法观念

法治社会是主张"法律统治"或者"法律治理"的社会，它的一个重要

---

① 《马克思恩格斯全集》第 1 卷，人民出版社，1965，第 129 页。

标志就是法律的独立性和权威性。在这里，法律不再是专断权力运行的工具和等级集团的护卫者，而是社会多元利益的界定者、平衡者和协调者，是多元自由和权利的确认者、维护者和保障者，它要求不得有任何超越于法律之上的特权和特殊利益，而必须都平等地服从法律的约束。因此，尤其是国家机关及其工作人员更必须自觉带头尊法重法、遵法守法，无论其级别有多高、权力有多大，都必须如此。否则，一旦有超越于法律之上的特权和特殊利益，就会导致强权干预法律、破坏法律权威、维护特殊利益的情况发生，法律也就降为强权和特殊利益的御用工具，法律面前人人平等无疑成了一句空话，自由权利保障和法治秩序更是无从谈起。可见，只有在全社会树立起信奉法律、服从法律的尊法观念，才能保证法律的独立性和权威性，也才能使法律获得普遍的遵从并产生实际的效力，自由和权利才有可靠保障。因此，尊法观念的培育是法治国家建设的重要一环。

（四）权利义务观念

法治国家是以市场经济、民主政治、理性文化和多元社会为基础的，并且由法律来主导社会秩序。人们之间的社会关系就不能再建立在传统的血缘纽带、等级身份、宗法伦理的基础上，而是要建立在利益联结、平等自由、法律关系的基础上。因此，无论是国家与社会、群体与群体、群体与个人，还是个人与个人，都必须依法确立相互的、平等的权利和义务关系，也即享有权利必须承担相应的义务和责任，承担义务也必须获得相应的权利，无论对谁都是如此。因此，在法治国家建设进程中，就要摒弃传统的权力本位、特权观念、等级观念、"臣民"观念、草民意识和宗法道德观念，在全社会真正树立权利义务观念和公民意识。惟其如此，法律关系才能得到维系，相互的、平等的权利义务关系才能得以确立，和谐社会的法治秩序也才能建立起来。

五　建立多元化的规范秩序和纠纷解决机制

从一定意义上讲，近代法治的生成发展呈现一种理性化的进程，它意味着在国家预先制定好的普适性规则基础上来处理和调适社会关系。但是，法治的随后发展特别是当代的发展昭示人们，法律并不是万能的，法律的"至上权威"也并不意味着"唯法律独尊"而抛弃其他。事实表明，法治国家的建立和发展需要多元化的规范秩序和纠纷解决机制来支撑。

（一）建立多元化的规范秩序

经过几个世纪的发展，人们发现法律在带来权力制约、权利保障和理性规则秩序的同时，它的一些局限性也逐渐显现出来。特别是法律过于僵硬的理性、法律无处不在的"法律之灾"导致生活格式化和缺乏自主性、法律上的自由平等与实际生活中的不自由不平等之间的反差等等，导致了法律的某些异化发展和当代法治的困境与危机。为此，必须克服"法治乌托邦"的浪漫幻想和"法律工具主义"、"法律万能主义"、"法律单边主义"倾向，确立多元主义精神，实现法律与多元规则的互动平衡。①

法律、道德和宗教是人类社会三种重要的行为规范，即便是主张"法律主治"的法治社会，道德和宗教对社会关系的规范和调整作用仍是十分必要而重要的。因为法律只能调整最基本的社会关系，是对人的行为的最低防范和社会秩序的底线保障，而大量的社会关系和日常生活则是由道德、宗教、习惯和惯例等来调整、规范和维系的，没有这些规范的补充支撑作用，再多再完美的法律也不可能单独建立起规则秩序。这是因为，"民众的政府及其法律必须依赖于某种先于国家和人为法律而存在的基本的道德秩序"，② 否则，法律权威和法治秩序是很难有效建立起来的；同样，"社会生活有很大部分都位于法律影响之外"，因而"秩序常常是自发产生的"。③ 这意味着，在"国家法"的"最低防范"之外，还需要大量日常性、社会性、多元弹性的"民间法"来填充和支撑，"民间法"也需要"国家法"的认同和保障；而对于宗教而言，它的弃恶扬善、轮回报应、利他献身等信条则代表着一种终极的正义关怀，从而能够吸引广大民众诚心信从，这正是法律的重要价值基础（基督教、伊斯兰教、佛教等都是如此），也有利于人们遵从伦理道德和诚信守法，这无疑会对法律的发展和社会秩序的整合具有一定的影响和促进作用。当然，宗教已不再可能是社会规范的主流，而且当代也出现了某些宗教极端主义、异端邪教等，这都需要通过法律来予以遏制，从而维护正常的宗教活动和社会秩序。即是说，"只有在我们把握了作为两种对立然而又是可以调和的经验领域的法律与宗教的相互依存之后，我们才算找到了特定之现存社会制度中世俗方面与神圣方面之间的微妙平衡。"④

由此可见，在积极推进法治的过程中，要注意不可视法律为无所不能的灵丹妙药，更不能以法律替代、剔除所有其他规范。否则，后果将是严重的。"狭隘地依赖重视惩罚的法律理性，其结果就是人们普遍地采取只遵守法律条文、寻找法律漏洞的策略，从而避免惩罚，对此就需要严格先前的法律，弥补漏洞，而这会使得法律更加严厉。如果所有人都把自己的事业发展限制在法律的范围之内，那么生活就会变得不可忍受。"⑤ 可见，过分推崇、依赖法律的乌托邦理想，就会物极必反，使得法律成为人的主宰，而人就成了法律

---

① 马长山：《法治的平衡取向与渐进主义法治道路》，《法学研究》2008年第4期。

② 〔美〕巴尔：《三种不同竞争的价值观念体系》，力文译，《现代外国哲学社会科学文摘》1993年第9期。

③ 〔美〕罗伯特·C.埃里克森：《无需法律的秩序》，苏力译，中国政法大学出版社，2003，第5页。

④ 〔美〕伯尔曼：《法律与宗教》，梁治平译，中国政法大学出版社，2003，第126页。

⑤ 〔美〕文森特·奥斯特罗姆：《政治文明：东方与西方》，潜龙译，载刘军宁等编《经济民主与经济自由》，三联书店，1997，第272页。

大肆规划与约束的对象和客体，人的主体价值、主体权利和自由自然也就会受到严重的侵蚀和消减。可想而知，这并不是法治所追求的真正目标，因此，在建设法治国家的过程中，在主张"法律主治"的同时，要注意不能走向极端，而是要根据本土实际和国情，注重"民间法"的规范整合作用，发挥宗教的积极作用，适时培育和建立多元化的规则秩序，这样法治秩序才会有更牢固的根基。

（二）建立多元化的纠纷解决机制

在当代西方，人们出于对"法律之灾"和"法律万能"的反思，开始主张"程序主义法治范式"和"回应型法"，也就是要建立主体间对话协商的法律运行机制和弹性规则框架，为不同主体之间能够平等地对话谈判和协商妥协保留自由和权利空间。如西方劳动法上的集体谈判制度，就是通过塑造集体谈判的组织、界定程序性规范、限制或扩展集体行为者的权能，来平衡谈判权，从而间接地控制了谈判结果；WTO 谈判机制也大致如此。此外，人们认识到，并非所有纠纷都要通过法律程序来解决，或者说，通过法律程序来解决某些纠纷并不一定是最理想的方案，胜诉也并不一定代表着是真正的赢家，民事、经济及行政纠纷中的非诉讼调解机制（ADR）、刑事案件中的辩诉交易制度等的兴起，就说明了这一点。可见，建设法治国家，并不意味着法律就成为解决纠纷的唯一方式，而是要建立多元化的纠纷解决机制，在法律制度框架内赋予纠纷解决一定的自主空间，既保证法律的主导性和权威性，也使纠纷当事人有更多的自主选择权利和自由，从而减少纠纷解决成本，避免不必要的诉累，提高纠纷解决效率，有效维护当事人权益，建立富有人本精神、自主和谐的法治秩序。

总之，和谐社会的法治建设是一项艰巨而长期的历史任务，也是一项涉及众多复杂问题的系统工程。权力制约和权利保障的民主制度和运行机制、良性的法律制度体系、公正的执法司法运行机制、普遍有效的法治理念和精神、多元化的规范秩序和纠纷解决机制，则是和谐社会中法治国家建设的基本目标。只有实现了这些目标，法治国家才能真正建立起来。

第二章　构建和谐社会的法治文化

第一节　法治文化构建的时空背景

中国是一个有着几千年历史的文明古国。在历史上，中国文化表现出强大的包容力和生命力。现在，中国正处在一个文化转型时期。在此时期，中国传统文化与近一百年来兴起的"新文化"如何协调，或者，近代西方文化如何融入中国文化传统，仍是中国在今后相当长时期内需要解决的一个重要问题。从"理"与"势"的角度观察，尽管近一个世纪以来，"新文化"在政治革命、文化运动、社会动荡以及经济变革的历史条件下呈现明显优"势"，但就长远而言，中国文化传统仍将不可避免地以其所包藏的足以跨越古今的普适之"理"而在经历一定时期的调整后，得到新的延续、传承和发展。"新文化"与传统文化不应始终相互对立，而应统合在中国文化传统中，找准各自的立足地位和生发基础。中国文化传统，更适合作为蕴涵普适道理从而可以穿透古今的文化形态看待，而不应只被视为一种可以终结的历史形态。整体来看，中国文化不仅内含了根本普适之道，也在民族历史上流变出许多外在的细枝末节形式。在现代历史潮流中，其所衍生的一些不合时宜的历史内容终将被荡涤干净，但作为一种基于特殊理路而延展的普适文化，那些植根于人的道德理性的人文精神要素，却未必会因为一时的文化失"势"和文化失语而趋于没落。中国文化传统中的普适因素，以及"古今中外"历史文化中的普适因素，是推进和谐社会的文化建设所当特别留意的。

在法治方面，吸纳"古今中外"的法治经验，培育一种良好的法治文化对于我国构建和谐社会无疑具有现实意义。文化是影响和制约法治实践的重要因素，看上去比表面的政治和法律形式更为基本、深厚，正所谓"政者，正也"，[①]"其表在政，其里在学"。[②] 在不同的文化中，法律有不同的样式、地位和作用。明显的是，法律在儒家文化、道家文化、佛家文化、法家文化

---

① 《论语·颜渊》。

② （清）张之洞：《劝学篇》序。

以及现代西方文化中，具有并不完全相同的面貌。法家主张"以法为教"，[①]
儒家注重德教义劝，现代西方则强调通过法律保障个人自由，由此所形成的
人际关系以及社会生活形态也有着很大差异。法治需要有相应的文化作为支
持，否则，法律难以成为治理国家的根本手段和基础性方式；同时，法治也
需要受到基于根本普适道理的文化的指引和涵容，以使其对社会和人心所产
生的冲力在更深厚的文化底垫上得到调适和缓解。就此综合来看，正在迈向
民主法治的现代中国，应该怎样培育自己的法治文化、培育怎样的法治文化，
是一个关乎世道人心、迫切需要提上议事日程的大课题。我们拟在"古今中
外"的时空背景下，沿着中国文化理路和社会发展脉络，基于历史和学理，
分析对比不同形态的法治及其文化，由此倡导一种"道德的民主法治"，以期
为现代中国的法治实践开出可供选择的文化路向。我们先总体考察构建和谐
社会的法治文化的历史方位，再对比分析制约法治形态及其发展的中西两大
人文主义，进而阐释儒家法治、法家法治和民主法治三种作为历史和文化形
态的法治类型，最后指出现代中国构建和谐社会的法治文化需要作出的道德
和政治努力。

一　"轴心时代"与现代性

在《历史的起源与目标》（1949）一书中，卡尔·雅斯贝斯显然注意到，
公元 1500 年以来的现时代是一个极为特殊的历史年代，他称之为"科技时
代"。这一时代与远古的"轴心时代"（Axial Age）相对应，因此也被视为
"新轴心时代"或"第二轴心时代"。所谓"轴心时代"，在雅斯贝斯那里，
指的是公元前 800 年至公元前 200 年之间，在世界不同地区几乎同时而独立
地出现印度佛陀、中国圣贤、希腊哲人、犹太先知的年代。这 600 年间的教
义或哲学，表现出"终极关怀的觉醒"和对原始文化的突破或超越，并作为
经典或教训流传后世，奠定了此后两千多年人类精神的基础，对印度、中国、
西方、伊斯兰等文明形态的生成产生了深远影响，因此，"公元前 800 至 200
年间的数世纪，就是世界历史的轴心"。[②] 此后，直到中世纪结束，雅斯贝斯
认为人类又开始进入一个新的轴心期。关于两个轴心时代以及新轴心期的状
况，雅斯贝斯这样写道：

　　在公元前 800 年至 200 年的轴心期，东西方两极分化的人类精神基

---

①　《韩非子·五蠹》。

②　〔德〕卡尔·雅斯贝斯：《历史的起源与目标》，魏楚雄、俞新天译，华夏出版社，1989，第
　　27 页。中国近代有学者曾指出："中国之尧、舜、周、孔，印度之释迦、婆罗门，耶路撒冷
　　之摩西、耶稣，阿喇伯之谟罕默德，数千年之旧教也。"参见唐才常《尊新》，《贬旧危言：
　　唐才常、宋恕集》，辽宁人民出版社，1994，第 17 页。

础在西方、印度和中国这三个彼此独立的地区产生了。

自中世纪结束以后，西方在欧洲产生了现代科学；18 世纪结束后，西方又靠现代科学产生了技术时代，它是自轴心期以来在精神领域或物质领域的第一次全新发展。

……由于技术发展的结果，自 16 世纪起，当代世界在缓慢发展的过程中，已在事实上变成了一个联络体。尽管总有冲突和分裂，全世界现在已是一个联络体，这导致了向政治联合的日益驱进。政治联合，或是由世界帝国的专制力量来完成，或是通过以法制为基础的世界秩序中的相互协议而实现。①

雅斯贝斯认为，从近两千年来的历史看，16 世纪以来的这个时代"在精神和物质上确实是一个崭新的时代"。② 概括而言，这一"崭新的时代"具有三个明显特征，一是科学的兴盛，二是欧洲的崛起，三是世界或世界秩序的出现，而且，这些特征紧密地联系在一起。③ 现时代的这些特点，在马克思、韦伯等现代思想家的著作中其实也是时常可以看到的。此外，雅斯贝斯还指出了前后两个轴心期的不同。在雅斯贝斯看来，"轴心时代"具有历史起源意义的哲学或教义，是在各个地区相对独立产生的，"是地方性的，没有一个地方对整体具有决定性的作用，这就使西方的特殊性和在那儿产生的分离成为可能"；而后来的轴心时代"是人类整体进行的"，"是世界性的和包罗一切的，不可能再存在中国、欧洲或美洲的界限。决定性的事件将是整体性的，因而也是空前重大的"。④ 通过前后轴心时代的比较，雅斯贝斯凸显了现时代可能具有的新的原创性以及与之相应的新的历史意义。如果这样一个现时代，真的是又一个堪与古代产生圣贤先知的时代相提并论的开创年代，那么，身处这个同样可能跨越几百年的现时代的人们所肩负的历史任务或使命无疑将是巨大的。

基于对现时代的这种宏观历史把握，雅斯贝斯试图提出一种"世界哲学"，并把构建世界哲学作为科技"时代的必然任务"。⑤ 按照雅斯贝斯的看法，尽管科学技术使世界成了一个整体，但世界范围的政治统一体并未由此

① 〔德〕卡尔·雅斯贝斯：《历史的起源与目标》，魏楚雄、俞新天译，华夏出版社，1989，第 31～32 页。

② 参见〔德〕汉斯·萨尼尔《雅斯贝尔斯》，张继武、倪梁康译，三联书店，1988，第 165～178 页。

③ 参见〔德〕卡尔·雅斯贝斯《历史的起源与目标》，魏楚雄、俞新天译，华夏出版社，1989，第 95、145、220 页。

④ 参见〔德〕卡尔·雅斯贝斯《历史的起源与目标》，魏楚雄、俞新天译，华夏出版社，1989，第 33～34 页。

⑤ 〔德〕汉斯·萨尼尔：《雅斯贝尔斯》，张继武、倪梁康译，三联书店，1988，第 168 页。

自然形成，因此，对于未来的世界秩序以及未来可能出现的世界帝国的思考构成了世界哲学的重要内容。一方面，由科技发展带来的核战争技术等，让人类面临共同灭亡的境地，这使得"今天真正的政治……是世界政治或以实现世界政治为目标的政治"，[①] 它致力于"世界秩序"的形成；另一方面，技术的发展又使得绝对的政治集权主义在现代社会成为可能，这又使得维护政治自由显得尤为必要。因此，雅斯贝斯将构建世界秩序与维护人的政治自由视为世界哲学的双重基本任务，并因此也将民主和法治放在了世界历史进程中极为重要的位置。[②]

尽管雅斯贝斯承认，他对历史的猜测多于对历史的真切了解，但这似乎并不足以用来彻底否定作为其关于轴心时代和世界哲学的宏观思考的事实前提的那个现时代所具有的独特历史性质。实际上，在雅斯贝斯的历史"猜测"之外，很多现代思想家和社会理论家也从多种角度和途径深入到对这一时代相同或相近的历史理解。发生在这一时期的文艺复兴、宗教改革、启蒙运动、工业革命、民主革命、世界大战等历史事件，以及所谓"自然权利"、资本主义、"民族—国家"、市场经济、"形式的—合理的"法律、"社会分化"、民主政治、"世界体系"等历史现象，连同目前仍在全球延展或加深的现代科学认知方式、现代经济和社会体制、现代政治和法律制度、"全球化"等新的历史形式一起，无不显示出这一时代的历史独特性。[③]鉴于此，有学者认为："现代的社会制度在某些方面是独一无二的，其在形式上异于所有类型的传统秩序"，[④] 并由此指出在现代社会与以往的传统社会之间发生了一种"断裂"：

> 现代性以前所未有的方式，把我们抛离了所有类型的社会秩序的轨道，从而形成了其生活形态。在外延和内涵两方面，现代性卷入的变革比过往时代的绝大多数变迁特征都更加意义深远。在外延方面，它们确立了跨越全球的社会联系方式；在内涵方面，它们正在改变我们日常生

---

① 参见〔德〕汉斯·萨尼尔《雅斯贝尔斯》，张继武、倪梁康译，三联书店，1988，第169页。

② 参见〔德〕汉斯·萨尼尔《雅斯贝尔斯》，张继武、倪梁康译，三联书店，1988，第165~178页；以及〔德〕卡尔·雅斯贝斯《历史的起源与目标》，魏楚雄、俞新天译，华夏出版社，1989，第174~196页。

③ 有学者指出："（现代的精神世界）滥觞于中世纪的内在发展、文艺复兴运动和新教，经过中世纪晚期的城市文化、新教教会文化和反对宗教改革的天主教—罗马教廷文化的酝酿阶段，最后在启蒙运动、英国、美国与法国的革命洗礼中达到完全独立。当今生活的一切重要特征都起源于此……在国家、法律、社会、经济、科学、艺术、哲学、道德、宗教等领域，都呈现出崭新的形态，尽管它们产生于古老的形态，而且，最终不过是曾经创造了古老形态的人的素质和本能的特殊形式而已，但是这些特殊形式却表现出明显的特性和无比的重要性。"参见〔德〕特洛尔奇《基督教理论与现代》，朱雁冰等译，华夏出版社，2004，第44页。

④ 〔英〕安东尼·吉登斯：《现代性的后果》，田禾译，译林出版社，2000，第3页。

活中最熟悉和最带个人色彩的领域。很明显在传统和现代之间还存在着延续，两者都不是凭空虚构出来的。尽人皆知，若以过于世俗的方式简单对比二者，会产生什么样的误导。但是，过去三至四个世纪（历史长河中的一瞬间！）以来出现的巨大转变如此剧烈，其影响又是如此广泛而深远，以至于当我们试图从这个转变以前的知识中去理解它时，发现我们只能得到十分有限的帮助。[①]

然而，这样一个在很多方面呈现出独特性的时代，确实是与"轴心时代"发生断裂乃至彻底脱离的一个全新时代吗？如果这一历史论断成立或得到普遍认可，那么，这个具有全新历史意义的现时代，确实如雅斯贝斯所认为的那样，是大约从公元1500年开始的吗？世界历史和全球体系只是从近代欧洲兴起才开始的吗？这些是由雅斯贝斯关于轴心时代和世界哲学的思考引出的主要问题，也可以说是雅斯贝斯的思考本身始终面临的关键问题。关于这些问题的不同解答，在很大程度上影响乃至决定着关于世界历史文化的全面看法，以及关于现时代历史任务的思考路向。后来的学者对于这些问题实际上提出了并不完全相同的答案或看法。

在一本同样讨论轴心时代的著作《大转型：我们宗教传统的开始》（2006）中，凯伦·阿姆斯壮也认为"创造了科学的和技术的现代性"的"伟大西方转型"可与"轴心时代"比肩齐观，但她并不认为现时代已经超越"轴心时代"的智慧或洞见。她在书的导言中说：

> 或许，每一代人都相信自己到达了一个历史转折点，但是，我们的问题似乎特别地难以应付，我们的未来也越来越不确定。我们的很多困难掩盖了更深的精神危机。在20世纪，我们经历了暴虐行径的空前爆发。不幸的是，我们相互毁损的能力与我们不同寻常的经济和科学进步不相上下。我们似乎缺乏控制住我们的侵害并将其维持在安全而合适的范围之内的那种智慧……
> ……越来越多的人认为，传统的宗教教义和实践与己无关、不可信，并转而通过艺术、音乐、文学、舞蹈、运动甚至毒品来获得人似乎需要的那种超越体验……然而，实际上，我们从来没有超越轴心时代的智慧。在出现精神和社会危机之时，人们还是会不断地回到这一时期去寻求指引。他们可以对轴心时代的洞见作不同的解释，但是，他们从来没有成功地超越它们……轴心时代的圣贤对于我们的时代仍然富于教益……
> 我们需要重新发现轴心时代的道义……轴心时代的那些创始人奠定了后人据以建设的基础。每一代人都在想方设法地根据自己的特定处境

---

① 〔英〕安东尼·吉登斯：《现代性的后果》，田禾译，译林出版社，2000，第4页。

调整这些原初的智慧，而这也必定是我们今天的任务。①

阿姆斯壮的此种观点和态度与雅斯贝斯的多少有些不同。雅斯贝斯通过科学技术、欧洲兴起以及世界联系，突出了现时代前所未有的新异，而阿姆斯壮则试图仍将现代历史统合于"轴心时代"这一总的源头。这意味着，现时代虽然独特，也发生了和发生着巨大转型，但并不能把它作为一个与"轴心时代"断裂或完全摆脱"轴心时代"经典教义的时代看待。雅斯贝斯似乎认为，在16世纪以来的新轴心时代，人类又产生了一些新的、用以作为现时代基础的经典。他说："世界历史从1500年至1830年这一段时期，在西方是以其大量特殊的个性、不朽的诗篇和艺术作品、最深层的宗教动力以及在科技领域的创造而著名的。这段世界历史是我们自己精神生活的直接前提。"②而在阿姆斯壮看来，尽管"轴心时代"的宗教和哲学传统在一些方面对于现代思维方式和生活方式构成了某种挑战或反思，但这些原初智慧仍然是养育现代人的精神资源。

这里，关于现时代与"轴心时代"之间关系的不同判断，或者说，对现时代的历史定位，明显引出了关于历史任务思考的不同方向。雅斯贝斯看上去更多地侧重于现代学术知识，他提出的世界哲学由此更多地涉及了政治和法律，尽管他也关心现代人的精神状况；而阿姆斯壮对于传统道德伦理的维护，使得她在类似的主题上明显更加强调人的精神层面，从而将主要关注点放在了现代社会中道德的作用空间上。这样一种差异，直接触及了近几百年世界历史进程中传统与现代的关系问题。就政治和法律领域而言，现代政治和权利是否具有或者是否仍需要具有道德基础，可以说是这一问题的核心所在。用中国的传统术语，这也可以说是"内圣"与"外王"的关系问题。如果马基雅维里、霍布斯、斯宾诺莎、洛克、边沁、密尔等人的著作可以作为现代经典看待，那么，不难洞察的是，在认识论以及关于道德和宗教的观点上，作为"启蒙"、"现代"的一个重要特征，这些所谓的现代经典著作基本上是有别于乃至相对于"轴心时代"的道德伦理观念的。而且，事实上，一如阿姆斯壮与雅斯贝斯之间的观点差异，在现代学术脉络中，也一直存在诸如边沁的功利主义与康德的道德形而上学、密尔的自由原则与詹姆斯·斯蒂芬的道德批判、哈特的法律实证主义与帕特里克·德富林的道德强制理论等之间的不同和争论。

对于法学来说，这些分歧涉及的是作为政治和法律道路选择基点的"道"

① Karen Armstrong, *The Great Transformation: The Beginning of our Religious Traditions*, New York: Anchor Books, 2006, Introduction.
② 〔德〕卡尔·雅斯贝斯：《历史的起源与目标》，魏楚雄、俞新天译，华夏出版社，1989，第72页。

的问题，其间的纠葛在现时代主要发生在同样可能作为普适之道的传统德性与现代权利之间。现时代的发展，是完全抛弃"内圣"来实现"新外王"，还是沿着"内圣"道路开"新外王"或者在现代条件下实现"新外王"与"内圣"新的连接或融合，这是关于现时代历史任务思考中重要的"古今"论题。就人的存在而言，这一论题可以表述为，现代人的生活是只需要满足于生存的安全、生理的愉悦、生命和身体等"自然权利"的保护，还是需要在此基础之上进一步实现某种终极的道德目标或意义，究竟有没有以及怎样认知这样的道德目标或意义？就法律而言，这一论题还可以这样表述：法律以及法治，在现代社会只是据以实现现实的经济、政治、社会等功利目标的一种实用工具，还是仍然可能具有或者仍然需要具有传统社会的那样一种超验或超越的道德精神？

　　如果说，阿姆斯壮关于"轴心时代"与现时代之间关系的讨论，引出了"古今"论题，那么，在现时代或近代起始时间的确定上，关于两个"轴心时代"的讨论则还可能引出一个与亚洲和中国在世界历史进程中的历史地位和作用相关的"中西"论题。这反过来是一个与"欧洲中心主义"紧密联系的论题，由此也与欧洲以及世界其他地区在世界历史进程中的实际历史作用相关。与时间上的"古今"论题一样，空间上的"中西"论题并非仅仅对于中国才具有历史意义，从长远和普适方面看，在摆脱"欧洲中心主义"的干扰之后，它其实也可能成为一个涉及世界范围的人类共同论题。

　　在《历史的起源与目标》一书中，虽然雅斯贝斯并没有完全忽略中国和印度，甚至还指出了这两个国家在将来复兴的可能性，但他显然与很多其他欧洲现代思想家一样，把欧洲的崛起与亚洲的衰落看作了世界历史的同一过程。他说："世界历史的范围是全世界。如果我们缩小这个范围，我们所组成的人类画面就将变得不完全和不真实。但是如果我们把目光转过来放在亚洲的数量和功效上，我们就会轻易地被它夸张而模糊的观念所欺骗。"① "脱离亚洲是一个普遍的历史过程，不是欧洲对亚洲的特殊姿态。这发生在亚洲内部本身。它是人类的道路和真实历史的道路。"② "19世纪末期，欧洲似乎统治着世界，这被认为是最终局面，黑格尔的话看来要被证实：'欧洲人进行了环球航行，对他们来说，世界是一个球体。凡是尚未落入他们控制的，不是不值得费心，就是注定要落入它控制。'"③ 这些话语，在时间维度之外突出

① 〔德〕卡尔·雅斯贝斯：《历史的起源与目标》，魏楚雄、俞新天译，华夏出版社，1989，第82页。
② 〔德〕卡尔·雅斯贝斯：《历史的起源与目标》，魏楚雄、俞新天译，华夏出版社，1989，第83页。
③ 〔德〕卡尔·雅斯贝斯：《历史的起源与目标》，魏楚雄、俞新天译，华夏出版社，1989，第90页。

了世界历史的空间维度，特别是把世界历史与近代欧洲联系在了一起。尽管雅斯贝斯并不认同黑格尔关于亚洲是世界历史的起点、欧洲是世界历史的终点这样的看法，[①] 但其关于统一的世界历史起始于近代欧洲的观念，其实与黑格尔关于世界历史的想象一样，都使得世界历史陷入了欧洲这一所谓的"中心"，由此也可能最终滑向所谓的"历史终结"论。如同 1840 年被很多人视为中国近代史开端的历史分界线一样，关于近代欧洲在世界历史进程中的这种中心地位和决定性作用，也一度成为中外很多学者的通识，以至于在世界历史进程中，西方与西方之外的其他地区成为所谓的"文明"与"野蛮"、"主动"与"回应"、"中心"与"边缘"的关系，由此蒙蔽和抑制了西方以外的其他地区对于世界历史所可能具有的历史意义和普适价值。在关于"全球史"的进一步研究中，这样一种以近代欧洲为中心的历史认识受到了越来越多的挑战。

二　近代文化的中国视角

关于现时代或新轴心时代起始的时空范围，雅斯贝斯将之划定在公元 1500 年前后的欧洲，这虽是一种广为现代思想家所接受的看法，[②] 但也并非没有争议。伊曼纽尔·沃勒斯坦在论及近代欧洲发生历史"断裂"的起始年限时指出："对一次断裂就出现了三个不同的年限，即 1500 年左右、1650 年和 1800 年；三种（或更多）历史理论，即主张 1800 年者，强调把工业主义看成一次剧变；主张 1650 年者，侧重强调第一批'资本主义'国家（不列颠和尼德兰）出现的时间，或者强调笛卡尔、莱布尼茨、斯宾诺莎、牛顿以及洛克的主要的'近代'思想的出现；主张 1500 年者，侧重强调一个与其他经济模式相区别的资本主义世界体系的建立。"[③] 沃勒斯坦所归纳的这样三个年限虽然有所不同，但都处在 1500 之后的三百年间，就新轴心时代这样一个长的历史时期而言，它们未尝不可以被视为同一个大的时期，从而与雅斯贝斯所提到的中世纪结束其实并不发生根本冲突。然而，在这些历史把握之外，也有学者把这一历史"断裂"的时限往上推至中世纪以内。与从经济、社会、文化等方面对"近代"起始的把握不一样的是，在此种从中世纪内部的视角来看待历

---

① 参见〔德〕黑格尔《历史哲学》，王造时译，上海书店出版社，2001，第 106、110 页。

② 有学者指出："17 和 18 世纪，欧洲的历史学家逐渐放弃了基于基督教的历史分期，开始使用古代、中世纪和现代的分期法。起初，近代史的开端被认为是随着康斯坦丁堡的陷落或美洲的发现而到来的，如果更精确一点，也可以说是 1453 年 5 月 29 日清晨，或是 1492 年 10 月 12 日凌晨两点。但是现在更通常的看法认为近代史'大约开始于 1500 年'。"参见〔美〕C. E. 布莱克《现代化的动力：一个比较史的研究》，景跃进等译，浙江人民出版社，1989，第 5 页。

③ 〔美〕伊曼纽尔·沃勒斯坦：《现代世界体系》第 2 卷，庞卓恒等译，高等教育出版社，1998，第 5 页。

史转折的观点中，法律或法治以及政治与宗教之间的关系变化对于"近代"的开始所起的历史作用，受到了足够重视。

这正是哈罗德·伯尔曼在《法律与革命》一书（1983）中采取的历史看法。在书中，伯尔曼将 1050～1150 年确定为西方近代的起始年限，由此把雅斯贝斯所认为的 16 世纪向前推了近 5 个世纪。伯尔曼提到，西欧直到公元 1000 年，法律还不是一种脱离于其他社会控制形式的独立调控体系，也没有形成与其他知识形态分开的专门法律学术，法律尚未被视为与神学和哲学不同的研究对象。而从 11 世纪后期到 12 世纪，欧洲的"教皇革命"最终导致了近代西方国家和近代西方法律体系的产生，法律和法学开始有意识地成为专门而独立的特定领域，教会法体系和世俗法体系各自独立形成，法律也开始作为一门系统化的科学知识得到讲授和研究，由此形成了西方的法律传统。伯尔曼指出：

> 在 1050～1150 年前的欧洲与 1050～1150 年后的欧洲之间存在着根本断裂（radical discontinuity）……在西方，近代（modern times）——不仅近代的法律制度和近代的法律价值，而且近代的国家、近代的教会、近代的哲学、近代的大学、近代的文学以及很多其他近代事物——起源于 1050～1150 年这一时期，而不早于这一时期。[1]

> 在 11 世纪晚期、12 世纪和 13 世纪早期的西欧，无论是作为一种政治制度的法律还是作为一种智识概念的法律，其性质都发生了根本变化：法律脱嵌（disembedded）出来。在政治上，首次出现了强大的中央当局，既有教会的也有世俗的，其控制权通过委派的官吏从中央向下延伸到地方。与此部分地相联系，还出现了专业的法学家阶层，包括职业法官和执业律师。在智识上，西欧同时也经历了它的第一批法学院的创建，它的第一批法律论著的撰写，对流传下来的大量法律材料的着意整理，以及作为自治的、一体的、发展着的法律原则和法律程序体系的法概念的成长。[2]

沿着伯尔曼的此种眼光看，"近代"也可以说是一个"法律年代"或"法治时代"。法律以及法学从宗教、道德等领域中"脱嵌"出来而成为独立自主的体系，这在伯尔曼看来是西方法律传统的核心特征，其实也是梅因、

---

[1] Harold J. Berman, *Law and Revolution: The Formation of the Western Legal Tradition*, Cambridge, MA: Harvard University Press, 1983, p. 4. 伯尔曼将"教皇革命"的时间大致确定为 1075～1122 年。1075 年，教皇格列高利七世（Gregorius Ⅶ）颁发《教皇敕令》，宣布罗马教皇对教会拥有政治和法律上的无上权威，教皇高于世俗权力，有权废黜国王。1122 年，教权与王权签署了《沃尔姆斯协议》，达成最后妥协。

[2] 12 世纪被一些人视为"文艺复兴"的开始时间，由于出现"罗马法复兴"，这一世纪也被人称为"法律的世纪"。

韦伯、卢曼等很多学者所普遍注意到的现时代的一个显著特征。① 这样一套独立自主的法律体系、司法体系和法律知识体系，可谓现代法治的基本构成形式。在对近代的理解和把握上，虽然伯尔曼所采用的这种法律视角有别于雅斯贝斯的科技视角，但二者并非毫无联系。实际上，雅斯贝斯与伯尔曼都受到了韦伯理论的影响，而在韦伯那里，所谓"形式的—合理的"现代法律，正表现出逻辑推理、理性权衡和科学控制等特点。不过，伯尔曼与雅斯贝斯对于近代起始时间的界定分歧，也明显而深刻地体现出西方学者把握和理解现代历史的很大不确定性。

这种不确定性不仅发生在时间的界定上，也表现在欧洲、亚洲以及世界其他地区对于世界历史可能具有的历史地位和作用上。当一些西方学者将16～18世纪的历史圈定在西欧，并以此宣称欧洲在世界历史进程中的特殊性乃至优越性时，也有学者基于历史经验数据对此提出了批评。此种争论最明显地发生在"世界体系"理论与"全球化"理论之间。按照沃勒斯坦的世界体系理论，采取资本主义世界经济形式的现代世界体系，在1450～1640年的欧洲得以形成，此后犹如一匹脱缰的野马，从地域上扩展到世界其他地区，直至覆盖全球，而中国直到19世纪才被纳入这一世界体系。② 针对这种看法，安德烈·贡德·弗兰克在《回到东方：亚洲时代的全球经济》（1998）中，基于16～18世纪亚欧实际拥有的白银数量对比，指出了其中的偏颇。弗兰克注意到，在1800年以前的两个半世纪，中国通过贸易从欧洲以及世界其他地区获得了大约6万吨白银，大概占世界有记录的白银产量的一半。③ 由此，弗

---

① 例如，梅因认为："把法律从道德中分离出来，把宗教从法律中分离出来，则非常明显是属于智力发展的较后阶段的事情。"参见〔英〕梅因《古代法》，沈景一译，商务印书馆，1959，第10页。韦伯把"法"界定为"依靠强制人员（enforcement staff）的一种秩序"，See Max Weber, *Max Weber on Law in Economy and Society*, Cambridge, MA: Harvard University Press, 1954, pp. 5 - 7。马克·格兰特也把"靠专职人员运行"视为"现代法"的重要特征，See Marc Galanter, "The Modernization of Law", in Myron Weiner (ed.), *Modernization*, New York: Basic Books, 1966, pp. 155 - 156。卢曼认为，现代法是现代社会系统的一个独立自治的子系统，Cf. Niklas Luhmann, *A Sociological Theory of Law*, London: Routledge & Kegan Paul, 1985。还有学者指出，近代的支配关系可以概括为"从人的支配到法的支配"这一特征，参见〔日〕高坂史朗《近代之挫折——东亚社会与西方文明的碰撞》，吴光辉译，河北人民出版社，2006，第98页。此外，社会学中也有理论将现代化描述为一个从"礼俗社会"向"法理社会"转变的过程，参见费孝通《乡土中国》，三联书店，1985。

② 参见〔美〕伊曼纽尔·沃勒斯坦《现代世界体系》三卷本，罗荣渠、庞卓恒等译，高等教育出版社，1998、2000。

③ 〔德〕弗兰克：《白银资本：重视经济全球化中的东方》（ReOrient: Global Economy in the Asian Age），刘北成译，中央编译出版社，2000，第208页。还有学者指出，从1500年到1800年的三个世纪，新发现的美洲大陆生产的白银有近3/4最后也都流入中国，参见〔美〕罗伯特·B. 马克斯《现代世界的起源——全球的、生态的述说》，夏继果译，商务印书馆，2006，第111页。

兰克认为，在 1400～1800 年间，欧洲在全球经济中实际上只处于相对弱势的地位，中国不仅是东亚纳贡贸易体系的中心，而且，在整个世界经济体系中，即使不是中心，也至少占据着支配地位，而这种地位直到 19 世纪因为鸦片贸易才得以最终动摇。① 弗兰克说：

> 从 1400 年到 1800 年，更不用说更早的时候，世界的真实情况与流行理论的说法完全不同。欧洲中心论历史学和"经典"社会理论以及沃勒斯坦的"现代世界体系"所认为或宣称的欧洲的支配地位根本不存在。直到大约 1800 年为止，世界经济绝不是想象中的以欧洲为中心，在任何重要方面也不能用所谓从欧洲起源的（和由欧洲体现的）"资本主义"来界定或标示。更谈不上有什么欧洲人或西方引发、扩散、传播或维护的任何真正的"资本主义发展"。这些只是欧洲中心论的想象产物，甚至正如伯纳尔已经强调指出的，只是迟至 19 世纪以后的产物。②

弗兰克不仅通过中西白银总量的对比消解了所谓以西欧为中心的世界体系，以此指明当时全球经济的中心实际在亚洲，也通过金矿开采、殖民掠夺、奴隶贸易等史实，在一定程度上减弱了科学技术、资本主义、形式法律等所谓西方据以崛兴的独特历史因素在世界历史进程中的可能作用。就此，弗兰克进一步指出：

> 通常那种把近代早期和现代历史视为一次重大历史断裂的结果或预兆的论点是不确切的，甚至是不必要的。各种流行的断裂说法不仅无助于，而且大大妨碍了人们理解真实的世界历史进程和当代现实。这些引人误入歧途的说法表现为各种各样的形式，其中包括"资本主义的诞生"、"西方的兴起"、"亚洲被并入欧洲的世界经济"等等，更不用说所谓西方的"理性主义"和"文明使命"了。③

弗兰克对于世界体系理论以及西方中心论的此种批评，为在中国、欧洲以及世界其他各个地区之间的实际互动关系中把握全球史，而不是在作为前设的欧洲对世界其他地区的优势对比以及由此而导致的权力关系中理解现代

---

① 〔德〕弗兰克：《白银资本：重视经济全球化中的东方》，刘北成译，中央编译出版社，2000，中文版前言，第 182、422 页。

② 〔德〕弗兰克：《白银资本：重视经济全球化中的东方》，刘北成译，中央编译出版社，2000，第 372 页。

③ 〔德〕弗兰克：《白银资本：重视经济全球化中的东方》，刘北成译，中央编译出版社，2000，第 437 页。

世界历史，开拓了空间。同时，由伯尔曼与雅斯贝斯关于"近代"的不同时间界定和不同特征把握，以及弗兰克与沃勒斯坦关于世界体系的不同历史理解，所反映出的现代世界历史的复杂性和人们把握历史的不确定性，也为中国以及世界其他地区自主地沿着自身的文化理路及其实际的社会发展道路审视现代世界历史进程提供了可能。

实际上，不仅弗兰克提出了全球史研究的视角和话语的转换，其他一些学者也表现出立足亚洲重构"近代"的理论倾向，并且尝试着"走向以中国为中心的中国史"，"在中国发现历史"。① 在这些试图探究历史真实的新的努力中，无论是关于近代西方本身及其对世界的影响的历史认识，还是关于近代中国及其与世界之关系的历史认识，都可能不同于那些以西欧为中心的历史观念，由此也为思考现时代的历史任务或使命确立了新的选择路向。

在与《历史的起源与目标》同年出版的《中国近代思想的挫折》（1949）一书中，日本学者岛田虔次就采取了一种从中国自身内在地观察其"近代"历史的视角。岛田虔次认为，与人类历史一致，中国也有其"近代"和近代文明，中国的近世始于宋代（960～1279年），而明代（1368～1644年）则是"中国近代精神史上提出独特问题的时代"。他说：

> 在欧洲史上，一般在文艺复兴以后就一律叫做近代（Modern Age）……我把宋以后称为近世——更确切地说，不能赞同把宋以后称为中世——的观点；在宋以后的中国，尤其在其精神史上，如果把欧洲史作为典型来衡量的话，那么我认为可以承认从文艺复兴时期前后开始到几乎触及到启蒙期为止的诸现象，是异常慢地、极其散发性地，然而不一定是无体系地、又在根本上常常被中国文明赋予了性格地表现出来的……我认为，中国历史最终没能达到所谓的"近代"这件事几乎是命运性的事态，然而中国文明归根结底必须被作为一个独立的自体，作为一个活生生的孕育着无限可能性的文明来进行评价。②

就世界历史而言，岛田虔次对于中国"近世"的这样一种把握，与雅斯贝斯的理解显出很大不同。在雅斯贝斯那里，远古轴心时代的源头看上去是各自独立的，而到近代，世界历史则因为西方而成为整体；而在岛田虔次这里，中国与西方是同样被作为"近世"的独立渊源对待的。换言之，中国与西方在世界历史中具有了相同的历史位置。此种历史观转向的意义在于，它

---

① 参见〔美〕柯文《在中国发现历史——中国中心观在美国的兴起》，林同奇译，中华书局，1989。

② 〔日〕岛田虔次：《中国近代思想的挫折》，甘万萍译，江苏人民出版社，2005，第151～152页。着重号省略。

在世界历史的单一西方维度之外，又打开了一个立足东方自身的观察视角，或者说，为近代西方历史理论所蒙蔽或掩盖的东方维度重新得到了拓展。对于中国而言，这在很大程度上可以避免现代进程中"中外"论题对"古今"论题的替代，以及对中国文化路径所蕴涵的普适因素的堵塞，由此也为这些普适因素在现代世界的生发乃至对现代文化的补济带来了新的可能。就此，同样对中国思想文化怀有崇敬之心的日本学者沟口雄三也指出：

> 实际上在中国思想中存在着不同于欧洲思想史的展开的中国独自的思想史的展开，而且在人类史上，在这个中国独自的思想史的展开和欧洲思想史的展开之间，能够发现也可称为人类的普遍性的共同性。①
>
> 我们应该一方面利用市场原理来完成经济发展，一方面再度检讨由这个市场原理产生的欧洲的近代原理，并且再度发掘中国思想文化的重层的传统中所蕴藏的中国的原理，从而面向为回答二十一世纪的课题而构造新的原理。②

在这样一种历史把握中，中国及其思想文化中普遍而积极的方面明显受到了重视。

而且，此种历史把握与中国学者自己的理解大体也是一致的。被岛田虔次视为中国"近世"起源的宋明时期，往远看大致与伯尔曼所提到的11~12世纪相当，往近看也大致与西方历史学者所谓的"16世纪"③相当，而在中国历史上，这也的确是一个引人注意的时代。最明显的是，儒家学者往往循着儒学的发展和变革历程，将这一时期视为一个与孔孟遥相呼应的"新儒学"时期。韩愈在总结唐以前的儒学发展时说："尧以是传之舜，舜以是传之禹，禹以是传之汤，汤以是传之文、武、周公，文、武、周公传之孔子，孔子传之孟轲，轲之死，不得其传焉。"④循着这样的线索看，宋明正可谓一个"道"的新的发现或开启时期。15~16世纪的王阳明事实上也是这么看的。他说："洙、泗之传，至孟氏而息。千五百余年，濂溪、明道始复追寻其绪。"⑤而王阳明认为自己也不过是将"沉埋数百年"的"致良知"的道理重

---

① 〔日〕沟口雄三：《中国前近代思想的演变》，索介然、龚颖译，中华书局，2005，第2版，致中国读者的序，第3页。

② 〔日〕沟口雄三：《中国前近代思想的演变》，索介然、龚颖译，中华书局，2005，第2版，致中国读者的序，第5页。

③ 布罗代尔提到："16世纪分成两个……第一个16世纪开始于约1450年，结束于约1550年，第二个16世纪开始于同一年代而延续到1620年或1640年。"转见〔美〕伊曼纽尔·沃勒斯坦《现代世界体系》第1卷，罗荣渠等译，高等教育出版社，1998，第80页。

④ （唐）韩愈：《韩昌黎全集》，中国书店，1991，第174页。

⑤ （明）王阳明：《朱子晚年定论》序。

新发明出来。① 从历史上看，如果说儒学在周代通过人的道德努力来达到"天人合一"，由此实现了对于巫术或原始宗教的超越，这称得上是道德理性的一次"早启"或"早熟"，② 那么，宋明儒学特别是"心学"，其实也表现出将个人的道德理性从日趋形式化和外在化的社会伦理中解放出来的努力，这未尝不可被视为道德理性的再一次觉醒或显现。而中国在几千年的历史中并未将宗教彻底政治化和社会化的那种生活方式，或许也给了西方的"人文主义"和"启蒙运动"足够的脱离教会或宗教而生活的想象空间，人的理智因此得以被勇敢地运用，近代的序幕从此也被拉开。只不过，当西方实现这样的"启蒙"时，它在很大程度上实际偏离了道德理性而走上了认知理性的道路，而宋明对道德理性的新的开启在中国后来的历史发展中实际上也遇到了阻碍。然而，就这一时期的"阳明学"对于日本"明治维新"的重要影响而言，③在现代进程中，人的道德理性与现代文明的融通仍是可以进一步发掘的。

　　无论是"科技时代"、新轴心时代、法律独立自治的西方近代，还是亚洲的宋明时期、欧洲的19世纪，都实际体现出人们对于同一长期客观历史过程的不同把握和理解。在很大程度上，隐藏在或不经意留存在其中的历史观念或主观认识，影响乃至决定着这些把握和理解。对于辨明我们究竟处在一个怎样的时代来说，再思或反思这些历史观念或主观认识是重要的。如果断定我们处在一个与古代完全断裂、历史终结于西方的时代，以往的很多普遍性因素将因此在现代社会遭受埋没或得不到充分展开，现时代也可能步入一条单向度的片面发展路径。就此而言，思考现时代的历史方位，既需要尽可能地做到对客观历史真实的科学认知，也需要一种合理的历史哲学或理论，以校正影响人们更切合地理解现时代的那些不合适的主观认识。

　　基于上述各种历史观点和分析，总体可以说，古今和中西视角，对于把握现时代的历史方位和性质，都是必要的。仅仅立足于中国、西方、古代或近代的历史观察，都可能因为角度的偏颇而带来对历史的不当理解，甚至造成对自身及其历史的误解。其实，在中西关于近代史的理解中，都可以发现两条线索，一是19世纪以来西方在全球范围的扩展，二是19世纪以前中西各自的历史发展。这样两条线索在19世纪中叶融合后形成了所谓的"古今中外"问题。在历史分析中，这一问题既包含着"古今"关系，也包含着"中

---

① 王阳明说："此理简易明白，若此乃一经沉埋数百年……良知二字，实千古圣圣相传一点滴骨血也。"参见《传习录拾遗》第44条，陈荣捷：《王阳明传习录详注集评》，台湾学生书局，1983，第414页。

② 参见梁漱溟《东西文化及其哲学》，《梁漱溟全集》第1卷，山东人民出版社，1989，第526、529页。

③ 梁启超曾说："日本维新之役，其倡之成之者，非有得于王学，即有得于禅宗"，参见梁启超《新民说·论自由》，《饮冰室合集》专集之四。章太炎也曾说："日本维新，亦由王学为其先导"，参见章太炎《太炎文录初编·别录卷二·答铁铮》。

外"关系,对中国来说还包含着"古今"与"中外"之间可能的混淆或替代关系,亦即误以"中外"关系为"古今"关系。[①] 就中国在"近世"的发展及其普适文化对于未来世界的可能影响而言,"古今中外"问题的适用范围并不局限于中国,它也是一个对于中西同具历史意义的普遍问题。在"中外"问题上,西方在 19 世纪的实力胜出,未必意味着源自西方的某种特殊性或普遍性对于西方以外其他社会的普适因素的完全取代。同样,在"古今"问题上,中西近代"转型"或"断裂"据以产生,在很大程度都可以说是源于文化系统内部的道德理想与现实政治之间的冲突,这在西方发生于宗教与科学、教权与君权及民主之间,在中国则发生于道德理性与形式伦理、君主制与民主制之间,然而,由此冲突所导致的对现实教权或君权体制的革除,未必一体连带地适用于自古以来的那些道德价值和原则。其实,中西在近代彻底批判或脱离"轴心时代"的道德伦理的同时,也都产生过以古希腊、"三代"等形式来寄托文化理想的历史现象,这在一定程度上映衬出对作为根本价值的"道"的有意维护。换言之,在价值层面,纯粹以"知"取代"德",以"私"取代"公",以"自然权利"或生理本性取代仁义道德,乃至以"西"取代"中",是中国现代进程所当尽力避免的,现代的发展更需要寻求古今中外普适价值之间的融会兼济,而不是对历史上的不同普适价值顾此失彼乃至以此攻彼。

三　现代中国的"古今中外"格局

"古今中外"的时空格局,自 19 世纪中叶国门被动地打开以来,构成了中国知识分子把握现代世界和思考现代使命的基本历史框架。如同西方学者的认识一样,中国知识分子也感到近代是一个亘古以来发生大变革、大转型的特殊时代。而且,作为现时代的两个最显著特点,横向空间维度上中国与世界的紧密联系和纵向时间维度上"数千年来未有之变局",都受到了普遍关注。诸如"合地球东西南朔九万里之遥,胥聚于中国,此三千余年一大变局也",[②]"夫泰西诸国之相逼,中国数千年来未有之变局也",[③]"洎乎海禁大开,中外互市,创千古未有之局,集力国来同之盛",[④]"今日之世变,岂特春秋所未有,抑秦、汉以至元、明所未有也",[⑤]"近百年来,五洲大开,万国大通","现在的时代,是世界大通、万国洞开的时代"[⑥] 之类的看法,庶

---

① 钱穆曾批评了"惟分新旧,惟分中西,惟中为旧,惟西为新,惟破旧趋新之当务"的倾向。
　参见钱穆《现代中国学术论衡》,三联书店,2001,序。
② (清)李鸿章:《复议制造轮船未可裁撤折》。
③ 康有为:《康有为政论集》,中华书局,1981,第 149 页。
④ (清)郑观应:《盛世危言·商战下》。
⑤ (清)张之洞:《劝学篇》序。
⑥ 朱公振编《近百年世界史》,世界书局,1929,引言及第 5 页。

几成为近代共识。① 尽管如此，这样两个时空维度在中国后来的历史进程中，实际上并没有得到很好的疏通和拓展，而是不时地遭受到部分乃至全部割断。时至今日，受 20 世纪几次大的文化运动的影响，恰当地处理现代中国与世界以及与古代的关系，仍是需要进一步思考的时代论题。

20 世纪初，梁启超在《中国史叙论》（1901）中，按照中国与世界的关系，将中国的历史划分为"中国之中国"（上世）、"亚洲之中国"（中世）和"世界之中国"（近世）三个时期。他说：

> 自黄帝以迄秦之一统，是为中国之中国，即中国民族自发达、自竞争、自团结之时代也……自秦统一后至清代乾隆之末年，是为亚洲之中国，即中国民族与亚洲各民族交涉繁赜、竞争最激烈之时代也。又中央集权之制度日就完整，君主专制政体全盛之时代也……自乾隆末年以至于今日，是为世界之中国，即中国民族合同全亚洲民族与西人交涉、竞争之时代也。又君主专制政体渐就湮灭，而数千年未经发达之国民立宪政体将嬗代兴起之时代也。此时代今初萌芽，虽阅时甚短，而其内外之变动，实皆为二千年所未有，故不得不自别为一时代。②

在此历史划分中，梁启超实际上贯彻了中外关系变化和古今政制变革两个标准，由此在世界一体的大背景下，结合西方政制变革的特点及其对中国的影响，指出了中国政治的未来发展方向。而就"亚洲之中国"未尝不可称为"中国之亚洲"言，梁启超所谓"世界之中国"最终是否也会如以往的"中国之中国"、"亚洲之中国"那样，在将来成为作为主体的中国，则是意味深长的。

不过，从秦与晚清两大历史转折点来说，梁启超的这一史识，其实并没有完全脱出中国史家关于中国历史的基本看法。而尤可注意的是，如同西方学者所谓两个轴心时代一样，晚清以来的时局也被一些人认为是与先秦相近似的年代。在这一点上，最典型的说法是，"近代世界是一个新战国时代"，"近代中国已被迫走上了世界的新战国时代"：

> 用一个旧名词来简单标明近代国家的国际关系，可以说是"新战国"。这种"新战国"，最先发生于欧洲，便开始在欧洲斗争，渐次由欧洲伸展到非洲澳洲美洲以及亚洲……近代世界，是一个"新战国"的世界。在这个新战国的世界，也如同中国历史上的战国时代一样是"强国

---

① 更多关于"千古变局"的话语，参见王尔敏《中国近代思想史论》，社会科学文献出版社，2003，第 11～12 页，第 51 页注 26，第 175 页注 34，第 325～327、345～348 页。
② 梁启超：《中国史叙论》，《饮冰室合集》文集之六。

务兼并，弱国务力守"，无所谓正义，也无所谓公理。而且新战国时代的国际斗争之剧烈，较之旧战国时代更加千百倍之多。不幸开关前的中国，既不曾梦想到这个"新战国时代"的来临，开关后的中国又未曾始终切实准备如何应付这个新战国时代，以致对外固是层出不穷的屈辱，对内也是继续不断的混乱，几乎不足以立国了。这就是近代中国历史大变之所由来。①

此种以春秋战国比论近代时局的说法，早在19世纪下半叶的中国即已甚为流行。② 在缺乏"世界政府"的意义上，现时代的确可以说是一个"新战国时代"，20世纪的两次世界大战充分体现了它的特点，而当今世界各国的竞争也仍然延续着它的特点。与梁启超所谓"世界之中国"一样，这一时代之后是否也会如中国先秦那样最终实现"大一统"、"世界帝国"或"天下一家"，也是发人深省的。

其实，近世学者在以"新战国时代"现实地描述这个年代的同时，还蕴涵了另外一层深意。这就是，如同春秋战国一样，"新战国时代"亦将是一个产生新法家、新儒家甚至新的孔子、新的全球国家或世界秩序的创造年代。中国学者关于两个"战国时代"的这种比对，与西方学者关于两个轴心时代的比对，是极为相似的。宋明"新儒学"以及民国以来又一期"新儒学"的产生，看上去也在一定程度上印证了这样一种发展。而且，一些近世学者也是如此明确主张的：

> 法家思想产生于战国时代，今又遇一个世界的新战国时代，自然而然要重行倾向于法家思想。同时新战国时代列强最有力的思想如"国家观念"、"法治观念"、"军国观念"和"国家经济观念"等等也与旧日法家思想有几分相近之处，更容易联想到法家。③

过去是孔夫子，他从正面入手研究心态，落入了封建人伦关系而拔

---

① 陈启天：《中国法家概论》，中华书局，1936，第110～112页。

② 例如，冯桂芬1861年在《校邠庐抗议·重专对议》中说，"今海外诸夷，一春秋时之列国也，不特形势同，即风气亦相近焉"；张斯桂1863年在为《万国公法》所作的序中说，"观天下大局，中华为首善之区，四海会同，万国来王，遐哉勿可已。此外诸国，一春秋时大列国也"；彭玉麟1884年在为《盛世危言》所作的序中也说，"当今日之时势，强邻日逼，俨成战国之局，虽孔孟复生，亦不能不因时而变矣"；薛福成1891年说，"今地球大势，颇似春秋之后，战国之初"；项藻馨1892年说，"就天下大势而论，为春秋时一大战国。"关于以春秋战国比论近代时局，参见王尔敏《中国近代思想史论》，社会科学文献出版社，2003，第98～103页。另外，晚清也曾流行"商鞅以耕战，泰西以商战"、"习兵战不如习商战"的说法，参见王尔敏《中国近代思想史论》，社会科学文献出版社，2003，第202～203、211～219页，第53页注36；该著第198～322页专论"商战观念与重商思想"。

③ 陈启天：《中国法家概论》，中华书局，1936，第115页。

不出来，从实际出发而没有能超越现实。他的背景是春秋战国时代，那是中国古代的战国时代。现在世界正在进入一个全球性的战国时代，是一个更大规模的战国时代，这时代在呼唤着新的孔子，一个比孔子心怀更开阔的大手笔。①

由此来看，这样一个极为特殊的"新战国时代"或"世界之中国"时期，一如所谓的"新轴心时代"，对于中国以及中国人来说，也是蕴藏着巨大开创可能并且需要向前拓展的年代。换言之，在一种强烈的时空比照中，现时代的历史任务或使命及其实现的可能性，充分地展现了出来。就这一点，近代很多中国人确实表露出了明显的意向和信念。

> 处数千年未有之奇局，自应建数千年未有之奇业。②
> 合地球东西南朔九万里之遥，胥聚于我一中国之中。此古今之创事，天地之变局，所谓不世出之机也。③
> 中国艰危……真是古今奇变。然……开辟以来，战国与今日遥遥相映，时局虽皆极危，却又是极盛之萌芽。④

这些话语，在说明世局艰危的同时，更点出了隐藏其中的千载难逢的时运和转机。

在关于"世界之中国"的分析中，梁启超以"二千年所未有"的"立宪政体"指出了此种转机的历史方向。这与后来近代史的发展大致是吻合的。总的来说，近世知识分子在探察时运流向时，尽管受到西潮的影响，但他们大多并未完全转向西方，而是在横向的中外维度的参照下，着重沿着纵向的古今维度开通了一条直贯远古的"天下为公"道路。在这样一种历史探寻中，儒家关于"三代以上"、"三代"以及"三代以下"的划分⑤受到了特别关注。在王韬、郭嵩焘、曾纪泽、薛福成、冯桂芬、郑观应等近世诸多知识分子看来，西方政教特别是议会制度，正合乎中国的三代以上之治。例如，王韬说：

---

① 费孝通：《论文化与文化自觉》，群言出版社，2007，第 2 版，第 93 页。相关话语还可参见该著第 202、242~243 等页。
② （清）李鸿章：《议复张家骧争止铁路片》。
③ （清）王韬：《弢园尺牍》卷七。
④ （清）谭嗣同：《谭嗣同全集》，中华书局，1981，第 398~399 页。
⑤ 例如，王韬认为，"三代以上，君与民近而世治；三代以下，君与民日远而治道遂不古若。"参见王韬《弢园文录外编·重民下》。冯桂芬认为，"三代以下，君民隔而上下之情不通也，其流弊非一端矣，道又在反其本。"参见冯桂芬《校邠庐抗议·严盗课议》。关于"三代以上"、"三代"以及"三代以下"，最典型的是儒家对"小康"与"大同"以及"据乱世"、"升平世"、"太平世"的划分。

"君民共治，上下相通，民隐得以上达，君惠亦得以下逮，都俞吁咈，犹有中国三代以上之遗意焉。"① 郑观应也说："议院之设，原以示大公无我，上下一体也……此三代以上之遗风也。"② 而且，按照"三代"及其前后的历史划分，梁启超所谓的"中国之中国"阶段至少还包含着"尧舜"和"三代"两个时期，就此，一些人也提到："自邃古至唐、虞，世局一变；自唐、虞至秦、汉，世局一变；自秦、汉至今，世局又一大变。"③ 中国历史上，在从"天下为公"的"三代以上"，到"天下为家"的"三代"，再到天下为私的"三代以下"这样一种看上去近乎"沦落"的现实政治发展过程中，其实自孔子以来就长期存在回复到"三代"，并进而再回复到"三代以上"的文化理想。④ 在近代发生"千古变局"之时，此种旨在实现"天下为公"和"大同"的道德理想最终获得了其气运和时机。中国近代的这样一种历史发展脉络，在康有为的理论中得到了最明显的体现。康有为说：

> 夫孔子删《书》，称尧、舜以立民主，删《诗》，首文王以立君主；系《易》，称见群龙无首，天下治也，则平等无主。其为《春秋》，分据乱、升平、太平三世。据乱则内其国，君主专制世也；升平则立宪法，定君民之权之世也；太平则民主，平等大同之世也……尧、舜之为民主大同之公天下，孔子倡之，而不能即行之。今民主之法，大同之道，乃公理之至义，亦将来必行者也。而今中国，实未能行民主也，世界实未

---

① 王韬：《弢园文录外编·重民下》。

② 郑观应：《盛世危言·议院下》。唐才常也认为："大抵泰西各国之命脉，悬于国会；国会之机要，系于民心。拂其欲则上下沸腾，惬其情则君民交泰……此盖太平之公理，仁学之真诠。积三代来磅礴沉郁之气，一千五百兆民守望扶持之心，于国会甫露端倪者也。将来二十周文致太平之地球，其以此哉！"参见唐才常《各国政教公理总论·国会》，《贬旧危言：唐才常、宋恕集》，辽宁人民出版社，1994，第65~66页。不过，严复也一度以"疑古"的态度对此提出批评，他说："以春秋战国人心风俗程度而推之，向所谓三代，向所谓唐、虞，祗儒者百家其意界中之制造物而已，又乌足以为事实乎！思圄乎其所已习，而心常冀乎其所不可期，此不谓之吾国宗教之迷信，殆不可！"参见〔法〕孟德斯鸠《法意》，严复译，商务印书馆，1981，第35页，案语。

③ 唐才常：《历代商政与欧洲各国同异考》，《贬旧危言：唐才常、宋恕集》，辽宁人民出版社，1994，第4页。王韬也认为："巢、燧、羲、轩，开辟草昧，则为创制之天下；唐、虞继统，号曰中天，则为文明之天下。三代以来，至秦而一变；汉、唐以来，至今日而又一变……上古之天下，一变而为中古；中古之天下，一变而为三代。自祖龙崛起，兼并宇内，废封建而为郡县，焚书坑儒，三代之礼乐典章制度，荡焉泯焉，无一存焉，三代之天下至此而又一变。"参见王韬《弢园文录外编·变法上》。

④ 中国自古一直存在关于"三代"以及"三代以上"的议论，这在很大程度上体现了君主制与"天下为公"的道德理想之间潜在而持久的矛盾，也为近代中国的民主转向提供了内生的文化基础。

能行大同也。①

> 令二千年之中国，安于小康，不得蒙大同之泽……吾中国二千年来，凡汉、唐、宋、明，不别其治乱兴衰，总总皆小康之世也。凡中国二千年儒先所言，自荀卿、刘歆、朱子之说，所言不别其真伪精粗美恶，总总皆小康之道也。其故则以群经诸传所发明，皆三代之道，亦不离乎小康故也。夫孔子哀生民之艰，拯斯人之溺，深心厚望，私欲高怀，其注于大同也至矣……今者中国已小康矣，而不求进化，泥守旧方，是失孔子之意，而大悖其道也，甚非所以安天下乐群生也……②

尽管康有为的理论受到了诸多批评，但自秦以来的帝制，终究还是朝着"公天下"的历史方向结束了。清廷于1912年2月颁布的《退位诏书》实际接受并贯彻了这样一种历史观。诏书写道："外观大势，内审舆情，特率皇帝将统治权公诸全国，定为共和立宪国体。近慰海内厌乱望治之心，远协古圣天下为公之义。"在20世纪的中国民主革命中，"天下为公"和"大同"其实也是时常作为革命目标看待的，只是在新的历史条件下具有了更为现代的"民主"意义。

事实上，从"天下为家"或天下为私向"天下为公"的历史转变过程，在中国近代是以一百多年的内外战争、政治革命、文化运动、社会动荡乃至民族衰败的形式具体呈现的。尽管其间明显夹杂着国际因素的干扰，但这些具体历史形式在很大程度上也表明，这个发生了"千古变局"的历史时代，没有能够一帆风顺地实现其历史转型，并因此遭遇到前所未有的困境。换言之，现时代的基本问题在历史转型过程中并没有得到很好的解决。

从形式上看，中国帝制的终结，与对立宪、共和与民主的政治诉求，在近代表现为同一过程，但近代的基本问题并不因此仅仅是一个政制重构问题。就文化运动以及寻求独立富强的历史动因而言，政制重构还触及更为根本的道德问题。实际上，无论中西，近代以来的历史变革在一定意义上都可以说主要是围绕政治和道德两个基本方面展开的，而且这两个方面紧密联系在一起。这可以西方近代政治哲学的产生为例。在西方，马基雅维里和霍布斯都曾被视为近代政治学的创始人，而由他们提出的所谓具有近代创始意义的政治学，都明显是以道德方面的一种新理论为基础的，甚至可以说是以非道德或反道德为基础的，这与中国主流的传统政治哲学大相径庭。当马基雅维里在《君主论》中教育君主以守卫君权为天职、欲达目的可以不择手段时，他事实上完全抛弃了道德。在霍布斯那里，道德具有同样的历史处境。这不仅

---

① 康有为：《康有为政论集》，中华书局，1981，第475~476、483页。王韬也曾说："千百年之后道必大同。"参见王韬《弢园文录外编·纪卜斯迭尼教》。

② 康有为：《康有为政论集》，中华书局，1981，第192~193页。

体现在霍布斯关于人性的描述上，也体现在其"自然权利"概念上。现代社会，人权被越来越多地赋予了某些道德意蕴，而作为人权重要渊源的"自然权利"，按照霍布斯的看法其实并不能算是一个道德概念。霍布斯这样界定"自然权利"，他说："自然权利，就是每一个人按照自己所愿意的方式运用自身的力量保全自己的本性——也就是保全自己的生命——的自由。因此，这种自由就是用他自己的判断和理性认为最适合的手段去做任何事情的自由。"①在此界定中，"自然权利"实际反映的是一种为保全性命而不惜一切的自然观念，这与马基雅维里为保持君权而不惜一切的看法并无二致。由此，当霍布斯将"自然权利"作为现代政治和法律实践新的起点时，他断言"旧道德哲学家所说的那种终极的目的和最高的善根本不存在"②是不足为奇的。显然，如果循着雅斯贝斯的看法，将马基雅维里、霍布斯甚至密尔等的著作视为据以支撑未来的现代"经典"，那么，这些所谓现代"经典"的非道德倾向或者可能的道德缺失是不应被忽视的。

在很大程度上，现代政治是以霍布斯、斯宾诺莎、洛克等提出的"自然权利"为起点展开的。③由于不再以传统的德性为基点，此种带有自然主义和科学主义取向的政治，在为人的政治自由设置法律保障的同时，也产生了一些与道德相关的"现代性"问题。政治与道德的这种现代处境同样发生在中国。中国近代以来的历史变迁，既包含"政"的变革，也包含"道"的兴替，其间，如果说民主政治取代帝制最终成为无可阻挡的时代潮流的话，那么，在此政制转型过程中，传统社会中的"道"和"德"是否必然为科学认知以及作为现代政治基点的"自然权利"所取代，则成为始终困扰时代的突出问题。历经20世纪的变革和运动之后，这一问题并不能说业已得到根本而妥善的解决；而且，就"新轴心时代"人的道德和精神处境以及西方兴起的"后现代"思潮而言，这也并不是一个仅仅存在于中国的现代问题。

具体从中国古代政治的主要方面来看，政治与道德在中国古代可以说是长期融合在一起的，甚至可以说，政治在很大程度上只是道德的扩展。换言之，中国古代政治总体上是旨在实现"内圣外王"的政治，"外王"由"内圣"自然延伸而出。这样几段话大体可以用来说明中国古代政治的这一特点。

---

① 〔英〕霍布斯：《利维坦》，黎思复、黎廷弼译，商务印书馆，1985，第97页。斯宾诺莎对此讲得也很直白："每个个体应竭力以保存其本身，不顾一切，只有自己，这是自然的最高的律法与权利。所以每个个体都有这样的最高的律法与权利，那就是，按照其天然的条件以生存与活动……个人（就受天性左右而言）凡认为于其自身有用的，无论其为理智所指引，或为情欲所驱迫，他有绝对之权尽其可能以求之，以为己用，或用武力，或用狡黠，或用吁求，或用其他方法。因此之故，凡阻碍达到其目的者，他都可以视之为他的敌人。"参见〔荷兰〕斯宾诺莎《神学政治论》，温锡增译，商务印书馆，1963，第212～213页。

② 〔英〕霍布斯：《利维坦》，黎思复、黎廷弼译，商务印书馆，1985，第72页。

③ 参见〔美〕列奥·施特劳斯《自然权利与历史》，彭刚译，三联书店，2003。

克明俊德，以亲九族。九族既睦，平章百姓。百姓昭明，协和万邦。[①]

欲明明德于天下者，先治其国。欲治其国者，先齐其家。欲齐其家者，先修其身……身修而后家齐，家齐而后国治，国治而后天下平。自天子以至于庶人，一是皆以修身为本。[②]

修之于身，其德乃真。修之于家，其德乃余。修之于乡，其德乃长。修之于邦，其德乃丰。修之于天下，其德乃普。[③]

从这些话中，可以明显看到政治与道德同构、政治以道德为基点以及从"身"到"家"到"国"再到"天下"的一体结构和历史阶段。沿着这样的发展次序，如果说唐、虞代表"天下为公"的道德阶段，周代表"天下为家"的分封阶段，秦汉至晚清代表天下为私的帝国阶段，那么，近代以来，中国则处于"协和万邦"的"平天下"阶段，也就是梁启超所谓的"世界之中国"阶段。尽管政治与道德的同构始终构成中国古代政治的一个特点，但在不同历史阶段，道德与政治融合的形式和程度也存在着明显差别。其中，由公天下转变成为家天下和私天下、由道德转变成为外在形式伦理的发展趋向是明显的，儒家对周代的推崇以及奉尧舜时代为更高理想，在一定意义上正表明道德在当时政治中的更高含量，而中国宋明以来内生的"现代性"在很大程度上恰是针对由公到私、由道德入外在形式伦理的历史趋势兴起的。当时代发展到"平天下"阶段，在所谓"新战国"形势下，无论是国家政制还是社会伦理，都遭到严重破坏乃至崩溃，而且，在新的政制构建过程中，由于基点或起点的改变，政治与道德发生了更大分离，一如马基雅维里和霍布斯的政治理论所意指的，新的"外王"构建甚至可能带来对"内圣"的彻底否定或舍弃。可以说，这是一个政治和道德发生双重变革的时代，在此时代，西方的政治民主以及远古的道德大同，实际上使中国帝制和纲常伦理面临着双重挑战，因此也为中国在新的历史阶段融会古今中外、重构政道和法理提供了新的契机和可能。由此而言，克服"道"与"政"在古今中外维度上所遭遇的双重挑战，并且在实现政制从传统向现代的历史转型过程中进一步协调"政"与"道"的关系，构成了这个时代所要解决的基本问题。

从实际的历史发展看，在20世纪相当长的一段时期，中国并没有沿着西方的道路以"自然权利"为基点构筑起现代自由政治以及与之相应的法治；无论是古今维度，还是中西维度，在很大程度上都遭到了割裂。一方面，传统文化在20世纪90年代以前的历次文化运动中一直经受着批判甚至是彻底

---

① 《尚书·尧典》。

② 《礼记·大学》。

③ 《道德经》。

颠覆；另一方面，革命后的早期建设阶段，有别于西方现代化模式的苏联模式严重影响了中国，政治和法制实践由此主要是在阶级斗争以及国家和法律最终都是要被消灭的理论背景下展开的，以致法制未能得到充分而合理的发展，而且在一段时期内出现了法制虚无、砸烂国家机器的混乱局面。就此来说，在从"革命"到"改革开放"再到"实现现代化"的新的历史进程中，承接古今，融会中外，立足于古今中外的普适因素开拓中国据以发展的政道和法理，仍是极为现实的历史任务。与此历史任务密切相关的基本理论问题是，中国政制的发展是否必须以人权或"自然权利"为基点？在此过程中，作为传统政治基点的德性是否必须被彻底舍弃？作为现代之道的人权与作为传统之道的德性之间的关系如何处理？是否有必要而且仍有可能为现代政治以及现代法治构建一种更加健全的道义基础，以此实现"外王"与"内圣"新的融合或衔接？接下来，通过以中西两种人文主义审视古今法治，来进一步展开这些问题。

第二节　两种人文主义：中国和西方

一　法治的人文维度

法治（the rule of law），在现代社会通常被认为是最好的治国方式。然而，无论是在孔子和孟子那里，还是在柏拉图和亚里士多德那里，法治或法律之治（rule of law/rule by law）其实都不是治国的第一选择。① 这些古代圣贤或哲人，尽管并不忽视法律的社会作用，有的还最终转向法治或法律之治，但他们无不将贤人政治或者由最具美德和智慧的人治国视为治国的最理想形式。而且，他们无不将法律置于"善"（good）之下或者将"善"视为法律必不可少的基本要素，② 明显表现出以道德主导法律和政治的倾向。即使古今不

---

① 在治国方式上，孔子的首选是"为政以德"的"德治"或"为国以礼"的"礼治"，参见《论语·为政》、《论语·先进》；孟子的首选是"以不忍人之心行不忍人之政"的"仁政"，参见《孟子·公孙丑上》；柏拉图的首选是人所熟知的"哲学王统治"，参见〔古希腊〕柏拉图《理想国》，郭斌和、张竹明译，商务印书馆，1986。虽然亚里士多德提到"法治应当优于一人之治"，但他还是认为："完全按照成文法律统治的政体不会是最优良的政体……的确应该让最好的（才德最高的）人为立法施令的统治者。"参见〔古希腊〕亚里士多德《政治学》，吴寿彭译，商务印书馆，1965，第163、167~168页。

② 作为儒家核心人物，孔孟始终以道德或善为基点来考量政治建制和社会安排。柏拉图和亚里士多德也都主张，法律应当促进共同体的善、提升全体公民的品德，参见 Brian Z. Tamanaha, *On the Rule of Law*: *History*, *Politics*, *Theory*, Cambridge：Cambridge University Press, 2004, p. 9. 至今，政治是应从"善"（good）出发，还是应从正当或权利（right）出发，仍是政治哲学的基本问题。

同语境中法治语词所指涉的意义可能存在差异,① 就现代法治对贤人以及道德
的一定排斥而言,古人的这些看法也未尝不可一体适用于所有的法治或法律
之治。在法治几乎成为"一边倒"的主流意识形态的现时代,这些古代看法
早已被作为陈旧的人治论或道德论而遭到批判或舍弃。不过,透过那些亦曾
影响人世政治和法律实践几千年的古训哲理,现代人至少还是可以反向地洞
察到现代法治的起点、道路、边界和处境。甚至可以说,在古今历史和文化
观念对比中思考法治,构成了充分理解现代法治的一个必要条件。这样一种
反向的思索,未必是要彻底质疑乃至颠覆现代法治,毋宁说,它是深入探究
现代法治之文化缘起、发育过程、历史特性、时空方位的重要途径,也有助
于在"古今中外"的历史比较中为现代法治以及现代政治的更好发展开拓新
的方向。对于中国来说,这样一种审视远不是多余的,相反,从近一个半世
纪的现代历史进程看,它显得殊为必要。

　　晚清以来的中国一直处在动荡和变革之中。西方入侵,不仅冲击了中国
的主权独立和文化自主,也最终带动了在中国持续几千年的政制、法律、道
德、学术传统的崩溃。君主政制在遭受革命后被瓦解,中华法制在经历变法
后被更新,以仁义为核心的道德体系在文化运动的震荡下终致飘摇破败,以
"四部之学"、"六艺之学"为主体的学术体系也在新学改革中为现代学科体
系所取代。这一百多年,是中国不断呈现革故鼎新、新旧交替的历史变革时
期,也是中国尝试着重构自身道统、政统、法统和学统的历史转型时期。其
间,中国接连遭遇的内外战争、维新变法、政治革命、文化运动、社会动荡、
经济浪潮等,一方面为中国的社会转型带来了前所未有的历史机遇,另一方
面又因为长期变动而没有为中国的社会转型创造足够充分的历史条件,以至
于今天仍可以说,我们所生活的这个时代依然处在近一百多年的历史变革运
动之中。这意味着,中国仍担负着其自近代以来尚未全部实现的历史使命。
在全球背景下,这一历史使命至少包含内外两个方面,用中国的传统术语,
可将它们表述为新历史条件下的"内圣"和"外王"。就"外王"或外在主
权方面而言,中国需要从"家天下"的君主专制国家发展成为兴民权、起民
力的民主法治国家,也需要从容易遭受入侵的内陆国家发展成为东南门户稳
固的太平洋国家或现代民族国家。就"内圣"或内在文化方面而言,中国需

① 有学者区分了"法治"与"法律之治",认为"立法机关所立之法已被限制不能与'基本人
　权'(Fundamental Human Rights)抵触。基本人权,即现代法理学术语上之超立法信条……任
　何新意见亦须在超立法信条之内形成。逾此范围,即非'法治之法'(Laws of Rule of Law)。
　在此一术语内,法治即指超立法信条,'法律'即指立法机关所立各项法律。'法治'(Rule
　of Law)与'法律之治'(rule of laws)在现代已截然两事。中世纪绝对王权论者所主张的法
　律之治,乃指帝王能创造任何法律,以管理人民。中国亦有其人,商鞅、韩非、李斯是也,
　亦可包括管仲在内。"参见周德伟《西方的法治思想与中国的儒学》,周德伟:《自由哲学与
　中国圣学》,中国社会科学出版社,2004,第79页。

要在外来文化特别是西方文化大肆涌入的文化"低谷"时期，充分吸纳融会"古今中外"的普遍因素，沿着自身文化理路开拓中国据以长远发展的政道法理，重建兴民德、开民智的道德和知识体系，彰显中国文化的主体性。按照中国传统政治理论，"外王"由"内圣"通出，受"内圣"的指导和制约，然而，近代以来，内在文化和外在主权这两个方面并不总是协调一致的。

首先，寻求新"外王"的努力在很大程度上抑制了传统道德体系在近代以来的生发，甚至不惜以对传统道德体系的批判和舍弃为代价。这既表现在，面临近代民族国家的争逐以及西潮来袭，中国为摆脱落后挨打的生存处境，从制度、器物、文化等多方面学习效仿西方，以"西学"批判和改造"中学"；也表现在，中国为寻求民族独立和国家富强，将更多的努力集中于物质和智性层面，其增强国家实力和促进经济效益的实用取向，弱化了精神和德性层面的坚守，以至于在经历革命战争、文化运动、经济浪潮的过程中一再出现关于"人文精神"的追问。其次，在中西对比格局中，中国传统文化有时也成为应对西方挑战、抵制西方霸权的重要依托。一方面，为寻求独立富强，中国传统文化被调动起来的往往不是道德资源，而更多的是霸道权术，这既表现为以"新法家的理论"来拯救近代中国的理论企图，[①] 也表现为在中国近代史上时常可以看到的构建强有力专制国家的政治企图；另一方面，出于对自身文化和发展道路的维护，中国传统文化也被用来批判和抵制西方话语，例如，在一些学者所谓的"政治儒学"[②]"中国模式"[③] 论中，西方及其民主法治在很大程度上被认为是中国发展道路上需要排除或警惕的障碍。总体上看，无论是构建民族国家、发展民族经济的外在努力，还是对传统"霸政"方略的诉求和对西方的文化抵制，作为中国文化传统特质的道德人文精神在近代历史进程中都没有获得充分发展的机会。

中国文化的这样一种近代处境，并不足以表明其所蕴涵的道德精神或人文主义已彻底衰败。从历史层面看，道德人文精神历经漫长的历史发展已融为中国儒家、道家和佛家共同的基本特质和要素。从道理层面看，因为这样一种特质，中国传统文化主要表现为一种立足德性或道德理性的、可以跨越古今的普遍文化，它既以其独特性而有别于立足智性或认知理性的其他文化，也适足成为其他文化的重要补充和救济。从现实层面看，西方文化在近三百年间的发展过程中所呈现的各种"现代性"问题，例如，"自由帝国主义"

---

① 有近代学者认为，"清末以来，中国又入于一个新的战国时代，需要新的法家，于是成为法家的复兴时代"，法家"要用国家主义的霸道，力保国家"，"新法家的理论成功之日，便是中国得救之时"。参见陈启天《中国法家概论》，中华书局，1936，第10、13、120等页。

② 参见蒋庆《政治儒学：当代儒学的转向、特质与发展》，三联书店，2003；范瑞平编《儒家社会与道统复兴——与蒋庆对话》，华东师范大学出版社，2008。

③ 参见潘维主编《中国模式：解读人民共和国的60年》，中央编译出版社，2009；潘维、玛雅主编《人民共和国六十年与中国模式》，三联书店，2010。

（liberal imperialism）、"做坏事的权利"（the right to do wrong）等，也正为中国文化中的人文精神在现代的传承和发展带来了客观需要和现实可能。就此而言，开掘传统文化中的道德人文资源，并由此将内在文化和外在主权重新贯通起来，在仁义道德与"自然权利"（natural rights）、民主法治、现代学术之间建立新的连接或融合，是一种时代需要，也构成中国在经历长期变动后重建其涵容中外、承接古今的政道法理的历史机遇。历史地看，在过去的一百多年里，20 世纪 90 年代以来的近 20 年，是中国未再发生大的政治动荡的相对平稳发展时期。在这期间，不仅相继出现了"国学热"、"人文精神"讨论、"传统文化复兴"等文化事件，现代"人权"和"中华文化"在国家层面也都得到了明确认可；在文化和理论界，一种试图彰显中国文化主体性的"文化自觉"正在兴起，立足普遍因素来融会"古今中外"的文化姿态日趋明显。凡此为中国在受到西方文化的严重冲击后，沿着其内在文化理路探寻政治和法律发展道路创造了更多的现实条件。在 21 世纪上半叶"基本实现现代化"的进程中，融会中西文化精髓，重显道德人文精神，构建中国的政道法理，直至完成两百年间的近代历史使命，可望成为具有一定现实基础的历史期待。在此背景下，回望近代发展历程，重思古圣先贤关于政道法理的话语，作一些从"政"到"正"、从"利"到"义"、从"治"到"道"、从"法"到"德"的深入思考，不是全无必要的。

　　鉴于此，基于"内圣"与"外王"的内在联系，可以尝试对中国的法治构建作一种道德人文的审视——这在很大程度上也是对古今法治的总体审视，进而探寻融会中西的中国政治和法律发展道路。在"古今中外"对比中，接下来拟从道德、功利、治理、政制四个层面，梳理历史上法家、儒家与西方的三种典型法治模式，并结合西方和中国的两种不同人文主义，分析法治的认知理性基础和道德理性基础，以此开拓中国法治乃至现代法治的道德人文维度。我们试图提出，现时代需要一种融合西方人文主义与中国人文主义的"新人文主义"，以实现自然权利与天然明德、权利主体与道德主体、自由意志与自然道义（natural righteousness）、道德精神与民主法治的统一，而深厚的中国人文底蕴以及近一百多年间西方人文主义的浸染，为中国在 21 世纪构建这样一种重开"内圣外王"的道德政治理想提供了现实可能。这里，首先分析中国和西方的两种人文主义，进而比较法家、儒家与西方的三种典型法治模式，最后讨论立足道德人文精神构建法治以及新"外王"的必要性和可能性。

二　西方人文主义

　　我们主要在"现代性"背景下考量西方人文主义，也在此背景下阐释与西方人文主义适成对照的中国人文主义。由此，我们一方面将中西人文主义视为人类文明史上历时长久的文化和思想系统，另一方面侧重在现代语境中讨论两种人文主义，以为当下乃至今后的法治发展积淀足够的人文底蕴。鉴于西学大肆进入中国后中国人文主义受到冲击和削弱的现实状况，我们关于中国人文主义的论述将着重循着中国文化的内在理路展开。

凡文化，无论是关于物的、神的或人的，都可以因为由人化成或通过人之一中介，而被认为是"人文"的，但人文主义作为一种在"现代"产生深远影响的特定历史现象，通常被认为萌发于欧洲的"文艺复兴"时期。循着西方文化系统从古希腊文化到希伯来宗教文化再到人文主义的发展脉络看，"文艺复兴"在文化上对于"现代"具有历史开端意义，可谓西方文化在经历上千年的希伯来宗教文化对古希腊文化的否定之后，对宗教文化"否定之否定"的重要转折点。"文艺复兴"时期的人文思潮开启了使神本主义的宗教文化走向衰落、人和自然的世界得以迅速发展的历史进程，一如学者所指出的："如果说人文主义真的重新发现了对人、对人的能力和人对各种事物的理解力的信念，那么科学试验的新方式、革新了的世界观、企图征服和利用自然的新努力也应当归功于人文主义的影响。"① 到 20 世纪，人文主义发展成为拒斥宗教信仰、只关心人类福祉的西方主体文化。② 甚至可以说，西方近代以来的经验主义、包括理性至上在内的理性主义、功利主义、人道主义、自由主义等，无不处在人文主义的大背景下。有学者指出：

> 人文主义文化于过去五百年间在西方占据着主流地位……在现代工业化经济的发展过程中，特别是在我们称之为"现代化"的重大社会转型中，人文主义文化扮演了一个主要角色。人文主义同时还是渐次成长起来的自由民主的西方政治模式的重要推手。③

照此看，西方人文主义其实也是近一个半世纪以来对中国社会转型产生重要影响的文化形态。

大体上，从人出发，以人间世相为中心，以人的能力、尊严和自由发展为价值准轴，重人事而轻宗教，是人文主义的基本特质。④ 在这些方面，人文主义有别于宗教和纯粹的自然科学。在《西方人文主义传统》一书中，布洛克对人文主义与宗教、科学作了区分，划分了看待人和宇宙的三种不同的西方思想模式：一是超越自然或宇宙的模式，聚焦于上帝，把人看作神的创造

---

① 〔意〕加林：《意大利人文主义》，李玉成译，三联书店，1998，第 215 页。

② Antony Flew and Stephen Priest (eds.), *A Dictionary of Philosophy*, London: Pan Books, 2002, p. 175; Gordon Marshall (ed.), *A Dictionary of Sociology*, Oxford and New York: Oxford University Press, 1998, pp. 289 – 290.

③ 〔美〕卡洛尔：《西方文化的衰落：人文主义复探》，叶安宁译，新星出版社，2007，中文版序。

④ 参见吴博民编《中国人文思想概观》，长城书局，1934，第 2 页。

的一部分。这一模式在中世纪占据主导地位。二是自然或科学的模式，聚焦于自然，把人如同其他有机体一样看作自然秩序的一部分。这一模式直到17世纪才形成。三是人文主义的模式，聚焦于人，以人的经验作为人了解自己、上帝、自然的出发点。这一模式初步形成于"文艺复兴"时期。[1] 尽管如此，人文主义与科学、宗教并非完全不相容。事实上，纵向地看，古希腊文明、希伯来宗教、"文艺复兴"以来的人文主义以及17世纪以来的自然科学，都共同表现出西方文化系统的某些特性，从而看上去与中国文化传统显出差异。例如，古希腊苏格拉底关于"德性就是知识"的看法，[2] 凸显了一种依循知识途径追寻美德的倾向，这与中国文化传统中沿着德性路径"明明德"、"致良知"观念存在很大不同，而现代西方主要在知识领域考虑道德和公正问题，其实正是承接了苏格拉底的路径。[3] 再如，西方宗教中"第一主宰"、人神两分的显著特点，与中国文化传统中"天人合一"、"本性具足"观念也有着重要差异。又如，西方近代以人为"机器"或纯粹生物体的看法，与中国文化传统中以人为道德性很强的"宇宙"的观念大相径庭。[4] 这些表明，在一定程度上，西方人文主义也多为科学思维所渗透，类似于宗教中"天人两分"、"第一主宰"的主客两分思维亦绵延其间，它们共同受制于西方整个文化道路。也可以说，西方人文主义在很大程度上蕴涵着对在不同历史时期持续存在的西方文化基本特性的深化和铺展。可见，把握西方人文主义，有时也不能脱离西方宗教和科学而作孤立分析，透过西方人文主义发现西方主体文化与众不同的特质或根本才是重要的。

归纳起来，以"文艺复兴"为正式开端的西方人文主义，在过去五百年间的主要历史特质可大致概括为以下方面。

（一）摆脱宗教和神的束缚，从人出发并以人为中心来观察和思考世界

西方人文主义时常被追溯到普罗塔哥拉那里，因为他提出"人是万物的尺度"。[5] 在"文艺复兴"时期，这一观念得以复活。人由此处在了认识的主体地位，并被确定为世界的中心。米兰多拉就认为："人是万物的核心"，"人

---

① 〔英〕布洛克：《西方人文主义传统》，董乐山译，三联书店，1997，第12～13页。布洛克同时指出，这三种模式并不存在严格的划分界限，也不意味着存在从神学模式到人文主义模式再到科学模式的发展线路。

② 苗力田主编《古希腊哲学》，中国人民大学出版社，1989，第222～223页。

③ 这样一种承接关系也表现在苏格拉底与柏拉图之间。有学者指出："《理想国》中那种唯理智论者的论断，那种寻求一个受过充分教育的统治者作为救世主的倾向，必定是对苏格拉底关于美德——包括政治美德在内——即知识这一信念的详细阐发。"参见〔美〕萨拜因《政治学说史》上册，盛葵阳、崔妙因译，商务印书馆，1986，第58页。

④ 参见〔法〕拉·梅特里《人是机器》，顾寿观译，商务印书馆，1959，第17、20、60、73等页；陆象山曾说："宇宙便是吾心，吾心即是宇宙"、"宇宙内事，是己分内事。己分内事，是宇宙内事。"参见陆象山《陆九渊集》，中华书局，1980，第273页。

⑤ 苗力田主编《古希腊哲学》，中国人民大学出版社，1989，第183～186页。

是自己的主人，人的唯一限制就是要消除限制，就是要获得自由，人奋斗的目标就是要使自己成为自由人，自己能选择自己的命运，用自己的双手编织光荣的桂冠或是耻辱的锁链。"① 而且，神或上帝与人被严格隔开，人的注意力、希望和归宿转向尘世。被称为人文主义之父的彼特拉克认为，"上帝的世界是经过七层铅封的世界，非凡人的智力所能理解"，"我是凡人，只要凡人的幸福"。② 这样一种"人化"的过程，在后世蔓延到世俗社会的经济、政治、法律、文化等各个领域，直至形成"祛魅"的"人的王国"。

（二）意志自由，充分认可人的能力和尊严

意志自由是人文主义的一个核心特征。宗教的衰微以及对"上帝之死"的宣告，都直接源于意志自由。在伊拉斯谟与路德关于意志自由的著名争论之后，历经宗教改革和"启蒙"运动，人成为独立的精神个体，人的意志自由得以最终确立。这可以说是影响近代西方政治经济发展特别是民主化和市场化的一个关键点。而且，人的潜在能力得到充分肯定和信任，甚至被无限放大。米兰多拉讲的"我们愿意是什么，我们就能成为什么"，③ 以及阿尔伯蒂讲的"人们能够完成他们想做的一切事情"，④ 都是关于人的潜能的典型话语。因为意志自由和人的潜能，人被视为有价值和有尊严的主体，所以应受到平等尊重。西方近代以来的权利、民主以及自由主义政治，在很大程度上正是以这种意志自由和人的尊严为基础的。⑤ 一如学者所指出的："代表选举是人文主义的派生事物，因为它赋予公民群体中的每一个我一份特别权力。选举制度基于对作为一个集合体的成年人行使理性能力的'自由主义的'推断，认定这个集合体会理智地思考他们愿意如何得到统治，以及他们如何自由实践他们认为合适的意向。"⑥

（三）立足自然世界和人的自然本性

从宗教文化到人文主义的转变，经历了一个"世界的发现和人的发现"过程。⑦ 一旦对世界的宗教解释被舍弃，对自然世界的客观把握和审美观察就成为可能并得到发展。"人化"的过程由此也成为世界自然化的过程，世界获

---

① 〔意〕加林：《意大利人文主义》，李玉成译，三联书店，1998，第59、102页。
② 〔意〕加林：《意大利人文主义》，李玉成译，三联书店，1998，第23页及译序。
③ 〔美〕卡洛尔：《西方文化的衰落：人文主义复探》，叶安宁译，新星出版社，2007，第3页。
④ 〔瑞士〕雅各布·布克哈特：《意大利文艺复兴时期的文化》，何新译，商务印书馆，1979，第135页。
⑤ Cf. Ian Shapiro（ed.），The Rule of Law，New York：New York University Press，1994，pp. 13 - 19.
⑥ 〔美〕卡洛尔：《西方文化的衰落：人文主义复探》，叶安宁译，新星出版社，2007，第140页。着重号省略。卡洛尔还提到："自由主义政治理论使得个人无拘无束地追求自己的幸福，并授权给那些凭着自由意志的独立自治的公民选举出来的人。"见该著第162页。
⑦ 参见〔瑞士〕雅各布·布克哈特《意大利文艺复兴时期的文化》，何新译，商务印书馆，1979，第143、280、302页。

得了一种基于自然科学的人文解释，以至于人本身也被自然化，成为物种进化过程中有血有肉、具有理性的自然生物。禁欲主义因此被解除，人的身体特别是生理本性受到重视并被重新认识。拉伊蒙迪在 15 世纪重述伊壁鸠鲁的观点说："我们既然是大自然的产儿，就应当竭尽全力保持我们肢体的健美和完好，使我们的心灵和身体免遭来自任何方面的伤害。"[①] 菲莱尔福也质问："自从弄清楚人不仅仅是灵魂的时候开始，人们怎么可以忘记人的身体呢？"[②] 而且，人的快乐成为价值评判的基本标准，以至于"追求幸福"连同生命、自由一起，在政治和法律文献被确定为基本人权。与此相应，历史上以宗教的、道德的或自然的义务为基点的伦理政治或道德政治，转变为从"自然权利"出发的自然政治。[③]

（四）在认知上，以人的经验和理性为判断根据

无论是笛卡尔讲"我思故我在"，洛克讲心灵犹如一张"白纸"，还是巴克莱讲"存在就是被感知"，[④] 都将知识的来源归结于经验和理性。无论是诉诸感官的经验主义、诉诸利害的功利主义，还是诉诸理智的理性主义、诉诸情感的浪漫主义，都抛弃了天赋或先验的道德原则，消解了宗教和传统的权威，而将是非对错、善恶标准、社会交往以及政治法律制度安排，建立在经验和理性的基础上。"敢于认知"[⑤] 并由此将人的经验和理性作为认知基础，是西方人文主义的基本特点。有学者指出，人文主义"重视理性，不是因为理性建立体系的能力，而是为了理性在具体人生经验中所遇到的问题——道德的、心理的、社会的、政治的问题——上的批判性和实用性的应用"。[⑥] 理性，在此更多地指人的认知理性，它意味着合乎逻辑的思考、计算、推理和判断能力，它受到激情、欲望、利益的支使，其功能在于"计算出欲望如何能够得到满足，一种欲望如何与另一种欲望相互协调。霍布斯、边沁，以及自由主义者一般都假定，每个人都被充分地赋予了这种能力去清楚地计算和思考以便能够有效地寻求他或她自身的利益"。[⑦] 道德、经济、政治、法律、社会各领域的现象都从经验和理性获得合理解释，其问题也都在经验和理性范围内形成了合理的解决方案，而超出经验和理性之外则通常被认为是不可

---

① 〔意〕加林：《意大利人文主义》，李玉成译，三联书店，1998，第 47 页。

② 〔意〕加林：《意大利人文主义》，李玉成译，三联书店，1998，第 46 页。

③ 参见〔美〕列奥·施特劳斯《霍布斯的政治哲学》，申彤译，译林出版社，2001；〔美〕列奥·施特劳斯：《自然权利与历史》，彭刚译，三联书店，2003。

④ 参见北京大学哲学系外国哲学史教研室编译《西方哲学原著选读》上卷，商务印书馆，1981，第 369、450、503 页。

⑤ 参见〔德〕康德《历史理性批判文集》，何兆武译，商务印书馆，1990，第 22 页。

⑥ 〔英〕布洛克：《西方人文主义传统》，董乐山译，三联书店，1997，第 235 页。

⑦ 〔英〕安东尼·阿巴拉斯特：《西方自由主义的兴衰》，曹海军等译，吉林人民出版社，2004，第 42 页。

理解的或不合理的。因此，个人"在一切客观的事实、法律和无论哪一类约束面前，他保留着由他自己做主的感情，而在每一个个别事件上，则要看荣誉或利益、激情或算计、复仇或自制哪一个在他自己的心里占上风而独立地做出他的决定"。①

　　总的说来，"文艺复兴"以来的西方人文主义，既与西方整个文化系统有着难以分割的内在联系，又是一种不同以往、有着新特点的文化形态。与古希腊文化相比，它不再赋予善、德性或某些形而上的先验原则天然的基础地位，而是在人的经验和理性的基础上讨论善、德性以及正当问题；与中世纪的宗教文化相比，它不再以神或人的宗教义务为中心，而是围绕人的自然本性，基于经验和理性来解释和构造外在世界。可以说，西方人文主义开创的是一个以人的经验和认知理性为基础的人的世界，其价值体系主要是围绕人的身体以及生理本性构建起来的，人的自由特别是意志自由构成了其基本原则；人因其自然本性、潜在能力和意志自由而享有尊严、平等价值和自然权利；权力分立和制衡、宪政、人民主权、法治则是从人的自然生理本性出发，基于人的经验和认知理性构建起来用以保障人的自然权利、维护正常社会交往的外在制度形式。用历史比较的眼光看，在西方文化系统中，人文主义与中世纪以前的古代文化存在某种明显的断裂。这集中表现在，"自然权利"取代"自然法"、"神法"而成为现代政治、道德、法律领域的基本出发点，"意志自由"取代"自然道义"、宗教义务而成为现代社会的基本处世原则，与此相应，人在作为权利主体与作为德性主体之间发生了分裂，道德精神与自然权利、民主政治、自由法治之间也出现了缝隙。换言之，西方人文主义在将现代人文世界的基础奠基于人的认知理性之上的同时，其实也划定了现代人文世界的范围和边界。在很大程度上，西方人文主义因此弱化或忽略了人的道德理性，享有"自由意志"的人可能享有"做错事的权利"，而"自由国家"也可能因为缺乏必要的道德原则限制而沦为政治、经济乃至文化势力的功利手段，乃至滑向"自由国家主义"以及具有侵略性的"自由帝国主义"。② 如果说，西方人文主义在为现代民主政治和法治铺设文化底垫的重要历史过程中，一定程度上也附带有道德和政治上的"现代性"问题，甚至发展出物质进步与道德衰落共生并进的状况，那么，与之相比，近一百多年间，中国文化传统中的人文主义则因为其对道德理性的偏重而既受到西方人文主

---

① 〔瑞士〕雅各布·布克哈特：《意大利文艺复兴时期的文化》，何新译，商务印书馆，1979，第445页。

② 一些学者在有关"现代性"的讨论中，强调了欧洲大陆特别是德国"现代性"发展道路中的缺陷，而疏漏或回避了英美近代发展中的"现代性"问题。参见高全喜《何种政治？谁之现代性？——现代性政治叙事的左右版本及中国语境》，新星出版社，2007。如果将英美近三五百年来的发展放在中西文化对比的大格局中审视，其现代性问题同样是不容忽视的，这既体现在道德方面，也体现在政治方面。

义的猛烈冲击，也在重构"外王"的过程中遭遇到重重困境。

三　中国人文主义

中国文化传统因为其所包含的人文主义而与西方文化以及世界其他文化传统相比表现出较大的独特性，也因为此种人文主义的普遍因素而透显出一种至今仍得以生发延展的普遍性。从具体历史看，中国传统文化乃至中国文化实际呈现出丰富而广泛的各种形式，也有明显的分层，是集尊贵与卑微、公义与私利、庙堂与江湖、正信与迷信、高雅与低俗于一身的综合体。此种历史状况客观上为 20 世纪的文化批判运动提供了切入口。不过，因为历史流变中某些未尽合理的历史现象而彻底否定中国文化，或者只从历史文化形态上把握中国传统文化，视之为比西方文化或其他现代文化更为落后的文化形态，不从根本上作去粗取精、去伪存真的辨别，这不可避免地会忽视乃至损害中国文化中的普遍人文要素，而这些要素恰是中国文化历经大浪淘沙式的千年流转而仍得以延绵不断的根源所在。基于人文主义的角度审视，中国文化传统并不能被仅仅视为一种与君主政制不可分割的独特历史文化形态，它在道理层面实际蕴涵着某些足以穿越"古今中外"的人文精神或要素，并因此对于现代世界以及未来具有重要历史意义，也有着在摆脱君主政制的支配或影响后与现代生活相适应或融合的可能性。可以说，人文主义或人文精神构成了中国传统文化以及整个中国文化不可或缺的基本内容和独特维度，以至于有人认为："中国文化乃是一在本源上即是人文中心的文化。"① 在此意义上，理解中国文化，甄别和把握其中的人文要素是必不可少的，而就此人文主义或人文精神相对于西方以及其他文化系统的独特性和普遍性而言，这样一种把握也显得尤为重要。在更多立足经验、理性乃至功利来构建法治的现时代，对中国法治以及现代法治作适当人文审视的必要性和重要性正在于此。

一般认为，中国人文主义大致形成于周代，② 但从《古文尚书》等文献看，它至少还可上溯至尧舜。③ 这集中体现在"天命"与"人力"的关系上。无论中西，命运与人的自由意志之间的关系都构成人文主义的一个关键。例如，被视为人文主义思想家的马基雅维里，在《君主论》中就认定，"命运是我们半个行动的主宰，但是它留下其余一半或者几乎一半归我们支配"，同时，他又将命运比喻为弱女子，强调人的意志、理智和行动对人起决定性作用。④ 在很大程度上，西方自"文艺复兴"以来的人文运动，可谓一个建立

---

① 唐君毅:《中国人文精神之发展》，广西师范大学出版社，2005，第 6 页。
② 唐君毅:《中国人文精神之发展》，广西师范大学出版社，2005，第 6 页。
③ 例如，《尚书·大禹谟》: "民弃不保，天降之咎"; "惟德动天，无远弗届"等。
④ 〔意〕马基雅维里:《君主论》，潘汉典译，商务印书馆，1985，第 117～120 页。

在经验和理智基础上的人的自由意志的扩展过程。与此形成对照的是，中国人文主义从其产生之初就具有明显而深厚的道德取向。在中国人文主义中，始终存在一种人通过自己的努力可以达到或超越"天命"的道德认知。在周代，尽管"天命不僭，卜陈惟若"的观念仍被坚持，[①] 但也出现了"枯骨死草，何知吉凶"的话语，[②] 人们在一定程度上摆脱了对占卜以及巫术的迷信，开始不顾占卜结果而按照人自己的意愿和智慧处理人间事务。人文主义的开始大致是以这种"天命"与"人力"发生一定分化、肯定"人力"的实际效果为前提的。在从夏到商、从商到周的王朝更替过程中，"受命于天"的观念遭受冲击，尽管"天命"未被完全否定，但它不再被认为是固定不变的。就统治而言，"天命"可"易"的现实，在统治者阶层促发了一种"战战兢兢，如临深渊，如履薄冰"[③]、"终日乾乾，夕惕若"[④] 的忧患意识。更进一步，在"天命"与"人力"的认知结构中，"人力"特别是人的道德努力对于维持天命甚至改变命运的重要作用，基于一种充满危机感的政治实践被提炼出来并受到高度重视。天命靡常，惟人力或人德可恃，因此作为道德和政治原则得以确立。在古代，与此相关的话语很多，例如，"天命靡常……聿修厥德。永言配命，自求多福"，[⑤] "天命不易，天难谌……恭明德……天不可信，我道惟宁王德延"，[⑥] "惟克天德，自作元命"。[⑦] 在认识到"天命"不再可以永久依赖之后，人从"天命"转向"人力"，"自"、"我"的道德努力作为人始终可以把持的基本方面得到了充分展现。此种"自求多福"、"自作元命"的生命态度也深入政治领域，从而形成了中国政治文化传统中根深蒂固的"德治"和"民本"观念。提升统治者自身的德行，成为维护巩固政权、赢得上天眷顾的重要方式。而且，基于现实政治经验的总结，上天眷顾的标准最终被归结为获得人民支持，[⑧] 由此，"德"成为沟通"天"与"民"的通道，"德"

---

① 《尚书·大诰》。

② 《史记·齐太公世家》："武王将伐纣，卜，龟兆，不吉，风雨暴至。群公尽惧，唯太公强之，劝武王，武王于是遂行。十一年正月甲子，誓于牧野，伐商纣。纣师败绩。"《论衡·卜筮》："周武王伐纣，卜筮之，逆，占曰：'大凶。'太公推蓍蹈龟而曰：'枯骨死草，何知吉凶！'"《说苑·指武》："武王将伐纣，召太公望而问之曰：'吾欲不战而知胜，不卜而知吉，使非其人，为之有道乎？'太公对曰：'有道。王得众人之心以图不道，则不战而知胜矣；以贤伐不肖，则不卜而知吉矣；彼害之，我利之，虽非吾民，可得而使也。'武王曰：'善'。"

③ 《诗·小雅·小旻》。

④ 《易·乾》。

⑤ 《诗·大雅·文王》。

⑥ 《尚书·君奭》。

⑦ 《尚书·吕刑》。类似的话语还有《尚书·多士》："惟天明畏"（另见《尚书·大诰》）；《尚书·康诰》："惟命不于常"；《尚书·召诰》："不可不敬德……惟不敬厥德，乃早坠厥命"；《尚书·文侯之命》："克慎明德"等。

⑧ 《尚书·泰誓》："天听自我民听，天视自我民视。"《尚书·酒诰》："人无于水监，当于民监。"

与"民"也成为政治领域两个至为基本而又相互联系的方面。①"天"、"德"、"民"这些因素融合在一起，既为中国传统政治设置了超验维度，也为之造就了现实途径。

不难发现，中国人文主义透显着厚重的道德意蕴，因此，一些学者也以"道德人文精神"来表述它。这是一种与西方人文主义存在差异的人文主义。就西方人文主义对人的经验、理智的侧重而言，中国人文主义表现为一种明显的道德人文主义。这样一种人文主义在中国后世得到了延续传承和进一步发展，一直是中国传统道德哲学和政治哲学的根基所在。依循根本道理和历史脉络来看，中国的道德人文主义可以说是始终围绕人的道德主体精神展开的。这主要表现在以下四个方面。

（一）人的道德本性

尽管中国历史上不乏性恶论，但认可人的道德本性或人性善，构成了包括儒、释、道在内的中国文化主流的一个必需要素，正所谓"天地间，至尊者道，至贵者德而已矣。至难得者人，人而至难得者，道德有于身而已矣"。② 中国文化路径得以展开的基点正在于人生而皆具有的善性、"明德"、"恻隐之心"、"良知"。③ 换言之，从人的道德本性出发，是中国人文主义的一个重要特质。自然，中国文化中也存在"食色，性也"④ 之类的话语，但因此而否定人的道德本性或人向善的可能性，则是与中国文化格格不入的。即使是儒家的代表人物荀子，在其提出"人之性恶，其善者伪"⑤ 后，也被韩愈批评为"大醇而小疵"，程颐则更是评判为"一句性恶，大本已失"。⑥ 事实上，被奉为儒家十六字真言的"人心惟危，道心惟微，惟精惟一，允执厥中"，⑦ 正体现出对道德本性的维护以及对人欲或人的生理本性的提防和克制。传统中国对"德治"的高度重视，与这种对人的道德本性的充分认可和侧重是密切相关的。无论是"正德，利用，厚生"，⑧ 还是"为天地立心，为生民立

---

① 《左传·僖公五年》："皇天无亲，惟德是辅"；《道德经》："天道无亲，惟与善人。"
② 周敦颐：《周敦颐集》，中华书局，1990，第33页。
③ 例如，《孟子·告子上》："恻隐之心，人皆有之；羞恶之心，人皆有之；恭敬之心，人皆有之；是非之心，人皆有之。恻隐之心，仁也；羞恶之心，义也；恭敬之心，礼也；是非之心，智也。仁义礼智，非由外铄我也，我固有之也。"《河南程氏遗书》卷二："良知良能，皆无所由，乃出于天，不系于人。"参见程颢、程颐《二程集》，中华书局，1981，第20页。
④ 《孟子·告子上》。
⑤ 《荀子·性恶篇》。
⑥ 参见韩愈《韩昌黎全集》，中国书店，1991，第183页；程颢、程颐：《二程集》，中华书局，1981，第262页。在近代，熊十力对冯友兰关于良知是个假定的看法也提出过类似的批评，参见牟宗三《生命的学问》，广西师范大学出版社，2005，第108页。
⑦ 《尚书·大禹谟》。
⑧ 《尚书·大禹谟》。

命"，① 都体现了对人的道德本性的扶持，这不仅适用于治理者，也普遍适用于所有的人。所谓"千万世之前……千万世之后……东西南北海……同此心同此理也"，② 讲的也无非是人的这种道德本性。如果说西方近代以来日渐形成了一个立足自然本性的物理世界观，那么，中国文化则一直贯穿着一种立足道德本性的道德世界观。宇宙与人因此被认为是同构的，一如陆九渊所言："宇宙内事，是己分内事。己分内事，是宇宙内事。"③ 人与宇宙的这种道德同构，设定了人生以及政治的道德进路，中国传统政治由此更多地表现为一种道德政治。所谓"内圣外王"，由于始终需要基于"内圣"开"外王"，这样的"外王"也呈现出鲜明的道德本色，显然有别于立足人的生理或自然本性的自然政治。如果说，自然政治遵循的是在世俗的政治、经济、社会等领域通行的自然律，那么，道德政治则遵循的是同样对人产生实际效果的道德律。对人道德本性的侧重和对道德律的遵循，决定了中国传统政治和法律实践的道德路向。

（二）人的道德能力

不仅西方人文主义强调意志自由，中国人文主义也同样强调人的意志自由，有所不同的是，在中国文化中，意志自由具有深厚的道德意义，这主要表现在对人的道德能力和内在尊严的充分认可上。在人的能力方面，所谓"万物皆备于我"④、"天地之道备于人，万物之道备于身"⑤、"吾性自足"⑥等话语，强烈凸显出人无所不备的潜质，这丝毫不逊于西方文化中那种"给我一个支点，我就能撬起地球"的气魄。只是，在中国文化中，人的这种能力主要不在于经验和理智层面，而在于人的道德或"德慧"⑦ 层面。"人皆可以为尧舜"⑧、"圣人可学而至"⑨，既充分肯定了人自身所具备的潜能以及开拓此种潜能的无限可能性，也明确标示出人开拓潜能的道德方向。如果说，在西方人文语境中，自由意志多表现为是非善恶的标准完全取决于个人自己，而这并不以一种超越于人的法则为必要限制，那么，在中国文化中，人的自由意志则主要发生于"持其志"、"求则得之"与"暴其气"、"舍则失之"⑩

---

① 参见张载《张载集》，中华书局，1978，第 320 页。原文为"为天地立志，为生民立道"。
② 陆九渊：《陆九渊集》，中华书局，1980，第 273 页。
③ 陆九渊：《陆九渊集》，中华书局，1980，第 273 页。
④ 《孟子·尽心上》。
⑤ 邵雍：《邵雍集》，中华书局，2010，第 554 页。真德秀《大学衍义》卷二中也有这样的话："道备于身而无阙。"
⑥ 王守仁：《王阳明全集》，上海古籍出版社，1992，第 1228 页。
⑦ "德慧"一词见于《孟子·尽心上》。
⑧ 《孟子·告子下》。
⑨ 程颢、程颐：《二程集》，中华书局，1981，第 577 页。
⑩ 参见《孟子·离娄上》、《孟子·告子上》、《孟子·尽心上》。

之间，它是一种在道德指引或道德律主导下的意志自由，有着明确的道德方向，是一种与"自然正当"紧密结合在一起的自由意志。① 人之为人的尊严，也恰源于人的自由意志对此道德路向的不懈坚持。而且，在中国文化语境中，人的这种道德能力具有极强的能动性和创造性。通常，人们习惯于以"天人合一"来归结中国文化的特质。其实，从人的道德能力看，在中国文化中，人也有其独特的、难以替代企及的方面。陆九渊有言："儒者以人生天地之间，灵于万物，贵于万物，与天地并而为三极。天有天道，地有地道，人有人道。人而不尽人道，不足与天地并"，② 这在一定程度上反映出一种与"天人合一"同时存在的天人并立观念。无论是"天人合一"还是天人并立，与西方的"天人两分"以及"第一主宰"观念都有着重要不同。诸如"以道莅天下，其鬼不神，非其鬼不神，其神不伤人，非其神不伤人，圣人亦不伤人，夫两不相伤，故德交归焉"、③"人能弘道，非道弘人"④ 等话语，充分体现出人在对"道"的弘扬方面有其独到的能力。应该说，中国人文主义在追求"天人合一"的同时，也充分凸显出人极强的意志自由和能动性。"我命在我不在天"、⑤"不能自强，则听天所命；修德行仁，则天命在我"⑥ 等话语，都表明了这一点。就此而言，在中国文化中，人的道德努力在终极意义上其实是以超越天人的"道"、"理"、"法"为依归的。在很大程度上，这样一种对"道"、"德"、"理"、"法"的终极和超越追求，抑制了以人的生理本性为基础的自然政治的发展。

（三）人的道德责任

道德责任规制和引导着中国人文主义的目的和方向。依循中国传统文化的逻辑，从人的道德本性和道德能力，既可推导出人对自己的道德责任，也可推导出人对他人的道德责任。在这一点上，现代自由主义有明显不同。按照自由主义理论，个人在无涉他人的领域是完全自治的，社会交往的唯一限制条件是"无害他人"，只要不违背此"自由条件"，个人有权利做任何事。⑦ 由此，个人对自己的道德责任是难以推导出来的。虽然自由主义为道德留下了个人空间，但由于它并不以"自然正当"或确定的是非善恶体系为圭臬，个人的道德责任事实上并不明确，以至于密尔在《论自由》中将吸食鸦片也

---

① 《孟子·离娄上》："仁，人之安宅也；义，人之正路也。"《论语·颜渊》："为仁由己。"《论语·述而》："我欲仁，斯仁至矣。"《孟子·滕文公上》："舜何人也？予何人也？有为者亦若是。"

② 陆九渊：《陆九渊集》，中华书局，1980，第17页。

③ 《道德经》。

④ 《论语·卫灵公》。

⑤ 转见《抱朴子内篇·黄白卷》。

⑥ 朱熹：《四书章句集注》，中华书局，1983，第280页。

⑦ 参见〔英〕密尔《论自由》，程崇华译，商务印书馆，1959，第10页。

视为个人的自由或权利。① 在自由主义理论中，人的责任主要表现为法律和社会责任，这是一种基于个人权利而产生的责任，不是基于道德本性和道德能力的责任。而沿着中国文化理路看，出于"天地万物为一体"② 观念，人对他人乃至所有人负有一种普遍的道德责任，它以仁慈为内在核心，以"亲亲而仁民"③、"博施于民而能济众"④ 为外在表现。在传统政治下，此种道德责任也得以向政治、法律和社会领域普遍扩展。如果说，统治者基于对政权稳固的担忧而注重自身道德更多地表现为一种消极意义上的"德治"，那么，建基于"万物一体"观念之上的人的道德责任，则深化为一种更为积极的、旨在从终极意义上提升所有人的道德觉悟的"德治"。这在很大程度上加固了"民本"政治的道德根基，使之不至于深陷于单纯的关于政权兴替的功利考量之中，而使政治和行政领域的"若保赤子"⑤ 态度具有更为实在的道德意义，也使道德意识广泛扩及于社会和每个人。而且，在中国文化中，此种公共道德责任并非建基于个人权利，而渊源于"万物与我为一"⑥、"天地万物为一体"，或者说，他人乃至万物与自己不可分割的同一性或相关性。张载所讲的"天地之塞，吾其体；天地之帅，吾其性。民吾同胞，物吾与也"，⑦ 最足以用来说明这一点。因此，无论是儒家的"己欲立而立人，己欲达而达人"，⑧ 还是道家、佛家的普度众生，所体现的并非仅仅是一种利他或兼顾他人的心态，而是一种与道德主体自身休戚相关的道德责任。在此，人对自己的道德责任与人对他人的道德责任其实是融合在一起的，正所谓"圣人之心，以天地万物为一体，其视天下之人，无外内远近，凡有血气，皆其昆弟赤子之亲，莫不欲安全而教养之，以遂其万物一体之念"。⑨

（四）人的道德认知

在人的感官认知之外，中国人文主义一直保持和发展着一种独特的道德认知方式。此种认知方式构成了人的道德本性、道德能力以及道德责任的认识论前提，也制约着中国学术的发展方向，道德知识体系因此在中国传统学术中长期处于主导地位。在近代以来的知识转型过程中，随着认知

---

① 〔英〕密尔：《论自由》，程崇华译，商务印书馆，1959，第104页。
② "仁者，以天地万物为一体"，程颢、程颐：《二程集》，中华书局，1981，第15页。"天地万物，本吾一体"，"大人者，以天地万物为一体者也，其视天下犹一家，中国犹一人焉"，"视人犹己，视国犹家，而以天地万物为一体"，"以天下为一身"，"推其天地万物一体之仁以教天下。"王守仁：《王阳明全集》，上海古籍出版社，1992，第54、79、968、1025等页。
③ 《孟子·尽心上》。
④ 《论语·雍也》。
⑤ 《尚书·康诰》。
⑥ 《庄子·齐物论》。
⑦ 张载：《张载集》，中华书局，1978，第62页。
⑧ 《论语·雍也》。
⑨ 王守仁：《王阳明全集》，上海古籍出版社，1992，第54页。

基础被确立于人的经验和理智，现代学术日渐科学化和实证化，传统的道德认知方式以及与之相联系的道德知识体系遭受严重冲击，以至于一些学者在自然法的现代复兴运动中，不得不特别关注自然法的认识论要素。例如，马里旦在追随阿奎那的路径阐释自然法时，就注意到两种认知形式的差别，并由此指出："人的理性并不是以一种抽象的和理论的方式来发现自然法规则……也不是通过理智的概念运用或推理认知形式来发现它们"，"自然法是通过良知良能（inclination and connaturality），而不是通过概念的或推理的知识被认知的。"① 此种不同于经验和理智的道德认知方式在中国文化中被称为"德性之知"，以与"闻见之知"相区别。所谓"德性之知"，在孟子那里主要表现为人的良知良能："人之所不学而能者，其良能也；所不虑而知者，其良知也。孩提之童，无不知爱其亲者；及其长也，无不知敬其兄也。亲亲，仁也；敬长，义也。无他，达之天下也。"② 此种"达之天下"的良知良能或"德性之知"，并不依赖于人的经验感知或"闻见之知"，一如宋儒所言：

> 世人之心，止于闻见之狭。圣人尽性，不以见闻梏其心，其视天下无一物非我，孟子谓尽心则知性知天以此……见闻之知，乃物交而知，非德性所知；德性所知，不萌于见闻。③
> 闻见之知，非德性之知……德性之知，不假闻见。④

在中国文化中，"德性之知"的开通，有其独特的门径和方法。一般认为，"德性之知"不是通过感官而是通过心思来获得的。例如，孟子认为："耳目之官不思，而蔽于物。物交物，则引之而已矣。心之官则思，思则得之，不思则不得也"，⑤ "诚者，天之道也；思诚者，人之道也。"⑥ 荀子也认为："治之要在于知道。人何以知道？曰：心。心何以知？曰：虚一而静。"⑦ 就此而言，人的道德认知是通过内心虚静诚明从而达致"天人合一"来实现的。此种"诚者，物之终始，不诚无物"⑧ 的理路在中国文化中一脉相承，

---

① Jacques Maritain, *Natural Law: Reflections on Theory and Practice*, South Bend: St. Augustine's Press, 2001, pp. 23, 33.
② 《孟子·尽心上》。
③ 张载：《张载集》，中华书局，1978，第24页。
④ 程颢、程颐：《二程集》，中华书局，1981，第317页。
⑤ 《孟子·告子上》。
⑥ 《孟子·离娄上》。《中庸》亦提到："诚者，天之道也；诚之者，人之道也。诚者不勉而中，不思而得，从容中道，圣人也。"
⑦ 《荀子·解蔽篇》。
⑧ 《中庸》。

因此，宋儒也强调，"诚明所知乃天德良知，非闻见小知而已"；① "闻之知之，皆不为得。得者，须默识心通。学者欲有所得，须是笃，诚意烛理。上知，则颖悟自别；其次，须以义理涵养而得之"。② 这样一种通过"致虚极，守静笃"③、"虚一而静"、"诚意烛理"或"义理涵养"来达到"德性之知"的道德认知路径，显出浓厚的人文意蕴。

总之，就文化主流而言，人的道德精神、主体精神和责任精神构成了中国人文主义的精神实质。与此形成对照的是，近代以来的西方人文主义主要立足于人的身体和生理本性来构建作为主体的人及其责任。虽然中西人文主义都表现出人的理性精神，但它们所据以立足的理性基础其实有着差异。大体上，中国人文主义建基于人的道德理性，西方人文主义则建基于人的认知理性。同样，虽然中西人文主义都表现出从人天然具备的本性出发，但它们对人的本性的不同方面实际上有所侧重。如果说，中国人文主义从人的道德本性出发最终造就的是道德主体，那么，西方人文主义从人的生理本性出发最终造就的则是权利主体。由于中西人文主义在基点和路向上的差异，中西政治和法律发展道路在很多方面也有所不同。鉴于此，我们接下来在中西人文背景下，进一步对比分析中西法治模式。

第三节　法治的三种模式：法家、儒家与西方

一　法家法治、儒家法治与民主法治

法治主张和实践的一个前提是关于人的理论。侧重于人的不同方面，或者立足于对人的性质的不同判断，法治主张和实践通常有与之相应的不同朝向。这从法家、儒家以及西方近代以来关于法治的看法可以明显看出来。法治主张和实践与人的理论之间的这种紧密联系，使得将法治与人文主义结合起来讨论成为可能，也显得必要。

我们关于法治与人文主义的讨论着重沿着中国历史发展的线索展开，同时开掘蕴藏在各种主张和实践之中的学理。在中国近代以来"古今中外"的背景下，循着纵向时间维度和横向空间维度审视，可以大致发现三种法治模式：法家的、儒家的以及西方的。其中，法家法治因为不与"民主"相联系，时常不被现代学者认同为"rule of law"（法治）。实际上，即使在现代关于"rule of law"的讨论中，民主有时也并不作为法治的必备要素，这在关于英国法治或宪政的讨论中体现得尤为明显。而且，在现代关于法

---

① 张载：《张载集》，中华书局，1978，第20页。
② 程颢、程颐：《二程集》，中华书局，1981，第178页。
③ 《道德经》。

治的"形式理论"（formal theory）和"稀薄理论"（thin theory）中，法治与权利、民主、道德、实质正义之间的价值联系看上去也愈发轻淡，以至于有学者认为："一个建立在否认人权、普遍贫困、种族隔离、性别不平等以及种族迫害基础上的非民主的法律体制，原则上可以比任何更加文明的西方民主的法律体制更好地遵循法治的要求……它将是坏得不能再坏的法律体制，但是，它有一点长处：长就长在它遵循法治。"①　就此来看，现时代仍需要重新思考法治的价值要素。在这方面，儒家法治正表现出某些依然可能生发的优势。只是，一如法家法治与"rule of law"的关系，儒家是否有法治主张以及在实践中是否坚持法治，在学界也存在并不统一的意见。通常，儒家被认为是"人治"、"德治"或"礼治"理论的倡导和坚持者。这些理论与法家的法治主张不仅有区别，而且表现出较大张力。唯法是尚、严刑峻罚是儒家历来所反对的。不过，郑观应、王韬、钱穆等人也认为，中国传统社会实际一直实行着科条繁密、刑狱琐碎的法治；②　徐复观、贺麟等人则认为，儒家其实是法治论者。③　例如，鉴于孔子的"刑罚不中，则民无所措手足"、孟子的"上无道揆，下无法守"以及朱熹的"政事须有纲纪"等话语，贺麟断言："真正的儒家，不惟不反对法治，甚且提倡法治。"④　迄今，关于儒学是否也包含有某种法治理论仍有争议，尽管如此，就中国历朝历代皆有相当完备的法制和司法而言，自西汉独尊儒术以来中国传统的治理方式与"法治"之间的关系，在现时代还是值得深入研究的。在后文中，我们将尝试着分析儒家的法治或儒学中的法治内容。如果说法家的法治兴起于战国而厉行于秦，而汉代以后的法律实践受到儒学的影响乃至支配，那么，作为一种新的法治类型，源于西方的法治（rule of law）则是在晚清之后才进入中国历史发展进程的。这一法治类型起初由于被片面地理解为与法家法治类似的模式而受到一定批评，⑤　后来则在民主进程中日渐与共和宪政目标联系在一起，至今，在改革开放的条件下，它对中国的"依法治国"实践仍有相当大的影响。

　　这三种法治模式，我们倾向于将其分别表述为"作为武功的法治"、"作

---

① Joseph Raz, "The Rule of Law and its Virtue", In Joseph Raz, *The Authority of Law*, 2nd edition, Oxford: Oxford University Press, 2009, p. 211.

② 参见郑观应《盛世危言·吏治上》；王韬：《弢园文录外编·尚简》；钱穆：《中国历代政治得失》，三联书店，2005，第 157~158 页。

③ 参见徐复观《中国思想史论集》，上海书店出版社，2004，第 114、116~117 页；贺麟：《法治的类型》，载氏著《文化与人生》，商务印书馆，1988。

④ 贺麟：《法治的类型》，载氏著《文化与人生》，商务印书馆，1988，第 49 页。

⑤ 例如，康有为曾指出："吾国无识之徒，不深知治化之本，而徒媚欧、美一时之富强也，又以吾国法律之有未备也，于是高谈法治，几若视为政治之极则者，何其颠倒哉。"参见康有为《康有为政论集》，中华书局，1981，第 1038 页。

为文德的法治"和"作为宪政的法治"。① 此种划分和表述，在中国语境下可从历史、学理和现实三个方面来理解。从历史看，在周代以来的发展进程中的确可以发现三种治理模式，它们表现为三种呈"否定之否定"递进发展趋势的历史形态。具体来说，法家法治自秦朝以后在意识形态上不占主流；后世在涵容法治的同时，强化了道德对法治的主导作用，这是法家法治所不具备甚至反对的；而近代传入的西方法治，尽管在中国近代史上并未得到充分发展，但它在削弱道德和专制作用的同时，发展出了法治的民主宪政维度，这又是历史上法家法治与儒家法治实际所不具备的。从学理看，三种模式各有所本，并且在与人文主义的关系上表现出明显差异。大体上，法家法治侧重武功，旨在实现富国强兵，无论是人的道德还是人的权利，都不在重点考虑之列；儒家法治侧重道德，倡导德主刑辅，力图唤起人的道德本性；西方法治则侧重政制，致力于民主宪政的构造以及对以身体和生命为核心的人权和公民权利的保障。从现实看，受历史传统和外来文化的影响，三种模式在很大程度上也构成当今中国法治发展道路的重要参照或资源，甚至可以说，中国目前仍在探索的法治实践，同时夹杂有这三种模式的某些特点。

　　需要指出的是，把握法家的、儒家的与西方的三种法治模式，在方法上有必要兼顾事实与学理。事实分析与学理分析实为学术研究的两条基本途径，彼此相辅相成。从具体的历史考察，可以洞悉和提炼学理；而立足学理的分析，亦可发现历史发展过程中的某些局限。基于历史与学理，贺麟在《法治的类型》（1938）一文中曾将法治分为"申韩式的基于功利的法治"、"诸葛式的基于道德的法治"和"基于学术的民主式的法治"三种类型，并且认为，这些类型各成系统、不可混杂，同时它们依次"乃法治之发展必然的阶段，理则上不容许颠倒"。② 在一定程度上，这一分类的确点出了法治的历史类型及其特质，由此为法治实践开出了一些方向。不过，在历史与学理之间，有的问题仍值得进一步思索。例如，将所谓"诸葛式的法治"视为比"申韩式

---

① 参见胡水君主编《法理学的新发展——探寻中国的政道法理》，中国社会科学出版社，2009，导论。"文德"、"文治"、"文事"与"武功"、"武备"、"武力"，是中国政治文化传统中典型的并立范畴，通常被视为政治领域中犹如"经"与"纬"的两个基本方面。这些术语在古代文献中也常被对称使用。例如，《礼记·祭法》："文王以文治，武王以武功"；《晏子春秋·问上》："遂武功而立文德"；《吴子·图国》："内修文德，外治武备"；《史记·孔子世家》："有文事者必有武备，有武事者必有文备"；《盐铁论·险固》："地利不如人和，武力不如文德"；《说苑·指武》："圣人之治天下也，先文德而后武力"；《汉书·刑法志》："文德者，帝王之利器；威武者，文德之辅助也"；《隋书·高祖上》："刑法与礼仪同运，文德共武功俱远"；《旧唐书·音乐志》："虽以武功定天下，终当以文德绥海内。文武之道，各随其时"；《全唐诗·平胡》："武功今已立，文德愧前王"；苏轼《书王奥所藏太宗御书后》："以武功定祸乱，以文德致太平"等。

② 贺麟：《法治的类型》，载氏著《文化与人生》，商务印书馆，1988，第49页。后文相关分析中的引语都出自此篇。

的法治"、"较高一类型的法治",这看上去具有以历史替代学理的趋向,多少消解了不同类型的法治基于各自的学理而同时具有某种普遍性的可能。因此,在该文得出的"基于道德学术的法治,才是人类文化中正统的真正的法治"的结论中,已难以找到法家法治的地位。再如,这一分类虽然有意拓展儒家法治的空间,但所谓"诸葛式的法治"与"申韩式的法治"在形式上其实有很多共同特征,"诸葛"时常被更多地作为法家人物看待。又如,在学理上,"学术"与"功利"、"道德"之间在逻辑关系上其实有所交叉,"基于道德的法治"很难说不依赖于"学术",特别是道德知识体系,而"近代民主式的法治"其实也更多地表现于功利层面。与贺麟提到的三种法治类型相似,在《现代社会中的法律》一书(1976)中,昂格尔亦涉及三种治理模式。[①] 在学理上,儒家礼治、法家法治与现代西方法治三种模式分别与昂格尔所区分的"习惯法"、"官僚法"和"法律秩序"三种法律概念相联系。其中,"习惯法"不具有公共性和实在性,"官僚法"具有这两个特性,而与西方法治以及现代社会相联系的"法律秩序"在此之外还具有普遍性和自治性。显然,在法治的类型划分上,贺麟更多考虑了法律之外的功利目标、道德价值和政制条件,而昂格尔则更多专注于法理或法制自身的特性,这使得昂格尔的理论划分中无论是儒家礼治还是法家官僚法治,都难以单一地适用于汉代以后中国德、礼、刑、政相互融合的历史。实际上,昂格尔的分析在中国只限于先秦史。昂格尔试图结合先秦史来解释,在先秦中国的社会转型过程中,儒家礼治何以只能转向法家法治而未能转向现代西方的那种法治类型。

　　综合来看,在贺麟和昂格尔的分析中,较为一致地包含了法治的三种学理类型,而且,这三种类型与中国从封建贵族政治向君主郡县政治、再向现代民主政治发展,以及从礼制向法制、再向宪制发展的历史进程,大体可以对应起来。此种一致性,与其说是理论巧合,不如说是相似的历史结构使然。我们提出的"作为武功的法治"、"作为文德的法治"和"作为宪政的法治"三种法治模式的区分,也渊源于中国自古以来的历史结构,而且,它力图将历史与学理结合起来。这集中表现于两点:首先,我们的区分并不排斥各种法治类型的历史性。"作为武功的法治"以春秋战国以及秦朝奉行法治的意识

---

① 参见〔美〕昂格尔《现代社会中的法律》,吴玉章、周汉华译,中国政法大学出版社,1994,第二章。昂格尔指出:"儒家提倡回归那种体现伦理典范的习惯礼仪,而法家主张扩充官僚政治以及强制执行官僚法。不过双方都是从某些不言而喻的共同前提出发进行论证的,而这些前提则根本不允许他们捍卫甚至承认现代西方意义上的法治原则。"见该著第96页。张君劢亦曾提到:"倘就尚法治习惯言之,则儒家立场正与西方相异。欧洲自希腊至罗马,更自罗马以至中世以至近代,有至深至长之法治习惯,贯串其间,为吾国之所未尝见。儒家因尚德,而忽视法治。法家所谓法,乃严刑峻法之法,与西方议会中之法,犹薰莸之不同一器。此则法治习惯,所以为中西政治哲学分歧之界线。"参见张君劢《新儒家政治哲学》,《中西印哲学文集》,台湾学生书局,1981,第380页。

形态和社会实践为事实基础；"作为文德的法治"以周代礼制以及汉至清代受儒学深层影响的法律实践为事实基础；"作为宪政的法治"则以近代以来围绕民主和民权展开的法治实践为事实基础。其次，我们的区分也不否认作为理论类型的各种法治类型与历史的相对独立性。我们区分的三种法治类型，虽然与中国从贵族政治向君主政治、再向民主政治发展的历史进程也有着紧密联系，但我们并不将它们只视为与一定历史时期或条件不可分割的历史形态，而是将它们视为各具学理基础、可以跨越古今的理论类型。也就是说，我们并不认为，在从传统向现代转型的现代化进程中，"作为武功的法治"、"作为文德的法治"乃至"作为宪政的法治"，会成为历史陈迹而不再起作用，而是力图辨明分清这些源于历史实践的理论类型在新的历史条件下可能起作用的具体层面或领域。三种法治模式内在的学理根据，是它们突破特定历史时空的局限而在现代仍得以发挥作用的基本条件。在学理上，我们倾向于同时从道德哲学和政治哲学切入对法治进行把握和理解。由此，可大致分出法治的四个层面，一是道德和功利层面，一是政治和行政层面。若分别以政治哲学与道德哲学为纵横二轴，可将中国历史上所呈现的法治形态列表如下（见表2-1）。

表2-1　法治的历史和理论形态

	道　德	功　利
政　治	道德的民主法治	作为宪政的法治 （民主法治）
行　政	作为文德的法治 （儒家法治）	作为武功的法治 （法家法治）

在表2-1中，尽管各类别之间也可能略有重合，但从历史上看并就其主体而言，大致可以说，"作为武功的法治"是一种功利和行政层面的法治；"作为文德的法治"是一种道德和行政层面的法治；"作为宪政的法治"是一种功利和政治层面的法治。需要特别指出的是，在现代语境下，表2-1中的"政治"可以说就是一些学者所认定的中国古代有道无"政"、有治道无"政道"之类判断中的"政"，它主要与民主政制相联系。① 由此，"作为宪政的

---

① 梁启超认为，"二千年来之中国，虽谓之无政焉可已。"参见梁启超《〈西政丛书〉叙》，《饮冰室合集》文集之二。钱穆提到，"中国的政治只重'道'，不重权。所以中国人只说有'君道'，不说有君权，道统犹在政统之上"。参见钱穆《人生十论》，《钱宾四先生全集》第39卷，台北联经出版事业公司，1998，第183页。牟宗三则指出，"中国在以前于治道，已进至最高的自觉境界，而政道则始终无办法"。参见牟宗三《政道与治道》，《牟宗三先生全集》第10卷，台北联经出版事业公司，2003，第1页。

法治"显然不能仅仅从行政层面去理解。这同时意味着，虽然"作为武功的法治"与"作为文德的法治"历史上是在君主政制下展开的，但在现代，它们主要作为行政层面的法治形态，未必不能涵容于民主政制之下。循着中国历史发展的线索，从道德、功利、政治与行政四个层面对法治所作的这种审视，不仅兼及历史与学理，也有利于引入并开拓法治的道德和政治维度，从而凸显现代法治的人文处境或困境。在此审视中，纵向的政治与横向的道德之间所形成的空格，尤其需要引起关注和思考。应当看到，它昭示出现有法治形态的某些不足，同时也为法治的进一步发展和开拓留出了可能空间和方向。一如"作为武功的法治"与"作为宪政的法治"在功利层面的融通，历史上主要在行政层面起作用的"作为文德的法治"是否可能以及如何提升到政治层面，从而实现道德与政治在现代条件下的新的重构，亦值得深思。对于最近一百多年一直处于文化"低谷"的中国来说，融会"古今中外"的文明成果，来做这样一种前所未有的发展、开拓和重构，无疑具有重要历史意义。接下来，我们结合前面的人文主义以及中国传统治道内容，尝试着对三种法治模式作一分析和考量。

二　德主刑辅与中国治道

大体而言，"作为武功的法治"与"作为文德的法治"可谓中国自古以来的两种基本治道或治国方式。古中国的治道源远流长，而其间总可见到这两种基本形式。从地理和文化源起看，与长江和黄河两大流域相应，中国文化在远古即有一种南北分化的格局，并在后世呈现南道北德、南法北礼的面貌，以至于南北差异随着文化的交流融合逐渐被冲淡后，在儒学长期居于主导的时期，仍可发现儒法合流或"阳儒阴法"、"儒表法里"的特点。对此，梁启超的《论中国学术思想变迁之大势》(1902)、刘师培的《南北学派不同论》(1905)、谢无量的《古代政治思想研究》(1923)、蔡元培的《中国伦理学史》(1937)等著作均有阐述。① 例如，梁启超指出："凡人群第一期之进化，必依河流而起，此万国之所同也。我中国有黄河、扬子江两大流，其位置性质各殊，故各自有其本来之文明，为独立发达之观。虽屡相调和混合，而其差别自有不可掩者……则古昔，称先王，内其国，外夷狄，重礼文，系亲爱，守法律，畏天命，此北学之精神也……探玄理，出世界，齐物我，平

---

① 参见梁启超《论中国学术思想变迁之大势》，《饮冰室合集》文集之七；刘师培《南北学派不同论》，劳舒编《刘师培学术论著》，浙江人民出版社，1998，第133～167页；谢无量：《古代政治思想研究》，商务印书馆，1923；蔡元培：《中国伦理学史》，商务印书馆，1937，第30页。"宽柔以教，不报无道，南方之强也，君子居之。衽金革，死而不厌，北方之强也，而强者居之"(《中庸》)、"陈良，楚产也，悦周公、仲尼之道，北学于中国。北方之学者，未能或之先也"(《孟子·滕文公上》)等话语，亦显出南北学术的分野。

阶级，轻私爱，厌繁文，明自然，顺本性，此南学之精神也……北派之魁，厥惟孔子；南派之魁，厥惟老子。"① 南北文化差异也表现为尚自然与崇仁道、行法术与尽人力、重智识与讲仁爱、常冷漠与多温情、遵循客观规律与开拓主观的或主体的能动性和创造性等分别。这既可说是"道"（自然之道）与"德"（人之仁德）的差异，也可说是两种"道"（自然律与道德律）的差异。就周公和孔子对礼义的重视，以及法家刑名之学"本于黄老"② 而言，法家与儒家的分野在很大程度上正表现为南北文化差异的自然延伸。当然，在先秦历史上，此种地域差别并不是固定的，法治改革其实也发生在齐、晋、秦这样地处北方的诸侯国。这正表明，因地理影响而形成的分别，亦各有其学理根据，因此在地域界线被突破后仍得以并行或融会。由于立足于不同的学理根据，南学北学以及儒法文化呈现出不同的人文特征。就此，有学者曾明确提到，"北派的政见，多依据德性上的感情；南派的政见，多依据利害上的需要"；"北学是人为主义，南学是自然主义"。③

　　古中国的治道，既可从地理和文化的角度审视，也可从学理和历史的角度分析。实际上，基于学理和历史来把握中国治道，是古人更为经常的思路。典型的是，鉴于秦以前的历史，古中国的治道被区分为"皇帝王霸强"五种，有时也被区分为"皇帝王霸"四种或"王霸强"三种。④ 其中，"皇"指三皇的无为之治，"帝"指五帝的德教，"王"指三王的仁政，"霸"亦称"伯"，指五霸的法治，"强"指秦专任刑杀。关于治道的此类划分广泛流行于后世。例如，刘向认为："政有三品：王者之政，化之；霸者之政，威之；强者之政，胁之。夫此三者，各有所施，而化之为贵矣。"⑤ 王通指出："强国战兵，霸国战智，王国战义，帝国战德，皇国战无为。"⑥ 邵雍也多次明确提到"皇帝王霸"的区分，并对之作了较为详细的对比分析。这些不同的治道，既以历史上的道德和政治实践为事实基础，也在学理上各自表现出侧重自然、礼让、德政、利争、兵战或无为、德、义、智、兵的特征。在从"皇"到"帝"到"王"到"霸"再到"强"的历史演化过程中，可明显看到从德教、

---

① 梁启超：《论中国学术思想变迁之大势》，《饮冰室合集》文集之七。

② 《史记·老子韩非列传》："申子之学本于黄老而主刑名"；"韩非……喜刑名术之学，而其归本于黄老"；"申子……韩子……皆源于道德之意，而老子深远矣。"

③ 谢无量：《古代政治思想研究》，商务印书馆，1923，第 3、4、27、29 页。

④ 《管子·禁藏》："凡有天下者，以情伐者帝，以事伐者王，以政伐者霸"；《管子·幼官》："尊贤授德则帝……服忠用信则王……选士利械则霸……信赏审罚、爵材禄能则强"；《管子·兵法》："明一者皇，察道者帝，通德者王，谋得兵胜者霸。"

⑤ 刘向：《说苑·政理》。陈子昂在《谏用刑书》中亦提到，"古之御天下者，其政有三：王者化之，用仁义也；霸者威之，任权智也；强国胁之，务刑罚也。"参见陈子昂《陈子昂集》，中华书局，1960，第 214～215 页。

⑥ 王通：《文中子·问易》。

仁政向法治、刑杀的转变。因此，"德"与"刑"还被更为概括地提炼出来，成为判定和区分"皇帝王霸强"这些不同治道的两个基本考量标准。刘向指出：

> 治国有二机，刑、德是也。王者尚其德而布其刑，霸者刑德并凑，强国先其刑而后德。夫刑德者，化之所由兴也。德者，养善而进阙者也；刑者，惩恶而禁后者也。①

桓范也认为：

> 夫治国之本有二，刑也，德也。二者相须而行，相待而成矣……故任德多、用刑少者，五帝也；刑德相半者，三王也；杖刑多、任德少者，五霸也；纯用刑、强而亡者，秦也。②

这种以德与刑之间的主次、先后、多少关系来分析判断不同的治道，是中国传统政治哲学的重要特点。无论是先秦儒家和法家，还是古代中国后来的各种政治和法律理论，其实无不是围绕"德"、"刑"及其相互关系来展开的。由此，形成了一幅分别以"德"与"刑"为纵横两轴的中国治道图（见图2－1）。

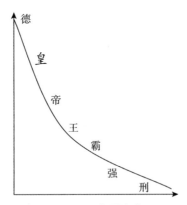

图2－1　中国治道

图2－1既可涵括先秦的所谓"无治"、"人治"、"德治"、"礼治"、"法治"等各类政治主张，③ 也可涵括儒家的"大同"、"小康"政治理想以及法

① 刘向：《说苑·政理》。
② 桓范：《世要论》，《全三国文》卷三十七。另见《群书治要·政要论》；赵蕤：《长短经·君德》。
③ 参见梁启超《先秦政治思想史》及附录"先秦政治思想"，《饮冰室合集》专集之五十。

家的"上古竞于道德，中世逐于智谋，当今争于气力"① 这一历史观。而且，它虽然主要基于秦以前的历史总结而成，但也未尝不可适用于秦之后的历史，因为此后历朝的政治和法律实践从未逾越其范围，终究不过是在王霸之间摇摆而已。图2-1 还表明，除了以秦为代表的"弃道而用权，废德而任力，峭法盛刑"② 的"强道"，以及上古不靠刑法而靠习俗形成无为而治的"皇道"之外，其他治道的关键其实在于"德"与"刑"在政治领域中所占的比重或地位。从秦之后历朝的实践看，朴素无为的"皇道"与专任刑罚的"强道"，都只是作为理想的或需要避免的极端形式存在，"刑"与"德"始终是治理实践不可或缺的两个要素，实际的治道通常沿着"王道"上下漂移，时而推崇"帝道"，时而偏向"霸道"。就此而论，尽管"德"一直是儒学中最重要的主体内容，但"刑"或法制远不是对传统社会长期起主导作用的儒学所忽略的要素。在古中国，"德"与"刑"，就如同"阳"与"阴"一样，是并立于中国传统政治及其哲学中的两对基本范畴，是古中国文治、武功的两个基本方面。正所谓：

> 刑德皇皇，日月相望，以明其当。望失其当，环视其殃。天德皇皇，非刑不行；缪缪天刑，非德必倾。刑德相养，逆顺若成。刑晦而德明，刑阴而德阳，刑微而德章。③
> 阳为德，阴为刑……德始于春，长于夏。刑始于秋，流于冬。刑德不失，四时如一。刑德离乡，时乃逆行。④
> 礼乐刑政，四达而不悖，则王道备矣。⑤

从"德"与"刑"在古代政治和社会治理中的这种基础地位来看，刑或法律，不仅是法家法治主张的核心范畴，也是儒学的基本概念。在儒法争论中，否弃仁德而专任刑法的观点在法家那里甚为常见，而儒家尽管力主道德教化，对刑法有一定贬抑，并期望"刑措"、"无讼"的理想状态，但很少有在现实中完全否弃刑或法律的思想。在儒学成为主导的意识形态之后，其实也一直流行着这样一些观念：

---

① 参见《礼记·礼运》；《韩非子·五蠹》。
② 桓宽：《盐铁论·非鞅》。
③ 《黄帝四经·十大经·姓争》。
④ 《管子·四时》。
⑤ 《礼记·乐记》；《汉书·礼乐志》。类话语还有："亡刑则礼不独施。大道废焉，则刑礼俱错。大道行焉，则刑礼俱兴。不合而成，未之有也"（欧阳询编撰《艺文类聚·刑法部》）；"政之大经，法教而已矣。教者，阳之化也；法者，阴之符也"（荀悦：《申鉴·政体》）。

　　莫不贵仁，而无能纯仁以致治也；莫不贱刑，而无能废刑以整
民也。①

　　自古有天下者，虽圣帝明王，不能去刑法以为治。②

　　法制禁令，王者之所不废，而非所以为治也。③

　　刑为盛世所不能废，而亦盛世所不尚。④

　　孔子讲"道之以政，齐之以刑，民免而无耻；道之以德，齐之以礼，有
耻且格"，⑤"礼乐不兴，则刑罚不中。刑罚不中，则民无所措手足"，⑥在很
大程度上也表明了一种德举刑备的态度。"德"与"刑"，正表现为道德和治
理实践中"文德"与"武功"两个方面，因此，有人也提到："昔孔子作
《春秋》，褒齐桓，懿晋文，叹管仲之功，夫岂不美文、武之道哉？"⑦凡此皆
为开掘儒学中的法治因素提供了可能。如果将法家一任于法的主张视为一种
典型的法治理论，那么，在儒学所支持的"王道"和"帝道"中，其实也包
含了一种始终不脱离刑或法的法治理论，只不过，它是一种受制于道德的法
治理论，或者，相对于法家的纯粹法治而言，是一种复合的法治理论，其间
不仅有法律因素，更包含有仁德礼义等因素。在此意义上，我们将儒学支配
和影响下的法律实践称为"作为文德的法治"，而将法家的法治称为"作为武
功的法治"，它们在上述治道图中各占一半，表现为"王道"的上下两个
部分。

　　总之，无论是就南北地理文化差异而言，还是就"皇帝王霸强"五种
治道形态以及"德"、"刑"两种基本考量标准而言，侧重于"德"的"作
为文德的法治"与侧重于"刑"的"作为武功的法治"，正可谓绵延长久
的中国传统治道的两种基本样式。而在儒学作为主导意识形态的上千年时
间里，中国法律实践一直受到"德"的影响或支配，以至于形成了一种融
合道德与法律的复合法治结构，与西方近代以来所形成的形式法治适成
对照。

　　"作为文德的法治"，立足于人的仁德来开展政治和法律实践，其特质可

---

①　《抱朴子·用刑》。

②　《元史·刑法一》。

③　顾炎武：《日知录·法制》。

④　《四库全书总目提要·政书类》按语。类似话语还有："治国之道，所养有二：一曰养德，二
　　曰养力……此所谓文武张设，德力具足者也……夫德不可独任以治国，力不可直任以御敌也"
　　（《论衡·非韩》）；"刑罚不可弛于国，笞捶不得废于家"（《唐律疏议》卷一）。

⑤　《论语·为政》。

⑥　《论语·子路》。

⑦　崔寔：《政论》，《后汉书·崔骃列传》。

归结为"德主刑辅"或"德本刑末"。① 这主要有三点具体表现：一是以仁德为根本，而以法律为不得已也不可废的治世工具，强调"先德而后刑"。② 例如，"法令者，治之具，而非制治清浊之源也"，③ "仁义礼制者，治之本也；法令刑罚者，治之末也。无本者不立，无末者不成……先仁而后法，先教而后刑，是治之先后者也"，④ "明其刑不如厚其德也"。⑤ 二是明刑弼教，以"德"主导法律实践，以"刑"维护德教。例如，"刑者，德之辅"，⑥ "刑以弼教"，⑦ "德礼为政教之本，刑罚为政教之用，犹昏晓阳秋，相须而成者也"。⑧ 三是认为"德"与"刑"具有不同功效，适用于不同时期或领域。例如，"刑罚者，治乱之药石也；德政者，兴平之粱肉也。夫以德教除残，是以粱肉理疾也；以刑罚理平，是以药石供养也"，⑨ "本之以仁，成之以法，使两通而无偏重，则治之至也。夫仁义虽弱而持久，刑杀虽强而速亡，自然之治也"。⑩ 从这三点看，尽管"德主刑辅"、"德本刑末"突出了"德"的基础或核心地位，从而使儒家因此有别于法家，但"刑"实际上也构成了儒家政治理论不可脱离的基本方面。就此而言，儒学其实蕴涵着一种从人的德性出发，以"德"、"刑"为本末、先后、内外次第结构的、立体的、复合的法治理论。儒家的这一法治理论，亦可谓"内圣外王"在法律领域的具体表现，

① 关于"德主刑辅"的梳理，可参见杨鸿烈《中国法律思想史》下册，商务印书馆，1936，第27~88页；卢建荣：《使民无讼·朴作教刑——帝制中国的德治与法治思想》，刘岱总主编《中国文化新论·思想篇·理想与现实》，台湾联经出版事业公司，1983，第159~207页。

② 参见《黄帝四经·十大经·观》，桓宽《盐铁论·论灾》，刘向《说苑·政理》，王通《文中子·事君》，真德秀《大学衍义》卷二十五等。

③ 班固：《汉书·酷吏传》。《盐铁论·论灾》亦云："法令者，治恶之具也，而非至治之风也。是以古者明王茂其德教而缓其刑罚也。"

④ 《群书治要·袁子正书·礼政》。类似话语还有："教，政之本也；狱，政之末也"（《春秋繁露·精华》）；"天之为岁也，先春而后秋；君之为治也，先礼而后刑。春以生长为德，秋以杀戮为功。礼以教训为美，刑以威严为用。故先生而后杀，天之为岁；先教而后罚，君之为治也"（《艺文类聚·刑法部》）；"仁恩以为情性，礼义以为纲纪，养化以为本，明刑以为助"（《隋书·刑法志》），"德其本也，刑其末也。是故不得已而后用刑。初未尝以之专造天下也，而圣人至于无已而用刑也。必本之以钦恤，行之以哀矜……盖德以刑而辅，刑以德而去。此所谓圣人尚德而不尚刑也。不尚刑，体天也"（苏伯衡：《问刑》，《皇明文衡》卷二十四）。

⑤ 《群书治要·袁子正书·厚德》。

⑥ 《春秋繁露·天辨在人》。

⑦ 《宋史·刑法一》。《尚书·大禹谟》有言："明于五刑，以弼五教。"

⑧ 《唐律疏议》卷一。

⑨ 崔寔：《政论》，《后汉书·崔骃列传》。类似话语还有："夫德教者，黼黻之祭服也；刑罚者，捍刃之甲胄也。若德教治狡暴，犹以黼黻御剡锋也；以刑罚施乱世，是以甲胄升庙堂也。故仁者，养物之器；刑者，惩非之具。我欲利之，而彼欲害之，加仁无悛，非刑不治，刑为仁佐，于是可知也"（《抱朴子·用刑》）；"仁义者，养民之膏粱也。刑罚者，惩恶之药石也。舍仁义而专用刑罚，是以药石养人，岂得谓善治乎？"（《明史·刑法二》）。

⑩ 《群书治要·袁子正书·礼政》。

它呈现这样一些特征，这些特征使得它与法家的法治理论以及现代西方的法治理论显出差别。

第一，它是道德的。儒学以具有客观价值的人生道德意义为理论前提，但它并不完全否定人性的卑微方面。从"道心"与"人心"、"大体"与"小体"、"天理"与"人欲"这些对立范畴看，儒家对于人的自然属性其实是有着深刻认知的。只是，儒学并不以人性的卑微或生理方面为道德和政治的基点，相反，它始终不离人的道德善性，坚持人性善论，而将利欲视为需要提防、克服或节制的。无论是"德"还是"刑"，都紧紧围绕人的德性和善性展开，以极力保存、维护和张扬人的德性和善性为目的。与此形成鲜明对照的是，法家将治理的基础建立在人趋利避害的自然本性上，而不是建立在人的道德本性上，正所谓"凡治天下，必因人情。人情者，有好恶，故赏罚可用。赏罚可用，则禁令可立而治道具矣"，① "凡民者莫不恶罚而畏罪，是以……顿卒怠倦以辱之，罚罪有过以惩之，杀僇犯禁以振之"。② 儒家和法家都讲"本"，儒家讲"壹是皆以修身为本"，③ 法家亦讲"人者，身之本也"，④ 但同作为"本"的"身"，在儒法两家其实有着不同侧重：一是以人的道德本性为本，二是以人的生理本性为本。对于人的道德本性，法家理论既不承认也不信任。在现代西方法治理论中，人的善性同样不被认为是可依靠的，法治主要建立在人的生理本性以及对人性的不信任基础上。无论是法家的还是现代西方的法治理论，都与一种通过内心调节来达到中正平和的道德理论严格区分开。在这两种法治理论中，人欲都是明显开张的，人的生理和自然本性亦得到充分认可，并被用来作为治理的基点。

第二，它是综合的。这主要表现在儒家主张以"德"为本，以"刑"为末，"德"、"刑"并用，其中，"政刑所以禁民之身……德礼所以善民之心。"⑤ 而且，儒家在不舍弃"刑"的同时高度重视道德和贤人对治理的积极功效。通过德教形成对包括君主和官吏在内的权力主体以及作为治理对象的社会民众的道德制约，在人与人之间建立起广泛深厚的道德联系，从而达到社会太平和人的道德提升，是儒家政治和法治理论的一个重要方面。而法家的与现代西方的法治理论都坚持法律与道德相分离的立场，在治理形式上只强调诉诸并依靠法律。儒家以德刑为"文武"，法家则以赏罚为"文武"，正所谓"杀戮之谓刑，庆赏之谓德"，⑥ "赏诛为文武"，⑦ 由此可见法家法治明

---

① 《韩非子·八经》。

② 《管子·版法解》。

③ 《礼记·大学》。

④ 《管子·权修》。

⑤ 真德秀：《大学衍义》卷二十五。

⑥ 《韩非子·二柄》。

⑦ 《管子·禁藏》。

显舍弃了"文德"内容。法家"不道仁义"，[①] 甚至将"文德"视为实行法治的一大障碍。例如，韩非子认为："错法以道民也，而又贵文学，则民之所师法也疑。赏功以劝民也，而又尊行修，则民之产利也惰。夫贵文学以疑法，尊行修以贰功，索国之富强，不可得也。"[②] 法家还反对在君臣和君民之间建立起诸如忠义之类的道德联系，力图在君臣和君民之间建立起客观的法律关系。在法家看来，"君不仁，臣不忠"，[③] 则霸业可成；"以罪受诛，人不怨上……以功受赏，臣不德君"，[④] "以法诛罪，则民就死而不怨；以法量功，则民受赏而无德。此以法举措之功也"，[⑤] "君臣上下贵贱皆从法，此谓为大治"。[⑥] 在现代西方法治理论中，人与人之间也主要不是表现为道德关系，而是更多地表现为权利关系，这种受到法律明确保护的权利关系亦可看成某种对立关系。至于道德和贤人，无论是法家的还是现代西方的法治理论都不寄厚望，它们对于法治甚至被认为是不利的。

　　第三，它是超越的。无论是法家法治，还是现代西方法治，都只在经验、功利和理性层面考虑政治和法律问题。这样一种循着人的物理认知或"闻见之知"展开的知识途径，并不以终极的道德目标和人生意义为必要，也难以触及形而上的超验或超越领域。从"内圣外王"来看，可以说，法家法治和现代西方法治更多地侧重于或流于"外王"层面，而未涉及"内圣"层面。因此，法家的和现代西方的法治理论都不包含超越的道德哲学，也不以提升人的道德觉悟为目标，其着眼点主要在于现实的国家秩序和社会安定。法家旨在通过法律"治民一众"[⑦]、"一民使下"[⑧]，提升国家整合力和社会驱动力，从而富国强兵，成就"霸王之业"。[⑨] 现代法治则旨在通过使政治权力依法运行来达到保护个人权利的政治目标。二者都明显缺乏超越的道德目标。与此不同的是，儒家法治受一种人的道德完善理论的支配。在人的道德完善与国家治理之间，呈现出相互影响的立体复合结构。儒学既试图通过德教和法律来维护道义，也试图通过道德提升来影响社会现实从而达到"刑措"、"有耻且格"，实现"内圣外王"。在自然法与西方法治之间，本也存在这种的立体复合结构，不过，自从更具道德意蕴的自然法在近代落实为自然权利后，西方法治所受的道德张力受到削弱抑或转变为权利张力，一

---

① 《韩非子·显学》。
② 《韩非子·八说》。
③ 《韩非子·六反》。
④ 《韩非子·外储说左下》。
⑤ 《管子·明法解》。
⑥ 《管子·任法》。
⑦ 《管子·七法》。
⑧ 《管子·任法》、《管子·明法解》。
⑨ 《韩非子·初见秦》。

幅流于功利、经验和理性层面的日趋平面化的现代法律图景因此也更渐明显。立体复合结构在现代社会的平面化，与"德性之知"路径的堵塞有着重要关联。因此，儒家法治的道德超越维度在现代能否得以进一步生发，有赖于中国文化传统中"德性之知"渠道的重新开通。

综上所述，从人文的角度看，"作为文德的法治"建立在人的道德理性基础上，以一套虽难以通过感官经验但确有客观实效的道德律或道德真谛为认知前提；而"作为武功的法治"与"作为宪政的法治"都建立在人的生理本性或自然本性基础上，以一套可通过感官经验并具有客观实效的自然律或自然真理为认知前提，但二者在世俗目标上表现出明显差别——前者以国家富强为功利目标，后者在价值上受制于个人自由和自然权利。尽管"作为武功的法治"与"作为宪政的法治"因为国家富强和对公民权利的保障，而被认为在客观上具有一定的道德功效，但二者显然并不以一套关于人和世界的道德理论为必要前提，反而极力排斥道德主义。从道德的角度看，与"作为武功的法治"和"作为宪政的法治"比起来，"作为文德的法治"是一种"道德的法治"；而从政治的角度看，尽管中国自远古即有"大道之行也，天下为公，选贤与能"① 的"大同"理想，但政制意义上的民主在中国传统社会是长期缺乏的，"作为文德的法治"在历史上并未充分发展出像"作为宪政的法治"那样的民主政制维度。开拓中国法治的民主政制维度，并将其涵容统合于普适道德之中，这是中国法治需要努力的一个重要方向。

第四节　迈向一种道德的民主法治

一　实现自然权利与仁义道德的历史衔接

现代社会讲自由人权，一如古代社会讲仁义道德。在近代欧美，"不自由，毋宁死"，② "宁愿在风暴中享自由，不愿在安宁中受奴役"，③ 成为流行的话语。而在中国古代，处于社会价值体系的基础和主导地位的则是这样一些话语："朝闻道，夕死可矣"，④ "所欲有甚于生者，所恶有甚于死者"，⑤

---

① 《礼记·礼运》。
② Patrick Henry, "Give Me Liberty or Give Me Death!", in Laura Hitt（ed.）, *Human Rights: Great Speeches in History*, San Diego: Greenhaven Press, 2002, pp. 23 – 26.
③ 参见〔法〕卢梭《论人类不平等的起源》，李常山译，商务印书馆，1962，第 133 页。相同的话语在洛克的《政府论》中也可找到。
④ 《论语·里仁》。
⑤ 《孟子·告子上》。

"宁饥寒乘理而死，不愿饱暖违义而生。"① 同样是比生死看得更重的事物，在近代欧美是政治"自由"，而在中国古代则是道德"仁义"。中西两套话语体系的不同，鲜明地反映出"道"在古今中外历史发展过程中的差异和变化。

作为现代之道，人权在当今世界已成为政治权力据以持续存在和运行的基本合法性渊源，现时代因此也被称为"民权世界"、"权利时代"。② 一如有学者指出的："政治道德和社会选择全部或部分建立在关于个人权利的某种阐释的基础之上，这种想法是西方政治学中一个熟为人知的论题。"③ 尽管如此，人权或权利的道德基础或哲学根据却远没有达到坚不可摧的程度。看上去，对人权的理论论证要比对人权的政治宣称显得更为艰难。有学者指出："实际上，人的自然权利教义面临道德质疑有时显得特别脆弱。"④ 还有学者甚至认为："令人信服地证明人享有存在或道德意义上的权利，这是不可能的。"⑤ 从源起上看，"自然权利"在兴起之初其实就已面临挑战。例如，柏克（Edmund Burke）在18世纪末期曾对"自然权利"提出批评，他说："（自然权利的）抽象完美性恰是它们在实践中的缺陷"，"这些形而上学的权利进入到日常生活中来，就像光线穿透到一种稠密的介质之中一样，它们由于自然的规律，是会脱离它们的直线面折射的"，"这些理论家们所假想的权利都是偏激的，它们在形而上学上的真实程度，一如它们在道德和政治上的虚假程度。"⑥ 边沁在19世纪早期批评法国《人权宣言》（1789）时也曾否认"自然权利"，他说："没有自然权利这样的事物……自然权利只是胡说：自然的、不可剥夺的权利，这是修饰学上的胡说——高跷上的胡说。"⑦ 20世纪中叶，《世界人权宣言》（1948）宣告："人人生而自由，在尊严和权利上一律平等。他们赋有理性和良心，应以同胞之义相待。"但对于人为什么生而自由平等，是"天赋的"（God-given），还是"自然的"（natural），抑或其他，宣言并没有作出充分的阐释。直到20世纪末，在《万民法》（1999）一书中，罗尔斯依然没有将人权设置在足够坚固的道德或形而上学基础之上。他说："所谓人权，被认为是任何社会合作体系的必要条件……这些权利并不依赖于有关人性的任何特定的全整宗教教义或哲学教义。例如，万民法并不是说，人是道德的人，

---

① 《后汉书·赵壹》。
② 参见孙中山《民权主义》，《孙中山选集》，人民出版社，1981；Norberto Bobbio, *The Age of Rights*, Cambridge：Polity Press, 1996。
③ Jeremy Waldron (ed.), *Theories of Rights*, New York：Oxford University Press, 1984, p. 1.
④ Jeremy Waldron (ed.), *Theories of Rights*, New York：Oxford University Press, 1984, p. 3.
⑤ Michael Freeden, *Rights*, Minneapolis：University of Minnesota Press, 1991, p. 28.
⑥ 〔英〕柏克：《法国革命论》，何兆武、许振洲、彭刚译，商务印书馆，1998，第78~81页。引文据英文有改动。
⑦ Jeremy Bentham, "Anarchical Fallacies", In Patrick Hayden (ed.), *The Philosophy of Human Rights*, St. Paul：Paragon House, 2001, pp. 123 – 125.

在上帝眼中都具有同等价值，或者，他们具有某种道德的和理智的天分使他们得以有资格享有这些权利。"①

作为现代政治合法性和社会合作体系必要条件的人权，却在构筑其道德或形而上学根据上面临着困难，这显示出人权在政治、法律和社会合作体系层面，有着与其在道德层面不同的处境。实际上，虽然柏克、边沁等人否认权利是"上天赋予的"或"自然状态"中的物件，但他们并不因此否认权利本身，在他们看来，人的权利来源于社会习俗和法律。换言之，人权并非缺乏根据，它们植根于政治、法律和社会之中。在后来的讨论中，人权被更多地建立在人是人这一基本的自然事实基础之上，② 但由此也带来了一些现代问题特别是道德问题。如果说，人因为并且仅仅因为其是人，所以应该受到保护，这可以被确立为一项现代政治和法律原则，那么，这一原则也将因为它并没有从道德上区分好人和恶人而不可避免地遭受道德质疑。例如，对于穷凶极恶的人，是否应该以及为什么应该给予人权保护？或者说，穷凶极恶的人是否也具有人权？按照传统的道德理论，穷凶极恶的人因为丧失了"天良"这一人之为人的基本要素，理应遭受道德谴责，而且社会可以理直气壮地对其实施刑杀。这样一种理论与现代人权原则存在明显的张力。不仅人权如此，现代道路中的自由和民主在一定程度上也面临着相似的处境。例如，私人之间建立在"自由意志"基础上、以无害他人为唯一限定条件的现代"自由原则"，③ 是否也需要将某些基本的道德准则或"天理"作为"自由意志"的边界？现代公共生活中通过民主表决方式达成的所谓共识、"公理"或公共决议，是否可能以及是否可以背离"天理"？④ 或者说，"对"与"错"的标准在现代社会是否只需要依凭人类通过某种形式达成同意或共识即可决定，还是仍然需要诉诸"天理"，而在科学认知主导下，这种诉诸"天理"的努力是否仍有可能？这些问题的形成，很大程度上是以现代人的经验认知与道德认知可能存在不一致为条件的，在此情形下，建立起人权与德性的融合或连接可谓一种时代需要。

大体而言，人权与德性是古今两种相辅相成的"道"。人权立足于人的身体和性命层面，旨在把人当人，不以非人的方式对待人；德性则立足于人的仁义和精神层面，旨在为君子、成圣贤，不"为草木禽兽"。人权与德性虽立足于人的不同方面，但都被认为是人之为人的基本要素，特别是在政治和社

① John Rawls, *The Law of Peoples*, Cambridge, MA: Harvard University Press, 1999, p. 68.

② *Cf*. Patrick Hayden (ed.), *The Philosophy of Human Rights*, St. Paul: Paragon House, 2001, pp. XV, 5, 371.

③ 参见〔英〕约翰·密尔《论自由》，程崇华译，商务印书馆，1959。

④ 现代民主政治被认为是一种"建立在人的意志（human will）基础之上的治理"，或者，"受意志指导的（will-directed）人的治理"。参见 Ian Shapiro (ed.), *The Rule of Law*, New York: New York University Press, 1994, pp. 13 – 19.

会条件下，二者因此也都曾被认为是天赋的，正所谓"天植灵根"①、"天赋人权"。由于立足点不同，人在人权那里主要是作为保护对象存在的，而在德性那里则主要是作为道德主体存在的。作为保护对象的人在现代不必是内心高尚的人，而作为道德主体的人则是道德感强烈、是非观分明的人。德性更加注重精神超越和生命之道，比人权具有更强的精神属性，人权则更加注重世俗物欲和社会之理，具有明显的世俗倾向。而且，由于把仁义道德看作比身体性命更高的价值，德性在一定程度上存在轻视或漠视身体和性命的倾向，这既表现为个人舍生取义，也表现为人们在善恶感的支配下对犯下万恶罪行的罪犯执行死刑；而由于把人的身体尤其是生命保全视为至高的价值，人权在一定程度上具有摆脱善恶论的倾向，它在对人客观一体的保护中消解了"能好人，能恶人"、"恶不仁者，其为仁矣"②的善恶结构。由此，人权与德性在现代条件下形成了一定的紧张。例如，按照君子能爱人也能憎人的道德逻辑，对极恶之人执行死刑很容易为德性理论所接受；而按照现代人权逻辑，死刑得因生命保全的绝对价值而应被废除。人权与德性的这种紧张需要从根本道理上作出协调和澄清，以使古今两种普适之道都能得以张扬，而不至于厚此薄彼或取此舍彼。具体来说，若以人为道德的人，认定即使为恶之人也可能重现"良知"，则德性理论可以止于刑杀，而人权理论也由此可以获得道德支撑。因此，立足传统道德资源，重构现代权利理论，不仅是必要的，而且是可能的。

沿着中国文化理路看，现时代需要将仁义道德与自然权利融合起来，形成一种法治的道德理论。如果说，源于西方的现代潮流将附着于中国传统文化的一些陈腐形式冲刷干净，表现为一种历史进步，那么，就现代主义、自由主义乃至后现代主义所推动的"反基础主义"在道德领域形成的道德空洞或道德虚无主义而言，为中国文化传统所始终维护的仁义道德，在现代语境下则仍需要作为社会的核心价值被重新扶植起来。这是构建法治的道德理论的价值前提。构建法治的道德理论，并不意味着通过法律来强制执行道德伦理，或者像历史上所做的那样，通过政治和法律力量来建立不平等的等级制度和伦理秩序，而是要在道德精神与民主法治之间建立连接。以经验主义、理性主义和功利主义为理论基础的现代民主法治，是立足于人的身体、自然本性和认知理性建立起来的；而按照中国的传统政治哲学，政治必须基于人的道义、道德本性和道德理性来构建。在"古今中外"背景下，这样两套政治思路需要结合起来，也就是同时立足人的认知理性和道德理性来构建民主法治。一方面，基于人的身体，建构权利主体、市场法则和宪政制度；另一方面，基于人的道义，建构德性主体，建立以人的仁义道德为核心的价值系

---

① 王守仁：《王阳明全集》，上海古籍出版社，1992，第101页。
② 《论语·里仁》。

统，并由此让道德通过作为德性主体的人在市场竞争、民主法治以及国际政治中发挥积极功效。这样有助于把人从权利角逐、市场竞争、政治斗争和法律纠纷中解脱出来，使民主法治成为精简有效的机制，同时也有助于人找寻到生命的终极意义，成为真正的主体，使法治成为蕴涵人的道德精神的法治。具体就中国法治发展道路而言，需要以人权和权利为基点来构建民主法治国家，并将人权和权利置于道德语境中，用中国文化传统的"恻隐之心，人皆有之"、"亲亲而仁民，仁民而爱物"、"民吾同胞，物吾与也"、"天地万物为一体"等道德人文精神涵容或统合自然权利，立足人与人之间的道德相关性来使人权从"人的自然权利"论深入"人的道德责任"论，[①] 实现仁义道德与现代民主、人权保护、政治自由的融合或衔接，最终形成一种道德的民主法治。

实现仁义道德与民主法治的历史衔接，特别需要协调好"德性之知"与"见闻之知"的关系。近代以来的中国学术，明显有一个从"德性之学"、"通人之学"转向"专门之学"，从"六艺之学"、"四部之学"转向"七科之学"的历史变迁过程。在此过程中，科学知识以及科学认知方式明显占了上风，以至于价值和道德领域也受到了并不完全适用于该领域的科学认知方式的影响乃至支配。在现代社会，欲重建现代人权、民主、法治以及现代学术的道德和精神基础，首先必须区分"德性之知"与"见闻之知"及其各自适用的领域，以使价值系统和知识系统并行不悖。所以，重开中国的学统，未必意味着从中国的道德知识体系中开出科学，而在于在现代科学研究中，存留并发扬中国文化传统中的"德性认知"方式，由此为开辟价值之源、挺立道德主体提供可能，也为在现代民主法治体制下弘扬中国文化所蕴涵的道德主体精神、公共责任精神和内在超越精神创造条件。

二　构建政制层面的民主法治

如前所述，"作为武功的法治"因其严刑峻法而时常被认为刻薄寡恩，相比较而言，"作为文德的法治"显得更为宽广丰厚。因为"不道仁义"，"作为武功的法治"不足以涵容"作为文德的法治"，而一旦使"作为武功的法治"从属皈依于道德，则"作为武功的法治"就可为"作为文德的法治"所容纳，从而构成"外王"的重要组成部分。在现代语境下，"外王"并不限于行政层面，也表现于政制层面，由此呈现一种将"道"与"政"、道德哲

---

① 人权从权利主体来看是人的"自然权利"，从权利主体之外的人来看则是人的"道德责任"。基于中国文化传统中的"天地万物为一体"观念审视，此种道德责任并非源于权利与义务或权利与权利之间的交换或相互性，而是源于他人与自己的道德相关性、一体性或共通性。就此而言，作为道德责任的人权未必外在于权利主体之外的人。在现代语境下，保护人权和尊重权利可谓人的德性的外在彰显。

学与政治哲学、"作为文德的法治"与"作为宪政的法治"重新融合或衔接起来的时代需要。"作为文德的法治",以其道德性、综合性和超越性而有别于"作为武功的法治"、"作为宪政的法治",将"作为文德的法治"的道德维度与"作为武功的法治"的行政维度以及"作为宪政的法治"的政治维度统合起来,形成"道德的民主法治",实现新的"内圣外王",可说是当代中国法治发展的理想方向。同民主之"政"相联系,现代中国的要务正在于拓展政制层面的法律,着力打造中国自古以来长期缺乏的政制层面的法治。而在此过程中,法治各个层面之间的关系也是需要理清和协调的,以使一些传统的治理和道德因素也得以涵容于"作为宪政的法治"之中,发挥其积极功效。在形成中国法治道路的过程中,从政治或宪制层面建立起民主法治是首要的,同时,为避免重走法家法治的老路、防止西方人文主义的某些"现代性"后果,在新人文主义的基础上加强道德对政治和行政的影响和统合也是必要的。

从表面上看,近代中国实行民主法治受到了源于西方的现代潮流的影响,但结合中国历史看,民主法治在中国其实有其内生的文化基础和社会基础。按照中国传统的历史分期,夏、商、周三代以前是"大道之行也,天下为公"的时代,三代开始是"天下为家"的时代,秦朝之后则是"天下为私"的年代。到了晚清,中国又开启了"天下为公"的新的历史进程。在传统中国,"天下为公"的"大同"理想与政权为一家一姓私自持有的政治现实构成了社会发展的长久历史矛盾,由此带来了"一治一乱"的历史循环现象。构建民主法治国家,在很大程度上就是要终结治乱相循,克服政权与人民之间的不一致。

在国家构建方面,中国近代史上一度表现出构建专制国家的倾向。其主要特点在于强化国家权威,突出国家秩序的重要性,相对弱化民权和民主化,甚至表现出强烈的国家主义色彩。对于谋求独立富强的近代中国来说,这是一种影响广泛、延续持久的倾向。即使像梁启超、孙中山这样的民主共和拥护者,也不乏类似诉求。例如,梁启超一度主张,"与其共和,不如君主立宪;与其君主立宪,又不如开明专制。"[1] 孙中山也把国家建设程序分为三期:"一曰军政时期;二曰训政时期;三曰宪政时期。"[2] 此种不惜实行专制、军政和训政的倾向,与近代中国所面临的国内和国际形势明显有着重要联系。在诸国竞争、列强耀武的世界,建立一个至少能守住门户的强有力国家政权无疑是必要和重要的。而与国内长期动荡、分裂和战争的情势比起来,只要能形成基本生活秩序,哪怕专制政权也可能是暂时可以接受的。凡此皆为专制国家的构建提供了历史动力。不过,在民权和民主观念日盛的现代条件下,

---

① 梁启超:《开明专制论》,《饮冰室合集》文集之十七。
② 孙中山:《孙中山选集》,人民出版社,1981,第601页。

这样一种专制政权即使得"势"，在"理"上终究也还是难免遭遇合法性质疑，特别是，它依旧未能完全实现政权与人民意志和利益的一致，从而仍有可能陷入严重的政治危机。鉴于此，专制国家在近代中国一般被视为最终通向民主化的过渡形态。例如，康有为就曾指出："盖今日由小康而大同，由君主而至民主，正当过渡之世……凡君主专制、立宪、民主三法，必当——循序行之，若紊其序，则必大乱。"① 在很大程度上，作为政治期待的大同民主，使专制国家在现实政治中获得了更大的容忍度。而就民主化的确需要现代国家形式而言，作为过渡形态的专制国家事实上也可成为民主化的政治条件和历史步骤，尤其是使民主化得以在国家法制框架下稳步展开。东亚一些国家和地区的政治现代化历程表明了这一点。

就扭转历史上长期的治乱相循、离合相续、兴亡相仍的政治局面而言，构建民主法治国家堪称中国近代以来近两百年间的宏图伟业。民主法治，旨在通过民主实现"天下为公"或政权与人民意志和利益的统一，同时，将民主政治与国家建设结合起来，在国家形式和法律框架下开展政治和民主实践。这是一种以国家和法律统合政治活动，而不是以政治意识形态和政治力量支配或凌驾于国家和法律的努力。民主法治既体现着民主的法治化，也体现着国家的民主化，国家建设和民主政治构成了其相互联系的两大基本内容，它一方面尽其所能地将政治力量纳入国家体系和法律框架，另一方面以人民主权来建立国家的正当基础。如果说，以往"天下为家"、"天下为私"阶段的国家主要通过道德和行政等来维持其合法性和存在的持久性，那么，民主法治国家则主要通过民主从政制上消解政权私有与"天下为公"之间的历史矛盾，由此彰显其正当性。历史地看，自近代以来，构建民主法治国家的努力虽经历跌宕起伏，几度中断，但作为历史发展趋向终究绵延至今而不绝。

构建民主法治国家主要表现为一种政治努力，它需要实现从行政国家到宪制国家、政治国家、司法国家的历史性转变。从形式上看，近代以前传统社会的国家主要表现为行政国家。这一国家类型不需要用以制约皇权的宪法，也不以国家体制下人民的政治活动为必要，其司法则是与行政不分并受制于行政的司法。行政国家按照自上而下的行政管理而建制，其合法性也主要通过行政活动来不断获得，"民本"和"德治"因此成为行政国家的重要治理原则。历史上的"一治一乱"现象，既与这种行政国家的有效行政管理相联系，也与这一国家体制下民众与政权缺乏足够的、经常的政治互动有关。学者们关于中国古代有"道"无"政"、有"治"无"政"的判定，点出了行政国家在政制或政治方面的不足。民主法治国家正旨在从宪制、政治和司法上补济这些不足。宪制国家通过宪法确立人权和公民权利以及国家权力分配体制，使国家权力受到宪法和法律的规范和制约，以保护人权和公民权利为

---

① 康有为：《康有为政论集》，中华书局，1981，第476页。

目标依法运行。宪制国家旨在实现国家与法律的统一，政治国家则旨在实现国家与政治、法治与民主的统一。承认人民的主权地位，将各种政治权力以及公民的政治活动容纳于国家和法律体制，在国家政权与公民的政治活动特别是选举活动之间依法形成合理互动，既使国家权力受制于民主，又使民主遵循法治轨道展开，由此所形成的国家可谓政治国家。政治国家使政治与国家相辅相成，既摆脱了政治对国家的完全支配，也避免国家对政治特别是民主政治的窒息，为人民与政权的制度化互动创造了历史可能。司法是国家体系的基石，也是几乎所有国家都具备的、可自成系统地发展的基础性要素，具有很强的历史延续性。与宪制国家和政治国家比起来，司法国家具有更弱的政治性和更强的中立性，是将政治问题最终转化为法律问题来解决的重要方式。独立的国家司法体制，可以保证司法机构严格依照法律作出独立判断，使公民、社会权力以及其他政治力量在国家层面获得中立的、最终的权威救济，由此也使国家具有一种整体性。

　　从民主政制的角度看，现代中国既需要处理好"道"与"政"的关系，也需要处理好"政"与"治"的关系。这两大关系在当前仍可谓中国政治发展的两个关键。就"政"与"道"的关系而言，现代政治并不扎根于仁义道德，它在很大程度上是在非道德乃至反道德的基础上建立起来的，主要表现为一种自然政治。此种政治迥异于道德与政治同构的中国传统政治，也与秉持内圣开外王的传统政治哲学背道而驰。近代以来，构建和完善现代民主之"政"构成了中国的重要历史任务，在此过程中，将道德哲学与政治哲学重新结合起来，实现民主政治与仁义道德在当代的融合或衔接，也是亟待开拓的时代主题。就"政"与"治"的关系而言，在中国几千年的历史进程中，民主政制的构建长期被搁置，对"治"理的擅长在很大程度上减弱了对民主之"政"的需求，由此长期存在一种以"治"统"政"的格局。如何从社会"治"理最终转向民主之"政"，实现现代民主政治与传统民本治理的合理结合，也是亟待解决的现实问题。中国语境下的"道"与"政"以及"政"与"治"这两层关系，与中西两种人文主义有着内在关联。如果说，政制意义上的民主法治主要是与西方人文主义相联系的历史现象，那么，中国人文主义在历史上则更多地体现于治道与治理两个方面。无论是在"道"的方面实现自然权利与自然正当的结合，还是在"政"的方面实现民主政治与仁义道德、民本治理的衔接，都需要在中西两种人文主义之间作出协调和融会。

　　总之，在"古今中外"的时空背景下，当今中国需要一种融合西方人文主义和中国人文主义之精华的新人文主义，世界以及我们这个时代也需要这样一种新人文主义。这样一种新人文主义旨在弥合自然权利与自然法、意志自由与自然道义、权利主体与德性主体、道德精神与民主法治之间的历史断裂，在新的历史条件下实现生理本性、认知理性、见闻之知、自然权利、民主法治与道德理性、道德本性、德性之知、自然正当、仁义道德的衔接或会通。这既是中国文化更新发展的内在要求，也是现代中国实现文明重构的历史契机。作为一个发展中国家，中国在尚未完全形成自己的政治和法律发展道路之时，尤其需要这样一种融会"古今中外"智慧和德慧的新人文主义，以为其构建民主法治国家及其未来发展奠定合理的理论和文化基础。

第三章　构建和谐社会的法治价值

第一节　和谐社会的法治价值体系

对和谐社会的法治价值体系进行探究是十分重要的，它将有助于我们从总体和宏观上把握法治价值，形成对于和谐社会的良好认知。

一　法治价值体系的准则结构

在哲学范畴，"所谓价值，就是客体与主体需要之间的一种特定（肯定与否定）的关系"。在人与外界事物的关系中，作为客体的外界事物对于作为主体的人的有用性和有益性，构成了价值的基本关系。法治价值体系，是指由法治所追求的价值所构成的价值系统或价值整体，它是由不同价值准则所构成的统一整体。对于价值准则，不同的学者有不同的认识，千百年以来从未统一过，而且永远也不可能完全统一。但是，在人们不尽相同的学说中却有着许许多多共同的见解。尽管人们对于秩序、自由、平等、人权、正义有不同的看法，但是大多数都会认为它们中的每一个都是法治的价值准则。法治价值体系正是由这些人们具有不同认识的若干法治的价值准则所构成的。

（一）法治价值准则体系的构成

法治价值准则体系是由符合法治要求的法治的价值准则按照一定的结构方式所构成的整体。由于法治的价值准则常常是以观念的形态存在的，又由于人们对于法治的价值准则的认识具有较大的差异，就使得法治价值准则体系的固定性和确定性的程度较差，因而要对其进行准确的描述极为困难，即使勉力为之也常常可能出现这样或者那样的错误。

法治价值准则体系中包含若干价值准则，如秩序、自由、平等、人权、民主、权利、正义、人的全面发展等，这些价值准则构成了法治价值准则体系的整体。在法治价值准则体系中，各个价值准则之间有其内在的联系。它们既有层次差异、分别独立，又交互作用、相互辅助、共同整合。这些准则之间的层次差异是客观存在的。但是，它们之间并不会有抽象的、严格的等级分野或者划分。那种认为可以寻找到或建立起法治的价值的严格等级体系的想法是不切实际的幻想。之所以无法寻找到或建立起严格的法治价值等级体系，其原因首先是，人们无法将所有的价值准则量度化。不能如此，就无法将各个价值准则在体系坐标中定位，固定的等级体系的建立就会变得困难。其次是，价值准则的地位并不是绝对不变的。哪一个价值准则更重要，为主体的需要所决定，往往要根据主体需要的变化来确定。这同样会妨碍固定的价值等级体系的建立和保持。最后是，社会是在不断变化的，人的生存环境、需要内容都在变化之中，它们都会对各个价值准则的等级关系提出适当的变化要求。要想为法治的价值准则建立一个一劳永逸的等级体系是不可能的。

值得注意的是，这里所说的是，不能建立起严格的价值准则等级体系，而不是说不能建立起基本的、相对稳定的价值准则体系或没有一定的价值准则体系。

从法治价值准则相互之间的关系来看，可以认为，法治价值准则体系由基础价值准则、最高价值准则和其他价值准则构成。其中基础价值准则是第一层次的，最高价值准则是最高层次的，其他价值准则居中。法治的基础价值准则是任何法治都应当具有，并不得违反的价值准则。法治的最高价值准则是作为法治价值的最终归宿的最高需求和最高目标。除基础价值准则和最高价值准则之外的其他价值准则，是法治价值准则中内容最为丰富的部分。

从法治价值准则的适用的范围来看，可以被认为由国内法治价值准则和国际法治价值准则所构成。从总体上看，不论是国内法治价值准则还是国际法治价值准则都是法治价值准则，并无质的区别。但是由于它们调整的领域的差异，二者之间也存在一些具体的差别。例如，国内法和国际法上都有秩序的价值准则。在国内法上，秩序的价值准则可以具体理解为谋求稳定、安定；在国际法上，秩序的价值准则应更多地被理解为维护和平、反对战争等。

（二）法治价值准则之间的关系

法治价值准则相互之间的关系，是构成法治价值体系的重要的方面。法治价值准则之间基本上可以概括为一致、对立、主从和分立四种关系结构形式。

1. 一致关系

法治价值准则之间的一致关系是经常的。这种一致往往表现为不同价值准则之间相互依存、相互促进、同步发展等。如效益与平等之间的关系，在许多情况下都是一致关系，并不对立。发展生产力，鼓励先进，当然首先考虑的是效益。只有效益的提高，才有可能为社会创造更多的物质财富，为社会的公共事业、福利保障提供坚实的物质基础。但是，社会公共事业、福利保障显然首重的是平等。只有平等而没有效益就会阻碍社会发展，只有效益而没有平等就会影响社会公正。效益与平等在这里达成了高度的统一。自由与秩序都是法律所并重的。除了在特定的情况下二者会产生矛盾之外，二者之间也还有着一致的关系。因为任何自由的正当享有都需要一定的秩序条件。

在混乱的社会状态之下，自由必然会被滥用或者受到不应有的制约，而且没有保障。没有秩序的自由，既可能演变成恶行，也可能受到侵犯。秩序也需要自由作为其内在的活力。如果仅有秩序而无自由，秩序就会演变成专制、暴政，秩序也不是真正的秩序。所以，自由与秩序之间也是一致的。在相互联系着的价值准则之间，人们都可以发现它们所存在的一致关系。

2. 对立关系

对立关系也是法治价值准则之间关系的一种经常状态。在一定期间或条件之下，价值准则之间的对立是很自然的事情。效率与平等并不都是一致的。让一部分人先富起来与共同富裕之间的关系，实质上也是效率与平等之间的关系。二者肯定会存在一定的矛盾。二者都是重要的，法律也应当为二者提供服务。但要在同一时间或场合兼得二者，实在是困难的。近期目标上的让一部分人先富起来，与终极目标上的共同富裕，本来就不是在同一时段或情况下能同步实现的，因此二者之间就会产生对立。法治与正义之间在很大程度上是一致的，但是也随时存在对立的可能性。一个案件的受害人在短期内无法收集足够的控诉证据，由于证据不全，法官当然无法彻底查明事实，无法对案件进行实质上的公正裁决，结果使实际的受害人得不到法律的保护。这里法治与正义之间就存在对立。在法治与正义之间出现对立的时候，法律官员应当尽可能地既维护正义又遵从法治，在二者中间寻找一个最佳的结合点。当二者根本就无法协调的时候或情形下，法律官员首先必须遵从法治。这种关于正义的损失，可以理解为获得法治的代价。

3. 主从关系

法治价值准则之间的关系，并不仅限于以上两种关系。它们相互之间除了一致或对立之外，还可能是主从的关系。有时是以甲准则为主，有时则是以乙准则为主。谁主谁从，得根据具体的情况来确定。任何法律都要考虑效率和平等。但是，在经济建设方面的法规，其首重的很可能就是效率而不是平等，二者之间就是效率为主、平等为从。但是在社会救济方面的法规，其首重的价值准则就可能是平等，而不是效率，二者之间是平等为主、效率为从。在我国生产力水平还比较低下的情况下，在法律的总体上会以效率为主，而平等次之。在我们的生产力水平发展到一定程度之后，平等就可能上升到主要的位置，而受到特别的重视。这种主从关系，在法律的制度设计上随处可见。例如审判期限中的效率与公平，在审判期限尚未届满时，法官应当力求公平，尽可能地给当事人充分行使诉讼权利的机会。但是在审判期限即将届满时，法官就得把效率放到重要的位置，否则，就可能导致违反程序法规定，在违反效率准则的同时也破坏了法治原则。再如诉讼时效期间的设定，就是立法者在秩序与正义之间进行权衡，而以价值准则的主从转变为手段来对待相关法律事务的结果。

主从关系并不是二者只居其一的关系。它们不是非此即彼，而是为主为从。也就是说，为主的并不是唯一的。即使是为主的价值准则受到特别的强调或重视，也不能完全忽视为从的价值准则的意义。协调价值准则之间的主从关系，是处理价值冲突的一个重要方面和重要路径。

4. 分立关系

分立关系是指不同的价值准则之间并行不悖的相互关系状态。有些价值准则，可能经常都是对立的，但并不是任何时候都是对立的。这里所说的是分立而不是分离。价值准则之间的分立状态，有时是对应的价值准则分别存在、各自发挥作用的，如市场经济法规与社会保障法规在效率与公平的价值之间的关系。从总体上讲，市场经济法规强调的是效率，社会保障法规强调的是公平。它们各自在不同的领域和方面存在并发挥作用，二者之间是分立的。价值准则之间的分立状态，有时是对应的价值准则并不对应存在，而仅有某一个准则在某一方面发挥作用，这也同样是对应价值的分立状态，只是它们的关系是一种特殊的状态而已。

价值准则之间的上述关系，并不是绝对的，它们可能相互转化。在一定情况下是一致的，在另一种情况下则可能是对立的；在一定情况下是主从关系，在一定情况下则可能是分立关系。不仅一致与对立、主从与分立之间可以转化，一致与分立、主从与分立也是可以转化的。总之，一致、对立、主从、分立这四种关系之间都是可以相互转化的，关键在于必须有时间、状况的改变为这种转化提供条件。

二　法治价值体系的状态结构

法治价值体系的状态结构，意在从表现形态的视角对法治价值进行总括和解析，以深化对于法治价值体系结构的认识。

（一）法治的物质价值和精神价值

法治价值既可以物质价值的形式存在，也可以精神价值的形式存在。法治的物质价值主要体现为法对于人的物质生产、交换、分配、消费的意义，是法在物质生产、交换、分配和消费等方面对于人的意义，也包含着人在物质活动方面的超越指向。法治的物质价值有益于人类物质生产的发展、物质财富的积累和物质资料的丰富，使人的物质需要得以满足并获得新的起点。法治物质价值更可以使人类的物质生产等超越纯粹的物质范畴，使其不仅是一般动物性质的物质需求的满足，更具有一定的超物质的精神意义，即法治精神价值。法治的精神价值，一是指法调节和发展人的精神生产和精神生活；二是指法作为人们心理上的依据、支柱和目标，使人们获得安全、自在、愉悦等心理感受，并作为永远的精神指引。

（二）法治的规范价值和社会价值

法治的规范价值是指法作为一种社会规范对于人所具有的意义。法具有特定权威的符号意义。法作为一种行为规则能够指引人们的行为，适应人们对于规则的内在和外在要求，并以社会规范的形式评价人们的行为。法，可以规范的形式明示人们某种行为的法律正当性或法律不正当性、法律有效性或法律无效性、法律合理性或法律不合理性等。法作为一种规范一产生即具有了规范的价值。因其存在，人们获得了可以遵循的行为规则，获得了安全的心理满足。

法治的社会价值是指法通过其社会作用，通过对人与人关系的作用，而产生的对于人的意义，是对于人的社会生产和社会生活需要的满足。从社会意义上讲，法治的经济价值、政治价值、文化价值、科技价值等都属于法治的社会价值的范畴。这种社会价值是从价值的载体及表现领域上认识法治的价值而归结的价值单元，它与从主体角度所论及的社会价值有着视角与视点的差异。

当然，法治的规范价值与社会价值并不是截然分离的。从最广泛的意义上讲，法治的任何价值都是社会价值，包括法治规范价值在内。法治规范价值和社会价值的划分，也只是在相对意义上进行的。从相对意义上讲的法治的规范价值与法治的社会价值，前者只是手段性价值，后者才是目的性价值。

（三）法治的表面价值和潜在价值

法治的表面价值是明确地表现出来的法治对于人的意义。这种意义在制度或实践中具有已然性和现实性，较为直观地体现为制度现实和社会实在。

法治的潜在价值，是法治在深层的价值，它实实在在地存在着，人的某种需要也离不开它。然而，它深藏于法表面价值之下的底层，难以为人们所发现和认识。法治价值是法治制度的精神和灵魂，它并不都表现于文字的表面，而且往往存在于字里行间的意识深处，具有潜在性。

第二节　作为和谐社会法治价值的民主

法不是自身的目标，法治也只是法的初级目标，而唯有民主才是法与法治的更宏大理想。在和谐社会的构建中，法治价值更是应该以民主为目标。对于民主而言，法是民主存在的主要载体，是民主活动的基本准则，是民主程序的重要保证，是民主过程的必要保障，同时还是民主失误的补正途径。

一　民主是法治的基础与目标

（一）民主是法治的基础

中国传统中的"民主"不过是"为民作主"，或做"民众之主"而已。作为法的理想的"民主"是由西方人创设的。古希腊人将"人民"与"权力"结合成"民主"一词，意为"人民的权力"、"多数人的统治"。民主，的确是诱人的字眼。马克思、恩格斯在《共产党宣言》中指出："工人阶级的第一步就是无产阶级变成为统治阶级，争得民主。"① 恩格斯在致爱·伯恩施坦的信中写道："照我的意见，应当这样说：无产阶级为了夺取政权也需要民主的形式。"② 西方著名学者悉尼·胡克也认为："民主的最大敌人也竟觉得不得不蛊惑性地口头表示忠于民主，这正是一个雄辩的标志，表明民主的理想对现代心灵来说本来就是觉得有道理的，而且是有普遍的号召力的。"③ 民主是法治的基础。作为法治基础的民主具有以下基本含义。

首先，民主是一定国家制度、社会成员的权利自由以及国家公职人员的民主作风、社会普遍的民主意识的总括。作为国家制度的民主，直接表明了一定民主的本质，直接决定着一定民主的进步程度。作为社会成员的权利自由的民主，包括人身权利自由、政治权利自由、经济权利自由和文化权利自由等。其中，人身权利自由主要包含生命权、健康权、安全权、人格权、住宅权、通信自由和通信秘密权，以及不受非法逮捕拘禁权；政治权利自由主要包含知政权、从政权、参政权、议政权等；经济权利自由主要包含财产所有权、合法收入权、生产经营权；文化权利自由包含接受教育权、科学研究权、技术发明创造权、文艺创作权和文化活动权。作为国家公职人员作风的民主，包括国家机关和准国家机关的领导人、一般官员在公职活动中联系群众、对待群众、办事方法等的状态。它是社会民主的重要内容，标志着社会民主化的进步程度，体现着一定国家或政府的民主状况，代表着国家或政府的民主形象，对整个社会的民主有着极其重要的制约作用。在一个封建历史悠久、奴化思想深厚的国家，培养民主意识更为必要，也更为艰难。在这样的国度很容易出现的两个极端是，或者发展为无政府主义，或者陷入专制主义。这都不是理想的境界，都会使民主遭到否定。寻求一条不偏不倚的适中之路是至关重要的民主途径。选择适中的民主之路，民众民主意识的良性化起着极其重要的作用。作为意识的民主在任何社会都是民主的最广泛、最深刻的基础和最必不可少的内容。

其次，民主也是对一定社会的政治民主、经济民主、文化民主、管理民主、决策民主、监督民主等的总括。政治民主中包含着社会成员参与国家事务、表现政治要求、实现政治愿望等内容。经济民主要求社会各利益单元能够充分发挥其积极性、能动性，社会经济的透明度得以增强，建立起平等互利、公平竞争的市场经济机制。文化民主表现为社会文化事业和文化生活能真正地百花齐放、百家争鸣，形成自由、平等的学术环境和自由、民主的文化风尚，实现科学文化面前一律平等。管理民主是就管理者的管理活动，以

① 《马克思恩格斯全集》第 4 卷，人民出版社，1995，第 489 页。
② 《马克思恩格斯全集》第 36 卷，人民出版社，1974，第 131 页。
③ 〔美〕胡克：《理性、社会神话和民主》，金克、徐崇温译，上海人民出版社，1965，第 283 页。

及管理者与被管理者相互之间的关系提出的要求。管理应是民主的需要、民主的产物。决策民主表现为领导者或民众代表根据人民的授权，通过民主的方式决策，使决策能体现最大多数人的意志，适合最大多数人的要求，并能尊重和保护少数人的利益。监督民主是指各种监督应以民主为依归，以民主的形式，通过民主的途径进行，确保民主不被滥用。至于其他方面的民主，也是民主的不可缺少的组成部分。民主应是完备的统一整体。

最后，民主以法定民主为基本内容，以选举民主、决策民主、管理民主和监督民主为主要支柱。法定民主，是一个社会最基本、最重要的民主要求的法律表现和法律确认。它以法的规定形式出现，具有国家意志的属性和权威，并由国家强制力保证实现。任何社会成员和社会团体都享有法定民主权利，并不受其他任何侵犯和干涉。民主以法定民主为基本内容的同时，也以选举民主等作为主要的支柱。社会是许许多多社会成员的结合体。这种结合体的正常运作离不开结合体中领导者或代表人的重大作用。领导者和代表人的产生必须要有相应的选举制度。选举的民主程度直接影响着社会的运行状况，选举的民主往往被视为民主的主要支柱之一。民主的另一支柱是决策的民主。决策的民主表现为依靠民主讨论、民主协商、先讨论后表决、少数服从多数的方式方法决定事项。有了决策的民主，其享有者才能发挥自己的参与作用、聪明才智，也才能克服或减少决策的随意性，增强决策过程的透明度，调动决策参与者执行决策的积极性。民主的另一支柱即是管理民主。管理在任何社会或社会组织中都是必不可少的。社会成员对国家或社会事务管理的方式不外乎三种，一是直接与其他社会成员一道进行管理；二是选举代表自己意志的代表，代表自己参与管理；三是选举出管理者，或由自己的代表选举出管理者实行管理。这三种管理方式都有一个是否民主的问题。管理的民主可以培养社会成员当家作主的基本素质，并作为民主的重要内容在民主中起着举足轻重的作用。民主还有一个重要的支柱，即监督民主。监督民主首先表现为监督主体的民主。监督主体首先应是社会的绝大多数成员甚至全体成员，其次才是专门的监督机构。监督的民主主要表现为监督过程的民主。监督过程应具有必要的透明度和公开性，并且紧紧依靠社会民众。监督的民主还表现为监督结果的民主。监督的结果应在法上具有必要的意义并为社会成员所认可，不能不了了之，不能徒具监督之名而无监督之实。

（二）民主经法治而实践

民主并不是纯粹的理论演绎，更重要的是一种社会实践。早在原始社会，人们就开始了对民主的探索。尽管那时的民主与阶级社会的民主截然有别。在那时，氏族成员对氏族事务享有同等的讨论权和表决权，氏族的重大事项都由氏族议事会集体决定。氏族议事会则由全体成年的氏族成员组成；氏族首领由全体氏族成员推举产生，不享有任何特权，而且可以被随时撤换。这种民主是一种非政治意义、非法律意义的民主。

民主的历史发展离不开法的作用，法始终把民主作为自己的崇高理想之一。法是国家意志的重要表现形式。在阶级社会之中，法所体现的意志既不是个别人的意志，也不是少数人的意志，而是统治阶级的整体意志、共同意志。这种整体意志、共同意志在特定历史时期也可能以个别人或少数人的意志的形式出现。如果这种个别人意志、少数人意志与统治阶级的整体意志、共同意志相吻合，这种个别人意志、少数人意志并不是个别人的或少数人的，而是整个统治阶级意志的代表。如果这种个别人意志、少数人意志与统治阶级的整体意志、共同意志相左、相对立，就会遭到整个统治阶级的反对，就会为整个统治阶级的意志所修正、否定或取代，严重时可能导致个别人或少数人被"推翻"、被"赶下台"、被"换马"。一般地说，法不应是个别人、少数人意志的体现，即使出现了这种情形，那也只是偶然的个别现象。只有在严重的专横、专制时期，个别人意志、少数人意志才可能在较长时期内以法的形式成立。这种个别人、少数人意志主宰国家的局面，无疑是人类的悲哀、人类社会的惨祸，它历来受到文明、法制和法治的否定，受到民主的批判。即使在最黑暗的封建时代，个别人（即便是暴君）的意志、少数人的意志也难以僭取整个统治阶级的意志。法是统治阶级整体意志、共同意志的体现。法的本质的这一命题与民主乃"多数人的统治"的要求完全一致。这种"多数"可能是绝对多数，也可能是相对多数，但至少必须是统治者内部的多数，所以，可以说民主乃法的本质性内在要求。离开了民主，法就失去了应有的本质，法就不能成其为真正的法。从这个意义上讲，民主是法产生的前提、存在的依据，是法的理想与追求。

（三）民主是法治的目标

法是一种行为规则。在众多的社会行为规则中，它最具有外在权威性和强制性。法是意志的载体，但是它本身并没有意志。法不仅没有自己的意志，也没有自己的利害考量，它只是服从于人的意志，去达成人的趋利避害、惩恶扬善、伸张正义等目的。法这种规则，它本身并不是自己的目的，而总是为一定人的目的服务的。法是人们在社会生活中的产物，法是神圣的，那是人赋予了它神圣的性质。相对于具体的人，可以说法是人的行为规则，法高于任何人的个人意志。但是相对于整体的人，作为类的存在物的人，法始终只是人的工具和手段。法不是自己的目的，也不是人的目的。如果将法作为人的最终目标，人就会为法律所奴役。这是不对的，也是不可取的。

法将最终服务于人的崇高目标。人的目标是多种多样的。不同的人其目标会有所不同，不同的目标也有着高低优劣的差别。从一个较小的范围来看，特定区域与特定时间阶段的人未必能为法确定神圣的目标，因为个体的人或部分的人未必是明智的。但是就人的整体来说，人是智能的，他们能够在错综复杂的目标之中去发现自己的理想。法最终要服务于人的理想。人关于法的理想，也是人对法的发展前途的信心，更是人对自己的信心。

人们常说法治应该成为目标，这是有道理的。尤其是在法律不被尊重的国家和社会中，强调法治的目标性，具有特别重要的意义。法律一旦制定，就必须维护其稳定性和权威性。法律至上，是在众多规则之中的至上。对法律的尊重实际上是对人自己的尊重，因为法律是人经过严肃而严格的程序制定出来的，它理当在社会中具有不可动摇的权威。面对法律，没有什么比实现法律更加重要。

法治是目标，也就是说以实现法律为目标。法治就是法律之治。法治作为目标，意味着要严格依法办事，在法律的执行和遵守上，坚守法律的立场。法律应该成为任何社会成员必须服从的规则。任何个人的意志都应该服从于法律所表达的社会公共意志。目标有层次和阶段的分别。相对于民主，法治虽然不是终极的目标，但是仍然是重要的阶段性目标。

之所以要遵从法律，实行法治，在根本上不是因为别的原因，而是因为法更能代表多数人的意志，它是事前的规则，它代表着人们共同的理性判断。从良法的意义上讲，法是集体意志的产物，所代表的应是集体意志。这种集体意志之中，最好的就是多数人的意志。法律如果能够体现多数人的意志，就可以说法律是民主的。法律来自多数人的意志，对法律的尊重也就是对多数人的尊重。在这里法就是为民主服务的。

人类之所以要创造法律，可以做许多假设。也许就是为了民主，或许是出自其他目的。不同的地区或不同的民族，法的起源的动因或许会有所不同，但谁都无法否定的是，法一产生就为专横设置了障碍，就为民主提供了最有效的实现工具。任何个人的随意任性，在法律的既定性面前都会受到制约。也正是因此，历代的专制者总是要毁弃法律，任人而不任法、任己而不任法。古今中外的专制者概莫能外，他们都不会信守法律。

如果立法是民主的，法律的执行越良好——法治越良好，民主的实现程度也就越高。如果立法不是民主的产物，良好的执行，也可以在一定程度上制约专制与专横。这样虽然不能直接达成民主，但可以有效地制约民主的天敌——专制与专横。

之所以要把法治设定为民主的工具，把民主设定为法治的目标，是因为法治会因具有民主的内涵而得以升华，民主会因具有法治的保障而得以实现。渴望法治是民主的产物，渴望代表民主的法律能够被最好地实现，也就必然渴望法律、法治能最终服务于民主，成为民主的支柱以及实现民主的路径。民主是法的目标，当然不排除法还有更高的为了人类的正义，为了人类的最大限度的自由全面发展的理想。

二　法治是民主的规则与保障

（一）法治之法乃民主主要载体

民主的存在必须获得法的认可和记载。从国家制度、政治制度、社会成员的权利自由等各个角度看都无不如此。没有法律的依托，民主就会漂若浮萍。

从民主的内容看，每一种民主制度都只有经过法律化，才可能成为真正的国家制度。民主具有国家制度的形式后，才可能拥有名正言顺的社会地位并在社会中付诸实施。

从民主的障碍因素来看，民主从来都与专制、专横、非法相对立。如果没有法律化过程，民主就无法与专制、专横、非法相对抗，民主就可能受到它们的侵犯而萎缩，甚而丧失。

历史反反复复地证明，每一种民主制度都有其法上的根据。没有法律根据的民主，是十分危险的民主，不仅会遭到敌对者的破坏，甚至自身也可能误入歧途，产生异化，从民主的基点出发，以背叛民主告终。法是民主正常存在、正常发展的根据。

（二）法治为民主活动提供准则

民主不仅是静止的存在，而且更是动和互动的过程。民主活动是多个人在多个方面的动或互动，这就决定了民主必须有共同的规则。民主的共同规则是民主存在的前提和基础，甚至是民主的体现，是民主本身。作为民主共同规则的，可能是一定的政策、道德、纪律，也可能是一定的法。但其中最有权威、最有强制力的无疑是法。由于人们经济利益的差异，若无共同的国家强制规则——法，人们就会各行其是、各行其利，民主就不可能存在和发展。将人们的行为予以强制性规范是社会有序化生活的必需，也是维持一定民主的必然要求。

法之所以能作为民主的活动准则，这既是民主的要求，也是由法本身的属性和功能决定的。法具有国家意志性、国家权威性、国家强制性，这使法的行为准则意义非比一般。它所具有的指引功能、评价功能、预测功能、教育功能、强制功能恰恰为民主活动得以正常进行所必需。因此，法就自然地成了民主必须依赖的准则。

法治之中的法作为民主活动的准则可以起到规范民主、保障民主的重大作用。它可以避免民主的偏颇，避免对民主的破坏。即使破坏民主的事件发生了，法也能及时有效地修复民主、重建民主。

（三）法治是民主程序的保证

程序对于民主的意义是不言而喻的。没有程序就没有民主。是否坚持程序原则，是民主与专制在形式上的重要区别。在政治统治上，民主不过是依照法定程序管理国家的方式，专制不过是仅凭统治者个人或极少数人意志管理国家的方式。民主统治与专制统治的区别也在于，一个有程序并依照程序统治，一个无程序或不依照程序统治。在民主的国家里，人民，至少是相对多数人掌握着国家权力，而人们中的每一个人都去直接行使权力，显然是不可能的。人们必须依靠推举、选举等方式来决定自己的领袖或代表。这个决定过程必须有一定的先后步骤和决定方式。这种先后步骤及其相应方式就构成了所谓推举或选举的程序。再说，被推举或选举的领袖、代表如何行使被授予的权力，也要有必要的程序。这种程序是民主的保证。要切实实现民主，仅有以上两种程序是远远不够的，因为这些领袖或代表随时都可能背离民众，于是又产生民众对他们的监督、罢免问题，这就又产生了监督程序和罢免程序等。

当然，程序并不保证民主不犯错误，但它可以减少错误。一旦出现了错误，如果有正常的民主程序存在，也可以使错误得以及时纠正。当然这种纠正也可能再次出错。出现了这种情况，民主的程序可以保证它再被纠正，重复再三，直至正确为止。

专制不需要程序。即使原本有程序，一旦专制出现，原有的程序也会遭到破坏、被废弃。民主必须依赖民主程序，而民主程序又必须存在于法之中。只有法定的民主程序才是民主必须遵循而不可擅改的程序，也才能真正地保证民主。

（四）法治是民主过程的保障

民主并不是轻而易举的小事。民主建设是一个循序渐进的过程。保证过程的民主是以保证终点的民主为目的的。然而，过程太长了，民主进步太慢，民主更会受到阻碍而反复，甚至导致倒退；过程太短了，民主进步太快，虚涨的民主一旦退潮，甚至会走到民主的反面。保证过程的民主是保证民主的重要环节。

民主的发展有其必然的过程，这是由民主自身的性质和特点决定的。作为国家制度的民主有突变的可能，但是它离不开民主发展的量的积累。至于作为权利自由的民主更是一个渐进的量的积累过程。这种量变过程就决定了民主的发展不可能有脱离量变的质变（或无量变的质变）。民主的量的积累过程就是民主发展的历史过程。再说，民主的发展如同其他上层建筑的发展一样，离不开必要的社会经济条件、文化条件。而社会的经济条件、文化条件绝不是一朝一夕可以改变的，因为经济的发展有它历史的连续性和渐进性，而文化的传统也有它的历史继承性和渐变性。没有一定的经济条件和文化条件，就不可能有相应的民主发展。民主既要依赖必要的经济条件、文化条件，而经济条件、文化条件又不是突变的，所以民主也就必然是渐进的。

民主的过程性不仅体现在历史性的民主发展上，也体现在具体的民主事项中。民主有过程，保证民主的过程，也就保证了民主的起点和归宿。保证民主过程的最有效的手段无疑是法，因为法具有其他任何社会规范都难以与之相比的稳定性、确定性、明确性、肯定性。民主的过程若能得到法的保证，人们就可以通过法来保证民主有始有终，防止民主的中途变调或异化。

在强调民主的过程性时必须注意，过程不是"无程"，渐进不是"不进"。那些把过程当做"无程"的观点，实际上是民主急性病的表现；真当做

"无程"对待，其结果无疑是欲速则不达。那种把渐进当做"不进"的观点，实际上是民主滞后症的反映；真当做"不进"对待，其结果无疑是阻碍民主的发展。民主发展既不过急又不过慢，更不停滞或倒退，法对于民主过程的保障就具有更为重要的意义。

（五）法治是民主失误的补正途径

也许是出于对专制的深恶痛绝，人们总是尽力地歌颂和赞美民主，似乎民主就是真理，就没有失误。其实，这只是一种期望，在理论上和实践中都是一种误解。民主比专制优越若干倍，甚至不可相提并论。但是，民主也会背离真理，也有失误。民主只是比专制更靠近真理，但它并不等同于真理，也不是真理的化身。人们之所以选择民主，在很大程度上是以民主与专制的失误概率为依据的。因为民主比专制在概率上更容易揭示真理，更接近真理，因而在将民主与专制相比较的时候，必须肯定的只能是民主而不是专制。对于民主的失误，只是一个防范与修正的问题，而不是要将民主予以抛弃。

也许是出于对畸形民主的恐惧，有的人坚决反对民主，认为民主可能导致多数人的专制。既然少数人的专制应当反对，多数人的专制也同样应当反对。这种看法是错误的，但其顾虑并非毫无道理。不管是少数人的专制还是多数人的专制都必须予以反对。民主如果出现偏差或者失误，的确有恶变为多数人专制的可能性。在民主问题上，既要反对否定民主，也要积极从制度设计与建设上防止民主的恶变。民主发生恶变往往都不是民主自身的问题，而是民主的操作失误，或者是民主的原则未被全面、准确贯彻的结果。

民主，简单地说，就是多数人决定。这种多数人决定存在于整个社会之中就是整个社会的民主，存在于统治阶级内部就是统治阶级的民主，存在于一定社团就是社团的民主，存在于一定社区就是一定社区的民主。理论和实践都反复证明，多数人决定中也可能有多数人的错误。只要有多数人的错误存在，民主就可能背离真理，出现失误。但人们不能因民主有失误而否定民主，因为多数人决定毕竟比少数人决定优越——更接近真理，更少出现错误。多数人决定中的失误，是人们获取多数人决定之"优越"的代价或风险。为了民主，人们应当承担民主也可能产生失误的代价或风险。民主比专制更有效益。人们所应考虑的，不是抛弃民主，而是尽量减少民主的代价或风险，在民主中尽可能防止和减少失误，并使失误中的民主能"迷途知返"。

怎样才能使民主中失误的多数人觉醒，中止并补正失误呢？这就需要在多数人决定的同时，允许少数人不同意见的存在和不同意见的发表，允许少数人对多数人的决定的怀疑。当拥有真理的少数人说服了多数人，或多数人赞同了少数人意见的时候，民主的失误就可以为民主所中止、纠正。在这里，如何保证对少数人意见的尊重，保证少数人意见的发表，允许少数人对既有民主决定的怀疑，就成了关键。"多数人决定"的民主是为法所确认和保护的，要尊重少数人的不同意见，允许少数人发表意见，允许少数人对多数人意见的怀疑，更需要有法的保护。只有这样，才可能在执行多数人决定的同时对少数人的不同意见等予以足够的法律保障。保护少数人与少数人的意见，是民主的必然要求。只有这样才能避免民主成为多数人的专制或者专断。那种把多数人对少数人的专制视为民主内容的见解，是极其错误的，甚至是根本反动的。民主发展到现代，保护少数人、保证少数人意见的发表应当成为民主的重要内容。

民主是"多数人决定"。多数人也许拥有真理，但共同意志的形成过程还可能发生偏差。民主的基础是正确的，民主的决策却可能是错误的。避免民主决策的失真，必须依靠法确立一套民主的程序。这套程序中不仅应有民主决策的制作程序，而且应有民主决策失误的中止程序和纠正程序。这种中止程序和纠正程序如同制作程序一样，都需要法律化，并依法实施。程序是民主的过程与保证。凡是没有程序的民主，都不是真正的民主，而不过是徒有民主虚名的"主民"或"主明"而已，至多是一种开明的专制。

多数人决定有许许多多的优点，也难免有"缺点"。例如，在民主中会有相互掣肘、议而不决、耗费时日等问题发生。这就需要运用法引导人们，协调利益、调整行为，避免民主"缺点"的产生，一旦产生了，也可以依法予以民主的解决或补救。民主的"缺点"中，有些"缺点"是实实在在的缺点，如"民主可能出现多数人的错误"。但是这种缺点是可以克服的，因为民主中对少数人的保护与尊重，就为修正多数人的错误提供了条件与可能。民主的"缺点"中，有些"缺点"则是虚假的缺点，如"民主可能成为多数人的专制"、"民主会导致议而不决"。前者可以通过保护与尊重少数人而得以避免；后者可以通过民主的根本措施——少数服从多数——而得以解决。因为只要全面地理解和贯彻了民主，这种缺点根本就不会产生。至于片面强调民主所导致的偏颇，则可以在与其他价值目标的互动中予以调适或救济。

第三节　作为和谐社会法治价值的平等

平等是人类有了人我分别，有了多元主体意识后即具有的观念。它是人类理性发展的产物与追求。如果说人类在本能上有追求自由的天性，那么也可以说人类在理性上就有实现平等的要求。当然，关于平等，不同社会地位的人，其愿望与内容都会有所差异。人类运用各种方式来保障或实现平等，法律便是最基本的途径和手段之一。法律作为一种公共行为准则，必然包含着对于平等的追求。平等一直都是法治的价值理想。在和谐社会中，平等是极其重要的社会基础与价值目标。

一　和谐社会与法治中的平等

和谐社会和法治都要求对平等有一个清晰的认识，必须注意它与平均、特权、歧视之间的关系。

（一）平等不是平均

平均主义思想在中国历史上源远流长。儒家先哲孔夫子就说过，"不患寡而患不均"。中国历次农民起义都喊出了"均贫富、等贵贱"等类似口号，就是中国的民族资产阶级革命也没有忘记"平均地权"。在历史上，面对极度的贫富不均、人剥削人，平均主义思想自然有其存在的依据和进步的意义。然而，在现代中国，平均主义思想的普遍存在就极不正常了。因为，平均主义毕竟是剥削制度下自然经济的产物。如果说它在历史上还有一定的进步意义，那么，在现实中就只能是历史的倒退。

平均意味着没有差别。在我国过去高度公有的几十年中，平均往往表现为"干好干坏一个样，干多干少一个样，干与不干一个样"，结果破坏了按劳分配原则。平均在表面上反对剥削的同时又确立并维护着新的剥削，而且使这种新的剥削合理化、普遍化。这是因为，在平均主义的分配方式中，少干者与多干者、干好者与干坏者、干者与不干者，他们付出了不同的劳动却得到了同样的报偿。从表面上当然是没有剥削了，但实际上是少干者剥削了多干者，干坏者剥削了干好者，不干者剥削了干者。一部分人因"不劳而获"、"少劳多获"，滋长了懒惰、贪婪的剥削思想；另一部分人则因"劳而少获"、"劳而无获"，压抑了努力、奉献的积极精神。前者躺在平均主义上坐享其成，后者压在平均主义下失其应得。在平均主义的环境中，任何人都不可能通过诚实劳动与合法经营先富起来，结果是所有的人都共同分享贫穷。平均不仅在伦理上走到了平等的反面，而且在经济上也走到了平等的反面，由经济发展的基础和保障异化为经济发展的障碍和局限。

（二）平等反对特权

平等与特权是矛盾的、对立的。只要有特权存在，就不可能有平等建立。特权是平等的大敌。

古今中外，特权从来都是对平等的否定，平等始终都是对特权的批判。在奴隶制社会中，自由民内部是极不平等的。奴隶制国家的君主是最大的奴隶主，当然享有至高无上的特权；奴隶主阶级的贵族、官僚们也享有各种特权，奴隶主相对于平民来说也享有不同的特权。因此，那样一个社会绝不可能是平等的社会。在封建制国家中，封建国君或皇帝集立法、司法、行政大权于一身，拥有全方位的特殊的权力和权利。封建的贵族、官僚们也都享有日常政治、文化、社会生活的各种特权，在司法上尤其享有"议"、"请"、"减"、"免"、"赎"、"当"等种种特权。几乎全世界的封建制法都是特权法。在特权之下，平等根本没有立足之地。在资产阶级革命中，资产阶级针对封建特权，喊出了"法律面前人人平等"的口号。但由于它是以"资本"为核心和基础的，因而在摧毁了封建土地特权的同时，又创造了另一个特权——资本的特权。平等在资产阶级法中不过是一个逼真的"画饼"。

　　在我国社会里，特权依然与平等相对立。平等也只有在否定特权的前提下才可能得以建立。我国确认了平等原则，宣布"公民在法律面前一律平等"；提出了"有法可依，有法必依，执法必严，违法必究"的法治要求；宣布一切政党、团体、社会组织、国家机关、武装力量乃至全体公民都必须维护宪法和法律的权威，在宪法和法律的范围内活动。任何人都不能享有法律之外的特权，都不能享有违法不受追究的特权。平等是我国社会和我国法的重大价值之一。

　　由于历史、思想、文化、传统等方面的原因，尤其是我国现存的经济体制和政治体制，在克服特权的同时又维持和滋生着特权，因而在短时期内，特权还不可能在中国大地上彻底绝迹。特权在中国社会中依然存在有着一定的历史和现实必然性。认识到这种必然性，就能更好地认识到消除特权的艰难性，就不会因平等的偶然受挫而灰心丧气，可以更好地确立实现平等的信心和决心。说在现实社会中必然存在特权，这只是对现实存在的认识，并非对特权无能为力的哀怨，更非对特权的赞同或肯定，否则就失去了这一认识的应有意义。认识到这种必然性，并不意味着特权在我国社会根本就不可能克服，因为这种必然性是以偶然性为其内核的必然性。就其整体讲，或许在某个时期难以克服，但并不是根本不能克服；或许在某些方面难以克服，但并不是所有方面都不能克服；或许在某种情况下难以克服，但并不是任何情况下都不能克服。认识到这种必然性，并不意味着特权的存在就是完全合理的。如果说特权的存在具有一定的合理性，这只是从客观条件决定的前提下来说的，是从内因是事物存在的根据意义上讲的，是从事物存在论的哲学意义上讲的，并不是说特权符合我国社会的本质，是我国社会及法的要求、追求或目标。特权与我国社会和法的要求、追求和目标背道而驰。平等是我国法的主流和方向，为平等而克服特权是我国社会及法发展的必然要求。

（三）平等反对歧视

　　如果说平等与特权的对立早已为专家、学者以及社会一般民众所重视，那么平等与歧视的对立却往往为他们所忽略。平等的对立面有两个，即特权、歧视，而并非仅限于特权。在特权的前提下没有平等，在歧视的前提下也没有平等。

　　歧视作为一种社会人际关系的产物和状态，是指人对人的一种不应有的不平等的低下看待。特权的享有者往往是对他人的"掠夺"和"欺侮"，而歧视的承受者则往往是被他人所"掠夺"和"欺侮"；特权拥有者的权利在扩张，歧视承受者的权利被侵害；特权者的权利超出了一般人的限度，歧视承受者的权利低于一般人的水平。

　　歧视如同特权一样都是对平等的否定。从社会伦理意义上考虑，歧视比特权更不人道、更不合理。它公开地把人不当做人，或不把别人当做与自己同等的人来认识、对待和尊重，把人人为地划分出弱肉强食的等级。歧视是对人权的粗暴否定，是对人生而平等的粗暴践踏。歧视使有的人高居于天堂，使有的人被羁绊于地狱；使有的人失去了善良、公正与文明，而沉醉于邪恶、偏私与野蛮，使有的人被欺侮、虐待、奴役。从法律意义上考察，歧视往往表现为：作为特权的另一个极端，人不被当做与他人同等的人；受歧视者的应有权利得不到法的应有确认，即使确认了也得不到与他人同等的法的权利的同等法律保护；同时与其他人相比，其法的义务格外沉重，被不恰当地过多要求。

歧视与特权具有内在的密切联系。一方面存在特权，另一方面就必然存在歧视；一方面存在歧视，另一方面就必然存在特权。只不过特权侧重于权利的不当膨胀，歧视侧重于权利的不当剥夺。特权与歧视同样有害于平等，有害于人权，有害于人类的进步与文明，所以既要反对特权又要反对歧视。

二 法治的理想平等与现实平等

法的平等具有多重意义。19 世纪法国的著名哲学家勒鲁在其《论平等》一书中就肯定了法国宪法中平等的多重含义。他说："庸俗的解释则认为我们的法律和宪法的起草人对于平等一词，除了今天已经付诸实现的东西即公民平等、法律面前平等以外，就简直一无所知……在作为事实的平等和作为原则的平等之间，存在着如孟德斯鸠所说的'天壤之别'。"[1] 金勇义先生在其著作中明确地概括道：平等的观念可以从两重意义上进行理解。法律实证意义上的平等指适用法典和规定以获得法律之下的正义，这一意义的原则是"在法律面前同类案件同等对待和罚当于罪"。广义上的平等，正如儒家思想中所表现的，它指法律之上的正义，即指基于人类情感和理性的思想道德原则。这些原则必定高于普通的人定法律规则。前一种意义上的平等观念防止法官因情绪摇摆不定而作出专断的裁决，后一种意义上的平等观念则对复杂多变的人类环境中因呆板地适用法律导致不当的情形提供救济方法。[2] 法的平等不外乎理想中的法的平等和现实中的法的平等。

（一）理想中的法的平等

理想中的法的平等具有全面性、指导性、应然性。理想中的法的平等的全面性，表现在它不仅是执法、守法上的平等，而且是包括立法在内的全面平等。理想中的法的平等的指导性，表现在它是现实中的法的平等的指导者，可以引导、修正、补救现实中的法的平等。理想中的法的平等的应然性，表现在它是法的平等的理想境界或应有境界，高于现实中的法的平等状况。

勒鲁对平等的长篇论述中尤其强调理想中的法的平等。他说："我要再一次强调……平等一词不是说我们试图创立一个全体公民人人平等的共和国，

---

① 〔法〕勒鲁：《论平等》，王允道译，商务印书馆，1988，第19~20页。

② 〔美〕金勇义：《中国与西方的法律观念》，陈国平、韦向阳、李存捧译，辽宁人民出版社，1989，"前言"。

而是说平等是一种神圣的法律，一种先于所有法律的法律，一种派生出各种法律的法律。""那些要使法律面前人人平等的人们又在考虑些什么呢？毫无疑问他们是根据一种原则进行调节的，他们当然不会像失去理智的人那样胡作非为；他们根据某个普遍的、神圣的、铭刻在他们心中的概念去制定立法。然而这个概念、这种原则、这种规则、这种准则究竟是什么呢？根据这个准则，过去法律所许可的许多行为今天被看作是罪孽，并为人们所憎恶或受到惩罚。这个原则，就是人类的平等。"①

美国当代著名的法律哲学家博登海默也论及了理想中的法的平等的意义。他举例说，如果一个立法机关通过了一项规定左撇子不具有担任公职的资格的法律，现实中的法的平等（他称为形式上的平等）就表现为"使所有具有该类特征的人都不享有担任公职的资格"。② 而理想中的法的平等则表现为"使有关拒绝赋予左撇子以担任公职的权利的法规不能生效，除非该社会确信左撇子与职业上的无能之间存在着一种因果联系"。③

理想中的法的平等，在我国一直处于被冷落的地位，因为它似乎有"抽象"平等论或"一般"平等论的嫌疑；而抽象平等论或一般平等论长期为中国学界所忌讳。其实，承认法的平等有理想的和现实的两个方面、两个层次并不可怕，它既合乎客观实际，又对人们有益无害。理想中的法的平等尽管无法全面实现，但是它对于引导、救济、检验现实中的法的平等具有十分重要的意义。没有必要只讲现实中的法的平等而否认理想中的法的平等。理想中的法的平等具有现实中的法的平等所无法取代的价值，理应予以应有的重视，以逐步完善法的平等理论。

（二）现实中的法的平等

现实中的法的平等历来都比理想中的法的平等更受重视。中国古代"法不阿贵，绳不挠曲"、"刑过不避大臣，赏善不遗匹夫"乃至"王子犯法与庶民同罪"的观念都是现实中的法的平等的要求和反映。现实中的法的平等是相对意义上的平等，主要是立法之外的平等，即法律面前的平等。纵观历史，法学家们似乎更重视现实中的法的平等。与金勇义对平等的双重含义的论述相映成趣的是我国法制史学家张晋藩教授为金勇义的《中国与西方的法律观念》一书的中译本所写的序。他在该序中说："中国古代的法律无论是奴隶制的，还是封建制的都表现为严格的等级特权性。因此，所谓公平观念不是指社会各成员在法律上的平等，虽然这是最根本的权利平等，而主要的一是以

① 〔法〕勒鲁：《论平等》，王允道译，商务印书馆，1988，第20、22页。
② 〔美〕博登海默：《法理学：法律哲学与法律方法》，邓正来译，中国政法大学出版社，1999，第286页。
③ 〔美〕博登海默：《法理学：法律哲学与法律方法》，邓正来译，中国政法大学出版社，1999，第286页。

公平概括法的本质，所谓'法平如水'，并常以度量衡来比喻法律的衡平作用，所谓'有权衡则不可以欺轻重，有尺寸则不可以欺长短，有法律则不可以欺诈伪'；二是在司法上力求罚当于罪。秦时法律中的'不直'、'失刑'、'纵囚'等罪名，便是针对司法官处刑不当、破坏了罚当于罪的公平观念而设立的。"[1]

首先，现实中的法的平等是相对意义上的平等。现实中的法的平等不可能是绝对意义上的平等。这是因为，第一，对于每一个具体的事物，任何平等都只能是相对的。这是由事物的特殊性、相对性、个别性所决定的。社会成员不可能拥有绝对相同的自身状况和内在特质，要实现人与人之间的绝对平等就成了永远的不可能。现实的法的平等，也是人与人之间的平等。由于人的个体差异，绝对的法的平等当然不可能存在。第二，就法律本身来说，它以人类生产力发展、私有制出现、阶级形成及其斗争为其经济基础和政治基础。从这个意义上说，法的产生是人类不平等的结果。法的存在也是人类不平等的标志。第三，从法的功能和价值来看，法无论从什么意义上看，都有解决社会矛盾和社会冲突（包括阶级矛盾和阶级冲突）的意义。解决社会矛盾和社会冲突的法必然有其固有的或规定的准则。这些准则本身的不平等内容就客观地先决存在了，适用这些准则就会出现新的不平等。在各种变量交叉作用的社会矛盾和社会冲突中，要保证法本身及其运转都是绝对平等的，就只能是美妙的想当然。第四，从社会成员和法存在的社会物质生活条件、精神生活条件来看，由于人们不可能在完全相同的社会物质生活条件和精神生活条件中生活，法也不可能在完全相同的社会物质生活条件和精神生活条件中存在和运行，因而法上的平等就不可能具有绝对的性质。

其次，现实中的法的平等主要是立法之外的平等，而不是立法意义上的平等。现实中的法的平等主要是在不平等的法已经存在的基础上的法实现上的平等。法的阶级性，并不一定为法学家们所接受，但现实中的法的平等主要是立法之外的平等的观点是许许多多法学家的共识。在斯宾诺莎那里，平等是"执行法律的人必须不顾到一些个人，而是把所有的人都看作平等。对每个人的权利都一样地加以护卫，不嫉羡富者，也不蔑视穷者"。[2] 博登海默也论述道，法的平等所意指的不外是"凡为法律视为相同的人，都应当以法律所确定的方式来对待"。恰如人们能很容易发现的，法律规则的这一方面，本身并未包含防止人们采用专断的或不合理的类分标准的措

---

① 〔美〕金勇义：《中国与西方的法律观念》，陈国平、韦向阳、李存捧译，辽宁人民出版社，1989，"中译本序"。张教授的上述两点都是从现实中的法的平等上讲的。我国的众多法理学著作几乎都是从现实层面上论述法的平等的，有的甚至把法的平等仅仅局限于"法律面前人人平等"的范围，这些都不尽全面。

② 《中外法学原著选读》，群众出版社，1986，第420页。

施。如果一个立法机关通过了一项规定左撇子不具有担任公职之资格的法律，那么只要根据公正的客观性来实施该项法律，并使所有具有该类特征的人都不享有担任公职的资格，形式上的平等便会得到维护。① 中国古代就有"言无二贵，法不两适，故言行而不轨于法令者必禁"② 的执法平等观。"刑过不避大臣，赏善不遗匹夫"、"王子犯法与庶民同罪"等强调的也不过是立法之外的平等而已。纵然是现代中国的法学著作也如是认为，人类平等的理想在法律中，径直转化为"法律面前人人平等"的原则，从而获得了规范化和现实化的表现。根据这一法律原则，所有的人，除有法定的理由外，必须被视为拥有平等的获取和享有权利的资格，并被作为有平等的法的义务和责任的主体来对待。法律所固有的规范性、概括性意味着把人们平等对待，并根据某种共同的标准一视同仁地将法律规则适用于所有属于其效力范围之内的情形。同时，法律以其确定的方式承认和保护所有人的权利，并强制其履行义务，不允许任何人逃避法律责任，有超越法律之上的特权，这样，如果所有社会成员都遵守法律，则通过实施法律，法律上的平等就可得到实现。③ 法的平等是否包括立法的平等，是学术界分歧颇大的问题。在我国学术界长期占主流的观点认为，法的平等至多只是法的适用或者执法、司法的平等，不包括立法平等，而且立法上是绝无平等可言的。其最根本的原因就在于，法是统治阶级意志的体现，是阶级统治的工具。如果承认法的平等包括立法平等，似乎就有否定法的阶级性的嫌疑。而法的阶级性又是万万不能否定的。因此，总的结论就只能也必然是法的平等不包括立法平等。其实，这是对法的平等与法的阶级性之间关系的误解所致。法的平等与法的阶级性是有一定的矛盾，但并不截然对立。一是，任何法的适用或执法、司法上的平等，都必须是以一定立法上的平等规定为根据的。二是，只有法的适用或者执法、司法上的平等，而无立法上的平等，也是不完整的法的平等。三是，法的发展历史表明，立法上的绝对平等尚未出现，甚至永远无法实现，但在相对意义上的立法平等是普遍存在并逐步扩展的。如果说因为立法上没有绝对平等，就要否定立法平等，那么，法的适用上也没有绝对平等，为什么我们又不否认法的适用上的平等呢？说到底，还是一个固有的认识问题，是一个害怕因此否定法的阶级性的问题。这种担心是多余的。法是具有一定阶级性的，但法作为一种普遍的社会规范，也必然具有一定的平等性，包括立法的平等。其实，导致立法不平等的也并非仅是阶级的原因。传统、习惯、人类认识水平都可能在一定阶段成为立法平等的障碍因素。

---

① 〔美〕博登海默：《法理学：法律哲学与法律方法》，邓正来译，中国政法大学出版社，1999，第286页。

② 《中外法学原著选读》，群众出版社，1986，第195页。

③ 乔克裕、黎晓平：《法律价值论》，中国政法大学出版社，1991，第171页。

　　最后，现实中的法的平等主要为法律面前人人平等。把法的平等，甚至平等仅仅理解为法律面前人人平等的观点，在我国法学著作中可以说是屡见不鲜的。这种观点显然有失偏颇。但是不可否认，法律面前人人平等无疑是法的平等，尤其是现实中的法的平等的主要内容。法律面前人人平等，作为一个政治法律口号，产生于资产阶级革命时期；作为正式的法律规定，产生于 1789 年的法国《人权宣言》以及包含《人权宣言》的法国宪法。据其规定，法律面前人人平等具体表现为：一是，全体公民都有权亲身或经由其代表去参与法的制定；二是，法对于所有的人，无论是施行保护还是处罚都是一样的；三是，全体公民可以按其能力担任一切官职、公共职位和职务，除德行和才能导致的差别外不得有其他差别。法律面前人人平等的原则至少应包含以下四层含义：第一，平等保护，任何社会成员的合法权益，法都予以同等保护；第二，平等遵守，任何社会成员都平等地享有法的权利，履行法的义务；第三，平等适用，法对于任何公民都一律平等地适用而无因人而异的区别对待；第四，平等制裁，对于任何公民的违法犯罪行为都平等地予以追究或处罚，任何人都不得享有违法犯罪而不受应有制裁的特权。以上所称的社会成员，他们在法律面前均不因民族、种族、性别、职业、社会出身、宗教信仰、教育程度、居住期限、财产状况、政治态度和政治面貌的不同有所差别。

　　法律面前人人平等属于现实中的法的平等的范畴，受到了人们的普遍重视。我国许多法律法规和法学著作干脆把这一原则称为公民在适用法律上一律平等就是明证。它本身并不包含立法上的平等。我国的著名学者沈宗灵在其著作中也一再声明："需要说明一点，我们讲的'公民在法律面前一律平等'，是指实施法律、执行法律或适用法律上的平等，而不是指立法上的平等。我们的法是广大人民意志和利益的集中表现，它不反映少数敌对分子的意志和利益；在人民内部，由于情况不同，立法时也不尽相同，但在法制定出来以后，在执法、司法和守法方面，就必须一律平等地按照法律的规定办事，任何人都不能例外，对同等情况的人，在原则上就应同等地适用相同的法律规定。"[①] "适用法律的平等原则，是为了有效地实施法律所采取的原则和制度。这里的关键，是实施谁的法律，在什么法律面前人人平等。当然，我们这里说的法律，不是资产阶级的法律，而是人民的法律，是在社会主义法律面前人人平等。"[②] 孙国华先生指出："严格贯彻公民在适用法律上一律平等的原则，一定要做到：凡属我国公民，无论其民族、种族、性别、职业、宗教信仰、教育程度、财产状况、居住期限有何差别，无论其家庭出身、本人成分、社会地位和政治历史有何不同，司法机关在适用法律时，都必须依

---

　　① 沈宗灵主编《法学基础理论》（高等学校文科教材），北京大学出版社，1988，第 369 页。
　　② 沈宗灵主编《法学基础理论》（高等学校文科教材），北京大学出版社，1988，第 370 页。

法平等对待；该保护的要依法保护，该制裁的要依法制裁。不容许任何人有超于法外的特权。"① 法律面前人人平等是法的平等，尤其是现实中的法的平等的重要内容，然而它并不等同于现实中的法的平等，更不等同于法的平等。它比现实中的法的平等高，比理想中的法的平等低，仅是法的平等的组成部分。将法律面前人人平等与现实中的法的平等、理想中的法的平等、法的平等相混同的观点和学说都是有失偏颇的。

三　法治中的经济平等与政治平等

（一）法治中的经济平等

经济平等权在整个平等权中具有基础性的意义。它是不同主体平等权的基础和保障。共同富裕、机会平等与分配平等、同工同酬以及市场交易平等，都是经济平等权的重要内容。

1. 共同富裕

共同富裕是经济平等得以最终实现的根本保证，同时也是社会发展的理想目标。在长期的社会实践中，我们发现了贫穷不是社会主义，只有少数人富裕起来也不是社会主义，社会主义的本质特征就是要实现全社会的共同富裕。共同富裕是经济平等的结果，也是经济平等的基础。

要实现共同富裕，必须大力发展生产力。通过发展生产力，允许一部分人先富起来，这是实现共同富裕的必要过程。只有经过这一过程才能有共同富裕结果的出现。在大力发展生产力，一部分人先富起来的过程中，主体之间也应当是平等的。社会成员之间应该有平等竞争的行为和平等竞争的环境。任何人在先富起来的道路上都不能损人利己，都要人我兼顾。法律和社会制度首先要防止恶性竞争的出现，一旦出现恶性竞争的情形，法律也要能够提供有效的措施加以制止，使社会回归到平等的秩序状态之中。

为了共同富裕，国家往往运用法律规定的税收制度来调节高收入者的收入，使其对社会做出应有的贡献，同时也使对社会低收入者的社会保障具有物质基础。对于不同收入状况进行税收调节，是一个良性发展的社会必要的机制和正常的机能，也是税收经济法制所必须担负的责任。通过税收，社会可以实现不同收入和财产状况的社会成员在财富上的适度调节，为共同富裕提供最基本的制度和现实基础。

为了共同富裕，必须保障低收入者的利益，使低收入者具有走向富裕的基本条件和现实可能。国家可以运用税收和社会保障等机制，使社会的低收入者的基本生活得到保障，并使其具有就业的最大可能，能以自己的劳动获得较好的生活来源。保证低收入者的生活状况，是一个人权状况良好的社会所必需的，是人们社会生活平等权利的重要的基础性的保证。

---

① 孙国华主编《法学基础理论》（高等学校法学教材），法律出版社，1982，第281页。

2. 机会平等与分配平等

机会平等是相对于结果平等而言的。结果平等在一定意义上也是平等的表现形式，但由于结果平等往往忽略了不同主体的差异性，往往都以牺牲个体的创造力和领先性为代价。因此，机会平等比结果平等更能调动主体的创造热情，更能发挥主体的进取精神。之所以要倡导机会平等，是因为：第一，机会平等对于强势者是鼓励。强势者通过自己的努力能使自己处于更好的状态，当然是强势者所高兴看到的结果。追求更好，永远是人类的追求，所以机会平等可以给强势者无限的希望。如果是结果平等，任何强势者都未必有再努力的积极性。因为他或她再努力，其结果都与弱势者一样。这对于强势者无疑是压抑。第二，机会平等可以给弱势者摆脱弱势地位提供可能。弱势者的地位当然不是弱势者所希望和安于保持的，他们总是力图改变现实状况。如果始终处于结果平等之中，他们就没有突变的可能。他们再努力也只是在某个层面上与强势者一致。社会生活的广泛性决定了全面的彻底平等至少在目前是不可能的，所以在有限的方面，弱势者还与强势者保持平等，而其他方面始终不如强势者，这样他们就难以尽快改变自己的状态，甚至无法从弱势者转化为强势者。机会平等就不同，它可以使在其他方面处于弱势的人，在另外一些方面形成强势，从而改变自己的状态。既然机会平等能使强势者更强、使弱势者变强，因此它就具有最大的激励效能。

分配平等是社会平等的重要体现。分配平等至少有两个方面，一是财富分配的平等，二是资源分配的平等。财富分配的平等，具有典型的物化特征。可量度性是财富分配的基本特性。人类在历史上发现或发明了许多对财富进行分配的平等方案。如按劳分配、按资分配、按能分配、按需分配等，都是平等的分配形式。这些分配形式是非常重要的，是一个社会得以正常运行的基本原则与理念。资源分配则是比财富更重要的、直接影响财富分配的分配。资源分配的平等与否，直接决定着财富分配的平等状态。只是由于二者之间需要一些中介因素相连接，于是就被淡化了，甚至被忽略了。例如教育机会的分配，就是资源的分配。拥有更多受教育机会的人，肯定更容易在以后的财富分配中居于优势的地位，甚至直接就能获得更多的财富。某种身份或职位的分配，也同样具有资源分配的性质。其中的许多因素都会直接或间接地影响相关主体在财富分配上的情形。分配平等对于社会阶级与阶层的划分，对于人们的生活质量与水准都有重大的决定性作用。

3. 同工同酬

同工同酬是按劳分配的具体方式。它是指不同主体付出同样的劳动就应当获得同样的报酬。它所要求的是，对于每个人按照其贡献的大小来获得个人劳动收入。劳动者获得报酬的依据是劳动，而不是单纯的性别或身份。

同工同酬排除了根据性别来取酬的不公正的分配制度。在历史和现实中都存在因性别而区分报酬的现象。同样的工作，花费同样的劳动，仅仅是因为劳动主体的性别不同，待遇便不同。这是对平等的否定。因此，在许多国际公约和国内立法中，都反对依据性别来确定报酬。在保护妇女合法权益的努力中，如何保证妇女与男子的同工同酬始终是一个重大的问题。现实社会中分配上的性别歧视，仍然是妨碍社会平等的重要因素。

同工同酬也排除了身份或地位对于报酬的影响。不同身份或地位包含着不同劳动质量内涵的工作，其报酬的确定不能不受身份或地位的影响。但是，在与身份或地位不相干的工作上，同工同酬就显得特别重要了。同样是清洁工，仅仅因为一个是正式员工，一个是临时员工就给予不同的酬金，显然是不公平的。在临时员工与正式员工之间的分配也是不平等的。

同工同酬反对按照性别或地位、身份来确定报酬的数额，它是社会基本的分配方式，也是体现社会平等的重要分配方式。但是它并不是唯一的分配原则与方式，在整个分配体系中它与其他分配方式并存。

4. 市场交易平等

市场交易是市场经济的基本活动和主要活动。市场交易平等是市场经济的本质要求，是市场交易的正常状态和理想模式，也是市场经济中交易能够反复、长期持续进行的根本保证，同时还是维护市场交易秩序的基本要求。市场交易平等必须反对非正常的、非市场因素的介入。在不成熟的市场中，在市场主体的身份或者特权仍然存在的情况下，交易的平等是很难建立和维护的。反对非市场因素在交易中的畸形作用，是维护市场交易平等性质的必需。

市场交易平等需要平等交易的法律规则和与之相适应的法律秩序。这首先是对立法的要求。我们的市场立法的一个重要方面就是要制定出能够达成平等交易的规则体系，进而营造出现实的交易平等的秩序状态。在维护交易平等方面，合同法律制度是其中具有至为重要意义的制度。完善的合同立法既有利于引导市场交易的良性发展，也有利于在交易纠纷发生后公平裁决，以维护市场的正常交易秩序。

市场交易平等需要法律予以强制性保护。在市场经济的运行中，难免会有异常情况发生。破坏市场平等的行为也会时有发生。商业欺诈、强买强卖、欺行霸市，都是对市场平等的破坏。对于不平等的商业欺诈、强买强卖、欺行霸市的违法犯罪行为，法律必须予以有效的制裁。凡是构成犯罪的，必须追究其应当承担的刑事法律责任；凡是不构成犯罪但已经构成民事违法的行为，必须依法承担相应的民事、经济责任。

（二）法治中的政治平等

政治平等权，在政治社会中，其地位和作用是不言而喻的。政治平等权包含政治了解、政治参与、政治评议以及政治监督上的平等，这些都是政治平等权的具体体现与基本方面。在现代社会中，政治平等权已经是普遍化的大众权利。它往往是由宪法确认，并由各个相关部门法予以具体保障、实现的。公民被作为公民来对待，最根本也就是他们享有政治参与、政治评议和政治监督的权利。这些权利是否能够享有，是否受到不应有的限制，都是特定社会中公民权利的外在标志。作为公民不仅享有这些权利，而且在这些权利上，与其他的公民都是平等的。除非经过法律程序被剥夺，否则都应当认为当然地享有这些权利。

1. 政治了解的平等

了解政治是现代社会公民应该普遍享有的基本权利。对于政治发展的了解是政治参与的前提条件。政治了解权利的平等享有是平等参与政治、评议政治和监督政治的基础。公民既然有了解政治的平等权利，国家就有将政治予以公开的义务。对于国家来说，除了那些依法被确定为机密或秘密的问题不必对全社会公开之外，其他的一切政治信息都是应该公开的。国家和政府有责任为公民平等地享有政治了解权提供方便。随着现代社会的发展，公民了解政治的途径愈来愈多元和广泛。即使是那些所谓的国家的机密与秘密，也是相对的，经过一定时间，原本机密或秘密的政治信息也应该解密，使社会成员可以依法获取。公民平等的政治了解权的实现状况是社会民主的表现和标志。公民对它的行使和享有愈充分，社会的民主就愈会得到更好的发扬和坚持。

2. 政治参与的平等

在政治社会中，每一个公民都应当享有政治参与的权利。政治参与的平等是指人们在政治参与权利上的平等。在社会当家作主的意义上，每一个社会成员都具有参与政治生活的权利。

政治参与的平等权利，首先是指公民平等拥有选举和被选举的权利。选举权是每个公民参与政治的最起码的权利。这一权利使得人们有可能选择自己信赖的公民代表自己具体地参与国家和社会的管理工作，使自己的民主权利得以实现。被选举权使一个公民具有了掌握公共权力，并受托从事国家和社会管理的可能性。每一个公民在选举权和被选举权上是平等的。

政治参与的平等权利，其次是指公民经过法定程序，掌握公共权力，从事国家和社会管理，担任公职的权利。一定公民的政治参与，是社会得以维持和发展的要求，是国家和社会得以持续的基本保障。每一个公民的政治参与能力是不同的，在生理或心理上具有不平等的性质，但是每一个人都有权参与政治，在这个意义上每个人都是平等的。尽管能力不平等，权利的实现程度也会有一定的差异，但是这并不妨碍他们拥有平等的权利。

3. 政治评议的平等

政治评议的平等，是政治平等的重要组成部分。政治评议权利的内容非常广泛，首先表现为政治评价的权利，其中当然包括批评政治、发表政治见解的权利。这种权利应当为每一个公民所拥有。在这一权利上，人都应当是平等的。政治评议的平等，还包括反映政治意见、提出政治建议上的平等。

任何公民都有权向国家机关提出主张、意见和建议。这些主张、意见和建议的被允许、被接纳，既是社会民主的表现，也是社会政治始终良好的重要保证。从权利的意义上讲，不论公民的主张、意见和建议是否正确，是否被采纳，他们都有权提出，而且绝对不能因此而受到追究。

政治评议权利，可以由社会成员自主行使，也可以由社会成员委托代表代为行使。公民可以自己径直地发表自己的政治主张、意见和建议，也可以通过他们的代表发表政治主张、意见和建议。政治评议权利的自己行使或者委托行使，是由相应主体自主决定的，不能强迫、不受干涉。自主性是公民政治评议权利的本质性要求。不屈从于外来意志，不为外来意志所扭曲，都是政治评议权利本身的要求。

4. 政治监督的平等

政治需要监督。无论一种政治是多么正确，都离不开必要的监督。监督是政治正确、政治高效、政治廉洁的有力保障。每一个公民都享有监督政治的权利，而且这种政治监督权利对于每一个公民来说，都是一种平等的权利。政治监督权的行使是保证政治有效运行和良好运行的重要手段，表现为每一个公民对于国家机关及其公职、公务人员的违法犯罪行为，乃至一般的违规违纪行为，都享有申诉、控告、检举等权利。只要这种申诉、控告和检举不是恶意的诬告陷害，都不应当受到法律的制裁。

政治监督的平等，至少要求国家和社会的公共权力的掌握者对于不同公民的申诉、控告、检举都平等对待，不能因为政治监督主体的身份、地位的差异而使政治监督者的政治监督行为受到不同的对待。国家对于接受政治监督的制度设计，应当具有社会成员普遍参与的性质和可能，确保全社会的政治监督权利被平等地分配和享有。在接受政治监督的实际操作中，我们也应当充分考虑政治监督权利的平等性，给每一个政治监督者以公正、公平的态度和诚恳接受政治监督的认真对待。

第四节　作为和谐社会法治价值的公正

公正可能被理解为公平的同义语，也可能被理解为正义的同义语，或者被理解为公平正义的统称。在汉语中，公平与正义或许有较大的差别：公平似乎更侧重于居于相对关系人之外的裁判主体或裁判规则的合理性与公允性；正义似乎更侧重于终极的合理性与合道义性。在从外文翻译到中文的文本中，Justice 有翻译为公平的，也有翻译为正义的；而 Fair 有翻译为公正的，也有翻译为公平的。在有关辞书中常常可以见到的是，将公平、正义，或者公正、公平并列。这里所使用的公正，是公平和正义的统称。

一　法与公平

公平在法律上从来都具有极为重要的意义。公平常常被人们视为法律的基本精神。不论这个法律是实在法还是超实在法的理性法。法律范畴内的任何规则，准法律规则，或者法律之外的行为规范和裁判准则都应当将公平作为基本的价值依据和价值目标。"真正的和真实的意义上的'公平'乃是所有法律的精神和灵魂。实在法由它解释，理性法由它产生……制定法之下的公平原则就是同等地对待同类案件，制定法之上的公平原则就是根据人的理性和情感而做出的公平的判决。"① 公平，简单地说就是对于同类主体或事项的同等对待。公平是在多个主体或者多个主体的多个事项的比较中得出的结论。从法律的角度看，公平可能是体现在制度的设计上，也可能表现在司法的实践中。从对待对象的角度来看，公平主要表现为对于同类主体的相同对待，对于同类事项的相同处置；从时间的角度来看，公平表现为对于同时存在的同类主体或事项，采取相同的对待。公平与平等是有联系的，在许多场合，平等就是公平。但公平与平等也是有差异的。一般说来，平等特别注重的是特定当事人之间的利益关系，而公平更注重的是不特定当事人的共同评价。"公平"中的"公"也就突出了评价主体的不特定性和更大的广泛性。社会是人与人的结合，社会离不开公平。人与人结合的社会必须要有公平，因为公平是社会中处理人与人关系的重要法则。公平语义本身就表明了它的社会属性。法律对公平具有重要的意义。

（一）公平是法律的指导

公平是人类在自己的社会活动中产生的一种理想目标。它指导着人们处理相互之间的关系，指导着公共权力的运用及其作用的发挥。

公平的产生依赖这样几个基本的条件：一是多元主体客观存在，二是多元主体存在不同的利益，三是人们需要处理不同乃至多元主体之间的关系，四是人们对平衡协调各方关系具有相应的理性认识。前三个条件是社会生活的要求。只要有社会生活存在，就会存在多元的主体和多元的利益，在不同主体和利益之间的关系就需要调整。第四个条件，是人们的主观认知发展的结果。公平不是个别人的认识，而是普遍认识一致性的表达。尽管何谓公平，人们的看法不尽统一，但是能够获得普遍的认同又是公平的内在要求及其反映。只要有了前三个条件，其实基于人类自身的认识能力及其发展，自然就会产生何谓公平的认识和标准，并用以指导自己的社会实践。

人类在自己的社会实践中，寻找和采取了大量的手段来调整社会关系。法律正是在人类的社会实践之中，为了调整人与人之间的社会关系而产生的。

① 〔美〕金勇义：《中国与西方的法律观念》，陈国平、韦向阳、李存捧译，辽宁人民出版社，1989，第79页。

法律对于人与人利益关系的调整，目的是要化解纠纷、消除矛盾、达致公平。相对于解决纠纷与消除矛盾来说，公平既是目标也是路径。没有公平，要使纠纷或矛盾得到彻底的解决，是不可能的。

法律就是在公平理念的指导下产生的。其实，法律也是在公平的指导下发挥作用的。没有公平作为指引，任何法官都无法理解法律的真谛；没有公平作为指引，对待当事人诉讼权利的态度就会发生畸形的变化；没有公平作为指引，法官调查包括质证、法庭辩论、主持调解、合议庭评议、裁判文书的制作、宣判、执行等都可能出现偏颇，导致不公平的现象出现。

（二）保障公平是法律的重要目标

法律在一定意义上就是为保障公平而存在的。虽然公平不是法律的唯一目标，但公平一定是法律的重要目标。如何保障公平、实现公平是法律的重要任务和理想。

从宪法来看，其内容非常丰富。但就公平来看，宪法注重的是公民与国家关系上的公平，以及在公民权利义务分配中的公平。公民和国家之间，在政治上是具有主从关系的。一方面，公民是国家的基础，国家必须服务于公民；另一方面，国家是公民共同的组织，公民也有维护国家的义务。在法律上，公民与国家之间则有一个关系处理的问题。公民对国家的权力或权利，与国家对公民的权力应当是一个公平的关系；公民对国家的义务和国家对公民的责任也应当有一个公平的关系。就公民之间的关系来说，任何公民都不能享有特权，都具有平等的权利和义务，这就是在公民之间实现了公平。

从民法来看，民法确保的是主体地位上的公平、财产保护上的公平、市场交易上的公平、责任划分上的公平。公平原则始终是民事交往至高无上的道德精神与法定原则，也是裁决民事争议的根本准绳。在民事立法活动之中，所要解决的问题是，制定怎样的法律才是公平的，怎样在当事人之间分配权利义务才是公平的。在民事司法上，涉及的是何以具体确定各方的权利义务，何以确定具体的法律责任，才是公平的。

刑事法律也把实现公平作为目标。也许犯罪本身是由不公平所导致的，但是仅就犯罪自身来看，可以说，任何犯罪都是对公平的破坏。法律对犯罪的惩罚就是对公平的维护或者恢复。在一种犯罪发生之后，社会的公平状况就会发生改变和被损害。这时，国家以公权力拥有者的身份对犯罪者加以制裁，就可以使被改变或者被损害的公平得到修复，使社会能够保持在一个基本公平的状态中运行。当然，刑法所维护的公平更多的是法律意义上的公平。比如针对不正义者的犯罪，就存在这样的问题。对于不正义的惩罚只能依法进行，如果有人通过犯罪的方式来惩办邪恶，这本身在法律上就是犯罪。这种特定的犯罪在表面上维护的是公平，实际上本身也是对公平的损害。如果社会听任私力的惩罚，就必然会破坏社会的秩序，最终损害社会的公正。由于私力的大小和范围是不同的，听任私力滥用就必然导致更大更多的不公平，因此为了维护社会的公平秩序，避免混乱，也要对惩办邪恶的犯罪进行惩罚。任何犯罪都只能由国家的法律机构通过法定程序进行惩罚，不允许任何人用私力进行报复，这本身也就是社会的公平。谁违反了这一准则，就是对公平的破坏。

从诉讼法的角度来看，何以裁决纠纷才是公平的，何以确定被告的法律责任才是公平的，这是诉讼当事人关注的，是诉讼法律所关注的，当然也是法官和法院所关注的。所有的诉讼都不能摆脱公平而存在，所有的诉讼都必须以公平为目标，所有的诉讼也只有在公平之下才能真正被解决和处理。只有公平才能最终消弭诉讼、化解矛盾、解决纠纷，社会才会有真正的和谐安宁。

二 法对正义的意义

从价值角度对法与正义之间的关系进行思考，是法治的价值理论的重要论题和核心论题。在对法与正义进行思考的时候，也许应当特别强调正义是法的先导，清晰认识法的正义的意义、基础、内容、标准，进而更清醒地认识法的正义可能被滥用，最终防止法的正义被滥用，使法的正义成为社会的正义。

正义，作为一种社会观念和社会准则，在社会意识中十分广泛而深刻地存在着，一直引导着法的发展。在历史长河中，从人类有道德上的是非观念以来，社会就产生了正义观念。正义观念从人类蒙智初开时就萌芽生成，逐步发展、不断丰富，随着社会的更替而不断演进。虽然每朝每代每个人的正义观念并非完全一致，而且可能有很大的差异，甚至根本对立，但是，每一时代的正义观念都从社会观念的角度引导着法的发展，制约着法的发展，体现在法的制度之中，成为法的发展变化的灵魂和精神。在社会截面上，正义的观念遍及社会的各个领域、各个角落。它不仅存在于人们的头脑中、舆论里，而且直接作用于人们的行为，成为人们作出行为和评价行为的道德依据。在法调整人们行为的过程中，对各种特定行为的调整方式都必然受制于正义观念。人们对调整行为的正义评价，直接影响着法对它的肯定或否定、保护或制裁。一定的正义观念是一定时代法的基本的思想基础和精神内核，在一定程度上决定并主导着法的状况。罗尔斯认为："正义是社会制度的首要价值，正像真理是思想体系的首要价值一样。一种理论，无论它多么精致和简洁，只要它不真实，就必须加以拒绝或修正；同样，法律和制度，不管它们如何有效率和有条理，只要它们不正义，就必须加以改造或废除……作为人类活动的首要价值，真理和正义是绝不妥协的。"[①]

以上论述，主要是从历史和社会的宏观上来考察的。若从更具体的正义

---

① 〔美〕罗尔斯：《正义论》，何怀宏等译，中国社会科学出版社，1988，第1~2页。

与法的制定、执行、遵守诸环节的关系来看，正义是法的先导这一命题，至少是在以下三层意义上成立的。其一，法是指导人们行为的准则，是国家和社会民众用以评价社会行为的标准，也是国家"惩恶扬善"的根据和武器。这样，法在制定时，立法者就不可能不以一定的正义观念为指导并将这些正义观念体现在具体的规定之中。这是从立法上讲的。其二，从执法上讲，执法者的执法活动在正义观念方面，首先要以社会主导者（特别是其中的立法者）熔铸于法律规范中的正义观念为指导，其次也要受执法者本人正义观念的左右。不管一定的正义观念是不是真正的正义，但可以肯定，任何执法活动都摆脱不了正义观念的影响。其三，从守法上讲，法能否被良好遵守的制约因素是多重的，其中极其重要的因素就是法本身是否具有正义性，具有多大程度的正义性，以及社会民众的正义观念怎样，法所包含的正义观念与社会民众的正义观念是否吻合。如果法本身较为正义或正义，社会民众的正义观念基本正常且与之基本吻合或吻合，那么，这样的法就可能被良好地遵守执行，反之，该法就可能不被社会接受，甚至遭到社会民众的反对和破坏。法的遵守也如同立法、执法一样必须以正义观念为思想依据。法律对于正义具有非常重要的意义，具体说来：

（一）法律分配权利义务以确立正义

首先，法分配权利义务以确立正义准则。人们是在社会群体中生活的，人在没有人我分别、经济差异、阶级划分的原始时代，当然是无所谓权利或义务的。随着人类私有观念乃至私有制度的形成，人们之间的权利、义务日益明确，许多权利、义务逐步被法律化。法分配权利义务的原则体现着法的正义状况，引导着社会正义的方向，成为法上的正义原则。法对权利义务的分配原则体现着一个国家或社会的正义观念和正义准则，为法的正义确立起具体而基本的正义准则。

其次，法分配权利义务以确立正义模式。法是规定人们权利、义务的规范。人们是否依法享有权利而不滥用权利，是否依法履行义务而不侵犯他人的权利，其衡量的标准就是法对权利、义务的规定。法对权利的规定不仅包括对权利内容的规定，而且包括对权利性质、范围、享有条件和实现方式等的规定。如果权利人违背了权利的性质、超出了权利的范围、不具备权利的享有条件而享有了权利，或不采取适当的实现方式行使权利，权利就会被滥用，就会在权利的行使上出现不正义。法对权利的规定还包括对权利的保障规定。因为权利无法实现，同样会导致不正义。保证权利得以实现，就可以使妨碍权利或侵犯权利的不正义得以克服，而使正义得以修复或保存。法对义务的规定也如同对权利的规定一样，它不仅规定了义务的内容，而且也规定了义务的性质、范围、以及实现的方式等。义务如果没有实际地全面履行，权利也就不可能实现，权利就会受到侵犯或破坏，这也同样会导致不正义的出现。法对义务的规定也包括对义务的保障规定，即法要强制不自觉履行义务的人履行义务，阻止逃避义务和不正当履行义务的不正义发生，使义务负载的正义得以实现。正义与否在法上是以法对权利、义务的规定为基准的，法通过对权利、义务的分配来确立法上的正义模式。

最后，法分配权利义务以确立正义秩序。社会的权利、义务在总量上应当是相等的。因为既没有无权利的义务，也没有无义务的权利。由于人们的经济状况、社会地位、个人习性、智力才能的差异，法的权利、义务不可能绝对均等地分配。如果没有权利、义务的法律分配，社会就会陷入混乱之中，人们就可能因权利、义务的不明确而发生纠纷，而且由于缺乏法定的正义标准又使纷争无法得以解决，社会就会从混乱之境堕入混乱之渊。所以，法对权利、义务的确立可以使一般的权利、义务具体化、特定化，更可以使社会避免混乱而有条不紊。值得特别指出的是，通过权利、义务的分配确立的正义，只是法律规范意义上的法的正义，而不是社会实在意义上的法的正义，也不是一般意义上的正义，更不是全部所有的正义。法的正义是否能转化为社会现实，既要取决于法所确认的正义本身的性质（阶级性、适应性、可行性等）、内容，也要取决于法的正义得以实现的条件、手段、方式、途径等。法律规范意义上的法的正义与社会现实中的法的正义往往有着相当大的差距，它不是社会现实意义上的法的正义，也不是一般意义上的正义。法律规范意义上的正义是一定正义观念的法律化。它不是一般的正义、普遍的正义、抽象的正义，而是通过规范得以具体化的正义。正义的内涵和外延都十分复杂，法的正义也只是正义之一部分。通过权利、义务分配来确立的正义并不是正义的全部内容。道德正义、风俗正义、习惯正义的许多内容都不需要甚至也不可能法律化，都在法的正义之外。

（二）法律惩罚违法犯罪以保障正义

法的正义的标准，通过法对权利、义务的分配得以确立，而要保障法的正义的存在或实现，还必须依靠国家强制力。法凭借国家强制力使法的权利、义务分配实在化、现实化。

在现实社会生活中只要有法的存在，就必然有违法犯罪行为的产生。在一定意义上说，或者是"违法犯罪"需要法，或者说是法"导致"了违法犯罪。违法犯罪在本质上就是违反法的行为。在法的权利、义务上，或者体现为法的权利的滥用，或者体现为法的义务的不履行。法的权利的滥用必然导致对他人权利的侵犯，导致不正义的产生；法的义务的不履行，也必然导致他人权利的无法实现，同样会导致不正义的产生。

任何违法犯罪行为都是对法的权利、义务的既有分配方案的破坏，都是对法的正义的背离和损害。违法犯罪行为背离了法的正义，社会必须使法的正义得以回归。其回归法的正义的方法包括惩罚违法犯罪在内。违法犯罪行为损害了法的正义，社会必须使法的正义得以修复。修复法的正义的方法也包括惩罚违法犯罪行为在内。惩罚违法犯罪是保障法的正义的有效方式。

惩罚违法犯罪以保障法的正义，具体表现在法通过惩罚违法犯罪，使违法犯罪者的恶行得以抑制，终止违法犯罪行为对正义的继续损害；使被违法犯罪行为扭曲了的正义标准得以校正，恢复社会正常的正义准则；使违法犯罪者的不正义得到抵消与中和，正义在违法犯罪者受惩罚的过程中得以体现；使倾向恶行的不正义者终止恶行、远离恶行，弃恶从善，确保正义免受侵犯。

（三）法律补偿受害损失以恢复正义

法的正义被损害了，法就有责任制裁不正义；然而仅限于此是远远不够的，因为人们的正义心态并不因为不正义受到惩罚就得以完全的平复。法要真正切实地保障正义，还必须在惩罚违法犯罪的同时，补偿正义因违法犯罪而蒙受的损失。只有在正义的损失也得到了补偿的情况下，才可以肯定地说，正义得到了修复。

法补偿受害损失的具体方式是多样的。一是法通过对违法犯罪的惩罚以及违法犯罪者的悔过自新来补偿已损失的道义上的正义；二是法通过强迫违法犯罪者用实际行动弥补自己的过失，用自己的行动来抚平社会正义的创伤，使社会的正义得到恢复；三是法通过迫使违法犯罪者赔偿受害者的物质损失和精神损害，从经济赔偿的角度修复被损害了的正义。

法惩罚违法犯罪者以恢复正义，只是法恢复正义的一个方面，因为正义的损害者并不仅是违法犯罪。风暴雨雪、生老病死等也可能使人处于极不平等的位置，导致不正义的产生。对这种不正义，就不能采取惩罚违法犯罪或迫使违法犯罪者赔偿损失的方式来纠正。在这种情况下，惩罚也恢复不了正义，那么法就应当通过社会保障、社会救济的方式使正义得以恢复。社会对受害者的保障或救济，可以使失去平衡的正义天平重新平衡，从而恢复正义。

三 公平与正义的统一是社会和谐的基础

（一）公平以正义为指导，正义以公平为途径

公平是极为重要的法律价值，但是仅有公平还是不够的，公平必须以正义为基础。只有在正义基础之上的公平才是真正的公平，才是符合人类理性的公平。

首先，公平意味着享有主体的广泛性。从主体的意义上讲，广泛的平等即是公平。但是必须注意的是，在现实社会中，无论多么广泛的平等，其广延度都是有限的。人类社会被自然或人为地划分为不同的类别与群体，这种类别和群体划分及其差异的存在，是无可争辩的事实。享有主体的广泛性并不绝对意味着其权利或义务分配、保护与制裁的情形，就是符合人类理性的，就天然具有正义的品格。例如人类对生物资源的占有和分配，有可能是很公平的，但并不一定是正义的。人类共同商议将地球的某种动物资源加以十分公平的分配，这种公平实现的同时，也许就是人类对该种特定动物的不正义。对于现代人的公平，也许就是对后代人的不公平。其原因就在于它没有正义

作为支撑。

其次，公平意味着评价主体的普遍性。平等也许是公平，也许不是公平，是否公平除了它本身的状态是最客观的基础之外，人们的主观认识也是重要的。公平与否，在特定的社会和特定的时代，总是与评价者的普遍状况相联系的。少数人认可的公平并不一定是真正的公平，只有被普遍认为是公平的，才会是真正的公平。评价主体如同享有主体一样，不可能是无限的。评价主体的有限性决定了正义的重要意义。例如特权，在等级社会中也许就会被认为是公平的，但是这种公平认知就并不具有正义的性质。

主体的普遍性，是公平的重要特征，但并不是主体具有了普遍性，就一定是公平，还必须依赖另一个重要因素的参与，并作为评价的标准，那就是正义。正义来自人们的社会实践，但是又指导和评价着人们的社会实践。

正义使公平具有了更广泛而坚实的基础，并提升了公平的层次。没有正义指导的公平，将是低层次的公平，将会因此而受到局限，而难以达到人类的理想。但正义更是一种抽象的存在，它比公平具有更大的主观性。相对于公平来说，也许正义更依赖于人的理性、人的智力、人的精神文明的发展。正义只有借助于公平等相对较低层次的价值目标或者准则才能得以实现。正义有很多的实现方式与路径。自由、平等、人权、秩序、公平等，都在一定程度上实现着正义，成为正义的手段，但是无疑公平是其中最好的手段之一。公平是实现正义的极为重要的途径，没有公平的正义，将不会是正义。

（二）公平与正义是社会和谐的根基

和谐社会建设已经成为我国社会发展的目标。和谐社会必须是以公平正义为基础的社会。这是社会主体多元的要求、利益多元的要求、社会意识的要求和历史实践的要求。

社会主体是多元的。这种多元主体或者表现为社会的不同群体、不同组织、不同阶层、不同阶级。群体、组织、阶层、阶级等这些不同序列的划分，体现了社会主体的多元性。社会主体的多元就必然会提出社会公正的要求。同时，社会利益还是多元的，多元的利益并存就必然出现不公平不正义，为了使不同利益状态的主体能够彼此协调，公正就成为不可缺少的元素。在人类社会的发展中，人类早就已具有了公正的社会心理与社会意识。只要有社会存在就有社会的公正考量存在，也许就有公正的问题需要解决。人类漫长的历史发展中，公正始终是社会稳定的基础，是一个社会走向繁荣的必要前提。一个不公正或者严重不公正的社会，必然会爆发动乱或者暴乱，影响社会的顺利发展，破坏社会和谐，甚至使社会倒退。

要建构和谐社会，法治是必需的前提和手段，而公正则是法治的精神内核与价值基础，没有公正的法治难以持久，没有公正的法治不是真正的法治，也无法维护与推进社会的和谐。和谐是以法治更是以法治所内含的公正为基础和精神依据的。

第五节　作为和谐社会法治价值的人权

人权是人作为人、基于人的自然属性和社会本质所应当享有的权利。法是人的创造物，从其一产生开始就被赋予了维护和实现人权的使命。法与人权之间的价值关系，是法治价值研究中的重大课题。

根据联合国《世界人权宣言》、《经济、社会和文化权利国际公约》、《公民权利和政治权利国际公约》等的规定，法律人权的基本内容包括：生命、自由和人身安全的权利；免予沦为奴隶和不受奴役；不得加以酷刑或施以残忍的、不人道的或侮辱性的待遇或刑罚；在法律面前人格受到承认的权利；享受法律的平等保护；享有有效的司法补救方法的权利；不得任意逮捕、拘禁或放逐；由独立而无偏倚的法庭进行公正和公开审判的权利；在未经证实有罪以前应被推定为无罪；不得任意干涉私生活、家庭、住宅和通信；迁徙的自由；寻求庇护的权利；享有国籍的权利；婚姻和成立家庭的权利；拥有财产的权利；思想、良心和宗教的自由；意见和表达意见的自由；集会结社的自由；参与治理国家的权利和有平等机会担任公职的权利；享受社会保障的权利；工作、休息和闲暇的权利；受教育的权利；参加社会文化生活的权利等。① 对法律人权基本内容的以上概括都有其一定的理论和事实根据，但也许将法律人权的基本内容概括为人身权、政治权、经济权、文化权等几大类，相对更为妥当。

一　人身权

人身权是人权的首要内容。没有人身的存在，任何权利都没有意义。因为任何人权都是人的权利，没有人身也就没有人，当然也就无所谓人权。人身权的内容十分广泛，它至少包含人的人格权和身份权。其中人格权包括生存权、健康权、安全权、行动权、名誉权、荣誉权、肖像权等，身份权包括亲权、监护权、继承权等。下面仅就几个特别重要的权利分述于后。

第一，生存权。如果说人身权是人的首要权利，那么生存权就是人权首要权利之中的首要权利。生存权是人维持或保存自身生命的权利，包含获得温饱权和生命不被非法剥夺权两个主要内容。其一，获得温饱权是维持生命的第一需要，是生存权的首要内容。没有必要的食物摄入和衣物蔽体，人的新陈代谢就会停止，人的生命就会完结。有史以来，饥饿和寒冷

---

① 饶方：《人权与法制理论研究综述》，《中国法学》1991 年第 4 期。还有学者分别认为，法律人权主要是指公民权；法律人权包括生存权、自由权、财产权、自卫权等；法律人权以生存权、发展权和自由权、平等权为基本人权。参见杨晓青《人权理论研究座谈会综述》，《中国法学》1991 年第 4 期。

不知夺走了多少人的生命。解决温饱问题是人的最基本的要求，也是最低限度的要求。尽管人类已有数千年历史，但似乎历史的车轮并未驶出莽莽荒原，人类仍未能摆脱饥寒的摧残。或许是由于残酷的剥削，或许是由于不可抗拒的劫难，人的生命总难跳出饥寒的泥潭。在昔日的旧中国，历代政府都未能解决这一问题，专制统治更加重了人民的灾难。现在，人民的温饱问题已基本解决，这是中国人民和中国政府在争取和维护人权方面取得的历史性成就。然而，也必须注意到，中国还有一定面积的农村特别是一些老、少、边、穷地区，尚未保证温饱，就是在城市，由于贫富的分化，社会保障机制尚未全面确立，一些市民依然为温饱而苦恼。其二，生命不被非法剥夺权是生存权的重要内容。人的生命被剥夺的原因可能是自然的，也可能是人为的。由自然原因导致的人的生命丧失，一般不存在侵犯人权的问题；而由人为原因导致的人的生命丧失就可能是对人权的侵犯。人为剥夺生命权的形式，一是非法剥夺，二是合法剥夺。对生命的合法剥夺也有一个是否侵犯人的生存权的问题。有的学者以为然，有的学者以为否。关于死刑存废的争论就是这一分歧的典型反映。对生命的非法剥夺显然是对人权的侵犯。各国法律对非法杀人的禁止即是对人的生存权利的保护。从严格的逻辑意义上讲，生存权不仅包括人维持生存——维持生命的权利，也包括人放弃生存——放弃生命的权利。对于放弃生命的权利，有的学者持肯定的态度，有的学者则持否定的态度。其实，对其应实事求是地具体分析。放弃生命的方式主要是自杀。对一般意义上的自杀，法律理应持否定的态度。尽管自杀在一定意义上标志着自杀者对自己命运的决断，不失为一种"勇敢"的行为，然而它毕竟是对生命的轻视、对生命的否定，对他人和对社会的不负责任。在"勇敢"的表面下掩饰着的是人生的空虚，是真正的怯弱，是实实在在的自私。从根本上说，自杀不利于人类的健康、发展、完善。基于此，法不应当赋予人死亡的权利。在过去，法也一直未赋予任何人这一权利。然而，当历史发展到20世纪，一种特殊的"自杀"方式——行为人自身要求的"安乐死"产生了。社会学界、伦理学界、医学界、法学界纷纷为此震惊。人在身患绝症而临终之时，他有没有权利选择一种安乐的死亡方式？法应否赋予人安乐死亡的权利？世界各国的法对此态度各异。早在1936年，英国伦敦议会就开始了有关安乐死法规的旷日持久的辩论。1976年，美国加利福尼亚州首先通过了《自然死法》。发展到1984年，美国就有15个州和哥伦比亚特区通过了类似法案，其他28个州也正在制定类似的法案。日本则通过法院对刑法中有关"正当行为"和"紧急避难"的解释，给予安乐死有条件的认可。[①] 自身要求的安乐死，类似于自杀，但与一般的自杀并不相同，它具有一定的存在价值。因为它对于绝

---

① 楚东平：《安乐死》，上海文化出版社，1988，第78~79页。

症患者来说，不能不说是摆脱痛苦获得解脱的重要途径。能使绝症患者在安乐中离去，这也不能不说是社会进步和文明的表现。但是，如果放任这种安乐死，其后果也会不堪设想，甚至违反安乐死法的立法初衷；如果放任安乐死，以安乐死为由的逃避责任、亵渎生命的现象就可能不断发生。因此，对于自身要求的安乐死，既要予以必要的法律认可，也要予以必要的法律限制，使自身要求的安乐死不至于演化为非安乐死意义上的自杀。至于非自身要求的安乐死，当然远离"自杀"，对其应更加慎重。因为，非自身要求的安乐死在施行中稍有不慎，就可能被人利用，成为谋财害命等的违法犯罪手段，必须予以严格的法律规制。对于那些假安乐死之名行杀人之实的违法犯罪者，必须予以严厉的制裁。对于安乐死的严格的法律规制，是法律对于人的生命权的重要保障。法应使安乐死始终具有正义的性质，让安乐死给人类带来的是真正的安适和欢乐而不是痛苦和邪恶。

第二，健康权。健康权是人在保存生命的前提下的重要权利。人的健康权能否得以保障，直接关系着人的生存权能否切实享有，在整个人权中有着基本而重要的意义。人的健康权的威胁主要来自两个方面，一是疾病，二是伤害。法在这两个方面都具有不可低估的作用。从疾病方面讲，保证健康权的法律措施包括一般的健康保护、特殊的健康保护和专门的健康补救。一般的健康保护主要是指普遍的对社会成员的健康保障，具体体现在社会卫生事业的发展上，其主要的衡量指数应包括卫生机构和卫生技术人员的数量、水平、能力、分布，共有病床数量，烈性传染疾病的防治情况，地方流行病的现有状况等。特殊的健康保护主要表现为对儿童的健康保护和对罪犯的健康保护两个方面。保障儿童健康在提高人类素质中具有特殊的地位。由于他们年龄幼小，不论是从自然还是从社会的角度讲，他们都需要包括健康保护在内的一系列特殊保障。在法律上，往往表现为法律禁止虐待儿童、禁止使用童工，并将儿童保育法律化。至于罪犯的健康权之所以需要特殊保障，这是由罪犯在押这一特点所决定的。被关押的罪犯根本不可能被允许像一般社会民众那样享有自己的健康权利，因而就需要予以特殊的保护。专门的健康补救主要是指法律对残疾人的健康保护。残疾人由于某种原因其健康已经受到了严重损害，因而对残疾人的健康保障不仅具有一般保护的性质，而且具有健康补救的性质，努力使残疾人受到损害的健康得到尽可能好的恢复。各国的残疾人保障法中都有大量关于保障残疾人健康权利的规定。从伤害方面讲，保证健康的法律措施主要表现为将健康权规定为人的重要权利予以法律保护，对于侵犯健康权、导致他人人身损害的违法犯罪行为予以法律制裁；其保护措施遍及行政、民事、刑事、诉讼等法律部门。首先，健康权的行政法律保护。它主要是从国家行政管理角度制定法律并依法保护社会成员的健康权利。它应对侵犯公民人身、威胁公民健康的行政违法行为规定具体的惩罚措施并切实实施。其次，健康权的民事法律保护。它主要是从民法的角度给社会成员以健康保证。在民法上应确认公民享有生命健康权；公民、法人由于过错侵害他人人身的，应当承担民事责任；侵害公民身体造成伤害的，应当赔偿医疗费、因误工减少的收入、残疾人生活补助费等。再次，健康权的刑事法律保护。刑事法律规范运用刑罚手段制裁侵犯公民健康权的犯罪行为，以保护社会成员的健康权利。刑法应规定故意伤害罪、过失致人重伤罪、刑讯逼供罪等的犯罪构成要件及刑罚处罚方法。最后，健康权的诉讼法律保护。各诉讼法律法规应为社会成员保护自己的健康权利提供法律途径，使社会成员的健康权利可以通过法定的诉讼程序切实地获得实体的法律保护。此外，为了保障社会成员的健康权利，国家还应特别颁布环境保护法、污染防治法、医疗医药法（含药品管理法）和食品保护法等。这些法律的宗旨都应把保证社会成员的健康权利列在极其重要的位置，予以特别的法律保护。

第三，行动权。行动权是人的自由权利的核心内容。人的行动权，在法律上表现为人所拥有的，可以做出除法律所禁止以外的一切行为的权利。行动权是人都应当拥有的权利，只是由于生产方式、社会制度等的不同，人们的行动权利才在范围和程度上有所差别。影响人的行动权的因素首要的便是生产力和生产关系。在原始时代，由于生产力极其落后，生产关系极其简单，人们的行动权是十分有限的。在社会的历史发展中，生产方式作为社会的根本决定力量在不断发展，人们的行动的范围、数量和质量也都在不断发展。一般来说，人在新的时代的行动权总比在旧的时代的多，但由于社会制度等原因，在同一时代，人们的行动权并不都是一致或相同的。人的行动权的范围、数量、质量标志着社会文明发展的程度，受社会生产方式、社会制度的制约。在一定生产方式、社会制度之下，人们行动权的范围、数量、质量反映着该社会的民主与法治状况。在民主和法治的国家里，人们行动权的范围相对较广、数量相对较大、质量相对较高；而在专制或集权国家，人们行动权的范围相对较小、数量相对较少、质量相对较低。在这两类国家里，他们对行动权的规制形式也是不同的。一般地说，民主和法治国家都主张，对民众来说，凡是不违法的即是合法，凡是不违法的就不受法律制裁，凡是法律不禁止的就是可以作为的，凡是法律所不禁止的行为法律都予以保护；对社会管理者的管理行为来说，却只有法有授权才为合法。在专制和集权的国家里则不然，对民众来说，只有法律许可的行为才是法律所应保护的行为，凡是法律没有认可的行为都是违法行为，都应受到惩罚；对社会专制者或集权者来说，他们却可以无视法律而恣意妄为。这二者从表面上看只是思维方式的不同，实际上却有着质的差别。在民主和法治的国家里，社会民众的行动权是相对较广、较大、较高的，而在专制和集权的国家里，社会民众的行动权则是相对较小、较少、较低的。在前者之下，民众往往行动自如、井然有序，社会因此而充满活力；在后者之下，民众往往战战兢兢、畏畏缩缩，社会因此而缺乏生机。从前面给行动权所下的定义就可以知道，行动权并不包括违法行动的权利。然而，哪些行动是法所不允许或法所要禁止的呢？法对行动的禁止范围、数量和程度直接关系着人的行动权的范围、数量和程度。在法律史上，法的发展总是倾向于禁止的行为越来越少。当然，这种越来越少不一定是量的绝对减少，而是相对于整个行动范围的相对减少。换句话说，人的可行动的量随着历史发展应比禁止行动的量的比重越来越大，可行动的绝对量也会越来越多。这是历史时代前进的必然和必需。法律史表明，在民主和法治的国家，对民众，法所禁止的行动是尽可能少的，法所允许的行动是尽可能多的；在专制和集权的国家，对民众，法所禁止的行动是尽可能多的，法所允许的行动是尽可能少的。在前者中，社会有着广泛的法的自由；在后者中，社会有着广泛的法律不自由。禁止行为规定的量度是衡量一个国家法律人权的尺度。考察一国法律人权中的行动权时，必须注意其法律的历史环境（如生产方式、社会制度、国家制度等）、法对行动权的思维取向以及法对行动权的禁止状况。注意到它们，未必能全面认识某一法律的行动权；但未注意到它们，就一定不能全面认识法中的行动权。抽象地讲的行动权，并不是行动权的全部内容。因为，人的行动权必须通过人的政治、经济、文化、社会生活才得以表现，必须表现为人在政治、经济、文化、社会生活中的各种具体权利的实际行使。对此，我将在后面对政治权利、经济权利、文化权利、社会权利等的论述中继续论及。

第四，亲权。亲权，按照传统的解释，即是父母基于其身份对未成年子女所特有的权利，即父权和母权。但作为人权的亲权并不仅限于此。它是指人基于血亲关系或拟制血亲关系而产生的特定身份权利，不仅包括父权、母权，而且包括子女权以及由此延伸的祖父母权（含外祖父母权）和孙子女权（含外孙子女权）等。其中，父权、母权也不仅限于未成年子女，而且也包括父母对成年子女的权利等。亲权是人的基本权利之一，是人的身份权的重要部分。亲权从法律上讲可以由两种事实形成，一是血缘，二是收养。因血缘而成立的亲权以子女的出生为根据，因收养而成立的亲权以收养关系的建立为根据。前一亲权是自然亲权，后一亲权是拟制亲权。前者不可改变，后者可因收养关系的撤销和解除而终止。中国自古就有关于亲权的法律规定。在中国长期的宗法家族制度下，法特别强调亲权，把孝作为一种法治的价值加以贯彻和追求。"不孝"被列入"十恶不赦"之重罪加以惩罚。祖父母、父母在而子孙别籍异财、供养有阙者，均须予以处刑；父母对子女拥有主婚权、教令权、惩戒权等。在这种亲权中，又"父""母"有别，"男""女"有别，"嫡""庶"有别。"亲权"的核心乃是"父权"。在古罗马法中有着家父权的法律规定，欧洲中世纪的法在亲权方面也以维护"父权"为宗旨。当代各国都有关于亲权的法律规定。概括起来，亲权包括两类：一是人身方面的亲权，如监护权、教养权、住所决定权、惩戒权、身份行为代理权、同意权等；二是财产方面的亲权，如财产上的法定代理权和法定同意权、子女特有财产管理权、遗产继承权等。亲权是人的极其重要的权利。人一出生就降临在一定的亲权关系之中，并依赖一定的亲权得以成长。强调亲权首先是人类延续的需要。没有亲权作为保障，人的生存都成问题。强调亲权也是人伦的需要，亲权关系是人的最基本的伦理关系。具有法律意义的亲权应是权利与义务的统一、父权与母权的统一、父母权与子女权的统一、伦理权与法律权的统一。亲权不仅包括权利而且也应包括义务，称之为亲权只是从权利的角度的称谓而已，并非排斥义务。认为亲权只是权利而无义务的观点是有失偏颇的。亲权的内容除了前述权利以外，还包含父母对子女的抚养教育义务、监护义务、代理义务等，也包含子女对父母的接受教管义务、赡养义务等。亲权不仅包括父权，而且也应包括母权，是父权和母权的统一。父权和母权应是一致的。在西方，在中国，历史上都长期只把父权作为亲权的内容，母权被排斥甚至舍弃。这是在亲权问题上男女不平等的表现，也与亲权的人权性质根本对立。亲权不仅是父母对子女的权利，而且也应包括子女对父母的权利。亲权是基于人类亲情关系而产生的权利，局限于父母权利的亲权是不完整的亲权。亲权是以人伦关系为道德基础的道德权利，也是以人伦关系为基础的法的权利。亲权的双重性质相互为用、互相裨益。亲权的道德性为亲权的实现奠定了伦理基础，亲权的法律性为亲权的实现提供了强制保障。

二　政治权

人的政治权是人在政治社会中所应享有的参与国家和社会管理的基本权利。人的政治权利并不均等，尤其是实际上的政治权利，几乎从未真正均等过。作为人权重要内容的政治权，主要包括政治了解权、政治参与权、政治评议权和政治监督权四大权利。

1. 政治了解权

政治了解权在人的政治权利中占有重要地位。首先，政治了解权的存在和实现是满足人们了解政治的愿望的需要。在长期的阶级社会里，政治遍及社会的每一个方面，成为人外在的生活环境并深入人的内心世界。人对政治的关心，无疑是对自己生存条件及其命运发展的重视。了解政治状况与调整自己行为、关心自己利益具有紧密的联系。人们对政治的了解，也是对自身利益的关心。其次，政治了解权的存在和实现是政治权力赢得民众支持的重要途径。任何政治权力如果得不到民众的支持都很难长期维持，而民众拥护政权的前提必须是了解政治。如果人们连政治状况都不了解，拥护政权就只能成为空谈，执政者也就无法获得民众的支持。最后，政治了解权的存在和实现是其他政治权利得以实现的前提和基础。政治了解权是首要的政治权利。没有政治了解权，什么政治参与、政治评议、政治监督的权利都无从谈起，所以政治了解权应受到重视。就政治了解权的内容来讲，首先是民众具有了解政治的权利。这一权利，非依法定条件和程序不得剥夺。其次是政治权力具有告知政治的义务。政治权力应通过法定的形式、途径向民众公布政治状况、政治事件和政治行为，使民众有获得政治知悉的条件，具有知悉政治的可能。政治权力应努力保证自己的这一义务的履行，努力保证民众政治了解权的实现。现代社会的传播媒介为政治了解权利、义务的现实化提供了越来越多的大众传播工具，如广播、电视、报纸、杂志等。政治权力应努力发挥这些传播工具传播政治信息的功能。在政治了解权中棘手的问题是，"政"有没有"政"的机密？是否所有的"政"都要公开，都宜公开，都需要公众知悉？回答是，不一定。那么，哪些"政治"必须公开，哪些"政治"不必公开，哪些"政治"不能公开？这些都需要法做出力所能及的努力。

2. 政治参与权

政治参与权在政治权利中的地位至关重要。首先，政治参与权是民众政治权利的直接行使，是民众政治权利的直接体现。其次，政治参与权是政治民主的重要标志。民众政治参与权的多少和大小，往往表明了一个国家政治昌明的程度。政治参与权的法定范围和实现程度对于整个政治权利的法定范围和实现程度都具有根本性的核心意义。政治参与权的形式是多样的，它至少包含表决权、选举权、被选举权和建议权。表决权是民众对重大政治事项甚至宪法予以表决的权利。表决权在民众手中具有参与政治决策或政治决定的意义。行使表决权是最直接的民主方式。表决者有权根据自己的意志表明自己的态度，从而影响政治。政治权力应努力为民众的表决权提供表达真实意愿的条件和保障。选举权是民众享有的、选举国家代表机关代表或某些国家机关领导人的权利。选举权是一切民主国家必不可少的人权。这一人权除了因特定的年龄幼小、智力缺失或被依法剥夺者外，其余所有的人都应不分民族、种族、性别、职业、家庭出身、宗教信仰、教育程度、财产状况、居住期限而一律平等地享有。被选举权是指民众所享有的被选举为国家代表机关代表或某些国家机关领导人的权利。它是民众政治权利中与选举权并列，甚至比选举权更为重要的权利。从应然意义上讲，被选举权与选举权应是一致的，凡拥有选举权的社会成员都拥有被选举权。然而，在实际的法的权利上，统治阶级为了把被选举权集中在本阶级手中，往往对被选举权加以特别限制，使本来应为普遍人权的被选举权成为现实的阶级特权。建议权是民众政治参与权的又一重要形式。所谓建议权，即是民众对国家机关及其工作人员的工作提出建设性意见的权利。如果说，在非法治社会中，建议权的法律规定要依赖统治者的性质及其开明程度，那么建议权的行使在任何社会都必须依赖民众的政治参与意识和政治参与积极性。

3. 政治评议权

政治评议权具有十分重要的政治和法律意义。首先，政治评议权是国家政治民主化的表征。在任何专制的国家里，"休谈国事"或"莫谈国事"都是人们的政治信条和社会口号。人们能否议论政治、能在多大程度上议论政治以及是否具有议论政治的热情，都是一个国家民主发展程度的标尺。其次，政治评议权是国家政治民主化的保障。人们如果没有政治评议的权利或根本不行使政治评议的权利，一个国家的政治民主就难免会衰落、倒退，政治的民主化就没有保障。最后，政治评议权是政治行动得以校正的契机。政治不可能没有失误，如果社会的政治评议权能得到很好行使，人们可以自由地评议政治，那么政治权力就可以从人们的政治评议中获得自己政治行为的信息反馈，把人们的政治议论作为校正政治行为的参照系，随时校正政治行为，避免犯长时期或较严重的政治错误。政治评议权的实现方式有两种，一是一般政治评议，二是特殊政治评议。一般政治评议主要是通过舆论的方式实现的，存在于舆论之中，它不引起特定的法律后果，也不产生特定的法律效力；特殊政治评议可以通过对话、座谈、反映意见、群众来信等方式得以实现，具有一定的形式性和严肃性。

　　4. 政治监督权

　　政治监督权是政治参与权、政治评议权、政治了解权的必然要求。人们政治参与的范围总是有限的。大量的政权运作都是由政治权力来实施的。民众对政治的监督非常必要。如果人民没有政治监督权，就很难说有真正的民主，有真正的政治参与。在严格意义上，政治监督也是政治参与的内容。只是由于政治监督较之其他政治参与方式具有特别重要和独有的意义，这里才将其与政治参与权并列，作为政治参与权之补充与保证。政治评议是重要的，但只局限于"议"是不够的。政治评议只有通过政治监督等方式才能达到应有的目的，发挥应有的作用。没有政治监督，政治评议在很大程度上都只能是空谈。同理，如果没有政治监督权等的存在，政治了解权也只能是"知"之而已。对于民众来说，缺乏政治监督权的政治了解权和政治评议权，实际上是痛苦的政治了解权和政治评议权，也是无可奈何的政治了解权和政治评议权。人们政治监督权的行使，在专制国家是不可能的，在民主国家往往通过两种途径得以实现：一是诉讼方式，民众通过对政治权力的诉讼监督（包括起诉、控告等）来实现；二是非诉讼方式，民众通过对政治权力的非诉讼监督，如新闻、舆论、信访等来实现。政治监督权的行使一要依靠民众的民主积极性，二要依靠国家的民主保障性，二者缺一不可。否则，政治监督权就会名存而实亡。历史证明，只有在人民真正当家作主的国家里，二者才能获得高度的统一。

三　经济权

　　作为人权的经济权，是人权实际享受的重要基础和客观保障，对于经济权的忽略，必将严重阻碍整个人权的实现。通观经济权主要包括平等发展权、劳动权和财产权等。

1. 平等发展权

平等发展权是人在经济上的重要权利。人的平等发展权首先所指的并不是作为结果的经济平等权利而是指社会成员在社会生活尤其是社会经济生活中拥有平等发展的权能和利益。其主要表现为，社会成员发展的起点应是平等的。社会不能因人的出身、父母地位不同而使人的发展具有不平等的权能或前景，形成发展起点上的特权或歧视。发展起点的平等是公平竞争的前提性要求。社会成员发展的过程应是平等的。社会不能因能力、机遇之外的其他非常因素而使人的发展享有不平等的机会。有的人只能依法发展，有的人却能违法发展，这都与其根本对立。违法发展者如果不受制约、制裁，发展的过程就不会平等。平等发展权并不要求结果的平等，但既有的结果被作为新的发展基础时，也有一个保证平等发展的问题。为此，社会及法应为发展中的极度弱者提供必要帮助，使其具有重整旗鼓并与社会强者再度平等发展的可能，使社会有一个平等的发展环境。

2. 劳动权

劳动权是人的基本权利之一。具有劳动能力的社会成员有权要求国家为其提供参加社会劳动的机会，并切实保证劳动报酬的取得。劳动权是民主自由权利的基础，是生存权利的前提和保障。如果劳动权没有保障，劳动者的生活就会受到威胁，其他权利也就难以实现。劳动权作为人权之一被提出，始于19世纪初。当时，资本主义制度导致的严重失业使广大工人的生活没有保障，于是法国工人就提出了争取劳动权的口号。在1848年法国二月革命中，就曾将劳动权作为斗争的纲领。法国临时政府在同年2月26日发布的法令中被迫承认了劳动权。但此后一百多年的时间里，劳动权并未得到普遍的承认，即使是承认了劳动权的个别国家也没有对劳动权的实现予以足够的保证，以至于马克思说，"劳动权在资产阶级的意义上说是一种胡说，是一种可怜的善良愿望"。[①] 到了第二次世界大战以后，劳动权才逐步地获得了广泛的法律承认。然而，资本主义世界未能实现人们普遍的劳动权利，大量的失业使劳动权成为乌有。保证社会成员的劳动权利，是中国政府现在乃至今后长时期的重大任务。过多的人口总量和过快的人口增长，都成为我国劳动权实现的障碍。生产工具的改进和劳动效率的提高又为劳动权的普遍实现增加了困难。

3. 财产权

财产权是人所享有的具有一定物质内容，直接体现为经济利益的权利，是一定社会的物质资料占有、支配、流通和分配关系的法律表现。财产权包括以所有权为主的物权、准物权、债权、继承权以及知识产权等。财产权作为人权之一，备受资产阶级启蒙学者和资产阶级自然法学派的重视。他们异

---

① 《马克思恩格斯选集》第1卷，人民出版社，1995，第409页。

口同声地强调财产权，并把财产权作为第一重要的人权。彼得·斯坦和约翰·香德在《西方社会的法律价值》中说："事实上，18世纪的思想家们，例如大卫·休谟和亚当·斯密，都认为对财产权的保护是法律存在的主要理由。"① "必须承认，历史上法庭调节财产权利的能力一直是司法成功的关键所在。不论财产权是作为维持社会秩序的制度，还是作为保障公民之间某种程度上的公平关系的有利手段，都是如此。"② 确实，西方法律理论对财产的重要性给予了很高的评价，财产往往被视为具有重大作用的价值。因为，财产得到了保证，自由、社会秩序以及其他一些基本价值的存在及其连续性也就有了保障。然而，时常也有人用另外的一些解释和证明方法，把财产权抬到具有固有价值的高度。其中最主要的代表是布莱克斯通。他曾写道："最最重要的是，法律不允许对私有财产进行哪怕是最微不足道的侵犯，即使是为了整个社会的普遍利益，也绝不允许。"③ 财产权在资产阶级法中也被作为最重要的权利加以确认。法国《人权宣言》宣布，"财产是神圣不可侵犯的权利"。美国宪法规定，"凡私有财产，非有适当赔偿，不得收为公用"。日本宪法则宣布，"财产权不得侵犯"。资产阶级法之所以对财产权予以特别的重视，其主要的原因在于，财产是资产阶级、资本主义存在和发展的根据，没有以"资本"为核心的财产，就没有资产阶级和资本主义。所以，资产阶级、资本主义的法也就很自然地将财产权推演为所谓的普遍人权，并加以保护。实际上，保护的仅仅是资产阶级特权。

四　文化权

文化权随着历史的发展早已成为人权的基本内容之一。文化权主要包括受教育权、文化生活权、科学研究权和文艺创作权等。

第一，受教育权。受教育权是人全面自由发展的重要前提，是人适应群体生活的需要。教育包括学校教育、社会教育、家庭教育三个方面。受教育权主要是指人依照一定要求，有目的、有计划、有组织地接受知识和技能、培养思想品德、发展智力和体力的权利。通过受教育权的享有，国家和社会将长期积累的生产劳动经验和社会生活经验传授给社会成员，使其适应社会劳动要求和社会生活需要。受教育权的享有状况是一个国家或一个时代文明发展的记录和反映。体现受教育权状况的指数，至少包括文盲率、学龄儿童

---

① 〔英〕彼得·斯坦、约翰·香德：《西方社会的法律价值》，王献平译，中国人民公安大学出版社，1989，第251页。

② 〔英〕彼得·斯坦、约翰·香德：《西方社会的法律价值》，王献平译，中国人民公安大学出版社，1989，第251页。

③ 〔英〕彼得·斯坦、约翰·香德：《西方社会的法律价值》，王献平译，中国人民公安大学出版社，1989，第252页。

入学率、各级各类学校学生数等。

第二，文化生活权。文化生活权，在社会发展到今天已成为一种普遍的权利。它包括人们从事文化生活、享受文化生活、参与文化生活的权利。电影、电视、广播、戏剧、博物馆、展览馆、图书馆等的发展，为人们的文化生活提供了广泛的领域和丰富的内容。人们应当在社会能够普遍提供的文化空间、文化氛围中自由呼吸、自由行动。法对正常的文化生活予以足够的法律保护。

第三，科学研究权。科学研究权是人探索自然、社会和思维的未知领域的权利。科学研究是人类延伸的触觉，是人类走向未来的先导，是人类改变现状、寻求发展的途径，也是人类生存和发展中深化了的本能。尽管并非每个人都具有从事科学研究的能力，但保证每个人都有权从事科学研究则是法的人权责任。

第四，文艺创作权。文艺创作权是人为了丰富精神生活而进行艺术性创造并获得文化艺术成果的权利。文艺创作权在人的文化权中具有重要的意义。不能因为文艺创作权在实际上因人的天赋、智能、意趣等差异而非人人所能享有就否定其人权价值。文艺创作权应为人人都能享有，但实际上能否享有，往往取决于每个人自身的素质、能力、爱好等，而不是社会外在的强制。因为权利是可以放弃的，可以不行使的，不能因为有的人因天赋、智能、意趣等不行使文艺创作权就否定文艺创作权的普遍意义。

第六节　作为和谐社会法治价值的秩序

秩序是作为群体的人类所必需的，没有秩序就没有真正的共同生活。人是类的动物，从一定的意义上说，法就是为了维护人类的公共秩序状态而产生的。法与秩序有着天然的联系，并把秩序作为社会意义上的、最基本的价值追求。

一　秩序对人类的价值意义

秩序对于人类来说，就是维系自身作为类的存在物的需要，是人的社会性的表现与需要。人类离开了秩序就没有安全，就没有良好的发展，就没有真正的幸福。

（一）秩序的最基本含义

秩序，按中国的传统解释，"秩，常也"；秩序，常度也。秩序也作秩叙，犹言次序，指人或事物所在的位置，含有整齐守规则之意。按现代解释，秩序，乃人和事物存在和运转中具有一定一致性、连续性和确定性的结构、过程和模式等。

秩序包含社会秩序和非社会秩序两类。社会秩序是指人们交互作用的正常结构、过程或变化模式，是人们互动的状态和结果。它包含行为秩序和状态秩序，也包含了经济秩序、政治秩序、文化秩序，乃至生产秩序、工作秩序、教学秩序、科研秩序和生活秩序等。非社会秩序则是指事物的位置所在、结构状态或变化模式。法所追求的价值意义上的秩序显然不是一般的秩序，更不是非社会秩序，而是有益于人类的社会秩序。本节所用的"秩序"若无特殊说明，均指社会秩序。

在秩序概念上，要避免只对秩序作静态考察的片面理解。秩序不仅包括静态秩序而且还包括动态秩序。人的社会秩序实际上是人与人关系的常态。这种常态可能是相对静止的，也可能是正在变化的。即使正在变化的秩序也是一种有规则的秩序，而不是毫无规则的紊乱。人是运动着的生命，人的秩序都是人们交互作用的结果，是人们互动的过程和产物。因此，秩序的静态意义在很大程度上都只能是相对的，而动态意义却是绝对的。那种对秩序只作静态理解的观念是错误的。没有对秩序动态意义的清楚认识，就不可能有对法的秩序价值的真切理解。

秩序是与无序相对应的。秩序是一种具有一致性、连续性和确定性的现象。无序就是一种不具有一致性、连续性和确定性的现象。博登海默对秩序和无序的论述似可借鉴。他说："秩序概念，意指在自然进程与社会进程中都存在着某种程度的一致性、连续性和确定性。另一方面，无序（disorder）概念则表明存在着断裂（或非连续性）和无规则性的现象，亦即缺乏智识所及的模式——这表现为从一个事态到另一个事态的不可预测的突变情形。"① 在自然界，在人类社会，秩序总是普遍的，而无序总是偶然的。日、月、星、辰，分子、原子、中子、质子等自然现象和物质结构的秩序性，在此不予论述。这里要考察的是人类社会即人际的有序状态。人类的有序状态是十分普遍的。人们在社会组织、阶级、阶层等高级社会群体中是有秩序的，人们在家庭、邻里等初级社会群体中也是有秩序的。人们不仅在社会生活的具体单位，如家庭、邻里、社会组织、阶层、阶级中是有秩序的，而且在非组织化的人的结合点上也是有秩序的，比如同时到一个电影院看电影的观众，同在一条公路上驾车的汽车驾驶员，坐同一架飞机的乘客，他们也有秩序，甚至是较严格的秩序。秩序对于人们的社会生活来说具有极其普遍的意义。强调秩序对于人的普遍意义，并不意味着人们都一定能服从秩序、维护秩序，或者说秩序就能自动地无处不在、无时不有。事实上，尽管人类到处都存在秩序，都需要秩序，但是人类可能随时遇到无序和秩序的破坏。法学家们也不能不感叹："人类对秩序的追求，时常会为偶然情形所阻碍，有时还会被普遍的混乱状况挫败。这种规律层面上的混乱与失调的情形似乎在人类生活中要

---

① 〔美〕博登海默：《法理学：法律哲学与法律方法》，邓正来译，中国政法大学出版社，1999，第219~220页。

比在非有机的自然界中发生得更为频繁。"① 正是由于人类需要秩序，人类的秩序又时常遭到破坏，所以人类才对秩序备加珍视。

（二）秩序是人类生存的必需

人类得以生存的先决条件是人类一定物质生活资料的客观存在。人的物质生活资料是靠人的劳动获得的。在原始时代，人类获得物质生活资料的劳动，一是在自然界中寻找，通过采摘、渔猎等劳动获得现存的野果、野兽；二是在自然界中创造，如通过种植粮食、饲养家禽等劳动获得食物。在强大的自然力量面前，不论是在自然界中寻找，还是在自然界中创造，原始人类的个体是无法持续进行的。多个人的共同劳动，就必然存在人与人之间的关系和人类社会的秩序问题。没有秩序的劳动，必然是效率低下的劳动，甚至是没有效益的劳动。在劳动的过程中人与人的协作、配合都需要秩序，也都是秩序的表现。

人类社会是人与人结合的产物，没有人类的存在，孤立的个人是不可能存在的；即使存在了，也无法长期生存下去。因为没有同类的存在，人的繁衍无法进行，人类的延续就成为空话，也就无从谈及人类的生存。人要传承，要繁衍，就必须有"他人"的存在，有类的存在。两性的结合需要秩序，两性结合的产物——后代也需要秩序。后代与后代（包括兄弟姐妹等）之间有秩序的问题，父母与子女之间也有秩序的问题，由此而延伸的祖父母、外祖父母等血缘亲属关系中也有秩序的问题。这些可以称为姻亲、血缘的人伦秩序。这种人伦秩序也决定了人是类的存在物。人有类的存在，就需要有秩序。人类的秩序是人类的必需。

在原始时代，由于人类征服自然、改造自然的能力低下，人类的生存环境十分险恶，面对自然和猛兽的威胁，任何孤立的个人要离群索居、逃避群体生活都只能是自绝于人类，自取灭亡。人们必须过群体生活。由于群体内存在利益的差异、重叠和冲突，所以必须有秩序。没有秩序就不可能使群体得以稳定、巩固和发展；没有秩序也不可能有每一个人的安全，弱肉强食、人人自危就不可避免。为了每个人乃至整个氏族的生存，秩序也就必不可少。

"历史表明，凡是在人类建立了政治或社会组织单位的地方，他们都曾力图防止出现不可控制的混乱现象，也曾试图确立某种适于生存的秩序形式。这种要求确立社会生活有序模式的倾向，绝不是人类所作的一种任意专断的或'违背自然'的努力。"②

（三）秩序是人类发展的要求

秩序不仅是人类生存的条件，也是人类发展的要求。人类的任何发展都

---

① 〔美〕博登海默：《法理学：法律哲学与法律方法》，邓正来译，中国政法大学出版社，1999，第224页。

② 〔美〕博登海默：《法理学：法律哲学与法律方法》，邓正来译，中国政法大学出版社，1999，第220页。

离不开人类社会生活的稳定与正常。人类的发展需要一定的社会条件，在这些社会条件中，就包含着对于秩序的要求。在混乱状态之下，人的生存都成为困难的时候，人是无法顾及发展的。每一个人和所有人的发展，都会对秩序提出一定的要求。相对的稳定、和平、安宁是发展的客观前提。发展是一种在生存基础上的进步，如果说生存是非常需要秩序的，发展更离不开秩序。

古今中外，任何比较繁荣发达的社会，其社会环境都是稳定而有秩序的。汉朝的"文景之治"、唐代的"贞观之治"，无不是在良好的秩序下出现，并以良好的秩序为标志的。很难想象在战火纷飞、兵荒马乱、民不聊生、人心浮动的状况下，社会的经济、文化能够得到较大的发展，人类能够获得较大的进步。混战和内乱给人民和社会所带来的灾难就是明证。在和平、安定、有序状态中，中国和世界所取得的成就和发展又为此提供了新的论据。历史千百次地证明了一个真理：秩序保证着生存，秩序也保证着发展。一旦社会陷入混乱之中，人们的正常生产劳动就会受到干扰或者被迫停止，社会的发展马上就会减缓、停滞，甚而倒退。战争、动荡给社会发展带来的一次次破坏都从反面证明了这一点。因为战争、动荡不仅会使发展减缓、停滞，而且还会造成社会既有物质财富的巨大损耗，有时甚至是巨大的浪费。秩序与无序从不同的方面影响着人类的发展。对此问题最有说服力的例证之一，是中国大规模动荡、内乱的"文化大革命"期间的 1967 年和 1968 年。1966 年发动的"文化大革命"，1967 年和 1968 年发展到高潮，出现了空前的全国大动乱，社会陷入了严重的无序状态之中。中国社会总产值在 1966 年为 3062 亿元，1967 年为 2774 亿元，1968 年为 2648 亿元；国民收入总额在 1966 年为 1586 亿元，1967 年为 1487 亿元，1968 年为 1415 亿元；国家财政总收入在 1966 年为 558.7 亿元，1967 年为 419.4 亿元，1968 年为 361.3 亿元。[①] 大动乱中社会生产力的大倒退已经充分说明了没有秩序就没有发展的真理。

二　秩序是法的基本价值

在社会的意义上，秩序是法的最基本的价值。人作为社会的主体，人与人的不可分离的群体属性，就决定了秩序对于人类的意义。法作为一种具有外在强制性的行为规则，对于秩序必然具有重要的意义。维护秩序是法的最基本的价值诉求。

（一）法对秩序的重要意义

"规则和秩序本身，对任何要摆脱单纯偶然性或任意性而取得社会的固定性和独立性的生产方式来说，是一个必不可少的要素。"[②] 规则不仅与秩序一样为要摆脱单纯偶然性或任意性而取得社会的固定性和独立性的生产方式必

---

① 马宇平、黄裕冲编《中国昨天与今天——1840～1987 年国情手册》，解放军出版社，1989。

② 《马克思恩格斯全集》第 25 卷，人民出版社，1974，第 894 页。

不可少，而且还是秩序必不可少的依据。规则对于秩序具有必不可少的重要意义。

在原始社会里，"没有军队、宪兵和警察，没有贵族、国王、总督、地方官和法官，没有监狱，没有诉讼，而一切都是有条有理的"。[①] 为什么能有条有理呢？因为，"一切问题，都由当事人自己解决，在大多数情况下，历来的习俗就把一切调整好了"。[②] 这些历来的习俗就是规则，是这些习俗带来了原始社会有条有理的秩序。实际上，规则的内容远非仅限于习俗。宗教规则、道德规则、法的规则等都属于规则的范畴。它们对于建立秩序和维护秩序都具有自己独特的意义。

法在一定意义上说，本身就是为建立和维护某种秩序才建立起来的。在原始社会末期，社会生产力的发展导致了私有制的产生、阶级的出现，剥削阶级与被剥削阶级的矛盾发展到势不两立的程度，社会自身已无力解决这种冲突，为了使社会和相互冲突的阶级不至于在无谓的斗争中同归于尽，就需要一个表面上凌驾于社会之上的力量制定出法律，并依据法律把这种阶级冲突控制在秩序范围之内。法是阶级社会的产物，是阶级社会建立阶级统治秩序并维护阶级秩序的工具。

为阶级秩序而产生的法，实际上是为原始社会秩序而存在的原始习俗的演变、延伸和发展。法是在原始习俗中孕育、成长起来的。在原始社会和奴隶制社会的交替中，首先是部分原始习俗规则逐步形成最初的法律规则；其次是部分原始习俗为新的法律法规所取代，产生新的规则——法律规则；再次是将那些已无存在价值的原始习俗予以剔除。延续至今的有关生产、分配、交换的法律规则的某些内容，就不能不作为原始习俗的更新和发展而保留原始习俗的痕迹。至于族诛、连坐与血亲复仇、血族复仇，罪刑相当、等量赔偿与同态复仇的历史沿革，更具有典型的意义。

法对秩序的意义主要表现在，法为秩序提供预想模式、调节机制和强制保证。法包含着统治者对秩序的希望，统治者总是把自己对秩序的希望注入法之中，在法的典章条款及其字里行间形成一个社会秩序的预想模式，并将此模式作为现实中法的秩序追求的目标。法是社会关系的调整器，调整着形形色色的社会关系。而社会秩序正是建立在各种社会关系相对稳定或有规律的运行之上的。法律规则在调整社会关系的同时也调整着社会秩序。法对社会关系的调节机制，实际上是法对社会秩序的调节机制。法具有国家强制性。法的国家强制性使法在调节秩序的众多规则（包括宗教规则、道德规则等）中独树一帜，成为社会秩序的有力保证，确保社会秩序免遭任何非法的破坏和干扰。

---

① 《马克思恩格斯全集》第 21 卷，人民出版社，1965，第 111 页。
② 《马克思恩格斯全集》第 21 卷，人民出版社，1965，第 111 页。

也许正是由于法对秩序的特殊意义，以至于许多学者认为法本身就是秩序，法是"由社会上一部分人积极地按自己的意志规定下来并由另一部分人消极地接受下来的秩序"。① 在阶级对抗的社会中，由于阶级对立的存在，被统治阶级固然会反对和破坏统治阶级的秩序，但由于阶级利益的差异，就是中间阶级也不会对统治阶级的社会秩序绝对服从，甚至统治阶级内部也可能会有对秩序的不满情绪和破坏行为。因此，运用法来创设并维护某种秩序历来就为统治阶级所特别看重。法不仅是秩序的保证，而且是秩序的化身。

法甚至就是秩序本身。亚里士多德就说过，"今夫法律者，秩序之谓也；良好法律，即良好之秩序也。"② 近现代以来，有的法学家"认为法律是一种行使国家强制力的威胁，从而设想法律是一种强力的秩序"，③ 有的法学家"根据个人心理来解释司法和行政活动，从而设想法律是一种心理冲动的秩序"。④ 而博登海默在论述秩序的需要时首先就说："秩序这一术语将被用来描述法律制度的形式结构，特别是在履行其调整人类事务的任务时运用一般性规则、标准和原则的法律倾向。"⑤

当然，秩序和法毕竟是不同的概念，它们在内涵和外延上都有差异，上述将秩序与法相等同的说法，不过是为了强调法对秩序的意义而已。尽管将二者混同的论述未必科学，但法的秩序价值的确不容忽视。

（二）秩序是法的基础价值

秩序是法治的基础价值。任何法律，从秩序意义上讲，都要追求并保持一定的社会有序状态。"所有秩序，无论是我们在生命伊始的混沌状态中所发现的，或是我们所要致力于促成的，都可从法律引申出它们的名称。"⑥

法没有不为一定秩序服务的。在秩序问题上，不存在法是否服务于秩序的问题，所存在的问题仅在于法服务于谁的秩序、怎样的秩序。难怪西方法学家普遍认为，"与法律永相伴随的基本价值，便是社会秩序"。⑦ 秩序是法治的基础价值，但并不是法的终极价值。除了秩序以外，法追求的价值还有生存、安全、健康、公平、正义、自由、平等、人权、民主、法治、文明、

---

① 《马克思恩格斯全集》第 2 卷，人民出版社，1957，第 515 页。
② 〔古希腊〕亚里士多德：《政治论》，商务印书馆，1935，第 328 页。
③ 〔美〕庞德：《通过法律的社会控制·法律的任务》，沈宗灵、董世忠译，商务印书馆，1984，第 57 页。
④ 〔美〕庞德：《通过法律的社会控制·法律的任务》，沈宗灵、董世忠译，商务印书馆，1984，第 57 页。
⑤ 〔美〕博登海默：《法理学：法律哲学与法律方法》，邓正来译，中国政法大学出版社，1999，第 219 页。
⑥ 〔德〕拉德布鲁赫：《法学导论》，米健、朱林译，中国大百科全书出版社，1997，第 1 页。
⑦ 〔英〕彼得·斯坦、约翰·香德：《西方社会的法律价值》，王献平译，中国人民公安大学出版社，1989，第 38 页。

发展等。法的秩序价值与法的其他价值之间，前者是后者的前提和基础，后者是前者的目的和发展。法的秩序价值是连接法与法的其他价值的中介，法的秩序价值是法的基础价值。

秩序对于法的基础价值是在这样的意义上成立的，即秩序是法的直接追求，从社会的视角来看，其他所有的价值都是以秩序价值为基础的法的期望；没有秩序价值的存在，就没有法的其他价值。

秩序之所以是法的基础价值，首先是由法对于社会的意义所决定的。社会是人与人结合并相互作用而形成的统一整体。法具有组织社会、调节社会的意义。有了社会，才有了包括法在内的社会规范。随着社会的发展，也只有在法等社会规范的作用之下，才可能使一个社会得以维系和演进。法对于社会的意义，首要的也就是建立起最必要的人际秩序，使人与人能够共存。维护人际秩序的规范并不仅止于法，但在众多的规范中无疑只有法才是人们因受外在强制或受外在强制的压力而不得不遵行的准则。法对于社会的这一意义其实也就是法的秩序价值的体现。

秩序之所以是法的基础价值，其次是由秩序本身的性质所决定的。秩序是人们社会生活中相互作用的正常结构、过程或变化模式。它是作为主体的人互动的状态和结果。而人的互动状态和结果，在社会中既是法存在的依据，又是法调整的结果。没有秩序就只有混乱，就只有弱肉强食的虐杀，法就根本不能存在。法一旦创立，首要追求的就是秩序，并在一定的秩序中发挥自己的作用，追求自己的其他价值。

秩序之所以是法的基础价值，最后也是由法的其他价值所要求的。如前所述，法治的价值中除了秩序价值以外，还有生存价值、安全价值、效益价值、公平价值、正义价值以及自由价值、平等价值、人权价值、民主价值、文明价值、人的全面发展价值等。这所有的其他价值无不以秩序价值为基础。因为，没有秩序，生存、安全、效益都会受到威胁并缺乏保障，公平、正义、自由、平等、人权、民主、文明等就只能是奢望和梦想。庞德在《法律的任务》中也说："当法律秩序已经认定和规定了它自己要设法加以保障的某些利益，并已授予或承认了某些权利、权力、自由和特权作为保障这些利益的手段以后，现在它就必须为使那些权利、权力、自由和特权得以生效而提供手段。"① 法的其他所有的价值都需要以秩序价值为基础，并建立在法的秩序价值的一定实现上。以秩序价值为基础，是法的其他所有价值的要求。

秩序是法的基础价值，不等于秩序是法的唯一价值。仅以秩序价值的实现为目标的法是目光短浅的法，是没有前途的法，也是不可能创设良好秩序的法。法追求秩序又不满足于秩序，才能获得真正的秩序并有可能实现法的

---

① 〔美〕庞德：《通过法律的社会控制·法律的任务》，沈宗灵、董世忠译，商务印书馆，1984，第114页。

所有价值。

三 法的秩序价值的实现

秩序对于社会，和对于具有社会属性的人来说，都是必要而基本的。法律对于秩序具有独特的意义。这种意义如果仅仅停留在认识的层面，显然是不够的。如何实现法对秩序的意义，如何实现法的秩序价值，就是法追求秩序的最具有决定性质的环节与方面。

（一）法的秩序价值的实现方式

法的秩序价值从总体上说，都是通过法的社会控制得以实现的。法的社会控制是人们通过社会（含国家、社会群体）的力量，迫使社会成员遵从法律规范、维持社会秩序的过程。它既包括社会（含国家、社会群体）对社会成员行为的法指导、法约束和法制裁，也包括社会成员相互间的法影响、法监督和法批评。广义上的法的社会控制，是指社会、国家、社会群体等为了达到维持社会秩序的目的采取的法的控制手段及其具体控制过程。狭义上的法的社会控制，则是指社会、国家、社会群体等对偏离法律规范的越轨行为所采取的法的限制措施及其限制过程。不论是广义上的法的社会控制还是狭义上的法的社会控制，法都是其必要的工具。法是社会控制的根本手段，在整个社会控制中的意义不容低估。法学家认为："在近代世界，法律成了社会控制的主要手段。"① 社会学家认为："社会控制的手段种类繁多，但最为具体与明确的应推法律。"② 通过法的社会控制是创立和保障社会秩序的重要途径。法的秩序价值，具体来说，是通过以下方式得以实现的。

1. 划定、分配和调整利益

从法为实现秩序而调整利益的方式来看，法实现秩序价值的方式主要为划定利益、分配利益和调整利益。

划定利益，是法为实现秩序价值而对利益采取的首要措施。秩序与无序是对立的。无序状况的出现往往源于或表现为利益的归属不清。在社会中，许多法的冲突都是以利益的归属混乱为起因的。在民事、经济的法律规范和法律实践上，利益的归属问题往往是所有权纠纷、债权纠纷、继承权纠纷、亲权纠纷、知识产权纠纷等的核心和关键。就是在刑事法律规范和法律实践上，许多刑事犯罪也是由于利益归属不清所引发的，而且需要以清楚的利益划分为裁决的依据。利益归属是法律纠纷的重大焦点，划定利益是法的作用的重要体现。法通过对社会利益的划定，确定各种利益的范围、内容，划清各种利益间的界限。法对利益的划定有利于社会主体正确享有自己的合法利

---

① 〔美〕庞德：《通过法律的社会控制·法律的任务》，沈宗灵、董世忠译，商务印书馆，1984，第10页。

② 王云五主编《云五社会科学大辞典·社会学》（第一册），台湾商务印书馆，1971，第98页。

益，有利于社会主体正确地对待他人的合法利益，也有利于司法机关保护社会主体的合法利益，解决社会主体间的利益纠纷，实现司法机关的职能。法通过划定利益来确保社会的稳定，确保社会秩序的形成、维持和巩固。

分配利益，是法实现秩序价值的又一重要方式。社会利益并不是固定的，而是变化的、流动的。社会利益在变化或流动中必然有利益的分配和重新分配。利益的分配方式是否为社会成员所认同，往往是社会秩序良好与否的先决条件之一。一般来说，处于不同利益地位的人对利益的同一分配方式必然抱有不同的心理态度。利益分配的严重畸形，其分配方式必然会遭到利益受害者的坚决反对。现代社会为了减少或避免因利益分配而引起的无序状态，往往利用以国家强制力为后盾的法这一国家意志的形式将利益分配方式法律化。法通过对利益分配方式等的有关规定，为社会确立利益分配标准，使社会的利益分配有法可依，以减少利益分配上的冲突，使利益分配有序化。法对利益分配方式等的规定，也为司法机关对利益分配冲突的解决提供了依据。法通过对利益分配纠纷案件的处理，修复社会秩序，使被破坏了的秩序得以恢复，使社会始终处于有序状态。总之，法通过分配利益来创设或维持社会秩序，不论是按能分配、按资分配，还是按劳分配，都通过法对社会利益分配的调整实现自己对理想秩序的追求。

协调利益，是法实现秩序价值的另一重要方式。利益和利益之间难免会有各种各样的矛盾。法要机械地保护每一种利益，是根本不可能的。比如，公民的言论自由是一大利益，而公民的人格尊严也是一大利益。如果听任公民的言论自由随意享有，那么公民的人格尊严就不可能有保障。如果机械地保护公民的人格尊严，那么在很多时候言论就不会是自由的。鉴于此，法就必须协调这两个利益，使其得以和平共存。再如，个人利益、集体利益、国家利益、社会利益，其间的矛盾也是时常可见的。如果允许某一个利益绝对化，那么其他利益就没有保障。因此，法必须协调它们相互间的关系，使其减少冲撞、减少损耗，并在一定时期内共存互补。如果法不协调利益间的关系，那么，社会就会因利益的冲突而陷于混乱，秩序就会为无序所取代。法的规范和法的实践都反复表明，利益需要法的协调。法协调利益也如同法划定利益和分配利益一样，可以通过诉讼和非诉讼两种形式实现。法协调利益既为社会诉讼的利益协调提供了司法依据，也为社会非诉讼的利益协调提供了行为准则。法通过协调利益，保障秩序。

2. 暴力方式和规范方式

从法为实现秩序而作用于主体的方式来看，法实现秩序价值的主要方式有两种，即暴力方式和规范方式。

第一，暴力方式。在维护秩序的方式上，提及暴力方式，其实也有两种。第一种暴力方式是根本无须法律的暴力方式。在统治者看来，他或他们根本就不需要尊重和服从法律。这种暴力是赤裸裸的暴力，它不需要规则，不尊重任何规则，当然也不需要法律和尊重法律。这种统治就是暴君统治。这种暴力方式在历史上也是客观存在的，但由于其与法律无关，因此，我们不将其纳入这里考察的范围。在这里所要阐述的是第二种暴力方式，它是需要运用法律的暴力方式。它是一种粗暴地运用法的国家强制力，主要以暴力强制的手段迫使社会成员服从法定行为模式，使社会有序化的秩序实现方式。法的这种秩序实现方式，充满着残暴和血腥的色彩，与专制相结合，与民主相背离。警察、监狱、军队成为纯粹的镇压工具。在奴隶制专制社会中，奴隶主阶级运用奴隶制法强迫奴隶所形成的社会秩序就是十分典型的暴力类型。奴隶制法的残暴性是毋庸置疑的。然而同样不可否认的是，在残酷的奴隶制法下的确存在着某种十分严格的秩序。在残酷的封建制法下，秩序也依然存在，它是地主阶级运用法的国家暴力来创设并维持的。在法西斯统治之下也是如此。当法西斯在德国甚嚣尘上的时候，德国为了迫使各矿山、工厂给战争提供大量的物资和军火，也制定了极其卑劣残暴的法。在血腥的依法统治下，德国各生产部门确实出现了非常"良好"的秩序状况。但这种实现秩序的方式本身就是对法和秩序的主体——人的否定。其秩序是恐怖的秩序，是践踏人性、扼杀人权的秩序，是僵化的、没有活力的秩序，也是要被人类砸碎、唾弃的秩序。这种秩序最终将为无序和新的秩序所取代。奴隶制法、封建制法、法西斯法实现秩序的暴力方式，给人类留下了极其惨痛的记忆，历史、现实乃至未来都不会忘记，都不应忘记。

第二，规范方式。它是指统治者充分运用法的规范功能，以引导和强制等适当的手段，使社会成员的行为符合法定行为模式，使社会有序化的秩序实现方式。法具有规范性，具有规范功能。它可以指引人们的行为，告诉人们可以做什么、必须做什么以及不得做什么。法的规范功能中包含了指引功能、教育功能、预测功能、评价功能和必要的制裁功能。规范方式的秩序化，主要是运用法的指引、教育、预测、评价功能，而不炫耀暴力。必要的制裁功能固然存在，但它是规范功能的补充和保障。规范方式的秩序化，是社会进步的结果，是人类文明的象征，通过它建立起来的秩序是善良的秩序，是符合人性、尊重人权的秩序，是自由的、充满生机的秩序。这种秩序化方式只有在民主基础上的法治状态之中才可能存在。

暴力方式和规范方式的区别在于侧重不同，并不在于是否拥有暴力或是否依赖规范。暴力方式的有序化，不是指完全不要法的规范属性、规范功能等，而是指它特别注重法的制裁功能，把暴力视为法实现秩序的最首要、最重要、最主要的手段，甚至不惜以此牺牲人性、人权。这种有法可依的暴力，很容易畸变为无法无天的暴力。这种畸变一旦发生，法这层面纱就会被抛弃，法在实际上就会荡然无存。规范方式的有序化，也不是指完全不要法的制裁属性、制裁功能等，而是指它特别注重法的规范功能，把规范视为以法来实现秩序的最首要、最重要、最主要的途径。至于根本不要法、不要规范的、纯粹依赖暴力的秩序，显然是极其反动的。由于它根本无视法，所以在法治的价值的研究中难以讨论。对它，任何法学家都必须予以坚决批判；任何崇尚民主与法治的统治者都必须予以坚决摒弃。法应为人类从纯粹暴力、偏重暴力的阴影下走出来做出贡献，为人类彻底清除血腥统治提供制度根据。

法的秩序价值的实现方式是受制于历史时代的。在奴隶社会，奴隶主拥有土地等大量财富并拥有奴隶，而奴隶不仅在财产上一无所有，甚至连自己也属于奴隶主。在封建社会，封建主拥有土地、水利设施等，而农民却被紧紧地捆绑于土地上。这两个社会的阶级矛盾的尖锐程度是可想而知的，毫无人性的沉重剥削和深重压迫必须而且只能靠暴力来维持。加之当时文化的相对落后，因而酷刑就有了栖身之地。作为统治者的奴隶主、封建主，面对愤怒的被压迫者，采用暴力的方式维持其秩序，也就不足为怪了。就法西斯法来说，法西斯统治者为了实现其遭到绝大多数人甚至整个人类反对的理想，要用规范的秩序化方式实现秩序化是根本不可能的，因而他们采用暴力的秩序化方式也就顺理成章。这并不是说暴力的秩序化是正常的、是好的，而只是说，它是特定条件下的产物，有其存在的原因。随着人类社会物质生活条件、精神生活条件的提升和发展，现代社会的法就必然和必须采取规范方式的秩序化方式，否则就是对现代法和法治的反动。

（二）　法的秩序价值的实现标准

法的秩序价值是否实现了，实现的程度如何，都应当有一些基本的衡量标准。这些标准包括：

1. 法的规范功能的发挥程度

法一旦产生，具体的法一旦制定或认可，它们的规范功能就已被它们的具体规定预构或预设。法所预设的规范功能能否得到发挥，发挥的程度如何，往往就是衡量一定法的秩序价值实现程度的依据。要较为具体地把握特定法的秩序价值的实现状况，可以从以下几个方面的检测入手，即法是否成为人们行为的模式，在多大程度上成为人们行为的模式；人们是否自觉服从法、依法办事，有多少人自觉服从法、依法办事；有多少人违法，在多大程度上违法；当人们发生冲突时，有多少人愿意将自己所涉及的纠纷通过法的途径获得解决；人们对法的裁判的信赖程度如何，执行状况如何；有多少人知道并要求实现自己的法定权利；有多少人能依法主动行使权利，有多少人能依法自觉履行义务；等等。

2. 法对社会矛盾的解决状况

社会矛盾是对社会秩序的否定。社会秩序愈好，社会矛盾就愈少；社会矛盾愈多，社会秩序就愈坏。社会矛盾的多少，社会矛盾的解决状况，就成为衡量一个社会的秩序状况的重要根据。法对秩序的追求，在很大程度上就是通过减少社会矛盾和消除社会矛盾来实现的。社会矛盾的出现意味着社会秩序的紊乱或可能紊乱，社会矛盾的解决意味着社会秩序的恢复或隐患的消除。法对社会矛盾的解决状况，包括减少社会矛盾和消除社会矛盾的状况，是检测法的秩序价值实现程度的重要标准。在法有效地减少或消除了社会矛盾的任何社会里，都不可否认它的确存在着良好的秩序。在漫长的历史发展中，人类都有着关于社会和谐的美好愿望，甚至还提出了要构建和谐社会的目标。其实，和谐社会就是矛盾很少发生或者发生了也能及时获得很好解决的社会。

3. 法对违法行为的控制效果

任何社会，只要有一定社会规范存在，就必然存在着相对于社会规范的越轨行为。越轨行为会在一定程度上造成社会秩序的紊乱。在法律社会里，越轨行为往往是以非法的方式即违法的方式存在。任何法对违法行为都有自己的预防、惩治措施，然而这些措施的效果如何，未必尽如人意。法对违法行为控制的效果就成为法的秩序价值实现程度的外在表征。人们可以根据法对违法行为的控制效果，评估法的秩序价值的实现程度。在违法行为不断发生、大量发生、法对其又无能为力的社会里，秩序必然会受到威胁、遭到破坏。违法是对社会秩序的重大破坏。违法数量的增加无疑是社会动荡的表现，必然导致社会的无序，也是社会缺乏安全感和秩序感的原因。惩治违法，防止违法，最终减少违法，是法追求秩序的必需。否则，社会就无法获得秩序。

4. 法对权力滥用的制约机制

法离开了权力就成了一纸空文，法必须以权力为后盾。但是为了民主、法制和法治，社会必须对权力予以必要的限制，而法正是防止权力滥用的最有力的措施。国家的每一种权力都有其固有的含义，都有其固有的位置、内容和范围。社会正是在各种法定权力各得其所的格局下才显得有条不紊、井然有序的。在一个有秩序的社会里，权力的配置是平衡的，是法定的。任何权力的行使超出了法定的位置、内容和作用，都是权力的滥用，一是会导致权力结构的无序化，二是会导致权力机制下的社会无序化。这两种无序化都是对社会秩序的干扰、破坏。法要追求秩序就必须制约权力的滥用。法对权力的制约状况，包括一般的制约状况和特殊的制约状况。一般的制约状况是法对权力滥用的普遍防止情形，特殊的制约状况是法对权力滥用的纠正，即迫使被滥用的权力回归本位的情形。法对权力滥用的制约机制也是法对秩序的保障机制之一。法通过对权力滥用的制约实现自己的秩序价值。

法的秩序价值的实现标准的确定，是非常困难的。这里所提出的以上四个标准，也只是一个基本的设想而已。因为，法对秩序应有何等贡献，要确定一个具体的量度是困难的；一个具体的法的既有规定早已预设了其追求的最大秩序度，而这个最大的秩序度是什么，难以准确知晓；在一定法控制之下的社会秩序，如何测定其秩序量、无序量，并作出综合的精确估计，也是问题；衡量已有秩序状况与既定法的秩序要求的差距亦非易事。然而，这并不是说，法的秩序价值的实现程度无法测定，而只是说它难以测定。法的秩序价值的实现程度虽难以把握，但毕竟是客观存在的。

第七节 和谐社会中法治价值的冲突与解决模式

法治价值冲突研究是法治的价值研究的必要内容，法治价值冲突的解决是法治的价值研究的重要目的。价值冲突解决得好，就可以以最小的法律成本获得最佳的法的效益；如果价值冲突解决得不好，就可能出现不必要的成本浪费，得不偿失，甚至有失无得。所以，法治价值冲突的有效、有益解决就成了法治价值研究的至关重要的问题和极其重要的目的。

一 法治的价值冲突的表现

法治的价值是一个多元、多维、多层次的庞大体系，其中包含各种观念和准则。不同的法体现着不同的价值观念与价值准则。不同时代、国家、阶级、群体、个人在法律实践和法律理论上可能具有不同的法治的价值观念与价值准则。不同法治的价值观念和价值准则各自内部和相互之间的矛盾，就是法治的价值冲突。这种冲突不仅表现在不同法治的价值观念和价值准则之间，而且也表现在法治的价值观念和价值准则的不同性质或形式上。法治的价值冲突的表现是极为广泛的，为了作一个基本的概括，在此仅从价值观念和价值准则两个视角加以考察。

（一）法治的价值观念的冲突

法治的价值观念的冲突是在多重意义上存在的。人们至少可以从主体、地域、时间意义三个角度来进行思考。从主体、地域、时间三个方面来考察法治的价值观的冲突，是对相关问题进行研究的三个重要而基本的方面。

1. 主体意义上的价值观冲突

从法治的价值观的主体角度看，法治的价值观冲突可能存在于多个方面的主体之间。个人与个人之间，个人与组织之间，民族与民族之间，民族与国家之间，国家与国际社会之间，国家、民族与世界之间，等等，难以尽数。但是总体上说，法治的价值观冲突不外乎表现为主体自身的价值观冲突和主体相互的价值观冲突。

第一，主体自身的价值观冲突。主体自身的法治的价值观冲突是由主体多重属性的相互矛盾所导致的。同一主体，包括同一个体、同一群体都处于复杂的社会背景之下和复杂的社会环境之中，从不同的角度出发，就可能产生不同的法治的价值认识和法治的价值期求。多项法治的价值不可协调或不可统一，就必然会出现法治的价值观念的冲突。主体一旦出现这种冲突，就表现为自己思想或行为上的犹豫、彷徨或迷惑。执法官员经常遇到的坚持法制与追求正义之间的冲突，就可能是自身的价值观冲突。东汉时，赵娥杀死杀父仇人，法官在自己的价值观念上认为赵娥是正义的，但是又明知这种行为法律是要制裁的。放跑赵娥，实现了自己认定的正义，而又违背了作为法官必须坚持的法制。于是该法官痛苦地作出决定，放跑赵娥，自己也辞职而去。只是因赵娥的反对而未成。该法官所面临的就是自身的价值观冲突。

第二，主体相互的价值观冲突。主体相互的法治的价值观冲突又可以分为个体与个体之间、个体与群体之间、群体与群体之间的法治的价值观冲突。一是个体与个体间的法治的价值观冲突。在现实社会中，由于每个个体的生活条件、自身状况的差异，他们就可能具有不同的法治的价值观念。不同的法治的价值观，就立法者来说，会影响其立法行为和立法结果；就执法者来说，会影响其对法的理解和执行；就守法者来说，会影响其守法的热情和守法状况。总之，个体与个体在法治的价值问题上的分歧，必然会影响立法、执法、守法等各个法制环节，体现在法制和法治的全过程中。二是个体与群体间的法治的价值观冲突。群体是个体结合而成的组织，是基于共同的生活方式、行为方式、理想追求等，在社会生活中组合而成的共同体。它包括企业组织、事业单位、国家机关、政治党派，乃至民族、阶级、国家。个体是群体的构成元素。个体是群体的基础，群体是个体的集合。一般地说，一定群体中的个体与群体的法治的价值观是一致的，个体法治的价值观是群体法治的价值观的个别，群体法治的价值观是个体法治的价值观的一般。一般寓于个别之中，一般不等于个别，个别也不能取代一般，因而个别与一般、个体与群体法治的价值观上的差别与分歧就不可避免。至于群体外部的个体与群体的法治的价值观冲突就更为普遍。在法治的价值观上，个体与群体间的相互左右或相互出入，就形成了个体与群体间的法治的价值观冲突。三是群体与群体间的法治的价值观冲突。社会群体当然有自己的群体利益。群体间利益的差别就决定了群体间法治的价值观上的冲突。群体间的利益差别是群体间法治的价值观冲突的客观基础。在历史和现实中，民族冲突、种族冲突、阶级冲突、政党冲突、社团冲突等往往都包含着法治的价值观念的冲突，而特定阶级、政党间的敌对状态和敌对斗争无不体现在法治的价值观念的冲突上。群体间法治的价值观的冲突是法治的价值冲突的重要表现形式。

2. 时间意义上的价值观冲突

时间的差异，尤其是比较长的时间——时代之间的差异，往往会导致法治的价值观的冲突。在时间意义的价值观冲突上，有当代法律与历史法律的价值观冲突，也有当代法律与未来法律的价值观冲突等。社会主义社会、资本主义社会、封建社会、奴隶社会的法律价值观冲突，既是阶级意义上的价值观冲突，也是时间意义上的价值观冲突。就整个时间意义上的法治的价值观冲突来说，最典型的应当是法的现代价值观与传统价值观之间的冲突。

历史的本来情形、历史的延续与传递形成了既有的传统。既然是传统就有着生生不息的活力，就会在社会中不断发挥作为传统的作用。它会以内在意识的形式存在于人们的内心世界和心灵深处，并外化于人们的言论与行为之中，代代相承。传统的法治的价值观总是悠远绵长的。法的现代价值观，如同现代的内涵与外延一样总是不断变化着的。每一个时代都有它相应的价值观，这是没有疑问的。在法的领域也是这样，现代社会的法治的价值观必然不同于传统中的法治的价值观。二者之间会有历史联系与上下传承，但是二者之间也必然会有矛盾与冲突。

3. 地域意义上的价值观冲突

法治的价值观当然具有文化的特点，甚至是文化的构成部分。文化的地域性决定了价值观的地域性。在不同空间生活的人们会有不同的价值观，这是自然的，也是必然的。法治的价值观的差异在不同地域上的表现也是十分明显的。它往往表现为本土的价值观与外域的价值观之间的冲突或者是来自不同地域的法治的价值观之间的冲突。

本土的价值观是本土文化积淀形成的，是经过历史过滤与传承发展而来的，是一定区域内价值观的历史与现实综合统一的整体。它在历史与现实中整合为一体，成为一个完整的内在相对协调的体系。一个国家或民族的法治的价值观也是在特定区域长期固化的结果，是一个观念整体，与其政治、经济、文化具有天然的联系，并且互为因果。外域的法治的价值观也是与外域的政治、经济、文化相联系的整体。如果本土与外域毫无联系，它们之间也就不可能产生冲突。人类的发展愈来愈打破地域的局限，不同地区之间的交流日益频繁。这种频繁的交流就为冲突提供了时空条件。从法律意义上讲，不同区域之间的政治、经济、文化往来，必然导致法律上的互相碰撞。法律的、制度的许多冲突都不过是价值观冲突的表现而已。随着世界交流的增多，冲突就会增多；冲突的增多，也为融合提供了条件和动力。但是融合总是最后的结果，而冲突总是首先遇到的难题。

当代世界，国际上的许多法律冲突并不一定就是或者仅仅是各自利益或意识形态的原因，而且完全可能是由不同地域的价值观所导致的。价值观的冲突是法律认识与实践冲突的重要原因。不同国家之间，在国际法上的认识差异、观点分歧，都在一定程度上受制于法治的价值观分歧。

（二）　法治的价值准则的冲突

法的不同价值准则具有不同的价值目标。它们之间难免会有相互的矛盾。从法治的价值准则来看，法治的价值冲突表现为自由与平等的冲突、自由与秩序的冲突、秩序与正义的冲突、平等与正义的冲突、秩序与人权的冲突、秩序与理性的冲突，等等。在此仅着重论述以下几个方面。

1. 自由与平等的冲突

自由与平等是极其重要的法治的价值，总的说来，二者并不矛盾。但在一些特定的情况下，自由与平等却可能出现冲突，或可能因自由而损失平等，或因平等而损失自由，自由与平等不可兼得。自由与平等的冲突不是今天才出现的，它们自始皆然，而且早已引起了社会学家、伦理学家和法学家等的极大关注。

自由与平等的冲突是以它们在人性上的差异性质为根据的。自由以人的个体性为首要的基础，而平等则以人的社会性为基础。个人与社会之间的矛盾长期存在，自由与平等之间的冲突也可能随时发生。

自由与平等的侧重点不同也决定了二者之间会有冲突产生。自由侧重于个人意志的自由、行为的不受约束以及自身的发展，而平等则侧重于人与人之间关系的对等。自由立足于主体自身，平等立足于人与人之间的关系。

在 20 世纪 70 年代末 80 年代初的 4 年时间里，欧洲价值体系研究小组对欧洲 9 国进行了多达 12463 张答卷的民意调查。其中包括邀请欧洲人对自由和平等作出选择。他们中有 49% 的人选择自由，35% 的人选择平等，9% 的人说"两者都不喜欢"，7% 的人不予回答。选择自由者与选择平等者的总比值为 1.40。具体说来，英国为 3.00，荷兰为 1.84，比利时为 1.77，法国为 1.64，丹麦为 1.41，爱尔兰为 1.21，但在意大利仅为 0.96，联邦德国为 0.95，西班牙为 0.92。可见，他们对自由与平等的选择也非千篇一律。在整个欧洲，有的人认为：自由和平等同样重要。但是，如果必须在两者之者作出选择，那么，自由更加重要，这就是说，每个人都应该有可能自由地生活并且不受限制地发展。有的人认为：毫无疑问，自由和平等是重要的。但如果我必须作出选择，那么平等最为重要，这就是说，任何人不应该受到歧视，社会各阶级之间的差别不应该如此大。①

法的自由价值和平等价值的冲突，首先表现在立法上。是把自由摆在第一位还是把平等摆在第一位，往往使立法者颇费心力。立法者的选择不同，在具体的立法结果上也会呈现极大的差异。其次也表现在执法上。执法者在自由与平等相冲突时是选择自由还是选择平等，当然要受法律规范所体现的价值选择的影响。然而在许多场合和许多方面，执法者的执法活动仍存在对自由和平等作出选择的空间。执法中的自由与平等的取舍既要受制于法律规范的价值倾向，也要受制于执法机关及其工作人员的价值倾向。对自由与平等的取舍往往导致执法后果的迥然不同，使案件的处理结果处于或"公正"或"不公正"的境地。最后还表现在法的理解、遵守、监督和评价上。人们对自由与平等的不同选择会导致人们对法的不同理解和不同评价，也会影响民众遵守法律规定的状况和监督法的实施的情形。

2. 自由与秩序的冲突

自由强调的是主体个性的发挥，而秩序强调的是有序状态的建立与维持。自由难免有打破既有平衡——秩序的趋势，秩序有在一定程度上压抑自由、维持平衡的规定性。因此，二者之间的冲突就在所难免。

---

① 〔法〕让·斯托策尔：《当代欧洲人的价值观念》，陆象淦译，社会科学文献出版社，1988，第 48～49、210 页。

当欧洲人被问及"在接受命令时应无条件服从还是首先弄清楚它们是否正确"时，选择前者的大有人在，为32%，而选择后者的也不甘示弱，为41%，其余为不愿回答等。显然前者偏重于秩序，后者偏重于自由。在对维护言论自由、允许一切人对政府的重大决策更多地表达自己的意见或维护国家秩序两个方面进行选择时，也出现了类似的情况。有的人偏重自由，有的人偏重秩序。[①]

在法上强调自由高于秩序的主张包括三种情形：一是认为，法及其确保的秩序在立法上就必须对自由退让，它只能是自由的确认者、分配者、保护者而不是自由的否定者、妨碍者。自由绝对地高于法及其秩序，法及其秩序绝对地服从自由。立法者不得以秩序为由制定否定或限制自由的法。二是认为，在既定的法之下，在法的实施中，当自由与秩序发生冲突时，应强调自由而不惜牺牲秩序。三是认为，自由全面地高于法和秩序，以秩序损害自由的法本身就不是良好的法。为了自由，不仅可以不要秩序也可以不要法。在法上强调秩序高于自由的主张也包括三种情形：其一，法是秩序的化身，法和秩序的存在本身就是对自由的束缚和规制，因而自由必须以秩序为依归，以法律为准绳。秩序是立法追求的目的，自由是立法制约的对象。其二，在法确定了自由和秩序的位置之后，二者发生冲突，自由应无条件地服从秩序。执法者可以为秩序而忽视自由或剥夺、限制某些自由。其三，秩序全面地高于自由。在立法上要以秩序为目标，自由服从秩序。在执法上，如果自由与秩序发生冲突，人们甚至应当不顾法的规定以牺牲自由为代价来谋取秩序。

自由与秩序的关系，是辩证的对立统一关系。二者在实际的法律操作上的对立，往往令法律家和法学家们难取难舍，甚至无所适从。

3. 秩序与正义的冲突

秩序与正义，作为法治的价值来说一般是可以协调并存的。但是，为了秩序，人们有时不得不放弃正义；为了正义，人们有时也不得不在一定程度上牺牲秩序。为此，二者之间也难免会相互冲突。

博登海默在其著作中谈到，一个法律制度若要恰当地完成其职能，就不仅要力求实现正义，而且还要致力于创造秩序。这一论断可能会受到质疑，因为一仆不能同侍二主。当这二主所追求的是截然不同的目标，发布的是互不一致的命令，而且几乎每从事一定的行为方针他们就发现其目标相左时，这种质疑便可能是正确的。[②] 在秩序与正义没有冲突的时候是没有什么问题的，而在二者冲突时就令人疑虑了。

---

① 〔法〕让·斯托策尔：《当代欧洲人的价值观念》，陆象淦译，社会科学文献出版社，1988，第32页。

② 〔美〕博登海默：《法理学：法律哲学与法律方法》，邓正来译，中国政法大学出版社，1999，第318页。

从抽象的意义上讲，秩序与正义各有其利。一般地说，秩序有利于统治，有利于创造安定的社会环境，有利于社会的持续发展和稳步前进。然而，没有正义作为基础的秩序，必然是难以长期维持的秩序。正义有利于满足人的精神需求和心理平衡，有利于创设和维护良好的秩序。然而在特定情况下，秩序也会与正义背离，为了正义而不得不牺牲一定的秩序或为了秩序而不得不牺牲一定的正义。其中最典型的体现是民法和国际法上的关于"时效"的法律规定。

是否设立民事时效制度，实际上是必要的秩序与根本的正义之间的冲突。因为若一个人合法或者非法占有他人财物很长的时间，权利人都不行使请求权，使得相应财产一直处于未定状态，过多地出现类似情况，必然导致所有权秩序的混乱，影响民事活动。如果没有时效制度，原所有人的财产未被法强行剥夺，正义虽然被维护了，但这种混乱状况就无法得以依法了结，所有权状况将长期呈现混乱的状况。设立民事时效制度，就可以在一定程度上解决相应问题，使民事流转的基础——财产所有状况不断被秩序化。但是，民事的正义也因此会受到一定的影响。法所维护的就可能是不正义而不是正义。时效制度就是法学家们在对秩序与正义之间的冲突进行平衡后，以维护秩序为主，并兼顾正义的产物。法学家们也深知这一点，于是他们有的甚至主张：在超过时效期间以后，义务人愿意履行义务的，允许其履行；表示愿意履行的，可以引起时效的中断；已经履行的，既不得要求撤回已经履行的义务，也不得要求返还依照义务而交付的相关财物。有些国家也在法律上对法学家们的这些认识予以认可。这些见解的根据就在于法学家们对于时效制度的价值意义——以正义为根本的秩序与正义之协调的准确把握。根据就在于正义是根本的，秩序是必要的。

国际法上的时效制度，也是在这样的矛盾状态中产生的。一国的领土，被一国善意或恶意占有了很长时间。而被侵害的权利国从未做出过任何权利主张行为，使相应的领土处于所有权的不确定状态。有的国际法学家引入了古罗马法中的民事时效制度，但是它一直未能得到国际法学家们的一致认可。其原因就在于在价值目标和价值准则上的秩序与正义的冲突。设立时效制度，秩序得到了维护，正义就会受到一定的损害。不设立时效制度，正义未受到损害，但秩序也得不到维持。国际法学家们总是陷入两难境地。于是国际法学家们努力寻找尽可能兼顾二者的解决办法。最后，只得在首重秩序的基础上兼顾正义，拟制了国际法上的时效制度。国际法学家清楚地知道，"国际法上的时效和国内法上的时效有同样的合理基础——即安定和秩序的考虑"。①因时效而取得领土，并不是完全正义的。

---

① 〔英〕劳特派特修订《奥本海国际法》（上卷），第二分册，王铁崖、陈体强译，商务印书馆，1981，第91页。

法治的价值在秩序与正义之间谋求的正义理应是有秩序的正义,谋求的秩序理应是正义的秩序。然而在正义与秩序的实际运作中又往往形成了一个又一个重大的理论和实践难题。

二 法治的价值冲突的解决模式

法治的价值冲突的研究是极为艰难而最为必需的。在特定价值主体看来,自己所追求的一切价值都是美好的。但是主体与主体之间以及主体自身都会产生价值的冲突,这往往是导致认识分歧、行为冲突和结果差异的根本原因。解决这些美好的价值之间的冲突,使人类获得最佳包括最适当的价值选择和价值目标,才是整个价值研究的现实目的。法治的价值冲突的解决模式,是解决相关价值冲突所必需,是解决价值冲突的路径。最经常的解决模式有主体认同模式和外在统一模式,民主模式与专制模式,不违法模式与违法模式。

(一) 主体认同模式和外在统一模式

从法治的价值主体相互之间在解决冲突中的心理状态来考察价值冲突的解决模式,就可以概括为主体认同模式和外在统一模式。

法治的价值冲突,首先可能通过主体认同模式解决。法治的价值主体对冲突的法治的价值产生了共同的认识,并在此共识的基础上又产生了共同的价值决策,法治的价值主体因此共识、共同决策而使法治的价值冲突得以解决的模式,即是法治的价值冲突的主体认同的解决模式。这种解决模式是最为有效的解决模式。各个价值主体在其中的意愿是不受强迫的,是自主的。法治的价值主体要实现认同,其途径是多样的。可能是主体自觉意识的结果,即因主体之自觉而实现的认同;可能是被其他主体说服而达成的认同,也就是被说服的认同。这两种认同模式都是相关主体运用自己理性思维的结果。也有一种认同,可以称之为盲从的认同。这种认同不具有意识的自觉性和主动性,而是相关主体因别人(多数人、权威人物)认同,而表现出的认同态度。虽然不同形式的认同,其理性程度具有较大的差异,但是,它们都能解决价值冲突。

法的有的价值冲突并不能因主体认同而获得解决,于是法治的价值冲突的外在统一就成了解决法治的价值冲突的重要模式。所谓外在统一,是相对于主体认同而言的。它是法治的价值主体面对法治的价值冲突不能通过主体认同获得解决而不得已才为之的解决模式,因而也是解决法治的价值冲突的主要模式。在法治的价值冲突出现以后,无法通过主体认同加以解决时,可以通过少数服从多数的模式解决冲突,也可以通过下级服从上级的模式解决冲突,还可以通过强权控制的模式解决冲突。虽然它们都是外在统一的冲突解决模式,但是其层次差别是颇大的。少数服从多数可以认为是民主的模式,下级服从上级也是特定情况下的一种必要的解决模式,而强权控制的模式则有专制或者专横的嫌疑。

在社会生活中，以上两种价值冲突的解决模式都是被经常采用的。主体认同的模式是最好的，但并不是唯一的。因为，在总体上，人类所追求的价值是多元的，而不同的价值准则之间会有冲突，是正常的；人与人之间也会具有不同的价值认识，不同的价值认识之间会有冲突，这也是正常的；等等。而要解决这些冲突仅仅依靠主体认同，是无法完全办到的，因此外在统一的模式就有了存在的必要。问题不在于是否使用外在统一的模式来解决价值冲突，而在于如何使用外在统一的模式。在法院的合议庭，在仲裁委员会的仲裁庭，其组成人员之间也会发生价值冲突。在主体认同的模式无法解决的时候，就必须使用外在统一的解决方法，只有通过外在统一的模式他们才可能作出一个便于当事人执行的法律裁决。在多个人之间出现价值冲突，而又无法使各个主体达到认同的情况下，少数服从多数的解决模式也不失为一个好的模式。特定情况下的下级服从上级也是必要的解决模式。关键在于外在统一的解决模式应当有制度保障和程序保证。法律应当也的确在一定程度上为这种外在统一的解决模式提供了具体操作的手段与程序。

（二）民主模式与专制模式

在法治的价值冲突的解决中，由于主体与主体之间的地位、关系及其解决冲突的途径不同，法治的价值冲突的解决有民主的模式和专制的模式之分。也就是说，在法治的价值冲突产生后，价值主体就面临着如何解决冲突的问题。由于价值主体的地位、互动模式的不同，法治的价值冲突问题就可能以民主的模式或专制的模式解决。

以民主模式解决法治的价值冲突，系指将民主作为解决价值冲突的过程和手段的冲突解决模式。民主的解决模式是一种良好的解决模式。虽然作为结果，它不是各个主体对于冲突的共知共识，它的解决内容也并不为所有的主体所认同，但是，从应然的意义上，它的实体内容是多数人所认可的，它的解决程序是所有人都认可的。解决价值冲突的民主模式，并不是在任何社会都存在的。只有在民主的国家、民主的统治者那里，民主的解决模式才可能出现并真正地发挥解决法治的价值冲突的应有作用。人类限于自己的认识和客观的条件，能否对价值冲突做出最好的实际解决是或然的，但是人类应当采用民主的模式解决价值冲突是必然的。而且在模式上也只有民主的模式是最好的，最能避免错误的。

以专制模式解决法治的价值冲突，系指以专制为解决价值冲突的出发点、过程、手段和归宿。这种解决模式无须民主，并以民主为解决法治的价值冲突的障碍。专制模式是专制统治解决法治的价值冲突的根本方法，与民主模式根本对立，也是对真正的法治的价值的反动。任何真正的民主统治都必须随时反对专制、警惕专制。因为用专制的模式解决法治的价值冲突，从急功近利的角度看远比用民主的模式解决更加简便快捷，更能为统治者随心所欲，更有利于统治者的专横；但其危害非常巨大，它可能破坏人类的整个价值体系，阻碍社会的文明发展，甚至首先在精神生活方面导致人类的倒退。

（三）不违法模式与违法模式

如果从法治的价值冲突的解决模式与法律之间的关系来看，法治的价值冲突有不违法的解决模式和违法的解决模式之分。我们所反对的是违法的解决模式，主张的是不违法的解决模式。

法治的价值冲突的不违法解决模式，是指冲突的法治的价值主体采取不违反法律规定的方式来达成冲突价值及其认识的统一，从而解决价值冲突的模式。反之，如果冲突的法治的价值主体采取违法的模式，使冲突的价值和价值认识统一起来，这种解决价值冲突的模式就是违法的价值冲突解决模式。采用不违法的解决模式或是采用违法的解决模式，是与相关主体的法律意识和法治意识紧密联系在一起的。

法治的价值冲突的不违法解决模式，是法治的价值冲突的正常解决途径。在民主法治国家里，不论是立法还是法的实施上的价值冲突，都应当也都可以通过不违法的模式解决。任何违法的解决模式都是不允许的。这是从应然的意义上说的，在实际中，就是民主与法治的国家，也同样可能出现违法的冲突解决模式。实际上，这时的民主和法治就已经为专横或非法所代替了。在专制和集权的国家里，甚至连法本身都不重要，更何况法治的价值、法治的价值冲突的解决模式呢？法治的价值冲突或者不被理会，或者被以任性或违法的模式解决。任性或违法的解决模式常常是与专制、专横、集权联系在一起的。一个国家从专制走向民主、从人治走向法治的过程，也是其法治的价值冲突从任性或违法走向不违法的过程。社会的法治化，必然包括法治的价值冲突解决模式的法治化。

第四章　构建和谐社会的法律体系

　　和谐社会是民主法治社会，需要通过法律确立的价值、法律设计的制度、法律规范的行为、法律建构的秩序等一系列方式和途径，才能得以实现。因此，有法可依、良法善治既是实行法治和依法治国的基本前提，也是构建和谐社会的基本要求。法律体系是一个国家全部法律规范的集大成者，是有法可依的系统化、整体化的集中表现形式，是通过国家全部现行法律规范这个整体来构建和谐社会的高级法律形态。在我国，形成中国特色社会主义法律体系，是构建和谐社会的重要前提和根本法律保障。

第一节　法律体系及其划分标准

　　何谓法律体系（Legal System）？法律体系是立法者人为建构而成的，还是在历史发展中自然形成的？根据什么标准、原则来建构、解构或者划分一个国家的法律体系？什么是法律体系的协调及其发展？对于此类以及其他一些相关问题，中国学者在 20 世纪 80 年代前半期，曾经有过一场大规模的讨论。① 这场讨论对于推动中国的法制建设，特别是立法工作，起到了无可置疑的重要作用。但是，在"依法治国，建设社会主义法治国家"的治国基本方略和政治文明的发展目标提出后，在明确提出中国到 2010 年要形成中国特色社会主义法律体系的历史任务后，过去关于法律体系协调发展大讨论所提供的理论成果和制度设计，显然已难以适应和服务于今天建构在社会主义市场经济基础之上的法律体系的需要。

一　西方国家关于法律体系的理解

　　众所周知，西方法学（尤其是大陆法系国家，如法国、德国、意大利、

---

① 参见张友渔等《法学理论论文集》，群众出版社，1984。该论文集收录的 30 多篇论文，对中国法律体系和法学体系问题进行了较全面的探讨，深化了对这个问题的研究，也推动了当时的法制建设，至今仍有较大影响。

西班牙等欧洲大陆国家，以及曾是法国、西班牙、荷兰、葡萄牙四国殖民地的国家如阿尔及利亚、埃塞俄比亚等及中美洲的一些国家的法学）通常在两个意义上使用法律体系的概念。

第一，将法律体系视为法系。在英语中，"法系"和"法律体系"有时是用同一个词（Legal System）表述的。在英语法学著作中，用来指称法系（genealogy of law）的词还有 legal family、legal group、legal genealogy 和 legal system。因此，有的西方比较法学家，为了避免用语上的困难，特别是为了避免用"legal system"这一多义词来称呼"法系"，就用"法律传统"一词来代替。然而，一般来讲，西方学者通常将"法系"和"法律体系"视为同一个概念来使用，并把这个概念用于对世界法系的研究。

在西方比较法学家看来，世界上法系（法律体系）是多种多样的，例如美国学者威格摩尔 1928 年出版的《世界法系概览》（A Panorama of the World's Legal Systems，Washington Law Book Company，1928），将世界包括古代各国法律制度分成 16 个法系，即埃及法系、美索不达米亚法系（巴比伦法或楔形文字法）、希伯来法系、中华法系、印度法系、希腊法系、罗马法系、日本法系、伊斯兰法系、凯尔特法系、斯拉夫法系、日耳曼法系、海事法系、教会法系、大陆法系、英美法系。

德国比较法学家 K. 茨威格特和 H. 克茨在 1971 年出版的《比较法总论》一书中，则赞同将世界法系分为七种的观点，即法国法系、日耳曼法系、斯堪的纳维亚法系、英吉利法系、俄罗斯法系、伊斯兰法系和印度法系。但是，茨威格特认为，也有一些国家属于"混血"法律体系，例如希腊、南非共和国、以色列、菲律宾、中华人民共和国和其他一些法律体系，"将这样一些法律体系指定属于某个法系是困难的"。尤其是人们往往发现，在某一个法律体系中，许多事项带着来自此一"母法"或者来自另一"母法"的特征。在这种情形下就不可能将该法律体系整个归入单个法系，这时或者可能只是将该法律体系中的某一个领域的法律，比如只就家庭法、继承法或者只就商法加以归类。[1] 法国著名比较法学家达维德所著《当代主要法律体系》，实际讨论的多是法系问题。[2] 他说："我们可以把法归类成'系'，就像宗教方面（基督教、伊斯兰教、印度教等）、语言学方面（罗曼语、斯拉夫语、闪米特语、尼罗河流域语等）或自然科学方面一样（哺乳动物、爬行动物、鸟类、两栖类）一样，可以忽略次要的区别不去管它，而确认'系'的存在。"达维德

---

① 〔德〕K. 茨威格特、H. 克茨：《比较法总论》，潘汉典等译，贵州人民出版社，1992，第 139、141 页。

② 其他论著还有：J. H. 威格摩尔：《世界法系概览》（J. H. Wigmore, A Panorama of the World's Legal Systems），论述了世界上法系的多样性；另外，J. D. M. 德雷特：《法律体系导论》（J. D. M. Derrett, An Introduction to Legal Systems），专门介绍了 7 种法系的情况。

认为："法归类成系，简化为少数类型，可以便于对当代世界各国法的介绍和理解。"

茨威格特在一定意义上将法系视同法律体系，并认为构成某种法律体系的因素是："（1）一个法律秩序在历史上的来源与发展；（2）在法律方面占统治地位的特别的法学思想方法；（3）特别具有特征性的法律制度；（4）法源的种类及其解释；（5）思想意识因素。"① 由法律传统、法律的历史渊源等因素形成的法系，其各个法律的布局和建构，是在长期的历史发展中形成的，而这些法律最初产生的时候，并没有更多的"法律体系"理论，主要是现实的需要使然。所以，当西方比较法学著作把各个法系的历史渊源和构成状况描述清楚后，"法律体系"的轮廓自然就显现出来了。

第二，习惯上将法律体系分为公法和私法的"两分法"。在古罗马法中，乌尔比安首先提出了公法与私法的概念。他认为，公法调整政治关系以及国家应当实现的目的；私法调整公民个人之间的关系，为个人利益确定条件和限度。② 这是从古罗马乌尔比安对法律体系作出公、私法划分以后，一直沿袭至今的划分方法。现代人们对于公法与私法的划分标准，有利益说、应用说、主体说、权力说、行为说、权利关系说等理论。在理论与实践中还衍生了"现代公法的私法化和私法的公法化"现象。③ 在公法与私法划分的基础上，当代法学家又派生出了介于公法和私法之间的"经济法"和"社会法"，使法律体系的划分成为"四分法"的格局。以公法和私法划分为基本前提，有的法学家建构了"五法体系"或者"六法体系"。"五法"即民法、商法、民事诉讼法、刑事诉讼法和刑法；"六法"即宪法、民法、刑法、行政法、民事诉讼法、刑事诉讼法。

把法律体系划分为公法和私法，其划分标准的各种理论虽然不尽相同，但基本认识前提是一致的，即承认经济社会关系具有公和私的不同性质，法律只是这种公私关系的一种表现形式、一种调整手段。把法律体系再划分为"五法"、"六法"或者若干种类"法"，都是以承认私人领域和私有制经济关系为基础和前提的。

在普通法系国家，如英国（不包括苏格兰）、美国（不包括路易斯安那州），以及曾是英国殖民地、附属国的国家如印度、巴基斯坦、新加坡、缅甸、加拿大（不包括魁北克省）、澳大利亚、新西兰、马来西亚等，其法律的基本分类不是公法和私法，而是普通法和衡平法。在法律的分类上，普通法和衡平法缺乏系统性和严格的标准，多数是从中世纪的诉讼形式发展而来的，

---

① 〔德〕K. 茨威格特、H. 克茨：《比较法总论》，潘汉典等译，贵州人民出版社，1992，第131页。

② 参见〔意〕彼德罗·彭梵得《罗马法教科书》，黄风译，中国政法大学出版社，1992，第9页。

③ 参见李步云主编《法理学》，经济科学出版社，2000，第116～117页。

如普通法系并没有单一的民法和商法，有关的内容分散在财产法、侵权行为法、合同法、信托法、票据法等法律中。[①]

二　苏联关于法律体系问题的讨论

在苏联，学者们根据革命导师列宁于 1922 年确立的政治原则和政治逻辑，"我们不承认任何'私法'，在我们看来，经济领域中的一切都属于公法范围，而不属于私法范围……由此只是扩大国家干预'私法'关系的范围，扩大国家废除'私人'合同的权力……而是把我们的革命法律意识运用到'公民法律关系'上去"，[②] 从而否定了公法和私法划分的前提与标准。与此同时，为了显示社会主义法律体系与西方资产阶级法学家关于法律体系理论的根本区别，适应理想的社会主义公有制经济基础的性质，苏联学者另辟蹊径，"试图找到其特有的将法律体系划分为部门的'独特的'主要标准"。[③] 这种强烈的政治愿望和现实需要，引发了苏联学者对于法律体系的理论争论。

"在 1938~1940 年的这种第一次争论中，得出了法分为部门的基础是实体标准——受法调整的关系的特殊性或法律调整对象的结论。依据这一标准，现行法律体系分为 10 个法律部门——国家法、行政法、劳动法、土地法、集体农庄法、财政预算法、家庭法、民法、刑法和诉讼法。"[④]

20 世纪 50 年代中期，苏联对法律体系问题的争论有所发展，得出的结论是：除了将法律调整对象作为主要标准外，还必须划分出附加标准——法律调整方式。在 20 世纪 30 年代的这次讨论中，苏联学者勃拉图西就提出，应当把调整方法也作为分类标准，但这一意见没有得到采纳。

1956 年第二次讨论苏联法律体系问题时，大多数学者认为只将法律调整对象作为划分标准已不够了，几乎一致同意把法律调整的对象同法律调整的方法一起看作划分法律部门的统一根据。[⑤]

1981 年，在苏联关于法律体系的讨论中，确认了将法律调整对象和方式作为法律部门划分的标准。

在 1982 年第三次关于苏维埃法律体系的讨论中，法律原则、目的和一系列其他因素被列入其中，作为法律调整对象和调整方法的补充。苏联学者对于法的部门的不断增多和系统构成因素的不断增加的反应是一致的——法的体系开始建立在融合了的多层次的基础上。例如阿列克谢耶夫认为，苏维埃

---

① 吴大英、沈宗灵主编《中国社会主义法律基本理论》，法律出版社，1987，第 216 页以下。

② 《列宁全集》第 36 卷，人民出版社，1959，第 587 页。

③ 〔俄〕B. B. 拉扎列夫主编《法与国家的一般理论》，王哲等译，法律出版社，1999，第 161 页。

④ 〔俄〕B. B. 拉扎列夫主编《法与国家的一般理论》，王哲等译，法律出版社，1999，第 161 页。

⑤ 吴大英、任允正：《苏联法学界关于法的体系的讨论情况简介》，载张友渔等《法学理论论文集》，群众出版社，1984，第 287 页。

法的体系可分为三组法的部门：（1）专业性（基本的）部门：国家法、行政法、民法、刑法、诉讼法；（2）其他基本部门：劳动法、土地法、集体农庄法、家庭法、财政法、社会保障法；（3）第二层次的综合部门：海洋法、银行法、经济法、保险法和自然保护法。

到了 20 世纪 90 年代中期，有的俄国学者逐步修改了苏联关于法律体系的看法，他们不仅承认了公法和私法的划分，而且还对法律体系作了有一定新意的界定："法律体系是指全部法律规范根据调整的对象（被调整关系的性质和复杂性）和方式（直接规定方式、允许方式及其他）分为法律部门（宪法、行政、民法、刑法等）和法律制度（选举制度、财产制度、正当防卫制度等）。"① 显然，俄罗斯学者对于法律体系的界定，已经突破了原来狭窄的以调整对象和调整方法为内容的法律体系概念，而把法律制度加入其中，拓展了法律体系概念的范围。当然，中国学者在 20 世纪 80 年代关于法律体系的界定中，也提到了"法律制度"，并把它看成构成法律体系的要素，但在论述中几乎没有涉及，给人的印象是法律制度与法律体系没有什么关系。②

历史发展的事实是，俄罗斯承袭了苏联的法律传统，又对它进行了一些改造；社会主义中国也从"老大哥"那里学来了包括法律体系理论在内的"苏联法学"。俄罗斯已经并且仍在突破苏联法学的一些范畴，今天是否也应当以科学的实事求是的态度重新审视我们的法律体系理论？答案当然是肯定的。

三　中国关于法律体系的理解

从新形势下中国建设社会主义法律体系的任务和目标要求来看，法学理论界关于法律体系建构的理论准备明显不足，亟待加强这方面的研究和探讨。例如，法律体系是建构而成还是自然生成的，就是一个颇有争议的问题。美国律师约翰·梅西·赞恩在《法律的故事》一书中，用生动平实的语言，对古希腊政治哲学家柏拉图进行评价时，深刻地阐释了好的法律体系形成的不易。他说："好的法律需要经历无数次错误和失误，需要无数个世纪的艰苦努力才能形成，然而，天真的哲学家或立法者却以为他能够在几个小时之内就能建立完善的法律体系。洛克比柏拉图懂得更多，他也曾试着为美国的一个小殖民地创立一套法律体系，其结果证明那套法律只不过是不切实际的谬论的大杂烩。此外，还有一个立法者边沁自认为对全世界的法律全都了解，这太荒谬了。他编了一部宪法，并自信这部宪法适合埃及的卡代第夫和刚获得自由的南美共和国的那些印第安人、美国的一个州以及另外一些政治社会。

① 〔俄〕B. B. 拉扎列夫主编《法与国家的一般理论》，王哲等译，法律出版社，1999，第 38 ~ 39 页。
② 孙国华主编《法学基础理论》，法律出版社，1982，第 268 页。

有许多哲学家都像柏拉图一样，自以为上帝和大自然选定他们作为立法者，但他们全都错了。"① 以往，中国法学界对于法律体系的理解，一般比较狭窄，认为"法律体系通常指由一个国家的全部现行法律规范分类组合为不同的法律部门而形成的有机联系的统一整体"，② 即使学界现在的理解，基本上也没有能够跳出这个窠臼。什么是中国特色社会主义法律体系？2003 年 4 月 25 日，在第十届全国人大常委会关于《我国的立法体制、法律体系和立法原则》的法制讲座中，主讲人对这个问题作出了回答。所谓法律体系，是指一个国家的全部法律规范，按照一定的原则和要求，根据不同法律规范的调整对象和调整方法的不同，划分为若干法律门类，并由这些法律门类及其所包括的不同法律规范形成相互有机联系的统一整体。"关于法律门类划分，上届（第九届）全国人大常委会经组织专题研究，按照基本上达成的共识，认为将我国的法律体系划分为以下七个门类比较合适"，③ 即宪法及宪法相关法、民法商法、行政法、经济法、社会法、刑法、诉讼与非诉讼程序法。中国学者的上述观点，主要是源于苏联的关于法律体系的传统理论。苏联这种理论的产生和发展，有特定的历史条件和背景。

显然，以苏联为代表的社会主义国家法律体系部门划分的实际意义，或许政治价值大于其学术和实践价值，它存在的主要目的首先是解决法律体系姓"资"、姓"社"的问题，其次才是按照法律科学和法学传统来构建一个国家的法律体系。因为只有用这种划分理论和方法，才能取代公法和私法这种以承认私有制为经济基础合法前提的划分标准，才能彰显出这种新型法律体系的公有制性质，以及其比资本主义社会更先进的社会主义本质。

表 4 - 1 苏联、俄罗斯、新中国、旧中国的部门法划分

序号	苏联	俄罗斯	新中国	旧中国
1	国家法	宪法	宪法及宪法相关法	宪法
2	行政法	行政法	行政法	行政法
3	劳动法	社会法	社会法	
4	土地法	经济法	经济法	
5	集体农庄法	军事法		
6	财政预算法			
7	家庭法			

① 〔美〕约翰·梅西·赞恩：《法律的故事》，孙运申译，中国盲文出版社，2002，第 138 页。
② 《中国大百科全书·法学》，中国大百科全书出版社，1984，第 84 页。
③ 参见杨景宇《我国的立法体制、法律体系和立法原则》，2003 年 4 月 25 日第十届全国人大常委会法制讲座第一讲。

序号	苏联	俄罗斯	新中国	旧中国
8	民法	民商法	民商法	民法
9	刑法	刑法	刑法	刑法
10	诉讼法	诉讼与非诉讼程序法	诉讼与非诉讼法	民事诉讼法、刑事诉讼法

由于不采用上述部门法的划分方法（见表4－1）仍然可以构建一个国家的法律体系，而且千百年来世界上绝大多数国家都不采用这种方法，但并不影响其法律体系的形成、存在和发展，因此，建构法律体系的路径是可以有所不同的，划分部门法的建构方法只是其中的一种。这实际上提出了以划分部门法的方法来建构法律体系的必要性问题，即如果是出于意识形态的政治原因，或者是把它建立在马克思主义经典作家认为的未来生产力高度发达、消灭了私有制和剥削的社会主义社会高级阶段的基础上，那么以这种方法建构法律体系的必要性将大打折扣。

实际上，这两个划分标准的解释并不充分，在理论上存在许多不能自圆其说的地方。比如，以法律调整对象为划分标准，我们将行政法认定为一个部门法，但为什么不能把立法法、司法法作为部门法单独划分出来？以法律调整方法为划分标准，我们将刑法划分为一个部门法，但为什么不能把奖励法单独划分出来？此外，划分部门法还可以有其他标准。又如，以法律关系主体为标准，我国有公务员法、人民警察法、法官法、检察官法等，为什么不把大量有关法律体系主体的法律聚合起来使之成为一个独立的法律部门呢？再如，按照既有的划分标准，为什么国际法可以划分为国际公法、国际私法、国际经济法，而国内法却不允许呢？显然，以法律调整的社会关系为划分标准，在实践中并没有做到划分标准的同一，由此建构的法律体系的科学性难免不受到影响。实质上，法律部门的划分标准，是根据一个国家的现实政治、经济、社会的需要来决定的。没有绝对的法律部门划分标准，也没有一成不变的法律部门划分标准，更没有脱离本国实际照搬照抄别国做法的法律部门划分标准。

中国学者关于法律体系的观点，实际上仅强调了对现行法律规范的部门划分及其整体性，而忽略了法律体系本身是一个母系统，它由若干个子系统组成的基本事实。这里涉及一个重要的前提，即我们确定法律体系及其构成要素的目的，是为了对它进行划分——解构，还是为了对它进行综合——建构？当然，解构与建构并没有绝对的界限，在一定意义上说，没有解构就没有建构，反之，没有建构，解构也就失去了存在的价值。但是，在法律体系问题上，建构应当是目的，解构只是手段，解构是为建构法律体系服务的。当我们把一部法律还原为（解构为）法律调整的一类社会关系或者一类调整方法时，它并不是立法者所需要的东西，而只是为达到立法目的所采取的一种被法学理论抽象了的理性的认知手段，立法者对于这种手段的运用常常是不自觉的，而且由于这只是实现立法目的的一种手段但不是唯一的手段，所以立法者还可以通过其他手段来达成目标，甚至不采用这种认知手段，同样也可以制定大量法律。马克思曾说："无论是政治的立法或市民的立法，都只是表明和记载经济关系的要求而已。"① 在马克思讲的这个意义上，立法者是不可能也不应该按照"法律体系"的要求来创制法律的。哈耶克也非常清楚地指出：那种认为"所有的法律都是、能够是、也应当是立法者随心所欲发明的产物"，"认为所有的法律都是立法者意志的产物"的观点，是"一种谬误"，是"建构论唯理主义的一个谬种"。② 当法学学者还在争论残疾人、青少年、老年人、妇女、消费者等保护性立法的归属时，即是按照主体还是按照调整对象或是按照调整方法等等来划分这些法律的体系归属时，它们已经被立法者实实在在地制定出来了。不管学者如何争论，不管把它们置于哪一个部门法领域，它们的存在都是合理的、必要的，都是不以学者的意志为转移的。在建构法律体系的问题上，"实践"总是母亲，"需要"总是父亲，实践和需要共同创造了法律体系，而不是法律体系造就了自己的父母。因此，对法律体系的认识和分析，应当从建构法律体系的实际需要出发，从法律体系的现实状况出发，加以理性和学理的归纳、总结和分析，这样才有益于法律体系的建构。

在立法前或者立法后，把一部法律划分在哪一个法律部门并不是最重要的，因为法律部门也是人根据现实需要而创造的，中国古代的民法刑法不分、诸法合体，西方古罗马的公法私法之划分，皆有其存在的合理性，不论采取哪种认知方法来评判这些法律体系，它们无论是作为制度还是作为文化，都对自己依存的社会发挥了应有的作用，体现了其存在的价值。对于立法者而言，在立法前运用部门法的思维来给一部即将制定的法律定位，无非是考虑该法律的调整对象的归类，或者调整方法的一致。但在现实中，这种考虑必须服从于立法的现实需要，遵循立法的规程和技术要求。例如，制定香港和澳门特别行政区基本法，首先考虑的是如何贯彻"一国两制"方针和相应的立法技术；制定立法法和监督法，也不是从宪法部门的划分出发而提出立法计划和立法动议的，甚至可以说立法者对于部门法划分的考虑几乎是无足轻重的。立法者在立法后运用部门法的思维来给法律定位，实际上就是将立法产品放在哪一个"货柜"的问题，如果能够根据部门法的划分理论在已有的

---

① 《马克思恩格斯全集》第4卷，人民出版社，1958，第121～122页。
② 〔英〕弗里德利希·冯·哈耶克：《法律、立法与自由》（第1卷），邓正来等译，中国大百科全书出版社，2000，第115页。

"货柜"中找到一席之地,则可归入之,否则,就可另辟蹊径,再设一个能够容纳新法的"货柜",这对于既有法律体系的统一性和完整性不会有任何损害。因为解决法律体系统一性和完整性的问题,主要依靠的是立法程序和技术,特别是依靠有效的违宪审查制度,而不是一种逻辑的法律体系理论。社会和社会关系是不断发展变化的,社会分工的细化和多样化是人类走向现代化过程中不可避免的发展趋势,由此必将带来法律关系的巨大变化,导致已有法律体系"货柜"的爆满,所以,用一种发展的、开放的宏大视野来认识和分析法律体系建构问题,是非常必要的。

第二节　中国特色社会主义法律体系形成的历史进程和重大意义

一　中国特色社会主义法律体系形成的历史进程

中国共产党一向重视立法工作,早在新民主主义革命时期,在有条件的情况下,就经常通过立法来巩固革命成果,建立和维护人民民主革命政权。在 1931 年中华苏维埃共和国成立前,中国共产党领导的各革命根据地先后制定了地方性苏维埃组织法和革命委员会组织大纲等法律法规,例如,1927 年 11 月的《江西苏维埃临时组织法》、1929 年 8 月的《闽西苏维埃政权组织法》、1930 年 3 月的《信江苏维埃临时组织法》、1931 年 7 月的《鄂豫皖区苏维埃临时组织大纲》等。中华苏维埃共和国在江西瑞金成立后,制定了《中华苏维埃共和国宪法大纲》以及《苏维埃组织法》、《选举细则》、《妇女生活改善委员会组织纲要》、《惩治反革命条例》、《婚姻条例》、《婚姻法》、《土地法》、《劳动法》、《暂行税则》等,初步创建了以《中华苏维埃共和国宪法大纲》为基础的新型革命法律体系的雏形。

抗日战争时期,革命根据地颁布了《晋冀鲁豫边区政府施政纲领》、《晋察冀边区目前施政纲领》、《陕甘宁边区施政纲领》、《对于巩固和建设晋西北的施政纲领》、《山东省战时施政纲领》、《山东省人权保障条例》、《晋冀鲁豫边区保障人民权利暂行条例》、《陕甘宁边区保障人权财权条例》、《渤海区人权保障条例执行规则》、《苏中区人权保障条例》、《抗战时期惩治汉奸条例》、《抗战时期惩治盗匪条例》、《惩治贪污条例》、《禁烟禁毒条例》、《破坏金融法令惩罚条例》、《陕甘宁边区土地条例》、《陕甘宁边区土地租佃条例草案》、《陕甘宁边区地权条例》、《陕甘宁边区劳动保护条例草案》、《晋冀鲁豫边区劳动保护暂行条例》、《陕甘宁边区婚姻条例》、《陕甘宁边区继承条例》、《陕甘宁边区抗属离婚处理方法》、《陕甘宁边区继承条例》、《陕甘宁边区高等法院组织条例》、《陕甘宁边区军民诉讼暂行条例》、《陕甘宁边区县司法处组织条例草案》、《晋察冀边区陪审暂行办法》、《晋西北巡回审判办法》等大量法律法规。据统计，这个时期共颁布了 51 项有关选举的条例、规程、施行细则、办法、指示等，颁布了 56 项有关组织和会议规程的法律、条例、章程、指示等，① 使中国共产党领导创立的新型革命法律体系雏形得到进一步发展。

解放战争时期，解放区人民政权继续重视立法工作。据不完全统计，这一时期，在宪法性立法方面，先后颁布了《晋察冀边区行政委员会施政要端》、《苏皖边区临时行政委员会施政纲领》、《陕甘宁边区宪法原则》、《东北各省（特别市）民主政府共同施政纲领》、《华北人民政府施政方针》等；在选举法方面，颁布法规、指示等 8 项；在组织法方面，颁布条例、规程等 19 项；在土地法、婚姻法、刑事法律等方面，也颁布了许多法律、条例和命令，为创立新中国的社会主义法律体系积累了重要立法经验，也创造了大量的法制条件。

新中国成立前夕，中共中央在 1949 年 2 月 28 日发布的《关于废除国民党的六法全书与确定解放区的司法原则的指示》中明确指出："在无产阶级领导的工农联盟为主体的人民民主专政政权下，国民党的六法全书应该废除。人民的司法工作，不能再以国民党的六法全书为依据，而应该以人民的新的法律作依据。在人民新的法律还没有系统地发布以前，应该以共产党政策以及人民政府与人民解放军所已发布的各种纲领、法律、条例、决议作依据。目前，在人民的法律还不完备的情况下，司法机关的办事原则应该是：有纲领、法律、命令、条例、决议规定者，从纲领、法律、命令、条例、决议之规定；无纲领、法律、命令、条例、决议规定者，从新民主主义的政策。"在这个《指示》中，作为革命党的中国共产党对旧法律的态度，作了最好的解释："我们在抗日战争时期，在各根据地曾经个别地利用过国民党法律中有利于人民的条款来保护或实现人民的利益，在反动统治下我们也常常利用反动法律中个别有利于群众的条款来保护和争取群众的利益，并向群众揭露反动法律的本质上的反动性。无疑，这样做是正确的。但不能把我们这种一时的策略上的行动，解释为我们在基本上承认国民党的反动法律，或者认为在新民主主义的政权下能够在基本上采用国民党的反动的旧法律。"革命党必须否定旧法治、旧法统，否则就等于承认自己的革命是非法的，革命后自己建立的政权是非法的。在第一届全国人民代表大会召开前，起临时宪法作用的《中国人民政治协商会议共同纲领》第 17 条规定："废除国民党反动政府一切压迫人民的法律、法令和司法制度，制定保护人民的法律、法令，建立人民司法制度。"董必武曾经指出："建立新的政权，自然要创建法律、法令、规

---

① 以上统计资料详见韩延龙、常兆儒编《中国新民主主义革命时期根据地法制文献选编》第 1 卷、第 2 卷，中国社会科学出版社，1981。

章、制度。我们把旧的打碎了，一定要建立新的。否则就是无政府主义。如果没有法律、法令、规章、制度，那新的秩序怎样维持呢？"①

1954 年，董必武在第一届全国人民代表大会第一次会议上明确宣布："现在国家已进入有计划的建设时期，我们的宪法已经公布，今后不但可能而且必须逐步制定比较完备的法律，以便有效地保障国家建设和保护人民的民主权利。"② "为什么把立法问题摆在前面？因为立法工作特别是保卫经济建设的立法工作，相应落后于客观需要，今后如果要按法制办事，就必须着重搞立法工作。"③

为了加强立法，尽快为新中国人民民主政权提供法律基础和合法性依据，在 1954 年宪法颁布实施前，新中国实行了分散立法模式，县以上各级人民政府都享有一定的立法职权，④ 在其职权范围内通过对所辖行政区域内的部分或者全部事务依法行使立法职权来进行管理。在这种立法模式下，提高了立法效率，从中央到地方的立法速度大大加快。据统计，从 1950 年到 1953 年，中央立法共 435 件，年均立法 109 件。地方立法虽无全面的详细统计数字，但从浙江、内蒙古以及上海的立法情况可见一斑。浙江从 1950 年到 1953 年，共制定暂行法令条例和单行法规 653 件，年均立法 163 件；内蒙古从 1950 年到 1954 年，制定各种条例和规范性文件 368 件，年均立法 73.6 件；上海从 1950 年到 1954 年 9 月，制定暂行法令条例和单行法规 799 件，年均立法 159 件。⑤

1954 年 9 月，经过普选产生的第一届全国人大第一次会议，通过了中华人民共和国的第一部宪法，全面规定了国家的基本制度，并将前一阶段实行的中央与地方分享立法职权的制度，改为中央集权的立法体制。

根据 1954 年宪法的规定，全国人大是国家最高权力机关，也是行使国家立法权的唯一机关。全国人大的立法职权包括：修改宪法；制定法律；监督宪法的实施。后来，我国在 1975 年和 1978 年对 1954 年宪法先后进行的两次大的修改中，均删去了"全国人大是行使国家立法权的唯一机关"的规定。全国人大常委会是全国人大的常设机关，1954 年宪法规定的全国

---

① 董必武：《论新民主主义政权问题》（1948 年 10 月 16 日董必武在人民政权研究会上的讲话），《董必武选集》，人民出版社，1985，第 218 页。
② 《董必武法学文集》，法律出版社，2001，第 235 页。
③ 《董必武法学文集》，法律出版社，2001，第 166 页。
④ 根据 1950 年 1 月 6 日政务院颁布的《省、市、县人民政府组织通则》的规定，省人民政府有权拟定与本省政务有关的暂行法令条例，报主管大行政区人民政府转请政务院批准或者备案。直辖市、大行政区辖市和省辖市的人民政府，有权拟定与本市政务有关的暂行条例，报上级人民政府批准。县人民政府有权拟定与县政有关的单行法规，送请省人民政府批准或者备案。
⑤ 参见吴大英等《中国社会主义立法问题》，群众出版社，1984，第 36 页以下、第 241 页。

人大常委会的立法职权包括：解释法律；制定法令；撤销国务院的同宪法、法律和法令相抵触的决议和命令；改变或者撤销省、自治区、直辖市国家权力机关的不适当的决议；决定同外国缔结的条约的批准和废除。

1955年第一届全国人大第二次会议通过的《关于授权常务委员会制定单行法规的决议》，把享有国家立法权的范围扩大到了全国人大常委会。该项授权决议解释的理由是，"随着社会主义建设和社会主义改造事业的进展，国家急需制定各项法律，以适应国家建设和国家工作的要求。在全国人民代表大会闭会期间，有些部分性质的法律，不可避免地急需常务委员会通过施行。为此……授权常务委员会依照宪法的精神、根据实际的需要，适时地制定部分性质的法律，即单行法规"。① 1959年，第二届全国人大第一次会议进一步授权全国人大常委会在全国人大闭会期间根据情况的发展和工作的需要，有权修改现行法律中已经不适用的条文。

根据1954年宪法规定，国务院的行政立法职权包括：根据宪法、法律和法令，规定行政措施，发布决议和命令，并且审查这些决议和命令的实施情况；向全国人大或者全国人大常委会提出议案；改变或者撤销各部部长、各委员会主任的不适当的命令和指示；改变或者撤销地方各级国家行政机关的不适当的决议和命令。

1956年，中共八大召开。刘少奇在党的八大政治报告中指出："我们目前在国家工作中的迫切任务之一，是着手系统地制定比较完备的法律，健全我们国家的法制"，"革命的暴风雨时期已经过去了，新的生产关系已经建立起来，斗争的任务已经变为保护社会生产力的顺利发展，因此，斗争的方法也就必须跟着改变，完备的法制就是完全必要的了。"

建立完备的法制必须加强立法，但由于1954年宪法采取的是中央集权的立法模式，"立法权集中在中央"，② 因此，这种立法模式在一定意义上延缓了我国法律体系的发展进程。据统计，从1954年宪法颁布后到1979年，包括各种意见、办法、命令、决议、决定、通知、报告、答复、办法等在内的中央立法共1115件，年均44.6件，地方因无立法权所以记录为零。③ 中央集权的立法体制强有力地保证了中央对全国各项事业的集中统一领导，但也在相当程度上影响了地方积极性的发挥，阻碍了中国社会主义法制的全面发展。

"文化大革命"时期，以阶级斗争为纲，"和尚打伞，无法无天"，国家的立法工作被迫中断，"公、检、法"机关被砸烂，广大干部和人民群众的基本权利受到粗暴践踏，社会主义民主法制遭到严重破坏。

① 《中华人民共和国第一届全国人大第二次会议汇刊》，第995页。
② 《毛泽东选集》第5卷，人民出版社，1977，第276页。
③ 参见吴大英等《中国社会主义立法问题》，群众出版社，1984，第241页。

正是吸取了"文化大革命"惨痛的历史教训，党的十一届三中全会提出，为了发展社会主义民主，必须健全社会主义法制，使民主制度化、法律化。从此，确立了在现代化建设中应当发展社会主义民主和健全社会主义法制的基本方针。健全社会主义法制，应当做到"有法可依，有法必依，执法必严，违法必究"。十一届三中全会还明确要求，"必须做到有法可依，从现在起，应当把立法工作摆到全国人民代表大会及其常务委员会的重要议程上来"。实现有法可依，成为中国新时期法制建设的首要任务。1980 年邓小平进一步重申："要继续发展社会主义民主，健全社会主义法制。这是三中全会以来中央坚定不移的基本方针，今后也决不允许有任何动摇。我们的民主制度还有不完善的地方，要制定一系列的法律、法令和条例，使民主制度化、法律化。"①

建立社会主义法律体系，实现有法可依，是新时期社会主义法治建设的一项长期任务，也是新时期立法工作的一个基本目标。邓小平 1978 年在《解放思想，实事求是，团结一致向前看》的讲话中说过："现在的问题是法律很不完备，很多法律还没有制定出来……所以，应该集中力量制定刑法、民法、诉讼法和其他各种必要的法律，例如工厂法、人民公社法、森林法、草原法、环境保护法、劳动法、外国人投资法等等，经过一定的民主程序讨论通过……做到有法可依……国家和企业、企业和企业、企业和个人等等之间的关系，也要用法律的形式来确定；它们之间的矛盾，也有不少要通过法律来解决。现在立法的工作量很大，人力很不够，因此法律条文开始可以粗一点，逐步完善。有的法规地方可以先试搞，然后经过总结提高，制定全国通行的法律。修改补充法律，成熟一条就修改补充一条，不要等待'成套设备'。总之，有比没有好，快搞比慢搞好。"② 这些思想，符合当时实际，成为 1978 年以后一段时间内我国立法工作的指导方针，对于加快立法速度、及时解决"无法可依"的问题具有重要的指导意义。

新时期法制建设开端最明显的标志是 1979 年的大规模立法。1979 年 7 月，五届全国人大二次会议审议通过了刑法、刑事诉讼法、地方各级人民代表大会和地方各级人民政府组织法、全国人民代表大会和地方各级人民代表大会选举法、人民法院组织法、人民检察院组织法、中外合资经营企业法等七个重要法律。"在一次会议上通过这样多的重要法律，这在我国社会主义立法史上还是第一次。"③ 邓小平在人大会议期间指出："这次全国人大开会制

① 邓小平：《贯彻调整方针，保证安定团结》，《邓小平文选》（1975~1982 年），人民出版社，1983，第 318~319 页。
② 邓小平：《解放思想，实事求是，团结一致向前看》，《邓小平文选》第 2 卷，人民出版社，1994，第 146~147 页。
③ 吴大英、刘瀚等：《中国社会主义立法问题》，群众出版社，1984，第 64 页。

定了七个法律……这是建立安定团结政治局面的必要保障……这次会议以后，要接着制定一系列的法律。我们的民法还没有，要制定；经济方面的很多法律，比如工厂法等等，也要制定。我们的法律是太少了，成百个法律总要有的……现在只是开端。"①

1982 年，第五届全国人大常委会第五次会议工作报告中首次明确提出："立法要从我国的实际情况出发，按照社会主义法制原则，逐步建立有中国特色的独立的法律体系。"

1987 年，党的十三大报告在向全世界宣布"社会主义民主和法制的建设逐步发展，以宪法为基础的社会主义法律体系初步形成"的同时，明确指出：中国正处在社会主义的初级阶段，必须以公有制为主体，大力发展有计划的商品经济；必须加快建立和培育社会主义市场体系，抓紧建立完备的经济法规体系，尽快制定有关私营经济的政策和法律，保护它们的合法利益。总之，法制建设必须贯串改革的全过程，国家的政治生活、经济生活和社会生活的各个方面，民主和专政的各个环节，都应做到有法可依、有法必依、执法必严、违法必究。

1988 年 3 月，七届全国人大一次会议指出：过去五年"立法工作的重大进展，使中国在国家政治生活、经济生活、社会生活的基本方面，已经不再是无法可依，而是有法可依。以宪法为基础的社会主义法律体系已经初步形成"。李培传先生在《中国社会主义立法的理论与实践》一书中提出，1978 年到 1990 年，"是我国大规模立法活动开展的时期，也是我国立法取得令人瞩目的成果的时期。一个具有中国特色的，以宪法为核心，多层次的社会主义法律体系，在几乎是一片空白和荒芜的基础上，初步形成……这些法律、行政法规、地方性法规和行政规章的制定，使我国的政治、经济、社会等方面，基本上有法可依了。"②

1992 年邓小平南方讲话以后，为了深化经济体制改革，建立社会主义市场经济体制，1993 年在中国共产党《关于建立社会主义市场经济体制若干问题的决定》中，提出我国"法制建设的目标是：遵循宪法规定的原则，加快经济立法，进一步完善民商法律、刑事法律、有关国家机构和行政管理方面的法律，本世纪末初步建立适应社会主义市场经济的法律体系"。1993 年八届全国人大一次会议通过宪法修正案，把"中国正处于社会主义初级阶段"、"建设有中国特色社会主义的理论"和"坚持改革开放"等内容载入了宪法，明确规定"国家实行社会主义市场经济"，"国家加强经济

---

① 邓小平：《民主和法制两手都不能削弱》，《邓小平文选》第 2 卷，人民出版社，1994，第 189 页。

② 李培传主编《中国社会主义立法的理论与实践》，中国法制出版社，1991，第 356 页。

立法，完善宏观调控"。这就为建立和发展社会主义市场经济提供了宪法依据，具有重大意义。建立社会主义市场经济体制必须有比较完备的法制作为保障。"现在规范市场经济主体行为、维护市场经济秩序和完善宏观调控的一些急需的法律还没有制定出来，因此加快立法刻不容缓。"①

1994 年，第八届全国人大常委会第二次会议提出："按照宪法的要求，常委会把经济立法作为第一位的任务，争取在本届任期内大体形成社会主义市场经济法律体系的框架。"

1995 年，全国人大常委会"继续把立法工作放在首位，加快经济立法，在形成社会主义市场经济法律体系框架方面迈出了重要步伐"。

1996 年，第八届全国人大常委会第四次会议工作报告指出，过去一年常委会的立法工作"在形成社会主义市场经济法律体系方面迈出了重要步伐，为改革开放和现代化建设的顺利进行提供了法律保障"。

1997 年，第八届全国人大常委会第五次会议工作报告总结道：常委会"抓紧立法，在建立社会主义市场经济法律体系方面迈出重要步伐……社会主义市场经济法律体系框架已初具规模。"1997 年，党的十五大报告在确立依法治国基本方略的同时，明确提出了社会主义法治国家建设过程中的立法目标，是"到 2010 年形成有中国特色的社会主义法律体系"。

1998 年，第九届全国人大常委会第一次会议工作报告在总结立法工作时指出，过去五年的"立法不仅数量多，质量也有所提高，为形成具有中国特色社会主义法律体系奠定了基础"，今后的立法工作要按照党的十五大提出的目标和任务，"继续加强立法工作，把经济立法放在重要位置，提高立法质量，努力建设有中国特色社会主义法律体系。"

由上可见，随着我国经济社会体制改革的不断深化和社会主义民主法治建设的不断发展，我们对法律体系的理解和认识也在不断提高。从"建立有中国特色的独立的法律体系"发展为"社会主义法律体系初步形成"，从"形成社会主义市场经济法律体系框架"发展为"建立社会主义市场经济法律体系"，从"建立社会主义法律体系"发展为"形成中国特色社会主义法律体系"，从"初步形成"、"基本形成"发展为"形成"，所有这些变化，都显示了国家对立法工作认识的不断提高、对法律体系的认识不断完善、对形成中国特色社会主义法律体系实践过程的认识不断深化。

从 1997 年到 2010 年形成有中国特色的社会主义法律体系，用 13 年时间实现这一立法目标，大致可分为三个阶段：（1）九届全国人大期间——"初步形成中国特色社会主义法律体系"；（2）十届全国人大期间——"基本形

---

① 彭冲：《关于中华人民共和国全国人民代表大会常务委员会的工作报告》（1993 年）。

成中国特色社会主义法律体系"；（3）十一届全国人大到2010年——"形成中国特色社会主义法律体系"。

2003年3月，十届全国人大常委会第一次会议工作报告总结指出："在前几届工作的基础上，经过不懈努力，构成中国特色社会主义法律体系的各个法律部门①已经齐全，每个法律部门中主要的法律已经基本制定出来，加上国务院制定的行政法规和地方人大制定的地方性法规，以宪法为核心的中国特色社会主义法律体系已经初步形成。"十届全国人大及其常委会未来五年立法工作的目标是，"基本形成中国特色社会主义法律体系"。所谓"基本形成"，就是在"初步形成"的基础上，将每个法律部门中支架性的、现实急需的、条件成熟的法律制定和修改完成。

2007年，党的十七大报告宣布，中国特色社会主义法律体系基本形成。

2008年3月，吴邦国委员长在十一届全国人大一次会议上指出：中国特色社会主义法律体系，是以宪法为核心、法律为主干，由宪法及宪法相关法、民法商法、行政法、经济法、社会法、刑法、诉讼与非诉讼程序法七个法律部门和法律、行政法规、地方性法规三个层次规范构成的统一整体。在前几届全国人大及其常委会立法工作的基础上，经过十届全国人大及其常委会的不懈努力，目前，中国现行有效的法律229件，加上现行有效的行政法规约600件、地方性法规7000多件，构成中国特色社会主义法律体系的各个法律部门已经齐全，各个法律部门中基本的、主要的法律及配套规定已经制定出来，中国特色社会主义法律体系已经基本形成，国家经济、政治、文化、社会生活的各个方面基本实现了有法可依。②

2010年是形成中国特色社会主义法律体系的收官之年，最高国家权力机关也正式宣布中国特色社会主义法律体系已经形成。中国特色社会主义法律体系的形成，是全面推进依法治国的重要标志，是新中国法治建设取得的重大成就。

2011年3月10日，吴邦国委员长在十一届全国人大四次会议上说："到2010年底，我国已制定现行有效法律236件、行政法规690多件、地方性法规8600多件……目前，涵盖社会关系各个方面的法律部门已经齐全，各法律

---

① 在我国，法律的部门分类体系是建构法律体系的核心；在西方国家，所谓法律体系主要关注的是公法和私法的划分及其派生物。将确立法律部门作为划分法律体系的目标，首先遇到的就是把法律体系划分成部门的意义的问题，即如果不使用"部门"的概念来分解法律体系，是否会影响法律体系的构成，或者换言之，在不采用法律体系之部门划分的国家，是否其法律体系就不能构成"体系"。回答当然是否定的。在英美法系和大陆法系国家，不采用"部门"的概念和方法来划分法律体系，但其法律体系照样能够合理存在并正常运转，并不会影响其法治的实施。

② 国务院新闻办公室：《中国的法治建设》（白皮书），2008年2月28日发表。

部门中基本的、主要的法律已经制定，相应的行政法规和地方性法规比较完备，法律体系内部总体做到科学和谐统一。一个立足中国国情和实际、适应改革开放和社会主义现代化建设需要、集中体现党和人民意志的，以宪法为统帅，以宪法相关法、民法商法等多个法律部门的法律为主干，由法律、行政法规、地方性法规等多个层次的法律规范构成的中国特色社会主义法律体系已经形成，国家经济建设、政治建设、文化建设、社会建设以及生态文明建设的各个方面实现有法可依，党的十五大提出到2010年形成中国特色社会主义法律体系的立法工作目标如期完成。"

二 中国特色社会主义法律体系形成的标准

英国著名法理学家约瑟夫·拉兹教授在《法律的权威》一书中，从分析法理学的角度出发，认为一种完整的法律体系理论应当包括对四个问题的回答：一是存在问题，即"一种法律体系存在的标准是什么？"如何区分现存的法律体系与那些已经停止存在的法律体系和从未存在过的法律体系，法律体系理论要提供一些标准作出判断。二是"特征问题（以及与之相关的成员资格问题）"，即决定一种法律归属于某一体系的标准是什么？人们可以从成员资格中推导出关于特质的标准，并回答哪些法律构成一种体系。三是"结构问题"，即所有的法律体系是否都有一个共同的结构？或者某类法律体系是否具有共同的结构？属于同一个法律体系的那些法律是不是具有某些反复出现的关系模式？究竟是什么构成了重要的法律体系之间的差别？四是"内容问题"，即有没有一些法律会以这样或者那样的形式出现在所有的法律体系中或者某类法律体系中？有没有一些内容对于所有的法律体系都是不可缺少的？或者有没有一些重要的内容可以区分重要的法律类型？[①]

拉兹教授提出的观点尽管是分析法理学的，没有涉及法律体系的价值问题和实际运作问题，但他的观点给我们提供了有益的思想资源：法律体系并不是自然、自发形成的，而是立法者（主权者）人为构造的；法律体系并不仅仅是一种部门法的划分与构成体系，而是由多种从属性体系（子系统）、从属性要素构成的；构成法律体系的标准是多样的和多角度的。

从中国国情和实际出发，考虑历史原因和现实法治建设的状况，中国特色社会主义法律体系的形成，应当符合以下主要标准。

一是法律体系的构成标准。在中国特色社会主义法律体系中，以宪法为核心、以法律为主干，包括宪法及宪法相关法、民法商法、行政法、经济法、社会法、刑法、诉讼与非诉讼程序法在内的各个法律部门，包括法律、行政法规、地方性法规和民族自治条例（单行条例）等在内的各层次法律规范，

---

① 〔英〕约瑟夫·拉兹：《法律体系的概念》，吴玉章译，中国法制出版社，2003，第2~3页。

包括法典法与单行法、修改法与原定法、解释法与原定法、下位法与上位法、新法与旧法、特别法与一般法、程序法与实体法、地方法与中央法、国际法与国内法等在内的各类别法律，应当做到上下统一、左右协调、整体和谐，构成有机统一的法律体系整体。

二是法律体系的数量标准。截至目前，全国人大及其常委会制定了 230 多件现行有效法律，国务院制定了 600 多件现行有效行政法规，地方人大及其常委会制定了 7000 多件地方性法规，民族自治地方人大通过了近 700 件自治条例和单行条例，我国各种立法已达到较大数量规模，构成中国特色社会主义法律体系的各个法律部门已经齐全，各个法律部门中基本的、主要的、起支架作用的法律及其配套规定已经制定出来。新中国成立后尤其是改革开放以来取得的大量立法成果，为中国特色社会主义法律体系的如期形成，提供了必要条件，奠定了良好基础。

三是法律体系的调整范围标准。形成中国特色社会主义法律体系，要求国家的经济关系、政治关系、文化关系、社会关系、国际关系的各个方面，国家与公民、中央与地方、地方与地方、公民与公民、公民与社会组织、各个党派之间、各个民族之间、各种组织之间、权利与义务、权力与责任、人与自然、人与社会等各种重要关系，应当纳入法律调整范围；国家政治生活、经济生活、社会生活和文化生活的主要方面，应当实现有法可依。

四是法律体系的内部技术标准。中国特色社会主义法律体系应当配套，既无重要缺项，也无"摆设立法"。法律体系内部应当结构合理、体例科学、文字规范、逻辑严谨、前后一致、左右协调、上下有序，各类法律从精神到原则、从形式到内容、从规范到文本、从个体到整体，做到相互衔接、彼此协调、浑然一体。同时，应将法律体系中的空白、矛盾、冲突、漏洞、重复和瑕疵等，尽最大努力减少到最低程度，并对过时落后和冲突矛盾的法律及时清理。

五是法律体系的价值实效标准。中国特色社会主义法律体系既是价值原则的法律化，也是行为规范的体系化。它所要求公民、法人和社会组织遵守的各种法律，要求执政党、立法机关、行政机关、司法机关和武装力量实施的全部法律，应当是符合中国国情和人民意志的良法，是体现公平正义和公序良俗、符合社会发展规律和人类文明进步潮流的善法。法律体系中各个门类、各种位阶和各种规范形式的法律，都应当在社会生活中发挥应有作用，通过良法善治保障人权，实现立法目的。

三　中国特色社会主义法律体系形成的重大意义

中国特色社会主义法律体系的如期形成，是新中国社会主义建设的伟大成就，是改革开放以来基本路线方针政策法律化的重大成果，是全面推进依法治国的重要标志，具有重大意义。

（一）中国特色社会主义法律体系的形成是新中国社会主义建设的伟大成就

现代国家立法的主要社会功能，是通过立法的形式，实现对社会关系的法律调整、对社会利益的法律分配、对社会秩序的法律规制、对社会建设成果的法律确认。法律对于社会进步发展的肯定作用是不言而喻的。1804 年的《法国民法典》是拿破仑主持制定的，后来被命名为《拿破仑法典》。拿破仑在 1821 年病死前总结其一生时说过："我的光荣不在于打胜了四十个战役，滑铁卢会摧毁这么多的胜利……但不会被任何东西摧毁的，会永远存在的，是我的民法典。"① 毛泽东曾经指出："世界上历来的宪政，不论是英国、法国、美国，或者是苏联，都是在革命成功有了民主事实之后，颁布一个根本大法，去承认它，这就是宪法。"② 我国是一个成文法国家，社会主义法律体系是全部现行立法的集大成者，是国家各方面、各层次、各领域立法的综合结果，其首要的政治价值和社会功能，是以国家意志和法律规范的形式，对社会主义革命、建设和改革的成果予以确认和保护。1954 年新中国制定的第一部社会主义宪法，"巩固了我国人民革命的成果和中华人民共和国建立以来政治上、经济上的新胜利，并且反映了国家在过渡时期的根本要求和广大人民建设社会主义社会的共同愿望"，确认了千百年来受压迫的人民群众成为国家主人翁的事实。1982 年宪法则"以法律的形式确认了中国各族人民奋斗的成果，规定了国家的根本制度和根本任务"。宪法是中国特色社会主义法律体系的核心和基础，从 1954 年宪法到 1982 年宪法，规定了新中国的指导思想、根本任务、政治制度、经济制度和社会制度，规定了中华人民共和国的国体和政体、中央与地方的关系、公民的权利与义务等，充分肯定了新中国革命和建设取得的各项成果。从 1988 年对现行宪法的第一次修改到 2004 年的第四次修改，多次以修宪方式及时肯定了新时期改革开放的成功经验，确认了改革发展的积极成果。宪法具有最高法律效力，是我国立法的根本法律依据和法律基础。中国特色社会主义法律体系以宪法为核心，以宪法及宪法相关法、民法商法、行政法、经济法、社会法、刑法、诉讼与非诉讼程序法等七个法律部门为主干，分为法律、行政法规和地方性法规（自治条例和单行条例）等三个主要层次，涵盖国家经济、政治、文化和社会生活的各个方面。我国法律体系的形成，把新中国成立以来尤其是 1978 年改革开放以来取得的成功经验和胜利成果，纳入宪法法律确认和保障的范围，用宪法法律的形式

---

① 李浩培等译《拿破仑法典》（法国民法典），译者序，商务印书馆，1979，第 3 页。法国在大革命后之所以亟欲制定民法典，一个重要原因是，"革命既已成功，必须除旧布新，即通过成文法的制定来巩固资产阶级革命的胜利，并为资本主义的发展在法律上奠定基础。"

② 毛泽东：《新民主主义的宪政》，《毛泽东选集》（合订本），人民出版社，1964，第 693 页。

最大限度地规定了社会主义现代化建设的基本要求，记载了各族人民在中国共产党领导下共同奋斗的主要历程，指明了未来中国改革发展的奋斗目标和基本任务。尤其是，中国特色社会主义法律体系的如期形成，以民主立法的方式与时俱进地体现人民意志、维护人民利益，从而不断确认和巩固了社会主义革命、建设和改革的合法性基础，确认和巩固了中国共产党依法执政的合法性、权威性，有效地维护和实现了人民当家作主和尊重保障人权，极大地保障和推动了我国的社会主义物质文明建设、政治文明建设和精神文明建设。

（二）　中国特色社会主义法律体系的形成是改革开放以来基本路线方针政策法律化的重大成就

社会主义法律是中国共产党领导人民制定的，不仅是人民意志的体现，而且是党的基本路线方针政策的条文化、法律化，是中国共产党的主张与全国各族人民意志相统一的法律表现形式。1997 年，中国共产党将"依法治国"确立为治国基本方略，将"建设社会主义法治国家"确定为社会主义现代化的重要目标，并提出了到 2010 年形成中国特色社会主义法律体系的重大任务。在新时期的立法实践中，每一次宪法的修改、每一个五年立法规划的制定、每一部重要法律的出台等等，都坚持并体现了中国共产党对立法工作的领导，① 体现了通过立法使党的基本路线方针和重大决策法律化的过程。

全国人大常委会高度重视立法与经济社会发展相结合，重视立法决策与改革开放重大决策相结合，重视立法对中国共产党路线方针政策的法律化。1978 年改革开放以来，全国人大常委会在不同时期针对不同情况，适时提出了一些立法指导思想，如"当前经济立法的重点……是围绕经济调整和体制改革来进行，以保障调整任务的顺利实现，巩固经济改革的成果"，"要把经过实践证明是正确的并长期适用的政策，通过法定程序转变为国家法律，要认真研究改革开放中出现的各种新情况、新问题，及时地把改革开放的成功经验用法律形式肯定下来"；"立法要同改革和发展的实际紧密结合，要把实践证明是正确的东西，用法律形式肯定下来，巩固改革开放的成果"，用法律推进和保障改革开放和现代化建设的健康发展；立法工作"既注意及时把改革中取得的成功经验用法律形式确定下来，对现有法律中不适应实践发展的规定进行修改，为改革发展提供坚实的法制保障，又注意为继续深化改革留下空间"；等等。

中国特色社会主义法律体系的形成，反映了我国改革开放和社会主义现

---

① 党的十六届四中全会《决定》指出，中国共产党必须坚持民主执政、科学执政、依法执政。依法执政，就是党要紧紧抓住制度建设这个具有根本性、全局性、稳定性、长期性的重要环节，坚持依法治国，领导立法，带头守法，保证执法，不断推进国家经济、政治、文化、社会生活的法制化、规范化，从制度上、法律上保证党的路线方针政策的贯彻实施。

代化建设的进程，是对 30 多年来改革开放所形成的基本经验的法律总结，是对社会主义现代化建设所取得成果的法律肯定，是对中国共产党领导人民进行建设和改革开放事业的基本路线方针政策的法律确认，是对中国特色社会主义道路、中国特色社会主义理论与实践的法律化概括。我国法律体系的形成，意味着中国坚持改革开放基本路线方针政策的方向不可改变，意味着中国走具有自己特色社会主义道路的选择不可逆转，意味着中国人民奔小康求幸福的决心不可动摇，意味着中华民族实现伟大复兴的目标必将实现。

（三）中国特色社会主义法律体系的形成是全面推进依法治国的重要标志

实行社会主义法治，推进依法治国，基础和前提是要做到有法可依。改革开放 30 多年来，加强立法始终是我国法治建设中居于优先地位的工作，以至于法学界把这种现象称为"以立法为中心的法治建设模式"。邓小平高度重视立法在新时期法治建设中的紧迫性和优先地位，认为法治建设要做到"有法可依、有法必依、执法必严、违法必究"，当务之急是加强立法，首先解决有法可依的问题。他指出："应该集中力量制定刑法、民法、诉讼法和其他各种必要的法律"，"有比没有好，快搞比慢搞好。"[1] 总之，"国要有国法，党要有党规党法"。在邓小平加快立法工作的思想指导下，我国立法取得了明显成绩。

1978～1982 年是我国立法全面恢复和发展时期。这一时期，除全国人大全面修改颁布了 1982 年宪法外，全国人大及其常委会还制定颁布了现行有效的法律 22 件。[2] 参见表 4-2。

表 4-2　全国人大及其常委会立法统计分析（1978～1982）

	宪法及宪法相关法	民商法	行政法	经济法	社会法	刑法	诉讼与非诉讼程序法
本时期立法数量（件）	7	3	6	2	2	1	1
占本时期 22 件立法的百分比（%）	31.82	13.64	27.27	9.09	9.09	4.55	4.55

①　邓小平：《解放思想、实事求是、团结一致向前看》，《邓小平文选》第 2 卷，人民出版社，1994，第 146～147 页。

②　根据国务院新闻办公室 2008 年 2 月 28 日发布的《中国的法治建设》白皮书，截至该白皮书发布时，全国人大及其常委会共制定现行有效的法律 229 件，其中有 23 件是 1978～1982 年间制定的，6 件是 1978 年以前制定的，即城市街道办事处组织条例（1954 年）、公安派出所组织条例（1954 年）、全国人大常委会批准国务院关于劳动教养问题的决定的决议（1957 年）、全国人大常委会批准国务院关于华侨捐资兴办学校办法的决定的决议（1957 年）、户口登记条例（1958 年）、华侨申请使用国有的荒山荒地条例（1955 年）。

	宪法及 宪法相关法	民商法	行政法	经济法	社会法	刑法	诉讼与非诉 讼程序法
占所有同部门 立法的百分比（%）	17.95	9.38	7.59	3.70	11.76	100	14.29
占229件 立法的百分比（%）	3.06	1.31	2.62	0.87	0.87	0.44	0.44

　　1983～1992年是我国有计划商品经济背景下的立法时期。在1982年宪法的基础上，我国立法进入了快速发展时期。立法工作沿着两条背景性的主线展开：一是大力推进经济体制、政治体制改革，加强民主法治建设和精神文明建设；二是以经济建设为中心，建立适应有计划商品经济发展的计划经济与市场调节相结合的经济体制。这一时期，除全国人大于1988年对1982年宪法作了个别修改外，全国人大及其常委会还制定颁布了现行有效的法律70件。参见表4-3。

表4-3　全国人大及其常委会立法统计分析（1983～1992）

	宪法及 宪法相关法	民商法	行政法	经济法	社会法	刑法	诉讼与非诉 讼程序法
本时期立法 数量（件）	16	9	19	18	5	无	3
占本时期70件 立法的百分比（%）	22.86	12.86	27.14	25.71	7.14		4.29
占所有同部门 立法的百分比（%）	41.03	28.13	24.05	33.33	29.41		42.86
占229件 立法的百分比（%）	6.99	3.93	8.30	7.86	2.18		1.31

　　1993～2002年是我国建立社会主义市场经济体制背景下的立法时期。加强立法工作，建立和完善社会主义市场经济法律体系，特别是抓紧制定与完善保障改革开放、加强宏观经济管理、规范微观经济行为的法律法规是这一时期立法的主要任务。在这个时期，除全国人大于1993年、1999年对1982年宪法作了两次修改外，全国人大及其常委会还制定颁布了现行有效的法律98件。参见表4-4。

表4-4　全国人大及其常委会立法统计分析（1993~2002）

	宪法及宪法相关法	民商法	行政法	经济法	社会法	刑法	诉讼与非诉讼程序法
本时期立法数量（件）	11	15	38	24	7	无	3
占本时期98件立法的百分比（%）	11.22	15.31	38.78	24.49	7.14		3.06
占所有同部门立法的百分比（%）	28.21	46.88	48.10	44.44	41.18		42.86
占229件立法的百分比（%）	4.80	6.55	16.59	10.48	3.06		1.31

2003年至今是全面贯彻落实科学发展观背景下的立法时期。以法律的方式体现、保障和落实科学发展观的要求，是2003年以来中国立法工作的指导思想和中心任务。从2003年到2008年3月，除全国人大于2004年对1982年宪法作了必要修改外，全国人大及其常委会还制定颁布了现行有效的法律32件。参见表4-5。2008年3月到2011年9月的立法统计见表4-6。

表4-5　全国人大及其常委会立法统计分析（2003年至2008年3月）

	宪法及宪法相关法	民商法	行政法	经济法	社会法	刑法	诉讼与非诉讼程序法
本时期立法数量（件）	3	5	12	9	3	无	无
占本时期32件立法的百分比（%）	9.38	15.63	37.50	28.13	9.38		
占所有同部门立法的百分比（%）	7.69	15.63	15.19	16.67	17.65		
占229件立法的百分比（%）	1.31	2.18	5.24	3.93	1.31		

表4-6　2008年3月至2011年9月的立法统计

序号	法律名称	通过时间	通过机构	制定或修改
1	行政强制法	2011年7月1日	全国人大常委会	制定
2	个人所得税法	2011年7月1日	全国人大常委会	修改

序号	法律名称	通过时间	通过机构	制定或修改
3	道路交通安全法	2011 年 4 月 25 日	全国人大常委会	修改
4	建筑法	2011 年 4 月 25 日	全国人大常委会	修改
5	煤炭法	2011 年 4 月 25 日	全国人大常委会	修改
6	车船税法	2011 年 2 月 28 日	全国人大常委会	修改
7	非物质文化遗产法	2011 年 2 月 28 日	全国人大常委会	制定
8	刑法修正案（八）	2011 年 2 月 28 日	全国人大常委会	修改
9	水土保持法	2011 年 1 月 26 日	全国人大常委会	修改
10	人大代表法	2010 年 11 月 2 日	全国人大常委会	修改
11	村民委员会组织法	2010 年 11 月 2 日	全国人大常委会	修改
12	涉外民事关系法律适用法	2010 年 11 月 2 日	全国人大常委会	制定
13	社会保险法	2010 年 11 月 2 日	全国人大常委会	制定
14	行政监察法	2010 年 10 月 18 日	全国人大常委会	修改
15	预备役军官法	2010 年 9 月 2 日	全国人大常委会	修改
16	人民调解法	2010 年 8 月 30 日	全国人大常委会	制定
17	国家赔偿法	2010 年 4 月 30 日	全国人大常委会	修改
18	保守国家秘密法	2010 年 4 月 30 日	全国人大常委会	修改
19	著作权法	2010 年 3 月 18 日	全国人大常委会	修改
20	国防动员法	2010 年 3 月 18 日	全国人大常委会	制定
21	选举法	2010 年 3 月 15 日	全国人大常委会	修改
22	可再生能源法	2009 年 12 月 30 日	全国人大常委会	修改
23	海岛保护法	2009 年 12 月 30 日	全国人大常委会	制定
24	侵权责任法	2009 年 12 月 30 日	全国人大常委会	制定
25	驻外外交人员法	2009 年 11 月 2 日	全国人大常委会	制定
26	统计法	2009 年 9 月 29 日	全国人大常委会	修改
27	农村土地承包经营纠纷调解仲裁法	2009 年 9 月 29 日	全国人大常委会	制定
28	人民武装警察法	2009 年 9 月 4 日	全国人大常委会	制定
29	全国人大常委会议事规则	2009 年 5 月 7 日	全国人大常委会	修改
30	邮政法	2009 年 5 月 7 日	全国人大常委会	修改
31	保险法	2009 年 3 月 2 日	全国人大常委会	修改

序号	法律名称	通过时间	通过机构	制定或修改
32	刑法修正案（七）	2009 年 3 月 2 日	全国人大常委会	修改
33	食品安全法	2009 年 3 月 2 日	全国人大常委会	修改
34	专利法	2009 年 1 月 20 日	全国人大常委会	修改
35	消防法	2009 年 1 月 20 日	全国人大常委会	修改
36	企业国有资产法	2009 年 1 月 20 日	全国人大常委会	制定
37	循环经济促进法	2008 年 9 月 2 日	全国人大常委会	制定
38	残疾人保障法	2008 年 4 月 25 日	全国人大常委会	修改

经过新中国成立以来 60 多年尤其是改革开放 30 多年来的不懈努力，中国特色社会主义法律体系终于形成了。这个法律体系的形成，既是对改革开放 30 多年来中国共产党依法执政、立法机关民主立法、行政机关依法行政、司法机关建设公平正义的司法体制、全体公民学法守法用法取得明显进步的充分肯定，是举国上下弘扬法治精神、传播法治文化、坚持和实行依法治国基本方略取得的阶段性成果，也是为未来坚定不移地加强社会主义民主法治建设、不断完善中国特色社会主义法律体系提供的一个良好平台，是坚定不移地全面推进依法治国、加快建设社会主义法治国家的新起点。

（四）中国特色社会主义法律体系的形成是相对而言的，有着具体历史方位和时代语境

中国特色社会主义法律体系形成于社会主义初级阶段，与资本主义法律体系（或法系）相比，它坚持人民民主专政的国体，实行人民代表大会制度；坚持社会主义方向和道路，实行社会主义公有制和按劳分配制度；坚持以马克思主义为指导思想，建设社会主义精神文明；坚持共产党的领导，实行共产党领导的多党合作政党制度等等，因此我国的法律体系是社会主义性质的法律体系。

与马克思主义经典作家描述的发达社会主义阶段的法治（及其法律体系）相比，它是社会主义初级阶段的法治（及其法律体系），我国现阶段的民主法治建设还存在一些不容忽视的问题，法治发展与扩大人民民主和经济社会发展的要求还不完全适应，政治体制改革需要继续深化。这就决定了形成中国特色社会主义法律体系以后，它依然是初级阶段形态的法律体系，必然存在诸多不完善、待健全、须改革的问题，形成更加完善的法律体系将是一个长期艰苦的过程，需要不断努力。

与苏联、东欧等原来的社会主义国家以及越南、朝鲜、古巴等现在的社会主义国家的法律体系相比，它是中国特色的社会主义法律体系，把马克思主义国家与法的普遍原理同中国社会主义现代化建设实践相结合，是形成中国特色法律体系的基本原则；学习借鉴世界法治文明有益成果并从中国的历史文化传统和现实国情需要出发，是形成中国特色法律体系的重要路径。

中国特色社会主义法律体系形成于我国经济社会政治等各项体制日益深化改革、不断完善发展的实践过程中。法律是一定政治经济社会关系的反映，立法是对一定政治经济社会改革发展变迁结果的确认，因此，我国继续深化经济体制改革，努力加强和谐社会建设，积极推进政治体制改革，这些经济社会政治关系的调整变化，必然会对既有法律的持续性清理，对法律经常性的立、改、废，对法律体系的不断完善，提出新标准、新要求，进而使法律体系处于相对稳定却经常变动的状态。在这种以全方位改革为主要特征的社会发展阶段，形成法律体系只能是相对的概念，持续完善法律体系以不断适应经济社会发展变迁的要求才是绝对的需要。

中国特色社会主义法律体系形成于加强社会主义民主政治建设、全面推进依法治国的实践过程中。我国社会主义民主还不够完善，社会主义法治还不够健全，依法治国基本方略尚未得到全面落实，这种客观条件必然影响到民主立法、科学立法的水平，影响到立法的选择、功能、内容、技术和结果，进而影响到整个法律体系的质量。所以，用高标准来衡量，从统筹法律体系的形式与内容、局部与整体、良法与善治等方面来看，目前形成的中国特色社会主义法律体系还存在诸多缺陷和不足，还只能算是"初步形成"或者"基本形成"中国特色社会主义法律体系。

第三节　形成中国特色社会主义法律体系的主要立法经验

反思新中国成立以来尤其是改革开放以来中国的立法进程，可以总结出以下六条主要立法经验。

一　坚持以宪法为依据，以国家的整体利益和人民的根本利益为出发点

宪法是治国安邦的总章程，是国家的根本法，具有最高法律效力，一切立法必须以宪法为根本法律依据，不得同宪法精神、宪法原则以及宪法条文相抵触。坚持依宪立法，这既是依法治国的内在要求，也是保证法治统一和权威的重要前提。只有以宪法为依据，才能使制定的法律符合我国社会发展的规律，符合改革和建设的需要。[①] 在立法过程中，必须严格按照宪法的原则和精神，保

---

① 田纪云：《第八届全国人大第四次会议全国人大常委会工作报告》（1996 年）。

障公民的各项权利，合理划分国家机构的权限，规范国家机关及其工作人员的行为，正确处理人民群众依法行使权利和国家机关依法管理的关系。立法立足于维护最大多数人的最大利益，注意防止不适当地扩大部门的权力和利益或损害公民的合法权益，努力使制定的法律符合各族人民的根本利益和国家的整体利益，有利于保护和促进生产力的发展。①

坚持依宪立法，应当正确处理中央和地方、全局和局部、长远和当前、发达地区和欠发达地区的利益关系，维护好国家的整体利益和人民的根本利益；应当坚持统筹兼顾，正确认识不同利益诉求，正确处理权力与权利的关系，保证公民、法人和其他组织的合法权益不受侵害。既给予行政机关必要的手段，以确保行政权力依法有效行使，又注意对行政权力进行规范、制约和监督，促进行政机关正确行使权力，保持权力与权利之间的平衡；正确处理权力与权力的关系，坚持权力与责任相统一，体现权力与责任紧密挂钩、权力与利益彻底脱钩的原则；正确处理权利与权利的关系，统筹兼顾各方面的利益诉求，促进社会和谐稳定。

二　坚持以经济建设为中心，把立法与改革发展的重大决策紧密结合起来

以经济建设为中心、坚持改革开放，是改革开放以来中国经济社会发展的主旋律。立法要适应并服务于经济社会发展和改革开放的需要，是中国立法的又一基本经验。

中国的立法者清楚地认识到，应当坚持立法与改革发展和现代化建设进程相适应，为改革发展和现代化建设创造良好的法治环境；应当认真总结改革开放和现代化建设的基本经验，把实践证明是正确的经验用法律肯定下来，巩固改革开放和现代化建设的积极成果，保障和促进经济社会又好又快地发展。对于那些应兴应革的重大决策，尽可能做出法律规范，力求用立法引导、推进和保障改革开放和现代化建设的健康发展。② 采取积极、慎重的方针，严肃立法，成熟一个，制定一个，不成熟或没有把握的，不勉强制定，避免束缚改革的手脚，或因仓促制定，被迫频繁修改，使制定的法律具有稳定性和权威性。

对于立法中遇到的问题，要区别不同情况作出处理：改革开放实践经验比较成熟的，通过立法加以深化、细化，作出具体规定；改革开放实践经验尚不成熟，又需要作出规定的，立法作出原则规定，为进一步改革发展留下空间；对于实践经验缺乏，各方面意见又不一致的，暂不规定，待条件成熟

---

① 田纪云：《第九届全国人大第一次会议全国人大常委会工作报告》（1998 年）。
② 田纪云：《第八届全国人大第四次会议全国人大常委会工作报告》（1996 年）。

时再行立法。

1986 年，国务院在《关于第七个五年计划的报告》中指出："经济体制改革的深入进行和国民经济的进一步发展，越来越要求把更多的经济关系和经济活动的准则用法律的形式固定下来，使法律成为调解经济关系和经济活动的重要手段。"

1992 年，中国共产党提出必须"加强立法工作，特别是抓紧制订与完善保障改革开放、加强宏观经济管理、规范微观经济行为的法律和法规，这是建立社会主义市场经济体制的迫切要求"。1994 年，中国共产党提出"改革决策要与立法决策紧密结合。立法要体现改革精神，用法律引导、推进和保障改革顺利进行"。1995 年，中国共产党要求"坚持改革开放和法制建设的统一，做到改革决策、发展决策与立法决策紧密结合"。1997 年和 2002 年，中国共产党又进一步明确提出，"要把改革和发展的重大决策同立法结合起来"，要"适应社会主义市场经济发展、社会全面进步和加入世贸组织的新形势，加强立法工作，提高立法质量，到二〇一〇年形成中国特色社会主义法律体系"。

坚持立法与改革发展和现代化建设相适应，把实践证明是正确的经验用法律形式肯定下来，巩固改革开放和现代化建设的积极成果，保障和促进经济社会又好又快地发展，为改革发展和现代化建设创造良好的法治环境。[1]

三　坚持中国国情和特色，学习借鉴外国立法经验

立法必须从中国的基本国情出发，深刻认识和正确把握中国发展的阶段性特征，坚持以经济建设为中心，坚持改革开放，紧紧围绕全面建设小康社会的奋斗目标，围绕促进经济建设、政治建设、文化建设、社会建设协调发展来开展立法，促进各项事业的顺利发展。

中国正处于并将长期处于社会主义初级阶段，因此中国必须经历一个相当长的历史时期，才能实现工业化和现代化。虽然改革开放以来我们在各方面取得了巨大进步，但是，中国人口多、底子薄，城乡发展和地区发展很不平衡，生产力不发达的状况并没有根本改变，中国的市场经济体制还不够完善，民主法治还不够健全，社会不公、贪污腐败等问题仍然存在，社会主义制度还不够成熟；虽然"经过新中国成立以来特别是改革开放以来的不懈努力，中国取得了举世瞩目的发展成就，从生产力到生产关系、从经济基础到上层建筑都发生了意义深远的重大变化，但中国仍处于并将长期处于社会主义初级阶段的基本国情没有变，人民日益增长的物质文化需要同落后的社会

---

[1]　李培传主编《中国社会主义立法的理论与实践》，中国法制出版社，1991，第 328～331 页。

生产之间的矛盾这一社会主要矛盾没有变"。① 中国今天仍然是一个发展中国家。立法工作必须始终牢记这一基本国情，从这一基本国情出发，坚定不移地走中国特色的立法发展道路。

立足于中国国情，从中国的实际情况出发，同时要借鉴古今中外好的、有益的东西，认真研究和借鉴国外立法的有益经验，但不照搬别国的立法体制。在制定各项法律时，要注意搜集、整理国外有关的法律规定，加以研究、比较，从中汲取对我有用的东西。对于其中反映市场经济规律性、共同性的内容，以及国际交往中形成的国际法规范和惯例，大胆地吸收和借鉴，有的适合中国实际的法律规定可以直接移植，在实践中逐步完善。② 例如，在民商法领域，民法通则、物权法、合同法等法律，兼采普通法系和大陆法系国家的诸多基本制度，吸收了国际通行的私法精神与立法原则。在行政法领域，吸收了现代行政法治中通行的比例原则、信赖保护等原则。在刑事法领域，刑法和刑事诉讼法借鉴和吸收了国外罪刑法定和公开审判等现代刑事法治的基本原则和精神。针对近年来刑事犯罪中出现的新情况，参照国外刑事立法经验，在刑事法律中规定了资助恐怖活动罪、洗钱罪、内幕交易罪、操纵证券期货交易价格罪、妨害信用卡管理罪等新罪名。在知识产权保护和环境保护的立法方面，也吸收了不少国外的立法经验。③

吴邦国委员长 2011 年 3 月 10 日在宣布中国特色社会主义法律体系如期形成的讲话中指出："我们还注意研究借鉴国外的立法经验，从中吸取那些对我们有益有用的东西，但绝不照抄照搬。各国的法律体系也不相同，我们不用西方某些国家的法律体系来套中国特色社会主义法律体系，外国法律体系中有的法律，但不符合我国国情和实际的，我们不搞；外国法律体系中没有的法律，但我国现实生活需要的，我们及时制定。"从国情出发，大胆学习和借鉴包括西方两大法系立法成果在内的一切人类法治文明的积极成果，是改革开放以来我国立法工作的一条基本经验。

我国立法实践中，学习借鉴外国和港澳台立法经验的例子比比皆是。④

例一，1990 年七届全国人大第三次会议在审议修改 1979 年通过的《中外合资经营企业法》草案过程中，在是否应规定有的合资企业可以不约定合营期限这个问题上，有不同意见。为研究中外合资企业的合营期限问题，法工委研究部门曾查阅了 18 个国家和台湾地区有关外国投资企业的法律，其中美、日、法、德、荷、意、比、卢森堡等 8 个西方发达国家，并未制定专门

① 胡锦涛：《高举中国特色社会主义伟大旗帜　为夺取全面建设小康社会新胜利而奋斗——在中国共产党第十七次全国代表大会上的报告》。
② 田纪云：《第九届全国人大第一次会议全国人大常委会工作报告》（1998 年）。
③ 国务院新闻办公室：《中国的法治建设》白皮书，2008 年 2 月 28 日发表。
④ 参见顾昂然《新中国改革开放三十年的立法见证》，法律出版社，2008。

的外国投资法，外国人在其境内投资设立企业适用公司法或民法的有关规定。苏联、罗马尼亚、波兰、埃及、智利、印尼、泰国、新加坡等国和台湾地区制定了专门的外国投资法。这两类国家和地区的公司法、民法或外国投资法中对合资经营企业经营期限有不同规定。这些资料体现在修改后的《中外合资经营企业法》第 12 条中。

例二，专利法的保护范围和期限。《专利法》自 1979 年开始起草，经过 5 年反复修改，在审议草案的过程中，对是保护发明、实用新型、外观设计三种专利，还是仅保护发明一种专利问题，一直有不同意见。不赞成规定保护实用新型和外观设计专利的人认为，我国实行专利尚无经验，一开始就搞三种专利不合适。但赞成三种专利的人认为，参加巴黎公约的国家都应保护外观设计专利。法工委和专利局人员查阅了许多国外资料。据了解，在世界上实行专利制度的 158 个国家中，有 38 个国家只规定保护发明专利一种，有 13 个国家规定保护三种专利，有 97 个国家规定保护发明和外观设计专利，但这些国家大多是将发明专利与实用新型专利合并在一起的。最后 1984 年《专利法》规定了三种专利。

例三，劳动法的调整范围。1994 年 7 月，全国人大常委会通过了《劳动法》。在审议该法草案过程中有不少意见，其中一直有争论的一个问题是劳动法的调整范围。一种意见认为劳动法的调整范围应包括所有劳动者，国家机关及其工作人员之间虽然是一种特殊的劳动关系，但仍是劳动关系。第二种意见认为，企业与其职工之间的劳动关系，国家机关与其工作人员之间的关系，两者在性质上是不同的，劳动法草案中许多规定不适用于公务员（例如并不签订劳动合同，公务员是常任的）。大多数国家，如美国、英国、加拿大、日本等国的劳动法也不适用公务员。至于事业单位和社会团体，它们与其工作人员的关系情况比较复杂，应以它们与其工作人员是否订立劳动合同而定其是否适用劳动法，教师、医生、科研人员各有其专业特点，许多问题应由专门法律予以规定。

例四，《侵权责任法草案（二次审议稿）》在借鉴国外侵权法立法经验方面，特别体现了"大陆法系为体，英美法系为用"的立法指导思想，成功借鉴了大陆法系和英美法系侵权法的立法经验，适当融合了两大法系侵权法的立法优势，形成了很多比较合理的侵权责任规则。

中国立法充分学习借鉴包括西方立法经验在内的一切人类立法文明的有益成果，不仅大量学习借鉴了西方经济立法、民商事立法、环境保护和能源立法、社会立法等的经验，而且适量学习借鉴了西方民主政治立法、行政立法等的经验；不仅学习借鉴了西方大陆法系的立法经验，而且学习借鉴了普通法系和其他法系的立法经验；不仅学习借鉴了外国的立法经验，而且学习借鉴了中国香港、澳门和台湾地区的立法经验。如果立法的中国经验能够成立，那么，这种经验应当是中国国情与世界立法文明成果相结合的产物，它既是中国的，也是世界的。

四 坚持民主立法、科学立法、高质立法

民主立法是人民当家作主的内在要求，是把人民的利益诉求和意志主张在民主法治框架下充分表达出来、有效汇集起来，通过立法程序上升为国家意志的重要途径。改革开放以来，在中国立法工作中，立法民主化、发扬立法民主等理念早已有所体现，但"民主立法"这个提法是在进入21世纪后才正式使用的。九届全国人大四次会议的常委会工作报告提出："力争做到立法决策的民主化、科学化。"十届全国人大以来，第二次会议的常委会工作报告提出"坚持立法为民"；第四次会议的常委会工作报告要求"立法民主化迈出新步伐"；第五次会议的常委会工作报告使用了"科学立法、民主立法继续推进"的提法。党的十七大进一步明确提出"要坚持科学立法、民主立法"。可见，民主立法在实践中已逐步成为中国立法工作的基本要求和应当长期坚持的重要经验。

坚持科学立法是中国立法的基本要求。毛泽东说过："搞宪法是搞科学。"实现科学立法，就是说立法工作应当秉持科学立法的精神、采用科学立法的方法、符合科学立法的规律、遵循科学立法的程序、完善科学立法的技术。坚持科学立法应当尊重立法工作自身的规律，立法工作既着眼于法律的现实可行性，又注意法律的前瞻性；既着眼于通过立法肯定改革成果，又注意为深化改革留有空间和余地；既着眼于加快国家立法的步伐，又注意发挥地方人大依法制定地方性法规的积极性；既着眼于立足中国国情立法，又注意借鉴国外立法的有益做法。努力使法律内容科学规范，相互协调。① 改革开放以来的立法实践证明，只有坚持民主立法，才能保证人民意志、党的意志和国家意志的有机统一；只有坚持科学立法，才能保证立法符合自然规律、中国社会发展规律和立法自身规律的科学要求；只有坚持民主立法和科学立法，才能从根本上保证立法质量的提高。

加强民主立法是中国立法机关一向秉持的基本方针，但由于主客观多种原因，中国立法机关开门立法是在20世纪90年代中后期才逐步实行和推广的。

2008年3月，十一届全国人大一次会议强调，立法工作"要坚持国家一切权力属于人民，健全民主制度，丰富民主形式，拓宽民主渠道，从各个层次、各个领域扩大公民有序政治参与，保障人民依法实行民主选举、民主决策、民主管理、民主监督的权利"。2008年4月，全国人大常委会委员长会议决定，今后全国人大常委会审议的法律草案，一般都予以公开，向社会广泛征求意见。

---

① 李鹏：《第十届全国人大第一次会议全国人大常委会工作报告》（2003 年）。

从 1954 年至 2008 年底，全国人大及其常委会共有 20 部法律（宪法）草案向社会征求意见，其中，从 2000 年到 2008 年 12 月，公布 10 部法律草案，占公布总数的 50%，平均每年公布 1.11 部；1990 年到 1999 年 12 月，公布 4 部法律草案，占公布总数的 20%，平均每年公布 0.40 部；1978 年到 1989 年 12 月，公布 5 部法律草案，占公布总数的 25%，平均每年公布 0.42 部。1954 年公布宪法草案 1 部，占公布总数的 5%。

2011 年 4 月 25 日，中国人大网公布了《中华人民共和国个人所得税法修正案（草案）》全文，并向社会公开征集意见，为期一个多月。草案计划将工资薪金减除费用标准，也就是个人所得税免征额，由当时每月 2000 元提高到每月 3000 元；同时，工薪所得 9 级超额累进税率也计划修改为 7 级。截至 2011 年 5 月 31 日，征求意见数已超 23 万条，创人大单项立法征求意见数之最。① 2011 年 6 月 30 日，十一届全国人大常委会第二十一次会议以 134 票赞成、6 票反对、11 票弃权，通过了《全国人民代表大会常务委员会关于修改〈中华人民共和国个人所得税法〉的决定》。

立法听证是开门立法的又一种重要形式。2005 年 9 月，在全国人大常委会初次审议的个人所得税法修正案草案规定个人所得税工资、薪金所得减除费用标准为 1500 元之前，全国人大法律委员会、财政经济委员会和全国人大常委会法制工作委员会在北京举行听证会，对这一减除费用标准是否适当，进一步广泛听取包括广大工薪收入者在内的社会各方面的意见和建议。这是中国国家立法机关第一次就立法问题举行立法听证会。

在地方立法机关层面上，立法听证的实践探索和制度建构早已展开。② 1999 年 9 月，广东省人大常委会就《广东省建设工程招标投标管理条例》

---

① 全国人大代表叶青回忆说：人民大会堂个税之争，"这是一次终身难忘的经历"，"是民意推动了个税改革"。他在微博中写道：23 万条建议，提高了 500 元，不容易。此次个税审议争论十分激烈。叶青说："周一的讨论进行了约 3 个小时，主要分为三派：通过 3000 元的修改稿；下次再审议表次，提高免征额。这个结果，首先要归功于网民的呼吁和前期征集意见时 83% 的反对票。"叶青说："我提的意见是免征额放在 4000 元，主要考虑到生活成本、网民意见、国家财政的承受能力。还有来自发达地区的代表委员提议免征额为 5000 元。总之，很多人大代表表示如果起征点放到 3000 元，就投反对票。出于这种压力，最后定在了 3500 元。周四表决时，20 分钟就通过了，并且是高票通过。反对票加上弃权票，只有 10%。"叶青认为，此次个税调整方式已经比较大幅度地考虑了民意，"原来的方案是 3000 元，基本上是政府部门的意见。作为人大要在政府部门与社会公众之间寻找平衡点"。下一步调整方向是把分类税改成综合税、每月交改为每年交、个人交改为家庭交。叶青坦言："此次个税修正案征集意见时的 23 万条建议，对免征额最终提高 500 元，起到重大作用。希望这样的经验，成为各级听证会、座谈会的典范。网络已经成为重要的议政渠道，民意能推进个税改革，以后我们还要共同推进财政公开民主。"参见蔡木子《人大代表亲历个税之争　称 3 天提高 500 元不容易》，《长江日报》2011 年 7 月 1 日。

② 参见汪全胜《立法听证研究》，北京大学出版社，2003。

（修订草案）举行听证会，开创了全国地方立法听证之先河。据不完全统计，截至 2006 年 1 月，全国已有 31 个省、直辖市、自治区人大常委会选择与群众利益密切相关的 46 件地方性法规草案，先后举行了 45 次立法听证会。

尽管立法听证制度在充分征求民意、完善立法等方面，发挥了重要作用，但它也存在听证人员代表性不够、听证程序设置不够合理、听证过程形同演戏、听证结果不受重视等问题。与地方立法的总数相比，举行过立法听证会的数量不足总数的 1%。上述问题在不同程度上影响了人民参与开门立法的民主质量。

五　坚持制定法律与修改法律并重，不断完善法律体系

改革开放以来，由于经济社会关系不断变迁，加之法律观念的转变和立法技术的提高，导致法律修改的任务越来越重，制定法律与修改法律并重，成为中国立法的主要做法和基本经验。在全国人大及其常委会截至 2008 年 2 月制定的现行有效的 229 件法律中，有 71 件法律被修改，占现行有效法律总数的 31%。按照七个法律部门进行统计，其修改多寡的排序情况是：刑法 1 件，修改 1 件，修改率 100%；民法商法 32 件，修改 15 件，修改率 46.9%；经济法 54 件，修改 21 件，修改率 38.9%；诉讼与非诉讼程序法 7 件，修改 2 件，修改率 28.6%；行政法 79 件，修改 22 件，修改率 27.8%；宪法及宪法相关法 39 件，修改 7 件，修改率 17.9%；社会法 17 件，修改 3 件，修改率 17.6%。

从年份来看，现行有效法律的修改情况是：1978～1982 年制定法律 22 件，没有修改法律，修改与制定之比例为 0；1983～1992 年制定 70 件，修改 1 件，修改与制定之比例为 1.42%；1993～2002 年制定 98 件，修改 33 件，修改与制定之比例为 33.67%；2003～2008 年制定 32 件，修改 37 件，修改与制定之比例为 115.63%。

从对现行有效法律的修改次数来看，截至 2008 年 2 月，修改五次及五次以上的法律有 2 件，占修改总数的 2.8%；修改四次的有 2 件，占修改总数的 2.8%；修改三次的有 4 件，占修改总数的 5.6%；修改两次的有 14 件，占修改总数的 19.7%；修改一次的有 49 件，占修改总数的 69%。

如果对七个部门法的修改情况分别进行统计，可以进一步看出法律修改的内容、时间和频率：（1）宪法及宪法相关法共修改 7 件，其中修改五次及以上的无；修改四次的 2 件，修改率为 28.57%；修改三次的 1 件，修改率为 14.29%；修改两次的 1 件，修改率为 14.29%；修改一次的 3 件，修改率为 42.86%。（2）民法商法共修改 15 件，其中修改五次及以上的无；修改四次的无；修改三次的 1 件，修改率为 6.66%；修改两次的 5 件，修改率为 33.33%；修改一次的 9 件，修改率为 60%。（3）行政法共修改 22 件，其中修改五次及以上的无；修改四次的无；修改三次的 1 件，修改率为 4.54%；

修改两次的 4 件，修改率为 18.18%；修改一次的 17 件，修改率为 77.27%。（4）经济法共修改 21 件，其中修改五次及以上的 1 件，修改率为 4.76%；修改四次的无；修改三次的 1 件，修改率为 4.76%；修改两次的 4 件，修改率为 19.05%；修改一次的 15 件，修改率为 71.43%。（5）社会法共修改 3 件，诉讼与非诉讼程序法共修改 2 件，它们均为修改一次。（6）刑法修改五次以上。

由上可以看出，1978 年以来，中国修改法律的数量越来越多。进入 21 世纪后，修改法律的数量明显超过了制定法律的数量，表明中国的立法进入了一个大调整的时期。而且，中国对法律总体上是修改一次者居大多数，这表明立法机关对修改法律持比较谨慎的态度。

六 坚持中国共产党的领导、人民民主和依法治国的有机统一

坚持"三者有机统一"是发展中国特色社会主义民主政治的最重要、最根本的原则，也是中国立法工作取得重大成就的最重要、最根本的经验。共产党的领导是人民当家作主和民主立法、科学立法、高质立法的根本保证，人民当家作主是社会主义民主政治和民主立法、科学立法、高质立法的本质要求；依法治国是党领导人民治理国家的基本方略，有法可依则是依法治国的前提条件。

在中国，法律是实践证明正确的、成熟的、需要长期执行的党的路线方针政策的具体化、规范化和法律化，立法则是把党的路线方针政策法律化的过程。党制定的大政方针、提出的立法建议，需要通过人大的法定程序，才能成为国家意志，成为全社会一体遵循的行为规范和准则。立法要坚持正确的政治方向，把党的领导、人民当家作主和依法治国有机统一起来，从制度上和法律上保证党的路线方针政策的贯彻实施。在全面推进立法工作、完善中国特色社会主义法律体系的实践进程中，只有坚持这三者的有机统一，才能保证立法工作始终坚持正确的方向，实现人民立法和立法为民。

第四节 不断完善中国特色社会主义法律体系

中国特色社会主义法律体系的如期形成，标志着我国法治建设进入了有法可依的新阶段，是我国社会主义民主法治建设史上的重要里程碑。这个法律体系的形成，对在新的起点上加强和改进立法工作，切实保障宪法和法律实施，推进依法治国，加快建设社会主义法治国家，具有重要的现实意义和深远的历史意义。

同时应当看到，中国特色社会主义法律体系形成于加强社会主义民主政治建设、全面推进依法治国的实践过程中，完善的中国特色社会主义法律体系至少应当具有以下特征：一是经济、政治、文化和社会生活的各个方面都

有法可依；二是各类法律从精神到原则再到具体内容统一、协调、可行，将
矛盾、冲突和漏洞减少到最低限度；三是无论法典还是单行法，从形式到内
容，各得其所；四是对过时、落后和冲突矛盾的法律能够及时发现，及时修
改补充，做到法律变动与形势发展同步。所以，用高标准来衡量，中国特色
社会主义法律体系的形成，仅仅是在整体上实现了有法可依，只是基本解决
了无法可依的问题，它"本身并不是完美无缺的"，还存在一些缺陷和不足。
用到 2020 年建成全面小康社会时"社会主义民主更加完善，社会主义法制更
加完备，依法治国基本方略得到全面落实"的标准来衡量，用到 2050 年建成
社会主义法治国家的战略目标来要求，形成更加民主科学完善的中国特色社
会主义法律体系，将是一项长期而艰巨的历史任务。

一 法治建设和立法工作实现五个转变

第一，无法可依的问题基本解决以后，全面推进依法治国的一项基本任
务应当是实现依法办事，法治建设的关键应当从以立法为中心向切实实施宪
法法律为中心转变，党和国家应当更加重视和加强宪法法律的实施，实现宪
法法律实施与法律体系构建的全面协调发展。我国一方面立法速度很快，制
定了大量法律法规，可以向世界自豪地宣布中国特色社会主义法律体系已经
形成；但是另一方面，许多法律在有些地方、有些领域、有些情况下，基本
上是形同虚设的，成为一纸空文。一些官员不把法律当回事，法律往往被视
为约束别人的工具和手段，依法治国被有些干部当做"依法治民"的手段。
有的群众也不把法律当回事，"信权不信法"，"信关系不信法"，"信访不信
法"（不闹不解决，小闹小解决，大闹大解决）。无法可依的问题基本解决以
后，现阶段我国法治建设的主要矛盾，是法律实施不好与依法治国的目标不
协调的问题，主要表现为存在有法不依、执法不严、违法不究以及执法犯法、
知法违法、领导干部不依法办事等现象，许多法律法规形同虚设。尤其是
"选择性"实施法律，即需要公民尽义务或者要禁止公民做什么事情的法律法
规，如税法、刑法、交通法规、安全检查法规等义务性、禁止性和惩罚性法
律法规，实施得快捷、及时、到位；需要对官员行为进行约束的法律法规，
有法不依的情况较为普遍；而需要国家、政府向公民和社会提供服务或者资
源的法律法规，一般不容易及时全面兑现，如义务教育法、劳动法、就业促
进法、环保法、食品卫生法等。这些现象和问题不同程度的存在，严重影响
了宪法法律实施的效果，损害了宪法法律的权威。所以，有专家在 2010 年
"两会"期间说：有法不依比无法可依更可怕。中国特色社会主义法律体系如
期形成后，应当把解决宪法法律有效实施问题作为未来法治建设的重点，实
现从以立法为中心向切实有效实施宪法法律为中心的转变，推动宪法法律实
施与法律体系建构全面协调科学发展。

第二，有法可依的法治目标基本实现以后，我国的依法治国和法治建设

需要向纵深发展和推进，应当从以立法为中心加强法律制度规范建设，向以法治文化为重点加强法治精神、法治理念和法治意识建设转变，努力使法治成为人们的价值信仰和生活方式，实现法治文化与法律体系的全面协调发展。法律是文明社会不可或缺的行为规范，而立法创制法律规范的目的在于发挥其社会效用。如果说实践是检验真理的标准，那么法律实施效果就是评价法律体系完善与否的一个重要标准。因此，应当从全面推进依法治国、加快建设社会主义法治国家的高度，根据立法与执法、司法、守法、法律监督等法治环节协调发展的内在要求，深入研究法律实施对完善法律体系提出的有关"立、改、废"等问题。法律体系的形成，意味着长期制约我国法治运行的无法可依问题得到基本解决。此后，应当在高度重视和继续加强立法工作的同时，更加重视立法与执法、司法、守法、法律监督的衔接与配合，实现法律体系构建与宪法法律实施协调发展；更加重视充分发挥宪法法律在政治生活、经济生活和社会生活中的作用，从宪法法律实施效果的角度来检验、评价和要求法律体系的完善和发展，使我国法律体系不仅形成和表达于纸面的规范形式之上，而且完善和落实于现实生活的实践之中，真正成为全体公民信仰和一体化遵从的法律体系。

第三，中国特色社会主义法律体系形成以后，我国的立法工作应当从数量型立法向质量型立法转变，不仅要考察立法数量，更要关注立法的质量和实效；不仅要有不计其数的纸面上的法律规范，更要有能够真正发挥作用的现实中的法治功能。以往我国立法工作中存在"借立法扩权卸责"，立法的"部门保护主义"、"地方保护主义"、重复立法、越权立法，以及所谓"国家立法部门化，部门立法利益化，部门利益合法化"等不正常形象，都或多或少地与片面追求立法数量、忽视立法质量有关联。中国特色社会主义法律体系形成后，应当从以下几个宏观维度来把握和提高立法质量。首先，切实坚持民主立法和科学立法。立法是人民意志的体现，追求民主是现代立法的价值取向，因此立法能否充分保障人民参与并表达自己的意见，能否真正体现最广大人民的整体意志，就成为立法质量高低首要的价值性评判标准。换言之，这个特点实际上就是"以人为本"、"人民当家作主"以及"执政为民"等政治话语在立法上的表现和落实，是当代中国立法具有合理性、合法性的重要依据。社会主义中国立法的使命在于充分汇集和表达民意，由人民按照立法程序并以立法的方式做出决策和决定，再通过法律的执行和适用等途径，保障人民意志的实现。立法是否表达了民意，并不完全由立法者本身来评判，而主要应当由人民来判断和认可，由广大人民群众在法律制定出台以后对该法律是欢迎、接受、认同还是反对、排斥、抵制等态度作出检测。凡是遭到人民反对、排斥或者抵制的立法，无论其立法词句如何绚丽、立法技巧如何娴熟、立法逻辑如何严密、立法宣传如何漂亮，都不能认为是有质量的立法，甚至应当视为"负价值"、"负质量"的立法。其次，进一步完善立法程序。

立法的利益平衡功能及其民主性价值是靠立法程序来保障和实现的，立法程序与立法实体价值之间，反映了程序正义与实质正义的关系，体现了立法程序对立法价值目标的规制和引导。法律的立、改、废制度，立法的提案制度、审议制度、表决制度，立法公开制度、立法听证制度、专家论证制度、公众参与立法制度以及立法备案审查制度、立法解释制度等，都是立法程序的重要组成部分。这些程序性制度，不仅要完备，而且应当符合科学化、民主化的时代要求，符合我国国情。立法程序是否科学、是否有利于表达和汇集民意，主要应当通过立法程序的设计和制度安排来解决，使科学与民主在整个立法程序中相互融合、相互贯通、彼此统一，在立法程序的各个环节和具体制度中得到落实。在这方面，有许多成功的经验值得总结，但也有一些做法需要检讨和完善。例如，立法听证是为了听取立法涉及的各方利害关系人对法案的意见，从而协调相关利益关系而设计的制度，但在某些地方的立法听证的程序安排和实践中，由于立法信息不对称、立法资源不平衡、立法听证的民主参与不充分等原因，立法听证往往变成了立法民主的"走过场"。又如，在立法表决制度中，由于没有对法案逐条甚至逐款付诸表决的强制性规定，而通常是对整部法案进行表决，因此投票者如果对法案中的个别或少数条款有不同意见（反对意见），就会面临投票行为的两难选择：要么全盘否定，要么全盘肯定，而无论哪种选择，都将可能违背立法者的立法意志。再次，进一步强化立法的可实施性和可操作性。法律创制是人民意志的汇集和表达，法律实施则是人民意志的执行和实现，是使法律由纸面的法变为生活中的法、由文字变为现实的关键。实践是检验真理同时也是检验立法质量好坏的根本标准。在良法善治的前提下，如果一部法律制定出来以后，不能被有效实施、形同虚设，成为一纸空文，那么它的立法质量就无从谈起。法律体系形成后，我国法治建设要解决的将主要是有法不依、执法不公、违法不究等问题。如果追根溯源，我国某些法律实施不好或者不能得到有效实施，很可能主要是由立法造成的，由于立法的瑕疵、立法的漏洞、立法的空白、立法的冲突等立法质量问题，导致了法律实施的不作为或者乱作为。例如，某些地方关于禁止燃放烟花爆竹、限制养犬等立法之所以难以实施，甚至遭到群众抵制，这种现象很大程度上是由立法缺乏民意支持等原因造成的，很难说可以完全归责于行政机关执法不力或者司法机关司法不公。最后，进一步完善立法的整体协调性。立法的整体协调性主要强调法律体系、法治体系的协调发展。这种协调发展，一是包括单个法律内部的协调、同位阶法律之间的协调、不同位阶法律法规之间的协调、整个法律体系相互之间的和谐一致。二是包括立法的协调发展，主要指立法机关对法律的适时制定、修改、补充、解释、编纂和废止，通过这些活动使法律体系保持动态协调发展。所谓"适时"，既可指代立法时机、立法条件成熟与否，也可指代因情势变化（包括上位法立、改、废等情况）而引起法律的制定、修改、补充、解释、编纂和废止。三是包括立法与行政执法、司法、法律监督、法治宣传教育的协调发展，即整个法治体系的整体建构和协调发展。在政治学意义上，立法过程就是政治决策的过程，立法成果就是政治决策的结果。这种决策质量的高低好坏，既影响着法治体系的整体设计和建构，又引导、制约着它的发展方向、发展路径、发展速度和发展质量。因此，当热衷于研究和规划法治政府、司法体制改革、法律监督制度完善等法治建设各个方面的改革时，必须具有宏观的整体法治思维意识，更多地关注通过提高立法质量来统筹规划和安排我国法治体系的整体改革与协调发展，以避免目前存在的法治局部改革越彻底、越成功，越背离法治统一协调发展的整体目标的弊端。

在日常生活中，常常可以看到"百年大计，质量第一"、"质量是生命"等口号，这些口号折射出人们对于高质量日常生活产品的渴望和需求。同样，在政治生活和法治建设领域，立法是特殊的政治和法治产品，立法质量是人民民主和法治生活的生命。立法质量的好坏，直接关涉人民当家作主的政治生活质量的高低，关涉依法治国和社会主义政治文明建设的成败。

第四，我国法律体系形成以后，我国的立法工作应当从以创制法律为主，向统筹创制法律与清理法律、编纂法典、解释法律、修改法律、补充法律、废止法律的协调发展转变，使法律体系的清理、完善和自我更新更加制度化、规范化、常态化，使法律体系更加具有科学性、稳定性、权威性和生命力。

第五，我国法律体系形成以后，我国的立法工作应当从"成熟一部制定一部、成熟一条制定一条"的"摸着石头过河"的立法模式，向科学规划、统筹安排、协调发展的立法模式转变，从立法项目选择的"避重就轻"、"拈易怕难"向立法就是要啃硬骨头、迎难而上、攻坚克难转变，使立法真正成为分配社会利益、调整社会关系和处理社会矛盾的艺术，成为在"矛盾的焦点上"划出的杠杠。

中国特色社会主义法律体系形成以后，我国立法工作的重点是如何进一步完善这个法律体系。按照科学发展观和全面推进依法治国的要求，在新的历史起点上完善中国特色社会主义法律体系，要求更高，难度更大，任务更艰巨。

二　确立更加严格科学的中国特色社会主义法律体系标准

进一步完善中国特色社会主义法律体系，应当着眼于从深层次和整体上解决问题，确立更高更严的立法标准，使我国的立法水平和立法质量上一个新台阶。

第一，完善中国特色社会主义法律体系，应当把各种基本社会关系合理纳入法律调整范畴。法律是社会关系的调整器和社会利益的分配器，法律体系是调整社会关系和分配社会利益的主要工具。完善法律体系，应当把国家的经济关系、政治关系、文化关系、社会关系、国际关系的各个方面，以及各种重要的社会关系，都合理纳入法律调整范围，使国家政治生活、经济生活、社会生活和文化生活的主要方面，都实现有法可依。目前，我国还有许多社会关系没有能够纳入法律调整规范的范畴，仍存在一些立法空白。从一些专家学者建议近几年我国需要新制定的诸多法律，如新闻法、社团法、社区自治法、国家补偿法、公职人员财产申报法、机构编制法、户籍法、突发事件处置法、违法行为矫治法、行政程序法、行政强制法、商法通则、不动产登记法、电子商务法、宏观调控法、金融监管法、电信法、粮食法、能源法、基本医疗保障法、精神卫生法、农民权益保障法、住房保障法、法律援助法、社会救助法、慈善事业法、志愿服务法、社会信用法、个人信息保护法、海岛保护法、自然保护区法、陆地边界法、资产评估法等，就可对立法空白状况略见一斑。

当然，在强调和重视立法的同时，也必须看到立法固有的局限性，防止立法万能主义和过度立法，避免立法事无巨细、包打天下。立法对社会关系的调整，应当做到"法网恢恢，疏而不漏"，使民事立法、刑事立法、行政立法、经济立法和社会立法各自的比例均衡适当。诚如英国著名历史法学家梅因爵士所言：一个国家文明的高低，看它的民法和刑法的比例就能知道。大凡半开化的国家，民法少而刑法多；文明的国家，民法多而刑法少。① 应当尽快扭转社会立法滞后于经济立法、人权保障立法滞后于行政管理立法、民事立法滞后于刑事立法的状况。

第二，完善中国特色社会主义法律体系，应当做到成龙配套，既无重要立法缺项等"立法空白"，也无"摆设立法"、"过时立法"等重大立法瑕疵。从科学立法和立法技术的要求来看，完善中国特色社会主义法律体系，应当保证法典法与单行法、修改法与原定法、解释法与原定法、下位法与上位法、新法与旧法、特别法与一般法、程序法与实体法、地方法与中央法、国际法与国内法等各类法律，做到上下统一、左右协调、整体和谐，构成有机统一的法律体系整体。梁慧星教授在 2010 年全国人民代表大会上提出修改 25 年前制定的继承法的建议，认为应当扩大遗产的范围，完善继承权丧失制度，修改法定继承人的范围和顺序，规定各种遗嘱效力应同等，增加补充继承制度和遗嘱执行制度，完善遗产分割制度、代位继承制度和特留份制度等。② 此外，还有民事诉讼法、刑事诉讼法、行政诉讼法、森林法、城市居民委员会组织法、全国人民代表大会组织法、广告法、预算法、邮政法等大量法律需要修改。随着经济改革和社会转型推进到一个新的起点，改革开放中前期制定的大量法律的生命周期临近；随着依法治国基本方略的全面实施和立法能

---

① 参见李祖荫为《古代法》中译本写的"小引"部分。〔英〕梅因：《古代法》，沈景一译，商务印书馆，1959。

② http://www.legaldaily.com.cn/index_article/content/2010-03/11/content_2080384.htm? node=5955.

力的增强，我国已进入制定法律与修改法律并重的立法时代，完善旧法与制定新法的任务同样艰巨。应当通过法律清理以及修改、解释、补充、废止法律等立法措施，尽最大努力把法律体系中的空白、矛盾、冲突、漏洞、重复、过时落后和瑕疵等弊端或问题，降低到最低程度。

第三，完善中国特色社会主义法律体系，应当实现良法善治。在我国，立法本质上是人民意志的汇集和表达，是分配公平正义的关键。如果立法不公，出现部门保护主义立法等立法腐败现象，则法律执行得越严、法律实施得越好，距依法治国的价值目标就越远。在依法治国的条件下，不仅要强调有法可依、依法办事，更要主张和实现良法善治。"法律只有反映规律、符合民心、顺应潮流，才能得到真诚信仰和自觉遵守，才能成为带有根本性、全局性、稳定性和长期性的社会公器。"① 我国法律体系既是社会主义价值原则的法律化，也是基本社会行为规范的体系化。

经过30多年的不懈努力，我国法律体系已经形成，法治建设中无法可依的问题已基本解决，但法律实施状况又如何呢？恐怕法律体系中各项法律得到切实遵守、执行、适用和应用的情况，不容乐观。在我国立法数量不断增多、法律体系已经形成的格局下，法律实施状况与立法发展却不成正比，呈现法律制定得越多、法律得到有效实施的状况越差的趋势。所以，评价法律体系是否完善的一个重要标准，不仅要看制定了多少部法律，不仅要看立法的数量，更要看法律制定出来后的实际效果。完善的法律体系中各个门类、各种位阶和各种规范形式的法律，都应当在社会生活中发挥应有作用；立法者应当防止制定出来的法律徒具其名、形同虚设，成为一纸空文。中国特色社会主义法律体系应当得到尊重、遵守和实施，成为人们的行为圭臬和生活中的法律。国家和立法者则通过良法善治，依法办事，保障人权，才能真正实现立法的目的。

三　加强中国特色社会主义法律体系的立法理论研究

在我国，立法是党的主张、人民意愿和国家意志相统一的体现，是经济社会发展和各方面体制改革成果的反映和记载，是新中国成立以来尤其是改革开放以来各项重要方针政策的规范化和法律化。中国特色社会主义法律体系的形成，标志着我国立法理论的新发展，同时也对进一步完善立法理论提出了新要求。

立法实践是推动立法理论不断丰富发展的直接动力，立法理论则可以指导立法实践不断深化进步。立法水平的高低、立法质量的好坏、法律体系的完善与否，与立法文化、立法观念、立法理论的状况密切相关。

从历史渊源看，我国包括立法理论及其实践在内的法治建设，曾明显受

---

① 朱卫国：《立法质量决定法治质量》，《人民日报》2010年5月12日。

到苏联社会主义法制理论的影响。新中国成立初期，我们"请进来"、"走出去"、"一边倒"，全面学习移植苏联的法律制度。改革开放以来，我们的立法工作思路有了重大调整。一方面，从中国国情和实践出发，围绕党和国家的经济建设和社会发展等中心工作，采取"摸着石头过河"、"成熟一条修改补充一条"、"宜粗不宜细"的立法方式，加快推进立法进程。这一特点，与探索中国特色社会主义建设道路的改革开放实践过程是相似的。这种立法方式，使我们用了30多年时间建成了中国特色社会主义法律体系，其作用巨大，功不可没。在改革开放的立法实践中，逐步积累了宝贵的立法经验，提出了许多重要的立法理论观点，为中国特色社会主义法律体系的形成提供了不可或缺的理论支持。

另一方面，我们在继承苏联社会主义立法理论过程中，又改造扬弃了它许多不合时宜的东西，并结合学习借鉴当代西方法治文明的有益成果，在立法实践中逐步形成了中国特色社会主义的立法理论。从渊源上说，我国法律体系的构建理论和划分方法，是从苏联承袭过来的，其理论上的全民公有制经济特征和政治上的阶级斗争意识形态主导，在一定程度上影响甚至制约了我国建立在社会主义市场经济体制和构建和谐社会基础之上的法律体系的自我完善和全面发展。

在法律体系的构建理论方面，我们没有采用西方国家普遍使用的公法、私法、经济法、社会法等划分理论，而是基本上采用了苏联社会主义的法律体系原理。

毋庸讳言，由于我国立法基础薄弱，缺乏充分的立法理论研究和必要的立法经验支撑，现行法律体系还不够完善，与社会主义现代化建设和人民群众对立法的强烈需求相比，与依法治国和建设社会主义法治国家对有法可依的基本要求相比，与立法的民主化、科学化和高质化要求相比，还存在相当差距。

在新的历史起点上不断完善中国特色社会主义法律体系，应当进一步加强法律体系构建理论和划分方法的研究，推进法律体系的创新发展。以下从两个方面说明完善中国特色社会主义法律体系在法律体系构建理论方面，还有许多重要问题亟待研究和回答。

第一，我们应当将中华法系的传统文化精髓和世界法律文化的有益经验作为完善现行法律体系的文化基础，将一个国家（中华人民共和国）、两种制度（社会主义制度和资本主义制度）、三个法系（大陆的社会主义法系、香港特别行政区的普通法系、澳门特别行政区和台湾地区的大陆法系）和四个法域（大陆、香港、澳门、台湾）作为研究构建中华法律体系的整体对象，以创新、开放、科学和包容的思维为完善现行法律体系的方法原则，以公法、私法、社会法、综合法、国际法等为划分法律体系的基本范畴，实现中国特色社会主义法律体系从理论到方法、从形式到内容、从借鉴到超越的全面完善和持续发展。

第二，我们应当进一步加强我国立法基本理论研究，着力展开对立法哲学、立法政治学、立法社会学、立法经济学以及立法价值理论、立法权理论、立法主体理论、立法关系理论、立法体制理论、立法程序理论、立法技术理论、立法行为理论、立法解释理论、比较立法理论等的深入研究。通过系统深入研究立法基本理论，逐步构建中国特色社会主义立法理论体系，从而为我国法律体系的不断完善和进一步发展，提供更加科学、更加理性的思想指导和理论支持。

四 制定和实施科学的立法发展战略和立法规划

如果说改革开放初期我国立法基本上是"摸着石头过河"，改革开放中期开始比较注意立法规划和科学立法，那么，未来进一步完善中国特色社会主义法律体系，应当更加重视立法的前瞻性和科学性，认真研究并制定国家立法发展战略，更加自觉地坚持科学立法、民主立法和高质立法，科学制定并认真实施立法规划。

第一，应当根据邓小平的战略构想和"三步走"的战略部署，到2050年我国人均国内生产总值达到中等发达国家水平，基本实现现代化，建成富强民主文明和谐的社会主义现代化国家；根据世界形势发展变化的大格局和大趋势，结合我国到2050年的政治建设、经济建设、社会建设、文化建设和生态文明建设的战略目标，尤其是配合全面推进依法治国、到2050年基本建成社会主义法治国家的战略目标，研究并设计未来40年左右的国家立法发展战略，制定不断完善中国特色社会主义法律体系的"时间表"和"路线图"，使我国法律体系在实现自身更加科学、更加民主、更加完善、更加有效的发展目标的同时，能够更高水平、更高质量地引导、服务、规范和保障建成社会主义现代化国家目标的顺利实现。

第二，应当全面贯彻落实科学发展观，根据到2020全面建设小康社会的目标——我国将成为工业化基本实现、综合国力显著增强、国内市场总体规模位居世界前列的国家，成为人民富裕程度普遍提高、生活质量明显改善、生态环境良好的国家，成为人民享有更加充分民主权利、具有更高文明素质和精神追求的国家，成为各方面制度更加完善、社会更加充满活力而又安定团结的国家，成为对外更加开放、更加具有亲和力、为人类文明作出更大贡献的国家，结合全面推进依法治国的阶段性任务，研究制定2010～2020年的国家立法规划和年度立法实施办法，努力把全面建设小康社会的路线方针政策适当法律化，使2020年国家战略目标的实现有法可依和依法保障；努力把每年立、改、废的立法任务具体化，不仅要重视新法律的制定，更要重视法律清理和法典编纂、立法修改、立法补充、立法解释和法律废止，要使法律的立、改、废工作制度化、常态化；努力从制度上和程序上消除部门立法的弊端，稳定立法数量，提高立法质量，完善立法程序，改进立法技术，优化立法结构，实现立法与经济社会、立法与体制改革、立法与生态文明建设、立法与提高人民福祉的全面协调的科学发展。

第三，应当高度重视立法规划的民主性、科学性、权威性和严肃性，赋予立法规划必要的法律效力，确保各项立法任务高质量地完成。1991 年，七届全国人大常委会出台了第一个正式的立法规划——《全国人大常委会立法规划（1991. 10 - 1993. 3）》。此后，八届全国人大常委会十分重视立法工作的计划性，制定了五年立法规划，每年都制定年度立法计划。九届全国人大常委会进一步提出，立法工作要做到"年度有计划、五年有规划、长远有纲要"。立法规划是指引和安排立法工作的重要前提，是完善中国特色社会主义法律体系的重要保障。"实行计划立法，可以使立法工作突出重点，使立法活动适应改革开放和现代化建设的需要；能够增强立法工作的主动性；可以防止立法工作中的重复、分散或遗漏现象，避免不必要的立法活动；有助于各部门之间的协调和有准备地参加立法活动，提高立法质量。"① 认真实施立法规划，对提高立法质量和效率、完成立法任务至关重要。在进一步完善我国立法规划工作的过程中，应当强化公众和社会利益群体充分参与立法规划制定的民主性，避免领导个人意志和少数利益群体左右立法规划；应当强化立法规划符合科学发展和立法规律的科学性，防止主观主义的恣意妄为和随心所欲提出立法项目；应当强化国家立法机关主导编制立法规划的权威性，避免立法规划权旁落，尽可能减少"部门立法规划"的色彩；应当强化国家意志保障立法规划实施的法律效力，防止落实立法任务中的"避重就轻"、"拈易怕难"。当情势发生变化，不得已需要变更或者调整立法规划时，无论是新增立法项目，还是减少、延迟或者合并立法项目，都应当严格执行立法规划的论证和审批程序。

第四，应当认真落实第十一届全国人大常委会的立法规划。2008 年 10 月，十一届全国人大常委会出台了 5 年立法规划，规划制定或修改 64 件法律。其中，列为第一类项目，任期内提请审议的法律草案 49 件；列为第二类项目，研究起草、条件成熟时安排审议的法律草案 15 件。第十一届人大常委会的立法规划具有以下几个特点：一是立法规划坚持立法与经济社会发展相适应，坚持以人为本，推进科学发展、和谐发展，坚持统筹兼顾、合理布局，在加强社会领域立法、完善社会主义市场经济体制、推进民主政治建设、建设资源节约和环境友好型社会立法等方面，体现和落实科学发展观的要求。二是继续加强社会立法，规划的社会立法有社会保险法、基本医疗卫生保健法、精神卫生法、社会救助法、慈善事业法和老年人权益保障法（修改）等

---

① 郭晓宇：《解读人大常委会立法规划：修法过半，关注社会领域》，《法制日报》2008 年 11 月 4 日。

6 项。这些法律出台后，我国社会领域的立法将更加健全，尤其是关系民生的社会保障方面的立法将比较完善，人民的社会权利将得到更好保护。三是制定法律与修改法律并重，立法项目总数下降为 64 件，修改法律的比例上升为 28 件。

第十一届全国人大常委会高度重视立法规划的落实，努力提高起草质量，做到立法项目的"任务、时间、组织、责任"四落实，为如期形成和进一步完善中国特色社会主义法律体系提供了重要保障。

五　加快法典化的步伐

法典化也称为法典编纂，它是一种立法活动，是用颁布统一的、法律逻辑上完整的、内部一致的法典的办法，对调整同一类型的社会关系作出有系统的法律规定。所谓法典，是指就某一现行的部门法进行编纂而形成的比较系统的立法文件。法典化是成文法国家法治文明，特别是立法文明程度的重要标志。法典化是我国民主立法、科学立法和高质立法的必然要求，也是完善中国特色社会主义法律体系的必然要求。目前，我国的法典化水平还很低，尚缺民法典、商法典、行政法典、行政程序法典、社会法典、经济法典、知识产权法典、环境法典、人权法典、军事法典等基本法典。无疑，前一阶段的大规模法律清理为实现法典化创造了较好的条件，但是法律清理并不必然导致法典化，它只是为法典化做了一些基础性、前期性的准备工作，能否导致法典化，还需要进一步研究。

在我国，实现基本立法的法典化应当重视以下条件或者因素：

第一，法典所要调整的经济社会关系是否基本上已经定型。如果我国大规模的经济社会文化体制改革尚未基本完成，经济社会关系处于经常变动不居状态，法典化的稳定性、权威性就会受影响。因此，实施法典化的前提条件，应该是被调整对象处于相对稳定的状态。

第二，法典所要调整领域的相关立法应该基本齐备，这样法典化才具备基础和前提条件。在相关立法有重要缺项或者不足时，直接推进法典化立法，可能会遇到极大的困难。

第三，法典化所需要的相关法学理论、立法观念、立法技术等要基本成熟到位，能够为法典化提供科学成熟的理论支持。

第四，法典化在立法技术上还要有相应的积累，具备必要的立法经验。无论如何，法律清理将对我国的法典化产生重要的基础性和前提性作用，但法律清理并不必然导致法典化，法典化比法律清理的要求更高、难度更大。

六　实现法律清理的制度化、常态化

所谓法律清理，是指有权机关对以前制定的法律加以系统整理，以区别哪些可以继续适用，哪些需要补充或修改，哪些需要废止。法律清理是国家使法律体系协调和谐的重要手段，这种行为具有立法活动的性质，因此，只有有权机关才可以行使法律清理权。我国享有制定法律、法规权的机关或这些机关的授权机关有权对现行法律、法规进行清理。

新中国成立以来，国家对法律清理工作是比较重视的。早在 1955 年 1 月，周恩来在国务院常务会议讨论法规清理问题时就指出："对原政务院及其所属各部门发布的各项法规，及时进行一次整理是一项重要的工作"，要"在整理现行法规的基础上，建立经常的法规编纂工作"。① 根据会议的决定和周恩来的这一指示，原国务院法制局在国务院所属各部门的协助下，于 1956 年有重点地对原政务院制定发布和批准发布的 250 件法规进行初步清理。清理结果分为下列五类：（1）继续适用的法规，计 42 件。主要包括现在仍可适用，或者仍可适用只是其中个别条款有些不合适而留待将来编纂时修改的法规。（2）继续适用而须加以修改的法规，计 64 件。（3）需要重新起草或合并起草来代替的法规，计 55 件。这类法规，主要是由于其中有些基本原则同当前情况和政策不符，需要制定新的法规来代替。其次还由于对同一问题规定不一，需要制定一个统一的法规来代替。（4）过时的法规，计 42 件。（5）已经废止的法规，计 47 件，其中包括已经明确废止或因组织机构撤销或者改变而当然废止的。

1980 年彭真副委员长在五届全国人大常委会第十五次会议上②曾经对 1980 年以前新中国制定的 1500 多件法律、法令和相关规定进行过一次整理，当时没有用"清理"这个词，但实际上的作用是一样的。彭真副委员长说："建国以来制定的法律、法令，除同第五届全国人民代表大会和全国人民代表大会常务委员会制定的宪法、法律、法令相抵触的以外，继续有效。中华人民共和国成立以后的 17 年，国家制定的法律、法令和行政法规据大略的估计，有一千五百多件。其中许多法规现在仍然是适用的或者基本适用的。重申过去法规的效力……使我们在立法任务十分繁重、力量不足的情况下，可以集中力量去制定那些当前最急需、而过去又没有的法规，特别是经济方面的法规。这是健全社会主义法制的一项重要措施。过去制定的法律、法令和行政法规，大体可以分为三种情况：一是，由于历史的发展，已经完成了自己的历史使命，自然失去了效力。如土地改革法、私营企业暂行条例等。有些已为新的法律所代替，如 1953 年制定的选举法、1954 年制定的人民法院组织法、人民检察院组织法等，已为五届全国人民代表大会二次会议制定的相应法律所代替。二是，现在仍然适用或者基本适用、但需稍加修改、补充的。属于这种情况的很多，如治安管理处罚条例、关于劳动教养问题的决定、关于国家行政机关工作人员的奖惩暂行规定、城市居民委员会组织条例等。三

---

① 《国务院公报》总第 5 号。
② 彭真：《中华人民共和国全国人大常委会报告》（1980 年）。

是，需要做根本性的修改或废止的。这种情况是比较少的。哪些法规现在仍然适用，哪些法规要加以修改或补充，需要进行大量的调查研究，按照当前实际情况来决定。全国人民代表大会常务委员会、国务院及其所属各主管部门正在根据这个精神审查整理。"对既有法律、法规进行必要清理，明确它们是否继续有效、是否需要修改或废除，对于大规模开展新时期的立法工作，具有重要的奠基意义。

1987年底，全国人大常委会法制工作委员会对新中国成立以来、1978年底以前颁布的法律（包括有关法律问题的决定）进行了清理。在清理的134件法律中，已经失效的有111件，继续有效或者继续有效正在研究修改的有23件。此外，在1978年底以前，全国人大常委会批准民族自治地方的人民代表大会和人民委员会组织条例48件，因1982年宪法、地方各级人民代表大会和地方各级人民政府组织法及民族区域自治法已经制定，各自治地方都已经或正在另行制定自治条例，上述组织条例已因情况变化而不再适用。

另外，根据国务院的统一部署，前国务院办公厅法制局和国务院法制局从1984年至1987年初，组织国务院各部门，对新中国成立以来至1984年底的经国务院（含前政务院）发布或批准发布的3298件法规进行了全面、系统的清理。经过清理，3298件法规中的442件因内容缺乏规范性，不符合法规标准，而改作一般文件处理；对余下的2856件法规作如下处理：（1）应予废止的法规，共1604件，其中包括已被新的法规代替，或与现行政策和法律抵触的法规446件；适用期已过或调整对象消失，失去效力的法规1158件。国务院已将这些法规明令废止和宣布失效。（2）需要作重大修改的法规，共279件。对这些法规将由国务院有关部门逐步列入立法规划，进行修改或重新起草。（3）继续有效的法规，共661件。这些法规包括全部条款适用的；基本原则和绝大部分条款继续适用，只是个别条款有问题，加以注释后仍可适用的。这些法规连同国务院1985年发布的继续有效的96件法规（共757件），将分类分卷编入《中华人民共和国现行法规汇编》，公开向国内外发行。（4）内部掌握执行或以密件发布的继续有效的法规，共312件。这些法规因有军事、外经贸、外事等方面不宜公开的内容，将由有关部门分别编为内部文件汇编，供有关人员使用。国务院各部门、各省、自治区、直辖市人民政府也对数以万计的地方性法规和规章进行了清理，根据不同情况分别作了处理。

法律清理是完善我国法律体系的重要技术手段。2011年3月10日吴邦国委员长在全国人大常委会工作报告中说，现行法规有的也存在不适应、不协调、不配套的问题。为此，在2009年完成对现行法律集中清理工作的基础上，2010年着重督促和指导有关方面开展了对现行法规的集中清理工作。国务院和地方人大高度重视，按照各自清理范围，在全面梳理基础上进行分类处理。到2010年底，共修改行政法规107件、地方性法规1417件，废止行政法规 7 件、地方性法规 455 件，全面完成了对现行法规的集中清理任务，保证了到 2010 年中国特色社会主义法律体系如期形成。

全国人大常委会组织对我国现行法律体系进行全面清理，是完善我国法律体系非常重要的手段，是推进依法治国的重要举措。每一次法律清理和法律体系的完善，通常是因为一个国家的经济、社会、文化发展到一个阶段，需要调整和完善法律体系以适应经济社会发展的需要。法律清理就是使法律体系能够更好地适应经济社会发展的一种立法措施。

2009 年 6 月，全国人大常委会委员长会议最后提交的法律清理议案提出，需要废止和修改的法律共 67 件，其中建议废止的 8 件，建议修改的 59 件、141 条。"这次法律清理工作把清理重点放在新中国成立初期和改革开放早期制定的与经济社会发展明显不适应的法律规定，以及法律之间明显不一致、不协调的突出问题上，主要解决法律中的'硬伤'。"在清理技术上，这次法律清理对需要修改的法律采取了"打包"处理的方式，即"通过一个法律决定解决 59 部法律的修改问题"。当然，这并不是新中国成立后的第一次大规模法律清理，而是新世纪以来第一次大规模的法律清理。

法律清理的目的是为中国特色社会主义法律体系的完善提供技术上和制度上的保障。一方面，每当经济社会，特别是政治、文化发展到一个阶段，进入到一个转折点的时候，往往会对法律体系的完善提出新的要求。另一方面，法律法规实施到一定阶段，在某些方面与现实生活、经济社会的发展不相适应时，也需要对它们进行清理和完善。在立法过程中，由于立法者的预见性、技术手段等多种因素的局限，不可能预见到未来可能发生的各种问题，尤其是一些新情况、新问题，由于立法预测性的局限和经济社会发展变动不居之间存在的现实张力，发展到一定时候需要通过法律清理等方式来使法律体系适应经济社会发展的需要。

法律清理，重点应在上位法，因为上位法的影响面大、法律效力高，应该通过上位法的修改带动下位法的完善。从内容和法律部门的角度来看，应当突出三个重点：一是有关国家体制和公权力运行的法律及其规范；二是有关尊重和保障人权的体制、程序和法律规范；三是有关经济与社会协调发展方面的法律规范。

在法律清理过程中，应该建立相应的标准、程序，设定有关权限。尤其是法律清理之后的结果应该怎样进一步处理？全国人大法工委或者法律委员会把各个方面的清理意见研究后形成一个文件，是提交全国人大常委会来决定是否通过，还是提交全国人民代表大会来决定，还是根据谁制定的法律由谁来审查认可法律清理的结果，或者是通过授权决定由全国人大常委会一并审查通过法律清理议案。这些问题都需要研究解决。

尤其是，应当使法律清理制度化、常态化。由于我国没有全面启动违宪违法审查机制，对于法律体系中存在或者发生的抵触、冲突、矛盾、不一致、瑕疵等问题，很难通过日常的执法司法活动及时发现和有效纠正，因此不时开展的"运动式"的"打包"的法律法规清理，对于完善法律体系就显得非常重要。但是，由于集中清理法律体系往往面临时间紧、任务重、发现问题难的困难，这种法律清理常常有一些"漏网之鱼"。例如，最高人民检察院检察长在2011年的"两会"期间指出：人民检察院组织法到现在为止还规定有打击反革命分子的内容，这一条款明显与经济社会发展和改革开放不符，不符合现在的法律要求。因为早在1997年修改刑法时，就将反革命罪改为危害国家安全罪；1999年宪法修正案也把"反革命"改为"危害国家安全"，诸如此类的现象还很多。如何解决，在现行体制机制下，一个行之有效的预防和解决办法，就是使法律法规清理制度化、常态化。具体来讲，可以考虑的路径有：一是在制定每一部新法或修改旧法时，在法案中同时附上受到该法影响需要修改调整的其他法律法规的明细表，以供立法者审议表决时参考；二是立法机关在每年向全国人民代表大会所作的工作报告中，对上一年度法律法规清理情况一并作出报告；三是最高人民法院、最高人民检察院在每年向全国人大所作的工作报告中，对上一年度法律体系中需要清理的情况一并作出报告；四是推行"开门清理"，鼓励公民、媒体和社会各界随时向立法机关报告已发现需要清理的情况，并提出清理的建议；等等。

第五章　构建和谐社会的法治机制

对于法治与社会和谐和稳定的关系，胡锦涛曾指出，应"突出强调制度建设和创新对促进社会和谐的重大作用"，因为"制度更带有根本性、全局性、稳定性和长期性。完善的体制机制和制度体系，是促进社会和谐、实现社会公平正义的重要保证。我们既要立足当前、着力解决影响社会和谐的突出矛盾和问题，又要着眼长远、在制度建设和创新上多下功夫"。① 因此，建立有效的法治机制对于保持社会和谐与稳定具有至关重要的作用。本章将结合目前我国法治建设中存在的一些问题探讨完善法治机制对于实现社会和谐和稳定的意义。

第一节　保障法律体系和谐的法律冲突解决机制

实行依法治国的前提是具有一个内部和谐一致的法律体系。现行宪法第5条第1~3款规定，"中华人民共和国实行依法治国，建设社会主义法治国家。国家维护社会主义法制的统一和尊严。一切法律、行政法规和地方性法规都不得同宪法相抵触。"然而，在我国，具有立法权限的国家机关是非常多样的。根据宪法和《立法法》的规定，具有立法权限的国家机关除了全国人大及其常委会外，还包括国务院、国务院各部委，省、自治区、直辖市人大及其常委会，省会市以及经国务院批准的较大市的人大及其常委会，省、自治区、直辖市人民政府，省会市以及经国务院批准的较大市人民政府。这么多具有不同立法权限的国家机关制定的法律、行政法规、地方性法规、自治条例和单行条例、部门规章和地方政府规章等不同的规范性法律文件之间难免会出现冲突。因此，建立良好的法律冲突解决机制对于确保法制统一和法律

① 胡锦涛：《切实做好构建社会主义和谐社会的各项工作，把中国特色社会主义伟大事业推向前进》，2006 年 10 月 11 日讲话，中央人民政府网站：http://www.gov.cn/ldhd/2007-01/01/content_ 485554. htm。

体系内部和谐至关重要，这也是实行依法治国的前提所在。我国已经建立了相应的法律冲突解决机制，目前法律冲突解决机制主要有两种：一种法律明确规定的立法机构（主要是人大常委会）的备案审查机制，另一种是还有待进一步发展的法院司法审查机制。本节将结合这两种法律冲突解决机制的运行现状及其存在的问题进行探讨。

一　最高国家权力机关的备案审查机制

（一）备案审查机制的内容与程序

我国处理法律冲突最主要的法律机制是备案审查制度。2000 年通过的《中华人民共和国立法法》正式确立了这一制度。该法第 89 条规定，行政法规、地方性法规、自治条例和单行条例、规章应当在公布后的 30 日内依照规定报有关机关备案，其中行政法规、地方性法规、自治条例和单行条例都要报全国人民代表大会常务委员会备案；较大的市的人民代表大会及其常务委员会制定的地方性法规，自治州、自治县制定的自治条例和单行条例、部门规章和地方政府规章要报国务院备案；地方政府规章报本级人民代表大会常务委员会备案；较大的市的人民政府制定的规章应当同时报省、自治区的人民代表大会常务委员会和人民政府备案。根据《立法法》第 87 条和第 88 条的规定，不同的国家机关都有撤销某些下位阶规范性法律文件的权力，因此，对于向自己提出备案的规范性法律文件，有关机关有权主动进行审查，并撤销与上位法有冲突的规范性法律文件。例如，全国人民代表大会常务委员会有权撤销同宪法和法律相抵触的行政法规，有权撤销同宪法、法律和行政法规相抵触的地方性法规，有权撤销省、自治区、直辖市的人民代表大会常务委员会批准的违背宪法和《立法法》第 66 条第 2 款规定的自治条例和单行条例。

除了通过备案进行的主动审查，有关国家机关还可以基于其他国家机关或者公民和组织提出的合法性审查建议对有关规范性法律文件进行被动审查。《立法法》第 90 条规定："国务院、中央军事委员会、最高人民法院、最高人民检察院和各省、自治区、直辖市的人民代表大会常务委员会认为行政法规、地方性法规、自治条例和单行条例同宪法或者法律相抵触的，可以向全国人民代表大会常务委员会书面提出进行审查的要求，由常务委员会工作机构分送有关的专门委员会进行审查、提出意见。前款规定以外的其他国家机关和社会团体、企业事业组织以及公民认为行政法规、地方性法规、自治条例和单行条例同宪法或者法律相抵触的，可以向全国人民代表大会常务委员会书面提出进行审查的建议，由常务委员会工作机构进行研究，必要时，送有关的专门委员会进行审查、提出意见。"这个规定，尤其是第 2 款有关公民、社会团体和企事业单位的合法性审查建议权的规定普遍被视为具有很大的开创性，因为它开启了公民启动规范性法律文件合法性审查机制的大门。我们可以以全国人大常委会为例说明中央国家机关的备案审查制度。

2000 年《立法法》通过之后，全国人大常委会委员长会议很快就通过了《行政法规、地方性法规、自治条例和单行条例、经济特区法规备案审查工作程序》（以下简称《法规备案审查工作程序》）。不过这个工作程序对于备案之对象的主动审查程序并没有进行专门规定，它实际只是规定了被动审查程序。它规定，专门委员会一般应在收到秘书长批转的审查要求或者审查建议的 3 个月内，提出书面审查意见。经专门委员会会议审查，认为法规同宪法或者法律不抵触的，专门委员会应当书面告知常委会办公厅；认为法规同宪法或者法律相抵触的，专门委员会应向制定机关提出书面审查意见。有关的专门委员会认为有必要和法律委员会召开联合审查会议的，由常委会办公厅报经秘书长同意后，由法律委员会和有关的专门委员会召开联合审查会议，要求制定机关到会说明情况，再向制定机关提出书面审查意见。专门委员会向制定机关提出的书面审查意见应抄送常委会办公厅。制定机关研究提出的是否修改的意见，在向专门委员会反馈后，由接收反馈意见的专门委员会将原件一式三份送常委会办公厅。法律委员会和有关的专门委员会审查认为法规同宪法或者法律相抵触而制定机关不予修改的，可以向委员长会议提出书面审查意见和予以撤销的议案，由委员长会议决定是否提请常委会会议审议决定。法规审查工作结束后，常委会办公厅负责将审查结果书面告知提出审查要求和审查建议的单位或个人。

此后这个法规备案审查程序又进一步完善。2004 年，全国人大常委会法制工作委员会专门成立了法规审查备案室，专门负责法规的备案和审查工作。2005 年 12 月，全国人大常委会委员长会议通过了《司法解释备案审查工作程序》，从而把曾长期游离于全国人大常委会审查的最高人民法院和最高人民检察院司法解释也纳入了备案审查的范围。这次委员长会议同时还完成了对《法规备案审查工作程序》的修订。修订后的《法规备案审查工作程序》增加了对备案对象进行主动审查的规定，并且法制工作委员会也开始在法规审查工作中充当重要的角色。它规定，专门委员会认为备案的法规同宪法或者法律相抵触的，可以主动进行审查，会同法制工作委员会提出书面审查意见；法制工作委员会认为备案的法规同宪法或者法律相抵触，需要主动进行审查的，可以提出书面建议，报秘书长同意后，送有关专门委员会进行审查。国务院、中央军事委员会、最高人民法院、最高人民检察院和各省、自治区、直辖市的人大常委会认为法规同宪法或者法律相抵触，向全国人大常委会书面提出审查要求的，常委会办公厅有关部门接收登记后，报秘书长批转有关专门委员会会同法制工作委员会进行审查；上述机关以外的其他国家机关和社会团体、企业事业组织以及公民认为法规同宪法或者法律相抵触，向全国人大常委会书面提出审查建议的，由法制工作委员会负责接收、登记，并进行研究；必要时，报秘书长批准后，送有关专门委员会进行审查。①

（二）全国人大常委会备案审查制度的实践

全国人大常委会对备案的法规进行审查是从 1982 年开始的。当时，全国人大常委会已陆续收到报备的法规近 300 件。常委会办公厅根据领导的要求，组织力量对这些法规进行了初步审查，并于 1982 年 8 月提出了审查意见，印发常委会组成人员。以后几经调整，备案的法规转由专门委员会进行审查。具体做法是，法规报全国人大常委会备案后，由办公厅秘书局负责登记，并分送有关的专门委员会进行审查。专门委员会（或其办事机构）提出审查意见后，多半以办事机构的名义将审查意见送秘书局。秘书局汇总后，转送有关地方人大常委会办公厅研究办理。据统计，从 1993 年八届全国人大开始到 2000 年 6 月底《立法法》实施之前，送交各专门委员会审查的法规近 6300 件，各专门委员会做了大量的审查工作。但是，由于当时没有明确的法律规定，法规审查工作基本上是工作机构之间的内部沟通。这样的审查方式存在两个问题：一是由秘书局转交的审查意见没有法律效力，地方人大可以考虑，也可以不考虑；二是这种主动审查的方式增加了专门委员会的工作量，特别是一些审查任务比较集中的专门委员会（如财政经济委员会）感到压力很大，难以承担。②

在法规备案审查机制建立之后，全国人大常委会即在新的制度基础上开始了备案审查的实践。不过，对于其备案审查的实践状况，人们却缺乏足够的了解，其原因在于，全国人大常委会并未对备案审查的信息进行充分公开，我们只能从全国人大常委会每年向全国人大的工作报告中了解一些零星的信息。2001 年之后，全国人大常委会在其报告中一般都会涉及保障社会主义法制统一的法规备案审查机制的问题。例如，2011 年的报告称，"加强对规范性文件备案审查，以保证法律、行政法规、地方性法规不同宪法相抵触，保证行政法规不同法律相抵触，保证地方性法规不同法律、行政法规相抵触，保证法律法规的规定之间衔接协调、不相互矛盾，保障了社会主义法制的统一"。③ 不过在这么多年的报告中，明确阐述法规审查备案实践状况的内容并不是很多。2003 年的报告称，"本届任期内，国务院和地方人大向常委会备案的行政法规、地方性法规、自治条例和单行条例共 3700 多件，其中有些规定与宪法和法律相抵触的，已由有关专门委员会提出了纠正意见"，④ 这一点至

---

① 修订后的《法规备案审查工作程序》全文并没有对外正式公布，不过有关内容可以参见邹声文《全国人大常委会建立健全法规和司法解释备案审查制度》，人民网：http：//legal. people. com. cn/GB/42735/3956345. html。

② 刘镇：《十届全国人大常委会法制讲座第二讲讲稿——全国人大常委会的监督工作》。

③ 《全国人民代表大会常务委员会工作报告》（2011 年）。

④ 《全国人民代表大会常务委员会工作报告》（2003 年）。

少可以说明，备案审查机制确实在实际运转，不过，究竟对哪些法规进行了纠正、如何纠正，人们却不得而知。2010 年的报告称，"要依法做好行政法规、地方性法规、自治条例、单行条例以及司法解释等规范性文件的备案工作，有重点地开展主动审查，对最高人民法院、最高人民检察院新制定的司法解释逐件审查研究，并督促最高人民法院、最高人民检察院对 2005 年以前制定的司法解释进行集中清理"，① 这个内容可以说明，全国人大常委会曾经集中开展对最高人民法院和最高人民检察院司法解释的备案审查工作。对于公民和组织提出的合法性审查建议，全国人大常委会的报告也曾经提到过一次。2007 年的工作报告曾称，"规范性文件备案审查是常委会监督工作的一项重要内容。我们认真研究处理公民、组织提出的审查建议，有重点地开展主动审查，维护国家法制的统一"。② 这个报告至少可以说明，对于公民和组织的审查建议，全国人大常委会并没有束之高阁，而是认真进行了处理。

　　不过，由于信息不公开，全国人大常委会的备案审查工作仍然具有很大的神秘性，其对于公民和组织提出的审查建议审查的结果很少向社会进行公开，也很少按照《法规备案审查工作程序》的要求进行回应。目前外界可以在媒体中见到全国人大常委会的审查工作确实发挥作用的例子还很少见，唯一的一个例子是，媒体曾报道，2005 年河北农民王淑荣提出的合法性审查建议最终促成了《河北省土地管理条例》的修改，不过各种报道都没有显示王淑荣本人是否正式收到了全国人大常委会对审查结果的书面通知。③ 对于公民不断提出的合法性审查建议，全国人大常委会作出公开回应的情况也很罕见，有一个例外是，2006 年 11 月 23 日，全国人大常委会法制工作委员会与国务院法制办公室负责人就交通税费改革进展和公路养路费的征收等问题以答记者问的形式向社会进行了解释。该报道称："全国人大常委会法制工作委员会、国务院法制办公室负责人答：最近，法制工作委员会收到了有的公民对收取公路养路费的法规、规章进行审查的建议，并依照法规备案审查工作程序及时与国务院有关部门进行了沟通。" 最后，两个国家机关的负责人对公民提出的合法性质疑的回答是："交通税费改革是依《中华人民共和国公路法》的授权，由国务院决定分步骤进行的，在燃油税没有出台前，各地仍按照现行规定征收公路养路费等交通规费，是符合法律规定的。"④ 当然，这种回应并不是针对提出建议者本人的，但这种回应对于全国人大常委会而言仍然是

---

① 《全国人民代表大会常务委员会工作报告》（2010 年）。
② 《全国人民代表大会常务委员会工作报告》（2007 年）。
③ 王淑荣：《 "改写" 一部法规的农妇》，http：//zhuanti. hebnews. cn/2010/news/2010-11/14/content_ 1233594. htm。
④ 《国务院法制办：燃油税未出台前各地收养路费合法》，http：//news. sohu. com/20061123/n246565993. shtml。

一种破天荒的创举。

从全国人大常委会的法规备案审查工作程序看，全国人大常委会的法规备案审查工作的正规化仍然存在很大的问题。《法规备案审查工作程序》本身只是全国人大常委会委员长会议的一个内部工作程序，它并不具有法律效力，因此它未按照这个规定将审查结果告知提出合法性审查建议的公民和组织并不算违法。除此之外，《法规备案审查工作程序》对于不同建议规定了极为冗长的内部处理程序：先是常委会工作机构决定是否需要审查，然后是专门委员会作出决定是否合法，并以此决定是否书面通知制定机关；专门委员会还将对制定机关自身是否修改的意见进行研究，如果认为其存在抵触之处而决定不予修改，则应向委员长会议提出书面审查意见和予以撤销的议案，最后由委员长会议决定是否提请常委会会议审议决定。有一点可以肯定的是，迄今为止，全国人大常委会的合法性审查从未达到需要由常委会专门作出撤销决定的地步，其原因在于，一旦专门委员会（或协同法律委员会）作出有关法规与宪法或者法律相抵触的书面审查意见并将此意见书面通知制定机关，在目前的体制下鲜有制定机关会予以抵制，绝大部分制定机关都会主动对抵触的法规进行自觉修改，因此几乎不太可能达到需要全国人大常委会作出正式撤销决定的地步。这种在全国人大常委会作出正式决定之前先通知有关制定机关，并且只有在制定机关决定不予自觉修改的情况下才由全国人大常委会作出撤销决定的做法在很大程度上使相互制约的国家机关之间可以通过非正式的机制解决问题，从而使法规备案审查工作几乎很难为外界所了解。全国人大常委会对备案审查工作的结果不公开，程序没有全面正规化；对公民和组织的合法性审查建议基本采取不予以回应的态度；人们也极少听说它正式撤销过哪个与上位法相冲突的规范性法律文件，因此在很多情况下，人们经常会怀疑它是否有效地履行了自己合法性审查的职权。

那么，为什么全国人大常委会不能按照2000年《法规备案审查工作程序》（及之后的2005年修改案）的设想建立对建议者的回应机制呢？它为什么不向社会和公众展示其工作的成果从而消除公众对其是否有效履行合法性审查职权的怀疑呢？答案似乎也并不难寻找：原因并不在于建议的数量太多，而在于建议涉及的政治和法律问题太多，很多建议都涉及对社团管理、户籍管理、劳动教养等法律法规的合法性审查问题，全国人大常委会事实上无法对诸多具有政治敏感性的规范性法律文件的合法性直接作出判断。在目前的体制下，对于全国人大常委会来说，这绝对不单纯涉及关于合法性的法律判断问题，它还涉及维护社会稳定和体制改革的政治问题，因此，在很多情况下，即便它发现了问题也不愿轻易作出法律判断，尽管这一定程度上是以放弃履行其法定职责为代价的。全国人大常委会面临的政治难题对其建立回应机制带来了很大的负面影响。对于仅涉及规范性法律文件之间技术性冲突的建议，全国人大常委会本来可以相对自由地行使其备案审查权力，它可能也乐于将"审查结果"书面告知提出建议的单位和个人。然而，问题就在于，这种做法无法适用于很大一部分具有政治敏感性的建议。在这种情况下，对所有合法性审查建议都不直接进行回应可能是其最合理的选择。

当然，全国人大常委会在法规备案审查上的这一行为逻辑也完全适用于国务院。根据宪法和《立法法》，国务院在审查部门规章和地方政府规章的合法性方面也承担着重要的职责。尽管它同样会遇到某些敏感的政治问题，然而，这个难题无论在范围上还是敏感程度上都难以与全国人大常委会相比，更何况它需要审查的对象主要还是下级行政机关的规章（包括部委规章和地方政府规章）。然而，令人遗憾的是，国务院基本上采取了与全国人大常委会同样的策略，对于其行使备案审查权力的情况同样讳莫如深，对于公民提出的合法性审查建议同样也没有建立反馈机制。制定于 2001 年的《法规规章备案条例》尽管规定了公民、法人和其他组织有权向其提出合法性审查的建议，但对建立反馈机制只字未提。因此，与公众对合法性审查建议的热心相比，无论是全国人大常委会还是国务院对其备案审查工作都始终保持着一副冷峻而讳莫如深的面孔。

二　地方国家权力机关的备案审查机制

中央备案审查机关的保守形象并不能全然代表所有备案审查机关的形象。根据《宪法》、《立法法》和《各级人民代表大会常务委员会监督法》，享有规范性法律文件备案审查权的国家机关并不只限于全国人大常委会和国务院，地方人大常委会和地方政府在一定范围内也享有类似的权力。这些地方国家机关的备案审查实践还很少为公众所关注，绝大部分受到关注的公民合法性审查建议也并非是向它们提出的，然而，这似乎并没有妨碍其建立相关的制度，也没有妨碍其在某些方面迈出比全国人大常委会和国务院更大的步伐。

到 2009 年底，全国至少有 18 个省级①人大常委会专门制定了规范省（市）人大常委会或者各级人民代表大会常务委员会规范性文件备案审查程序的地方性法规。这 18 件地方性法规都规定了公民、法人和其他组织享有提出合法性审查的建议的权利。更为重要的是，在这 18 件地方性法规中，16 件都在不同程度上规定了对公民、法人和其他组织建议的回应机制（只有重庆市与河南省例外），其中 12 件地方性法规将对建议者的回应作为备案审查机关应予履行的法律义务，4 件地方性法规（广东省、江苏省、河北省和天津市）只是规定备案审查机关"可以"或者"可以根据需要"将审查结果告知建议提出者。在 12 件规定了强制性回应义务的地方性法规中，10 件还特别规定了进行

---

① 它们分别是重庆市、天津市、青海省、河南省、甘肃省、浙江省、四川省、河北省、福建省、云南省、安徽省、山东省、江苏省、广东省、湖南省、宁夏回族自治区、广西壮族自治区和西藏自治区。

这种回应的时间期限。这些地方性法规一般都要求审查工作结束后 10 日、15 日或者 20 日内将审查结果书面告知建议人，也有的要求备案审查机关的工作机构或专门委员会在 60 日内对送交的规范性文件提出审查意见，并将审查情况告知提出审查要求和建议的单位或者个人。

　　像全国人大常委会一样，在地方人大常委会收到公民建议书后一般也要经过比较冗长的内部处理程序，只有建议书在前一阶段被某一工作机构认可之后，才可能进入下一个阶段。这就涉及在哪个或哪些阶段履行告知义务的问题。在规定了备案审查机关强制性回应机制的 12 件地方性法规中，不同省份的做法并不一样，但总体而言，它们对备案审查机关在不同阶段对建议书的处理结果都作了不同程度的规定。有的省份规定，人大常委会工作机构收到公民建议书即给予回复收到情况；有的则规定只有有关工作机构认定无审查必要时或者认定不存在违法情形时才给予回复；有的还特别规定，在受到不属于自身审查范围的建议书时，有关工作机构应该履行告知建议人向其他机关提出的义务。但总体而言，这些省份一般都至少会规定在审查工作结束后将审查结果书面告知建议人这样的义务。在履行告知义务时一般还会涉及告知的内容问题。在履行告知义务时，有的省份只是规定，在某个程序阶段某个内部机构的审查结果是否定建议人的建议时，只需要将这一结果告知建议人（如宁夏、云南），但大部分省份的规定则更进了一步，它们要求在否定建议人的建议时，不仅要求将结果告知建议人，而且还要求向其"说明理由"。当然，也有个别省份（如福建）规定在某些审查阶段的告知需要说明理由，有的阶段则没有如此规定。

　　在回应机制方面，福建省和浙江省的规定相对比较有代表性。2007 年制定的《福建省各级人民代表大会常务委员会规范性文件备案审查规定》规定了三个备案审查的回应机制，它们分别是：常务委员会指定的工作机构认为无审查必要的，报经秘书长（办公室主任）或者常务委员会分管负责人同意后，向提出审查建议的国家机关、社会团体、企业事业组织或者公民说明理由；有关专门委员会、常务委员会工作机构收到常务委员会指定的工作机构分送的审查要求或审查建议后，认为不存在本规定第 10 条所列情形之一的，由常务委员会指定的工作机构告知提出审查要求或者审查建议的国家机关、社会团体、企业事业组织或者公民；常务委员会指定的工作机构应当在规范性文件审查工作结束后 10 日内，将审查结果告知提出审查要求或者审查建议的国家机关、社会团体、企业事业组织或者公民。根据这个规定，在前两个审查阶段，如果出现否定建议人建议的情况，审查机关就有义务履行告知义务；在审查工作结束后，无论结果是肯定还是否定建议人的建议，都应履行告知义务。这种规定可以有效地克服全国人大常委会内部程序规定的回应机制的缺陷，避免出现内部审查程序不进入最后阶段就不给建议人回应的情况。

　　同样制定于 2007 年的《浙江省各级人民代表大会常务委员会规范性文件

备案审查规定》在回应机制上也有一定的特色。它规定，对于公民的建议，备案审查机构的接收登记机构收到审查建议后 15 日内，应当将收到情况书面告知提出审查建议的单位和个人，并进行研究。此外，它还规定，具体审查机构应当在审查工作结束后 15 日内，将审查处理情况告知提出审查要求和建议的单位或者个人。这种规定最大的特色在于，它明确要求审查机关的工作机构在一定期限内必须向有关建议人确认收到建议书的情况。这种规定目前在国内似乎至今仍仅此一例。这种回执信尽管只是程序性的，然而，它能够让提出建议的公民和组织很快就确认有关机关收到自己建议的情况，从而极大地增加建议人的参与感。这种回执信与最后审查结果的告知函一道比较完整地构筑起了备案审查程序的回应机制。浙江省还有一个比较有特色的规定是其对备案审查工作的公开性要求。它特别规定："县级以上人民代表大会常务委员会应当每年向人民代表大会会议书面报告上一年度规范性文件备案审查工作情况，并向社会公开。"这种对备案审查工作情况的公开性要求在国内也是一个比较大的创举。这些年来，公众之所以对备案审查机构的工作缺乏了解，一个最为重要的原因就在于，这些信息极度缺乏公开性。浙江省的做法无疑为全国人大常委会和国务院的备案审查工作树立了一个榜样。

在备案审查工作方面，走在中央备案审查机关前面的似乎并不仅仅是地方权力机关，而且还包括某些地方行政机关，至少从某些地方政府规章的规定看是如此。国务院的《法规规章备案条例》并没有对回应机制作任何规定，但至少有 13 个省级①政府规章要求对公民、组织向政府提出的合法性审查建议进行回应，它们或者要求行政机关"将处理结果书面告知"建议人（如甘肃），或者要求向建议人"反馈审查和处理结果"（如辽宁），或者要求对建议人提出的建议"应当核实并给予答复"（宁夏）。其中某些省份还特别规定了履行告知义务的期限，如河北省规定，对合法性审查建议书，有关机关应在 60 日内核查处理完毕，同时将处理结果通知提请人；河南省规定，县级以上人民政府法制机构收到书面审查建议，对属于本级人民政府管辖的，应当按照本办法的规定审查处理，并在 30 日内向建议人告知处理结果。

由此可见，无论是在建立对公民和组织合法性建议的回应机制方面，还是合法性审查工作的公开性方面，很多地方备案审查机关都迈出了比中央备案审查机关更大的步伐。在中央备案审查机关没有将对建议人的回应作为责任和义务的情况下，很大一部分地方备案审查机关已经将对合法性审查建议的建议人进行答复和回应作为其必须履行的法律义务；在中央备案审查机关对其备案审查工作还刻意保持神神秘秘、讳莫如深之时，很多地方备案审查机关却开始大方地作出回应，甚至对有关的备案审查的工作情况予以公开。尽管地方备案审查机构的备案审查工作并不受人关注，公众和媒体也很少注

---

① 　包括安徽、甘肃、贵州、河北、湖南、辽宁、宁夏、山西、江苏、黑龙江、河南、云南和浙江。

意到那些向这些机关提出的合法性审查建议，然而，也有某些证据表明，地方备案审查机关也确实已经在备案审查工作方面取得了一些成绩。例如，2008 年，浙江省人大常委会共收到了 4 件公民合法性审查建议，根据浙江省人大常委会法制工作委员会的报告，它以适当方式对建议人进行了及时答复；湖南省人大常委会在 2009 年 3 月前共收到过公民合法性审查建议 6 件，其中 5 件审查建议指向的规范性文件不属于省人大常委会的审查范围，湖南省人大常委会为此将这 5 件不予审查的理由告知了相关的建议人，对另外一件则按规定交有关专门委员会审查。① 当然，地方备案审查机关之所以能够在建立回应机制方面迈出比中央更大的步伐，一个重要的原因在于，它们的备案审查工作主要涉及地方性规范性文件之间的冲突问题，因此一般并不需要像全国人大常委会那样面临难以处理的政治难题。然而，无论如何，地方备案审查机关在法律上建立诸多回应机制的努力和实践至少可以让我们看到，如果能够放下政治包袱，那么我国的备案审查制度也可以实现一定程度的变革，即便将来建立一个以充分保障公民合法性审查请求权为基础的完善的备案审查机制也并非没有可能。

三 通过法院解决规范性法律文件冲突

在大多数法治国家，法律冲突的问题主要还是由法院通过对有关规范性法律文件的司法审查予以解决的。例如，美国法院的违宪审查制度、德国宪法法院的违宪审查制度都在事实上起到了解决宪法与国会立法以及行政机关立法之间存在的法律冲突的作用。法院充当解决法律冲突的角色在很大程度上是一种必然，因为法律冲突总是客观存在的，在面对两个冲突的法律时，法官必须作出自己的评判，然后选择其中一个法律。这种选择最终很可能会演变成一种对法律冲突的最后解决。

对于不同层次之间的法律冲突，我国《立法法》规定，宪法的效力高于其他一切法律，全国人大及其常委会制定的法律的效力要高于国务院制定的行政法规，行政法规的效力高于国务院各部委制定的部门规章、地方各级有立法权的机关制定的地方性法规和相应政府制定的地方政府规章，地方性法规的效力要高于地方政府规章。如果法院确实遇到这类不同位阶之间的法律冲突应该如何处理呢？法学界有一种观点认为，"法官不能违法确认和解决法律冲突"，"在判决中确认法律冲突或确认某一法律法规无效就是超越法官职权的行为。"② 根据这种观点，司法机关处理法律冲突的具体程序是，"根据《立法法》和其他

---

① 这些数据来自 2009 年 3 月 26~27 日在北京召开的"规范性文件备案审查工作研讨会"会议资料。

② 董皞：《法律冲突与法官的权力——李慧娟事件回放与评论》，《法制日报》2003 年 11 月 20 日。

有关法律规定，在我国，法官在办案时发现地方性法规或行政法规与国家法律相冲突时，应中止案件审理，报告所在法院，由所在法院报告最高人民法院，由最高人民法院根据《立法法》向全国人大常委会提出审查要求，由全国人大常委会根据《立法法》程序进行审查和做出决定。"① 但也有人认为，如果出现下位法与上位法矛盾的情况，"可以直接援引上位法，不采纳下位法，可是不能宣布这个下位法无效。其实不引用下阶位的法规就可以了，这是法院的权力，谁也没有权力剥夺。"②

如果严格从法律上来说，前一种观点并没有坚实的法律依据。《立法法》第87条和第88条虽然规定了可以改变或者撤销法律、行政法规、地方性法规、自治条例和单行条例、规章的各种立法主体的权限，但法院在遇到上位法和下位法冲突时直接适用上位法并没有改变或撤销下位法，它对下位法的影响仅限于个案；如果把对下位法的个案影响也认为是在"改变法律"，那么第87条也不意味着只有这些机关才能进行这种改变，因为最高人民法院就一直对各种法律问题进行解释，并且一直在对地方各级法院应如何选择相互冲突问题进行指示。③ 如果因此说最高人民法院一直在"改变法律"，那就意味着最高人民法院的这些实践都是非法的了。因此，《立法法》第87条和第88条的规定并不意味着法院在面临上位法和下位法冲突时不能直接适用上位法。

那么是否只有最高人民法院才有权确定确认法律冲突并选择适用上位法呢？答案也是否定的。我国的《行政诉讼法》和《立法法》有法院在遇到某些法律冲突时应通过最高人民法院提请有关机关作出裁决的明确规定，但这些规定的法律冲突类型无一不是属于不能区分效力高低的两类法律之间的冲突，如部门规章之间、地方政府规章之间以及地方性法规与部门规章之间的冲突，还有同一个立法主体制定的新的一般法与旧的特殊法之间的冲突。但对于效力层次不同的规范性法律文件之间的冲突，无论是《行政诉讼法》、《立法法》还是其他法律都没有规定类似的处理程序。不可否认，各地法院在遇到这类问题时一般都会向最高人民法院请示，但这种普遍的实践本身并不意味着这种做法就有规范依据，也不意味着一定有这个必要。

---

① 王颖：《姜明安：确认地方性法规无效的常规路径》，《21世纪经济报道》2003年11月17日。
② 王颖：《江平：法官有权在法律范围内自由心证》，《21世纪经济报道》2003年11月17日。
③ 就作者所收集的资料看，这样的答复或复函包括：《最高人民法院对人民法院在审理盐业行政案件中如何适用国务院〈食盐专营办法〉第二十五条规定与〈河南省盐业管理条例〉第三十条第一款规定问题的答复》（2003年4月29日 法行〔2000〕36号）；《最高人民法院关于对人民法院审理公路交通行政案件如何适用法律问题的答复》（2001年2月1日 〔1999〕行他字第29号）；《最高人民法院关于公安部规章和国务院行政法规如何适用问题的复函》（1997年3月7日 〔1996〕法行字第19号）；《最高人民法院关于村委会与所属村民小组的土地纠纷案应如何适用政策法律问题的复函》（1991年9月25日 〔91〕民他字第30号）。

　　《宪法》、《地方各级人民代表大会和地方各级人民政府组织法》以及《立法法》等法律都对不同规范性法律文件的效力高低作出了明确规定，这些规定实际上就已经确认了不同效力层次的法律发生冲突时的处理规则：应该适用上位法。法院在面临这种情况时可以直接根据这个规定选择上位法而无须专门进行请示。事实上，对于人民法院的这种权力，全国人大常委会也一直都是承认的。在 1988 年发布的《全国人大常委会法制工作委员会关于如何理解和执行法律若干问题的解答（一）》这份文件中，针对最高人民法院的提问给予了明确的回答。最高人民法院询问——"人民法院在审理行政案件的过程中，如果发现地方性法规与国家最高权力机关制定的法律相抵触，应当执行国家最高权力机关制定的法律"这个意见是否妥当，全国人大常委会法制工作委员会的答复是"同意最高人民法院意见"。①

　　从最近十多年最高人民法院就地方人民法院在面临不同层次的法律冲突时应如何适用法律的答复或复函来看，对于各地法院遇到上位法与下位法相冲突时都请示最高人民法院也完全没有必要，因为从这些已有的实践看，最高人民法院几乎无一例外地指示应该适用上位法。事实上，最高人民法院也只能作出这样的指示，在《宪法》和《立法法》对不同法律的效力层次已经规定得非常明确的情况下，最高人民法院几乎不太可能作出相反的指示。因此，在法律已经规定了法律冲突处理规则的情况下，各地人民法院在面临下位法与上位法的冲突时就已经完全没有必要再去请示最高人民法院了。去请示一个完全可以肯定的问题完全是浪费司法资源。

　　当然，即便是法律理论上我们认定我国的法官有这种直接选择适用法律的权力，在实践中法官也不见得有勇气这么做。在目前的法院体制下，对于大多数法官而言，在面临地方性法规与国家法律相冲突的场合，选择适用地方性法规对法院和法官个人来讲都最为安全。有学者就指出："在没有国家违宪审查机制的情况下，现行法官任免体制使法官只能是地方性化的。在地方法规与国家法律冲突的情况下，'明智'的法官选择优先适用地方法规更安全。但从我国的法律理论性质上，所有法官都是国家的法官，他们头顶国徽都是以国家的法律名义在审判。随着法制的发展，这一理论上的国家法官与制度设置上的地方性法官的矛盾将更突出。"②

　　如果有法官敢于舍弃地方性法规而选择适用国家的法律，那么下述酒泉市中级人民法院及其法官也是一个例子：酒泉地区中级人民法院的法官在一个行政案件中认定，《甘肃省产品质量监督管理条例》与《产品质量法》有冲突，因而适用上位法。该判决引起了甘肃省人大常委会极为强烈的反应，

① 全国人大常委会法制工作委员会《关于如何理解和执行法律若干问题的解答（一）》（1988年 4 月 25 日）。
② 蔡定剑：《对"司法审查案"的评价与思考》，《新华文摘》2004 年第 3 期。

省人大专门召开的主任会议认定酒泉中级人民法院判决书"严重侵犯了宪法中地方组织法赋予地方人大及常委会的立法权，超越审判权限，没有正确领会法律、法规实际，违法判决直接损害了地方性法规的严肃性，影响了社会主义法制的统一"，并认定"这是一起全国罕见的审判机关在审判中的严重违法事件"，要求甘肃省高级人民法院提审此案并撤销酒泉地区中级人民法院判决书。同时，要求高院对酒泉中院在全省法院系统公开批评，并提出追究有关负责人的意见。① 在上述这种压力下，即使认定法院在面临不同位阶的法律冲突时可以直接选择适用上位法，法院敢不敢行使这种权力也仍然是一个很大的疑问。

由此可见，尽管从严格的法律意义上说，人民法院完全具有认定法律冲突存在并直接适用上位法的权力，但在目前理论和实务界比较普遍的法律观念之下，人民法院面临法律冲突时适用上位法的正当性本身就会遇到很大的怀疑；在目前的司法体制下，人民法院行使这种权力的行为往往并不被视为一个纯粹的法律问题，而被视为一个严重的政治问题。在法官认为地方性法规和地方规章与法律和行政法规相冲突时，如果为了维护法制的统一，直接适用法律、行政法规，那么他就可能立即会被视为是对地方人大和政府的藐视和挑战，因而必然会受到空前的政治压力；而如果他选择适用地方性法规和地方政府规章，那么他就能确保自己和所在法院的平安，尽管国家的法律却因此被抛在一边了。法院在审查规范性法律文件方面的卑微地位使得它即便想推翻一个并不能称为"法律"的地方政府"红头文件"也几乎不可能，更不用说地方性法规、地方政府规章这类"法律"了，其结果是反映地方利益的低层次规范性法律文件畅通无阻，而反映国家利益的高层次的法律却经常无法贯彻。

第二节　保障公民与国家关系和谐的法律机制

一　宪法基本权利是国家与公民关系和谐的根本保证

宪法基本权利是几乎所有现代国家宪法的基本内容，是在现代国家中个人所享有的基本人权，也是一个国家应遵循的最基本的道德要求以及政治和法律标准。可以说，宪法基本权利通过对个人权利的确认以及国家权力的限制最直接界定了国家与个人之间的关系。这体现了自西方资产阶级革命之后逐渐在全世界范围内确立起来的人权观念和国家权力观念：国家权力存在的正当性在于保障个人不可侵犯的人权。

---

① 对这个案件的报道参见李希琼、王宏《甘肃：法院废了人大法规》，《中国经济时报》2000 年 9 月 4 日。

西方资产阶级革命时提出的人权观颠覆了封建社会的那种"君权神授"和"家天下"的国家观念，破除了封建时代曾产生的各种对国家的迷信。它试图从对国家权力的冷静分析入手，重塑国家与社会和个人的关系。人权理论将人权视为国家权力的最终来源和根本目的，将人权视为超越国家权力的道德和法律权威，由此出发，国家对个人权利提供的任何保障就不再是一种恩赐，而只是它对个人应尽的一种义务。从此以后，有关国家和政府是一种"必要的恶"的观念开始代替对国家和政府的迷信和盲从观念，以公民通过法律限制国家权力为核心的法治理念开始代替那种统治者"以法治国"的法制观念。

人权观念本身也经历了从公民和政治权利到经济和社会权利的发展历史。从历史的发展过程来看，公民和政治权利是一类在政治和法律上首先获得承认的人权，它们也因此经常被称为"第一代人权"。18世纪资产阶级革命所要达到的主要目标就是获得公民权利和政治权利，这一点无论是从法国的1789年《人权宣言》还是从美国的《独立宣言》都可以看出来。那时候，在人们的观念中，人权主要是指财产权、人身安全与自由权、选举权这样一些公民权利和政治权利，在法律上得到确认的也主要是这类权利。但随着19世纪社会主义思想和运动的兴起，经济和社会权利也开始被认为是一类不可或缺的人权，于是所谓的"第二代人权"也随之产生。社会主义思想运动唤起了人们对资本主义生产方式所造成的阶级对立、贫富分化问题以及工人和贫民悲惨境遇的广泛关注，争取个人的经济和社会权利保障成了工人运动的普遍要求，并最终促成国家对这些权利进行法律上的保护。例如，在1883～1889年间，德国议会先后通过了疾病保险、意外事故保险与老年和残疾保险三项保险法案，从而开始了通过立法保障经济和社会权利的进程。1919年德国的《魏玛宪法》规定："经济生活之组织，应与公平之原则以及人类生存维持目的相适应"，这个规定被视为是世界范围内对生存权的首次宪法保障。这个时候，国家的观念也随之发生改变，如果说第一代人权观念占主导的时代，人们主张"最小的政府是最好的政府"，那么第二代人权观念开始出现后，人们开始主张"只有能够为个人提供全面经济和社会保障的政府才是最好的政府"。

20世纪之后产生的社会主义国家可以说全面继承了资产阶级革命以来的各种人权观念发展的成果，不仅"主权在民"观念深入人心，而且几乎所有的社会主义国家宪法都全面确认了包括公民权利和政治权利以及经济和社会权利在内的大部分人权。不过，从这些国家的实践看，总体而言，传统社会主义国家更加注重经济和社会权利而不是公民权利和政治权利的保障，并且不太注重对权利进行法律形式的保障，而注重实质的"物质保障"。传统社会主义国家总是试图通过法律以外的其他手段来保障作为政策性目标的经济和社会权利，如实行生产资料的公有制，通过土改运动实现土地的平等分配，建立农村的合作医疗保障体系，对城市居民的就业、住房等福利进行行政保障，等等。

中国在十一届三中全会以后开始全面吸取"文化大革命"的经验教训，逐渐开启了以市场经济和法治建设为导向的改革，国家观念和人权观念也开始逐渐变迁。国家开始逐渐退出很多经济和社会领域，权力也受到越来越多的法律限制，宪法权利开始受到越来越多的法律保障。不仅如此，人们开始从神圣不可侵犯的人权视角来看待宪法权利；2004 年修订的宪法也开始确认"国家尊重和保障人权"。这些观念和制度的变革意味着人们开始相信，主要体现为宪法权利的人权应该成为国家权力的基本目的和限制，无论国家如何以公共利益的名义行为，都不得以牺牲公民的个人人权为代价。经过那么多年社会主义建设的经验教训，中国终于在国家和个人的关系这个问题上开始走向理性。这种理性可以确保国家和个人的政治关系保持基本的平衡和稳定，从而为和谐社会的建设提供了最基本的保证。

二　宪法权利的司法化难题

中国宪法中规定的公民的基本权利在政治上已经基本确立了正当性，然而它们在法律上保障却并没有完全得到实现，其原因就在于司法对宪法权利的保障还存在很大的现实障碍。

对于传统法治国家而言，宪法可以由司法机关适用是一个不证自明的命题。然而在中国，这仍是法律学者想极力解决的一个问题。当前，法律学者通常将宪法是否具有可诉性的问题称为"宪法司法化"问题。宪法不具有可诉性，宪法权利不能获得司法的保障，这在计划经济时代本来并不是什么问题，但随着中国法治进程的日益推进，人们也逐渐学会以法治的标准来重新审视中国的宪法和宪法权利，于是宪法的不可诉状况就开始成为人们日益关切的问题。

如果以现在的眼光看，新中国的法院在半个世纪内几乎没有怎么适用宪法，这确实不由得让人惊呼是"法制史上的一个奇观"。① 然而，如果回顾一下中国宪法制定的历史背景，我们就会发现，中国宪法不可诉的现状实际上一点儿也不值得大惊小怪。中国现行的 1982 年宪法在很大程度上是以 1954 年宪法为蓝本的，它制定于中国经济改革起步不久，市场经济体制尚未确立之时，因此，它的指导思想主要还是计划经济时代传统的社会主义意识形态。在传统的社会主义意识形态下，宪法被视为一种"治国安邦的总章程"，是指导社会主义建设事业的总纲领。制定者关心的是宪法的政治功能，而不是它的法律属性；宪法的基本权利也主要被视为一种政治承诺，而不是法律保障。

---

① 王振民：《试论我国宪法可否进入诉讼》，夏勇编《公法》（第 2 卷），法律出版社，2000，第 224 页。

在冷战时期的社会主义阵营内，并非只有中国的宪法和宪法权利是不可诉的。事实上，几乎所有社会主义国家的宪法都是如此。这一点并不难理解，因为传统的社会主义意识形态所奉行的宪法和权利观念与西方法治意义上的宪法和权利观念存在很大的差别。"社会主义的权利主要并不是一种请求权，而是一种政策宣言。它们确定了所要追求的目标和行为的公共标准，而不是保护个人自治。因此，社会主义的权利并不是一种武器（这意味着个人和社会之间存在潜在的敌意），而更像是火车票：它们只是赋予持票者可以朝着指明的方向进行旅行。"[1] 因此，在这种宪法中，宪法权利主要被当成了一种政策目标，而不是一种可以直接申请司法保障的权利；如果说宪法权利在某种意义上也是可以适用的话，那也只适用于私人之间的关系而不涉及公民与国家之间的关系。[2] 既然宪法性权利只是一种政策性目标，那么人们在制定宪法的时候并不追求权利的精确表述，因为宪法追求的并不是权利本身在法庭上的实现。

中国实现改革开放 30 多年以来，1982 年宪法虽经多次修改，但基本内容并没有发生实质性的变化，然而中国的社会现实和价值观念却已经发生了翻天覆地的变化。"实行依法治国，建设社会主义法治国家"被载入宪法并成为国家的建设目标，人们已经开始按照法治国家的标准来要求宪法。人们开始认识到，"宪法首先是法，然后才是根本法……宪法带有很强的政治性，但它仍然是法"。[3] 如果以前还可以对那种只把宪法视为"治国安邦的总章程"的观念安之若素的话，现在人们再也不可能对此无动于衷了。法律的视角代替了政治的视角后，宪法不能由法院进行适用的状况开始变得让人不可理解了，宪法权利不能获得司法保障也开始变得让人难以容忍了，因为根据法治理论，宪法和宪法权利可由司法机关予以实施应该是天经地义的事。

然而，问题也接踵而至。如果宪法可以由法院进行适用，那么必然要涉及法院对宪法的解释问题，同时也迟早会涉及法院对立法机关和行政机关行为的合宪性审查问题。但一谈到司法机关的宪法解释和违宪审查问题，就会面临某些政治体制的障碍。

中国 1982 年宪法奉行的是人民主权学说。根据这个学说，国家所有的权力都归于人民，人民通过人民代表大会制度来行使当家作主的权利。因此，作为保证人民当家作主的机构，全国人民代表大会的至高无上性是绝对不容否认的，国家权力最终都统一于全国人民代表大会这个立法机关；司法机关产生于立法机关并且对其负责。这就是说，尽管中国也存在立法、行政和司

① Inga Markovits, "Socialist vs. Bourgeois Rights—An East-West Germany Comparison", 45 *University of Chicago Law Review* (1977 – 1978), p. 615.

② Inga Markovits, "Socialist vs. Bourgeois Rights—An East-West Germany Comparison", 45 *University of Chicago Law Review* (1977 – 1978), p. 615.

③ 夏勇：《中国宪法改革的几个基本理论问题》，《中国社会科学》2003 年第 2 期。

法的职能划分，却并不存在西方意义上的分权制度，这种制度安排体现的是传统社会主义国家普遍盛行的权力统一学说。在这种权力统一学说的主导下，中国宪法将解释和监督宪法实施的职权也都集中于立法机关。根据中国宪法的规定，负有监督宪法实施职责的是全国人大及其常委会，可以解释宪法的是全国人大常委会，人民法院无论在解释宪法，还是在监督宪法实施方面，都缺乏宪法的明确授权。在司法机关宪法地位低下，又不具有宪法解释权的情况下，宪法司法化是否具有合法性本身引发了很多怀疑。

这样，法治理论与宪法本身的冲突就成了中国法律学者难以回避的问题。法治理论要求由司法机关解释宪法并行使违宪审查权，但中国宪法并没有明确赋予司法机关这样的权力；法治理论要求司法机关具有较高的宪法地位和独立性，然而实际状况并非如此。于是，宣称具有最高法律效力的中国宪法在司法实践中几乎没有任何实际的效力，[①] 而推动宪政进程的法学家们也在宪法本身的要求与宪政神圣理论之间左冲右突，不知所措。[②]

从各个角度看，中国宪法似乎从一开始就不是为司法适用准备的。但无论是司法机关，还是法学专家和普通公民，都已经强烈地意识到：要依法治国，就必须实现依宪法治国；要切实保障人权，宪法权利就必须获得司法强有力的保障。因此，除了完善宪法，中国其实别无选择。虽然从目前看，宪法改革能够迈出怎样的步伐还存在很大的不确定性，但从长远上看，建立以司法为中心的违宪审查制度仍然是确保宪法效力的最佳选择，这也是世界范围内违宪审查制度发展的一个共同趋势。

三 中国对公民和政治权利的保障机制及其存在的问题

为了保障宪法规定的公民权利和政治权利，我国已经制定了一系列法律或行政法规对其进行保障。除了提供一般性保障的《刑法》以及保障宪法第37条人身权的《刑事诉讼法》外，保障公民权利和政治权利的法律还包括保障宪法第34条选举权的《全国人民代表大会和地方各级人民代表大会选举法》和落实宪法第35条的《集会游行示威法》。保障公民权利和政治权利的行政法规可能更多，例如，保障宪法第35条结社自由的《社会团体登记管理条例》和《民办非企业单位登记管理暂行条例》，保障宪法第36条宗教信仰自由的《宗教事务条例》，保障宪法第35条出版自由的《出版管理条例》。此外，还包括众多的涉及这些权利保障的部门规章。这些众多的法律和行政法规对于公民行使宪法公民和政治权利的内容、范围、条件、限制乃至程序都

---

① 童之伟：《宪法司法适用研究中的几个问题》，信春鹰编《公法》（第3卷），法律出版社，2001，第329页。

② 强世功：《宪法司法化的悖论——兼论法学家在推动宪政中的困境》，《中国社会科学》2003年第2期。

作了比较明确的规定，应该说，这些法律和法规在很多方面都为公民行使宪法规定的公民权利和政治权利提供了基本的法律保障。但尽管如此，也不得不承认，我国对公民权利和政治权利的法律保障体系仍然存在很多问题。

首先的一个问题是，这些法律和行政法规确认的公民权利和政治权利的救济方式都要受制于1989年制定的《行政诉讼法》对行政诉讼受案范围的规定。在权利的保障方面，《行政诉讼法》只是确认公民的"人身权"和"财产权"受到行政机关具体行政行为的侵害时，才可以提起行政诉讼，而对于其他权利，"人民法院受理法律、法规规定可以提起诉讼的其他行政案件"，这就意味着，如果法律、法规没有明确规定，公民的很多宪法权利就不可能得到司法救济。

例如，《全国人民代表大会和地方各级人民代表大会选举法》只是在第28条规定："对于公布的选民名单有不同意见的，可以在选民名单公布之日起五日内向选举委员会提出申诉。选举委员会对申诉意见，应在三日内作出处理决定。申诉人如果对处理决定不服，可以在选举日的五日以前向人民法院起诉，人民法院应在选举日以前作出判决"，但对于选举和被选举过程中出现的很多重要问题（诸如候选人的确定）的争议没有明确规定可以提起诉讼，在这种情况下，根据《行政诉讼法》的规定，公民在选举权和被选举权受到侵犯时可能就无法提起行政诉讼。再如，《集会游行示威法》第31条只是规定，当事人对其因为"未按照主管机关许可的目的、方式、标语、口号、起止时间、地点、路线进行，不听制止的"行为或者因为"扰乱、冲击或者以其他方法破坏依法举行的集会、游行、示威的"行为而受到公安机关的拘留处罚不服，可以自接到处罚决定通知之日起5日内，向上一级公安机关提出申诉，上一级公安机关应当自接到申诉之日起5日内作出裁决；对上一级公安机关裁决不服的，可以自接到裁决通知之日起5日内，向人民法院提起诉讼。然而，对于公民集会、游行、示威"申请未获许可"或者因为"申请未获许可"而举行游行、示威而受到拘留的行政处罚，该法没有规定公民可以起诉，公民由此也就丧失了司法救济的权利。《出版管理条例》则仅仅在第27条规定公民在受到出版单位非法侵害时可以提起民事诉讼，但对于出版行政管理过程中可能出现的行政纠纷，该条例却只字未提诉权。此外，《社会团体登记管理条例》和《民办非企业单位登记管理暂行条例》也没有规定任何可以向法院起诉的条款。唯一的例外可能是《宗教事务条例》，该条例第46条规定："对宗教事务部门的具体行政行为不服的，可以依法申请行政复议；对行政复议决定不服的，可以依法提起行政诉讼。"这应该说为公民权利和政治权利的保障开了一个好头。

其次，公民权利和政治权利保障方面的法律和法规经常存在对行政机关限制公民权利和政治权利的行为不加任何限制的现象。1989年10月国务院颁布、1998年9月修订的《社会团体登记管理条例》和1998年10月国务院颁布的《民办非企业单位登记管理暂行条例》就是典型的例子。

这两个条例都确立了"归口登记，双重负责，分级管理"的管理体制。这种体制的最大特色就在于，所有民间组织不仅要接受民政部门的各种管理，而且还必须接受"业务主管单位"的管理：成立时需要业务主管单位的同意；开展活动需要接受业务主管单位的监督；如果该单位不愿意再担任民间组织的业务主管单位了，那么民间组织也就免不了面临被撤销的命运。也就是说，根据目前有关民间组织的法律，仅凭"业务主管单位"的意愿就几乎可以直接决定一个民间组织的生死存亡，更不用说到民政部门进行法律登记时还可能遇到的其他障碍了。一个更为严酷的事实是，并不是什么单位都是可以成为"业务主管单位"的；现实的情况是，几乎所有的"业务主管单位"都是行政机关或行政机关授权的单位，这就意味着政府凭借自己的"意志"就几乎可以自由决定民间组织的生死存亡。政府机关这种不受限制的权力使得公民的结社自由要全面受到政府机关意志的支配。

最后，在宪法规定的公民权利和政治权利保障方面最大的障碍还是缺乏对违宪行为的有效审查机制，从而使大量可能涉嫌剥夺或限制宪法规定的公民权利和政治权利的法律、法规和规章能够畅行无阻，而宪法权利却成了效力最高但最容易被架空的权利。

我国在保障宪法规定的公民权利和政治权利方面存在的上述问题说明，尽管我国已经颁布很多法律和法规对宪法规定的公民权利和政治权利的行使进行了规范，但这些法律和法规又往往赋予了政府在限制这些权利的行使方面过大的自由裁量权甚至独断的权力，而对于政府机关可能对公民的权利进行侵犯的行为，又限制甚至剥夺了公民寻求司法救济的权利，目前还没有任何有效的法律机制可以对于这种现象予以纠正。可见，在保障公民与国家之间关系的和谐方面，宪法规定的公民权利和政治权利还无法有效发挥平衡和制约国家权力的作用，这将给我国未来的政治稳定带来很大的隐患。当然，这也是我国将来急需解决的法治难题。

四　中国对经济和社会权利的保障机制及其存在的问题

相对于宪法规定的公民权利和政治权利法律保障体系，我国的经济和社会权利保障法律体系要相对完善一些。为了保障宪法第 42 条规定的劳动权，我国已经通过了《劳动法》、《劳动合同法》、《就业促进法》、《劳动争议调解仲裁法》、《劳动合同法实施条例》、《劳动保障监察条例》等法律和行政法规；为了落实宪法第 45 条规定的社会保障权，我国已经通过了《残疾人保障法》、《社会保险法》、《军人抚恤优待条例》、《失业保险条例》、《工伤保险条例》、《城市居民最低生活保障条例》、《农村五保供养工作条例》等法律和行政法规；为了保障宪法第 46 条规定的受教育权，我国已经通过了《义务教育法》、《教育法》、《高等教育法》、《职业教育法》、《民办教育促进法》、《民办教育促进法实施条例》等法律和行政法规；为了落实宪法第 48 条妇女平等权的规定，我国已经制定了《妇女权益保障法》；为了落实宪法第 49 条有关"婚姻、家庭、母亲和儿童受国家的保护"条款，已经通过了《婚姻法》、《收养法》、《未成年人保护法》、《预防未成年人犯罪法》、《母婴保健法》、《母婴保健法实施办法》、《禁止使用童工规定》等法律和行政法规。除此之外，我国还加入了一系列保障经济和社会权利的国际公约，如《经济、社会和文化权利国际公约》、《儿童权利公约》、《残疾人权利公约》、《消除对妇女一切形式歧视公约》、《男女工人同工同酬公约》、《反对（就业和职业）歧视公约》，等等。因此，在保障经济和社会权利方面，我国政府采取极为积极的态度，并且已经取得了很大的成绩，目前已经建立了初步的法律保障体系。国家为公民提供的这种经济和社会权利保障无疑有利于实现共同富裕和社会平等，因而也有利于社会的长期稳定和发展。

我国对公民的经济和社会权利保障最大的问题在于，在权利保障过程中存在比较严重的不平等和歧视现象。保障经济和社会权利的目的在于，通过法律实施最低限度的人权保障标准，扭转社会自然会出现的不平等趋势，然而，我国的很多法律和政策并没有真正做到这一点，在很多情况下甚至还强化了这种不平等。在计划经济时代，我国实行严格的城乡分治政策，从而使得大部分旨在保障经济和社会权利的法律和政策都实行城乡两套制度，并且主要的经济和社会保障政策都主要指向城镇居民而不是全体国民。即便实行改革开放的政策后，这种城乡分治现象也长期存在。例如，我国曾经长期实行城市义务教育由国家的财政保障负担而农村义务教育主要由地方政府和农村集体自筹的制度，这种制度一度使得本来就落后的农村义务教育更加落后，而本来就先进的城市教育更加先进。又如，我国的医疗保障政策曾经主要针对城市居民实施，直到近些年农村才逐步开展有关农村村民大病保障医疗保险计划。

目前我国存在的户籍制度对于经济和社会权利的平等保障仍然构成极大的挑战。我国的大部分经济和社会福利政策都明确只是针对具有本地户籍的人口，而完全无视我国人口已经高度流动化的现实，这就使得基于户籍的歧视现象极为严重。例如，目前全国各地的经济适用房政策、廉租房政策基本只是针对具有本地户籍的居民而不是本地的常住人口，这就使得大量长期居住在城市却没有本地户籍的人口的住房权得不到平等保障。在义务教育领域，全国各地对于外地人口（尤其是外地农民工）的子女曾长期实现区别对待政策，他们只有缴纳高额的赞助费才能进入本地的义务教育学校。直到 2006 年国家开始全面推行真正免费的义务教育，这种状况才逐渐发生改变。

除了基于户籍的歧视外，基于健康状况、性别、相貌等因素的歧视在就业、教育等领域也层出不穷。《公务员暂行条例》（现已被《公务员法》废止）、《国家公务员录用暂行规定》（人录发〔1994〕1 号）以及全国 31 个省、自治区和直辖市制定的各种"公务员体检标准"都曾禁止录用携带乙肝病毒者，这就曾使得大量乙肝病毒携带者无法进入公务员行列，这种状况直到

1997年《就业促进法》中明确禁止此类歧视才得到比较大的改观。此外，在高等教育领域，符合一定的健康条件才能入学仍然是一种通行的做法，尽管在社会的压力下，《普通高等学校招生体检标准》不断放宽标准，但现行的体检标准仍然对糖尿病等病人实行歧视性的政策。这些歧视性的政策之所以能长期存在，当然与传统的精英选拔观念密切相关，但在人权观念日益深入人心的情况下，这种歧视性的做法日益受到人们的质疑和挑战。

上述违反宪法关于经济和社会权利的规定的政策之所以能够长期存在，归根结底也与我国宪法权利不能得到司法的有效保障密切相关。目前，中国还处在从人治到法治的过渡阶段，司法救济的作用还远没有得到有效的发挥。按照中国目前的法律制度，不仅宪法权利的司法救济困难重重，就是普通法律权利也不一定能够得到有效的司法救济。《行政诉讼法》第11条关于法院受案范围的规定不仅对公民权利和政治权利的保障构成了限制，对于经济和社会权利的司法保障同样也构成了限制。在经济和社会权利保障领域，这就意味着对于《城镇最低收入家庭廉租住房管理办法》这类没有明确规定个人可以向法院提起诉讼的规章而言，个人在自己权利受到行政机关的侵犯而向法院提起诉讼时，人民法院可以不予受理。由于法院不对违反宪法权利规定的法律、法规、规章和政策进行有效的司法审查，个人在其经济和社会权利受到侵犯时也经常不能提起行政诉讼，这就使得经济和社会权利在很大程度上成了政府的一种恩惠，而不是一种能够得到司法有效保障的权利。这种现状当然是与我国宪法确立这些权利的初衷相悖的。

现在中央已经将保障民生作为维护社会和谐和稳定工作的重中之重。胡锦涛曾指出："我们应该坚持社会公平正义，着力促进人人平等获得发展机会，逐步建立以权利公平、机会公平、规则公平、分配公平为主要内容的社会公平保障体系，不断消除人民参与经济发展、分享经济发展成果方面的障碍。我们应该坚持以人为本，着力保障和改善民生，建立覆盖全民的社会保障体系，注重解决教育、劳动就业、医疗卫生、养老、住房等民生问题，努力做到发展为了人民、发展依靠人民、发展成果由人民共享。"[①] 尽管我国已经在保障经济和社会权利方面取得了很大的成就，但在建立"以权利公平、机会公平、规则公平、分配公平为主要内容的社会公平保障体系"方面，仍然任重道远。

第三节　通过法定渠道解决纠纷的机制[②]

实行依法治国就意味着要将法律作为治理国家的基本方式，公民也将

[①] 胡锦涛：《在第五届亚太经合组织人力资源开发部长级会议上的致辞》，http：//news. xinhuanet. com/politics/2010-09/16/c_ 13514830. htm。

[②] 本节的作者包括李林、莫纪宏、吕艳滨、聂秀时、李霞、祁建建。

法律作为解决社会纠纷的基本手段。为此，就必须将传统的各种人治方法逐渐过渡到法治的轨道上来，实现治理手段的法治化，与此同时，也要将各种法律纠纷最终纳入以司法为最终手段的轨道上来。在这个前提下，可以发展多元纠纷解决机制，并且发挥非法律机制对于解决社会和法律问题的作用。

　　人是社会动物。有社会的地方，就有社会纠纷。社会纠纷是人类社会的客观存在。社会主义制度的建立，从根本上消除了人与人对立和冲突的经济、政治和社会根源，但属于人民内部矛盾性质的社会纠纷依然会长期存在，有时还会很突出。在依法治国和建设社会主义和谐社会新的历史条件下，如何通过法定机制预防和解决社会纠纷，保证社会和谐与稳定，成为我们党和政府在新世纪、新阶段面临的重大课题。

一　社会纠纷及其对社会和谐与稳定的影响

（一）社会纠纷的性质和主要类型

　　随着我国经济体制改革的不断深化，2010 年人均 GDP 超过 4000 美元，[①]城乡差距、贫富差距、东中西部差距进一步扩大，社会矛盾和社会纠纷总体上居高不下。尤其是，由于征地拆迁、国企改制等原因引起的群体性纠纷，成为社会纠纷的突出问题。目前，尚无法直接统计全国发生的社会纠纷数，但从以下诉讼和非诉讼解决纠纷的维度或侧面，近年来我国社会纠纷发生数量变化的情况可略见一斑（见图 5 - 1 ~ 5 - 12）。

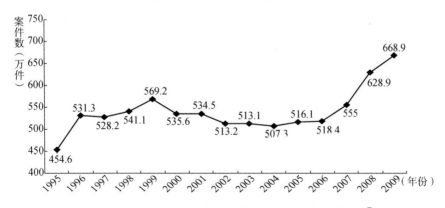

图 5 - 1　1995 ~ 2009 年全国法院一审受理各类案件数量[②]

[①]　2010 年，我国人均国内生产总值达到 29748 元；我国国内生产总值按平均汇率折算达到 58791 亿美元，超过日本，成为仅次于美国的世界第二大经济体。

[②]　数据来源：《中国统计年鉴》（1996 ~ 2010 年）。

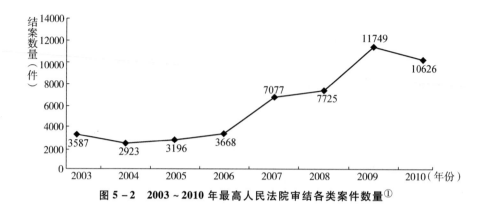

图 5 - 2   2003～2010 年最高人民法院审结各类案件数量①

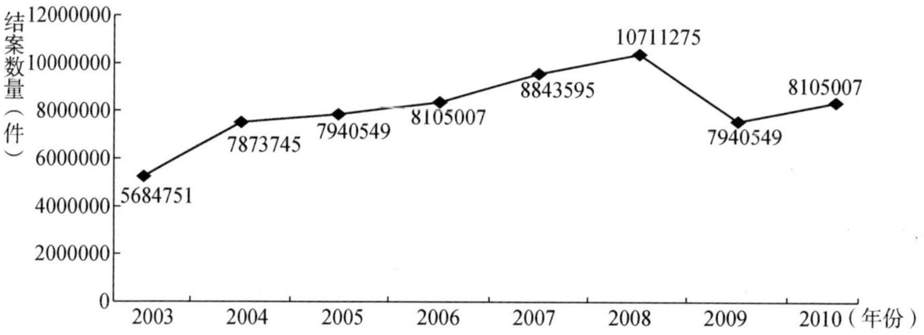

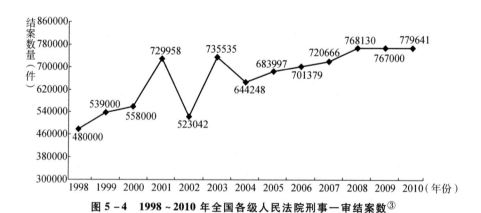

图 5 - 3   2003～2010 年地方各级人民法院审结各类案件数量②

图 5 - 4   1998～2010 年全国各级人民法院刑事一审结案数③

---

① 数据来源:《最高人民法院工作报告》(2004～2011 年)。
② 数据来源:《最高人民法院工作报告》(2004～2011 年)。
③ 数据来源:《最高人民法院工作报告》(1999～2011 年)、《中国统计年鉴》(2004～2010 年)。

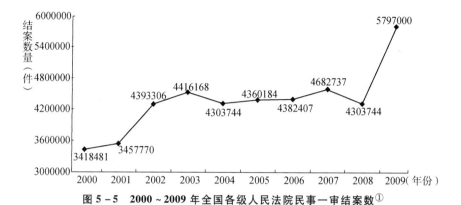

图 5 - 5　2000 ~ 2009 年全国各级人民法院民事一审结案数①

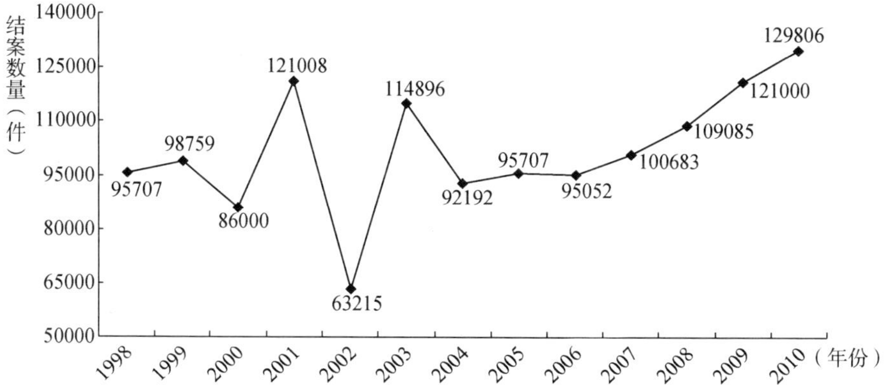

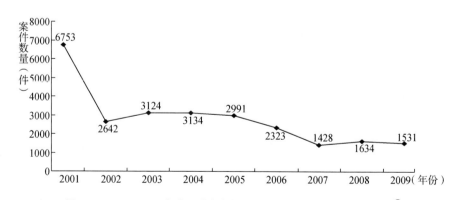

图 5 - 6　1998 ~ 2010 年全国各级人民法院行政一审结案数②

图 5 - 7　2001 ~ 2009 年全国地方各级人民法院审结国家赔偿案件数量③

①　数据来源:《最高人民法院工作报告》(2001 ~ 2011 年)、《中国统计年鉴》(2004 ~ 2010 年)。
②　数据来源:《最高人民法院工作报告》(1999 ~ 2011 年)、《中国统计年鉴》(2004 ~ 2010 年)。
③　数据来源:《最高人民法院工作报告》(2002 ~ 2010 年)、《中国法律年鉴》(2002 ~ 2010 年)。

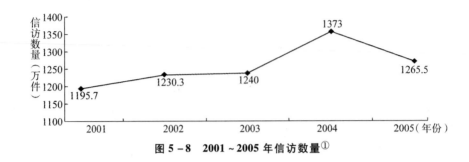

图5-8 2001~2005年信访数量①

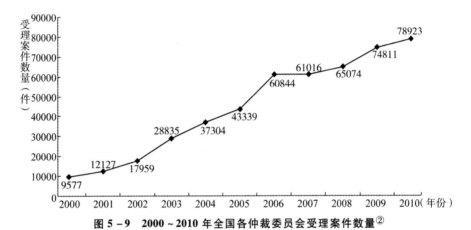

图5-9 2000~2010年全国各仲裁委员会受理案件数量②

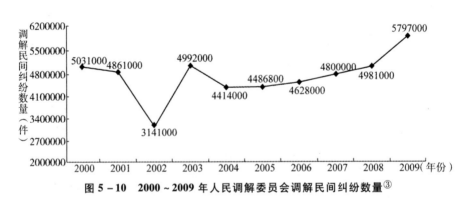

图5-10 2000~2009年人民调解委员会调解民间纠纷数量③

① 数据来源：周永康：《在信访条例专题研讨班开班仪式上的讲话》，2005年2月16日；《国家信访局负责人谈〈信访条例〉的贯彻实施情况》，人民网：http：//gov.people.com.cn/GB/46737/4342648.html。由于在官方公开的出版物和网站等载体上找不到最新的信访统计数据，故本文只能使用截至2005年的数据，很遗憾，特此说明。

② 数据来源：《全国仲裁工作座谈会纪要》（2001~2010年）、《2011全国仲裁工作年会：重点讨论涉外仲裁工作情况》，人民网：http：//gz.people.com.cn/GB/194827/15253554.html。

③ 数据来源：《中国统计年鉴》（2001~2010年）。

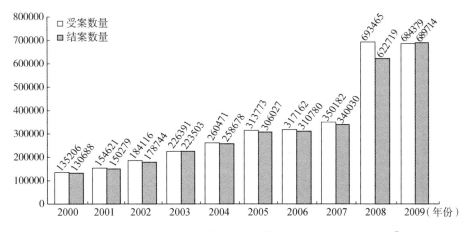

图 5-11　2000~2009 年劳动争议仲裁委员会受案、结案数量①

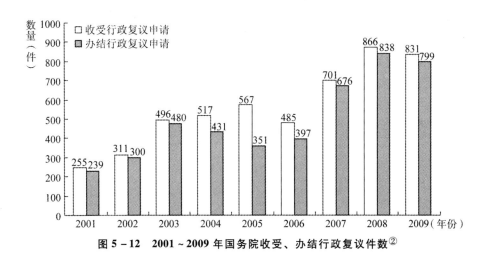

图 5-12　2001~2009 年国务院收受、办结行政复议件数②

根据时任最高人民法院院长的王胜俊在第十一届全国人民代表大会第四次会议上所作的最高人民法院工作报告，在 2010 年，法院系统大力加强审判、执行工作和自身建设，各项工作取得新进展。通过各级人民法院解决的社会纠纷数量明显增加，人民法院在解决各类社会纠纷中的作用也日益突出。③

2010 年 4 月 21~22 日，2010 年全国仲裁工作座谈会在北京召开。"会议

---

① 数据来源：《中国统计年鉴》（2001~2010 年）。
② 数据来源：《中国法律年鉴》（2002~2010 年）。
③ 数据来源：《最高人民法院工作报告》（2011 年）。

通报了 2009 年全国仲裁发展工作情况，并首次对 1999 年至 2009 年 10 年间全国仲裁机构数量、受理案件数量、案件标的额、仲裁机构与受理案件数量对比、受理案件数量与案件标的额对比等情况进行了汇总统计。""2009 年，全国 202 个仲裁机构共受理案件 74811 件，再创历史新高，同比增加 9737 件，增长率为 15%；案件标的额共计 961 亿元，同比减少 60 亿元，下降了 5.9%。其中，受理案件数量增加的有 146 个仲裁委员会，占总数的 72%；受理案件标的额增加有 114 个仲裁委员会，占总数的 56%。全年人民法院裁定撤销仲裁裁决共 124 件，占受理案件总数的 0.17%；人民法院裁定不予执行仲裁裁决共 112 件，占受理案件总数的 0.15%。

全国八个区域（贸仲、海仲除外）仲裁机构受理案件的情况分别是：东北区域 29 个仲裁机构共受理案件 4909 件，增长率为 7.5%；案件标的额共计 37 亿元，增长率为 -29%。华北区域 22 个仲裁机构共受理案件 7424 件，增长率为 7.7%；案件标的额共计 130 亿元，增长率为 -30.9%。华东区域 31 个仲裁机构共受理案件 14258 件，增长率为 14.7%；案件标的额共计 172 亿元，增长率 -7%。东南区域 32 个仲裁机构共受理案件 8778 件，增长率为 13.8%；案件标的额共计 127 亿元，增长率为 81.4%，案件标的额增长幅度为全国首位。中南区域 28 个仲裁机构共受理案件 18622 件，增长率为 22.3%；案件标的额共计 104.6 亿元，增长率为 -0.4%。华南区域 19 个仲裁机构共受理案件 8561 件，增长率 4.7%；案件标的额共计 120 亿元，增长率为 -18.4%。西南区域 24 个仲裁机构共受理案件 5852 件，增长率为 9.9%；案件标的额共计 55 亿元，增长率为 37.5%。西北区域 15 个仲裁机构共受理案件 4846 件，增长率为 41.4%，案件数量增长幅度连续两年为全国首位；案件标的额共计 27 亿元，增长率为 12.5%。内陆地区发展依然保持强劲势头。与会人员认为，我国仲裁事业发展的基本形势是好的。2009 年度全国受理案件数量平均增幅 15%，再创发展新高度。仲裁服务不断创新，仲裁特色愈加凸显，仲裁斡旋、裁前告知、仲裁邀请、网上仲裁得到推广和应用，快速结案率、和解调解率、自动履行率、当事人满意率进一步提高，仲裁机构规范化建设不断取得新的成果，一批仲裁机构的软硬件设施建设已经取得了显著成绩。"①

2007 年 3 月 28 日，在第六次全国信访工作会议上，国家信访局透露，中国信访总量、集体上访量、非正常上访量和群体性事件发生量实现"四个下降"，特别是信访总量继 2005 年出现 12 年来首次下降后，2006 年再次下降 15.5%。② 2009 年 9 月 26 日，国务院新闻办公室第九次就中国的人权状况发

---

① 数据来源：《2010 年全国仲裁工作座谈会纪要》。

② 数据来源：人民网：http://politics.people.com.cn/GB/1026/5534382.html，2007 年 3 月 28 日。

表白皮书——《2009 年中国人权事业的进展》,白皮书指出,2009 年全国信访总量同比下降 2.7%,连续 5 年保持了下降的态势。[①]

总体上说,我国社会纠纷仍然处于正常的社会矛盾和冲突的范围,是社会转型和发展过程中不可避免的,其中绝大多数属于人民内部矛盾,可以通过法定机制和制度手段予以解决。

我国社会纠纷的种类很多,具体表现形式非常复杂,但从社会纠纷的主体来划分,社会纠纷主要可以分为四大类:第一类,是国家机关在履行职权时与社会公众发生的纠纷;第二类,是不同的国家机关在履行职权时相互之间发生的纠纷;第三类,是发生在国家机关、企事业单位和社会团体内部的纠纷;第四类,是发生在社会公众之间的纠纷。其中,第一类和第四类构成了社会纠纷的主要形式。

(二) 中国群体性纠纷的主要特点

群体性纠纷是对社会和谐与稳定负面影响最大的社会纠纷类型。我们对群体性纠纷进行分析,可发现以下几个特点:

第一,有些群体性纠纷的发生规模大、参与人数多。有的群体性纠纷甚至有上千人参加,规模比较大,纠纷发生后,政府难以有效控制。如 2008 年6 月 28 日,贵州瓮安县发生了一起严重的围攻政府部门和打砸烧突发事件。直接参与县政府大楼打砸烧的人员超过 300 人,现场围观群众在 2 万人以上,事件持续时间 7 个小时以上。县委、县政府、县公安局、县民政局、县财政局等被烧毁办公室 160 多间,被烧毁警车等交通工具 42 辆,不同程度受伤150 余人,造成直接经济损失 1600 多万元。[②]

第二,少数群体性纠纷持续时间长,对社会造成了较大的负面影响。如从 2004 年 9 月 14 日罢工至 11 月 1 日复工,××省××纺织公司发生了长达48 天的数千名职工群体性纠纷。[③]

第三,有些大规模的群体性纠纷的发生,最初是由小规模的集体上访引发的,由于有关政府部门没有及时采取有效的措施加以防范,致使问题越来越复杂,事态越拖越严重。如从 2004 年 4 月 12 日起,××市七八个乡镇的数百名教师因拖欠工资到市政府上访,引起连锁反应,十余个乡镇的中小学均出现教师罢课、学校停课现象。又如,2009 年,××市部署从 6 月至 8 月对全市所有家具企业进行集中清理整顿,并对原有的税收征管办法进行了重新规范调整。6 月 15 日,近百名家具业主到市政大楼集体上访,堵塞街道。政

---

① 数据来源:国务院新闻办公室:《2009 年中国人权事业的进展》。

② 资料来源:新浪网:http://news.sina.com.cn/c/2008-06-30/083115841832.shtml,2008 年 6月 30 日。

③ 参见 http://www.sxzx.gov.cn/zxwork/shownews.asp? id=1129,2007 年 3 月 28 日 15 点访问。

府部门没有及时予以有效处置，致使上万群众聚集在 105 国道家具城红绿灯处，造成赣粤高速严重堵塞，群众与警察发生冲突，十余辆警车被掀翻在地。①

第四，有些群体性纠纷开始受到一些有组织的背景势力的支持，加剧了处理群体性纠纷的复杂性和难度。如南方某省某些外来务工、经商人员常以"老乡"名义聚集、串联，参与群体性"维权"、斗殴、闹事等活动，部分纠纷演变成恶性刑事案件，成为当地社会治安稳定的新隐患。如广东的许多工人在入厂之前会被邀请参加当地一些"老乡会"、"同乡会"的地下活动，签订协议，接受这些组织的保护。究其原因，一是外来务工人员人身权益容易受到侵害，由于种种原因得不到解决，越来越多的人寻求采取一些极端的解决方式；二是外来务工人员势单力薄，容易受气，在老乡的唆使下容易参加闹事；三是多数人在组织"老乡会"时有法不责众的思想。另外，地方宗族势力的斗争也成为诱发群体性事件的一个因素。如 2010 年 2 月 22 日，××县"两会"召开第一天，该县××镇发生了一起近百人参与的宗族势力持械斗殴群体性事件。②

第五，许多群体性纠纷导致群众与警察的激烈冲突，甚至出现流血事件，由于处理群体性纠纷的方法过于简单，导致群体性纠纷愈演愈烈。如破产企业××洗衣机有限公司百余名职工由于对职工安置问题的处理不满，于 2004 年 7 月 1 日、2 日连续两天静坐、游行，他们在抗议过程中与警察发生了激烈冲突。又如，2011 年 6 月 10 日晚，××县××村，一名孕妇和丈夫摆地摊时，与治保队的人员发生冲突，其间孕妇倒地。随后，围观民众与当地治保队员及之后赶到的警察发生冲突，引发了一起持续三晚的严重打砸抢烧的骚乱事件。③

总之，近年来的群体性纠纷所涉及的范围越来越大，影响越来越广，已成为影响社会和谐与稳定的巨大隐患，应当引起各级政府和有关部门的高度关注。

（三）产生社会纠纷的原因分析

我国目前产生社会纠纷的原因比较复杂，特点各异，总体上来说，不同类型的社会纠纷的产生既有相同或者是相似的共同原因，也有各自独特的具体原因。

---

① 资料来源：每日经济新闻网：http://www.nbd.com.cn/newshtml/20090616/20090616081006239.html，2009 年 6 月 16 日。

② 资料来源：法治政府网：http://law.china.cn/features/2011-01/08/content_3946002.htm，2011 年 1 月 8 日。

③ 资料来源：新浪网：http://news.sina.com.cn/c/sd/2011-07-22/142322858990.shtml，2011 年 7 月 22 日。

历史传统、经济、社会、文化、体制、观念等，都可能成为产生社会纠纷的共同原因。但从法制角度看，法律体系不完备，立法质量不高，有法不依，执法不严，违法不究，违法行政，司法不公，解决纠纷的法定机制不通畅、机制不健全等，是我国多数社会纠纷产生和得不到有效解决的主要原因。

从引起社会纠纷的具体原因来看，群众反映最强烈、问题最突出的是因征地拆迁、国企改制、下岗安置、劳资矛盾、环境污染、出租车经营权、特定群体合法权益保护、严重腐败等引发的群体性纠纷。

从宏观角度看，有些社会纠纷是经常发生的，属于有社会就有社会纠纷的"常态"，除了可以采用道德、纪律、教育等手段外，还可以运用制度化、规范化的手段，通过法律的调整和控制来加以解决；有些社会纠纷是在特定时期由某种特殊的原因和条件引发的，具有突发性、非常态性的特征，对此，要对症下药，采取有针对性的措施加以解决。从总体上来看，一方面要加强解决纠纷的法律制度的建设，强化法定机制解决纠纷的作用，将社会纠纷控制在制度允许的范围内；另一方面，应当建立和完善突发性纠纷预防和应对机制，重点防范和应对社会影响面大、冲突激烈和问题比较复杂的群体性纠纷。

（四）社会纠纷对社会和谐与稳定的影响及防控

任何社会纠纷都会影响社会和谐与稳定，但在法治社会中，绝大多数社会纠纷可以通过法定机制得到预防和解决。近几年，各种群体性纠纷频繁发生，引起了社会公众的普遍关注和极大不满，也对社会和谐与稳定造成了明显破坏。

有关农村征地引发纠纷的例子　2004 年 6 月 18 日上午，××市吴山村100 余位农民因为对征地问题不满而与有关单位的施工人员发生冲突，至少造成 10 人受伤。在一年前该地就已经引发过大规模群体性纠纷，当时也造成十余人受伤。事情的起因是：2001 年 11 月 16 日，××市政府同意莲花山海德国际社区的房地产开发项目，规划总面积 1388 亩，涉及吴山村等很多村的土地，但是调查结果表明，××市政府在未经农用地转用、征用和地价评估的情况下就进行公开招标，并与开发商签订合同，这侵犯了当地农民的合法权益。村民们反对征地的主要原因是担心失地后生活得不到保障，并且他们看到邻县××市的征地补偿比较多，因此心理很不平衡。据悉，浙江一部分城市正在推广"土地换社保"制度，但是××市因为财政困难而未实施。又如，2010 年 7 月 21 日，××镇政府门口聚集数千名村民，与近百名防暴警察发生冲突，致数人受伤。与此同时，该镇某国道路段，有近万名群众聚集。而两天之前，在与××镇同属于××高新区的另一镇，亦出现数千群众聚集的现象。这一系列群体性事件是因征地补偿问题引发的，其背后酝酿的情绪则是当地村民对征地拆迁可能滋生的贪腐行为的痛恨。①

有关城市强制拆迁引发纠纷的例子 2005 年 3 月 17 日，××市经济技术开发区的数百名村民对当地政府为引进钢铁项目而大面积征地拆迁不满，在开发区管委会办公楼前集体上访，并与警察发生冲突，造成数名村民受伤。另有上百名渔民到辽宁省政府上访，他们在省政府前每人拿一份"请愿书"，提出"政府不解决问题，我们就集体到北京上访"。农民不满的三个问题是：（1）不满政府强行拆迁；（2）对补偿标准不满，且未及时拿到补偿款；（3）征地后村民生活没有保障。但有官员表示，项目催得紧，政府又缺乏资金，且拆迁补偿标准是根据国家政策法规制定的，不能更改。又如，2011 年 3 月 25 日11 时至 29 日近 17 时，××省××乡部分村民因不满征地拆迁安置政策，采取聚集县政府、堵路等极端方式反映诉求，共持续了 102 个小时。据县政府称，堵路民众最多时达 2000 余人。这是公安部发布关于公安民警参与征地拆迁等非警务活动的禁令之后，已知的全国第一起涉及征地拆迁的群体性事件。②

有关国企改制引发纠纷的例子 因对企业重组、安置方案不满，自 2004年 1 月 6 日开始，××集团股份有限公司数百名职工不肯回到自己的营业岗位。此后，数百名职工又连续 3 天到省委上访。又如，2009 年 7 月 24 日，在××省属国企××钢铁集团，发生了震惊全国的极端一幕：近 3000 名职工集会抗议知名民企入主，将后者委派、刚到任的总经理围殴致死，集团子公司停产 11 小时。③

有关出租车司机合法权益受到侵犯引发纠纷的例子 ××市部分出租车主因不满市政府收回经营权并公开竞价出让的改革措施，自 2003 年 11 月 24日至 12 月 3 日罢运 10 天后，从 12 月 17 日至 2004 年 1 月上旬再次罢运，并出现砸营运出租车、殴打驾驶员等情况。部分车主将 100 台车集中停放在火车站附近罢运，约有 50 多名车主到北京上访。又如，2011 年 9 月 2 日上午，××省××市出现了群体性出租车停运事件。100 多名出租车司机情绪激动地聚集在市政府大门口，打着 10 多条横幅，要求政府整顿出租车市场，改革出租车营运体制等。④

---

① 资料来源：财经网：http：//www. caijing. com. cn/2010-07-22/110483729. html，2010 年 7 月22 日。

② 资料来源：国际经济时报网：http：//www. ibtimes. com. cn/articles/20110331/zhengdichaiqian_all. htm，2011 年 3 月 31 日。

③ 资料来源：中国选举与治理网：http：//www. chinaelections. org/NewsInfo. asp？NewsID =153831，2009 年 8 月 3 日。

④ 资料来源：环球网：http：//china. huanqiu. com/roll/2011-09/1978535. html，2011 年 9 月 6 日。

有关劳资矛盾引发纠纷的例子　2004年11月3日，××市××工业区因劳资矛盾引发大规模群体性纠纷，数千名民工堵阻104国道双屿段。警方驱散民工时又导致矛盾激化，民工焚烧、砸毁了包括警车、公务轿车和公交车在内的数辆汽车。起因是一个小皮鞋厂拖欠工资，民工找老板要钱，老板逃之夭夭。工人找镇政府解决，镇政府无能为力。后周围工厂工人加入，围堵国道，向镇政府施压，并与警方发生冲突。① 2008年，在××市发生的一方当事人在10人以上的群体性纠纷达76批次，共涉及4136名当事人，比2007年增加45%。其中，有51批次群体性纠纷是因企业经营困难、歇业停产而引发的职工追索报酬的劳动纠纷，占67.1%。② 又如，2010年5月，××市一所光学仪器公司爆发了数百人参加的大规模罢工和示威游行，起因是至少数十名工人出现疑似中毒反应，工人怀疑公司隐匿实情。③

有关严重腐败引发纠纷的例子　2004年12月，××省××县格尔加村540名村民联名上访，反映原村委会主任兼村支书喇占山贪污、侵占、挪用集体或村民财产352万元而被判无罪的情况。村民们对喇占山无罪释放的普遍理解是，其在县法院执行庭工作的儿子起了作用。④

据统计，以信访工作涉及的纠纷为例，土地征收征用、城市建设拆迁、环境保护、企业重组改制和破产、涉法涉诉等五方面群众反映强烈的突出问题，成为新时期信访工作的重点。⑤

所有社会纠纷，尤其是群体性纠纷，都程度不同地干扰了当地正常的生产、生活和法律秩序，对社会和谐与稳定产生了负面影响。

社会主义和谐社会并非无矛盾和纠纷的社会，而是可以通过法治等机制和方法预防、控制、解决矛盾和纠纷的社会，可以最大限度地减少社会纠纷对维护社会和谐与稳定所造成的负面影响。

首先，应当把社会纠纷的产生看成社会常态现象，立足于通过法律和制度手段来解决纠纷。社会纠纷是人们在社会交往过程中必然会产生的意志表达和利益需求等方面的冲突和矛盾。特别是在利益多元化的社会转型时期，这种冲突和矛盾就会表现得更加充分。因此，社会纠纷和其他社会事务一样，都属于一个正常社会体制下应当纳入常规化管理的对象，应当在制度设计时

---

① 资料来源：《温州都市报》2005年1月20日，新浪网：http：//news.sina.com.cn/s/2005-01-20/00004894270s.shtml。

② 资料来源：水母网：http：//www.shm.com.cn/newscenter/2009-05/06/content_2562035.htm，2009年5月6日。

③ 资料来源：腾讯网：http：//news.qq.com/a/20101224/001256.htm，2010年12月24日。

④ 资料来源：2004年12月12日新华，参见http：//news.tom.com/1002/3291/20041212-1639470.html。

⑤ 资料来源：人民网：http：//politics.people.com.cn/GB/1026/5534212.html，2007年3月28日。

将对社会纠纷的预防和解决作为制度建设的重要内容。

其次，要认真研究社会纠纷的特点，从政策和具体措施等多种角度来把握和监控社会纠纷的发展趋势。例如，2004 年 7 月 29 日，××市上千名出租车司机在××市金凤区主干道游行。主要原因是出租车司机对××市政府将于 8 月 1 日实行的《××市城市客运出租汽车经营权有偿使用管理办法》中关于改变"对已取得城市客运出租汽车经营权的经营者规定经营期限"表示强烈不满。出租车司机认为，目前多数车主按照规定不拥有整 10 年的经营权，由于购车成本过高，难以在剩余时间内赚回投资。目前××市规定出租车运营 8 年即要报废，如果在经营权有偿使用期内车辆报废，再买新车难以保证获得利益，造成有经营权无车的浪费。在经营权有偿使用期满后，车主很难再筹措资金以高价取得经营权。① 2004 年 8 月 2 日下午，自治区政府召开专门会议，从七个方面来采取有效措施，平息罢运风波：一是××市政府要在媒体上发公告告示出租车司机，市政府不执行 2004 年 107 号和 108 号文件，即《××市城市客运出租汽车经营权有偿使用管理办法》和《××市城市客运出租汽车更新管理办法》，在新办法出台前，仍按老办法执行；二是市政府要发公告，要求出租车司机认清形势，限期运营，对不运营者可以采取吊销营运证的办法处理；三是市政府下半年要依法举行听证会，在广泛听取各界意见的基础上出台新的条例，争取 2005 年 1 月 1 日执行；四是立即成立××市出租车行业规范管理领导小组，对新办法的出台进行全面监督；五是依法对出租车这一特殊行业加大法律宣传力度，加强引导和教育；六是对那些煽动、组织策划和胁迫司机上访以及有打砸抢等违法行为的人，要依法追究刑事责任；七是纠纷平息后，要立即抽调专门力量对出租车运营公司进行行业整改，对私下倒卖出租车运营证的出租车运营公司和个人依法查处。②

再次，对于突发性纠纷，特别是突发的群体性纠纷，各级党委和政府都要给予高度重视，慎重处理。例如，针对信访工作出现的新情况和群体性纠纷不断增多的实际情况，2005 年贵州省委、省政府决定采取下列措施：（1）切实加强领导，落实组织领导措施。联席会议由省委副书记牵头，3 名省委常委及 1 名省政府秘书长作召集人，成员由省委副秘书长在内的相关省、市政府厅、局、司法机关的一、二把手等共 28 人组成，为处理信访突发问题及群体性纠纷形成整体合力。（2）明确联席会议的主要职责是，各有关部门

---

① 资料来源：新华网：http://www.qh.xinhuanet.com/2004-12/28/content_ 3468947.htm，2004 年 12 月 28 日。

② 资料来源：《新闻周刊》2004 年 8 月 21 日，参见 http://news1.jrj.com.cn/news/2004-08-21/000000883209.html。

及其主要负责人，各司其职，各负其责，负责了解、掌握信访突出问题及群体性纠纷的情况和动态；分析、研究社会稳定形势，针对信访突出问题及群体性纠纷，及时提出预案、对策和建议；组织协调有关方面处理跨行业、跨地区的信访突出问题及群体性纠纷，等等。（3）联席会议实行严格的工作责任制。按照属地管理，分级负责，归口管理和谁主管、谁负责的原则，认真落实工作职责。力求从源头上解决问题，把矛盾化解在基层、化解在萌芽状态。把处理信访突出问题及群体性纠纷纳入法制化轨道，在解决实际问题的同时，解决好思想问题。（4）根据群众信访反映比较突出的敏感问题，贵州省维护社会稳定联席会议成立了5个专项工作小组：农村土地征用问题工作小组、城镇房屋拆迁问题工作小组、国有企业改制问题工作小组、涉法涉诉问题工作小组、企业军转干部问题工作小组。5个工作小组分别由省国土资源厅、省建设厅、省国资委、省政法委和省人事厅等部门牵头负责，各部门厅长任组长，负主要责任。①

　　最后，对待社会纠纷，既不要夸大矛盾和负面影响，自乱方寸；又要保持高度警惕，防患于未然，必要时采取果断措施。例如，××省委在反思解决××纺织公司职工群体性纠纷的经验和教训的过程中认识到，事情起因于企业积累的深层次的矛盾：一是企业长期压制民主，家长式管理严重侵害了职工利益，干部的特殊化引起职工强烈不满。二是改制的基础工作粗糙夹生，实施中方法简单草率。如工人的安置方案没有召开职代会讨论通过，而是用职代会名义召开班组长会通过。三是企业干部职工的思想长期封闭，观念障碍较大，加上原企业领导不愿引进××集团而在职工中进行了不实宣传，致使职工抵制引进××集团。四是企业党政工团组织软弱涣散，厂级和中层干部在职工中没有威信。对此纠纷处置的经验总结是：处置突发性群体纠纷责任要明确，必须有高度的政治敏锐感，采取果断措施，迅速把问题解决在萌芽状态。纠纷发生后，省委、省政府立即派出工作组，但由于力量不够到位，企业领导层思想不统一，工作协调难度较大，回应职工合理诉求时间过长，加剧了职工的对立情绪。加上改制重组中企业组织涣散，在相当长的一段时间内，工作浮在面上，深入不到群众中去，以致失去了解决问题的最佳时机。

　　总之，面对社会纠纷，应当将其作为社会常态管理的事项，从平常的一点一滴抓起，建立和健全纠纷的预防机制，着重通过法律途径和制度手段来加以解决。倡导法院主导的司法纠纷解决机制并不等于说不要发展其他的纠纷解决机制，更不等于说不要发挥各种非法律机制在法律纠纷解决中的作用，

---

① 资料来源：《贵州省人民政府公报》2005年第9期，参见 http：//www.gycity.com：81/zb_2/huichui_detail.asp？id=1815。

而是说在法治社会，司法应该成为解决社会纠纷的主导性力量或者说最终的依靠力量，因此，对于任何法治社会来说，建立公正的司法制度，确保法院的公正审判都是法治建设最为核心的任务之一。只有保证司法的独立公正，才能为社会纠纷找到一条权威的解决途径，其他纠纷解决机制才能有可靠的发展基础。当然，加强司法与发展多元纠纷解决机制也可以并行不悖，我国在建立非诉讼纠纷解决机制方面也已经取得了很大成绩。

二　通过法定机制解决社会纠纷的现状和存在的问题

（一）概述

我国社会纠纷的种类繁多、产生的原因复杂，解决纠纷的机制也是多管齐下、多头并进，但是，从解决纠纷的各种机制的规范性和有效性来看，大致可以分为两类，即解决纠纷的法定机制和其他机制。解决纠纷的法定机制有比较明确的法律规定，有解决纠纷的具体机构，有解决纠纷的法律程序，解决纠纷的结果具有一定的法律效果，而且，相对于其他机制来说，法定机制解决纠纷具有稳定性、可预见性和可重复性，遵循公正、公平和公开的原则来有效地处理发生纠纷的主体之间的矛盾和冲突，目标在于建立和谐与稳定的社会秩序。

解决纠纷主要有两类法律机制：第一类是诉讼机制，包括民事诉讼、刑事诉讼和行政诉讼；第二类是非诉讼机制，包括行政复议、内部纠纷解决机制、民商事仲裁、法定调解、信访和违宪审查等。诉讼是解决社会纠纷最有效的法定机制和最终的法律手段。非诉讼是运用诉讼以外的法律手段解决社会纠纷的重要辅助机制。

应当指出的是，无论是在诉讼，还是在仲裁、调解、替代性纠纷解决机制等非诉讼法律机制中，近年来律师这一职业对于解决社会纠纷、消弭社会冲突，发挥了越来越重要的作用。实践表明，律师的参与有助于推动纠纷解决程序的顺畅运行，帮助法院或仲裁机构等依法查明事实，正确适用法律，理性、恰当地解决社会纠纷。在诉讼、仲裁程序的技术性和专业性日益强化的趋势下，律师的参与显得尤为必要。中国律师人数在律师制度恢复重建30多年间增长了一千多倍。1979 年律师制度恢复之初，执业律师不足 200 人，而截至 2010 年 12 月 31 日，我国执业律师人数已超过 20 万，达到 20.4 万。①律师在民事诉讼代理、刑事辩护、行政诉讼代理和非诉讼法律事务、解答法律咨询、代写法律文书等方面，承担了越来越多的工作。2001 ~ 2009 年我国律师事务所、律师数量及工作量情况见表 5 – 1。

---

① 数据来源：中国大律师网：http：//www.zgdls.com/2011/lvjieneican_ 0110/114973. html。

表 5 - 1　2001～2009 年律所、律师数量及工作量①

年份	2001	2002	2003	2004	2005	2006	2007	2008	2009
律师事务所数量	10225	10873	11593	11823	12988	13096	13593	14467	15888
专职律师人数	76558	90012	99793	100875	114471	122242	128172	140135	155457
兼职律师人数	13699	12186	6850	6966	7418	8068	7842	8116	8764
民事诉讼代理	667232	767628	781452	853897	965956	1027117	1247877	1401147	1499105
刑事辩护	339549	335267	324454	332688	354229	341619	495824	511971	564204
行政诉讼代理	43800	43703	48115	50778	50389	566657	56342	54666	57286
非诉讼法律事务	1162715	827057	876696	904516	933346	915482	607049	729218	569304
解答法律询问（万件）	405.4	487.41	430.25	471.05	441.48	520.12	381.83	350.86	383.08
代写法律事务文书（万件）	112.90	119.70	120.27	123.16	120.07	145.32	715.37	720.99	684.22

① 数据来源：《中国统计年鉴》（2002～2010 年）。

（二） 诉讼机制

诉讼是通过法定机制解决纠纷的最有效和最终的途径与手段。我国的诉讼机制所解决的纠纷涵盖了社会纠纷的大部分类型。诉讼在解决纠纷时最大的特点是，注重对纠纷当事人充分的诉讼权利的保障，在公正、公平和公开的法律程序的保障下，全面、有效地解决当事人之间的纠纷，并且，能够形成对当事人具有法律约束力的纠纷解决结果。

1. 民事诉讼

民事诉讼解决的是发生在平等主体之间的、涉及人身或者财产关系的纠纷。有关解决民事纠纷的诉讼法律规定及司法解释如表 5 - 2 所示。

表 5 - 2   我国解决民事纠纷的法律和司法解释

类别	文件名称	颁布时间
法律	《中华人民共和国民事诉讼法》	1991.04.09 颁布 2007.10.28 修改 2012.08.31 修改
	全国人民代表大会常务委员会《关于完善人民陪审员制度的决定》	2004.08.28
	《中华人民共和国涉外民事关系法律适用法》	2010.10.28
司法解释	最高人民法院《关于适用〈中华人民共和国民事诉讼法〉若干问题的意见》	1992.07.14
	最高人民法院《关于民事诉讼证据的若干规定》	2001.12.21
	最高人民法院《关于人民法院民事调解工作若干问题的规定》	2004.08.18
	最高人民法院、司法部《关于民事诉讼法律援助工作的规定》	2005.09.22
	最高人民法院《关于适用〈中华人民共和国民事诉讼法〉执行程序若干问题的解释》	2008.11.03
	最高人民法院《关于适用〈中华人民共和国民事诉讼法〉审判监督程序若干问题的解释》	2008.11.25
	最高人民法院《关于受理审查民事申请再审案件的若干意见》	2009.04.27
	最高人民法院《关于当前形势下进一步做好涉农民事案件审判工作的指导意见》	2009.06.19
	最高人民法院、最高人民检察院《关于对民事审判活动与行政诉讼实行法律监督的若干意见（试行）》	2011.03.10

我国司法机关通过民事诉讼机制处理了大量的民事案件。2000 年，全国法院一审共审结各类民事案件 341.8 万余件，2001 年共审结 345.7 万余件，

2002 年共审结 439.3 万余件，2003 年共审结 441.6 万余件，2004 年共审结 430.3 万余件，2005 年共审结 436 万余件，2006 年共审结 438.2 万余件，2007 年共审结 468.2 万余件，2008 年共审结 430.3 万余件，2009 年共审结 579.7 万余件（见前图 5－5）。

　　从总体来看，民事诉讼的数量呈现不断增长的态势。对此，人民法院依法妥善处理民事案件，及时化解人民内部矛盾，在保持社会和谐与稳定方面作出了重大的贡献。在处理矛盾容易激化的债务、房地产、拆迁、劳动争议、土地山林等案件时，法院在查明事实、分清是非责任的基础上，充分运用调解手段平息纠纷，维护了当事人之间的团结。在审判工作中，注意依法保护妇女和儿童、老年人、残疾人的合法权益。通过人民法院依法妥善处理各类民事纠纷案件，及时化解了社会矛盾，预防了犯罪，维护了社会稳定。

　　2. 刑事诉讼

　　刑事诉讼解决的是在国家追究犯罪嫌疑人、被告人刑事责任过程中发生的纠纷。我国有关解决刑事纠纷的诉讼法律规定如表 5－3 所示。

表 5－3　我国刑事诉讼制度的主要法律依据

类别	文件名称	颁布时间
法律	《中华人民共和国刑事诉讼法》	1996.03.17 2012.03.14 修改
行政法规	《中华人民共和国看守所条例》	1990.03.17
司法解释	最高人民法院、最高人民检察院、公安部等《关于刑事诉讼法实施中若干问题的规定》	1998.01.19
	最高人民法院《关于执行〈中华人民共和国刑事诉讼法〉若干问题的解释》	1998.09.02
	最高人民检察院《人民检察院刑事诉讼规则》	1999.01.18
	最高人民法院、最高人民检察院、司法部《关于适用简易程序审理"被告人认罪案件"的若干意见（试行）》	2003.03.14
	最高人民法院、最高人民检察院、司法部《关于适用普通程序审理"被告人认罪案件"的若干意见（试行）》	2003.03.14
	最高人民法院、最高人民检察院、公安部、司法部《关于刑事诉讼法律援助工作的规定》	2005.09.28
	最高人民法院《关于审理未成年人刑事案件具体应用法律若干问题的解释》	2006.01.11
	最高人民法院《关于审理环境污染刑事案件具体应用法律若干问题的解释》	2006.07.21

续表

类别	文件名称	颁布时间
司法解释	最高人民检察院《关于人民检察院办理未成年人刑事案件的规定》	2007.01.09
	最高人民检察院《关于依法快速办理轻微刑事案件的意见》	2007.01.30
	最高人民法院、最高人民检察院《关于办理与盗窃、抢劫、诈骗、抢夺机动车相关刑事案件具体应用法律若干问题的解释》	2007.05.09
	最高人民法院、最高人民检察院《关于办理受贿刑事案件适用法律若干问题的意见》	2007.07.08
	最高人民法院《关于进一步加强刑事审判工作的决定》	2007.08.28
	最高人民检察院《关于办理服刑人员刑事申诉案件有关问题的通知》	2007.09.05
	最高人民法院《关于加强刑事审判工作维护司法公正情况的报告》	2008.10.26
	最高人民法院、最高人民检察院《关于办理商业贿赂刑事案件适用法律若干问题的意见》	2008.11.20
	最高人民法院《人民法院司法警察刑事审判警务保障规则》	2009.07.30
	最高人民法院《关于审理洗钱等刑事案件具体应用法律若干问题的解释》	2009.11.04
	最高人民法院、最高人民检察院《关于办理妨害信用卡管理刑事案件具体应用法律若干问题的解释》	2009.12.03
	最高人民法院《关于贯彻宽严相济刑事政策的若干意见》	2010.02.08
	最高人民检察院、公安部《关于公安机关管辖的刑事案件立案追诉标准的规定（二）》	2010.05.07
	最高人民法院、最高人民检察院、公安部等《关于办理死刑案件审查判断证据若干问题的规定》、《关于办理刑事案件排除非法证据若干问题的规定》	2010.06.13
	最高人民检察院《关于办理当事人达成和解的轻微刑事案件的若干意见》	2011.01.29
	最高人民法院、最高人民检察院《关于办理诈骗刑事案件具体应用法律若干问题的解释》	2011.03.01
	最高人民法院、最高人民检察院《关于办理危害计算机信息系统安全刑事案件应用法律若干问题的解释》	2011.08.01

在我国，各级人民法院、人民检察院以及公安机关通过刑事诉讼途径发挥着重要的解决纠纷的功能。1999 年，全国法院共审结一审刑事案件 53.9 万余件，比上年上升 12.27%；判处犯罪分子 60 万余人，比上年上升 14.02%。该年度全国法院对不构成犯罪的 5878 名被告人宣告无罪，从而使有罪的人受到严厉惩罚，保护无罪的人不受法律追究。2001 年，地方各级人民法院和专门人民法院全年审结刑事案件 729958 件。全年共宣告无罪 6597 人。2003 年，地方各级人民法院全年共审结刑事案件 735535 件，判处被告人 933967 人，同比分别上升 1.21% 和 1.51%。对不构成犯罪的 2467 名刑事自诉案件被告人、2368 名公诉案件被告人共计 4835 人依法宣告无罪。2004 年，地方各级人民法院全年共审结刑事一审案件 644248 件，判处被告人 767951 人，分别上升 1.5% 和 2.8%。对不构成犯罪的 2996 名自诉、公诉案件被告人依法宣告无罪。依法保障被告人的诉讼权利，共为 91296 名符合法律援助条件的被告人指定了辩护人。2005 年，地方各级人民法院共审结一审刑事案件 683997 件，判处罪犯 844717 人，分别上升 6.17% 和 10%。该年度各级人民法院依法宣告 2162 名刑事被告人无罪。为依法实现被告人的辩护权利，共为 117407 名符合法律援助条件的被告人指定了辩护人。2006 年，地方各级法院审结一审刑事案件 701379 件，判处罪犯 889042 人。共为 17221 名符合法律援助条件的被告人指定了辩护人，共依法宣告 1713 名刑事被告人无罪。2008 年，各级法院共审结刑事案件 768130 件，判处罪犯 1007304 人，其中，判处五年以上有期徒刑至死刑的罪犯 159020 人。2009 年，各级法院审结一审刑事案件 76.7 万件，判处罪犯 99.7 万人，同比分别下降 0.2% 和 1.1%。2010 年，各级法院全年审结一审刑事案件 779641 件，判处罪犯 1006420 人，同比分别上升 1.68% 和 0.98%（见前图 5 - 4）。①

3. 行政诉讼

行政诉讼解决的是国家行政机关在履行行政职权过程中与公民、法人和其他组织之间发生的，涉及人身、财产等权利的纠纷。有关解决行政纠纷的主要法律规定如表 5 - 4 所示。

表 5 - 4　我国行政诉讼制度的主要法律依据

类别	文件名称	颁布时间
法律	《中华人民共和国行政诉讼法》	1991.04.09
	《中华人民共和国国家赔偿法》	1994.05.12 颁布 2010.04.29 修改

① 数据来源：《最高人民法院工作报告》（2004～2011 年）。

类别	文件名称	颁布时间
司法解释	最高人民法院《关于执行〈中华人民共和国行政诉讼法〉若干问题的解释》	1999.11.24
	最高人民法院《关于行政诉讼证据若干问题的规定》	2002.06.04
	最高人民法院《关于妥善处理群体性行政案件的通知》	2006.12.05
	最高人民法院《关于加强和改进行政审判工作的意见》	2007.04.24
	最高人民法院《关于行政诉讼撤诉若干问题的规定》	2008.01.14
	最高人民法院《关于行政案件管辖若干问题的规定》	2008.01.14
	最高人民法院《关于行政诉讼撤诉若干问题的规定》	2008.01.31
	最高人民法院《关于当前形势下做好行政审判工作的若干意见》	2009.06.26
	最高人民法院《关于依法保护行政诉讼当事人诉权的意见》	2009.11.09
	最高人民法院《关于审理行政许可案件若干问题的规定》	2009.12.14
	最高人民法院《关于2010年作出的国家赔偿决定涉及侵犯公民人身自由权的赔偿金计算标准的通知》	2010.07.16
	最高人民法院《关于开展行政诉讼简易程序试点工作的通知》	2010.11.17
	最高人民检察院《人民检察院国家赔偿工作规定》	2010.11.22
	最高人民法院《关于适用〈中华人民共和国国家赔偿法〉若干问题的解释（一）》	2011.02.28
	最高人民法院、最高人民检察院《关于对民事审判活动与行政诉讼实行法律监督的若干意见（试行）》	2011.03.10
	最高人民法院《关于人民法院赔偿委员会审理国家赔偿案件程序的规定》	2011.03.17
	最高人民检察院《关于适用修改后〈中华人民共和国国家赔偿法〉若干问题的意见》的通知	2011.04.25
	最高人民法院《关于2011年作出的国家赔偿决定涉及侵犯公民人身自由权计算标准的通知》	2011.05.04
	最高人民法院《关于审理政府信息公开行政案件若干问题的规定》	2011.07.29

《中华人民共和国行政诉讼法》出台20多年来，各级人民法院依据法律、法规的规定，监督和支持行政机关依法行政，保护公民、法人和其他组织的合法权益，维护行政管理秩序，通过处理大量的行政纠纷，维护了社会稳定，有效地调和与消除了国家行政机关与行政相对人的矛盾和紧张关系，对于和谐社会的建设起到了非常重要的作用。近年来，随着政府社会管理职能和公共服务职能的不断加强，公共权力与公民、法人和其他组织权利的协调与平

衡正成为社会普遍关注的问题。

2009 年，全国各级人民法院审结一审行政案件 12.1 万件（见前图 5 - 6），同比上升 10.5%；审结国家赔偿案件 1531 件，同比下降 6.3%。审结与群众生产生活密切相关的资源、劳动和社会保障、计划生育、工商管理等行政诉讼案件 3.8 万件，同比上升 18.4%；审结城建、公安、交通行政诉讼案件 3.5 万件，同比下降 18.5%。2010 年，各级人民法院共受理行政案件 135679 件，审结 129806 件，同比分别上升 6.77% 和 7.70%。在受理的行政一审案件中，提起行政赔偿的案件 4996 件，比 2009 年下降 1.58%。此外，还集中开展了行政申诉案件专项复查活动，通过案件评查、再审纠错等工作，妥善处理了一批行政申诉案件。①

4. 诉讼机制解决纠纷所存在的问题

诉讼在解决社会纠纷中的主机制作用尚未得到应有发挥，主要表现为有些纠纷不能进入诉讼程序，有些纠纷通过诉讼未能得到有效解决，有些纠纷经过诉讼又流向信访等其他非诉讼渠道。

诉讼机制在解决纠纷中的潜能还没有充分发挥出来，许多纠纷不能进入诉讼渠道，无法通过法院的司法审判程序，最终得到解决。而且，由于法院实行两审终审制，加上审判监督程序很难有效启动，导致许多进入诉讼程序的纠纷在没有获得充分有效解决之前，就已经失去了通过诉讼加以解决的可能，② 导致大量的不能进入诉讼程序加以解决的纠纷或者是经过诉讼机制没有得到有效解决的纠纷流向了其他非诉讼渠道，特别是流入了信访渠道，增加了信访工作负担，也增加了处理问题的难度，形成缠讼、累讼以及老上访户的现象，严重地影响了社会稳定，干扰了国家机关正常的工作秩序。

在任何法治国家，法治都是以司法为中心的。司法应该成为社会纠纷的主要解决途径，或者至少是最后的解决途径。理由很简单，司法程序的设计以实行公平为最大的目的，因此能够最大限度地实现社会纠纷的公正解决，从而能最大限度地说服纠纷的双方服从裁决。由于诉讼是一种理性的纠纷解决机制，因此在法治国家，几乎所有的纠纷都首先引向法庭，即使政治问题也不例外。将政治问题法律化、法律问题司法化是很多西方法治国家的共同做法。2000 年美国总统选举中产生的政治纠纷最终通过美国联邦最高法院的裁决予以最终解决就是一个很好的证明。从这个意义上说，一个国家可通过司法解决问题的程度实际上也反映了这个国家法治的发达程度。

---

① 数据来源：《最高人民法院工作报告》（2010 年、2011 年），《中国法律年鉴》（2010 年）。

② 根据 2004 年统计数据，检察院抗诉的案件占改判案件的 36%，法院决定再审以及其他途径启动再审的案件占改判案件的 64%。2005 年的数据也表明，当事人的申诉是启动再审案件的主要材料来源，该年度地方各级人民法院审查申诉和申请再审 196342 件，其中符合法定条件进入再审程序的 47902 件，审结 46468 件，改判 15867 件，占当年生效案件总数的 0.31%。

　　然而，与法治发达国家相比，我国法院在解决纠纷中的作用仍然相当有限。司法权的这种有限性有很多表现形式。

　　首先，《行政诉讼法》有关受案范围的限制使得大量的法律纠纷无法进入法院的受案范围。《行政诉讼法》第 11 条规定的行政诉讼的受案范围主要限于一些人身权和财产权的行政诉讼，对于其他权利，人民法院只能受理"法律、法规规定可以提起诉讼的其他行政案件"。这个规定使得法律的可诉性成为例外而不是原则，法院则只受理那些法律、法规明确规定可以受理的诉讼。对于那些法律没有明确规定可以起诉的各种法律权利，如集会游行示威的权利、结社的权利、出版的权利，公民无法通过行政诉讼来维护。此外，《行政诉讼法》第 12 条还规定，"人民法院不受理公民、法人或者其他组织对下列事项提起的诉讼：……（二）行政法规、规章或者行政机关制定、发布的具有普遍约束力的决定、命令……"这又意味着，公民无法直接挑战对自己或者其他人造成侵害的行政法规、规章或者行政机关制定、发布的具有普遍约束力的决定和命令。这个规定又大大限制了公民的诉权以及法院司法审查的权力。由于抽象行政行为尚没有纳入行政诉讼的审查范围，这使得国家行政机关与公民、法人和其他组织等行政相对人之间的纠纷无法获得有效解决，并使纠纷当事人长期处于对峙和冲突的状态，不仅影响了国家行政机关日常工作的开展，无端地增加了政府财政开支，而且，还恶化了干群关系，影响了政府的公正和权威形象，对维护社会和谐与稳定产生了负面影响。此外，这往往使有关纠纷流向其他渠道寻求救济，特别是流向政府信访机构。由于这些纠纷性质比较复杂，处理这些纠纷的政策性又比较强，所以，依靠现有的信访机制很难妥善地加以解决，容易形成影响社会稳定与和谐的不稳定因素。

　　其次，《刑事诉讼法》没有赋予法院对公安机关和检察院的诸多侦查行为进行司法审查的权力，从而使公安机关和检察机关的很多权力得不到有效制约。《刑事诉讼法》只是重视开庭时对于刑事诉讼侦查机关侦查的实体性犯罪指控进行司法审查，但对于审判前阶段侦查机关的各种行为没有规定法院的司法审查程序。根据现有的规定，法院不仅无权对于侦查机关作出的刑事拘留、逮捕、羁押的决定进行司法审查，而且对于搜查、扣押、窃听等涉及侵犯公民隐私的强制性侦查行为也无权进行司法监督。一方面，由于法院缺乏对侦查机关侦查权、采取强制措施权的司法审查权力，因此法院对侦查阶段的警察权、检察权的滥用现象根本无法进行有效的监督和控制；另一方面，遭受违法羁押的嫌疑人，以及受到不公正搜查、扣押的公民，也无权直接向法院提出诉讼，寻求司法救济。正因为如此，超期羁押、刑讯逼供、非法扣押、非法搜查、拒绝律师会见犯罪嫌疑人、不及时通知家属等侵犯犯罪嫌疑人权利的现象经常成为严重的问题。

　　再次，《民事诉讼法》与《行政诉讼法》及其司法解释对原告起诉资格的规定也极大地限制了法院可受理案件的范围。我国民事和行政诉讼的起诉资格制度都严格奉行"原告与案件应存在利害关系"的原则。我国《民事诉讼法》第 119 条规定起诉必须符合的条件之一就是"原告是与本案有直接利害关系的公民、法人和其他组织";《行政诉讼法》第 41 条规定提起诉讼应当符合的条件之一是"原告是认为具体行政行为侵犯其合法权益的公民、法人或其他组织。"《最高人民法院关于执行〈中华人民共和国行政诉讼法〉若干问题的解释》第 12 条也规定:"与具体行政行为有法律上利害关系的公民、法人或者其他组织对该行为不服的,可以依法提起行政诉讼。"这种制度的一个基本理念是,只有限定原告与案件存在法律上的利害关系,才能有效地防止人们滥用诉讼手段,从而节约司法资源。这种制度将对违法行为的追究严格限定于利害关系人的起诉或者行政机关的主动执法,这种制度设计固然会在一定程度上减少诉讼的数量,但同时也会在一定程度上抑制作为非利害关系人的普通公众同违法行为进行斗争的积极性,因为在很多情况下,要纠正各种违法行为,并不能完全依赖违法行为的直接受害者提起诉讼或者行政机关的主动执法。很多违法行为(如违反《广告法》的烟草广告行为)并没有明显的受害者,即便存在受害者,他们也可能基于各种现实原因不愿或者不敢提起诉讼。因此,这种规定既极大地限制了公民基于公共利益而提起公益诉讼的能力,同时也极大地限制了法院自身对不履行法定职责的行政机关的司法审查权力。

最后,法院基于在政治体制中自身的地位以及自身的司法能力经常主动将大量的诉讼排除在法院的大门之外,并且不愿或不敢对某些社会纠纷进行司法审查。例如,广西壮族自治区高级人民法院 2003 年就发出了《关于当前暂不受理几类案件的通知》(桂高法〔2003〕180 号),它将国企改制纠纷、集资纠纷案件,非法传销引发的纠纷,因政府行政管理方面的决定、体制变动而引起的房地产纠纷案件,村民因土地补偿费、安置补助费问题与农村集体经济组织发生的纠纷案件,因操纵股价、内幕交易等证券违法行为而引起的证券侵权纠纷案件,葬坟纠纷案件,包括因争坟地、争风水等引发的各种纠纷案件等 13 类案件明确排除在法院的大门之外。这些案件的一个共同特点是:它们都是"一些涉及面广、敏感性强、社会关注、本应由政府及其他有关部门处理的案件。这些案件受理后,有的因种种原因长期不能审结;有的审结后因债务人无财产可供执行致使矛盾激化,引发群体事件,影响了社会稳定和人民法院公正执法的形象"。[1] 广西壮族自治区高级人民法院对这些案件或纠纷的当事人关上了大门,不仅使公民的实体性权利得不到有效的司法救济,就是一个法治国家应有的诉权也被剥夺了。当然,出现这种现象也不能完全怪罪法院,因为对于法院来说,即便受理了某些案件,它实际上也无

① 《广西壮族自治区高级人民法院关于当前暂不受理几类案件的通知》(桂高法〔2003〕180 号)。

法严格依照法律判决，也无法按照法律严格执行判决；如果这么做了反而可能会受到党政机关的干预乃至处罚，在这种情况下还不如将这些纠纷拒之门外。对法院而言，这实际上是基于自身的地位和能力而采取的一种自我保护的行为。

广西壮族自治区高级人民法院自我限定受案范围的现象并不是一种孤立现象，法院宁愿违法也不愿意受理的案件也远不仅限于广西壮族自治区高级人民法院列举的 13 类案件。这一点可以从公益诉讼中经常被法院拒之门外的案例得到说明。在很多公益诉讼中，尽管原告起诉资格符合法律的规定，也符合法律对法院受案范围的规定，但法院仍然经常不受理那些起诉省部级以上行政机关的案件、涉及群体性事件的案件、涉及存在规范性法律冲突的案件、旨在挑战垄断性企业以及体制的案件以及涉及宪法权利的案件，因为它们将这些案件都视为"重大"、"敏感"和"有影响力"并且法院无力解决的案件。

由此可见，法律的诸多限制、法院的自我限制使得我国的法院只能行使非常有限的司法权，它在解决社会纠纷方面的作用受到了极大的限制。很多纠纷无法通过司法进行有效的解决，这种状况必然会给社会稳定带来极大的隐患。我国的司法机关不仅受到自身政治地位低下、不能充分独立以及自身司法能力有限等问题的困扰，而且还深受司法腐败的危害，不断发生的司法腐败案件严重侵蚀了法院本来就脆弱的公信力和公正形象，进一步限制了法院解决纠纷的能力和信誉。在社会公众看来，既然制定法律的机关经常是政府，依法负有监督法律实施责任的法院自身也经常会屈从于政府的意志，甚至连法院判决的执行也要严重依赖于地方政府的支持和协助，此外，法院自身腐败现象严重并且还总是将很多纠纷拒之门外，那么为什么还要找法院呢？在公民控告的对象就是政府之时，为什么不去找实际"管用"的决定者——政府呢？在很多情况下，人们有法律纠纷不去找法院而去找政府，原因不在于人们还不习惯于诉讼，而在于行政机关比司法机关要强大得多。正是依据这种权力的现实逻辑，人们遇到冤屈时才会争相涌入行政机关、涌入中央党政机构这些人们认为"管用"的部门，从而造就了我国目前极为壮观的"信访"现象。①

因此，要使法院能够发挥解决社会纠纷的主导作用，关键还是要提高法院在政治体制中的地位，确保其能够依法独立进行审判；同时，法律必须赋予其在受理案件以及对政府行为进行司法审查方面的权力，确保其有权力对大部分社会和法律纠纷进行处理，对大部分政府行为进行司法审查，并且确保公民的绝大部分纠纷都能够通过法院得到最后的公正解决。只有这样，公

---

① 关于信访制度在现实条件下的功用，请参见应星《作为特殊行政救济的信访救济》，《法学研究》2004 年第 3 期。

民才愿意通过法院而不是街头抗议解决问题，社会的矛盾也由此才能通过理性的手段不断得到化解，社会也才能长期和谐稳定。

（三）非诉讼机制

强调法院主导司法纠纷的解决机制，并不等于说不要发展其他的纠纷解决机制。在西方法治发达国家，发展替代性的非诉讼纠纷解决机制已经成为一个普遍趋势。其背景在于，司法审判尽管能够最大限度地保证公正，但也存在很多的弊端：（1）司法程序解决纠纷往往要花很长的时间；（2）诉讼解决纠纷往往需要付出很高的经济成本；（3）法院解决纠纷的方式比较刚性，无论诉讼结果如何都很容易导致争议双方的结怨。不仅如此，很多国家的法院都因为诉讼爆炸而出现积案如山、不堪重负的情况，因此无论是国家、法院还是普通公民都产生了通过其他替代性纠纷解决机制来解决纠纷的愿望。替代性纠纷解决机制的优点在于，可以比较有效地减少纠纷解决的成本和代价，节约司法资源。

在发展多元纠纷解决机制方面，我国与发达国家的情况存在一定的差别。西方法治国家的情况是，司法制度比较完善，只是因为法院案件太多而不堪重负和司法审判有局限性才重视发展替代性的纠纷解决机制；而我国在改革开放以前，司法并不是解决纠纷的主要途径，反而是单位和行政机关的调解和命令成了解决纠纷的主要手段，改革开放后，我国通过大力发展司法制度而使司法在纠纷解决中占据越来越重要的角色，但直到现在很多纠纷还仍然无法纳入司法解决的机制，因此，在我国，发展司法制度，倡导通过司法解决社会纠纷仍然是我国法治建设的主要方向。当然，这并不意味着就不应发展其他纠纷解决途径，因为随着社会的发展，我国很多地区的法院也出现了案件不堪重负的情形，并且纠纷的司法解决途径所具有的弊端和局限性也日益明显，因此发展各种非诉讼纠纷解决机制也具有现实意义。由于非诉讼纠纷解决机制曾经是我国的传统，因此我国在这方面的建设并不逊于西方国家。在我国，已经形成人民法院调解、人民调解、行政调解、商事仲裁、劳动争议调解和仲裁等多种非诉讼纠纷解决机制。此外，我国法律还承认其他一些主体具有解决纠纷的功能，如消费者权利保护协会可以出面协调消费者的权利纠纷，妇联可以出面解决有关妇女权利的纠纷，工会可以出面调解有关劳工的纠纷，残联可以出面协调涉及残疾人权利的纠纷，等等。

任何时候，应当充分认识纠纷解决法律机制的局限性。无论是诉讼制度还是非诉讼纠纷解决机制，都是我国法律确认的正式纠纷解决机制。从上面各种非诉讼纠纷解决机制可以看出，除了诉讼制度外，我国的法律体系也已经发展出了众多非诉讼纠纷解决机制，从而为我国的社会纠纷解决提供了广泛的法律途径。如果这些纠纷解决途径都能够非常有效，那么可以想象，大部分的纠纷都可以通过这些机制得到解决。然而，很多的纠纷解决机制运行不太理想，缺乏解决纠纷的能力或者公信力，因此有时不仅不能真正解决纠纷，自身也反而成了纠纷的源头。

各种非诉讼纠纷解决机制在受案范围、适用人群和适用对象上都存在各自的范围和局限，有的机制在很多情况下并不能有效地解决问题，有时候反而会成为解决问题的障碍。以劳动仲裁程序为例，目前的制度将劳动仲裁作为提起诉讼的前置程序，这种程序对于像工伤损害赔偿等需要紧急处理的劳动纠纷来说并不是一种很好的解决方式，对于那些身处异乡急于解决问题的农民工而言，无论是仲裁还是诉讼，时间成本都是其难以承受的，劳动仲裁被作为诉讼前置程序更进一步增加了这种时间成本。对这些人而言，劳动监察部门的直接救济可能是更为有效的方式，但目前这方面的制度途径并不是很通畅。同时，目前除了商事仲裁和一小部分行政终局裁决以及行政复议终局的非诉讼纠纷解决机制外，大部分的非诉讼纠纷解决机制实际很难算是真正的"替代性纠纷解决机制"，它们解决纠纷并不是终局性的，因此实际上经常得不到纠纷当事人的重视。只有这些非诉讼纠纷解决机制能够体现很好的专业性、公正性和有效性，并且在已经建立了良好声誉的情况下，它们才能真正发挥作用。然而，这些机制本身经常存在公信力不足的问题。以专门从事国际贸易仲裁的中国国际经济贸易仲裁委员会为例，它就因为曝出仲裁员腐败而使其声誉受到严重损害。[①] 由此可见，要发挥各种非诉讼纠纷解决机制在纠纷解决中的实质性作用，它们本身的组织和程序建设至关重要。

当然，与各种非诉讼纠纷解决机制相比，法院的司法解决机制更为关键。我国法治建设遇到的一个最大难题在于，司法作为最为重要的也通常是最后的纠纷解决机制，其本身的问题就非常多，长期受到司法腐败和司法不公现象的困扰。在很多情况下，不仅很多纠纷没有通过司法得到最终的解决，而且它本身也成了问题之源。目前很大一部分上访案件是针对法院的不公判决就是一个证明。从这个意义上说，司法不独立、不公正既是我国法治建设的一个最大障碍，也是我国社会稳定的一个最大威胁。

对于司法不独立和不公正的问题，并不是仅从法院内部出发就能解决的，因为这个问题首先是政治体制的问题，而不是司法内部机制的问题。法院的不独立、不公正，其中一个重要的原因在于，它无法抵御党政机关的干涉，无法在涉及地方政府利益的案件中保持独立和公正。以政府征收土地纠纷为例，对于政府机关作出的有关土地征收方面的决策和行为，在很大程度上附属于政府的法院是很难作出公正判决的，然而，它一旦作出不利于土地权利受害者的判决，由此导致的上访等问题最后却好像又成了法院自己的问题。在现有的体制下，这类涉及政府重大利益的纠纷实际上是不太可能通过现有的司法制度予以解决的，它最终还是要通过政府机关内部的制约机制予以解决，从这个意义上说，只要政府处理不好问题，针对这类问题的上访几乎是

---

① 《原贸促会法务部长涉嫌私分国有财产 1600 万获刑》，http：//hongjian. fyfz. cn/art/678803. htm。

不可避免的，无论司法是否介入都是如此。除了土地征收这类问题外，广西壮族自治区高级人民法院决定不予受理的国企改制纠纷和因政府行政管理方面的决定、体制变动而引起的房地产纠纷案件等涉及政府利益的纠纷同样也是如此。在司法不能有效解决纠纷的情况下，上访本身成了解决纠纷的一种最后的方式，尽管它常常是不太有效的方式。

因此，应该充分看到在司法机制和其他非诉讼纠纷解决机制无效的情况下，社会稳定可能面临的局面。一旦人们对正常的纠纷解决途径感到失望，公民采取各种形式的私力救济方式几乎成为一种必然。很多人在自己权利受到侵犯时可能会予以容忍，这个时候纠纷也只是获得了暂时的解决，这种不满一旦超出个人可以容忍的限度，就会激励其采取激进的行动；很多人会开始依靠自己的力量进行自我救济，如通过暴力或其他方式进行报复，通过骚扰或者以聚众的方式给侵权者施加压力，或者干脆寻求黑社会的帮助等等，无论是哪种私立救济方式，它们都具有扰乱社会秩序的潜在可能性；还有很多人会组织起来上访、上街游行示威或者进行暴力性宣泄，这种集体行动方式在某些情况下是一种合法的维权方式，但在某些情况下则可能变成违法犯罪。从某种程度上说，无论是合法还是违法的方式，集体行动本身就意味着可能给社会的安定带来很大的隐患。由此可见，在司法机制和其他非诉讼纠纷解决机制缺乏有效性的情况下，私立救济这种具有破坏社会秩序潜力的纠纷解决方法就会逐渐占据主导地位。从这个角度出发，对于完善司法和其他纠纷解决机制之于实现社会和谐稳定的意义，怎么评估都不过分。因此，完善以司法为中心的纠纷解决机制不仅是我国法治建设的中心任务，同时也是保障我国社会稳定、建设和谐社会的当务之急。

非诉讼机制是通过法定渠道解决纠纷的重要方式，是通过诉讼渠道解决纠纷的辅助性的法律机制。通过非诉讼机制解决的纠纷几乎涉及所有种类的社会纠纷，其中，有相当一部分纠纷在现有体制下无法通过诉讼机制加以解决，而只能通过非诉讼机制加以解决。所以，非诉讼机制在解决纠纷中发挥了十分独特和不可替代的作用。

1. 信访

我国的信访工作体系由两部分构成：一是各级党委和政府部门联合设置的专门信访机构，处理的纠纷主要是建议类信访和求决类信访，其中，许多信访内容涉及在诉讼机制或者是其他非诉讼机制所无法解决的纠纷；二是各级国家机关以及政府职能部门内部设立的信访机构，处理的纠纷主要是与本机关和本部门的法定职权有关的事项，其中，司法机关的信访机构主要处理涉法涉诉类信访。信访机构本身并不直接处理纠纷，其作用主要在于它的信息传递和程序保障功能，可以依法将不同的纠纷输送到不同的纠纷解决机制加以解决。由于信访机制在解决纠纷中的信息汇聚和传递功能，所以，信访机制在法定机制解决纠纷中又起到了分析和把握社会纠纷的状况、特点以及发展趋势的"晴雨表"的作用。

在立法方面，值得指出的是，近年来地方非常重视信访立法对于保护信访人的合法权益、规范信访工作和信访行为、从源头上预防导致信访事项的矛盾和纠纷的作用。目前有 30 多个省、自治区、直辖市和较大市等制定和修改了各自的信访条例。最近的一次立法是 2011 年 8 月 16 日，深圳市五届人大常委会第九次会议表决公布的《深圳经济特区信访条例》。根据该《条例》，深圳将建立起重大事项信访风险评估机制，国家机关将信访工作纳入绩效考核体系，建立矛盾纠纷定期排查调处制度，负责人接待群众来访制度、走访信访人制度，信访工作责任追究制度等。《条例》还规定，任何单位和个人不得压制和打击报复信访人。国家机关及其工作人员推诿、敷衍、拖延信访事项办理或者未在法定期限内办结信访事项的，或者打击信访人的，对直接负责的主管人员和其他直接责任人员依法给予行政处分；构成犯罪的，依法追究刑事责任。

改革开放以来，特别是自 20 世纪 90 年代中期以来，中国各种利益冲突和社会矛盾激增，大量纠纷涌向信访机制，引发了所谓的"信访洪峰"，我国现有的信访制度面临着严峻的挑战。

自 1993 年全国群众来信来访总量出现回升以来，信访数量处于持续上升趋势，其中来信量相对平稳，来访量不断攀升。2000 年全国 31 个省、自治区、直辖市县以上三级党政机关受理的群众来信来访量首次突破 1000 万件（人）次。2001 年同比继续上升 8.7%；2002 年同比继续上升 2.9%；2003 年受"非典"疫情的影响，信访总量与上年基本持平，但群众集体上访总量同比上升 5.1%。2004 年，国家信访局受理群众来信 45.7 万件，比上年增长 11.7%；接待群众来访 6.7 万批次、14.8 万人次，分别比上年增长 58.4% 和 52.9%。[①]

2005 年，《信访条例》的出台和贯彻实施使得情况发生了一些好转。2005 年度，信访总量持续攀升的势头得到有效遏制，呈现"三个下降一个好转"，即信访总量下降、集体上访下降、初信初访下降、信访秩序好转的良好态势。具体表现在：2005 年全国县级以上党政信访部门受理的信访总量为 1265.6 万件（人）次，与上年 1373 万件（人）次相比，下降 7.9%。其中，国家信访局受理 60.3 万件（人）次，同比基本持平；省、市、县三级受理的信访量同比分别下降 8.9%、9.2%、9.3%。2006 年信访总量再次下降 15.5%，全国的信访形势明显好转。[②] 全国信访总量持续 12 年攀升的势头不

---

① 周永康：《在信访条例专题研讨班开班仪式上的讲话》，2005 年 2 月 16 日。

② 资料来源：人民网：http://politics.people.com.cn/GB/1026/5534209.html，2007 年 3 月 28 日。

仅得到有效遏制，而且出现了"拐点"。①

信访机制的主要问题表现为，信访在解决社会纠纷中的作用被不恰当地放大，一些应通过其他法定机制解决的纠纷，流入信访机构，信访事实上成为解决某些纠纷的最后制度手段。由于大量的纠纷无法进入诉讼机制或者其他非诉讼机制加以解决，并且通过诉讼机制或者其他非诉讼机制解决纠纷会加大当事人的经济负担，特别是许多地方的信访工作由于领导人员的直接过问，在个别纠纷的处理上产生了巨大的社会影响，导致了纠纷当事人对信访机制在解决纠纷中的作用和效果产生了不合理的期待，以至于信访机构成为汇聚各种社会纠纷的窗口。但是，信访机构本身只是办事程序机构，无权处理具体的信访纠纷，所以，形成了信访人与信访机构之间就信访纠纷的解决而引发的新的社会纠纷，严重的甚至导致了群体性事件的发生。据统计，2003 年，国家信访局接待 50 人以上的群众集体访批次和人次，分别比上年上升 33.3% 和 39%；单批集体访人数最多的达到 800 多人。更为激烈的举动也时有发生。比如，有的上访人员情绪激烈、行为偏激，有组织性地举标语、呼口号，并发生堵塞交通要道、拦截公务车辆、冲击政府机关、打砸公共财物、殴打信访人员等违法行为，还有的甚至出现自焚、投河、跳楼等极端举动，不仅严重干扰了各级党政机关的正常工作秩序，而且直接影响了社会和谐稳定。

2. 内部纠纷解决机制

我国的内部纠纷解决机制所解决的主要是国家机关、企事业单位和社会团体内部发生的用人单位与国家工作人员、职工之间的劳动人事纠纷，主要有三种机制：一是申诉控告机制，主要是解决国家行政机关与公务员之间因人事管理发生的纠纷；二是人事争议仲裁机制，主要解决事业单位与聘用制职工、国家行政机关与聘用制公务员、军队与其文职人员之间因人事管理发生的纠纷；三是劳动争议仲裁机制，主要解决企业与职工之间因履行劳动合同发生的纠纷。

在 2006 年之前，解决机关内部人事纠纷的法律依据主要是人事部 1997年颁布实施的《人事争议处理暂行规定》、1995 年《国家公务员申诉控告暂行规定》；确立国家机关工作人员的权利义务的主要法律依据是《国务院关于国家行政机关工作人员的奖惩暂行规定》和《国家公务员暂行条例》。但是，《中华人民共和国公务员法》于 2006 年 1 月 1 日施行之后，情况发生了改变。新实施的《公务员法》设有专章详细规定公务员的权利和义务。为了保护公务员的权益，《公务员法》规定了相应的申诉控告程序。② 对于公务员与机关

---

① 《国家信访局负责人谈〈信访条例〉的贯彻实施情况》，人民网：http：//gov.people.com.cn/GB/46737/4342648.html。

② 以《国家公务员暂行条例》为依据制定的《国家公务员申诉控告暂行规定》目前依然有效。

发生的八类人事争议，公务员可以提起申诉。① 公务员认为机关及其领导人员侵犯其合法权益的，可以依法向上级机关或者有关的专门机关提出控告。② 同时，《公务员法》第 100 条规定，建立相应的人事争议仲裁制度；并规定，聘任制公务员与所在机关之间因履行聘任合同发生争议的，可以自争议发生之日起 60 日内向人事争议仲裁委员会申请仲裁。这是我国第一次以法律的形式确定人事争议仲裁制度。

目前，我国处理人事争议的主要法律依据是 1997 年 8 月人事部《人事争议处理暂行规定》，以及之后出台的人事部《人事争议处理办案规则》和《人事争议仲裁员管理办法》。此外，地方上也出台了相应的人事争议仲裁方面的规定。例如，除了重庆市和福建省分别以地方性法规的形式进行了人事争议立法外，全国有 26 个省、自治区、直辖市制定了解决人事争议的政府规章。但是，总体来说，这些人事争议的相关规定主要涉及人事争议仲裁制度，着重的是程序性规则；而对于争议双方的具体权利义务，并不存在一个如《劳动法》一样规定了劳动争议双方的具体权利义务关系的实体性法律规范。人事争议仲裁过程中适用的也主要是人事部门制定的内部文件。

有关劳动争议仲裁机制的法律规定主要是《劳动法》、《企业劳动争议处理条例》和《劳动争议仲裁调解法》等，处理劳动争议的法律体系基本形成。根据有关规定，劳动争议仲裁委员会设在各级政府劳动行政部门内部，由劳动行政部门代表、同级工会代表、用人单位方面的代表组成。按照行政区划，负责本行政区域内发生的劳动争议。劳动争议仲裁程序为强制性仲裁，是法院审理劳动争议诉讼的前置程序。劳动争议仲裁裁决具有法律效力，对于无异议的仲裁裁决，当事人必须履行。目前的劳动争议解决机制主要可以用"一调一裁两审"来概括，即劳动争议出现之后，当事人可以申请企业内部的劳动争议调解委员会进行调解，如果调解不成，当事人可以到劳动仲裁委员会申请仲裁，当事人也可以不经企业内部的调解，径行申请仲裁。对仲裁结果不服的，当事人可以向法院提起诉讼，仲裁为诉讼的前置程序。目前，由于企业内部劳动争议调解委员会的组建率很低，劳动争议仲裁机构已经成为成功解决劳动争议最重要的一种途径。全国 31 个省、自治区、直辖市都设立了劳动争议仲裁机构，专职仲裁员有 7000 余人，除此之外，还有 1 万多名主

① 《公务员法》第 90 条规定，公务员对涉及本人的人事处理不服的，可以自知道该人事处理之日起 30 日内向原处理机关申请复核，对复核结果不服的，可以自接到复核决定之日起 15 日内，按照规定向同级公务员主管部门或者作出该人事处理的机关的上一级机关提出申诉，也可以不经复核，自知道该人事处理之日起 30 日内直接提出申诉。此类处理涉及：处分、辞退或者取消录用，降职，定期考核定为不称职，免职，申请辞职、提前退休未予批准，未按规定确定或者扣减工资、福利、保险待遇，法律、法规规定可以申诉的其他情形。

② 《中华人民共和国公务员法》第 93 条。

要来自工会的兼职仲裁员。

"2010 年，全国各级劳动人事争议调解仲裁机构受案 128.74 万件，比上年增加 3.85%；结案 126.41 万件，其中通过调解方式结案 87.92 万件，占 69.55%。仲裁机构立案受理 60.26 万件，比上年减少 12.27%，期末累计未结案件比上年减少 41.51%，结案率升至 93.13%；调解组织受理 68.48 万件，比上年增加 23.89%，结案率 91.75%。从调解组织受案比重看，乡镇街道劳动争议调解组织受案数占总数的 17.33%，社区居委会村委会、企业劳动争议调解委员会、县（区）调解组织合计占 16.98%。在一些调解组织发达的地方，调解组织受案数和仲裁机构立案数之比可达到 1.5:1 至 2:1。"①

虽然国家机关、企事业单位和社会团体的内部纠纷解决机制不断发展，在解决有关纠纷中发挥了一定的作用，但是，总的来说，该机制还不够完善，导致某些纠纷无法获得有效解决。不仅企事业单位内部的劳动人事纠纷通过现有的劳动人事争议仲裁机制不能完全加以解决，而且国家机关内部发生的国家机关与国家工作人员之间的人事管理纠纷，除了依据管理体制不太明确的申诉控告机制可以处理一部分此类性质的纠纷外，其余纠纷由于性质不清，解决纠纷的机构设置不合理、不到位，导致了这些纠纷流入信访机制，增加了信访机构的工作负担和压力，使得信访机构成为履行"政府不管部"职能的解决纠纷的全能性机构。

3. 民商事仲裁

民商事仲裁解决的是平等的民事主体之间发生的财产性质的纠纷。该机制是基于发生纠纷的当事人的自愿，而由具有民间性的仲裁机构来解决纠纷的。民商事仲裁机制以当事人选择仲裁为基础，对诉讼机制起到了非常重要的辅助作用，有效地缓解了诉讼机制在解决当事人之间的民商事纠纷中的工作负担和压力。

由于仲裁具有尊重当事人的意愿、一裁终局、程序便捷、成本较低、解决方式灵活、为当事人保守秘密等优点而受到广泛重视，成为解决各种民商事纠纷的重要手段。从 1995 年 9 月 1 日《中华人民共和国仲裁法》实施 17 年以来，为了配合我国仲裁法的贯彻与实施，最高人民法院先后作出了一百余项有关仲裁制度的司法解释，以弥补仲裁立法的空白。

自 2000 年到 2009 年的十年间，我国仲裁机构受理案件数量及标的额持续增长。据统计，2000 年，我国仲裁机构共 160 家，受理案件总数 9577 件，标的总额 221 亿元。到 2009 年，全国 202 家仲裁机构受理案件数为 74811 件，增长了近 7 倍，标的总额 961 亿元，增长了 3 倍多。② 与国外主要仲裁机构相

---

① 《2010 年全国劳动人事争议处理情况统计分析》。
② 数据来源：《2010 年全国仲裁工作座谈会纪要》。

比，同期增长幅度居于首位。①

仲裁机构受理的案件中有许多涉及国计民生的重要经济领域，关系到稳定、和谐、发展的大局。据不完全统计，全国仲裁机构的裁决被司法监督撤销、不予执行的平均比率低于1%。这一方面说明人民法院对我国仲裁工作的支持，另一方面也体现了仲裁案件质量的总体水平，说明仲裁的工作处于较高的水准，这些将增强仲裁这一纠纷解决方式的社会公信力。但是，与全国法院办理民商事案件的数量相比，仲裁的办案数量和标的额仍然非常少。这说明，仲裁还有很大的发展潜力和空间，因此，仲裁仍然是一项发展中的、各方面有待完善的纠纷解决方式。

民商事仲裁的主要问题表现为：仲裁机构行政化色彩较浓，仲裁程序中当事人意思自治原则被弱化，某些仲裁制度设计不尽合理，导致民商事仲裁在解决纠纷中的作用难以充分发挥。这使纠纷当事人对仲裁机制缺少信任感而很少选择适用仲裁程序来解决彼此之间的民商事纠纷，结果导致这些纠纷流入诉讼机制，增加了法院的审判负担。据了解，实践中，不但一些地方的仲裁机构按行政模式定级定编，确定主管部门并由政府提供经费补贴、办公用房，而且仲裁委员会的组成人员大多数为政府各有关部门的官员，仲裁委员会主任一般也由政府分管领导或其法制部门的主要领导兼任。还有的地方，由政府或者政府有关部门发文推行仲裁制度。更有甚者，有的地方，对于重大疑难或者社会关注的仲裁案件，在仲裁庭作出裁决之前，仲裁委员会或者仲裁庭还要向政府部门的有关领导汇报，听取意见，等等。

4. 非司法调解机制

非司法调解机制解决的纠纷主要是平等的民事主体之间的人身或者财产纠纷。我国非司法调解机制主要包括行政调解和民间调解两种形式。行政调解是由国家行政机关居间作为解决民事纠纷的调解人；民间调解是由法律规定的基层自治组织的调解机构或者企业内部的调解组织进行的调解。调解机制虽然不是处理民事纠纷的必经程序，但是，在实践中分流了一批流向诉讼机制或者其他非诉讼机制的纠纷，减轻了其他法定机制解决相关纠纷的工作负担和压力。

对于我国人民调解制度的发展来说，最具里程碑意义的是2010年8月28日，第一部全面规范人民调解制度的法律——《中华人民共和国人民调解法》的颁布。《人民调解法》坚持和重申了人民调解的群众性、民间性、自治性的性质和特征，进一步完善了人民调解的组织形式，明确了人民调解员的任职条件、选任方式、行为规范和保障措施，体现了人民调解的灵活性和便利性，

---

① 2000年，美国仲裁协会受理案件总数510件，2009年受理案件数836件，增长不足1倍；国际商会仲裁院同期受理案件数分别为541件和817件；伦敦国际仲裁院为81件和232件；瑞典斯德哥尔摩商会仲裁院为73件和215件；新加坡国际仲裁中心分别为41件和114件。

确认了人民调解与其他纠纷解决方式之间的衔接机制，明确了人民调解协议的效力和司法确认制度，加强了对人民调解工作的指导和保障。《人民调解法》既继承了优良传统，又顺应了时代发展的需要，必将有力推进人民调解工作依法规范顺利发展，在及时妥善解决民间纠纷中发挥更加重要的作用。该法已于 2011 年 1 月 1 日起施行。

根据《人民调解法》第 34 条规定，社会团体或者其他组织根据需要可以设立人民调解委员会，调解民间纠纷，司法部遂于 2011 年 5 月 12 日提出了《关于加强行业性专业性人民调解委员会建设的意见》。该意见的目的是为了进一步加强行业性、专业性人民调解委员会建设，充分发挥人民调解化解矛盾纠纷、维护社会稳定的职能作用。2004～2009 年人民调解委员会及调解人员数量见表 5－5。

表 5－5　2004～2009 年人民调解委员会及调解人员数量①

年份	2004	2005	2006	2007	2008	2009
人民调解委员会（万个）	85.3	84.7	84.3	83.7	82.7	82.4
调解人员（万人）	514.4	509.7	498.2	486.9	479.3	493.9

对于一般的民事纠纷，司法行政部门也可以以调解的形式介入处理。比如，司法部于 1990 年 4 月 19 日颁布实施了《民间纠纷处理办法》（中华人民共和国司法部令第 8 号），规定司法助理员作为基层人民政府的司法行政工作人员，具体负责处理民间纠纷的工作。

另外，根据现行有关的法律、法规及行政规章，有关的行政机关在其实施行政管理的领域内可以就有关的民事纠纷进行行政调解，在此方面，民间机构主持的专门民事纠纷的调解在我国还比较少（见表 5－6）。比如，在治安管理领域，1995 年 2 月 28 日颁布实施、2012 年 10 月修订的《中华人民共和国人民警察法》规定，人民警察对公民提出解决纠纷的要求，应当给予帮助。《治安管理处罚法》规定，对违反治安管理的行为，公安机关根据情况可以调解处理；调解处理的，不予处罚。这意味着，公安机关可以进行行政调解的民间纠纷应以涉及治安管理的纠纷为主。

表 5－6　我国行政调解的有关情况②

所涉及的纠纷	处理主体	处理形式	法律依据（或者规范性文件）
一般民事纠纷	司法助理员	行政调解	《民间纠纷处理办法》

① 数据来源：《中国统计年鉴》（2005～2010 年）。
② 此处以列举有国家法律、行政法规乃至部门规章规定的制度和程序为原则，特殊情形下也对地方性法规、地方政府规章及其他规范性文件中规定的制度予以列举。

续表

所涉及的纠纷	处理主体	处理形式	法律依据（或者规范性文件）
一般民事纠纷	人民警察	行政调解	《人民警察法》
打架斗殴或者损毁他人财物等违反治安管理行为涉及的民间纠纷	公安机关	行政调解	《治安管理处罚法》《公安机关办理行政案件程序规定》
土地权属争议	县级以上国土资源行政主管部门	行政调解	《土地权属争议调查处理办法》
海域使用权争议	县级以上人民政府海洋行政主管部门	行政调解	《海域使用权争议调解处理办法》
草原权属争议	县级以上人民政府	行政调解	《草原法》
养殖用水域滩涂权属争议	县级以上人民政府	行政调解	《渔业法》
渔业水污染纠纷	渔政监督管理机构	行政调解	《渔业水域污染事故调查处理程序规定》
林木林地权属争议	各级人民政府	行政调解	《林木林地权属争议处理办法》
电信网间互联争议	信息产业部 信息产业部电信管理局 省级通信管理局	协调	《电信条例》第20条 《电信网间互联争议处理办法》
公用电信网间互联争议	电信主管部门	协调	《公用电信网间互联管理规定》
电信服务争议	电信管理机构	行政调解	《电信用户申诉处理暂行办法》
电力争议	国务院电力监管机构及其派出机构	行政调解	《电力争议调解暂行办法》
水电工程建设经济合同争议	全国水电工程建设经济合同争议调解委员会	行政调解	《水电工程建设经济合同争议调解暂行规则》
	工程建设项目经济合同争议评审调解组		
合同争议	工商行政管理机关	行政调解	《合同争议行政调解办法》
产品质量争议	县、市级技术监督行政部门	行政调解	《产品质量申诉处理办法》
汽车维修质量纠纷	县级以上地方人民政府交通行政主管部门所属道路运政机构	行政调解	《汽车维修质量纠纷调解办法》

续表

所涉及的纠纷	处理主体	处理形式	法律依据（或者规范性文件）
消费者权益争议	工商行政管理所	行政调解	《工商行政管理机关受理消费者申诉暂行办法》《工商行政管理所处理消费者申诉实施办法》
商业经济纠纷	各级商业主管部门的法制机构	行政调解	《商业经济纠纷调解试行办法》
道路运输服务质量纠纷	县级以上人民政府交通行政主管部门	行政调解	《道路运输服务质量投诉管理规定》
劳动争议	劳动争议仲裁委员会	行政调解	《中华人民共和国企业劳动争议处理条例》
农业（村）承包合同纠纷	农村合作经济经营管理部门	调解	中共中央书记处农村政策研究室《关于稳定和完善土地承包制的意见》、农业部《关于加强农业承包合同管理的意见》及《河北省农业承包合同仲裁规定》①
著作权纠纷	著作权行政管理部门	行政调解	《著作权法》
商标争议	工商行政管理部门	行政调解	《商标法》第53条等
专利争议	管理专利的部门	行政调解	《专利法》第57条
植物新品种争议	国务院农业、林业行政部门	行政调解（适用于上述争议的赔偿问题）	《植物新品种保护条例》第39条
医疗事故	卫生行政部门	行政调解	《医疗事故处理条例》
交通事故损害赔偿纠纷	公安机关交通管理部门	行政调解	《道路交通安全法》、《交通事故处理程序规定》
渔业海上交通事故引发的民事纠纷	渔港监督	行政调解	《渔业海上交通事故调查处理规则》
企业国有产权纠纷	县级以上财政机关	行政调解	《企业国有产权纠纷调处工作规则》

---

① 关于农业（村）承包合同纠纷仲裁机制，我国迄今除了上述列举的两部规范性文件之外，并没有明确的法律法规构成依据，实务中主要是依据各地方制定的地方性法规、地方政府规章及其他规范性文件。

续表

所涉及的纠纷	处理主体	处理形式	法律依据（或者规范性文件）
环境污染赔偿责任和赔偿金额的纠纷	环境保护行政主管部门或者行使环境监督管理权的部门	行政处理（行政调解）①	《环境保护法》全国人民代表大会常务委员会《关于正确理解和执行〈环境保护法〉第四十一条第二款的答复》
水事纠纷	县级以上人民政府或者其授权的部门	行政调解	《水法》
水污染纠纷	环境保护部门交通部门的航政机关	行政处理（行政调解）	《水污染防治法》
大气污染损害纠纷	环境保护部门	行政调解	《大气污染防治法》
固体废物污染损害纠纷	环境保护行政主管部门其他固体废物污染环境防治工作的监督管理部门	行政调解	《固体废物污染环境防治法》
环境噪声污染损害纠纷	环境保护行政主管部门或者其他环境噪声污染防治工作的监督管理部门、机构	行政调解	《环境噪声污染防治法》
铁路内部经济纠纷	铁道部政策法规司各单位的企业法律顾问机构	行政调解	《铁路内部经济纠纷调解规则》

司法行政部门和公安机关均可以在相应的职权范围之内承担调解纠纷的职能，大量普通的民间纠纷是通过司法行政部门及公安机关的调解得到解决的。司法行政机关调解处理的民事纠纷涉及婚姻家庭、房屋及宅基地、债务、生产经营、邻里关系、损害赔偿等领域。从有关的统计数据看，每年有大量的此类民事纠纷被提交给有关的司法行政机关，由其通过调解机制介入处理。比如，2008 年司法行政部门共调解 4981370 件普通民事纠纷（其中婚姻家庭纠纷占 20.5%，房屋、宅基地纠纷占 7.3%，邻里间纠纷占 20%，损害赔偿纠纷占 9%），2009 年共调解 5797300 件（其中婚姻家庭纠纷占 19.7%，房

---

① 《环境保护法》第 41 条第 2 款对于此类纠纷的处理方式使用了"处理"一词，全国人民代表大会常务委员会《关于正确理解和执行〈环境保护法〉第四十一条第二款的答复》中已经明确将其定性为"行政机关居间对当事人之间民事权益争议的调解处理"。《水污染防治法》中也存在相同的问题，而近来新制定或者修订的环保法律中已经明确改为"调解处理"。

屋、宅基地纠纷占 6.3%，邻里间纠纷占 21.4%，损害赔偿纠纷占 9.4%）。①
再以公安机关调解处理的民间纠纷为例，按照 2007 年 12 月 8 日公安部发布的
《公安机关治安调解工作规范》的规定，"民间纠纷是指公民之间、公民和单
位之间，在生活、工作、生产经营等活动中产生的纠纷"，因而公安机关既可
以就普通的民间纠纷进行调解，也可以就涉及违反治安管理规定的民间纠纷
进行调解。2006 年，全国各地公安机关强化治安调解，化解民间纠纷，依法
调解治安案件 137.8 万起，占查处治安案件总数的 22.4%。其中，江苏省公
安机关成功调解治安案件 14.6 万余起，广东省公安机关成功调解治安案件
13.2 万余起。② 2009 年，全国公安机关治安部门共调解处理治安案件 372 万
余起，占查处治安案件总数的 33.7%；2007 年至 2009 年的三年中，全国治安
调解处理的案件数年平均增幅达 39.4%。③ 全国公安机关强化治安调解、积
极化解社会矛盾的做法，大大降低了案件"民事转刑事"的可能性，消除了
影响社会稳定的大量隐患，产生了良好的社会效果。

　　但是，我国的非司法调解机制也存在许多制约其发挥应有作用的问题，
主要体现为，调解机构缺少必要的权威，调解协议不具有法律拘束力，当事
人对调解的作用重视不够。这导致了调解机制缺少应有的解决纠纷的分流和
辅助作用。事实上，绝大多数经过调解后的纠纷仍然进入了其他法律程序寻
求新的解决结果，这种情形不仅降低了调解机制在解决纠纷中的威信，而且
也增加了解决纠纷的成本支出，增加了解决纠纷的环节和复杂性，不利于纠
纷的顺利解决。从近些年来的状况看，我国民间组织主导的调解机制发展得
不尽如人意，相对趋向于萎缩，目前在实际工作中发挥作用的主要是村民委
员会、居民委员会等群众自治组织所主导的调解机制。除此之外，调解主要
是在行政机关主导下进行的。据不完全统计，仅法律、行政法规乃至部门规
章中所规定的行政调解机制就达 40 余项，除个别机制可调解一般民事纠纷
外，大部分则以特定领域的民事纠纷为调解对象，涉及资源权属纠纷、电信
纠纷、消费纠纷、知识产权纠纷、交通事故纠纷等。这种状况在一定程度上
表明我国民众的自治、自律机制还不够发达，行政管制的强度还比较大，同
时，也表明人们对国家权力的依赖度还比较高，在遇到纠纷后，也倾向于通
过诉讼乃至主管机关寻求救济。而这一状况必然导致纠纷的解决成本也比较
高，从总体上也并不利于构建全方位、多层次的纠纷处理机制。相对健全的
纠纷处理机制应当是包括纠纷预防、纠纷解决在内的机制，在纠纷解决方面，

---

① 　数据来源：《中国统计年鉴》（2009～2010 年）。

② 　《全国各地公安机关强化治安调解，去年化解矛盾纠纷 137.8 万起》，《人民公安报》2007 年 2
　　月 5 日。

③ 　《近 3 年全国治安调解处理的案件数年平均增幅达 39.4%》，中国法院网：http://court.cn/
　　html/article/201010/05/430480.shtml。

在确保司法最终解决纠纷的前提之下，应当形成诉讼之外的包括调解、裁决等在内的多重机制，除了行政机关可以介入处理纠纷之外，也不可无视民间调解在处理民事纠纷方面的作用。只有形成这样一种全方位的纠纷解决体系，才能相对合理地配置资源，有效地预防和解决纠纷。

5. 行政复议机制

行政复议解决的是国家行政机关与公民、法人和其他组织之间的人身、财产权利的纠纷。虽然行政复议机制解决的纠纷的性质与行政诉讼机制是相同的，但是，作为行政纠纷的救济机制，行政复议机制解决了大量的通过行政诉讼机制无法解决的纠纷，具有独立的法律地位。

我国的行政复议机制是 20 世纪 90 年代初建立的。1990 年 10 月 9 日，国务院第 71 次常务会议通过了《行政复议条例》，并自 1991 年 1 月 1 日起正式施行。根据该条例的规定，公民、法人或者其他组织认为行政机关的具体行政行为侵犯其合法权益，可以依照该条例向行政机关申请复议（第 2 条）。复议机关依法行使职权，不受其他机关、社会团体和个人的非法干预（第 3 条）。可以看到，根据《行政复议条例》建立起来的行政复议机制，实际上是通过行政机关内部设立的行政复议机构来处理国家行政机关与公民、法人和其他组织之间发生的行政纠纷，行政复议实际上起到了分流行政纠纷进入行政诉讼机制的作用，但由于行政复议的受案范围更宽，所以，行政复议机制所解决的行政纠纷涉及面更广。《行政复议条例》实施后，又根据 1994 年 10 月 9 日《国务院关于修改〈行政复议条例〉的决定》进行了一次修改，进一步完善了行政复议的具体制度。

1999 年 4 月 29 日，第九届全国人民代表大会常务委员会第九次会议通过的《中华人民共和国行政复议法》又将我国行政复议制度的建设推进到一个新的阶段。行政复议法不仅规定公民、法人和其他组织可以对国家行政机关和国家行政机关工作人员实施的具体行政行为提请行政复议，而且还允许公民、法人或者其他组织对行政机关的具体行政行为所依据的有关规范性文件提出复议的申请。至此，部分行政机关制定的规定也被纳入行政复议的范围，行政机关实施的行政行为受到了法律机制进一步有效的监督。

行政复议对于监督行政机关依法行政、保障行政相对人合法权益发挥着重要的作用。但是，该机制也存在复议机构缺乏独立性、公正性，复议程序不完善等问题，而比较核心的问题则是行政复议对于抽象行政行为审查不够全面，能够通过行政复议进行审查的抽象性行政行为还比较有限，而且，即便对于能够进入行政复议程序的抽象性行政行为，复议阶段的审查效果也不够好。

6. 违宪审查机制

违宪审查机制是依据我国现行宪法和《立法法》的相关规定建立的。它解决的主要是法律、法规和规章等规范性文件之间的纠纷。依法享有违宪审查权的国家机关是全国人大常委会，违宪审查的对象主要是《立法》第 90 条规定的行政法规、地方性法规、自治条例和单行条例。违宪审查机制在解决纠纷中的主要作用就是从制度源头解决法律、法规和规章之间的矛盾和冲突，维护宪法的权威和法制的统一。

2001 年 6 月 28 日，最高人民法院审判委员会第 1183 次会议通过的《最高人民法院关于以侵犯姓名权的手段侵犯宪法保护的公民受教育的基本权利是否应承担民事责任的批复》指出："山东省高级人民法院：你院〔1999〕鲁民终字第 258 号《关于齐玉苓与陈晓琪、陈克政、山东省济宁市商业学校、山东省滕州市第八中学、山东省滕州市教育委员会姓名权纠纷一案的请示》收悉……根据本案事实，陈晓琪等以侵犯姓名权的手段，侵犯了齐玉苓依据宪法规定所享有的受教育的基本权利，并造成了具体的损害后果，应承担相应的民事责任。"

在上述司法批复中，最高人民法院明确表示，宪法中所规定的公民的受教育权受到侵犯，可以获得民事法律的救济。这种司法态度已经明确地表达了最高人民法院作为国家最高司法审判机关，对宪法中所涉及的公民的基本权利如何实现，提出了自己的司法主张。实际上意味着最高人民法院担负起了保障宪法实施的责任。而这种保障宪法实施的方式是通过将宪法直接作为司法审判的法律依据来实现的。最高人民法院该批复的出台，受到社会各界的普遍关注，有的新闻媒体甚至将该批复视为"中国违宪审查第一案"，这说明，违宪审查机制的运作在我国已经有了广泛的群众基础和社会基础。

在违宪审查方面另一个具有非常重要的社会影响的事件是 2003 年"孙志刚事件"。在该事件发生后不久，出现了"三公民"上书全国人大常委会，建议对《城市流浪乞讨人员收容遣送办法》进行违宪和违法审查。

该建议书的主要内容如下：

全国人民代表大会常务委员会：

《中华人民共和国立法法》第 88 条第 2 款规定，全国人大常委会有权撤销同宪法和法律相抵触的行政法规。第 90 条第 2 款规定，公民认为行政法规同宪法或法律相抵触的，可以向全国人大常委会书面提出进行审查的建议。

我们作为中华人民共和国公民，认为国务院 1982 年 5 月 12 日颁布的，至今仍在适用的《城市流浪乞讨人员收容遣送办法》，与我国宪法和有关法律相抵触，特向全国人大常委会提出审查《城市流浪乞讨人员收容遣送办法》的建议。

虽然全国人大常委会没有对"三公民"上书作出正式的答复，但在社会公众的广泛关注下，2003 年 6 月 20 日，国务院总理温家宝签署国务院第 381

号令，公布施行了《城市生活无着的流浪乞讨人员救助管理办法》。《办法》自 2003 年 8 月 1 日起施行。《办法》规定，1982 年 5 月 12 日国务院发布的《城市流浪乞讨人员收容遣送办法》同时废止。应当指出的是，尽管全国人大常委会未作出正式的违宪审查，但是，通过违宪审查来解决法律、法规和规章之间的冲突和矛盾，维护法制的统一和尊严，已经逐渐成为领导决策层和社会公众的共识。只是进一步启动违宪审查机制的时机还没有完全成熟。

法律、法规和规章之间的冲突无法通过违宪审查等方式解决，制约和削弱了运用法律方式解决社会纠纷的作用。大量的社会纠纷是由于政策不清楚或者法律规定含糊引起的，而这些纠纷的解决在制度上又完全取决于能否有效地解决政策中的矛盾以及政策与法律、法律与法律之间的冲突。虽然根据宪法和立法法的规定，全国人大常委会有权解释宪法和法律，并且有权对违反宪法和法律的行政法规、地方性法规、自治条例和单行条例进行违宪审查，但是，在实践中，全国人大常委会从来没有通过正式的法律程序作出过一例宪法解释或者进行过一次正式的违宪审查，这就导致了在现实中存在的政策之间的冲突、政策与法律之间的冲突以及法律与法律之间的冲突无法得到有效解决，继而也影响了依据政策和法律所产生的具体纠纷的解决。在实践中，有地方法院在审判行政案件的过程中，宣布省人大制定的地方性法规是违反法律的，但有关法官受到了撤职处分，由此可见，对法律、法规和规章进行违宪审查，目前最大的阻力来自实际部门，特别是违宪审查对象的实施主体，这说明，要真正启动违宪审查机制，发挥其在解决纠纷中的独特的制度优势还有待时日。

总之，从宏观上来看，虽然我国现行的解决纠纷的法律机制种类齐全，单个解决纠纷的法律机制也建立了比较完善的具体制度，但是，这些法律机制彼此之间还没有建立有效的整体意义上的法律联系，解决纠纷的法定机制还没有发挥其制度上应有的整体和规模效应，法定机制解决纠纷的潜能还没有充分发挥出来。这些问题的存在都影响到对纠纷的解决效果，加上法律制度不健全等因素，要充分发挥解决纠纷的法定机制在维护社会稳定、建设和谐社会中的作用，既需要在思想认识上予以高度重视，又需要从理论上加大研究力度。

三　完善法定解决纠纷机制的政策建议

（一）改变"大信访"的思路，重点发挥信访的程序性保障作用

加强信访工作的法治化建设，在制定《信访法》的基础上，保证信访在解决社会纠纷中信息汇集和传递的作用，实行信访源的集中管理和信访工作的专门化，减少领导批示，完善并规范信访工作程序。信访工作就其性质来说，只是国家机关处理来信来访的接待程序和信息转发程序，信访机构本身无权解决信访案件中所涉及的具体纠纷。因此，要充分发挥信访机构在解决

纠纷中的程序性保障功能，不应当通过信访机构直接解决纠纷，否则，就会使信访机构成为各种社会纠纷和矛盾的汇聚点。这种状况既不利于发挥信访机构在解决纠纷中的疏导作用，也很容易导致信访机构超越职权或者滥用职权，一方面会影响到其他法定机制解决纠纷的功能的发挥，另一方面也会弱化政府和社会公众依法解决纠纷的观念。解决问题的思路就是要使信访工作承担其应当承担和能够承担的解决纠纷的功能，重点发挥信访机制在解决纠纷中与其他机制相互配合和协调的程序性保障作用。

对信访制度进行改革的主要思路应当立足于以下几个方面：（1）制定《信访法》，规范信访工作体制，建立在各级党委和人大统一领导下的信访工作管理机制，减少信访机构的重复设置、重叠设置，逐渐实行信访工作的专门化。（2）建立"一个窗口"对外的信访接待制度，避免多头接访和重复接访，设立同城信访接待中心，提高信访接待工作的效率。（3）杜绝领导批示，避免因领导批示导致上访者对纠纷解决结果产生不合理的期待而导致信访机构承受巨大压力，严重干扰和影响信访机构的正常工作秩序。（4）进一步完善信访终结制度，通过信访机制合理疏导信访源，建立规范有序的信访工作程序等。

（二）充分发挥诉讼在解决纠纷中的主导作用

积极稳妥地推进司法体制改革，不断完善诉讼机制，提高诉讼实效，建立更加宽松的诉讼准入机制，推进审级制度改革，进一步强化执行力度。诉讼机制在解决社会纠纷过程中，是通过法律明确规定的诉讼程序，在保证纠纷当事人充分享有诉讼权利的基础上，根据公正、公平和公开的原则，寻求解决纠纷的具有法律拘束力的结果。由于诉讼机制以具有法律拘束力的法院判决、裁定或者调解书为解决纠纷的结果，因此，诉讼机制解决纠纷往往具有权威性、公正性和确定力，并可通过国家强制力来保证纠纷解决结果的实现，防止纠纷流向其他机制。基于诉讼机制在解决纠纷中的重要特性，要发挥解决纠纷的法定机制在解决纠纷中的整体和规模效应，应当以充分发挥诉讼机制在解决纠纷中的核心作用为前提。要通过合理的制度疏导，将诉讼机制作为解决纠纷的最后的法律手段。

为此，要在制度上建立更加宽松的诉讼准入机制，改进受案制度，确保诉讼机制可以解决通过其他非诉讼机制无法解决的纠纷。要将目前事实上由信访机构承担的作为解决纠纷最后手段的功能转移到诉讼机制中来，确立诉讼机制在解决纠纷中的主渠道作用。要树立依法处理各类社会纠纷的法治意识，防止黑社会性质的组织或者其他性质的非法组织因纠纷解决效果不佳而介入纠纷解决中来，通过强化诉讼机制在解决纠纷中的核心作用，有效地防范黑社会性质的组织或者其他性质的非法组织借解决纠纷得以产生和发展，以维护社会和谐与稳定，保障社会公众的人身和财产安全。

另外，改革审级制度，逐步实行三审终审的司法审判制度，进一步发挥高级人民法院在保证诉讼质量、维护司法公正中的核心作用。通过审级制度的改革来弥补审判监督制度在解决纠纷方面存在的救济机制不足等问题，进一步加大人民法院的执法力度；对于拒不执行人民法院判决的当事人，应当采取有效的强制措施，迫使其履行法定义务，提高人民法院通过诉讼机制解决纠纷的权威性和有效性，保证诉讼机制在解决纠纷中发挥其最终救济机制的作用。

（三）修改行政诉讼法和行政复议法，建立和完善行政诉讼和行政复议对抽象行政行为的审查制度

在行政诉讼法和行政复议法出台后，对于国家行政机关与公民、法人和其他组织之间因为国家行政机关实施具体行政行为而发生的纠纷，公民、法人和其他组织可以通过行政复议和行政诉讼加以解决。但是，由于行政机关的抽象行政行为没有完全纳入行政复议程序，也没有进入行政诉讼程序，所以，在实践中，对于行政机关因为实施抽象行政行为与公民、法人和其他组织发生的纠纷，就没有相应的法定机制加以解决。正因为如此，一些行政机关利用抽象行政行为不受行政复议和行政诉讼审查这一制度缺陷，变相地侵犯行政管理相对人的合法权益，由此引发了大量的行政纠纷，严重的甚至引发了社会影响巨大的群体性纠纷。因此，为了减少国家行政机关在行使行政职权过程中与公民、法人和其他组织发生矛盾和冲突，应当逐步扩大行政复议对抽象行政行为的审查范围，并将抽象行政行为纳入行政诉讼的受案范围。

（四）完善内部纠纷解决机制

将事业单位和有关社会团体的所有内部人事争议纳入人事争议仲裁的范围；建立人事争议仲裁与诉讼相互衔接的制度，为通过诉讼解决各类人事争议提供制度保障；建立统一的国家机关工作人员的申诉控告制度，逐步使其与诉讼机制接轨；进一步完善劳动集体争议协商制度，依法保障职工的合法权益。

内部纠纷是用人单位与单位职工之间因人事管理和履行劳动合同而发生的纠纷，这一类纠纷虽然发生在国家机关、企事业单位和社会团体内部，但是，如果得不到妥善解决，不仅会影响纠纷当事人的合法权益，而且，也会严重地干扰国家机关、企事业单位和社会团体正常开展工作，严重的甚至会影响用人单位内部团结，破坏单位内部的和谐与稳定。一些内部纠纷因得不到及时有效解决，而在用人单位内部长期循环或者成为经年日久的上访案件，个别纠纷甚至激化为严重的刑事案件，威胁到用人单位正常的工作秩序及有关人员的人身财产安全。因此，应当尽快建立与诉讼机制有效接轨的内部纠纷解决机制。应当通过深化事业单位的体制改革，逐步使事业单位所有的内部人事争议都提交到人事争议仲裁机制加以解决，对于不具有履行公共管理职能性质的社会团体，其内部纠纷也应当全部纳入人事争议仲裁机制加以解决。建立人事争议仲裁机制与诉讼机制的全面接轨制度，在制度上给予各类

人事争议纠纷通过诉讼途径加以解决的可能性。与此同时，建立统一的国家机关工作人员的申诉控告机制，将国家机关内部的人事管理纠纷纳入法定机制加以解决，并适时在司法审判机关内部设立国家机关工作人员申诉控告机构，将国家机关内部的人事管理纠纷也纳入诉讼机制加以解决，以此来保证国家机关内部纠纷的解决力度和效果。

当前，我国企业内部的劳动争议调解制度还很不健全，职工权益很容易受到侵犯，并由此引发群体性纠纷，严重影响了社会和谐与稳定。要在制度上防范因为企业职工权益受到侵犯而引发的大规模群体性纠纷，可考虑进一步建立和健全企业内部的工会组织，通过立法的形式，明确企业工会组织作为企业职工与企业进行集体谈判和集体协商的代表，将企业内部的各类纠纷控制在企业内部范围内加以解决，避免这些纠纷流入社会。同时，应当进一步完善劳动争议仲裁制度，提高劳动争议仲裁机构的独立性和公正性，确保劳动争议可以在劳动争议仲裁阶段得到及时有效的解决。而且，应当加强对劳动争议仲裁裁决的司法监督，扩大诉讼对劳动争议案件的审查范围。

（五）依法保障民商事仲裁机构对于行政机关的独立地位，改革和完善民商事仲裁程序，保证当事人意思自治原则的充分实现

民商事仲裁是与诉讼机制相配套的解决民商事纠纷的重要法定机制，其最大的法律特征就是在解决纠纷的过程中，充分尊重纠纷当事人的意愿，由纠纷当事人在仲裁与诉讼程序之间自由地进行选择，通过仲裁机制获得的解决纠纷的结果对于纠纷当事人来说也是自愿接受、比较公正的。所以，要充分发挥民商事仲裁在解决民商事纠纷中的独特作用，必须防止行政机关的干涉，保证仲裁机构的相对独立性。应当进一步实行民商事仲裁机构与行政机关逐步脱钩的制度，依据仲裁法的规定，使仲裁机构成为纯民间人士组成的解决民商事纠纷的纯民间性机构；进一步完善仲裁程序，充分保证纠纷当事人在仲裁程序中的意思自治，在全面尊重纠纷当事人的意愿基础上，通过完善仲裁证据规则、举证制度、审理机制等方式，形成对纠纷当事人具有确定力的仲裁裁决或协议，提高民商事仲裁在解决民商事纠纷中的效率。

（六）完善调解制度，增强非司法调解的法律效力

充分发挥调解在解决社会纠纷中的辅助作用。对于民间和行政调解达成的调解协议，可由法院确认其法律效力，努力使一般纠纷能够通过调解制度加以解决。

非司法调解在解决纠纷中的最大特点就是充分尊重当事人的意愿、纠纷处理程序简便易行、当事人可以充分发表自己的意见和主张等，所以，长期以来，作为诉讼机制和其他非诉讼机制在解决纠纷方面的辅助机制，一直受到政府和社会公众的关注。但是，调解缺少法律上的约束力，所以，经过调解处理过的纠纷反悔率较高，容易流向其他渠道，没有能够起到疏导和分流社会纠纷应有的作用。在改革民间调解的过程中，可以将非司法调解，特别是行政调解产生的调解结果与法院的确认机制结合起来，凡是纠纷当事人完全自愿达成的调解协议，可以申请法院确认其有效性，并赋予在法律上直接申请执行的效力，以此来提升调解在解决纠纷中的处理能力，将大部分简单的纠纷在调解中加以最终解决。

（七）适时启动对于法律、法规和规章合宪性的审查机制，克服地方保护主义和部门保护主义，为通过法治机制解决社会纠纷提供根本的制度保障

尽管我国现行宪法和立法法都规定了违宪审查机制，法律、法规、规章不得与宪法相抵触也已经成为我国现行宪法所肯定的一项重要的法制统一原则。但在实践中，一方面，全国人大常委会没有有效地行使违宪审查权来解决法律、法规和规章之间的相互冲突，导致因政策和法律自身的相互矛盾而引发了大量的社会纠纷；另一方面，包括最高人民法院在内的各级人民法院又在具体的审判实践中，对法律、法规和规章是否合宪行使了违宪审查权，产生许多无论在理论上，还是在实践中都颇具争议的司法判决，影响了违宪审查机制正确地发挥自身在解决法律规范之间的矛盾方面应有的制度功能。所以，从充分发挥法治机制解决纠纷的制度功能角度出发，应当通过启动违宪审查机制，来为通过法定机制解决纠纷提供制度意义上的最终保障。违宪审查机制在性质上属于诉讼机制的一部分，但是，从国外违宪审查机制运行的情况来看，违宪审查机制实际上承担的是解决社会纠纷的最终性的制度机制的角色。例如，在德国，公民在穷尽了所有的普通司法救济程序之后，如果认为自身的宪法权利仍然受到侵犯，可以将这样的纠纷提请宪法法院进行审查。所以，国外违宪审查机制实践经验表明，违宪审查机制的存在对于有效地维护法制统一、保障公民权利，在制度上给予各种社会纠纷最终的解决途径等等方面，都发挥了其他解决纠纷的法定机制所无法发挥的作用。从我国解决纠纷的法定机制存在的问题来看，实际上，我国现行的信访机制成了各类社会纠纷当事人寻求解决纠纷的最终解决途径，然而，由于信访在解决纠纷中的制度能力有限，结果导致了信访机制虽然能够积极有效地运作，而且在法律上还确立了信访终结制度，实际上却没有能够有效地解决各类社会纠纷，其中重要的一个原因就是信访机制无法发挥只能由违宪审查机制才能发挥的解决纠纷的最终法律途径的制度功能。特别值得一提的是，信访机制根本无法解决因为地方保护主义和部门保护主义导致的不同法律规范之间的矛盾和冲突，解决法律规范之间的矛盾和冲突只有通过对法律、法规和规章的合宪性的进行监督的违宪审查机制，才能发现和纠正与宪法相抵触的各项法律规定，维护法制的统一。所以，尽早启动违宪审查机制，对于维护社会稳定、建设和谐社会具有非常重要的意义，必须对此问题给予政策层面的高度重视。

总的来说，通过法定机制解决纠纷的根本意义在于依据法律的明确规定，遵循法定程序，按照公正、公平和公开的原则，在充分保障纠纷当事人合法权利的基础上，寻求对解决纠纷具有确定效力的纠纷解决方案，从而达到息讼止诉的目的。解决纠纷的法定机制分为诉讼和非诉讼两大类法律机制，其中诉讼机制是解决纠纷的最终机制，而非诉讼机制以不同的形式来分流一部分纠纷，不使其进入诉讼机制，避免诉讼机制承担过多过重的任务，从而可以提高诉讼机制解决纠纷的效率。但从解决纠纷的功能来看，非诉讼机制在解决纠纷方面只是诉讼机制的辅助机制，不能在制度上替代诉讼机制的功能，所以，在制度上，作为解决纠纷的一项法治原则，凡是非诉讼机制无法解决的纠纷都应当给予进入诉讼机制加以解决的可能性，这种可能性表现为纠纷当事人所具有的各种诉讼权利。我国非诉讼机制与诉讼机制的制度衔接不到位，事实上，许多经过非诉讼机制处理过的纠纷丧失了继续获得诉讼机制来解决的制度可能性，这就为通过公正、公平和公开的法律程序解决纠纷造成了制度上的障碍。一方面，许多纠纷被非诉讼机制阻挡在诉讼机制之外，却无法得到非诉讼机制的有效解决，成为影响社会和谐与稳定的不安定因素；另一方面，许多经过诉讼机制处理过的纠纷由于在诉讼机制中没有获得妥善解决，又从诉讼机制回流到非诉讼机制，由此造成了诉讼机制与非诉讼机制在解决纠纷中的整体功能缺少清晰的制度分工，而且由于两类机制都可以继续处理彼此已经处理过的纠纷，导致诉讼机制和非诉讼机制在解决纠纷中都缺少终极性和权威性，影响了解决纠纷的法定机制发挥其应有作用，也影响了从宏观角度来对解决纠纷的法律机制进行总体性的制度构建。

所以，构建和谐与稳定的社会，应当在各种解决社会纠纷的法定机制之间建立科学合理的制度联系，形成完整协调的纠纷解决体系，充分发挥各种法定机制解决纠纷的整体效应。

此外，由于现行解决纠纷的法定机制不具有解决所有类型的社会纠纷的制度能力，加上我国社会处于转型期，许多纠纷和矛盾的出现带有突发性、紧急性，并且容易在短时间内演变为群体性纠纷，依靠法律所规定的解决纠纷的一般机制很难有效地来消除处于激化状态的社会矛盾和冲突，所以，应当在各级人民政府下设以解决突发性事件为目标的突发性事件应对机制。具体来说，应当将现行的各种应急机制整合起来，成立集中、统一的应急指挥和办事机构，从制度层面来建立防范各种群体性纠纷的发生或者是在群体性纠纷发生后，采取及时和有效的应急措施，应对突发性事件，最大限度地消除社会纠纷，维护社会和谐与稳定。

第六章 法治政府与构建和谐社会

　　十七大报告提出，深入贯彻落实科学发展观就需要积极构建和谐社会，科学发展和社会和谐是内在统一的，没有社会和谐就难以实现科学发展，而构建和谐社会是贯穿中国特色社会主义事业全过程的长期历史任务，是在发展的基础上正确处理各种社会矛盾的历史过程和社会结果。建设社会主义和谐社会就必须建设社会主义法治国家，妥善处理国家权力与公民权利之间的关系，实现政府与人民之间关系的和谐，通过公权力的正确运用实现人民之间以及人民与社会之间的和谐。毫无疑问，推行依法治国的核心就是要推行依法行政。因为，在立法、行政、司法等公权力中，行政权最为活跃，其运用与公众生产生活关系最为密切，只有确保依法行政，规范行政权力的运用，确保其既不滥用又不缺位，才能从根本上保障公民的合法权益，防范公民合法权益遭受公权力滥用的侵害或者因公权力对社会监管不力而遭受社会其他主体的侵害。就中国近年来推行依法行政的实践看，重点需要从规范抽象行政行为、推动政府信息公开、强化公众参与机制、完善民事纠纷的行政介入机制、完善行政复议制度等方面，以促进和谐社会的建设。

第一节　建设法治政府是构建和谐社会的重要保障

一　依法行政的含义和要求

　　法治政府是指把政府从决策到执行以及监督的整个过程都纳入法治轨道，权力与责任紧密相连，实行依法行政的政府。依法行政是建设法治政府的核心内容，是法治国家对政府行政活动提出的基本要求。依法行政要求政府的行政活动必须接受法律的规范和制约，行政违法必须承担相应的法律责任，以保障和促进公共利益、维护私人正当权益。

　　具体而言，可以从如下三个方面把握依法行政的含义：

　　第一，行政机关的行政职权必须有法律依据。我国的法律规范包括宪法、法律和法规等不同层级，可以作为行政活动和行政行为依据的法律规范的层级要求，因相关职权的性质不同而有所不同。大体而言，对于干预私人权利自由、赋予私人义务的行政职权，作为其依据的法律规范的层级要求相对较高。例如，立法法规定，对公民政治权利的剥夺、限制人身自由的强制措施和处罚以及对非国有财产的征收等，必须有法律依据。而对于为私人提供服务、给予利益的行政职权，相关法律规范的层级要求则相对较低。但应当明确的是，行政机关的内部文件通常不能作为干预私人权利自由、赋予私人义务的行政活动的依据。

第二，行政机关的一切行政活动必须受法律的拘束，不得与法律相抵触。这被称为法律优位原则。在某一行政领域，只要存在现行有效的法律，行政机关就必须予以适用，且应正确适用而不能有所偏离。这里所说的法律，不仅包括成文法的明确规定，还包括法律的意图和精神以及公平正义等法律原则，如平等对待、信赖保护、诚实信用、符合比例、正当程序等。国家行政管理极其复杂，为及时应付形态各异和飞速变化的社会事务，行政机关通常有一定自由裁量的空间，但是行政机关行使裁量权，必须在裁量范围之内，符合行政法的一般法律原则，符合行政的公益目的。如果不符合这些要求则构成行政裁量权的超越或滥用。

第三，行政机关的行政活动必须受到监督和制约，违法行使行政职权就必须承担相应的责任，给私人合法权益造成损害的必须提供救济。这就要求建立和完善具有实效性的人大监督、上级监督、行政复议、行政诉讼、信访以及行政赔偿和补偿等多元化的行政监督和救济制度。

准确理解依法行政的内涵，需要避免一些认识上的误区。误区之一，是将依法行政理解为依法管理百姓、治理社会。应当明确，依法行政是对行政机关及其工作人员的要求，所要解决是行政活动的正当性问题，所要规范的是行政机关的行政活动而不是私人行为，其目的是依法治"官"、用法律制约和规范行政权。这并不是说私人不需要守法，治理社会不需要用法律的手段，而是强调依法行政与依法治理的目的和所要解决的问题不同。一些人将依法行政的任务简单分解到各行业部门中，提出依法治山、治水、治林、治路、治火，以为这样就可以实现依法行政，这是一种不适当的观念，混淆了依法行政与依法治理。误区之二，是将依法行政理解为行政机关通过自己制定法律规范来管理社会。依法行政首先要求行政机关在宪法和法律范围内活动。在我国，尽管行政机关具有一定的法规和规章制定权，但其制定主体和范围都受到很大的限制，并且不能与上位法律或地方性法规相抵触。误区之三，是将依法行政理解为束缚和限制行政机关的手脚，限制行政职能的发挥，相应的，只要不去主动干预私人领域的事务就可以实现依法行政的要求。依法行政的目的不仅在于对政府行政机关的行政行为依法进行规范，防止权力的滥用，而且也在于保证国家行政管理的有效和效率，使其能够最大限度地发挥作用。现代政府的职能已经不限于传统的治安维护，而是发展到包括经济与社会性规制、社会福利提供等广泛领域；法律的宗旨也不仅仅是要保障公民的权利，还要增进公益以及对不同主体的利益要求和价值主张加以协调平衡。在这样的背景下，仅仅关注对行政权的控制和对政府的防范，显然已无法回应经济社会的现实对行政法制度设计的需求。现代行政法已经超越和扬弃了传统的控权模式，采取一种更加平衡的模式，既要实现对行政权的规范与制约功能，又要通过以程序为中心的制度设计，通过对包括信息披露、标准设定、许可特许、最高限价以及公私合作等多种手段，保证行政权运作和公共管理的效率与效能，促使国家、团体与个人的相互信赖和协作配合。

　　依法行政的基本要求包括：其一，合法行政。行政机关实施行政管理，应当依照法律、法规、规章的规定进行；没有法律、法规、规章的规定，行政机关不得作出影响公民、法人和其他组织合法权益或者增加公民、法人和其他组织义务的决定。其二，合理行政。行政机关实施行政管理，应当遵循公平、公正的原则。要平等对待行政管理相对人，不偏私、不歧视。行使自由裁量权应当符合法律目的，排除不相关因素的干扰；所采取的措施和手段应当必要、适当；行政机关实施行政管理可以采用多种方式实现行政目的的，应当避免采用损害当事人权益的方式。其三，程序正当。行政机关实施行政管理，除涉及国家秘密和依法受到保护的商业秘密、个人隐私的以外，应当公开，注意听取公民、法人和其他组织的意见；要严格遵循法定程序，依法保障行政管理相对人、利害关系人的知情权、参与权和救济权。行政机关工作人员履行职责，与行政管理相对人存在利害关系时，应当回避。其四，高效便民。行政机关实施行政管理，应当遵守法定时限，积极履行法定职责，提高办事效率，提供优质服务，方便公民、法人和其他组织。其五，诚实守信。行政机关公布的信息应当全面、准确、真实。非因法定事由并经法定程序，行政机关不得撤销、变更已经生效的行政决定；因国家利益、公共利益或者其他法定事由需要撤回或者变更行政决定的，应当依照法定权限和程序进行，并对行政管理相对人因此而受到的财产损失依法予以补偿。其六，权责统一。行政机关依法履行经济、社会和文化事务管理职责，要由法律、法规赋予其相应的执法手段。行政机关违法或者不当行使职权，应当依法承担法律责任，实现权力和责任的统一。依法做到执法有保障、有权必有责、用权受监督、违法受追究、侵权须赔偿。

　　作为关键环节，依法行政对于依法治国基本方略的实行在很大程度上具有决定性的意义。据统计，我国80%以上的法律和法规是由行政机关执行的，可以说没有依法行政也根本谈不上依法治国。依法行政的这种地位是由行政权本身的特点及其在现代社会中的突出角色所决定的。一方面，行政权具有积极主动性和直接性，行政机关及其工作人员必须根据自己的判断对经济社会问题直接地、积极地和创造性加以回应，这与立法权的间接性和司法权的被动性都有着很大不同。行政权的这种特点使其具有一定危险性和自我膨胀特性，必须对其进行有效的制约。另一方面，在现代社会中，因为城市化导致的规划、交通压力，科技发展带来的复杂性和不确定性，公共行政领域大幅扩张，行政机关不仅承担传统上的保国卫民、维护秩序的责任，而且承担起保障公民基本生活水准、缓和社会各阶层的冲突和矛盾、保护公民身体健康、维护生态环境等责任。由于我国尚处在从计划经济向市场经济、从全能政府向有限政府转型的过程当中，行政干预领域更显广泛。行政管理活动广泛而深刻地影响着公民、法人和其他组织生产、生活的方方面面，而行政机关工作人员又具有一定的主观局限性，包括知识和信息上的不完善与道德伦理上的不完美，因此必须建立多层次、多渠道、全方位的对行政权的监督制约机制，以确保行政活动沿着法治的轨道运行。

此外，依法行政是落实科学发展观、建设社会主义和谐社会、维护最广大人民群众利益的本质要求，是适应改革开放新形势、完善社会主义市场经济体制的迫切需要，也是加强政府自身建设、提高行政管理水平的根本途径。改革开放以来，我国行政法制监督有了长足发展，但在一些方面仍然需要进一步改进：行政管理体制与发展社会主义市场经济的要求还不适应，依法行政面临诸多体制性障碍；制度建设反映客观规律不够，难以全面、有效解决实际问题；行政决策程序和机制不够完善；有法不依、执法不严、违法不究现象时有发生；对行政行为的监督制约机制不够健全，一些违法或者不当的行政行为得不到及时、有效的制止或者纠正，行政管理相对人的合法权益受到损害得不到及时救济；一些行政机关工作人员依法行政的观念还比较淡薄，依法行政的能力和水平有待进一步提高。这些问题在一定程度上损害了人民群众的利益和政府的形象，妨碍了经济社会的全面发展。要解决这些问题，必须全面推进依法行政，建设法治政府。

为贯彻落实依法行政的基本要求，必须进一步牢固依法行政理念。首先，要进一步转变政府职能，使政府能够有效管理依法应该管理的事情，而从依法不该管理的众多经济社会领域退出。如果民众生存所必需的资源都由行政机关操纵和控制，行政机关公务员必然会有一种高高在上的"主人"意识，权力有限的观念就不可能真正树立。其次，要明确依法行政的精髓在于依法治官而非依法治民，依法治权而非依法治事，依法治自己而非依法治他人，认清法律对权力的实体界限与程序界限。在观念上，既要增强为人民服务的政治意识，也要增强尊重和保障人权和公民权利的法治意识，防止用抽象的人民置换具体实在的个人。最后，各级人民政府及其工作部门的领导干部要带头学习和掌握宪法和法律，不断增强法律意识，提高法律素养，提高依法行政的能力和水平，把依法行政贯穿于行政管理的各个环节，并且列入各级人民政府经济社会发展的考核内容。

2011 年 3 月 28 日，胡锦涛在主持中央政治局第 27 次集体学习时强调，全面推进依法行政、弘扬社会主义法治精神，是坚持立党为公、执政为民的必然要求，是推动科学发展、促进社会和谐的必然要求。构建和谐社会，必须增强全面推进依法行政、弘扬社会主义法治精神的自觉性和主动性，加快建设法治政府。积极推进依法行政，全面建设法治政府，是党的十七大为适应全面建设小康社会新形势、推进依法治国进程而提出的一项战略任务，对深化政治体制改革、发展社会主义民主政治，对全面实施依法治国基本方略、加快建设社会主义和谐社会和法治国家，对建设富强民主文明和谐的社会主义现代化国家、实现党和国家长治久安具有十分重要的意义。

全面推进依法行政、加快建设法治政府，是全面推进依法治国、加快建设社会主义法治国家的重大举措，是发展社会主义民主政治、有效规范权力运行的迫切需要，是促进社会公平正义、构建和谐社会的基本保证，是加强和改善党的领导、实现党依法执政的必然要求。因此，落实依法治国基本方略，构建和谐社会的法治基础，必须高度重视依法行政工作，全面加强法治政府建设。

二　改革开放以来我国依法行政和建设法治政府的主要历程

改革开放以来，我国的依法行政和法治政府建设，经历了一个不断完善发展的过程。

1989 年颁布的《行政诉讼法》，是我国依法行政进程中的一个重大进展。1990 年出台的《行政复议条例》（1999 年上升为《行政复议法》）和 1994 年出台的《国家赔偿法》（2012 年修订）等法律法规，与《行政诉讼法》相配套，进一步加强了对行政权力的制约和公民权利的保护，并催生了《行政处罚法》、《行政监察法》等一批重要的行政法律法规，使行政行为在实体和程序上的法律依据逐步健全，同时也促进了一大批推动改革开放、规范经济社会生活的法律法规的制定和实施。这一时期，依法行政的概念开始在政府工作报告和有关文件中出现，依法行政的观念开始为广大公务员和人民群众所接受。

1997 年 9 月，党的十五大报告明确提出"实行依法治国，建设社会主义法治国家"，并把"依法治国"确定为"党领导人民治理国家的基本方略"。1999 年 3 月，九届全国人大二次会议将"中华人民共和国实行依法治国，建设社会主义法治国家"载入宪法。为贯彻党的十五大精神和落实根本大法的要求，推动依法行政进程，国务院于 1999 年发布《关于全面推进依法行政的决定》，对推进依法行政的重点工作作出了部署。2000 年出台的《立法法》、2001 年出台的《行政法规制定程序条例》和《规章制定程序条例》，使政府立法活动更加规范。

2002 年 11 月，党的十六大报告提出"发展社会主义民主政治，最根本的是要把坚持党的领导、人民当家作主和依法治国有机统一起来"，并明确提出

了推进依法行政的任务。为贯彻落实党的十六大的战略部署，国务院 2003 年
3 月修订了《国务院工作规则》，把坚持依法行政作为国务院工作的基本准
则，并于 2004 年 3 月发布实施《全面推进依法行政实施纲要》，第一次确立
了建设法治政府的奋斗目标，明确了全面推进依法行政的指导思想、基本原
则、重要任务和具体措施。正如温家宝 2010 年在全国依法行政工作会议的讲
话中所总结评价的：《全面推进依法行政实施纲要》是新时期加快建设法治政
府的指导性文件。建设法治政府的核心是依法行政。《纲要》实施以来，推动
法治政府建设取得了以下重要进展：一是建立健全工作规则。国务院 2003 年
提出"实行科学民主决策、坚持依法行政、加强行政监督"三项准则，2008
年增加了"推进政务公开、加强廉政建设"两项准则。各级政府也都建立健
全了政府工作规则，加快了依法行政的步伐。二是加快推进法制建设。截至
2010 年 8 月，国务院向全国人大及其常委会提出法律议案 47 件，制定行政法
规 167 件，各部门和地方政府制定规章 5208 件。特别加强了政府自身建设的
立法，提交全国人大常委会审议通过了行政许可法、公务员法，制定了政府
信息公开条例、行政机关公务员处分条例等。这些法律法规对规范政府行为、
推进依法行政发挥了重要作用。三是加强科学民主决策。各级政府不断完善
重大事项调查研究和集体决策制度，重大决策专家咨询制度、公示制度、公
开征求意见和社情民意反映制度，决策跟踪反馈和责任追究制度，进一步健
全科学民主决策程序。近年来，国务院的重大决策特别是涉及人民群众切身
利益的重要事项，都以适当方式听取人民群众、民主党派、专家学者和社会
各界的意见。四是切实规范行政行为。广大公务员依法行政的自觉性和能力
进一步提高。在行政执法方面，进一步加强了对执法行为的监督管理。改进
执法方式，推行综合执法，要求向社会公开特别是向当事人告知执法依据、
执法程序和执法结果。有效遏制了乱处罚、乱收费、乱摊派和多头执法、重
复执法等问题。五是进一步加强行政监督。我国实行人民代表大会制度，各
级政府都由同级人民代表大会产生，对它负责，受它监督。同时政府还要接
受人民政协的民主监督。近年来，国务院除一年一度向全国人民代表大会报
告政府工作外，还选择若干事关改革发展稳定大局、群众切身利益和社会普
遍关心的热点问题，向全国人大常委会专题报告，每年将上年度财政预算执
行情况和其他财政收支情况的审计报告提请全国人大常委会审议，接受询问
和监督。在政府内部，加强了层级监督和监察、审计等专门监督。近年来，
还加大了行政问责制度的实施力度，加强了对滥用职权、失职渎职、决策失
误、行政违法等问题的责任追究，得到人民群众的支持和拥护。此外，大力
推进政务公开，创造条件保障人民群众对政府工作的知情权，让人民群众直
接监督政府。2007 年国务院公布《中华人民共和国政府信息公开条例》，要
求所有政府信息，除受法律保护的国家秘密、商业秘密和个人隐私外，都要
向社会和人民群众公开。这个条例的实施，是政府自身建设的一个重大进展，

必将发挥越来越重要的作用。

2007 年 10 月，党的十七大报告提出"全面落实依法治国基本方略，加快建设社会主义法治国家"，依法治国和依法行政的进程进一步加快。2008 年 5 月，国务院发布《关于加强市县政府依法行政的决定》，对加强市县政府依法行政这个重点和难点作出了部署。2010 年 8 月，国务院召开全国依法行政工作会议，随后发布了《关于加强法治政府建设的意见》，进一步明确了新形势下加强法治政府建设的各项任务和措施。在制度建设方面，《行政许可法》、《公务员法》、《治安管理处罚法》、《突发事件应对法》、《政府信息公开条例》等规范政府行为的综合性行政法律法规相继出台，一大批对经济社会事务管理进行规范的法律法规颁布实施，依法行政进入了对行政权力从实体到程序的全面规范阶段，法治政府建设加快推进。

贯彻实施《行政诉讼法》，规范行政行为，防止行政权力的滥用，保障公民和法人的权利。从 1989 年行政诉讼法制定时起到 2009 年止的 20 多年里，全国各级人民法院一共受理各类一审行政案件 152 万余件。原告胜诉率占 30% 左右。

贯彻实施《行政许可法》，规范行政许可的设定和实施，推进行政审批制度改革，促进了政府职能转变和管理方式创新。2004 年开始实施的行政许可法，是一部规范政府行为的重要法律。各级政府以贯彻实施这部法律为契机，大力推进行政审批制度改革，并以此为着力点，推动政府职能转变，解决权力过于集中又得不到有效监督的问题。到 2010 年 8 月，中央一级取消和调整审批项目 2176 项，地方各级政府取消和调整 77629 项。

贯彻实施《行政处罚法》，推进相对集中行政处罚权和综合执法工作，实行行政执法责任制，大力规范行政执法行为，过去普遍存在的乱处罚、乱收费、乱摊派等"三乱"现象一定程度上得到遏制，严格规范公正文明执法得到倡导。

第二节　推行政府信息公开与构建和谐社会

一　政府信息公开概述

对于政府信息公开制度，可以从不同角度对其进行相应的界定。从公开主体的角度可以分为立法机关的信息公开、行政机关的信息公开以及司法机关的信息公开。就这一角度而言，最广义的信息公开应是包括立法机关、行政机关以及司法机关在内的所有国家机关公开信息的活动，许多国家也正是采取了这一立法模式。而本节所要着力探讨的则是行政机关公开信息的活动。以政府机关是否负有公开信息的义务，可以将其分为任意性公开与义务性公开：任意性公开是指法律并未明确要求政府机关应否公开、公开什么，公开信息完全是政府机关的一种裁量性的自主行为；而义务性公开则是指法律明确规定政府机关负有公开的义务。义务性的公开还可以进一步细化为主动公开（也可称为依职权公开）和依申请公开。① 前者指政府机关基于法律规定无须公民的请求即应公开有关信息，比如行政机关公布有关的抽象行政行为等。后者是指公民有权就公开事项予以请求，包括行政机关依利害关系人请求所作的公开和不论是否有利害关系而应任何公民的请求进行的公开。前者如行政处罚等行政程序中，行政相对人或者与具体行政行为有利害关系的当事人有权请求行政机关向其公开与该具体行政行为有关的信息。此类信息的公开主要基于正当程序的理念，通过行政程序法加以解决。而对后者则是世界各国各地区制定信息公开法治所要着力解决的。可以说，从任意性公开到义务性公开，从主动公开到依申请公开，再从依利害关系人申请公开到不论是否有利害关系任何人都可请求公开，这恰好在一定程度上反映了信息公开机制的发展历程。

信息公开制度得以产生并不断地发展的逻辑基础在于公民享有知情权（the right to know）这一宪法性权利。知情权的发展业已经历了数百年时间。大多数国家的宪法或宪法性文件中并没有明确规定这一权利，而是将其作为表达自由所必然包含的内容。联合国在 1946 年通过的第五十九（一）号决议中肯定了知情权作为一项基本权利的地位，并且，在之后的《联合国宪章》、《公民权利与政治权利国际公约》等文件中也将知情权和信息自由作为表达自由权一部分加以规定。2000 年，联合国"观点与表达自由特别报告人"在其报告中敦促各国通过制定或修改法律确保公众的信息自由权，其中明确了此类法律应遵循的原则。世界各国对知情权的确认则大致包括两种模式。一种模式是通过法院对表达自由及有关宪法权利的解释，将知情权解释为宪法权利的一部分，如日本最高法院、韩国最高法院、印度最高法院等就曾经作出过此类判决。另一种模式则是由宪法直接规定知情权，如瑞典作为宪法性法律的《出版自由法》、泰国 1997 年宪法第 58 条、尼泊尔 1990 年宪法第 16 条、菲律宾 1987 年宪法第 3 条等。

在我国，国家的一切权力属于人民，人民依法通过各种途径和形式管理国家事务、经济文化事业、社会事务，一切国家机关及国家机关工作人员必须倾听人民的意见和建议，接受人民的监督，努力为人民服务；而广大公民

---

① 政府信息公开的方式包括两种：行政机关自行公开和依照公民的申请公开。在文字上可以表述为主动公开和被动公开或者依职权公开或者依申请公开。而有关的专家建议稿（参见周汉华主编《政府信息公开条例专家建议稿——草案·说明·理由·立法例》，中国法制出版社，2003）、有关地方相关的法规以及后来颁布的《条例》均采用了主动公开和依申请公开的用语，因此，这两者已经成为相互对应的概念。

还拥有批评、建议、申诉、控告、检举等权利,^① 同时,我国公民还享有言论、出版、集会、结社、游行、示威的自由。^② 所以,虽然迄今为止,我国尚未明确对知情权作出规定,但从宪法已有规定中足以认定该项权利在我国是有其宪法性基础的。

信息公开制度是对知情权的具体化。信息公开制度可以追溯至 18 世纪。最早的信息公开立法是瑞典 1766 年制定的《出版自由法》,而最有影响的信息自由立法当属美国 1966 年制定的《信息自由法》。美国的《信息自由法》改变了《行政程序法》中对请求查阅政府文件的资格限制,^③ 规定任何人皆可请求行政机关公开信息,并以列举的方式限定了不公开信息的范围,削减了行政机关在决定是否公开信息时的裁量权,还针对行政机关不公开信息的决定引入了司法审查的机制。因此,该法的上述制度创新使其成为当今世界各国和各地区制定信息公开法时仿效的典范。

自 20 世纪 90 年代开始,全球信息公开立法呈现加速趋势。仅 2002 年,就有 6 个国家颁布并实施了这方面的法律,另有 30 多个国家正在制定之中。世界各国纷纷制定政府信息公开法律的主要原因在于:一是民主政治建设的需要,即随着经济全球化的不断深化,对政府透明的要求越来越高,各国都通过制定政府信息公开法方便公民参与政府的公共政策制定,增强政府透明度;二是反腐败的需要,即通过信息公开从源头治理腐败;三是现代化建设和信息化发展的需要,比如欧盟在制定政府信息公开和政府信息再利用法律时明确指出,其重要目的之一是推动信息服务业发展,增强经济的整体竞争力,以缩小与美国的差距。^④ 目前,不仅仅发达国家,即便是经济发展水平不高甚至较低的发展中国家也加入这一行列。据"信息自由网"^⑤ 公布的调查报告显示,截止到 2004 年 5 月,世界范围内已经有 50 多个国家和地区制定了政府信息公开的法律。^⑥ 在欧洲,绝大多数国家已经实施了此项法律。亚洲大约有 12 个国家已经或正在制定这方面的法律,我国的香港地区、韩国、泰

---

① 《中华人民共和国宪法》第 41 条。

② 《中华人民共和国宪法》第 35 条。

③ 按照美国《行政程序法》的规定,只有行政行为的直接利害关系人,才能查阅政府文件,但是,《信息自由法》则没有此类限制。

④ 参见 DAVID BANISAR:"Freedom of Information and Access to Government Record Laws Around the World"(http://www.freedominfo.org/documents/global_ survey2004.pdf)。

⑤ 其网站地址为 http://www.freedominfo.org。

⑥ See DAVID BANISAR:"Freedom of Information and Access to Government Record Laws Around the World"(http://www.freedominfo.org/documents/global_ survey2004.pdf)。关于有关国家政府信息公开制度的情况,也可参见周汉华主编《外国政府信息公开制度比较》,中国法制出版社,2003。

国、① 日本、② 印度和巴基斯坦、我国的台湾地区分别制定了相关法律。即便是在经济不发达的南部和中部非洲，也已有 6 个国家制定了此类法律，另有 10 多个国家正在推进制定这方面的法律。

二　信息公开与依法行政和构建和谐社会的关系

近年来，我国的改革进入攻坚阶段，经济基础、上层建筑诸多领域中的深层次矛盾比较集中地暴露出来，许多问题迫切需要用法律手段来解决。而随着依法治国基本方略的实行，人民群众的法律意识和法治观念不断增强，全社会对依法行政的要求也越来越高。新形势对各级政府和政府各部门依法行政提出了新的更高要求。如何建设廉洁、勤政、务实、高效的政府成为国家和社会各界普遍关注的问题。为此，立法机关不断加强立法工作，强化依法行政，2003 年 8 月 27 日颁布的《中华人民共和国行政许可法》就是在行政审批领域转变政府职能、规范政府行为的重要立法。国务院也先后发布了《关于全面推进依法行政的决定》、《全面推进依法行政实施纲要》等文件，对如何推进依法行政提出了相对具体的要求，包括要深化管理体制改革，建立健全科学民主的决策机制，提高制度建设的质量，理顺行政执法体制，规范行政执法行为，完善行政监督机制，强化对行政行为的监督等。

总的来说，依法行政就是要求政府按照法治的原则运作，政府的一切权力来源、政府的运行和政府的行为都受法律规范和制约。依法行政首要的问题在于政府要依照法律的授权行使权力，其核心在于利用法律有效地控制和制约行政权力。同时，依法行政还要求政府必须是责任政府，即有权力必有责任，权责共生，权责统一，而且，任何权力必须置于有效的监督机制之下。依法行政还要求政府机关在行使权力时必须合理地行使自由裁量权，确保决策的民主化和科学化。另外，依法行政还要求政府活动必须具有较高的透明度，为此，国务院《全面推进依法行政实施纲要》中明确提出要推进政府信息公开，要求除涉及国家秘密和依法受到保护的商业秘密、个人隐私的事项外，行政机关应当公开政府信息，并为公众查阅政府信息提供便利条件。可以说，推进政府信息公开既是依法行政的重要内容，又是依法行政上述几个方面得以实现的有力保障。

首先，确立和完善信息公开制度有利于促进政府职能转变，打造服务性政府。信息公开制度可以使政府信息的公开化有法可依，使向公民提供有关信息成为行政机关一项不可推卸的责任和义务。这将有助于明确政府部门的

---

① 关于韩国、泰国的政府信息公开制度，参见周汉华主编《外国政府信息公开制度比较》，中国法制出版社，2003，第 355～365 页及第 366～388 页。

② 关于日本的政府信息公开制度，参见朱芒《开放型政府的法律理念和实践——日本信息公开制度》（上、下），《环球法律评论》2002 年秋季号、冬季号。

职责，增强政府工作人员为人民服务的责任感，有助于促进其将提高效率、转变职能、为公民提供服务作为自身工作的重点，更有助于打破政府部门对信息的垄断，大大提高行政的透明度，将政府工作置于广泛的监督之下。实行信息公开制度有助于减少、避免信息资源的闲置与浪费，可以保证社会全体成员充分共享政府信息，满足社会各界对政府信息资源的需求。通过信息公开制度及时、全面、准确地向公民提供有关信息，可以极大地方便公民的生产、生活，有利于为其提供高质量的公共服务。

其次，确立和完善信息公开制度有助于推进民主参与，提高行政决策的科学化和民主化。信息公开制度可以促进政府与公民之间的理解、联系与交流，实现全社会成员之间的信息资源共享。借助这一制度，可以最大限度地保障公民的知情权，确保公民最大限度地了解政府工作的有关情况。这有利于增强公民民主参与的积极性和自觉性，这也有利于公民及时全面地反映自身的要求、意愿以及对有关决策和制度的意见、建议。

最后，确立和完善信息公开制度还有助于加强对政府行为的监督，有效遏制腐败。"所有权力都易腐化，绝对的权力则绝对地会腐化"，而"阳光"恰好是最好的防腐剂。历史早已证明，但凡保密最多的地方必是最易产生腐败和权力滥用的地方。确立和完善信息公开制度可以将政府的一举一动均置于公民的监督之下，可以有效地规范行政执法，督促有关部门及其工作人员严格依照法律授权和法定程序行使职权、履行职责，进而强化对行政行为的监督，防止腐败行为的发生。

三　我国推进信息公开、促进依法行政的实践

在我国，政府信息公开的实践始于政务公开，而政务公开工作则是从村务公开着手的。1988 年 6 月 1 日《村民委员会组织法（试行）》实施后，村务公开开始由各地的自发实践走向规范。在总结各地村务公开工作经验的基础上，中共中央办公厅、国务院办公厅于 1998 年下发了《关于在农村普遍实行村务公开和民主管理制度的通知》，明确了普遍推进村务公开的意义和要求。此后，我国的政务公开工作不断发展，进一步扩大到镇务公开、警务公开、检务公开等领域。中共中央办公厅、国务院办公厅分别于 2000 年和 2005 年发布了《关于在全国乡镇政权机关全面推行政务公开制度的通知》、《关于进一步推进政务公开的意见》等文件。国务院在 2004 年印发的《全面推进依法行政实施纲要》中，也把行政决策、行政管理和政府信息的公开作为推进依法行政的重要内容。

现在，推动政务公开已经成为加强党在新时期执政能力建设、建设法治政府的一项重要任务，但是，政务公开的推进主要是依靠政策手段。从多年来推行政务公开的经验看，这一做法存在一定的局限性。首先，应公开信息的范围相对较窄，并且，对于是否公开、如何公开规定得过于原则，在公开

什么、如何公开方面，行政机关拥有较大的自由裁量权。其次，信息公开基本上还主要是被定位为行政机关的义务，几乎没有关于公众有权请求公开相关信息的规定。再次，信息公开的保障措施还有待进一步健全，对于行政机关的不公开信息的行为缺乏必要且有效的监督制约机制。为此，把政务公开纳入制度化、规范化、法制化的要求越来越迫切。

随着我国民主法治的不断发展，为了提高政府管理的透明度，推进依法行政和政府管理创新，满足促进国家信息化发展对共享信息资源的需求，加强廉政建设，依法推进政府信息公开工作逐步被提上议事日程。近年来，以公开为原则、不公开为例外的观念已经逐步为人们所接受。而且，中央政府部门和地方党政机关在政府信息公开工作中也相继开展了不少成功的实践，出台了一系列法规文件，并在实践中积累了有益的经验。据不完全统计，截至2006年4月初，中央政府部门发布的有关政府信息公开（政务公开）的法规文件已达31部之多，而地方党政机关发布的相关法规文件更是达90部之多。其中，广州市人民政府于2002年11月6日制定了《广州市政府信息公开规定》，在地方政府中率先制定了政府信息公开方面的法规文件。此后，各地方纷纷就政府信息公开制定专门性的地方性法规和地方政府规章，深化信息公开工作。

在各地的信息公开实践中，上海的做法具有一定的代表性。《上海市政府信息公开规定》（以下简称"《规定》"）发布于2004年1月20日，于当年5月1日开始实施。在《规定》实施过程中，上海市政府信息公开联席会议制度发挥了非常重要的领导作用。在联席会议制度下，市政府各部门分工负责政府信息公开的相关工作。为规范和推进信息公开，在联席会议的协调下，各相关职能部门制定了一系列的配套政策，进一步完善了《规定》所设定的制度，对各级政府实施信息公开起到了很好的指导作用。

据统计，2004年实施政府信息公开当年，上海市政府机关主动公开信息达106730条，2005年新增主动公开政府信息50281条，全文电子化率分别为95.7%和95.2%，政府信息电子化率超过了一些发达国家电子化的水平。2004年共收到政府信息公开申请8799件，答复8722件；2005年接到申请12465件，答复11700件，其余申请于下年度答复。2004年的所有答复中，"同意公开"的为6913件，"同意部分公开"的为479件，未能提供相关信息的为1330件，2005年此数字分别为8771件、365件、2564件（见图6-1）。所有未能提供相关信息的答复中，按照信息不存在、非本部门掌握、申请内容不明确、属于不公开信息、因其他原因未能公开信息进行划分，2004年分别为380件、471件、119件、87件、273件，2005年分别为525件、916件、254件、639件、230件（见图6-2）。①

---

① 以上数字均来源于"上海市2004年政府信息公开年度报告"、"上海市2005年政府信息公开年度报告"。

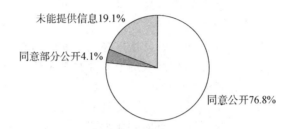

图 6 - 1　上海市 2004、2005 年度政府信息公开申请处理情况①

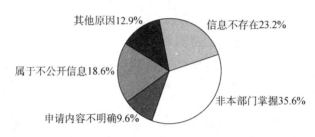

图 6 - 2　上海市 2004、2005 年度依申请公开中未能提供信息的情况②

　　为推动政府信息公开，切实保障这项制度的落实，《规定》特别设计了向监察部门申诉、依法提起行政复议和提起行政诉讼三种救济途径。据统计，2004 年和 2005 年度，上海全市针对各政府机关的政府信息公开决定的申诉共有 25 件，行政复议申请 183 件，行政诉讼 35 件。其中行政复议的纠错率在 2004 年为 46.2%，2005 年为 22.8%，③ 普遍高于其他案件的纠错率。在诉讼案件中，涉及房屋拆迁、城市规划、公务员及事业单位工作人员待遇、新中国成立初期私房改造等领域信息的案件居多。

　　从救济效果看，行政复议和申诉在现阶段发挥着主要作用，效果十分明显。但是，在对上海市政府信息公开诉讼情况进行调研的过程中，几乎所有的政府部门（包括曾经因信息公开而在行政诉讼中做过被告的部门）都认为，上海市信息公开制度的实施效果之所以比别的地方好，就是因为行政诉讼制度的推动。因此，在推进政府信息公开过程中，不但不能回避行政诉讼制度，还需要尽可能加以完善。

---

①　本图根据"上海市 2004 年政府信息公开年度报告"、"上海市 2005 年政府信息公开年度报告"公布的数字整理而成。

②　本图根据"上海市 2004 年政府信息公开年度报告"、"上海市 2005 年政府信息公开年度报告"公布的数字整理而成。因四舍五入等原因，各数据加起来不到 100%。

③　上述数据均来源于"上海市 2004 年政府信息公开年度报告"、"上海市 2005 年政府信息公开年度报告"。其中行政复议的纠错率是指所有审结的复议案件中确认具体行政行为违法、责令行政机关履行职责、有关机关自行纠正违法行为的案件所占的比率。

上海市在推进政府信息公开制度的过程中有许多做法值得总结和借鉴。

首先，制度化、法制化是确保政府信息公开制度取得实效的关键。政府信息公开制度从根本上是用以约束和规范政府行为的，如果不能形成制度，很容易流于形式。上海市以地方政府规章的形式对政府信息公开的各项制度均作了较为明确的规定，这使政府信息公开的具体推进有了明确的依据和准则，确保该制度能够得到最终的落实并成为各级政府机关日常工作的一部分。

其次，政府信息公开制度的推进必须加强组织领导。《规定》的制定和落实得益于上海市市委、市政府的高度重视。上海市市委、市政府把推进政府信息公开作为建设"服务政府、责任政府、法治政府"的一项重要任务，由市政府领导亲自督办落实。同时，各政府部门职责明确，通力协作。实践证明，其联席会议制度发挥了不可或缺的作用。此外，组织、指导、推动的基础工作扎实。上海市信息化委员会承担了联席会议办公室的工作，指导《规定》的具体实施，还根据社会需求，针对热点问题，及时确定政府信息公开的重点领域。

再次，诉讼机制的引入极大地推动了政府信息公开制度的贯彻实施，确保其成为一项"活"的制度。当前我国所有颁布实施政府信息公开（政务公开）规定的地方政府中，上海市推进得最富有成效，这在很大程度上要归功于诉讼机制的引入。虽然现阶段由于种种原因行政机关败诉的案件数量还非常少，但是，该机制的存在和发挥作用既增加了公众申请政府公开信息的信心，又在一定程度上对政府机关作出不公开信息的决定提出了较高的要求，对于政府机关公开信息的行为形成了有力的监督。

最后，在保障诉讼救济的前提之下，还应当充分发挥申诉、行政复议等行政系统内部监督机制的作用。诉讼是解决纠纷的最终途径，但不是唯一途径，而且，通过诉讼对行政行为的合法性进行审查具有一定的局限性。比如，不公开信息的确定往往需要较为专业的知识背景并慎重进行政策性判断，包括国家秘密在内的一些不公开信息往往不便于提交给法庭进行公开的质证，此外，如果放任大量的案件被提交给法院，会造成法院不堪重负。因此，有意见认为，应当在保障司法最终对政府机关的不公开决定进行审查的基础之上，充分发挥申诉和行政复议的作用，争取在行政内部解决大部分的案件。事实上，上海市的经验表明，申诉和复议的作用是十分明显的。

2007年，国务院正式公布了《中华人民共和国政府信息公开条例》（以下简称《条例》）。《条例》在充分借鉴国外立法经验的基础上，立足于国情，对政府机关主动公开信息以及依申请公开信息作了规定，贯彻了"以公开为原则、不公开为例外"的原则，并引入了行政复议和行政诉讼的机制，以充分保障公民的知情权。这是我国民主法治生活中的一件大事，也是政府信息公开法制化的重要一步，是政府机关主动地自我限权的重要举措，对于推进政府机关依法行政、确保公众参政议政必将起到积极的促进作用。

结合有关国家和地区实施政府信息公开制度的情况，以及我国各部门各地方推行政府信息公开的实践，为了更好地确保《条例》的实施，至少应注意如下问题。

第一，要大力推进电子政务，加强政府机关的信息化管理水平。长期以来，我国政府机关的信息化管理水平相对较低，许多部门信息处理的电子化程度不高，信息的分类、归档等有待进一步完善，以至于本部门往往也不清楚究竟掌握着哪些信息。另外，政府信息公开的推进也对政府机关的公文制作水平提出了较高的要求。从有关地方推行政府信息公开的情况看，实践中，一些政府文件本身不涉及非公开信息的内容，但是，由于文件制作不规范，一旦公开就会引发一系列的连锁反应，有的会导致某些行政决定的合法性受到质疑。今后，配合《条例》的实施，有必要进一步推进电子政务，推进政府文件的电子化，提高政府公文制作的规范性，统一政府机关数据电文的制作标准，推动政府机关间的信息共享，确立政府机关内部以及各部门间交换数据电文的电子签名与认证机制。特别是，要建立信息的预评估机制。《条例》要求行政机关应当建立健全政府信息发布保密审查机制，所以，迫切需要结合《保守国家秘密法》的规定，建立完善的保密审查机制。除此之外，也很有必要对个人隐私、商业秘密等进行预先评价和分类。而在不同的时间点，是否适宜公开也会有差异，因此，在具体公开前还有必要参考预评估结果对有关信息进行认定。同时，进一步利用信息化技术，建立政府文件合理的归档、保存、检索机制。而且，要进一步加大政府网站的建设力度，加快政府网站的更新周期，并充分利用政府门户网站和搜索引擎，建立跨库查询平台，降低政府信息的查询成本，提高查询效率，为公众获得政府信息提供便利，以最大限度地推动政府信息的主动公开，并逐步推广在线处理依申请公开，降低政府信息公开的成本。

第二，进一步重视对广大政府机关工作人员的培训。和任何一部法律法规相比，《条例》的培训显得尤为重要。《条例》不但确立了"以公开为原则、不公开为例外"的原则，引入了依申请公开的机制，允许任何人申请政府机关公开其掌握的信息，而不论该当事人与所申请公开的信息之间究竟是否有特定的利害关系，尤为重要的是，信息的公开与否应通过科学合理的利益衡量，进行慎重的审查和决定。为此，一是要对全国各地方政府、各部门负责处理政府信息公开工作的人员进行全面的培训，使其熟悉有关的程序和规则。二是在此基础上，要对所有的国家机关工作人员进行培训，提高其认识，确保从政府信息的收集、处理，到信息的保存、利用的各个环节都能够适应未来公开的需求。三是要建立培训的长效机制，结合政府信息公开的新问题、新动向，不断更新政府机关工作人员的知识，提高其认识和信息处理水平。

第三，各级各类政府机关要积极地履行公开义务。《条例》的实施可以增强政府运行的透明度，强化社会监督，政府机关的任何一点问题和漏洞都有可能暴露于公众面前，这对政府机关的各项工作均提出了较高的要求。从短期来看，《条例》的实施难免会束缚政府机关的手脚，增加其负担，但是从有关地方推行政府信息公开的实践来看，政务公开既可以提高政府机关依法行政的观念和水平，也可以增强公众对政府的信任和理解，加强政府与公众之间的沟通，并进一步降低行政管理的成本，同时也有利于社会稳定与和谐。因此，政府机关应当积极主动地履行公开义务。其一，各级各类政府机关应不断扩大主动公开的范围。《条例》只是列举了一部分应主动公开的信息，从有关国家和地区的实践看，在国家保障公民申请公开信息的前提下，主动公开的范围越大、质量越高，公民申请公开的数量就会大大降低，政府机关因处理公开申请的负担就会越轻。因此，各级各类政府机关应当从维护公共利益、满足人民群众需求、方便人民群众获取信息、维护社会和谐的角度，进一步创新形式，扩大主动公开。其二，各级各类政府机关要为推行《条例》积极做好准备。其中，尤为重要的是要编制好政府信息公开目录。政府信息公开目录是为了便于公众了解特定政府机关究竟掌握哪些信息，并在申请时较准确地指明所申请的信息，而由各政府机关编制的，能够简要描述其所掌握的各项信息有关特征的资料。当前，各地已经进行了此方面的实践，但是，绝大部分是涉及政府职能事项、办事指南、办事依据的目录，这距离《条例》的要求还相去甚远，今后，国务院有关部门有必要及时制定相关的指导性标准，规范目录的编制。

第四，应当尽快对《条例》的有关规定制定细则。《条例》对于一些问题的规定仍然比较原则，为了解决实践中的具体操作问题，必须尽快就有些问题制定细则。特别是，关于不公开的信息，《条例》只是规定公开不得损害国家秘密、商业秘密、个人隐私。其中，对于个人隐私，有关法律法规一直没有明确的界定。而且，不适宜公开的信息除了上述三类之外，还包括有关行政机关内部研究、讨论或者审议中、公开后可能影响决策或者造成不利影响的信息，行政机关内部工作程序与人事规则的信息等。这些信息不是绝对不能公开，但在特定条件下不适宜公开。将来，一旦申请人申请公开此类信息，政府机关就会陷入两难境地：公开可能影响正常工作，不公开又缺乏法律依据，极有可能因此成为被告。所以，有关部门有必要尽可能在实施细则或对法规的解释中对上述问题加以解决。

第五，针对《条例》中规定的行政复议和行政诉讼尽快出台相应的实施细则和司法解释。《条例》首次以行政法规的形式，允许当事人就政府机关公开政府信息的行为申请行政复议或者提起行政诉讼，这为政府信息公开提供了强有力的监督和救济机制，是政府信息公开制度得以顺利推行的关键所在。涉及政府信息公开的行政复议或者行政诉讼不同于一般的行政案件：一是，在原告资格方面，复议申请人或者诉讼原告不一定与争议所涉及的政府信息有利害关系；二是，在案件审理方式上，不能简单地套用公开审理的原则以及诉讼中对证据的质证规则，因为此方面的争议一般都涉及特定信息是否应当公开，如果不加区分地进行公开的审理和质证，则保密也就失去了意义，而且，在涉及国家秘密的案件中，并非所有的复议审查人员或者诉讼审判人员都有资格接触该信息。因此，为了切实推行《条例》，有关部门有必要充分参考有关国家和地区政府信息公开的救济机制，结合我国有关地方运用行政复议和行政诉讼机制推进实施政府信息公开过程的经验教训，及时出台行政复议的细则和行政诉讼的司法解释，以指导有关部门处理相关案件。

第六，进一步完善现行的法律法规。《条例》为我国的政府信息公开确立了全新的制度，而许多现行法律法规则理念和具体制度都很难适应未来推行公开的需要。因此，有必要从推动公开的角度，加快完善有关的法律法规。以国家秘密的保护为例，原《保守国家秘密法》及其实施办法制定时间较早，保密范围过宽，定密解密程序不科学，很难适应现阶段保密和公开的要求，将保密的任务寄托于信息公开制度既不利于保密，更不利于公开。特别是随着当前人员流动与信息流动频率的不断提高，依靠传统的观念和方式已很难胜任保密的需要，加强保密工作的根本出路在于如何进一步改革和创新我国的保密法制。2010 年新修订的《保守国家秘密法》为以上问题的解决提供了法律依据。《档案法》也存在类似的问题，相关制度对公开存在一定的限制，且许多本来可以公开的信息一旦按照该法进行管理就不能予以公开。而且，政府信息公开制度的实施也迫切需要尽快建立适合国情的个人信息保护法制。各部门、各地方已经出台的政府信息公开（政务公开）的规定也面临着适应《条例》规定进行调整的问题。在今后相当一段时期内，《条例》将是我国政府信息公开方面位阶最高的法律依据，各部门、各地方的相关规定均不得与之相抵触，凡其在公开方面的标准低于《条例》的，都应当及时进行修订。

第三节　强化公众参与机制与构建和谐社会

一　公众参与立法的含义

在行政立法中，"参与（Participation）是利益集团主动参与制定规制目标、规制政策、规制措施或法规文本草拟的程序。"[①]"公众参与"是西方参与民主理论的一个核心概念，是指公众影响公共政策和公共生活的各种活动。西方强势民主理论认为，"参与模式中的强势民主是……通过对正在进行中的、直接的自我立法的参与过程以及对政治共同体的创造，将相互依赖的私

---

① 尼克·马拉舍夫：《经合组织部分成员国公众参与制度概览》，吴浩主编《国外行政立法的公众参与制度》，中国法制出版社，2008，第 4 页。

人个体转化为自由公民，并且将部分的和私人的利益转化为公益，从而解决冲突"。① 公众参与立法"通常意味着促进法规实施，加强对法律的遵守、认同和政治支持"。② 在当代中国的政治语境中，"公众参与"更多的是作为一种民主方法并在方法论意义上来使用的概念。民主的本意是指多数人的统治，但人们迫于现实环境条件不得不采行代议制民主，而且，在人类民主政治漫长的历史演进中又有精英民主、多元民主、参与民主、选举民主、协商民主等民主形式（和民主理论）应运而生。"公众参与立法与今天的'协商民主主义'和'参与民主主义'有着密切的关系"，③ 这是显而易见的。但是，参与民主与民主、代议制民主是什么关系？还需要从民主原理上作出一般性回答。民主作为多数人的统治，其主体当然是人民，在人民不可能人人都行使国家权力的现实面前，代议制民主是对民主不得已的变通和"打折"，而参与民主不仅是对民主的变通，也是对代议制民主的补充。要使全体人民都成为真正的民主主体，只有在直接民主制下才能实现，这样无论人民是整体、群体还是个体，都不应当是"代议"民主或者"参与"民主，而应当是人民"当家作主"，"主导"民主的各个方面和全过程。所以，在直接民主制下，因为人人都当家作主，就不存在参与民主了；而在代议制民主下，只有部分人甚至少数人能够直接"当家作主"、行使国家权力，大多数人只能参与而不能主导这个民主过程，因此参与民主是从属于代议制民主的，是对代议制民主的补充和矫正。公众参与民主的实际作用总体上是参考性、协助性、补充性和矫正性的。

公众参与民主主要是政治参与，但不尽然。俞可平教授认为，公众参与有三个基本要素：一是参与的主体。公众参与的主体是拥有参与需求的公民，既包括作为个体的公民，也包括由个体公民组成的各种民间组织。二是参与的领域。社会中存在一个公众可以合法参与的公共领域，这一公共领域的主要特征是公共利益和公共理性的存在。三是参与的渠道。社会上存在着各种各样的渠道，公众可以通过这些渠道去影响公共政策和公共生活。④ 公众不仅有政治参与，而且还有经济参与、社会参与和文化参与。这种宽泛参与的认识，是与现代民主划分为政治民主、经济民主、社会民主和文化民主等范畴的理论相关联的。尤其是马克思主义认为，人的彻底解放不仅需要政治解放，而且包括和需要经济解放、社会解放和文化解放，与此相对应的就应当实现经济民

---

① 〔美〕本杰明·巴伯：《强势民主》，彭斌等译，吉林人民出版社，2006，第181页。

② 尼克·马拉舍夫：《经合组织部分成员国公众参与制度概览》，吴浩主编《国外行政立法的公众参与制度》，中国法制出版社，2008，第4页。

③ 金裕焕：《韩国公众参与立法制度概览》，吴浩主编《国外行政立法的公众参与制度》，中国法制出版社，2008，第596页。

④ 俞可平：《公民参与的几个理论问题》，《学习时报》2007年3月18日。

主、社会民主和文化民主，否则人的解放就是不彻底的。站在这种民主理论的基点上，我们完全有理由认为，公众参与不仅要涉及政治领域，而且也要涉及经济、社会和公共文化等广泛领域。

现代立法实质上是各种利益关系的分配、界定和协调。民主立法的过程就是一个社会各种利益碰撞、妥协、交融的过程。为了给予不同利益和力量制度性的表白途径，以及使利益冲突能达成某种程度的共识，现代民主国家均设立公众参与立法的民主制度，以公共和理性的沟通途径来化解冲突，尤其赋予利害关系人参与表达意见之机会，使公众能直接参与立法，实现直接民主。所以，实行公众参与立法能够延缓立法主体迅速作出决定，使法案能在充分的审查及广泛讨论的情况下，避免法案中义务性权力性条款畸重，权利性责任性条款畸轻的现象，避免法律成为权力膨胀、地方和部门保护主义的载体。在民主立法制度中，"强势和弱势群体之间存在着不平等"。① 公众参与立法，有助于弱化这种不平等，逐步协调各种不同主体的利益关系，使他们充分表达各自的要求、质疑或者宣泄怨愤，缓和社会紧张情绪，避免利益冲突的激化和矛盾的加剧。

民主政治体制下的立法公众参与或称公众参与立法，是公众政治参与的一种重要民主形式，是人民当家作主的一个重要渠道，是公民的一项基本政治权利，也是人民主权权力的具体体现。"个人权利和人民主权融合在一起，使民主地制定法律成为可能。"② 公众参与立法作为公民的一项基本政治权利，应当有广义和狭义之分。广义的参与权应当是一种复合性权利，大致包括选举权与被选举权、知情权、参与权、表达权、监督权等基本权利，以及进一步细分的选择权、决定权、传播权、旁听权、陈述权、申辩权、正当程序权、救济权等；狭义的参与权是一项单一性权利，是指在上述权利清单中相对于知情、表达、监督等权利而言的那个"参与权"。

第一，公众参与立法的权利能力。公众行使立法的民主参与权，首先要具备立法参与的权利能力，即宪法、法律、法规应当明确规定公民、团体、社会组织等享有民主参与的相关权利。党的十七大报告提出，在全面建设小康社会和加快建设社会主义法治国家的进程中，要不断发展社会主义民主政治，健全民主制度，丰富民主形式，拓宽民主渠道，依法实行民主选举、民主决策、民主管理、民主监督，保障人民的知情权、参与权、表达权、监督权，从各个层次、各个领域扩大公民有序政治参与。

第二，公众参与立法的行为能力。公众行使立法的民主参与权，还要具

① 〔南非〕毛里西奥·帕瑟林·登特里维特主编《作为公共协商的民主：新的视角》，王英津等译，中央编译出版社，2006，第142页。

② 〔南非〕毛里西奥·帕瑟林·登特里维特主编《作为公共协商的民主：新的视角》，王英津等译，中央编译出版社，2006，第125页。

备参与立法的行为能力，即公众应当具有行使参与立法权利的相应能力。公众参与立法的行为能力，既涉及不同立法参与事项所可能要求的不同年龄、身份、户籍居住、职业归属、阶层民族以及特殊情况下的性别因素等，也涉及立法参与者的个人素养、文化教育、认识水平、精神状态、思维表达能力、语言文字等相关因素；既涉及公众自己参与立法所需要的基本行为能力，也涉及受公众委托（授权）的特定人员代表公众参与立法所需要的行为能力。

公众参与立法的权利能力在法律面前是人人平等的，但公众参与立法的行为能力会因人、因事、因时、因地而异。例如，不同的公众群体（公务员、法官、检察官、律师、妇女、儿童、老人、残疾人、消费者、军人、劳动者等）会关注不同的立法参与，而同样的立法（如物权法、劳动合同法、个人所得税法、食品安全法、职业教育法、药品管理法、大气污染防治法、城市房地产管理法、防震减灾法等）不同公众群体的关注兴趣、关注重点、关注方法、参与效果等也不尽相同。尤其是专家、学者、社团组织代表、利益集团代言人等参与立法，由于他们的专业知识和技能、政治影响力、组织动员能力、掌控媒体的能力、讨价还价的博弈能力等更胜一筹，他们比一般公民参与立法容易产生更大的影响和作用。所以，思考公众的立法参与权问题，应当特别加强对于其行为能力的具体观察、量化分析和实证研究。

二　公众参与立法的制度和信息条件

权利能力和行为能力基本上属于公众参与立法的主体条件，要实现公众有效高质地参与立法，还需要相应的公众参与立法的制度保障。最重要的是实行利害关系人的立法参与制度，保证他们从立法调研阶段起就能够以不同方式关注和参与立法。从世界一些国家的做法来看，主要有以下制度：公民立法提案（动议）制度、立法规划和法案的公开征求意见制度、立法预告制度、立法旁听制度、立法听证制度、立法座谈会制度、立法咨询制度、立法请愿制度、立法复议制度、公民立法否决制度、全民公决制度等。

在我国，借鉴或者引进每一种民主立法参与制度，都应当从我国国情出发并尽可能使之发挥应有作用，切忌将民主立法参与的制度安排形式化、表面化。10多年前我们引进并兴起的立法听证制度，实行的效果并不理想——有的立法机关嫌麻烦，认为多此一举；而公众往往不满意，认为是走过场、"演小品"。所谓立法听证制度，是指立法机关为了收集或获得最新的立法资料，邀请政府官员、专家学者、当事人、与法案有关的利害关系人或有关议员到立法机关委员会陈述意见，为委员会审查法案提供依据和参考的制度。立法听证公开的目的，在于让更广泛、更具代表性的公众参与立法过程。理论上讲，每个公民作为国家的主人和自己利益的主体，应当在关涉自己利益的立法时，有机会参加立法过程中，明确无误地直接表达自己的利益诉求和其他看法。但是，由于在较大国家的通常立法中，不可能也没有必要都经由本人参加立法。"不可能"是因为在目前的交通、通信以及时效条件、组织和物质条件下，难以做到"全民"立法；"无必要"是因为这样做会极大地增加立法的成本，包括时间、经济和人力成本，在可以用其他方法基本解决同样问题的情况下，没有必要采用全民立法的形式。因此，民主参与立法听证，一方面要保证一定数量的民众直接或者间接参与立法过程中，至少在他们感兴趣的情况下能够及时（同步或者现场直播）全部地了解到立法的过程及其内容；另一方面，又要保证参加立法听证的人具有代表性，即各方面的利害关系人应当有相应的代表，而各个代表应当有资格和能力代表被代表者。当然，民主参与原则还应当保证代表是自愿参加立法听证会，而不是被迫的。《立法法》第 34 条第 1 款明确规定："列入常务委员会会议议程的法律案，法律委员会、有关的专门委员会和常务委员会工作机构应当听取各方面的意见。听取意见可以采取座谈会、论证会、听证会等多种形式。"但是，在我国的立法实践中，还存在立法听证规则比较粗糙、立法听证会的公开公正民主原则未得到充分体现、立法听证的有关名词内涵不明确不规范、立法听证主持人听证人听证参加人的权利义务不明确、立法听证的实效不强、媒体在立法听证中的作用及其规范没有引起重视等问题亟待解决。

立法旁听作为公众民主参与立法的一项重要制度，为多数国家所采行，并在宪法或法律中加以规定。例如，瑞典议会法规定，准许公众旁听，"议会大厅应设有若干公众旁听席"。尼泊尔宪法规定，经全国评议会秘书许可，允许任何人在评议会列席旁听。我国《全国人民代表大会议事规则》规定，大会全体会议设旁听席。许多地方人大也制定了地方性议事规则，规定了旁听的原则。在立法实践中，七届全国人大以来，全国人大和许多地方人大，都有若干人士出席旁听代表大会会议，其中多为中外记者，但由于具体的立法旁听办法尚未制定公布，还不能认为我国的立法旁听制度已经健全且达到了法治化程度。

公众参与立法需要充分良好的信息条件，因为公众不是立法信息的直接制造者、掌控者，而是立法信息的消费者、使用者，因为立法信息主要控制在立法起草者、立法提案者、立法审议者等群体和机构手中，立法信息的传播与获得受制于诸多条件和因素，因此，立法信息的有无、真假、多少、主次、早迟等，都将对公众是否参与立法、怎样参与立法以及参与立法的效果等情况，产生至关重要的影响。

民主立法应当创造开放的立法信息体系，以确保充足信息条件下的公众参与立法。公开、开放和充分的立法信息，是公众民主参与立法的前提和关键。公众只有获得他们需要的立法信息，才能做出是否参与立法过程的选择；公众只有掌握了充分及时的立法信息，才能有效地进行立法参与。包括互联网、电视、广播、短信、电话、报纸、杂志等在内的现代媒体，是公众获得立法信息最主要的渠道和载体。公众要获得参与立法的信息，涉及立法机关、媒体和公众三大主体的不同环节。立法机关是否利用和怎样利用现代媒体传播立法信息，主动权由立法机关掌控，媒体和公众只能期盼而不能强求，因此可以说，公众参与民主立法的命运，实际上首先掌握在立法机关手中，没有立法机关的"开门立法"（民主立法），就不可能有公众对于立法的民主参与。如果立法机关愿意公开所有立法信息，那么，现代媒体对于立法信息的传播作用就凸显出来了，媒体对于立法机关提供的立法信息是否传播、如何传播、何时传播、传播给谁、传播多少等等，事实上又将主宰公众参与立法的命运。在西方，媒体引导或误导公众参与立法的事例比比皆是；在我国，媒体带着自己的倾向、立场、好恶、意愿传播（报道）有关立法信息的现象，也并不鲜见。由此可见，在民主立法与公众参与立法的信息和行为链条中，公众始终处于被动的末端，公众参与立法的行为很容易受到立法信息的左右和操纵。

因此，国家应实行立法信息公开制度，用这种制度既保证利害关系人对相关立法的知情权和参与权，又保证社会民众对于立法的了解和监督。现代民主理论认为，民主政府应当充分尊重人民的意愿，在立法过程中只要涉及人民的利益，都要保证人民的知情权和参与权，在人民的参与和协商的基础上再出台法律。

在民众参与立法的过程中，公民个人、公众代表、专家学者、专业（行业）团体、社会组织、利益群体等所表达的意见，其分量常常是不尽相同的，有时候还会出现彼此相左的情况。尤其是，社会弱势群体的利益诉求如何受到立法者的重视，作为立法信息不对称一方的公民的意见如何能够得到充分有效的反映，如何对待和解决这些问题，是对民主立法真假好坏的考验。在一定意义上讲，人民当家作主的民主立法过程，是关涉不同利益、不同观念、不同诉求的沟通、协商、博弈与平衡的过程，也是在法定立法主体之间、非法定立法主体之间以及两大类主体之间的沟通、协商、博弈与平衡的过程。立法信息充分、立法理论丰富、立法力量相当、立法程序公正、立法技术娴熟、立法经验丰富等，都是民主立法博弈达成理想结果的重要保障，也是实现社会关系和谐的制度性、规范性保障。面对强大的国家立法机器，面对立法者占有立法资源的绝对优势，民主立法沟通、协商和博弈需要民众的有效立法参与，而要保证民众对于立法的有效参与，就需要各种专家、组织、行业作为民众参与立法的坚强后盾，就需要有立法信息公开对称、立法程序公正合理的法治保障，否则民众参与立法很容易形同虚设。

三　行政立法中的公众参与

行政机关在进行行政决策、制定规范性文件和制定行政计划时，应尽可能地听取和尊重行政相对人的意见，并对行政决定的形成发挥有效作用。公众参与是民主法制中的重要机制，借助该机制，公众可以有效地行使其当家作主的权利，参与公共事务的管理，同时，可以有效地贡献公众的智慧，提升决策的科学程度；而且，也可以通过公众的有效参与，对行政机关形成一定的监督和制约。中国近年来相继引入了一系列保障公众参与的机制，比如，听证会制度、立法公开征求意见的制度等。国务院于 2008 年正式启动了"行政立法草案意见征集管理信息系统"①，公众只要进入该系统，就可以对任何正在征集意见的行政立法草案发表意见。立法活动公开征求意见不仅有效地保障了公众参与国家管理的权利，也使相关制度的创设更具科学性。但是，公众参与制度的实施和某些制度设计还存在不足之处，需要研究完善。

以价格听证为例，该制度是我国自国外移植的一项重要制度，一度广受关注、备受好评。而近年来，某些地方景点门票、煤水电等价格听证会举办之后，社会各界却对其大失所望，价格听证被称为"形式主义"、"走过场"、"逢听必涨"，公众认同度、关注度也降至最低，该制度同其他许多制度一样也走入了困境。

价格听证是指价格主管部门在制定和调整实行政府指导价或者政府定价的商品或服务价格前，为了对制定调整价格的必要性、可行性进行论证，而听取各方利害关系人意见的程序性法律制度。听证制度是行政程序中的重要制度，其核心理念就是在作出某项决定之前，必须听取与该决定有利害关系的当事人的意见，以保证该决定的公正性，也可以在事前对行政机关的有关决定实施监督。同时，实行听证制度也是人民群众民主参与的重要形式。

相对于传统的定价方式而言，实施价格听证可以通过向公众告知有关信息、听取其意见确保定价过程的公开性和公正性，并可以通过听取各方利害关系人的意见、保证决策信息来源的多样化，进而保障定价的科学性，确保公众利益的最大化。尤其是通过听证，公众在陈述自身意见的同时，可以较好地了解决策的内容及其理由与根据，有利于消除其对决策的抵触心理并增强其自觉实施决策的自觉性。

但是，需要明确的是，价格听证并不是价格决策。价格决策是价格主管部门基于对各方面因素的分析确定政府指导价或者进行政府定价的过程，这是价格主管部门所专有的职能。而价格听证只不过是其中一个重要环节，其目的主要是听取社会各方面的意见、建议，收集相关信息以作为其做出决策的参考。同任何决策一样，价格听证不可能面面俱到地保护所有各方的利益，必然导致部分人因此受益，而其他人的利益则有可能因此受到妨碍。这就要求决策部门必须从促进公共福利最大化的角度，从各种可能的方案中选择最优的方案，并能够证明对某一些人利益的妨碍乃是促进公共福利最大化所不可避免的。

在我国，价格听证制度是《中华人民共和国价格法》中明确确认的制度，

---

① http：//yijian. chinalaw. gov. cn/lisms/action/guest Login Action. do.

而现在该制度受到严重的质疑，这除了与将其等同于价格决策本身、高估其作用有关之外，更主要的则是因为该制度本身存在着许多亟待改进的问题。

首先，现有价格听证往往缺乏公开性。现行《政府制定价格听证办法》并没有明确哪些信息必须公开，反而十分强调听证会参加人必须保守国家机密和商业秘密。而从迄今举行的听证会看，多数听证会从听证会参加人的遴选到听证会的过程往往都是秘而不宣，甚至连听证会要讨论的内容材料也都是在开会时才临时发给参加人。这样一种信息上的不对称严重制约了听证的效果，也必然难以取得公信力。这就要求必须最大限度地扩大公开听证的范围，从听证内容到听证会参加人的遴选、听证会的全过程都尽可能向公众公开。因为，既然是涉及公众利益的事情，就必须充分保障公众的知情权。特别是，应当授权听证会参加人可以查阅、复制、摘抄相关文件材料并要求相关机构对特定问题作出解释、说明，并较早地向其公开资料确保其可以充分进行准备。

其次，听证会参加人缺乏代表性。许多听证会中往往出现与会代表一边倒地支持涨价或者不能充分反映社会各界声音的现象，这也是人们质疑其公正性的主要原因。参加听证的人应当是其利益可能受到听证事项影响的人或者其代表，必须都是为自己的或所代表人群的切身利益参加听证，这就要求进一步完善参加人遴选规则，在保证其代表能力的同时，确保听证参与主体的广泛性。而且，应当给予参加人充分时间听取并汇集其所代表的利害当事人的意见，以保障其能够充分反映有关意见。另外，还需要给予参加人充分的表达机会，尽可能将听证会上更多的时间交给参加人表达意见。

最后，要确立价格决策部门说明理由的制度。决策部门经过听证会确定了价格之后，必须同时公布其确定价格的理由，就为什么采纳或者不采纳某一方意见作出说明，并就其正当性作出解释。通过该制度可以增强听证制度对决策过程的制约，防止仅仅将听证作为确保其程序合法的幌子。这也要求确立和完善听证笔录制度，将其作为决策的重要依据。

第四节　完善民事纠纷的行政介入机制与构建和谐社会

对于行政法以及行政机关在民事纠纷的处理过程中究竟是否可以发挥一定的作用，长期以来并未受到太多的关注，并存在一定的争议。尤其是自法治理念盛行以来，处理民事纠纷一直被认为是专属于司法机关的权限，只能通过诉讼程序并由司法机关作为公正的裁决者对民事纠纷中不同的利益进行调节和处理。另外，基于对行政权具有扩张和被滥用之倾向的恐惧，人们更是极力反对行政过多地介入私人生活。但是，随着社会生活的不断复杂化，民事纠纷在质和量上都有了空前的发展，通过诉讼外的手段处理民事纠纷在世界范围内正演变为一种潮流，民事纠纷处理行政介入机制也逐步占据了重要的地位。

一　对"行政不介入民事纠纷"原则的反思

在近代国家之中，司法机关专门对发生于平等主体之间的纠纷加以处理，其他任何机关特别是行政机关不得染指。尤其是对于行政权介入私人事务，人们一直极为排斥。这一观念主要是来源于传统行政法上的不介入原则。

传统行政法上的不介入原则又被称为"不干涉民事上法律关系之原则"，主要涉及警察权的行使，是约束警察权的诸原则中警察公共（Öffentlichkeit）原则的下位概念，[①] 是指个人财产权之行使、亲属权之行使、民事上合同之履行等仅与私人关系有关，而对于此类权利所遭受之侵害、对合同之不履行等的救济，则应专属于司法权的掌控范围，而不属于警察权可干预之事项。作为其例外，一旦上述民事关系影响到公共安全与秩序，才可以成为警察权可以介入的领域。

行政不介入原则的产生和权力分立理论中行政权与司法权的分立有关，也和传统行政法上"行政——公民"的二元模式以及行政法的产生与发展过程中始终贯穿的如何控制行政权、防止行政权滥用的理念有关。

随着社会的不断发展，自由放任的思想越来越不能适应现实的需要，人们越发认识到，行政不应限于消极地维护公共安全与公共秩序，还需要积极地保护公民的权益。

在现代社会，由于科学技术不断发展、社会关系不断趋于复杂，各种各样的社会矛盾与社会问题层出不穷。坚持自由放任、由市场这一"看不见的手"发挥作用的做法已经跟不上时代的要求，并越发不能应对市场失灵等所带来的难题。资本主义国家为了应对频繁且大量发生的社会矛盾及社会问题，不断增设行政机构和行政人员对社会生活进行干预。面对社会现实的需求，政府开始广泛地介入过去并不被认为属于行政事务范畴的诸如贸易、金融、交通、环境保护、劳资关系等领域，开始担负起保障公民特别是社会生活中的弱者的权益的职责。"从摇篮到坟墓"——这往往被用以形容行政同私人生活关系之密切，也表明行政对私人生活之介入正不断加深。在此过程中，行政除了继续履行其保障公共利益与秩序的职责之外，还大量为公民提供各种服务，增加了"给付行政"之职能。因此，现代行政法一方面仍旧具备传统行政法控制行政权的特点；另一方面，还要对公民的给付请求权进行保障。现在，人们需要政府做的已经不再是谨小慎微地维持公共秩序和抽象的公共利益，而是希望其运用手中的权力主动对社会生活进行干预。管得最少的政府已经不再被认为是称职的政府，国家权力开始越来越多地介入私人生活领

---

① 关于警察权诸原则，可参见〔日〕美浓部达吉《警察权ノ限界ヲ论ス》，《法学协会杂志》第31卷第3号。

域，并越来越多地将许多过去被认为无须或者不应由政府管理的社会事务纳入其行使职能的范围之内。

与此同时，科学技术急速发展在普及城市生活模式的同时，也使得人与人之间的关系趋于复杂，并使得其间的摩擦与对立呈现多样化。传统上，一般应由民事法律规范加以解决的、发生在平等主体之间的一部分利益对立，开始逐步由行政机关以中间人、调停人的身份予以介入。这促使行政法律关系由传统上的二元关系向现代的多元关系转变，显示出现代行政法的一大特征。[1]　于是，行政法在强调控制行政权的同时，还具备了调整利益关系的功能。

基于行政法律关系的多元化，人们认为，对于行政机关而言，公民除了有权请求其排除对自己的违法管制和请求其给予一定给付之外，还应当有权请求行政机关发动一定的公权力。[2]　也就是说，应当承认公民在行政机关怠于行使行政权、履行预防纠纷的责任时可以依法请求行政机关发动行政权，这被称为"行政介入请求权"。[3]

从行政活动与民事纠纷间的关联看，行政机关首先要发挥预防民事纠纷发生的作用；其次，对于已经发生的某些具体的民事纠纷而言，行政机关还可以在一定程度上参与解决该纠纷；之后，针对民事纠纷产生以及解决过程中所发现的行政管理中存在的问题，行政机关还要及时加以完善，以便更好地预防纠纷，提高行政管理的绩效。

二　民事纠纷处理行政介入机制的合理性分析

由于现代社会民事纠纷的发展及现代行政在功能上的变化，在保障由司法机关对纠纷进行最终裁判的前提下，由行政介入来处理某些民事纠纷不但已经是一种实然的状态，而且也具有一定的必要性。

首先，民事纠纷处理行政介入机制是公共行政目的得以实现的重要方面。公共行政的目的在于保障公共安全和公共秩序，但是，这一目标的实现与对私人合法权益的保护和对私人之间关系的调节之间是一种辩证统一的关系，只有私人的合法权益得到了保障，私人间的纠纷得到了妥善解决，也才能更好地实现保障公共安全与公共秩序的目的。

现代社会的发展已经使公共利益的内涵有了很大的扩展，为社会成员提供社会福利与公共服务也逐步成为公共行政的重要部分，对公民的合法权益实施积极主动的保障已经逐步成为公共行政所不可回避的任务。而且，确保

---

[1]　关于行政法律关系的变迁问题，请参见〔日〕大桥洋一《行政法　现代行政过程论》，株式会社有斐阁，2001，第15页。

[2]　〔日〕塩野宏：《行政法Ⅰ　第二版》，株式会社有斐阁，1999年第2版增补，第278~281页。

[3]　〔日〕原田尚彦：《行政と纷争解决》，载《基本法学8－纷争》，株式会社岩波书店，1983，第345~350页。

公民尤其是弱势群体的生存权、发展权也是现代国家公共行政的重要职责。特别是，现代社会中，诸如环境污染、消费者保护、产品责任、医疗事故等许多涉及高度技术性的纠纷层出不穷，如何对此类复杂的利益关系进行调整以预防私人间的纠纷并保护公民合法权益免受侵害已经成为现代公共行政的重要职责。[①]

另外，由现代公共行政所引发的法律关系已经扩展到所谓的"公民——行政——公民"三方关系，往往每一项行政处理在授予一方当事人利益的同时，便会限制另一方当事人的利益，在限制某一当事人行为的同时，也会使相关的当事人的合法利益得到维护。行政权与公民权之间不再仅仅是对立关系，还存在互相依存、互相促进的关联，公民权的实现要依靠行政权的合法行使，而行政权的运用也必须以保障和实现公民权为其重要目标之一。就民事纠纷而言，其出现本身就是对社会秩序的一种冲击。许多纠纷往往会涉及公共行政，如果不能及时加以处理，必然会妨害公共行政目的的实现。特别是，现代社会中，民事纠纷的受害人除了希望加害人终止加害行为并对既已造成的损害进行赔偿之外，更希望能够有效地预防纠纷，排除可能给自己造成损害的因素，而这恰好是国家应当承担的责任，也是国家积极保护公民合法权益的重要方面。

其次，充分发挥民事纠纷处理行政介入机制的作用有利于构建和谐社会目标的实现。民事纠纷处理的行政介入机制一方面可以及时有效地预防民事纠纷，防止相关矛盾的激化；另一方面，也可以较为专业、较为高效地对既已存在的民事纠纷进行调处，使紧张的民事关系得到恢复，这可以极大地促进社会稳定，确保和谐社会的构建。

通过行政机关在行政管理中发挥相关作用，许多民事主体之间的利益对立可以被消除和化解，无疑可以在很大程度上避免有关民事主体之间关系上的对抗。而对于已经产生的民事纠纷而言，最佳的状态是由双方当事人通过互谅互让的方式使纠纷得到化解。通过诉讼解决纠纷固然是一种维护权利的重要途径，但诉讼往往是当事人间的对抗进一步升级的表现。尤其是在中国这样的崇尚"和为贵"的国家中，纠纷一旦进入诉讼，便意味着双方对立的升级。同时，诉讼往往将其重点放在当事人间是否存在相关权利以及该权利是否受到侵害上，而很难关注当事人实际地位的差别。[②] 而且，现实中发生的

---

① 参见〔日〕原田尚彦《行政と纷争解决》，载《基本法学8－纷争》，株式会社岩波书店，1983，第338页。

② 比如，现在广受关注的小区业主拖欠物业服务费的问题在很大程度上起因于业主最初签订物业管理合同对于选定哪家物业公司、物业服务价格如何还无选择的余地，对物业管理公司日常的服务质量等更无制约的力量。而在诉讼过程中，法院所关注的仅仅是物业管理合同是否合法有效、业主是否存在欠费事实等，而很难关注业主实际的地位。

纠纷往往不是可以通过简单机械地划分对与错就可以得到圆满解决的，必然需要双方的妥协和互让。就这一点而言，诉讼对于恢复当事人之间的和谐关系而言并不一定全是正面的作用。[①]

而行政机关除了可以通过相关措施有效预防纠纷的产生之外，在处理与行政管理有关的民事纠纷时，由于纠纷的一方当事人往往还是行政机关的监管对象，因此，行政机关往往可以基于公正的考虑对处于被监管地位的当事人施加一定的影响，以增强弱势一方当事人的地位。另外，行政参与解决民事纠纷往往以调解方式为主，强调的是双方当事人在法律允许的范围内进行利益上的协调和互让，这可以在一定程度上避免纠纷当事人之间产生进一步的对抗，确保当事人之间恢复融洽的关系。特别是，在大量的监管领域，行政机关及其工作人员无疑是该领域相关事务的专家，可以较为专业地对有关纠纷所涉及的事实和法律问题作出判断，使该纠纷得到妥善解决。

再次，民事纠纷处理行政介入机制有利于合理配置司法资源。通过有效发挥民事纠纷处理行政介入机制的作用，可以有效地预防民事纠纷的产生；而且，行政机关以调解、仲裁、裁决等形式介入处理已经产生的民事纠纷，可以使相当一部分民事纠纷无须进入诉讼程序即可得到圆满解决。这可以极大地减少司法机关的负担，使其能够集中力量解决各种具有复杂法律问题的纠纷。还有一点不容忽视，许多民事纠纷与行政管理的关系极其密切，纠纷一方当事人的行为在引发民事纠纷的同时，往往还会构成行政违法。行政机关为了追究其行政违法的责任，往往会在对其违法事实进行充分调查取证的基础上决定对其进行相应的处理。在此基础上，如果能够在一定程度上允许行政机关同时对因同一违法事实所引发的民事纠纷进行调解、处理，则既可以避免案件进入司法程序后法院再次就案件事实重复进行调查，也可以使当事人的权利及时得到救济。

最后，发挥民事纠纷处理行政介入机制的作用有利于优化行政管理。而现实中，许多领域中民事纠纷的出现往往同此领域中有关行政机关的监管缺位或者不科学有着直接或者间接的关系，是相应的行政管埋不完善或者不健全造成的，因此，通过对有关民事纠纷处理过程的介入，行政机关可以及时发现自身管理中存在的问题，并及时予以改进。

[①] 以北京市 2005 年 11 月前后发生的法院强制执行业主偿付物业管理费的事件为例。本来，物业管理公司和业主之间应当相互扶助、相互依存，但由于业主往往只能从购房时就被动地接受物业公司及其服务价格，再加上开发商遗留问题、物业服务质量参差不齐等，除了个别恶意欠费的以外，更多的业主往往因为维权无门而选择了拒交物业费。对此，法院对拒不履行生效判决的业主采取强制措施固然符合法律规定，但是，强制执行的做法往往只能使物业管理公司同业主间原本已经紧张的关系更为激化，不利于改变业主的弱势地位，而且，无助于居民小区的和谐发展。

三 民事纠纷处理行政介入机制的形式

根据行政机关相关行政活动与民事纠纷处理之间的关系，不妨将民事纠纷处理的行政介入机制分为附带性地介入处理民事纠纷和专门性地介入处理民事纠纷两种模式。

所谓附带性地介入处理民事纠纷，是指行政机关在依法行使其行政职权对某一当事人作出某行政处理的过程中，间接地使该当事人与其他民事主体之间的民事纠纷得到解决。也就是说，行政机关作出某行政处理的本意仅仅是依法进行相应的管理活动，而并不以处理民事纠纷为其首要目的。但是，由于许多行政处理活动的直接效果是制止各种危害性行为，所以，如果该危害性行为导致行政相对人与其他当事人之间产生利益上的对立，那么，毫无疑问，通过制止该危害性行为必然可以使得上述纠纷得到一定程度的化解。另外，类似于受害人救济这样的行政给付制度也会间接地使受害人与加害人之间的损害赔偿关系归于消灭，起到化解双方纠纷的作用。现代行政法中，"行政——公民"的两方关系越来越多地为"公民——行政——公民"的三方关系所取代，行政活动与民事活动的关系越来越密切，特别是，随着公民的"行政介入请求权"以及国家对公民权益的保障义务得到人们的认可，行政机关附带性地介入处理民事纠纷的地位和作用必将越来越重要。

而至于专门性地介入处理民事纠纷则是指有关行政机关依照法律授权，以解决民事纠纷为目的，以中立的第三方的身份，利用调解、仲裁、裁决等形式对有关的民事纠纷进行处理。在此方面，特定行政机关进行相关活动的主要目的乃是处理相应的民事纠纷，这些活动对于有关民事纠纷的解决具有直接的效果。这样的制度在很多的国家和地区中被广为采用，而且，随着纠纷数量的不断攀升以及解决相关纠纷对各种专业性知识、政策性考量的需求不断提高，其作用也越来越受到人们的关注。同时，该制度也已经成为现在广为关注的替代型纠纷解决机制（ADR）中的重要方面。

四 民事纠纷行政介入机制的现状与完善

在我国，在实务和理论研究中，人们所普遍关注的介入处理民事纠纷的行政作用主要限于行政调解、行政裁决及劳动争议仲裁等，而本节则认为，并不限于这些，比如还包括有关行政机关对民事争议案件事实的认定等。①

1. 行政调解

行政调解存在于我国许多行政管理领域，既包括针对一般民事纠纷的行

---

① 2005 年 10 月 26 日厦门市十二届人民代表大会常务委员会第二十二次会议通过的《厦门市人民代表大会常务委员会关于完善多元化纠纷解决机制的决定》对于当事人可自主选择解决民事纠纷的"行政处理"也是作了比较宽泛的规定，即包括行政调解、行政裁决以及行政机关处理纠纷的其他方式。

政调解，又包括适用于专门性民事纠纷的行政调解。

对一般民事纠纷的行政调解主要是司法行政部门等主持的调解。国务院于 1989 年 5 月 5 日通过的《人民调解委员会组织条例》中规定，经过人民调解委员会主持调解的民间纠纷，当事人未达成协议或者达成协议后又反悔的，任何一方可以请求基层人民政府处理或者也可以向人民法院起诉（第 9 条）。司法部于 1990 年发布实施了《民间纠纷处理办法》，规定司法助理员作为基层人民政府的司法行政工作人员，具体负责处理民间纠纷的工作，由此确立了由基层人民政府司法行政部门处理一般的民间纠纷的机制。

此外，有关的行政机关在其实施行政管理的领域内可以就有关的民事纠纷进行行政调解。比如，在治安管理领域，《人民警察法》规定，人民警察对公民提出解决纠纷的要求，应当给予帮助（第 21 条）。而 1986 年 9 月 5 日颁布的《中华人民共和国治安管理处罚条例》规定，公安机关对于情节轻微的、因民间纠纷引起的打架斗殴或者损毁他人财物等违反治安管理行为可以调解处理（第 5 条）。[1] 1987 年 7 月 7 日颁布实施的《公安部关于执行〈治安管理处罚条例〉若干问题的解释》对此作了解释，即公安机关可以调解处理的违反治安管理的行为应当是由民间纠纷引起的，且属于已经违反治安管理的行为，虽然情节轻微，但是应当受到治安管理处罚。对这类违反治安管理的行为，公安机关根据情况可以调解处理；调解处理的，不予处罚。[2] 另外，适用于专门民事纠纷的行政调解还存在于众多的领域，如工商行政管理部门对在进行市场监管过程中遇到的合同纠纷、消费纠纷进行的行政调解，环境保护部门对有关的环境纠纷进行的行政调解，地方人民政府及相关部门对土地等资源权属纠纷进行的行政调解，电信监管部门对电信企业间的纠纷及电信服务质量纠纷进行的行政调解，知识产权管理部门对著作权、商标权、专利权纠纷进行的行政调解，卫生行政部门对医疗纠纷进行的行政调解，国务院电力监管机构及其派出机构对电力争议进行的行政调解等。

关于行政调解的效力，一般而言，等同于一般的民事调解，而不同于法院主持的调解。根据《民事诉讼法》的规定，人民法院主持的调解，其调解书经双方当事人签收后，即具有法律效力，当事人必须履行（第 97 条第 3款）。而一般的民事调解，比如人民调解委员会主持的调解，则不具有此类效力，当事人对调解协议反悔的，另一方当事人仅可以向人民法院起诉，该调

---

[1] 1994 年 5 月 12 日修正的该条例并未对此规定作出修改，2005 年通过、2012 年修订的《治安管理处罚法》第 9 条的规定也类似，只是更加细化。

[2] 对此做法，2003 年 8 月 26 日颁布、2012 年 12 月最新修订的《公安机关办理行政案件程序规定》第 10 章又作了进一步详细的规定，并且，现行的《中华人民共和国治安管理处罚法》第 9 条对此也予以了肯定。

解协议具有民事合同的性质。① 并且，对于经乡镇人民政府作出的调解协议的效力，《最高人民法院关于如何处理经乡（镇）人民政府调处的民间纠纷的通知》（法发〔1993〕21 号）中也规定，民间纠纷经司法助理员调解达成协议后，一方当事人反悔的，人民法院应当作为民事案件依法受理，以原纠纷的双方当事人为案件当事人。其他特别法中关于行政调解的规定也基本上是这样定位其效力的，即行政调解最终达成的调解协议完全要依靠当事人自觉自愿的履行，否则，当事人只能通过仲裁、民事诉讼等途径进一步寻求救济。

当然，行政调解在法律效力方面也有例外。比如，对于土地权属争议、海域使用权争议，有关行政调解的效力是比较强的。就土地权属争议而言，国土资源行政主管部门对受理的争议案件进行调解，所制作的调解书经双方当事人签名或者盖章，由承办人署名并加盖国土资源行政主管部门的印章后生效，生效的调解书具有法律效力，是土地登记的依据（《土地权属争议调查处理办法》第 25 条）。另外，在海域使用权争议方面，海洋行政主管部门对海域使用权争议进行调解，所制作的调解书经当事人签名或者盖章，由承办人员署名并加盖海洋行政主管部门印章后生效，具有法律效力，可作为海域使用权登记的依据（《海域使用权争议调解处理办法》第 19 条）。这意味着，在此领域的行政调解的效力是远远高于其他领域的。

2. 行政裁决

关于行政裁决，有的观点将其视为行政机关基于特定程序就特定事项作出行政处理的活动；② 有的观点认为行政裁决是行政机关裁处争议的活动，该争议既可以是民事争议，又可以是行政争议；③ 有的观点则认为，行政裁决是行政机关对特定民事争议进行裁处的活动。④ 现在，最后一种观点较有影响。

在我国的实定法上，对行政裁决的称谓也是不同的，有的采用"处理"，有的采用"裁定"，有的则采用"行政决定"，有的只是规定"责令赔偿"，

① 参见《最高人民法院关于审理涉及人民调解协议的民事案件的若干规定》（法释〔2002〕29号）第 1 条。

② 对此观点，可参见马怀德：《行政裁决辨析》，《法学研究》1990 年第 6 期。该观点类似于日本的"行政审判"一词，该概念在日本只是一个学术上的用语，通常是指由独立于一般行政机关的行政委员会或者与之相类似的行政机关，依照类似于法院裁判的准司法性程序作出的行政行为或者与该行为有关的程序（〔日〕塩野宏：《行政法 Ⅱ　行政救济法》，株式会社有斐阁，1994 年第 2 版增补，第 35 页）。有一部分行政审判是由某一领域的行政主管机关，为了保证其在行使行政权力时公正执法和保护行政相对人利益而适用的；另一部分则是具有争诉性质的行政审判，是为了解决当事人之间的纠纷，对当事人进行救济而适用的，包括解决民事纠纷和解决行政纠纷。

③ 参见罗豪才主编《行政法学》，中国政法大学出版社，1989，第 203 页。

④ 参见罗豪才主编《行政法学》，北京大学出版社，1996，第 249~250 页；刘莘：《行政法热点问题研究》，中国方正出版社，2001，第 263 页；胡建淼：《行政法学》，法律出版社，2003，第 272~274 页等。

当然，也有的明确采用"裁决"一词。采用处理的，比如涉及土地、草原、林地林木的权属争议。如《土地权属争议调查处理办法》等规定，就相关争议，调解未达成协议的，主管部门应当及时提出调查处理意见，报同级人民政府作出处理决定。采用"裁定"的，比如，《商标法》第五章中规定的商标评审委员会对商标争议的裁定制度。采用"行政决定"的，则比如，《电信网间互联争议处理办法》规定，对于电信服务经营者就电信网互联互通产生的争议，协调未果的，电信主管部门应当组织专家论证，并根据论证结果作出行政决定。而责令赔偿则是一种发布行政命令的行为，其内容是要求加害人赔偿受害人的经济损失，如《计量法》中规定，使用不合格的计量器具或者破坏计量器具准确度，给国家和消费者造成损失的，责令赔偿损失（第27条）。采用"裁决"的，则比如《城市房屋拆迁管理条例》（现已失效）中规定的对拆迁补偿协议的裁决。该条例第16条规定，拆迁人与被拆迁人或者拆迁人、被拆迁人与房屋承租人达不成拆迁补偿安置协议的，经当事人申请，由房屋拆迁管理部门裁决。可以说，法律用语上的不统一和我国长期没有就行政裁决的概念等达成共识，是有一定关系的，而在认定是否属于行政裁决时，应主要依据其本身特征，即只要是由行政机关对平等主体间的民事纠纷进行裁断，就应当考虑将其视为行政裁决。

对于行政裁决的适用应当需要有相关法律法规作为依据，换言之，行政裁决所处理的只能是有关的法律法规明确规定的民事纠纷。有的学者主张，行政裁决只能用以解决合同纠纷之外、与行政管理有关的民事纠纷。[①] 但是，如果将劳动争议仲裁和农业（村）承包合同仲裁纳入行政裁决范畴加以对待，那么，将特定的与合同有关的民事纠纷排除在行政裁决的适用范围之外就有所偏差。而且，就近来形成的电信网间互联争议的行政裁决而言，从本质上讲，该裁决所涉及的也主要是电信服务经营者在互联互通过程中的相关合同争议。另外，《城市房屋拆迁管理条例》（现已失效）中规定的裁决制度也是涉及拆迁协议的。因此，在确定行政裁决的适用范围时，简单地将合同纠纷排除出去的做法缺乏科学性，未必妥当，在实务中应以是否有法法规的明确授权为依据，在立法确立相关制度时则主要应根据该纠纷的性质等判定是否有必要确立行政裁决的机制。

另外，行政裁决制度也是处在不断变化之中，随着人们对其本身及所处理纠纷的性质等的认识的不断深入，许多原来存在的行政裁决已经被废止了。比如，我国对许多侵权纠纷的裁决制度就发生了明显的变化。以《商标法》为例，1993年修订的该法中还规定，侵犯注册商标专用权的，被侵权人可以向县级以上工商行政管理部门要求处理，有关工商行政管理部门有权责令侵

---

① 此观点，可参见姜明安主编《行政法与行政诉讼法》，北京大学出版社，1999，第202~203页。

权人立即停止侵权行为，赔偿被侵权人的损失（第39条）。而现行法则仅允许工商行政管理部门责令侵权者停止侵权行为，对损害赔偿的问题，该部门则只能依照当事人的申请进行调解（第53条）。类似变化也发生在《专利法》、《食品卫生法》、《药品管理法》、《兽药管理条例》等法律法规中。这种变化源于多种原因，比如行政裁决公正性差，硬性地要求行政机关介入往往不利于保护当事人的合法权益，甚至会妨碍受害人行使诉权；行政机关担心介入裁决民事纠纷之后，反而被当事人告上法庭，等等。

在行政裁决的效力方面，行政裁决相当于具体行政行为，具有执行力和公定力。因此，在行政裁决作出后的法定期间内，如果当事人不服的，必须通过相关途径主张权利，否则，必须执行该裁决，拒不执行裁决，裁决机关是可以进行或者申请强制执行的。随着对行政裁决属性等的认识不断深入，许多新近制定的法律法规中往往倾向于明确行政裁决的效力和救济途径。比如，《电信网间互联争议处理办法》规定，当事人对行政决定不服的，可以申请行政复议或者提起行政诉讼，并且，复议或者诉讼期间不停止执行该决定（第18条），而且，对于拒不执行行政决定的，电信主管部门还可以对其实施处罚（第19条）。虽然由行政法规、行政规章等规定行政诉讼事宜有一定的问题，但是，这种做法至少表明，我国有关机关对行政裁决的性质、效力的认识正趋于明朗。

3. 对事实的认定

行政机关对于民事纠纷相关事实的认定类似于日本环境纠纷中公害等调整委员会作出的原因裁定。该机制在我国现行法中应用的不多，主要是公安机关交通管理部门作出的交通事故责任认定书。该认定书是由交通管理部门根据当事人的行为对发生交通事故所起的作用以及过错的严重程度来确定当事人的责任时所出具的书面文件。根据现行的《道路交通安全法》，该交通事故责任认定书系处理交通事故的证据。关于交通事故责任认定书是否应纳入行政诉讼受案范围，在我国司法实践中经历了一个过程。早期，人们一般认为该认定书仅属于一种事实认定，因此，不应将其纳入司法审查的范围。最高人民法院、公安部就曾于1992年12月1日颁布《关于处理道路交通事故案件有关问题的通知》规定，当事人仅就公安机关作出的道路交通事故责任认定和伤残评定不服，向人民法院提起行政诉讼或民事诉讼的，人民法院不予受理。但是，随着行政诉讼受案范围的不断扩大，人们认识到，道路交通责任事故认定是公安交通管理部门在行政管理活动中行使行政职权的行为，该行为直接对公民的权利产生影响，对交通事故责任认定提起的行政诉讼，不属于我国《行政诉讼法》及相关司法解释所规定的不予受理的情形。因此，有一些地方法院开始尝试受理此类案件，最高人民法院也于2001年4月公布了《李治芳不服交通事故责任重新认定决定案》,① 这可以在一定程度上表明其对待此类案件的积极态度。但是,对于交通责任认定书的法律性质及是否可以纳入诉讼等问题最终仍没有得到明确的解决。

4. 受害人救济机制

除上述三类行政介入民事纠纷解决的类型之外,我国也有受害人救济机制,但是,应用的范围还极为有限,现阶段主要限于道路交通事故方面,即现行的《道路交通安全法》在规定国家实行机动车第三者责任强制保险制度的同时,还规定要设立道路交通事故社会救助基金,但是,迄今国务院关于该救助基金的实施办法还没有出台。现在,虽然北京、上海、山西等地在其地方性法规、地方政府规章中对此作了一定的规定,② 但基本还没有在实际中发挥作用。

民事纠纷处理行政介入机制在我国存在于众多的领域中,受到所处领域中相关纠纷数量、该行政介入机制自身发挥作用的情况等的影响,其在不同领域中发挥作用的机制也会有极大的差别。但从总体上看,许多行政介入民事纠纷处理的机制实践中在及时解决有关的民事纠纷、化解社会矛盾方面发挥着越来越多的作用。为了比较直观地认识我国民事纠纷处理行政介入机制的运行情况,本节选取部分领域,通过对其介入处理民事纠纷的相关数据进行整理,尝试分析我国民事纠纷处理行政介入机制的实际效果。

首先以一般民间纠纷处理的行政介入机制为例,在此方面,司法行政部门和公安机关均可以在相应的职权范围之内介入有关纠纷的处理,大量普通的民间纠纷是通过这两个机构的调解得到解决的。司法行政机关介入处理的民事纠纷涉及婚姻家庭、房屋及宅基地、债务、生产经营、邻里关系、损害赔偿等领域。从有关的统计数据看,每年有大量的此类民事纠纷被提交给有关的司法行政机关,由其利用调解机制介入处理(见图6-3)。再以公安机关介入处理民间纠纷为例,按照现行规定,公安机关既可以就普通的民间纠纷进行调解,也可以就涉及违反治安管理规定的民间纠纷进行调解。仅以北京市朝阳区为例,据统计,2005年,朝阳公安分局共成功调解50283件民间纠纷,占接报总数的91%。其中,接报治安调解案件28489件,占51.5%;接报民事调解案件26783件,占48.5%。③ 这表明,有大量的民事纠纷可以通过公安机关的调解寻求解决,在公安机关调处民事纠纷的机制及时发挥有效作用的情况下,有相当数量的普通民事纠纷可以不必进入诉讼程序就得到了

---

① 参见《中华人民共和国最高人民法院公报》(2001年卷),人民法院出版社,2003,第315～318页。

② 分别是《北京市实施〈中华人民共和国道路交通安全法〉办法》、《上海市机动车道路交通事故赔偿责任若干规定》、《山西省实施〈中华人民共和国道路交通安全法〉办法》。

③ 参见《派出所调解九成接报民间纠纷》,《北京晨报》2005年12月28日第6版。

解决。此类纠纷主要以日常生活中发生的纠纷为主,案情往往并不复杂,涉及的金额等也并不大,但是,这类纠纷数量较为庞大,处理得妥当,可以及时化解民间矛盾,否则,则可能使矛盾不断激化,进而引发民事诉讼,甚至引发治安、刑事案件。根据公安部对 2005 年全国治安形势的分析,在一些杀人案件中,因为家庭、婚恋等矛盾纠纷引发的因素比较突出,人民内部矛盾、家庭内部的纠纷引起的杀人案件增多,许多案件是因为纠纷的调解不到位,处理得不及时,造成矛盾激化,进而演变成命案,而且,此类犯罪很容易造成多人伤亡。① 这从一个方面表明了有关民事纠纷行政调解机制还有进一步发挥作用的余地。

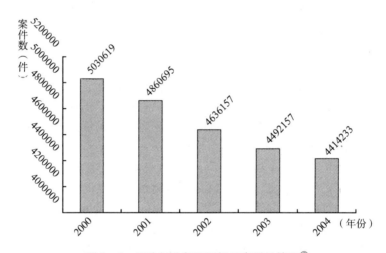

图 6 - 3　司法行政部门调解民事纠纷情况②

　　再以同样数量众多的消费纠纷为例,承担消费者保护职责的工商行政管理部门通过受理投诉、接受咨询、介入调解等机制在及时化解消费纠纷、打击侵害消费者权益行为、维护消费者合法权益方面发挥着越来越大的作用。我国的工商行政管理部门和消费者协会开通了 12315 投诉机制,通过电话、网站、来信、来访等形式接受消费者投诉、咨询。据统计,2002 年,全国工商行政管理机关共受理消费者申诉 70.49 万件,调解成功 60.05 万件(约占85.2%),为消费者挽回经济损失 5.56 亿元;查处侵害消费者权益案件 16.13

---

① 参见《公安部通报 2005 年全国社会治安形势》,新浪网:http://news.sina.com.cn/c/2006-01-19/12138914017.shtml,最后登录时间:2006 年 2 月 20 日 22:35。

② 以上数据来自于国家统计数据,参见 http://www.gsei.com.cn/ziliao/shuju/default.asp,最后登录时间:2006 年 2 月 21 日 21:06。

万件，案件总值 9.46 亿元，罚没金额 2.61 亿元。^① 另外，再以北京市为例，2005 年 7～12 月间，北京市工商行政管理局、北京市消费者协会共受理消费者来电、来访、来信、互联网投诉 29972 件，办结 26142 件（见图 6－4），办结率 87.22%，接待消费者咨询 315992 人次，为消费者挽回经济损失 2082.9 万元。^② 因此，可以说，工商行政管理机关主导的消费者纠纷处理机制在一定程度上发挥了及时化解消费纠纷、维护消费者权益的作用。

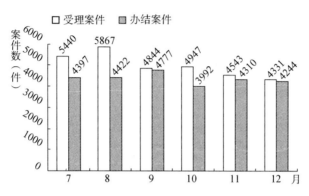

图 6－4　北京市 2005 年 7～12 月份处理消费投诉情况

上述纠纷的主要特点是数量众多、涉案金额不大，行政介入处理能够发挥有效的作用，可以极大地加速纠纷解决，减轻法院负担。而除此之外，还有一些纠纷涉及专业性知识，如知识产权方面的纠纷，行政的介入同样有利于纠纷的解决。比如在商标纠纷的处理方面，商标评审委员会的裁决机制发挥着十分重要的作用，主要包括对商标异议的审查、对商标争议的审查、对撤销注册商标的申请的审查等。以近些年商标评审的实际情况看，请求就驳回商标注册申请进行复审的案件^③占大多数，但是，上述介入处理民事纠纷的案件也同样大量存在，比如，2004 年商标评审委员会处理的 6305 件案件中，有 267 件为民事方面的商标争议，约占 4%。而且，上述商标纠纷必须首先经过商标评审委员会裁决，之后，当事人不服的，案件才可能被提交法院通过诉讼加以解决，因此，商标评审委员会的裁决所起的作用是确保相当的案件在行政阶段解决，以减轻法院负担。

---

① 参见国家工商行政管理总局《2002 年消费者权益保护工作情况通报》，参见 http：//www.315.gov.cn/wq/wq_data_detail.asp? value = ｛C17A3B11-7CDF-4164-BAF8-C49B9E247613｝，最后登录时间：2006 年 1 月 12 日 18：47。

② 本数据系根据北京市工商局 12315 网站（http：//www.hd315.gov.cn/12315）上公布的 2005年 7 月至 12 月的"消费者投诉分析公示"整理所得，其中，12 月份公示仅公布了受理投诉案件数和办结率，因此，该月已办结案件数系笔者依照受理投诉案件数和办结率计算所得，可能与实际数字略有偏差。

③ 此类案件在性质上属于行政复议。

可以说，我国民事纠纷处理行政介入机制在许多领域发挥着作用，通过这些机制，有相当一部分民事纠纷得到较为及时的处理，对于防止矛盾激化、降低财产损失、减轻诉讼压力起到了一定的作用。

在我国，民事纠纷处理的行政介入机制广泛存在于众多领域，根据笔者对截至 2006 年 3 月份我国现行法律、行政法规及规章所进行的不完全整理和分析，我国有关行政机关以行政调解、行政裁决方式介入处理民事纠纷的制度约有 48 项，涉及一般民事纠纷、资源权属纠纷、消费纠纷、环保纠纷、知识产权纠纷等。可以说，我国民事纠纷处理行政介入机制在许多领域发挥着作用。

但是，由于种种原因，该机制还存在各种各样的问题，在很大程度上制约着相关机制在处理民事纠纷方面发挥应有的作用。

首先，当前，人们对于民事纠纷处理的行政介入机制往往还是持反对、消极的态度，认为行政权力只能用于行政管理，而不能过多介入处理民事纠纷，且民事纠纷应主要通过诉讼途径加以解决，否则便有违法治的原则，也会为行政权的滥用创造条件。这样一种认识在实务界和学术界均有一定的影响，无形中制约了我国民事纠纷处理行政介入机制的健康发展。近年来在"维权"口号的号召下，纠纷的司法解决被过分强调，我国公民传统上求"和"的心理多为好诉情结所取代，民事纠纷处理行政介入机制受到很大的批判和否定，以至于大量的案件径直涌向法院。在此背景之下，小额诉讼大量涌现，甚至为了区区几元钱、几毛钱而诉诸司法的案件层出不穷，并在较长时期内被广为宣扬和正面评价。我们不能武断地凭借诉讼数额之多寡评价进行诉讼之必要性及其推动社会变革的意义，并且许多小额诉讼的确具有一定的公益性，起到了冲击各方面不完善管理体制并推动其完善的作用。但是，客观地讲，放任大量纠纷直接诉至法院，并不利于合理配置司法资源，更重要的是，由于诉讼成本偏高等因素致使纠纷解决机制不畅，则必然影响社会安定。有关国家和地区及我国关于民事纠纷处理行政介入机制的实践已经证明，在保障司法最终解决纠纷的前提下，在特定领域由行政机关介入处理有关的民事纠纷不但是可行的，而且该机制与民间的纠纷解决机制共同作用，对于推进社会稳定和谐、减轻法院负担是有帮助的。

其次，由于对民事纠纷处理行政介入机制的理解尚不统一，我国现行法律法规中关于该机制的规定也各不相同，甚至有的规定很不明确，给实际适用带来了困难。

现阶段，我国民事纠纷处理的行政介入机制主要集中表现为行政调解、行政裁决等。但是，我国现行法律法规中对此所作的规定比较随意和不统一。以行政裁决为例，现行法律法规中有的采用"处理"，有的采用"裁定"，有的则采用"行政决定"，有的则是规定"责令赔偿"，也有的明确采用"裁决"一词；甚至连行政调解的规定也是比较多样化的，比如有的用"协调"，有的甚至用"处理"。法律法规规定上的混乱有多种原因,既涉及各个行政管理领域中的特殊性问题,也涉及人们对民事纠纷处理行政介入机制观念认识上的不统一。但是,这确实在一定程度上影响了我国民事纠纷处理行政介入机制发挥应有的作用。由于法律法规规定上的混乱,执法者和当事人往往很难判断现行法中规定的措施和机制的属性,这必然影响处理民事纠纷的效果,而且,还会因人们理解上的差异,而对行政介入处理之后的救济手段与方式的选择带来各种问题。

再次,目前,我国民事纠纷处理行政介入机制中有关行政机关的独立性和专业性还有待提高。我国民事纠纷处理行政介入机制普遍存在的问题在于,长期以来忽视在机构设置和人员配备方面如何确保其具有相应的独立性和专业性,这往往导致人们对该机制处理民事纠纷的效果缺乏信心,并会实际左右其处理结果的公正性。从机构设置本身来看,我国现有的以行政调解或者行政裁决方式介入处理民事纠纷的各类行政机关中,绝大多数仍属于普通的行政机关。在行政裁决方面,虽然设有许多专门性机构,但是,其在地位上也往往只不过是有关行政机关下属的部门。另外,从人员编制上看,就连专门设立的相关机构的人员也绝大多数是来自所属的行政机关。而且,对于这些参与处理纠纷的人员,有关的法律法规并没有专门为其设定身份保障方面的相关规定。行政介入处理民事纠纷的机构中相关人员在人事地位上对有关行政机关及相关行政领导的依赖性必然影响其独立行使职权,进而影响该机构在办理案件中的独立性。同时,在专业性方面,从我国民事纠纷处理行政介入机制的现状看,就连各种专门性的机构也还不能很好地确保这一点。现行法律法规中仅仅要求聘请相关的专业人员,但是,聘请与否完全是由有关机构裁量决定的,而且,对于外部人员的比例以及各类专业人士的比例也没有硬性的规定。

另外,我国民事纠纷处理行政介入机制的程序还存在许多问题。重实体、轻程序是我国相关制度设计中存在的主要问题,该问题也存在于民事纠纷处理行政介入机制中。在这方面,既缺乏有关行政机关运用民事纠纷处理行政介入机制的方法、时限等方面的详细规定,又缺乏如何在该机制中确保各方当事人的参与以保障其合法权益、确保纠纷处理公正性的相关规定。这对于实务中应如何进行运用行政调解或者行政裁决介入处理民事纠纷不能起到应有的规范和指导作用。而且,就现有的相关制度来看,民事纠纷处理行政介入机制仍旧保留着较强的行政化色彩,不重视纠纷当事人的参与。在案件处理过程中,相关行政机关多以书面审理为主,且倾向于采用类似于办理内部审批事项的程序,层层报批,行政领导对于案件审理的干预度较大。而且,人们往往受法律法规用语的影响,将行政介入民事纠纷处理的活动等同于行政处理,因此,往往只注重行政机关的单方性,而不顾及当事人的主张和理由;往往不重视纠纷当事人对纠纷处理过程的参与,只关注通过行政机关内部的处理程序。对于当事人而言，相关的纠纷处理程序缺乏必要的透明度，很容易导致当事人对该纠纷处理机制的公正性等缺乏信心，影响该机制的亲和力，而且，也不利于对当事人的实际程序权利的关注和保障。

还有，我国在行政调解结果的效力方面并没有特殊规定，调解结果的履行主要依靠当事人的自觉和自律。调解结束后，一方当事人反悔或者拒不履行调解协议，就只能将纠纷推入行政裁决程序或者仲裁、民事诉讼程序。从尊重当事人自治、维护当事人诉权的角度看，这确实是有其合理性，但是，也会带来许多负面影响。其一，这显然是国家资源严重的浪费。相关的行政机关必须为案件调解投入一定的行政管理资源，如果当事人不能自觉履行，必然会造成相应行政资源的浪费。其二，这会进一步加重司法机关解决纠纷的压力。调解效力的有限性首先会严重地打消当事人通过调解处理其纠纷的积极性，进而使其倾向于直接将纠纷提交法院。而这也会打击行政机关进行行政调解的积极性，使其不愿在行政调解方面投入过多精力。这最终必然会导致调解制度逐步走向萎缩。其三，调解结果不具有执行力也不利于构筑社会诚信。因为，面对自己自愿签署的调解协议，如果任何人都可以随意反悔而不需要承担任何责任的话，则只能助长社会不良风气，使人们对社会诚信越发丧失信心，并会进一步增加交易的成本。

再者，我国现行的行政监督机制不利于提高相关机关工作人员介入处理民事纠纷的积极性。现有的观念往往不愿意接受行政机关做错事的结果，对于行政机关在行政诉讼中当被告甚至败诉往往给予消极评价，这也容易导致行政机关工作人员消极对待介入处理民事纠纷的问题。这一问题主要发生在行政裁决方面。一般而言，行政机关如因行政裁决而在行政诉讼中当被告并在诉讼中败诉或者在行政复议中被确认违法，相关负有责任的工作人员的业绩就会受到极大的影响甚至面临行政处分。比如，《贵州省行政执法过错责任追究办法》（贵州省人民政府令第 86 号）中就规定，行政执法机关作出的具体行政行为在行政复议和行政诉讼中被确认违法或者变更、撤销的比例较高的，行政执法过错责任追究机关可以责令其限期整改；情节严重的，可以给予通报批评或者取消评比先进资格（第 25 条）。这种规定的出发点固然是非常好的，但是，该做法在逻辑上是有问题的，它是以行政机关及其工作人员应当是圣人这样一种假定为前提的。无可否认，类似的规定会产生很大的副作用，至少在行政裁决方面，就很容易导致裁决机关因担心其裁决在行政复议和行政诉讼中被确认为违法或者被变更或者撤销而不积极地进行裁决。因此，要推进我国的民事纠纷处理行政介入机制，也需要在此方面完善相关的制度。

最后，行政调解和行政裁决之外的民事纠纷处理行政介入机制在我国还未受到充分关注，特别是受害人救济机制在介入处理民事纠纷方面的功能并没有受到人们的重视。我们只重视如何直接地使纠纷得到化解，却很少关注如何通过发挥简洁的处理纠纷机制的作用构筑全方位的纠纷处理机制。

因此，鉴于上述我国民事纠纷处理行政介入机制的现状与存在的问题，有必要从多个方面对我国民事纠纷处理行政介入的机制进行完善。

第一，应当正确看待民事纠纷处理行政介入机制，并将其纳入研究的视野。行政对民事关系的不介入这一理念从历史上反对行政过分干预私人生活的角度来看是有其积极意义的，但是，随着经济社会的发展，行政权所作用的不仅仅是行政相对人的权益，还涉及其他当事人的利益，而行政法所要处理的也不再仅仅是行政机关与行政相对人之间的关系，而是更多地要介入处理三方或者多方关系。在确保行政权不侵害行政相对人合法权益的同时，行政机关还需要及时保障公民的合法权益不遭受侵害。行政机关在某些领域介入处理民事纠纷对有关当事人之间的关系进行调整并保障有关当事人的合法权益同样也是现代行政的重要内容。因此，应当重视民事纠纷处理行政介入机制的问题，特别是，有必要在行政法学研究以及行政法学同相邻学科的交流与合作中加强对此问题的研究，而不能一味地、简单地对该机制加以否定和拒绝。应当通过不断完善民事纠纷处理行政介入的机制，发挥其专业性，提高民事纠纷处理行政介入的公正性，逐步取得人们对该机制的信赖。借此，形成民事纠纷处理行政介入机制与诉讼解决民事纠纷之间以及行政执法和民事纠纷预防处理之间的良性互动。

第二，要逐步完善民事纠纷处理行政介入机制方面的立法，逐步在立法中明确民事纠纷处理行政介入机制的地位，适时提高其立法的层级，避免实定法规定中的不明确与混乱状况。应当及时对既有的民事纠纷处理行政介入的机制进行梳理和评估，凡属于计划经济下行政过度干预私人生活、专业性要求不高、可通过民间自律等途径获得解决的或者因现实的发展导致已经很少被适用的机制，应当及时予以清理，该废止的及时废止。同时，对于现阶段乃至今后相当时期有必要由行政介入处理的民事纠纷，应当结合所其处领域的实际情况、该类纠纷的本身特点等判断究竟是适宜采取行政调解的方式，还是适宜采用行政裁决的方式，抑或采取其他方式，并及时予以调整。另外，在此后的法律法规修订过程中，逐步对有关机制的定性加以明确和统一。

第三，应当注意加强民事纠纷处理行政介入机制中相关机构的独立性和专业性。首先，应当使介入处理民事纠纷的相关机构同相关的行政机关乃至纠纷当事人等均保持一定的独立性。为达到这样的目的，就要使其在设置与地位上不同于其他普通的行政机关或者内部机构，至少，它应当是一个专门为介入处理民事纠纷而设立的机构。介入处理民事纠纷机构应当适当吸收外部专家，并且，对于所有参与处理纠纷的人员，应引入一定的身份保障机制。为了保障相关机构的专业性，有必要对其人员的任免设定明确的条件。此外，应当明确各方面专业人士的比例，比如，应有几名法律界人士，几名所涉及专业领域的人士。特别是，为了确保此类机构的独立性和专业性，在人员的来源上，除了从行政机关内部遴选之外，还需要吸收该机关外部的具有相关学识和经验的专家参与。同时，为了确保有关人员能够在介入处理民事纠纷过程中独立地行使职权，有必要对相关工作人员的身份保障事项作出相应规定，包括任职、免职条件等，并需要明确规定，相关工作人员在处理案件过程中，除有渎职枉法等情形之外，不因其他事由被免职、降职等。

第四，应当进一步完善民事纠纷处理行政介入的程序。一方面，要细化民事纠纷处理行政介入程序方面的具体规定，对每一个环节的具体过程、时限乃至纠纷当事人的权利义务及介入处理纠纷的行政机关的职权等均需要尽可能细致地加以规定。另一方面，在程序的具体设计方面，既要发挥相关行政机关依职权进行调查的优势，又要在必要的限度内贯彻当事人主义，发挥当事人的主动性和积极性，尊重当事人主张和证明的权利。特别是，对于以行政裁决的方式处理民事纠纷的，应当逐步扩大非书面审理的适用范围，可以视情况确立以书面审理为原则、以当事人申请时必须由裁判机构开庭审理为例外的做法。甚至于对于某些特定的纠纷，也可以确立开庭审理为原则、不开庭审理为例外的做法，并妥善地将行政机关依职权调查和当事人参与有机地结合起来。

第五，应当尝试改进关于行政调解效力方面的规定。为了提高行政调解的适用效果，可以参考韩国等国家的做法，对于特定领域的行政调解，在确保相关行政调解机构独立性、专业性和调解程序公正性的基础上，直接赋予该调解协议等同于法院调解的效力，即允许其具有强制执行力。当然，也可以考虑采取我国台湾地区的做法，增加法院对调解结果进行审核的制度。当然，设置上述制度的前提是进行行政调解的行政机关具有相应的独立性和专业性，其调解程序充分确保了纠纷当事人的各项程序权利，以至于一般而言能够保障纠纷处理结果的公正性。否则，设置上述制度便会适得其反。但是，只要制度设计合理并能够保障调解的公正性，这样做就可以极大地提高纠纷解决的效率。这并不是要剥夺纠纷当事人的诉权，而是要求当事人谨言慎行，对自己的承诺负责。而且，这样做也可以切实发挥调解的功能，有效减轻法院的负担。

第六，应当确立行政裁决的具体办案人员不因裁决结果被提起诉讼或者复议而受到纪律追究的机制。这一点和前文提到的加强对相关工作人员的身份保障的问题相关。既然我国的行政裁决是有执行力的，那么，纠纷当事人对行政裁决不服的，必然可以通过行政诉讼或者行政复议请求有权的机关对该裁决进行审查，这也是对相关当事人合法权益加以保护所必不可少的。正如任何优秀的法官也难免会有判错案的情形发生一样，有关行政机关的工作人员在进行行政裁决的过程中，也难免会有失误的可能性。如果因其所作出的行政裁决在行政诉讼或者行政复议中被确认违法或者被撤销，就毫不问理由地一律对办案人员做出否定性评价，则只能使相关人员在进行裁决时畏首畏尾，甚至为了明哲保身而推诿责任，不积极接受和处理裁决申请。因此，只要没有证据表明相关人员在裁决过程中有贪赃枉法、徇私舞弊、以权谋私等行为，就不能因其所作出的裁决被确认违法或者撤销而一律地追究其责任。只有确立这一原则，才能确保行政裁决的裁决者能够秉公执法，保障裁决的公正性。

第七，应当逐步完善受害人救济制度等间接介入处理民事纠纷的制度。受害人救济制度主要适用于特定的侵权纠纷。对此，国家可以通过国家出资和向从事特定的高度危险作业的当事人收取一定费用的方式形成特定的救济资金，用其对符合条件的受害人发放救济金。这样，既可以避免从事特定的高度危险作业的当事人因面临巨大的索赔债台高筑而不愿从事此类作业，又可以避免受害人索赔无门，因此，该机制从总体上是有利于维护社会稳定的。

五　完善行政复议机制与构建和谐社会

从世界范围内各国和各地区的实际情况看，由于政治制度、历史文化传统等的差异，行政复议制度在名称、内容等方面也存在极大差别。有的国家和地区称之为"诉愿"（如过去的日本、韩国及现在的我国台湾地区），有的称之为"异议审查"（如德国，德文为 Widerspruch），有的称之为"行政不服审查"（如现在的日本），还有的称为"行政审判"（如现在的韩国），也有称为上诉（英文为 appeal，如英国、美国等）或者复查（英文为 review，如美国）的。但是，无论各国和各地区行政复议之称谓及具体运作程序上有怎样的差别，其作为一种行政救济手段的共性是不可否认的。可以认为，所谓行政复议乃是指，有关的行政机关为了维护当事人的合法权益、对行政主体的活动进行监督，而根据当事人的申请，对当事人认为侵害其合法权益的、由行政主体作出的行政处理的合法性和合理性进行审查的法律制度。

行政复议大体具有如下特征：

第一，行政复议所处理的为行政争议。这一点与行政诉讼制度相同，即行政复议是为了解决行政主体因进行行政管理而同当事人之间产生的争议，因此，一般的民事争议不能进入行政复议的范围。

第二，行政复议的审查涉及有争议的行政处理的合法性与合理性。这是不同于行政诉讼的地方，所以，就审查范围而言，行政复议是一种更为全面的审查。

第三，行政复议属于纠纷的行政解决模式。如后文所述，在世界范围内，行政复议从复议机关、复议程序等方面呈现司法化的趋势，但是，这并没有改变其作为纠纷的行政解决途径这一根本特征，仍旧属于诉讼外的纠纷解决机制。

第四，行政复议是应申请的行政行为。行政复议只能由有行政复议权的行政机关依靠行政相对人的申请而启动，没有行政复议申请，行政复议程序不能自行启动。

第五，行政复议具有多重功能。首先，它具有对当事人的合法权益进行救济的功能。通过对原行政处理的审查，行政复议机关可以对违法或者不合理的行政处理采取撤销等补救措施，进而使因原行政处理遭受损害的当事人的合法权益得到保护。其次，行政复议具有行政机关内部监督与纠错的功能。无论是原行政机关自行复议，还是其他机关进行复议，都可以纠正原行政机关违法或者不合理的行政处理，督促其依法行政。最后，行政复议还发挥着分担司法机关工作的作用。如上所述，行政复议为一种诉讼外的纠纷解决机制，通过此机制，可以将相当一部分行政争议化解在司法程序之前，可以避免大量行政案件涌向司法机关，导致其不堪重负、案件久拖不决。

行政复议制度的设计不能脱离其性质定位问题。首先，在行政程序和司法程序之间，毫无疑问，行政复议是由行政机关（无论是普通的行政机关，还是特设的行政机关）主持进行，即便其可能借鉴司法程序中的若干做法，如由具有独立性的专门机构进行相对独立的审理，并在程序上采用当事人主义、公开审理等，但这并未改变行政复议仍旧属于行政程序的本质。同时，如上所述，行政复议还具有行政救济和行政监督的特性。对于行政复议性质上认识的差异，可以想见，因行政复议属于行政程序而排斥对司法程序的借鉴，或者偏重行政救济特性抑或行政监督特性，所确立的行政复议模式是会有很大区别的。

行政复议制度是随着近代资产阶级民主政治的发展，为了更好保护当事人的合法权益、加强行政监督、及时解决行政纠纷而产生的，普遍存在于世界各国和各地区的行政法律体系之中。但是，由于各国政治体制、法律体系及历史文化背景的不同，除去名称之外，行政复议在具体制度上也表现出极大的差异，甚至在一个国家或地区之内，行政复议也存在着多样性。这里所谓的多样性，主要是指在某些国家或地区，往往在一般的行政复议制度之外，还存在着各种各样专门的行政复议制度，如日本除了作为一般法的《行政不服审查法》之外，在国税、土地利用、人事管理等领域还存在专门的复议制度；韩国也是如此。[①]

正如行政复议不是世界通行的法律概念一样，在我国，不同时期、不同领域也往往会采用不同的用语，这给全面研究行政复议制度带来了一定的难度，但是，从在行政系统内部对原行政处理进行再次审查以纠正违法或不当的处理、保障相对人合法权益这一行政复议的本质着眼，我国现行的许多被称为"复审"、"复核"的制度也应纳入行政复议制度的研究视野。

新中国的行政复议制度可以追溯至 1950 年的《财政部设置财政检查机构

---

① 参见吕艳滨《日本、韩国的行政复议制度——行政复议司法化的若干实例》，《环球法律评论》2004 年春季号。

办法》，其中规定被检查的部门可以就检查机构的有关决定向上级检查机构申请复核。而最早使用"复议"一词的，则是1950年的《税务复议委员会组织通则》和《印花税暂行条例》。直到改革开放后相当一段时间内，我国均没有制定行政复议方面的专门法，而是在其他法律法规中对该制度作出相应的规定。为了改变在行政复议受案范围、管辖、审理程序、时限等方面缺乏统一法律依据的状况，国务院于1990年12月24日颁布了《中华人民共和国行政复议条例》（以下简称为"《行政复议条例》"），并于1994年对其进行了修订。之后，结合《行政复议条例》实施中积累的经验和暴露出的问题，九届全国人民代表大会常务委员会第九次会议于1999年4月29日通过了《行政复议法》，将行政复议制度上升为法律。至此，包括行政诉讼、行政复议和国家赔偿在内的行政救济法律体系得到了完善和充实。

1999年出台的《中华人民共和国行政复议法》取代了原有的《行政复议条例》，成为我国解决行政争议的又一部重要法律。然而时过不久，该法的实际执行情况让人们发现其实际效用与人们对其原有的预期之间是存在相当差距的。我国现行行政复议制度主要存在以下问题。

相对于行政诉讼制度而言，行政复议制度既对原行政行为合法性进行审查，又对其合理性进行审查，而且，行政复议制度还具有便民、高效、救济成本低、专业性强等优点，在司法最终解决这一原则之下，行政复议制度本应在解决行政争议方面发挥更大的作用。但是，现实中，我国行政复议制度的运行状况却不尽如人意，仅在《行政复议法》实施之后的2000年和2001年，出现了收案数量激增的现象，之后则出现了收案数量下滑的趋势，而同期信访案件数量却持续居高不下。可以说，我国的行政复议制度在实施行政救济方面并没有发挥其应有的作用，而且正在走向萎缩。[①] 之所以出现这一状况，与行政复议制度本身的问题有关。

第一，对行政复议制度的价值定位存在偏差。行政复议制度既可以对受到违法或者不当行政行为侵害的行政相对人的合法权益实施救济，同时又能达到实行行政内部监督的目的，这两者并不排斥，但是，偏重不同的方面则可能造成制度设计发生很大的差别。立法中，由于过去强调行政复议在行政内部监督方面的作用，而忽视了其作为行政救济手段之一应将维护行政相对人的合法权益作为其首要立法宗旨的问题。于是，在行政复议的制度设计方面，就没能采纳"司法化"的立法模式，导致行政复议机构设置、程序设计等方面均制约了行政复议在行政救济方面的作用。

第二，行政复议机构缺乏独立性。按照现行的规定，行政复议机关基本上是原行政机关的上级机关，上下级行政机关之间既有行政上的隶属关系，又容易存在利益上的关联，尤其是，现实中，下级机关的决定往往是在请示

[①]　何军：《行政复议：正在萎缩的制度》，《经济观察报》2003年10月13日。

上级机关之后作出的，这自然很难保障行政复议审查的效果。另外，按照规定，具体负责行政复议工作的是县级以上人民政府及其工作部门的法制机构，但对于具体如何并没有统一规定，有的地方甚至没有行政复议机构和专门的行政复议人员。此外，不但行政复议人员的任职资格没有明确统一的规定，而且，行政复议经费等也没有有力的保障。即便设有专门的行政复议机构，由于该机构多为内设机构，对于行政复议审查没有任何的决定权，所属行政复议机关的负责人可以毫不受其意见约束作出行政复议决定。

第三，行政复议制度的程序设计不利于确保行政复议决定的公正性。首先，行政复议以书面审理为原则，很难保证对案件的全面审查，而且，缺乏足够的透明度，复议当事人（尤其是复议申请人）没有参与案件审理的渠道，这必然影响行政复议决定的公正性及当事人对案件审理结果的信赖。其次，现实中复议案件的审理过程具有较强的行政色彩，往往是按照机关内部的审批程序层层送审，既降低了效率，其结论又极容易受到上级行政领导的影响和干预，很难以法办案。

第四，现行法律关于行政复议的规定过于简单。无论是行政复议的受理程序、审理程序，还是对规章以下规范性文件的审查程序，对案件进行合法性合理性审查的标准，乃至行政复议中的举证责任以及证据规则，现行法律规定得都过于笼统。这既容易使行政复议机关具体进行案件审理时无所适从，又容易增加其办案的随意性。

第五，关于行政复议与行政诉讼的衔接存在诸多不足。[①] 首先，对于行政复议和行政诉讼的受案范围缺乏明确的规定。现行行政复议制度和行政诉讼制度所规定的受案范围是不相同的，这给行政复议与行政诉讼的衔接带来了许多问题。尤其是，当关于具体行政行为合理性的争议经过行政复议程序后，复议申请人对复议决定不服的，还可以提起行政诉讼，这便突破了行政诉讼原则上仅就具体行政行为合法性进行审查的界限。其次，行政争议经过行政复议进入行政诉讼程序后，对于行政复议阶段所认定的事实，法院应当予以多大程度的审查，也没有明确的规定。

行政复议作为一种诉讼外的纠纷解决机制，具有专业性强、效率高、成本低等优点，可以对公民、法人及其他组织的合法权益施以救济，对行政机关实施监督，并可减轻法院负担，因此，对于行政法治而言并非可有可无。而为了遏制现行行政复议制度趋于萎缩的状况，发挥其应有的作用，必须对其进行彻底的改革，这一过程必须坚持"司法化"的思路。所谓行政复议的司法化，就是要强调行政复议机关的独立性和专业性、行政复议程序的公正性和准司法性以及法院在审查具体行政行为时对行政复议决定的尊重。通过

---

① 关于行政复议与行政诉讼的衔接，参见蔡小雪《行政复议与行政诉讼的衔接》，中国法制出版社，2003。

各国和各地区经验，行政复议司法化有多种模式可供选择。最为彻底的司法化是建立行政法院，取消普通法院对行政争议的管辖权，将行政争议的行政解决与司法解决合并。最不彻底的司法化则是在保持现有行政复议制度的前提下，在某些特定的领域引入准司法化的行政复议机制，并逐步扩大此种司法化的范围，这一模式类似于日本的做法。而居中的模式则是所谓的准司法化模式，即通过设立专门的行政复议机构、增加其外部人士、赋予其相应的职权与地位，以增强行政复议机构的独立性，这一模式则类似于我国台湾地区和韩国的做法。①

　　无论哪种司法化的模式，都涉及要处理行政复议与其他行政程序及行政诉讼之间的关系，都会带来政府机构及其权力配合的改变。换言之，司法化并不仅仅是行政复议本身的问题，而是涉及整个国家行政法治的变革。因此，我国行政复议制度改革必然是一个极其复杂的过程。

---

①　关于行政复议司法化的模式，参见周汉华《主题研讨：行政复议司法化——引言》，《环球法律评论》2004 年春季号；《笔谈：我国行政复议制度的司法化》，《法学研究》2004 年第 2 期；《选择：制度重构》，2003 年 10 月 13 日《经济观察报》。

第七章 公正司法与构建和谐社会

第一节 中国特色社会主义司法制度

中国特色社会主义司法制度是马克思主义国家与法的普遍原理同中国革命和建设实践相结合的产物，是在中国化的马克思主义指导下不断完善和发展起来的社会主义类型的司法制度，是中国特色社会主义政治制度的重要组成部分。

"司法"一词，主要有结构主义和功能主义两种解释。一是从结构主义来看，在国家政体结构意义上的司法，是指与立法、行政等相区别的权力、机关及其活动。在西方实行三权分立原则的国家，司法主要是指司法权、法院及其活动；在我国人民代表大会制度下，司法主要是指审判权（人民法院）[①]、检察权（人民检察院）及其活动。二是从功能主义来看，在国家权力实际运行的功能意义上，司法不仅是司法机关的职能，立法机关、行政机关也都具有一定的司法功能，如英国的上议院可以行使某些司法终审权，大陆法系的检察官多作为行政机关的一部分行使提起公诉的职能，而某些国家的法院（法官）却有"司法立法"或者"法官立法"的功能，行政机关有"行政立法"和"司法行政"的功能。从功能主义的意义上讲，"司法"的范围要相对宽泛一些。

英国著名学者詹宁斯勋爵曾经说过："要准确地界定'司法权'是什么，从来都不容易。"[②] 在新中国宪法中不使用"司法权"这个概念，在我们的正式文件和日常话语中却广泛使用"司法"的概念，如"司法改革"、"司法体

---

① 起草 1954 年宪法草案时，对于人民法院行使的是"审判权"还是"司法权"，起草者有不同意见。原来草案中使用的是"司法权"，即"中华人民共和国的司法权由……人民法院行使"。讨论中，基于两点理由，被改为"审判权"：一是 1936 年苏联宪法的俄文原意重点在"审判"而不是"司法"；二是"司法"的范围较宽，有些不属于法院职能范畴，大家倾向于用"审判"一词。参见韩大元编著《1954 年宪法与新中国宪政》，湖南人民出版社，2004，第 168～171 页。

② 〔英〕詹宁斯：《法与宪法》，龚祥瑞等译，三联书店，1997，第 165 页。

制改革"、"司法行政"、"人民司法"等。在当代中国的语境下，"司法"大致是结构主义与功能主义的结合，它包括人民法院、人民检察院①、人民公安机关（国家安全机关）、司法行政机关等国家机构行使审判权、检察权、侦查权等职权的活动。在我国宪法规定的人民代表大会制度下，国家行政机关、国家审判机关、国家检察机关直接由人大产生，对人大负责，受人大监督。公安机关（国家安全机关）和司法行政机关属于国家行政机关，它们在宪法上与人民法院、人民检察院不是并列法律关系。当代中国的司法制度，主要是指上述国家机关及其公务员依法享有和行使司法职权、实施法律的相关制度和程序。

一　中国特色社会主义司法制度的历史发展

（一）中国特色社会主义司法制度的产生和发展

1840 年以后，西方列强对中国的入侵，引发了中国社会的深刻剧变，导致了中华法系的解体。清政府效仿西方推行的司法制度改革与法制转型，未能挽救清王朝覆灭的命运。辛亥革命后旧中国学习西方建立的近代司法制度，也随着南京国民党政府在解放战争中的失败而告终。

新民主主义革命时期，中国共产党领导全国各族人民为争得民族解放、国家独立和人民民主，经历了 28 年浴血奋战。在这个历史发展过程中，我们党领导的人民司法制度建设，从无到有、从小到大，逐步产生、发展和建立起来。

1931 年以前，在革命根据地的地方政权中，我们党领导初创了早期的司法机关，如闽西工农民主政府设立了裁判肃反委员会，鄂豫皖苏区工农民主政府及所属各县设立了革命法庭和革命军事法庭。

1931 年中华苏维埃共和国成立后，在中央执行委员会下设了人民委员会和最高法院，人民委员会下设司法人民委员会，专管司法行政工作。在中央实行审判与司法行政"分立制"，在地方则采用审判与司法行政"合一制"，不专设司法行政机构，而由审判机关即各级裁判部兼理审判工作与司法行政工作。检察机关在民主革命时期并没有建立独立的体系，而是在各级法院内设立检察机构，而且处于时设时撤的状态。当时司法机关的组织状况是：各

---

① 在1982年修宪过程中，有领导提出，为了精简机构，可以不再设立独立于行政部门之外的最高人民检察院，而采取一些西方国家的做法，由司法部行使检察机关的职能，把最高人民检察院同司法部合并。经研究认为，新中国成立以来一直是检察机关独立于行政部门之外，多年的实践表明并没有什么大问题和不可行的地方；同时检察机关要监督行政机关的违法和渎职行为，它独立于行政机关之外，比较超脱，更有利于处理这类案件，还是不要改变为好。王汉斌和张友渔就向彭真写了书面意见，彭真审阅修改后，报邓小平审核。邓小平说：检察院仍维持现状，不与司法部合并。参见王汉斌《邓小平同志亲自指导起草一九八二年宪法》，《法制日报》2004 年 8 月 19 日。

级设有政治保卫局、检察员、裁判部，分别行使侦查权、检察权、审判权。时任中央执行委员会主席的毛泽东对司法工作十分关心。1933 年 4 月，云集区裁判部长谢成秀在工作中碰到困难，找毛泽东说："主席，这项工作较难做，我又是小姓人，工作有时很难开展。"毛泽东说："小姓不要紧，法律大嘛！你们搞司法工作要特别注意，别的工作做错了好改，杀错了人，改都不好改呀！死人不能返生！你们一定要记住两句话：一是要依靠法律办事，二是不要脱离群众。"① 中华苏维埃时期初创的司法制度具有鲜明的阶级性、彻底的革命性②和广泛的民主性，是中国特色社会主义司法制度的雏形。

抗日战争时期，各革命根据地设立法院或司法处，作为行使审判权的司法机关。陕甘宁边区的司法机关设置分为边区高等法院和县司法处两级。高等法院为边区的最高司法机关，管理全区的审判工作和司法行政事宜。在各分区专员公署所在地设高等法院分庭，作为高等法院的派出机关，代表高等法院指导和管理该地区的审判工作、司法行政工作及属于高等法院管辖的诉讼案件。各县设立司法处，负责处理第一审民刑案件。在军队系统设立军法机关，负责审理违犯军法的案件及其他依法由军法机关审判的案件。毛泽东在 1938 年 8 月 1 日的演讲中说："陕甘宁边区的高等法院，它管什么呢？它不管别的，专门管对付汉奸，打击反动派。我们要求全国人民起来反对汉奸，反对反动派，尊重法律。"

这一时期由陕甘宁边区陇东分区专员兼边区高等法院分庭庭长马锡五首创的"马锡五审判方式"，充分体现了人民司法为人民的本质。③ 1944 年 5 月，时任陕甘宁边区参议会副议长的谢觉哉在总结马锡五审判方式时说，这种方式"是审判，也是调解。这方式的好处，政府和人民共同断案，真正学习了民主；人民懂了道理，又学会了调解，以后争论就会减少"。调解很重要，因为"调解可使大事化小、小事化无；可使小事不闹成大事、无事不闹成有事"。审判与调解是什么关系？谢觉哉解释说："审判是强人服从，调解

---

① 《治国安民法为上》，http://www.baibaofp.com/zgamfws.htm。

② 毛泽东说："苏维埃法庭以镇压地主资产阶级为目的，对于工农分子的犯罪则一般处置从轻，国民党法庭以镇压工农阶级为目的，对于地主资产阶级的犯罪则一般处置从轻，法庭的作用完全给政府的阶级性决定了。"毛泽东还说："苏维埃法庭一方面严厉镇压反革命分子的活动，苏维埃对这样的分子决不应该有丝毫的姑息。但是另一方面，对于已经就逮的犯人，都是禁止一切不人道的待遇。苏维埃中央政府已经明令宣布废止肉刑，这亦是历史上的绝大的改革。""消灭敌对阶级反革命阴谋，建立苏维埃内的革命秩序，而废弃司法范围内一切野蛮封建的遗迹，这是苏维埃法庭的目的。"

③ 马锡五审判方式具有以下特点：第一，深入基层，调查研究，彻底查清案件真相，不轻信偏听，草率从事；第二，就地审判，不拘形式，在群众参与下处理案件，一切为了人民方便，审判案件公开；第三，诉讼手续简易方便，便利人民诉讼；第四，坚持原则，将法律精神与群众要求结合起来。

是自愿服从。审判得好，赢的输的，都自愿服从。审判与调解是一件事的两面。"①

解放战争时期，各解放区的司法制度进一步发展和完善，为新中国人民司法制度的建设积累了经验、奠定了基础。解放战争初期，除东北解放区外，其他解放区基本沿用了抗日战争时期根据地的司法制度。随着人民解放战争的胜利发展，解放区不断扩大，在新解放区废除了国民党政府的司法制度，建立了新的人民司法制度，同时各个解放区逐渐连成一片，大解放区人民政府相继成立，相应建立了大解放区的司法机关。从整体来看，这一时期各解放区的司法制度进一步发展和完善，但没有根本性的变化。

新中国的司法制度是在彻底废除南京国民政府的"六法全书"和伪法统基础上建立的。1949年2月，中共中央发出了《关于废除国民党的六法全书与确定解放区的司法原则的指示》，明确指出："在无产阶级领导的工农联盟为主体的人民民主专政的政权下，国民党的六法全书应该废除，人民的司法工作不能再以国民党的六法全书作依据，而应该以人民的新法律作依据。"同时要求人民的司法机关"应该经常以蔑视和批判六法全书及国民党其他一切反动的法律法令的精神，以蔑视和批判欧美日本资本主义国家一切反人民法律法令的精神，以学习和掌握马列主义——毛泽东思想的国家观、法律观及新民主主义的政策、纲领、法律、命令、条例、决议的办法，来教育和改造司法干部"。② 随后制定的《共同纲领》则明确规定："废除国民党反动政府一切压迫人民的法律、法令和司法制度，制定保护人民的法律、法令，建立人民司法制度。"张友渔先生曾经指出："解放初，我们废除国民党的《六法全书》，这是完全正确的，因为《六法全书》代表国民党的法统，不废除这个法统我们就不能确立自己的革命法制。"③

新中国成立初期，根据《中央人民政府组织法》的规定，在中央设立了最高人民法院、最高人民检察署、公安部和司法部，并建立了地方的各级人民法院、各级人民检察署、各级公安机关和各大行政区司法部，分别行使审判、检察、公安和司法行政的职权。

1954年9月，第一届全国人民代表大会第一次会议召开，颁布了新中国第一部宪法，制定了人民法院组织法、人民检察院组织法。1954年宪法确立了我

---

① 谢觉哉：《关于调解与审判》，《谢觉哉文集》，人民出版社，1989，第593~596页。
② 华北人民政府也于1949年3月31日发布了专门训令，明确规定"废除国民党的六法全书及其一切反动法律"，要求"各级人民政府的司法审判，不得再援引其条文"，"各级人民政府，特别是司法工作者，要和对国民党的阶级统治的痛恨一样，而以蔑视和批判态度对待国民党六法全书及欧美、日本等资本主义国家一切反人民的法律，以革命精神来学习马列主义、毛泽东思想的国家观、法律观，学习新民主主义的政策、纲领、法律、命令、条例、决议，来搜集与研究人民自己的统治经验，制作出新的较完备的法律来。"
③ 张友渔：《关于法制史研究的几个问题》，《法学研究》1981年第5期。

国人民代表大会制度下"一府两院"的政体结构，构建了新中国的司法制度，人民法院、人民检察院不再是同级人民政府的组成部分，检察机关改称人民检察院，我国司法制度建设进入了一个新的发展时期。我国现行司法制度的基本原则和基本制度，总体上还是沿袭了 1954 年宪法的体制。

1958 年以后，党和国家工作在指导思想上出现了"左"倾错误，① 司法部、监察部、国务院法制局相继被撤销。"文化大革命"期间，"和尚打伞，无法无天"，砸烂公检法盛行，人民法院的组织系统、审判制度等均被破坏，检察机关被取消，国家司法制度遭到严重破坏。

"文化大革命"结束后，特别是党的十一届三中全会之后，我国的司法制度得到恢复重建和不断发展完善。经过新中国成立 60 多年尤其是改革开放 30 多年来的努力，我们在党的领导下，以 1982 年宪法及其四个修正案为基础，在人民法院组织法、人民检察院组织法、法官法、检察官法、人民警察法、刑事诉讼法、民事诉讼法、行政诉讼法、律师法、公证法、监狱法等法律的基础上，不断加强人民法院、人民检察院、公安机关、国家安全机关和司法行政机关建设，改革完善侦查制度、检察制度、审判制度和行政司法制度，形成了中国特色社会主义司法制度体系，走出了一条符合中国国情、反映人民意愿、顺应时代潮流的中国特色社会主义法治建设道路。

（二）中国特色社会主义司法制度的历史渊源

中国特色社会主义司法制度既不是空穴来风的臆想，也不是凭空设计的楼阁，而是从国情出发，在学习继承借鉴古今中外人类司法文明有益成果的基础上，逐渐形成和发展起来的。1958 年之前，我们主要学习移植苏联社会主义法制模式和司法制度的相关内容；改革开放以后尤其是 20 世纪 90 年代以来，我们又比较多地学习借鉴美国、德国、日本等西方国家法治模式和司法制度的有益内容。总体来看，我国司法制度大致有以下四个历史渊源。

一是苏联社会主义法制模式的影响。"十月革命帮助了全世界的也帮助了中国的先进分子，用无产阶级的宇宙观作为观察国家命运的工具，重新

---

① 1957 年下半年，毛泽东对法治的态度和看法发生了根本改变。在 1958 年 8 月召开的北戴河（中共中央政治局扩大）会议上，毛泽东说："法律这个东西没有也不行，但我们有我们这一套，还是马青天那一套好，调查研究，就地解决，调解为主……大跃进以来都搞生产，大鸣大放大字报，就没有时间犯法了。对付盗窃犯不靠群众不行。不能靠法律治多数人，大多数人靠养成习惯。军队靠军法治不了人，实际上是 1400 人的大会（指中央军委扩大会议）治了人。民法、刑法那么多条，谁记得了。宪法是我参加制定的，我也记不得……我们的各种规章制度，大多数、百分之九十是司局搞的，我们基本上不靠那些，主要靠决议、开会，一年搞四次，不靠民法、刑法来维持秩序。人民代表大会、国务院开会有它们那一套，我们还是靠我们那一套。"刘少奇提出，到底是法治还是人治？看来实际靠人，法律只能作为办事的参考。参见全国人大常委会办公厅编著《人民代表大会制度建设四十年》，中国民主法制出版社，1991，第 102 页。

考虑自己的问题。走俄国人的路——这就是结论。"① 意识形态和国家制度倒向苏联，意味着对苏联模式的全盘接受，其中当然包括司法制度。1931年建立中华苏维埃的政权体制和司法制度，主要是苏联制度的搬用。当时制定的中华苏维埃共和国的《宪法大纲》、《婚姻条例》、《政府组织法》、《中央组织法》、《地方组织法》、《选举法》、《军事裁判所暂行组织条例》、《处理反革命案件和司法机关暂行程序》、《裁判部暂行组织和裁判条例》等，对中华苏维埃政权的建立及其司法制度的形成，奠定了法制基础。这些法律中的许多内容，就是通过梁柏台②等人从苏联法制中引进的。

新中国成立初期，我们"一边倒"，全面学习移植苏联的司法制度。如我国1954年宪法基本上是以苏联1936年宪法为蓝本制定的。刘少奇在关于1954年宪法草案的报告中指出，我们的宪法"参考了苏联的先后几个宪法和各人民民主国家的宪法。显然，以苏联为首的社会主义先进国家的经验，对我们有很大的帮助。我们的宪法草案结合了中国的经验和国际的经验"。③ 当时苏联的社会主义法制理论、法制模式和司法制度，成为建立新中国司法制度非常重要的来源。④ 新中国初期建立司法制度，基本上走了一条"全盘苏化"的道路，苏联法制模式成为我国司法制度最主要的历史渊源。

二是中国共产党领导人民政权建设中的司法实践经验。从国情出发、从实践出发、从党的中心任务出发，学习苏联的法制模式，在构建人民民主政权司法制度的实践中不断积累经验，这是新中国司法制度历史渊源的实践基础和主要来源，中国特色社会主义司法制度的许多原则、制度和做法，都肇始于此。⑤ 今天我国法制体系中独具特色的很多制度设计和司法原则，都能够从中华苏维埃共和国的法制中寻找到源头，如梁柏台倡导并确立的公开审判和巡回法庭制度，提倡在审判活动中"重视证据、重视程序"、审

---

① 《毛泽东选集》第4卷，人民出版社，1991，第1472页。

② 梁伯台（1899~1935），1920年加入中国社会主义青年团。1922年入莫斯科东方大学学习，同年转入中国共产党。1924年到海参崴工作，在伯力法院当过审判员，致力于法律研究和司法工作。1931年夏从苏联回国后在闽西苏维埃政府工作，曾任保卫局长。在全国"一苏"、"二苏"大会上当选为中央执行委员。1933年4月被任命为司法人民委员部副部长，7月被任命为内务人民委员部副部长；1934年2月被任命为中央司法人民委员部副部长，兼任最高法院主审之一。苏区时期他审理了一批重要刑事案件，为苏区的法制建设做出了贡献。1935年3月，梁伯台在率部队通过国民党军队的封锁线时负伤被俘，后被敌人杀害。

③ 刘少奇：《关于中华人民共和国宪法草案的报告》（1954年9月15日）。

④ 参见何勤华《关于新中国移植苏联司法制度的反思》，《中外法学》2002年第3期。

⑤ 在1954年11月召开的认真贯彻执行人民法院组织法和人民检察院组织法的座谈会上，董必武指出，两个组织法的每一条都是我国五年来人民司法和人民检察工作的实践经验和马列主义理论的结合。尤其是人民法院组织法，还总结了我国土地革命以来人民司法工作的经验，同时也吸收了苏联的先进经验，经过几次研究修改，送请毛主席审查，最后经全国人民代表大会讨论通过。

判要公开、调解制度等；抗日战争时期创造的"马锡五审判方式"、调解与审判相辅相成的做法和原则，对新中国的司法建设产生了重要影响，成为中国特色社会主义司法制度的重要渊源。一段时间以来，在我国的司法体制改革中，对于革命根据地时期行之有效的、体现人民司法本质特征的许多经验重视不够，研究和宣传不够，继承和发展也不够。

三是中国古代传统法律文化和司法制度传统的影响。我国是一个具有五千多年文明史的古国，中华法系源远流长。以国家权力为后盾，以解决社会纷争为主要内容的司法活动，早在夏代就已出现，其后经历了数千年的发展，形成了较为完备的中华司法制度体系和以儒家"中庸"思想为核心的东方司法文化传统。中国特色社会主义司法制度的产生和发展，既要大革几千年封建专制制度和封建文化的命，又要古为今用、推陈出新，汲取中华法系源远流长的文化养分。过去我们对中国古代传统法律文化和司法制度的认识不深、重视不够，批判多于继承，否定多于认可，致使它对中国特色社会主义司法制度建设的影响十分有限。

四是西方法律文化和法律制度的影响。清末和国民党统治时期，主要是向西方大陆法系的日本、德国、法国等国家学习，但都没有成功。共产党领导的人民司法建设，从革命根据地创建法制到新中国初期全国性人民司法制度的建立，多是向苏联老大哥取经学习的。20世纪50年代中苏关系交恶后，由于复杂的历史原因和特定的历史条件，我国逐渐走上了忽视法治、崇尚人治的道路。改革开放以后，尤其是苏联解体、东欧剧变以来，我们在加强社会主义法治建设、落实依法治国基本方略、深化司法（体制）改革的过程中，比较多地注意吸收和借鉴西方发达国家法治建设的有益经验。①

二 中国特色社会主义司法制度的主要特征

中国特色社会主义的司法制度，具有以下主要特征和优越性。

（一）公开的政治性

马克思主义认为，司法制度作为上层建筑的重要组成部分，必然具有鲜明的阶级性。西方政治学者也认为："颁布法律，进行审判，领导战争是典型的政治活动。"② 在阶级斗争已经不是我国社会的主要矛盾的条件下，国家、政党、法律、法治、司法制度的阶级性，主要表现为它们的政治性。列宁说："法律是一种政治措施，是一种政治。"③ 我国司法制度的政治性，就是说它与资本主义国家的司法制度有着本质区别，属于社会主义性质的司法制度。

---

① 国务院新闻办公室：《中国的法治建设》白皮书，2008年2月28日。
② 〔法〕让－马克·夸克：《合法性与政治》，佟心平等译，中央编译出版社，2002，第15页。
③ 列宁：《论面目全非的马克思主义和"帝国主义经济主义"》，《列宁全集》第28卷，人民出版社，1990，第140页。

当代中国司法制度的政治性，集中体现在以下方面：一是始终坚持中国共产党对司法工作的政治领导、组织领导和思想领导；二是始终坚持以中国化的马克思主义为指导，坚持科学发展观，坚持社会主义法治理念；三是始终坚持人民民主专政的国体和人民代表大会制度的政体；四是始终坚持党的事业至上、人民利益至上和宪法法律至上的统一，坚持党的领导、人民当家作主和依法治国的有机统一，坚持政治效果、社会效果和法律效果的统一。

坚持司法制度的政治性是我国社会主义司法制度的本质要求，每一个司法工作者都要具有明确的政治意识、坚定的政治立场。谢觉哉曾经指出："我们的法律是服从于政治的，没有离开政治而独立的法律。政治需要什么，法律就规定什么"，① 因此"司法工作者一定要懂政治，不懂得政治决不会懂得法律"，司法人员一定要"从政治上来司法"。我们之所以称为"政法工作"、"政法委员会"、"政法机关"、"政法大学"而不是"法政……"，一个重要原因，就是要强调并坚持政治对于法制工作的统领作用。旗帜鲜明地坚持我国司法制度的政治性、阶级性，才能从本质上划清与资本主义国家司法制度的界线，坚定不移地走中国特色社会主义法治发展道路；才能进一步加强和改善党对政法工作的领导，反对司法改革的"全盘西化"倾向，坚持我国法治建设和司法改革的正确方向。

（二）鲜明的人民性

我国司法制度的人民性是其政治性的内在要求和必然反映，是人民当家作主，成为国家、社会和自己主人的本质特征。人民民主专政是我国的国体，人民代表大会制度是我国的政体，我国的法院、检察院是人民法院和人民检察院，这些都决定并体现了我国司法制度的人民性特征。毛泽东在谈到我国法律的性质时曾经说过："我们的法律，是劳动人民自己制定的。它是维护革命秩序，保护劳动人民利益，保护社会主义经济基础，保护生产力的。"② 我国宪法和法律是党的主张和人民意志相统一的体现。宪法规定，中华人民共和国的一切权力属于人民，人民依照宪法和法律管理国家和社会事务，管理经济和文化事业。我国司法机关所"司"之法，是由人民制定的体现人民意志、保护人民利益的社会主义法律，我国司法制度本质上是人民司法，"人民法院"、"人民检察院"、"人民公安"的称谓，就充分体现了我国司法制度的人民性。③ 这种司法是坚持公平正义、以人为本、尊重保障人权的司法，是执

① 谢觉哉：《在司法训练班的讲话》（1949 年 1 月），《谢觉哉论民主与法制》，法律出版社，1996，第 156～159 页。

② 《毛泽东选集》第 5 卷，人民出版社，1978，第 358～359 页。

③ 起草 1954 年宪法草案时，有人主张把人民法院和人民检察院前的"人民"两个字略去，理由是国务院等一些机构称谓上没有"人民"二字，并不会影响这些机构的人民性。这种意见最后未被采纳。参见韩大元编著《1954 年宪法与新中国宪政》，湖南人民出版社，2004，第 236～237、379 页。

法（司法）为民、全心全意为人民服务的司法，是由人民参与、人民监督、一切为了人民的人民司法。

我国司法制度所具有的人民性，是它与资本主义国家司法制度的又一根本区别。坚定不移地坚持我国司法制度的人民性，应当最大限度地保障好、维护好人民的根本利益，不断满足人民群众日益增长的司法诉求，全面落实以人为本、执法为民的要求，实现司法的人民性与专业性的统一。

（三） 内在的合法性

中国特色社会主义的司法制度具有充分的不容置疑的合法性。[①] 这是因为，它是在中国共产党领导新民主主义革命的长期实践中，历史的选择、人民的选择。历史和人民在选择中国共产党领导和社会主义民主政治制度的过程中，就同时选择了社会主义的司法制度；它是在彻底废除国民党政权伪法统、"六法全书"和旧司法制度的基础上，由《中国人民政治协商会议共同纲领》和《中华人民共和国宪法》明确规定，组织机构和主要人员是由《人民法院组织法》、《人民检察院组织法》规定产生的司法制度；它是依照法定程序由人民代表大会产生、对人大负责、受人大监督的司法制度。判断和评价当代中国司法制度合法性最重要、最根本的依据和标准，就是新中国成立60多年尤其是改革开放30多年的成功实践，充分证明了它是能够反映人民意志并保障人民利益，能够维护社会稳定和国家长治久安，能够服务改革开放和促进世界和平发展，能够代表中华法系文明并实现中华民族伟大复兴的，符合中国社会主义初级阶段基本国情的司法制度。

应当理直气壮地坚持我国司法制度的合法性，全面推进依法治国，自觉树立社会主义法治理念，努力提高依法办事和公正司法的能力和水平，在法治轨道上推进司法改革，在人民的参与下完善司法体制，切实维护社会主义法制的统一和人民司法的权威。

（四） 充分的科学性

我国司法制度的科学性主要体现在以下方面：一是我国司法制度在设计、规范、程序和运行等方面，遵循了科学规律，体现了科学精神，采用了科学方法。毛泽东说过，"搞宪法是搞科学"；[②] 搞立法也是搞科学。现阶段我国立法必须坚持"民主立法、科学立法"的原则。根据科学宪法和法律构建的我国司法制度，当然也是科学的。二是我国司法体系中有关"司法机关分工

---

① 人们对于什么是合法性的解释见仁见智。例如，法国政治学者让－马克·夸克认为："最通俗地讲，合法性是对被统治者与统治者关系的评价。它是政治权力及其遵从者证明自身合法性的过程。它是对统治权力的认可。"〔法〕让－马克·夸克：《合法性与政治》，佟心平等译校，中央编译出版社，2002，序，第1页。美国政治社会学家李普塞特认为："合法性是指政治系统使人们产生和坚持现存政治制度是社会的最适宜制度之信仰的能力。"〔美〕李普塞特：《政治人：政治的社会基础》，张绍宗译，上海人民出版社，1997，第55页。

② 《毛泽东文集》第6卷，人民出版社，1999，第330页。

负责、相互配合、相互制约"的制度、审判制度、法律监督制度、证据制度、司法鉴定制度、三大诉讼程序制度等司法制度，有关法律面前人人平等、罪刑法定、上诉不加刑、以事实为根据以法律为准绳、宽严相济等原则，都体现了科学性。三是我国司法制度从中国国情出发，继承、学习、借鉴或吸收了古今中外人类法治和司法文明的许多有益成果，这些成果反映了人类处理矛盾、解决纠纷、维护秩序、实现公平正义的社会发展规律，反映了人类认识世界、改造世界、人与自然和谐相处的基本规律，其科学性不言而喻。

我国司法制度建设必须以科学发展观为指导，坚持科学性与政治性、人民性的有机统一，既反对只讲科学性，不讲政治性和人民性，也反对只讲政治性和人民性，不讲科学性。坚持我国司法制度的科学性，就是要秉持法治的科学精神，尊重司法的科学规律，坚持立法、执法、司法和法律监督的协调发展，科学合理配置司法职权，实现司法机关之间分工负责、互相配合、互相制约的协调性，用科学方法推进公正高效权威的社会主义司法制度的建设。

（五）积极的建设性

中国新民主主义革命时期的司法制度，是革命的司法制度，其根本任务在于推翻旧政权、废除伪法统和旧司法制度；社会主义的司法制度是建设的司法制度，其根本任务在于尊重保障人权，维护市场经济秩序，稳定社会治安大局，打击敌人、惩罚犯罪、教育人民，服务于社会主义现代化建设事业。"我们党历经革命、建设和改革，已经从领导人民为夺取全国政权而奋斗的党，成为领导人民掌握全国政权并长期执政的党；已经从受到外部封锁和实行计划经济条件下领导国家建设的党，成为对外开放和发展社会主义市场经济条件下领导国家建设的党。"① 从革命党向执政党的转变，决定了中国共产党领导的法制和司法制度要由推翻国民党政权旧法制、旧司法制度的"革命法制"、"革命司法"，向巩固全国政权、建设社会主义国家的"建设法制"、"人民司法"转变，由服务于革命斗争和"以阶级斗争为纲"的"革命法制"、"革命司法"，向服务于改革开放和现代化建设的"建设法治"、"建设司法"转变。

从"革命"转向"建设和改革"，是当代中国司法制度根本任务的历史性转向，它决定了我国司法工作必须转变以"革命"为主导的思维，牢固树立建设和服务的意识，服务于党和国家的大局和中心工作，服务于改革开放和现代化建设的战略部署，服务于国家、人民和社会。司法工作应当始终坚持建设性原则，在任何时候都要"帮忙而不添乱"、"增光而不抹黑"、"促进而不阻碍"。

---

① 江泽民：《全面建设小康社会，开创中国特色社会主义事业新局面》，在中国共产党第十六次全国代表大会上的报告。

（六）　与时俱进的实践性

实践性是马克思主义哲学异于其他哲学的根本特点之一，也是当代中国司法制度得以产生、发展和不断完善的重要属性。中国特色社会主义的司法制度不是空想的产物，而是在新民主主义革命斗争实践中产生，在新中国社会主义革命过程中发展，在改革开放新时期不断完善的司法制度。近10多年来所进行的司法改革，就是我国司法制度在实践中不断发展完善的集中体现。同中国的政治体制改革是社会主义政治制度的自我完善和发展一样，我国司法体制改革也是社会主义司法制度的自我完善和发展。我国司法体制自我完善和改革的动力，来自改革开放和现代化建设的伟大实践，来自全面推进依法治国的必然要求，来自广大人民群众对司法资源和司法服务日益增长的内在需求。

坚持我国司法制度的实践性品格，就要坚定不移地坚持改革开放，在党的领导下积极稳妥地推进司法体制与工作机制的完善发展和与时俱进的改革，始终保持我国司法制度的创新性、生命力和充满活力。

我国司法制度最大的优越性，是这种制度有利于集中力量办大事。在人民代表大会制度下，司法机关与其他国家机关之间是分工合作的关系，而不是西方三权分立体制下互相钳制的关系。一方面，我国司法机关与立法机关、行政机关有明确的分工，人民法院和人民检察院依法独立行使审判权、检察权，不受行政机关、社会组织和个人的干涉；另一方面，司法机关作为人民代表大会制度的重要组成部分，按照民主集中制的原则，在国家政权体系中与其他国家机关一道，分工不分家，同心协力履行国家政权机关的职责。在司法机关之间，我国司法机关分工负责，各司其职，依法行使职权；同时，各司法机关在政法委员会的协调安排下，在党委的领导统筹下，在人大的监督支持下，相互配合，协同工作，集中力量共同解决一些重大问题，统筹安排携手应对重大突发事件。2008年抗击冻雪灾害、汶川抗震救灾、奥运安保中的政法工作，2009年应对世界金融危机、保增长保民生保稳定中的司法实践，都充分体现并一再证明了社会主义司法制度集中力量办大事的优越性。

三　中国特色社会主义司法制度的自我完善和发展

（一）　中国司法制度建设中存在的不足

我国现行司法制度是根据宪法和法律建立的，是中国特色社会主义制度的重要组成部分，是中国特色社会主义事业的可靠法治保障，总体上与我国社会主义初级阶段的政治经济制度和基本国情相适应。但随着我国社会主义市场经济的发展和民主法治建设的推进，司法环境产生了许多新变化，司法工作出现了许多新情况，人民群众对司法工作提出了许多新的要求，司法体制和工作机制中存在的不完善、不适应的问题日渐显现。尤其是，我国是一个有着两千多年封建专制历史的国家，邓小平说过："旧中国留给我们的，封建专制传统比较多，民主法制传统很少。解放以后，我们也没有自觉地、系统地建立保障人民民主权利的各项制度，法制很不完备，也很不受重视。"① 改革开放以来，党和国家高度重视民主法治建设，取得了举世瞩目的成绩，但在法治建设的若干环节、法治理念和司法体制机制的若干方面，还存在一些不足和亟待解决的问题。目前，我国司法制度建设主要存在以下四个方面的不足或问题。

（1）思想认识和理论观念方面。主要存在两类问题：一是思想认识偏离正确的政治方向或者脱离中国实际。例如，宣扬"三权分立"、"司法完全独立"等司法理念，否定司法权和司法制度的政治性、阶级性，主张全盘西化的司法改革，法官独立和宪法司法化，取消政法委员会和人民检察院，等等。二是一些司法理论观念缺乏科学全面和从国情出发的深入研究，误导司法体制改革。

（2）司法体制和工作机制方面。司法体制和工作机制不能适应我国政治经济社会文化体制深化改革的需要，不能充分满足人民群众日益增长和不断扩大的司法需求，审判权、检察权的地方化、行政化、商业化问题在有些地方比较突出；刑事司法中刑讯逼供、超期羁押、律师辩护难，行政案件中行政机关对于审判的干扰和影响；某些司法人员办"关系案"、"人情案"；司法不公、司法腐败、打官司难、执行难等问题仍为群众所诟病，司法还没有成为公民信赖的权威有效的权利救济形式。

（3）司法队伍建设方面。法治发展存在地区不均衡现象，司法执法队伍的业务素质参差不齐，在东西部和城乡存在较为明显的差异，中西部地区法律工作依然存在经费短缺、人才流失、法官断层等现象。

（4）对司法的监督和保障方面。法律监督的体制和机制不够健全，监督机构缺乏必要的独立性，党政干预比较严重，越是涉及公民切身利益和社会全局的执法部门，越是难以受到监督。

（二）发展完善中国司法制度的战略思考

人类法治文明发展的历史和现实情况表明，世界上并不存在唯一的、普适的和抽象的司法制度模式。衡量和评价一种司法制度的好坏优劣，关键要看它是否适应本国需要，符合本国国情，有利于本国的繁荣富强；是否充分反映人民意愿，有利于保障人民权益；是否有利于解决纠纷、化解矛盾，实现公平正义；是否有利于经济发展、社会和谐、民族团结和国家稳定；是否顺应时代潮流，有利于推动世界和平与发展。

（1）我国司法制度的完善与发展，应当努力实现"四个转变"：一是在方

---

① 《邓小平文选》第2卷，人民出版社，1994，第332页。

略上，从以司法改革为重点转向全面加强司法建设，确立建构主义的司法价值取向。① 二是在目标上，从以司法独立为目标的司法改革转向全面加强高效公正权威的司法建设，突出司法公正的价值取向。三是在方向上，从以学习借鉴西方司法模式为主导，转向立足国情、顺应时代潮流、更加坚定不移地坚持中国特色社会主义法治发展道路，突出我国司法制度的中国特色和社会主义性质的价值取向。四是在方法上，从以部门为主导设计和推进的司法改革，转向在党委领导下科学设计、协调推进、可持续地加强司法建设；从全面的司法改革，转向"有所为、有所不为"的改革；从重司法改革操作、轻科学理论论证，转向先科学理论论证再司法改革，突出积极稳妥推进改革的价值取向。

尤其是，应当根据科学发展观和构建和谐社会的理论，来厘清和确立司法科学发展的思路，把深化司法体制改革的设计，纳入司法建设和法治发展的大格局之中，凸显"加强司法建设"的理念，将"建设人民司法"作为政法工作未来发展的主线和关键词，将深化司法体制改革作为推进司法建设的重要手段和途径之一。

（2）我国司法制度的完善与发展，应当努力做到"四个相结合"：一是要与中国特色社会主义现代化建设整体战略任务、战略目标及其实践过程相结合；二是要与深入学习实践科学发展观，坚持以人为本、全面协调可持续科学发展的各项要求相结合；三是要与发展中国特色社会主义民主政治、建设社会主义政治文明、深化政治体制改革的整体部署及其实践过程相结合；四是要与全面推进依法治国、加快建设社会主义法治国家的战略部署及其实

---

① 我们在推进依法治国的进程中，在司法领域提出了司法体制改革的任务。为了证明司法体制改革的必要性、紧迫性和合理性，我们不得不指出甚至强调司法领域存在许多严重问题。而事实上，权力滥用、权力腐败、权力不作为等需要通过改革予以解决的体制和机制问题，并不是中国司法机关所特有独存的，其中很多问题是现行政治体制所共有共存的弊端，许多问题是现行公权力链条环环相扣的现象，但在设计和部署体制改革发展的任务时，执政党的任务是加强执政能力建设，国家权力机关的任务是加强立法，行政机关的任务是建设法治政府，只有司法机关的主要任务是司法体制改革。为了改革司法体制，司法机关不得不"自证其腐"，引火烧身。加之我们对司法在实现公平正义方面的功能给予了过高评价、过高期待和过度宣传，在"反对腐败是关系党和国家生死存亡的严重政治斗争"面前，事实上赋予了司法"救党救国"的神圣使命。在这种"司法腐败"和"司法拯救"的双重压力下，我们发起并实施了司法体制改革。10多年来，司法体制改革在许多方面取得了巨大成就，但由于司法体制改革的预设问题和司法功能的有限实现，无论司法体制改革取得如何成绩，只要不能全面达成"实现公平正义最后一道防线"的目标，只要还有相当数量的纠纷得不到解决，只要还有相当数量的群体性上访事件发生，只要权力腐败还没有得到真正遏制和减少，只要社会公平正义还没有得到普遍实现，人们就很容易对司法体制改革给出消极甚至负面的评价，司法公信力逐步减损成为司法体制改革的必然代价——作者。

践过程相结合。①

（3）我国司法制度的完善与发展，应当努力做到"四个相适应"：一是要与我国经济社会文化发展，尤其是与我国全面改革的要求和进度相适应；二是要与我国深化政治体制改革的整体规划相配套，与政治体制改革的力度强度速度相适应，避免司法体制"孤军深入"的"超前"改革；三是要从基本国情出发，与司法权的内在属性、司法发展规律以及司法机关的自身条件相适应；四是要从坚持以人为本、执法为民出发，与广大人民群众日益增长的合理司法诉求②和解决日益增多的社会矛盾纠纷的客观要求相适应。

（4）我国司法制度的完善与发展，应当努力处理好司法改革涉及的"三个方面"关系。

第一，司法机关外部的公权力关系。主要涉及司法权与党的权力、人大的权力、行政机关的权力的界定及关系。以往司法改革中提出的许多问题，如司法独立、司法辖区划分、司法保障、司法地方化、司法行政化等，都与这些公权力机关密切相关。而这里所涉及的问题，基本上都是政治问题而非法律问题，只有通过政治体制改革才能解决。这个方面的司法改革实质上是政治体制改革，应当在中央的统一部署下，严格遵循我们党关于政治体制改革的基本原则、方针和部署，统一设计和实施，而不宜"另辟蹊径"，率先突破。

司法改革是落实依法治国基本方略诸多工作中的一项，是加强司法建设诸种方法中的一种，应当恰当地认识司法改革在落实依法治国基本方略和加强司法建设中的地位和作用，为司法改革适当"减负"，避免司法改革陷入"小马拉大车"的困境。

第二，司法机关内部的公权力关系。主要分为两个层面：一是法院、检察院、公安、司法行政部门、国家安全部门之间的分工负责、互相配合、互相监督、协同工作；二是各个司法机关内的体制、机制改革。落实十七大的要求，"深化司法体制改革，优化司法职权配置，规范司法行为，建设公正高

---

① 司法权尤其是司法公信力与法治国家建设有着十分密切的内在联系。德国学者在论述德意志联邦共和国的法治国家问题时指出："法治国家真正的内在力量很大程度上取决于人民在多大程度上信任国家的司法机关。这种信任正在减少，与其说是法官本身造成的，不如说是司法机关的模糊性和司法进程的长期性造成的。有时这种拖延无异于对法律补偿诉求的拒绝。"〔德〕沃纳·伯肯梅耶：《法治国家——德意志联邦共和国的法治：意义、原则和风险》，载约瑟夫、容敏德编著《法治》，法律出版社，2005，第34页。

② 人民群众日益增长的司法诉求与国家的司法能力、司法资源之间，永远存在一定张力。公众的司法诉求是无限的，而满足这种司法诉求的能力、资源和条件是有限的，国家应当通过各种渠道和方法把公众的司法诉求引导到合理的轨道上，从而尽量满足公众合理的司法诉求。国家放任一个社会中司法诉求的过快增多，对于公众和政府而言，都不是好事情。国家只应当努力满足公众合理的司法诉求，而不能迁就那些不合理的司法诉求。

效权威的社会主义司法制度，保证审判机关、检察机关依法独立公正地行使审判权、检察权"，应当主要在这个范围内积极稳妥地展开，同时配套加强中国特色社会主义的司法理论、司法理念和司法文化建设。

第三，司法机关与社会的关系。主要涉及与社会组织、媒体、公民个人等主体对于司法的知情权、参与权、监督权的关系，核心是司法公开和司法民主的问题。有关这个方面的司法改革，应当积极谨慎，尽可能与党和国家的民主政治建设的改革安排同步推进。

（三）全面加强司法建设、完善和发展司法制度的若干建议

在新的历史起点上，谋划和推进我国司法制度的自我完善和发展，深化司法改革，应当按照十七大报告的要求和中央的统一部署，全力以赴抓好中发〔2008〕19 号文件《中共中央转发〈中央政法委员会关于深化司法体制和工作体制改革若干问题的意见〉的通知》以及分工方案确定的 60 项改革措施的贯彻落实。同时，从全面加强司法建设的角度，应当主要抓好以下工作。

（1）进一步加强司法政治和思想建设。一是旗帜鲜明地坚持党对司法工作的政治领导和思想领导，人大对司法工作的监督和支持，政府对司法工作的支持和配合；牢牢把握正确的政治方向和改革方向，制定司法建设正确的方针、政策和相关制度。强化对司法人员进行社会主义的政治意识、法治理念、司法伦理和职业道德的教育。二是进一步加强各级政法委员会在领导和协调政法工作方面的作用，明确职权、完善程序、加强监督，从制度上和程序上既保障党对法院、检察院、公安、安全、司法行政等机关工作的领导，又保障和监督它们依法行使职权。充分发挥各司法机关党组织对于本部门司法工作的领导核心作用，不断提高对司法工作的领导能力和依法执政的水平。

（2）进一步加强司法理论和文化建设。一是着力加强中国特色社会主义法治道路的经验总结和理论研究，深化社会主义法治理念和司法理论研究，加强中外法律文化传统比较研究，构建中国特色社会主义法治理论体系。二是开展对我国法治国情、社会稳定情势和司法国情科学量化的调查研究，全面掌握我国法治实践、社会治安、司法实际的客观状况，为法治建设和司法改革的重大决策提供科学数据和依据。三是在确定全面落实依法治国基本方略战略规划的基础上，制定全面加强中国特色社会主义司法建设的战略规划和司法体制与工作机制改革的实施方案，制定司法建设评价指标体系。四是高度重视人民司法的文化建设，理直气壮地坚持我国司法制度的中国特色及其优越性，坚持我国司法制度的政治性、人民性和科学性，坚持党对司法工作的领导。

（3）进一步加强司法组织和队伍建设。司法队伍是政法工作和司法制度的主体，司法人员的素质、能力和水平状况，直接影响着司法制度的权威和功能。加强司法组织和队伍建设的主要内容是：进一步加强党对司法工作的组织领导，加强人民法院、人民检察院的机构和组织建设，按照"政治坚定、业务精通、作风优良、执法公正"的标准大力加强司法人才队伍建设。进一步完善司法考试，切实解决边远地区司法人才缺乏的问题。完善司法官员的任用制度，上级司法官员原则上应当从下一级司法官员中产生。法官、检察官、律师都是人民司法工作者，他们的岗位应当可以交流互换。重视法学教育为政法机关输送人才的基础性作用，把对司法人才队伍建设的要求延伸到法学院，抓好基础建设。司法组织和队伍建设的重点，是抓好政治立场、政治方向和马克思主义法治观与科学发展观教育，抓好法官、检察官、律师等司法人员的考试、录用、任职、培训、奖惩等制度建设，通过多种途径和方法，把广大法官、检察官、律师等培养成"又红又专"的政法骨干。

我们党在加强司法队伍建设方面具有优良传统，新中国成立之初，为肃清司法队伍中"六法全书"和旧法观点的影响，划清新旧法律的原则界限，我们党进行了马列主义法律观教育。谢觉哉在题为《马列主义的法律观》等讲话中阐述了一系列在今天看来仍有重要指导意义的观点。[①]

（4）进一步加强司法制度和机制建设。一是优化司法职权配置，主要是完善侦查手段和措施，完善职务犯罪侦查监督，完善诉讼法律制度，完善民事执行体制，进一步保障审判机关、检察机关依法独立行使审判权和检察权，维护社会公平正义，维护人民群众合法权益。二是全面落实宽严相济刑事政策，把此政策上升为法律制度，转化为司法体制和工作机制，落实到执法实践之中。为此，应当适应新时期犯罪行为发生的变化，对严重危害社会秩序和国家安全的犯罪依法从严打击；对轻微犯罪、未成年人

[①] 谢觉哉指出：（1）国家是阶级的产物，法律是国家表现权力的工具。社会主义社会的国家和法律，就是为了保卫无产阶级的利益服务的。我们在打碎旧的国家机器的同时，要废除旧法律及其司法制度，建立崭新的有利于加强和巩固人民民主专政的法律和司法制度。（2）我们的司法是新司法，我们已经把旧统治者的最复杂、最精巧的作为镇压人民的工具——法庭，变为以社会主义为基础的镇压反动阶级和教育人民的工具；我们的法律是反映人民大众意志的，法庭是人民的工具，法律是人民群众自己创造出来的，掌握在人民手中，人民群众自己也必须执行。（3）我们的法律是服从于政治的，没有离开政治而独立的法律。我们的司法工作者一定要懂政治，不懂政治绝不会懂得法律。司法工作者若不懂政治，有法也不会司。（4）司法工作者要一面办案，一面考虑案件的社会原因。我们不但要办理案件，而且要把案件发生的原因以及对社会各方面的影响，加以注意和研究，求出诊治社会的方法。因此，司法一定要走群众路线，倾听群众的意见。（5）法院最重要的工作是审判。"审"是把案件的事实审查清楚，"判"是在搞清事实的基础上，作出裁判。"审"是客观事实，是什么就是什么，不是凭审判员的脑子想怎样就怎样。"判"是根据党的方针、政策，在一定的法律范围内考虑量刑幅度。客观事实是判的对象，搞清事实是第一步工作；在搞清事实的基础上，依靠党的政策和法律来判是第二步。谢老的这些见解，对我们今天的司法队伍建设和政法工作，仍然有着十分重要的启发和教育意义。

犯罪，按照教育为主、惩罚为辅的原则，实行宽缓处理，尽量教育挽救，增加社会和谐。三是建立和完善多元纠纷解决机制。正确处理司法与调解、信访以及其他社会纠纷解决机制的关系，强化国家的正式司法制度建设。调解和信访是中国自古以来解决争端的传统方式，在我国现代化建设中对于平息争端、维护社会稳定也起到了重要作用，但并不能因此把调解、信访以及其他纠纷解决机制作为司法的替代方式。应当在国家司法体制下发挥调解、信访等的补充辅助作用，而不是在其他社会纠纷解决机制下发挥司法的补充辅助作用。

（5）进一步加强对司法的物质保障和民主监督。一是改革和完善司法财政保障体制，建立由中央财政和省级财政单独向法院、检察院列支经费的保障体制，制定分类保障政策和公用经费正常增长机制，制定完善各类业务装备配备标准，规范基础设施建设的经费保障，加大对中西部困难地区政法经费的支持力度，提高政法部门经费保障水平，保证政法部门依法履行职责的经费需要，促进司法公正。二是进一步加强司法民主建设，不断完善人民陪审员制度、人民监督员制度、审判公开制度、公民旁听制度、新闻发布制度、专家咨询制度、公众参与制度等。三是进一步加强司法监督：一要加强各个司法机关内部的政治思想、职业道德、工作制度、法律程序、纪检监察等有效的监督机制，筑好司法监督的第一道防线；二要进一步完善公检法三机关之间、上下级司法机关之间、司法活动各有关环节之间的相互制约和监督，加强检察院的法律监督；三要加强司法机关外部的党委和政法委监督、人大监督、纪检监察监督、新闻媒体监督、社会组织和人民群众的监督；四要避免出现司法监督的漏洞和"盲区"，尽量减少不必要的重复监督，努力在各种监督主体之间形成良性互动、相互监督制约的闭环机制，有效解决谁来监督监督者的问题。

第二节　坚持公正司法的原则

一　公正司法的基本含义和要求

公正司法是社会主义法治的必然要求。培根曾经讲过，一次不公的判决比多次不公的行为祸害尤烈，因为后者不过弄脏了水流，前者却败坏了水源。建设社会主义法治国家，必然要求做到司法公正和权威。只有牢固树立公正司法理念，才能使宪法规定的建设社会主义法治国家的任务落到实处，才能真正维护人民的利益，促进社会和谐发展。

（一）公正司法体现了社会主义法治的基本价值

社会主义法治的目标是在全社会实现公平和正义。良法之治是基础，但仅有完善的法律体系并不意味着法治的实现。徒法不足以自行。法治的生命在于实践、在于应用。只有通过公正的司法，通过法的适用和实施，才能推动法的价值和目标的实现。牢固树立公正司法的理念，以公正司法的精神指导法治实施，让公正司法成为人们看得见、实实在在触摸得到的正义，社会主义法治才能内化为人们生活中的实实在在的行为，才会为广大人民群众信仰和遵从。

（二）公正司法是促进社会和谐的必然要求

社会和谐是中国特色社会主义的本质属性。社会主义和谐社会应当是公正司法的社会。社会和谐应当以人们满意为标准，客观方面则要将利益关系的妥善协调，矛盾纠纷的正确处理，人民群众的积极性、主动性、创造性的充分发挥等作为评价标准。社会和谐为公正司法创造了社会条件；通过公正司法，化解纠纷，解决矛盾，协调利益关系，促使全体人民平等友爱、和睦相处，促进经济社会与生态环境协调发展，促进人与自然和谐发展。公平正义是当前构建和谐社会的重要目标和任务，而公正司法则是实现公平正义的重要渠道。只有致力于实现和维护社会公正司法，才能实现长久的、稳定的和谐，才能推动社会主义和谐社会的建设。

（三）公正司法反映了人民群众的强烈诉求

经济社会发展的加速，伴随的必然是民主法治建设的不断发展。当前，广大人民群众的民主意识渐渐增强，法治观念更为巩固，法治信仰已经牢不可破。社会生活实践对公正司法提出了更高的需求，而人们也更多地诉求于公正司法获得公平正义的结果。这成为推动司法改革、提升司法能力、增强司法公信力的直接动因。但是，必须承认，当前因为体制机制、司法能力不够等原因，司法还不能最大限度地维护公平正义，司法不公的现象也在一定程度和一定范围内存在。人民群众渴望通过公正的司法来及时调整利益分配机制，高效地纠偏社会不公。

所谓公正司法，指的是公民在权利受到侵犯或者发生纠纷时，能够通过司法途径及时、公平、高效地获得符合法律、符合事实、符合正义的解决途径和结果。十七大报告明确指出，要"维护社会公平正义"，要"深化司法体制改革……保证审判机关、检察机关依法独立公正地行使审判权、检察权"。这为我们树立公正司法理念、推动公正司法实现指明了目标和途径。

具体而言，公正司法主要包括如下内涵：

（1）合理合法。合理合法是公正司法的实质要求。合理，是指司法判断必须以事实为根据，合乎正义法则。合法，是指司法判断必须以法律为准绳，合乎法律规定。公正司法概括为一句话，就是以事实为根据，以法律为准绳。做到司法合理合法，一要严把证据关和法律关。是否合理要看证据，是否合法要看法律。要牢固树立证据意识，案件的判断必须靠证据说话，要坚持基本事实清楚、证据确凿，坚持实事求是，既不能搞有罪推定，也不能简单搬用"疑罪从无"。要严格适用法律，运用法律来判断案件结果的公正，不搞同罪异罚，也不能简单地搞"一刀切"。二要兼顾司法的法律效果与社会效果。不顾事实与法律搞同罪异罚，容易亵渎司法公正；不区分情况僵化地照搬法律，是机械的法律适用主义。公正司法，既要讲法律效果，也要讲社会效果。忠于党、忠于人民、忠于法律，这是依法治国对每一位公民尤其是司法者的基本要求。但是，不能抹杀案件与案件之间的差异、个案的特殊性。在基本遵循合法性的同时，必须关注案件事实、情节、执法对象本身的情况，关注司法结果可能产生的社会效果，充分运用法律设定的自由裁量权，既遵守一般要求又体现个别化，合理而公正地作出司法裁决。

公正司法，体现在表面的是合理合法，背后的则是社会公共利益、公平正义原则。司法为民是衡量社会主义司法体制改革成败的重要标准。判断司法是否公正，必须坚持从公共利益出发，全面考量司法当时应当考虑的因素，充分尊重公民的权利；要判断案件与处理结果轻重幅度的相当性，法律制裁是否符合必要、适度、比例、相称的要求；要坚持反对同等情形不同处理和滥用职权等情形。总之，要坚持把维护好、实现好和发展好人民利益作为公正司法的最终判断标准。

（2）平等对待。平等对待是公正司法的形式要求。违法必究是社会主义法治的基本原则，是维护法律统一、尊严和权威的基本要求。公正司法，是公平正义地适用法律，本质上要求平等对待一切人，不因为身份地位而产生不同，不因为人曾经对国家做出多大贡献而有差异。平等对待，是法律面前人人平等原则在社会公正司法方面的具体要求，是公正司法的载体和支撑。从对立面看，做到司法平等对待：一要反对特权。特权是公正的严重阻碍。特权者要求超越公正的特殊待遇。反对特权要求不分地域、不分公私、不分贫富、不分民族出身，一律提供平等的司法保护和法律服务。二要禁止歧视。歧视是因为社会关系处于劣势地位而受到的不公正待遇。公正司法要求对弱势群体给予特别的关怀援助，比如我国的法律援助制度、司法救助制度、未成年人刑事保护制度，都是禁止歧视的体现。

（3）程序公正。程序公正是公正司法的程序要求。司法公正包括实体公正和程序公正。我们之所以强调程序公正，是因为我国存在"重实体轻程序"、"程序虚无主义"的传统。忽视程序公正的后果是影响实体公正，损害法律的权威和政法机关的形象。而且，在一定意义上讲，忽视程序公正容易导致刑讯逼供、枉法裁判乃至冤假错案的发生。坚持程序公正，不仅是社会主义法治的要求，也是尊重和保障人权的要求。做到司法程序公正：一要赋予当事人充分的权利并提供权利救济方式。只有当事人、行政相对人被赋予独立的主体地位和包括知情、参与、陈述、抗辩、申诉、获得法律帮助等各项权利，才能促使程序公正在制约与监督下合法地运行。二要加强对程序违法行为的监督和追究。要努力克服以往只强调实体公正而忽视程序公正的观念，加大对程序违法行为的责任追究力度，比如建立非法证据排除规则，等等。只有依靠程序规制任意执法和权力滥用，公正司法才有望实现。三要注重建立维护程序公正的长效机制。正义应当是看得见的，程序公正是现代社会衡量法治文明与人权保障的重要标志。

（4）及时高效。及时高效是公正司法的时效要求。迟到的正义是非正义。看得见的正义必须有时效的要求，要存在于人们的视野之中，在人们的心中建立正义实现的因果与图景。及时高效是检验执法能力与水平的重要标准，是检验是否执法为民的重要标准。案件处理及时，对获取并固定证据、实现对被害人的权利救济、确定法律责任、恢复社会秩序，确认公民对法律规范的忠诚具有重要意义。做到司法及时高效：一要从程序设计上坚持及时高效，当繁则繁，当简则简，确保有限的司法资源用在"刀刃"上。面临刑事案件的高发期，对重特大刑事案件要集中力量搞准搞快搞好，对轻微刑事案件则要坚持搞准，简化办案程序，提高办案效率。民商事案件与行政案件，同样要实现繁简分流，有效地分配有限的司法资源。二要把握公正司法与及时高效的辩证关系。公正与效率都是法治社会追求的重要价值和效果，二者相互依赖、相互制约。公正是"好"，代表质量；效率是"快"，代表速度、数量。公正是司法的底线，绝不能为了数量牺牲质量。强调及时高效要求保证公平正义的前提，当效率与公正发生冲突时，前者应当服从于后者，为追求效率而牺牲公正是本末倒置。三是处理好与办案时限的关系。公正司法要求提高时间效率，节约执法成本，实现诉讼经济。实践中大量的超审限的案件，尤其是刑事案件中围绕审限而产生的超期羁押问题需要着力解决。要进一步认识超期羁押的危害性，从保障人权的角度着力构建纠正和预防超期羁押的长效机制建设，从司法为民的角度把关系民权民生、关系到社会稳定的案件及时高效地处理好。

（5）独立权威。独立权威是公正司法的公信要求。我国宪法规定：人民法院依照法律规定独立行使审判权，不受行政机关、社会团体和个人的干涉；人民检察院依照法律规定独立行使检察权，不受行政机关、社会团体和个人的干涉。公正司法要获得全社会的信服，关键在于司法独立而权威。做到司法独立权威，一要独立行使检察权和审判权。全社会尤其是有关国家机关必须尊重司法权的独立性和权威性，不能强行干预司法公正。理解司法的独立权威，必须将公正司法与党的领导联系起来，党的领导是司法机关独立行使检察权、审判权的政治保证。二要形成秉公执法的社会氛围。秉公执法是公正司法的根本要求。社会公平正义的感受，相对于具体当事人仅仅是个案处理的公正。政法工作人员要从维护人民根本利益的高度出发，出自公心，不偏不倚，不为人情所困，不为金钱所惑，不为美色所肟，不为权势所屈，杜绝关系案、人情案、金钱案，自觉地一心一意维护司法公正。全社会需要弘扬正气，反对歪风邪气，形成风清气正、保证秉公执法的大环境。三要创造独立权威的长效机制。要切实推动司法体制机制改革，确保在党的领导下司法机关独立行使检察权、审判权，不因人、财、物等各方面的因素制约影响到司法公正的实现。对干预和违反司法公正的行为要严厉查处，并从制度上构建确保司法独立权威的体制机制。

二 影响中国司法公正的因素分析

在一定意义上讲，司法是保证受到侵犯的公民权利得以救济的最后一道屏障，是保障各种法律得以正确实施的最后一道防线，是依法治国、建设法治国家的关键一环，没有公正司法，就不可能有依法治国。

司法权是国家司法机关的专有权力，行使司法权的活动即是司法。司法权只属于国家，而且只属于国家的司法机关。其他任何组织都无权行使司法权，司法权的专属性是司法权威的重要原因。司法的目的在于实现法或者法律。实现法或者法律是司法最本质、最直接的要求。不以法的实现为目的的司法就不是严格意义的司法。至于维护社会秩序、实现社会公正等司法目的，则是在实现法或法律之上的目标和价值追求，它们也是建立在法的实现基础之上的。

公正的核心是无私、中立，它意味着身为居中裁判者的法官既要不受自身情绪、观念的影响，又要排除外界的任何压力，还必须做到不受双方当事人的地位、身份和背景的影响。也就是要求法官在行使司法裁判权时要做到客观、不偏不倚。要达到这个要求，法官必须做到：

第一，意志独立。马克思早就指出："法官除了法律就没有别的上司。"[1]美国法学家亨利·卢米斯认为在法官作出判决的瞬间，如果被别的观点，或者被任何形式的外部权势或压力所控制或影响，法官就不复存在了。宣布决定的法官，其作出的决定哪怕是受到他人意志的微小影响，他也不是法官。这些精辟的论述都是指出法官只服从于法律而非其他机关、团体、政党抑或院长、庭长的意志。他的判决是依他在庭审中得到的证据判断推理得出，在作出判决的整个过程中，他是个独立意志的个人。

第二，中立无偏私。如果法官做到了无私，那么双方当事人就会认为自己是被平等对待的，如果法官即便只在表面上有偏私，那么即使是一份公正的判决也会被当作非正义。只有人们认为法官是一贯公正和不偏不倚的，才会支持一个独立的司法制度，才会自觉遵守法院的判决。要做到无偏袒，首先，要求任何人不能作为自己的法官；其次，要求法官不能戴上有色眼镜去看待被告人，不能因为检察官是以国家和社会的名义参与诉讼就认为他是当然有理、必然正确的；再次，应避免任何形式的与当事人一方的不当接触；最后，法官应给予双方当事人相同的注意，听取双方的陈述，查证双方的证

---

[1] 《马克思恩格斯全集》第 1 卷，人民出版社，1995，第 181 页。

据，即给予双方同等的机会。

公正司法是说公正的对象或目标是司法这一过程或行为，公正司法是程序论，强调程序或过程公正。^①公正，一是可以作偏正结构的理解，即公正是社会普遍所认同的正义。"公"言其"正"的认识主体普遍与广泛，与"私正"，即私下所认定的"正"相对应。二是可以作并列结构的理解，即公正是指公平正直或公平正义。"法"本身就有公平正直的含义。商务印书馆的《现代汉语词典》正是这样解释的，"公正，公平正直，没有偏私"。把公正理解为公平正义也是有道理的。事实上，二者强调的方面是不同的，"公平正直"更强调行为的主体方面，"公平正义"更强调社会评价方面。这里谈的公正司法，旨在强调对司法机关包括司法官员的自我要求，所以将公正司法的"公正"二字理解为公平正直更为准确，当我们说司法公正时，将"公正"二字理解为公平正义更为准确，此时旨在强调社会对司法结果的评价。

因此，司法公正是指在司法活动中司法机关必须居于公正立场，秉公适用法律处理案件，不偏袒任何一方当事人，使案件处理的结果最大限度地符合社会普遍感到的公平，最大限度地满足人民对公正的要求。

新中国成立以来，我国的司法机关审理了大量的案件，为国家经济的发展和社会的稳定进步做出了重大贡献。在肯定成绩的同时，也应该看到司法的不足，司法实践中存在诸如办关系案、办人情案、办金钱案，超期办案，法官专横擅权、滥用司法权、徇私枉法等腐败现象。究其原因，可概括为如下几点。

（1）人治顽疾困扰司法公正。我国有着几千年的"人治"传统，人治社会的顽疾，一时难以彻底消除。这主要表现为：封建残余影响，法制意识淡薄。一些办案人员在执法中不是依法进行，而是讲裙带、重同乡，办人情案。任用干部，不是任人唯贤，而是任人唯亲、唯派是举；重打击轻保护，法律赋予公民的自由和权利难以实现；重实体轻程序，认为程序法是主体法的附属品；重控诉轻辩护，认为控诉是制裁犯罪，辩护是替坏人说话；对党的领导存在片面认识，认为要由党委来审批具体案件。这些观念的存在很大程度上制约了我国的司法体制改革，严重干扰了司法公正的实现。

（2）司法独立没有真正落实，严重干扰司法公正。首先，司法独立在宪法中的地位不够明确。我国宪法明确规定："人民法院依照法律规定独立行使审判权，不受行政机关、社会团体和个人的干涉。"这是历史的进步，但它只是排斥行政机关、社会团体和个人的干涉，却没有对国家权力机关（即各级人民代表大会）和政党与司法独立的关系作出明确规定。这也是我国宪法需

---

①　董皞：《司法功能与司法公正、司法权威》，《政法论坛》2002 年第 2 期。

要进一步完善的地方。① 其次，党对司法机关的领导要进一步改进。中国共产党是社会主义建设事业的领导核心，党对司法机关的领导是由我国的历史和现实国情决定的，司法机关必须接受党的领导。但党对司法机关的领导是一

---

① 现行宪法和人民法院组织法、人民检察院组织法规定，人民法院、人民检察院依法独立行使职权，不受行政机关、社会团体和个人的干涉。宪法和法律的规定，确立了中国司法机关依法独立行使职权的基本原则。这一原则包括如下内容：（1）享有依法独立行使司法权的主体，只能是各级人民法院和各级人民检察院，其他国家机关、社会团体、企事业单位和公民个人，都不能成为独立行使司法权的主体。而且，人民法院和人民检察院内部的任一机构或个人，只有按照法律的授权，才能成为独立行使审判权或检察权的主体。（2）人民法院、人民检察院独立行使职权，只需要服从法律，按照法律的规定和程序的要求进行活动。严格遵守宪法和法律是司法机关独立的前提条件，绝对的独立，超出宪法和法律的独立是不允许的；同时，任何组织或个人干预司法机关依法行使职权的活动，也是司法独立所不允许的。（3）司法机关是以独立的方式依照法律的规定行使职权的，其行使职权的行为具有宪法赋予的排他性，一切必须以宪法和法律为根本活动准则的公民、国家机关、武装力量、政党组织、社会团体、企业事业单位，都不仅不能破坏或者干扰司法机关活动的独立性，而且还负有维护司法机关依法独立行使职权的义务。（4）司法机关依法独立活动的范围，以其职权规定者为限，不能超出法定职权允许的范围。司法机关的活动是多式多样的，除了行使审判权、检察权等履行职能的活动外，还要进行其他一些活动，因而它们的活动并非都是独立的。依照法律的规定，其独立的范围主要包括：人民法院依法审判刑事案件、民事案件、经济案件、行政案件，处理不需要开庭审判的民事纠纷和轻微的刑事案件，指导人民调解委员会的工作，以及对于在审判过程中如何具体适用法律的问题进行解释等；人民检察院依法行使对叛国等重大案件的检察权，对刑事案件的侦查权、审查批捕权和决定起诉权，代表国家提起公诉权，对执行刑事判决、裁定和监所工作的监督权，对民事和行政审判的法律监督权，以及对于检察工作中具体适用法律的问题进行解释等。（5）任何非法干涉司法机关依法独立行使审判权和检察权的行为，都是违反宪法和法律的。在现阶段，干涉司法机关活动的行为主要表现为："以权压法"，比如司法机关在办案中不能满足有关人员或机关的某些要求，就可能遭到报复，在"人、财、物"等方面受到挟制；"以钱乱法"，比如以钱当刑或用钱物行贿司法人员，使之见钱忘法、徇私渎职；"以言代法"，领导人或领导机关的"指示"凌驾于法律之上，使法律的规定成为一纸空文，等等。无论以什么方式或手段非法干涉司法机关依法独立行使职权的行为，都应当承担法律责任，受到法律的追究。当然，人民法院和人民检察院的领导体制和具体机构设置不尽相同，故他们对于依法独立行使职权原则的实施，也还有一定区别。在人民法院系统中，上级人民法院对下级人民法院不是领导与隶属的关系，而是通过审级制度来实现的监督与被监督的关系。在人民检察院系统中，上级检察院和下级检察院是领导与被领导的关系，上级检察院不仅可以对下级检察院行使检察权的活动下达指示和派员协助工作，必要时还可以把案件调上来处理。人民法院的合议庭或审判员审判案件不受院长和庭长的干预，人民检察院检察人员的活动则要接受检察长、检察委员会等的领导。司法机关依法独立行使职权，只服从法律，并不是说它们不应当听取公民和其他国家机关、社会组织和社会团体的批评建议。宪法明确赋予公民对于任何国家机关和国家工作人员有提出批评建议的权利，作为国家机关的司法机关，当然也有义务听取公民的批评建议。对于其他国家机关、社会组织和社会团体等提出的批评建议，司法机关同样有义务听取。但是，这种听取，并不意味着非照办不可，司法机关作为独立行使审判权、检察权的主体，应当根据法律的规定和要求，自主决定取舍，既不能对来自各方面的批评建议置若罔闻，也不能为批评建议所左右；司法机关应当并且必须以宪法和法律为活动的准则，依法独立行使职权。

种政治领导，即政治方向、政治思想、政治原则及重大方针政策的领导，而非业务上的领导、干涉，甚至党政不分、包办代替。再次，司法机关吃地方行政救济的财政体制，不利于司法权和行政权的分离。汉密尔顿曾说过："就人类天性之一般情况而言，对某人的生活有控制权，等于对其意志有控制权。在任何设置司法人员的财源于立法机关的不时施舍之下的制度中，司法权与立法权的分立将永远无从实现。"同样道理，置司法机关的财政于行政划拨的制度中，司法权与行政权的分离也将无从实现，司法机关难以独立；司法机关的人事任用制度不利于法官依法行使职权。宪法规定，司法机关由同级国家权力机关产生，对它负责，受其监督，司法机关人员的任命也在一定程度上受到行政掣肘，这不利于法官独立行使职权。

（3）区域利益冲突造成司法活动中地方保护主义盛行。改革开放以后，地方享有一定的自主权和合理利益，地方发展经济的积极性空前高涨，地方冲突也越来越表面化了。在这种区域利益冲突的影响下，由于地方法院对所在地区存在办案经费等方面的依赖性，再加上干部制度和人情网的牵制，地方法院与当地行政形成了"碗与锅"的关系，地方法院在审理案件时盛行地方保护主义也就很自然了。具体表现在：在管辖上，无权管辖而强行管辖和跨越级别管辖办案的现象增多；在审理上，对外地诉本地的案件，久拖不决或迟迟不予执行；在判决时，或避重就轻，或颠倒事实，或歪曲法律作出对外地当事人不利的判决。有些地方的司法机关甚至公开表示要为地方经济的发展保驾护航，地方保护主义已成为目前影响司法公正的一个重要原因。

（4）"重实体，轻程序"的观念影响司法公正。司法公正是通过实体公正和程序公正来实现的。实体公正的功能，在于保障法院的裁决符合实体法的要求，实现社会正义。程序公正的职能，一方面在于通过诉讼程序的展开，使案件事实得以明确；另一方面在于保障当事人的权利不受侵害，限制法官的恣意，使国家权力具有应有的理性化权威。程序公正体现了对形式合理性的追求，是司法公正的固有特征之一。由于受中国传统法律文化和大陆法系职权主义的影响，我国的司法活动中长期存在"重实体，轻程序"的观念，认为违反程序法不算违法的思想普遍存在，因违反程序造成司法不公的现象屡屡发生。例如，诉讼法规定的两审终审制，其本来目的在于通过二审程序纠正一审法院的错判，保证案件客观公正的处理，维护当事人的合法权益。但这一制度在实践中常为法院内部非程序的案件请示制度所置换。许多法院在办案中对有难度、有影响的案件，不是自主作出判决，而是向上级法院提出请示报告或亲自前往汇报，要求上级法院作出有关判决的指导意见。这样，在当事人提起上诉、试图通过二审程序来纠正一审法院的错判时，由于二审法院事先已经就案件的处理作过请示，极有可能按照原先的请示作出二审判决，最终无形地剥夺了当事人的上诉权。这些程序违法现象的存在，使实体上的公正成为一句空话。

（5）法官人员的素质及待遇问题在一定程度上不利于司法公正的实现。司法权的运作，最终是通过法官这一载体而付诸实现的，司法裁判的公正与否在很大程度上取决于法官的价值判断。司法人员的法律素养、业务素质、政治素质及道德水平直接关系到司法权行使的质量。近年来，通过严把进人关，对现有人员培训、考试与考核，司法队伍整体素质有了明显提高。面对我国法治建设和加入 WTO 的要求，特别是近年来，市场经济千变万化，各类案件错综复杂，更需要法官有很强的业务素质和工作能力。但是，我国现在的司法队伍中有相当一部分人无论是业务素质，还是政治素质、道德素质都不是十分令人满意。一些法官难以准确领会立法的真实意图，甚至歪曲法律本身的宗旨；而另一些法官品行不正，公私不分，不能抵制资本主义、封建主义的影响，不能抵制社会上各种歪风邪气的侵袭，专横擅权，知法犯法，造成了极其严重的腐败。

（6）司法监督管理不到位。监督已成为现代生活的重要现象，未受制约的权力容易导致腐败。因此，为防止司法权的腐败，必须进行有效的监督制约，并对那些敢于知法犯法者予以严厉的法律制裁。当前，我国司法监督渠道虽多，形式也不单一，但监督效果不理想。其原因在于：监督范围不够宽，只注重结果。从业务上讲，监督管理往往从人民来信来访和案件线索的举报、深究抓起，然后才是立案侦查查出不法问题，但是每个环节都会出现执法不严甚至执法犯法的问题，这在一定程度上使一些执法案件得不到监督，造成司法不公；监督受人的因素制约。一些监督人员在监督时可能会因信任某一个人就会相信他做的一切都是正确的，同事和同事以及同级别的监督人员之间往往只注重关系的融洽和合作，而忽视了原则，以至于法律的监督成了空架子，腐败也因此而滋生；法院内部监督以及外部监督力度不够。从内部来看，法官断案应明确责任制，实行错案追究制度，若非如此，司法权就会被滥用；从外部来看，党委对司法监督没有明确其所使用的形式和方法，同时又往往以党纪代替政纪和国法制裁。权力机关对法院监督的途径和方式虽好，但实践中人大对法院的监督往往被悬置。社会舆论对法院的监督、大众对法院的监督虽有广泛性和实效性，但广大公民的法律意识不强给舆论监督带来了诸多不利。

三　公正司法的中国特色及实现途径

由于中国与西方国家社会制度（或国体、政体）的不同，中国特色的公正司法原则与西方国家的公正司法原则，势必存在根本的差别。这些差别，就是公正司法原则的中国特色或基本特征。

第一，中国特色的公正司法原则，要求司法机关依法司法。所依之法当然是社会主义法。社会主义法是被奉为法的人民意志，即绝大多数人的意志。因此，社会主义法本身就具有公正性、合理性和极大的权威性。在这种情况下，公正司法不过是公正立法的延伸和展开，必然具有真实性和可行性。与此相反，资产阶级国家的公正司法原则所依的是资产阶级法，即被奉为法的少数资产阶级的意志，对资产阶级来说它是公正的，而对无产阶级和劳苦大众则是不公正的。如前所述，依据这种立法、司法，怎么能是公正的呢？

第二，中国特色的公正司法原则，要求司法机关依法独立行使司法权，是在共产党领导下的独立。所谓"独立"，是指依据我国宪法和法律的有关条款的规定，不受行政机关、社会团体和个人的非法干涉。这样规定不是要摆脱党的领导，而是在党的领导下的独立行使司法权。在我国，中国共产党是执政党，是各项事业的领导核心。加强党的领导，很重要的一个方面，就是通过法定程序，把党代表人民提出的主张变成法，成为全体人民一起遵行的国家意志，从制度上、法律上保证党的基本路线和基本方针的贯彻实施，保证党始终发挥总揽全局、协调各方的领导核心作用。所以说，公正司法与司法机关坚持党的领导是辩证的统一。应当把我们党与司法机关的领导与被领导关系，同西方国家的各党派同其司法机关之间的关系严格划清界限。在全面推进依法治国、不断深化司法体制改革中，加强党对司法机关的政治领导，应当解决好以下几个问题：首先，党应当依法对司法机关进行政治领导。党必须在宪法和法律的范围内活动，这是党章和宪法对党的各级组织进行政治领导所规定的重要原则，这一原则在政治工作中的具体体现是，不论哪一级党的组织和党的领导，在对司法机关进行政治领导时，必须严格遵守法定程序和方式，不得超出法律之外，更不能以违反法律的形式来实施领导。目前，我国法律对党在司法机关中活动的方式、领导的程序和范围等，尚无专门具体规定，在有关法律制定出来以前，党对司法机关和司法工作的政治领导，应以现行法律的一般规定为准。其次，党对司法机关实行政治领导的目的，在于切实保证司法机关能够依法独立行使职权。全心全意为人民服务、人民的利益高于一切，是中国共产党一贯奉行的宗旨，而司法机关正是通过独立行使各自的法定职权，打击敌人，保护人民，为人民群众提供良好的工作、生产、学习和生活环境，来具体贯彻党的宗旨，促进社会稳定、经济发展。因此，从本质上讲，司法机关的职能与党的任务是一致的。最后，党对司法机关的领导是政治领导，而不是包揽一切司法工作。列宁指出："党的任务是对所有国家机关的工作进行总的领导，而不是像目前那样进行过分频繁的、不正常的、往往是对细节的干涉。"① 党对司法机关和司法工作的政治领导，应当是：根据宪法和法律制定司法工作的正确方针和政策；结合改革和建设的实际提出各时期司法工作的重点，对法治建设中的重大问题进行调查研究，做出科学论证并提出对策性建议；依法向国家权力机关和司法机关推荐主要领导人选；用民主协商的方法协调司法机关之间的活动，但这种协调不应涉

---

① 《列宁全集》第 33 卷，人民出版社，1957，第 221 页。

及事件或案件的实体内容；依法监督司法机关及其领导人员的活动，对司法工作中的违法失职行为提出监督意见。司法机关的一切活动必须以宪法和法律为依据。为此，要正确处理法律与党的政策的关系。

在实施法律方面，处理好两者关系的一般原则是：有法律无政策时，以法律为实施的依据；既有法律也有政策时，无论两者是否一致，均以法律为准绳；有政策无法律时，应通过立法程序，及时把党的政策体现在国家的法律中，使之成为实施法律的依据。在实施法律以外的其他活动中，也要摆正两者的关系，严格依法司法，有法律时只服从法律，无法律时，按与宪法原则不相矛盾的政策活动，任何党的组织和领导人都不应当无视法律，从外部强行干预司法机关的活动；对于司法机关的具体业务工作，也不得用任何方式插手。此外，司法机关遇到问题应立足于独立自主解决，不能上交矛盾，把大事小事都提交党的领导机关决定。这样做，既容易使党的领导机关因不了解具体情况而产生判断和决策上的失误，也容易为司法机关领导人员推脱责任找到借口。其结果必然是职权与责任相分离，该管的机关和人员不管，因而也不必承担责任，不该管的机关和人员管了，于是要承受决策失误的后果。这种做法貌似坚持党的领导，实际上妨碍了党组织集中精力抓路线、方针、政策方面的大事。所以，司法机关应当在党的司法工作方针指引下自觉做到依法独立行使职权，靠自己的力量解决司法工作中的矛盾和问题。

第三，中国特色的公正司法原则，要求司法机关依法独立行使司法权，是在人大监督下的独立。我国是人民民主专政的社会主义国家，国家的一切权力（包括司法权）属于人民，人民行使权力的机关是各级人民代表大会，人民代表大会是党领导人民依法治国的政权组织形式。各级司法机关对产生它的人民代表大会负责并报告工作，而且要接受人民代表大会的监督。李鹏委员长曾在九届人大常委会第五次会议上指出："加强对司法机关的监督，是人大监督工作的一项重要任务。司法机关的主要工作是依法办案，人大对司法工作的监督，主要是执法监督，但是也离不开个案监督。"人大进行个案监督的目的，并不仅仅是为了纠正某个案件，而是通过个案监督，督促和支持司法机关公正司法。西方国家实行行政、立法、司法三权分立原则，它们的司法独立是"法官独立"，中国式的司法机关依法独立与此截然不同。在这一点上，中外两种公正司法原则，也是根本不同的。全国人民代表大会及其常务委员会对司法机关依法独立行使职权最有力的保证，是按照既科学分工又合理制约，并有利于司法独立的原则，及时制定规范各级司法机关和各类司法人员活动的法律，把它们的活动充分纳入法治轨道，用严密的法律保障司法机关独立的审判活动和法律监督活动。而且，要适时地修改、补充、解释或废止有关法律，努力避免在现有法律体系中出现"空白"。此外，县级以上人民代表大会和它的常务委员会，通过对人民检察院的检察长、副检察长、检察委员会委员、检察员和人民法院的院长、副院长、审判委员会委员、庭长、副庭长、审判员行使选举或任免权，对他们进行监督，促使他们依法正确行使职权。各级人民检察院和各级人民法院要向同级人大及其常委会负责并报告工作，自觉接受人大监督；人大可就司法机关的工作随时提出批评建议，监督并保证它们严格实施法律。

中国特色的公正司法原则，是依法治国基本方略的组成部分，是建设社会主义法治国家的基本要求，这个问题事关重大，确实不可等闲视之。问题的关键，是如何保证公正司法？实现公正司法必须具备哪些条件？需要禁止的或排除的条件有哪些？哪些属于内部条件？哪些属于外部条件？这些都是法学理论问题，也是司法实践问题，必须按照解放思想、实事求是的思想认识路线，进行深入研究和探讨。根据十七大提出的要求，应当做好以下几件事。

（1）制定公正司法保障法，从制度上保证司法机关依法独立行使司法权，用法律手段强制排除来自外部的各种形式的非法干扰。该法对干扰司法，尤其是利用职权干扰司法的行为，无论行为者职位多高、资格多老，都应该确定为违法行为；情节严重、危害较大的，应认定为犯罪，依法追究刑事责任。

（2）完善法院体系，防止地方保护主义蔓延。地方保护主义是审判独立的一个重要障碍。如果要保证公正司法，就要完善法院设置体系。法院的设置应当打破行政区划的限制，特别是中级人民法院可以跨地区设置，这有利于防止县、市地方保护主义。至于省际之间的利益纠纷，可以在中央设置省际法院和省际上诉法院，这样，一方面可以避免为了保护地方经济利益造成对法院管辖权的争夺；另一方面可以减轻最高人民法院的负担，从而真正发挥创制典型案例和司法解释的作用，解决法院受利益的诱惑和其他国家权力的影响进行独立审判的问题，防止地方保护主义蔓延。

（3）加强司法队伍建设，提高司法人员的执法水平和业务素质，对于文明办案、公正司法，无疑具有决定性的意义。司法机关集中教育整顿，人民法院开展公开审判，人民检察院实行检务公开，必将促进公正司法。

（4）强化司法监督，切实保障司法公正。对司法权进行监督，防止权力滥用，是保障司法公正与效率的一项重要内容，针对现行司法监督中存在的主要问题，必须以党的十七大精神为指导，坚持和遵循科学、合理的原则，根据司法权的本质特征和司法监督的特点，做到方向明确、方案可行，以达到预期效果。

第三节　在社会转型中推进司法改革、实现司法公正

认识我国改革开放 30 多年以来的司法改革，应当跳出司法改革本身去观察。马克思曾经指出，"法也和宗教一样是没有自己的历史的"，司法改革也

可以作如是观。因为司法改革不可能孤立地单兵突进，所有的司法改革都是在改革开放这一大背景下展开的，任何司法改革本质上都属于社会改革的一个组成部分。从司法以外的视角看，我国的司法改革属于社会转型时期的司法改革，是我国法治现代化进程中的司法改革，同时，我国的司法正经历着此前从未有过的转型。

一　社会转型的理论与现实分析

（一）社会转型的理论

"转型"（transformation）原本属于生物学范畴，特指一物种变为另一物种，而作为社会学概念即"社会转型"（social transformation）最早出现在社会学家大卫·哈利森的《现代化与发展社会学》一书中，用来论述现代化和社会发展。① 中外学者对社会转型的理论探索，主要是为了阐释现代化这一世界性的议题。对此，西方有代表性观点主要有：英国历史学家梅因认为："所有进步社会的运动，到此处为止，是一个'从身份到契约'的运动。"② 德国社会学创始人腾尼斯认为存在两种类型的社会联系，即以血缘及家族共同体联系的乡土社会和以社团联系的法理社会。③ 德国社会学家马克斯·韦伯认为社会的类型分为传统型（宗法家庭制统治）、卡理斯玛型（个人英雄主义统治）和法理型（现代社会，以理性和法律统治）。④

马克思从社会关系的主体角度考察，将社会类型分为人的依赖关系、物的依赖关系、人的自由个性三个阶段，这是我们考察社会转型的重要理论依据。⑤ 在我国，学者主要以考察现代化过程为视角展开对社会转型的研究，形成十多种观点。其中有代表性的有三种：第一种观点认为，"社会转型是指'中国社会从传统社会向现代社会、从农业社会向工业社会、从封闭性社会向开放性社会的社会变迁和发展'"。⑥ 第二种观点认为社会转型可分为广义和狭义两个概念，广义的社会转型可用于说明社会各层面的变化，如经济转型、政治转型、意识形态转型等；狭义的社会转型则是指文明类型的转变，如从

---

① 参见《简明大不列颠百科全书》第 9 册，中国大百科全书出版社，1986，第 544 页。David Harrison, *The Sociology of Modernation and Development*, Academic Division of Unwim Hyman Ltd, 1988, p. 56。

② 〔英〕梅因：《古代法》，沈景一译，商务印书馆，1959，第 96 页。

③ Ferdinand Tonnies, *Community & Society*, The Michigan State University Press, 1957, pp. 181 - 192.

④ Max Weber, *Economy And Society——An Outline of Interpretive Sociology*, Bedminster Press, New York, 1968, pp. 215 - 415.

⑤ 参见《马克思恩格斯全集》第 46 卷（上），人民出版社，1979，第 104 页。

⑥ 陆学艺、景天魁主编《转型中的中国社会》，黑龙江人民出版社，1994，第 23 页。

农业文明向工业文明的转变。[①] 有的认为狭义的社会转型，主要指改革开放以来中国社会结构的变化。第三种观点认为社会转型就是经济市场化、政治民主化、文化多样化的过程。[②]

尽管中外关于社会转型的各种理论观点各不相同，关于社会转型的视角是多样的，各家得出的结论也是不尽相同的，但总的说来，所谓社会的转型就是指传统的农业社会向现代工业社会化的转变，从专制到民主的转变，从人治社会向法治社会的转变，从贫困社会向富裕社会的转变，从封闭单一社会到开放多元社会的转变。

（二）中西方社会转型及其差异

西方发达国家的现代化转型时空跨度极大，所以对其进行概括尽管是件困难的事情，但我们还是能够理出一个大致的轮廓。一般认为西方发达国家从传统向现代的转型的时间始于17世纪英国的工业革命，完成于19世纪末，大致经历了300年时间。在空间上，从英国到欧洲大陆，再到北美地区这样的路线延伸，相继建立了大工业体系，完成了工业化，实现了传统农业社会向现代工业社会的转变，实现了学术知识上的科学化、政治上的民主化、社会生活上的城市化、思想领域的自由化和民主化、文化上的人性化等。表现在法律文化上，法制逐渐完备，司法与政治分离，司法独立，私权和私有财产神圣，崇尚意思自治和契约自由，公权受到严格限制，等等。当前，西方发达国家正在经历后工业化或后现代化的第二次转型，即由工业社会向信息社会转变。后现代化理论是西方学者提出的一种社会发展理论。它认为社会经济的发展不是直线的，自20世纪70年代以来，西方发达国家的社会发展方向发生了根本转变，已经从现代化阶段进入后现代化阶段。美国密歇根大学教授英格·哈特（Ingle Hart）把1970年以来先进工业国家发生的变化称为后现代化。他认为，后现代化的核心社会目标，不是加快经济增长，而是增加人类幸福，提高生活质量，表现在福利国家兴起、社会法涌现、政府是守夜人、公共行政服务化、公民私权扩展、司法能动主义抬头、文化扩张日益严重等。

关于我国的社会转型，学者多有探究，历史学者唐德刚在《晚清七十年》[③] 一书中认为，我国历史上经历了两次大的社会转型：第一次大转型是第一个封建王朝——秦朝建立的时候，"废封建，建郡县；废井田，开阡陌"，中国从此由分封制转变为封建制国家，用了二三百年时间。第二次大转型是以鸦片战争为起点的我国传统制度在西方现代文明冲击下的痛苦转型，有人称之为"历史三峡"，冲过历史的瓶颈，就是海阔天空，如果卡住了只会延长

---

① 安东霓：《社会转型问题研究综述》，《哈尔滨师专学报》（社会科学版）1997年第1期。

② 范燕宁：《当前中国社会转型问题研究综述》，《哲学动态》1997年第1期。

③ 参见唐德刚《晚清七十年》，岳麓书社，1999。

民族的阵痛。这次大转型，既有不同历史形态的转型，也有同一历史形态中不同阶段转型，大致需要两百多年时间：从鸦片战争到新中国成立，经历了100 来年时间；"从 20 世纪中叶社会主义改造基本完成到 21 世纪中叶基本实现现代化，至少 100 年时间，都是社会主义初级阶段"。① 大部分学者认为，整个转型时期可分三个阶段：1840 年鸦片战争至 1949 年新中国成立为第一阶段，是慢速发展阶段；从新中国成立到 1978 年十一届三中全会为第二阶段，是中速发展阶段；1978 年至今为第三阶段，是快速发展阶段。第一阶段的目标是建立资本主义工业化社会，这在当时的社会历史条件下是不可能实现的；第二阶段的目标是将半殖民地半封建社会建成社会主义现代化社会，但受苏联模式影响，在路径选择上出现了偏差；从改革开放至今进入第三阶段，中国才开始了真正意义上的社会转型，是高速转型期或加速转型阶段，其特点是社会的流动性不断增加，社会更加多元化和更快的分化，更有开放性。所以，中国的社会转型，包括传统计划经济体制向社会主义市场经济体制转变，农业社会向工业社会转变，乡村社会向城镇社会转变，封闭半封闭社会向开放社会转变，伦理社会向法理社会转变，同质的单一性社会向异质的多样性社会转变，"以阶级斗争为纲"的社会向"以经济建设为中心"的社会转变等。②

（三）中西方社会转型的比较

比较中西方社会转型，可以看出这样几点不同。

首先，时空条件不同。从时间上看，西方发达国家的现代化转型已经有几百年的历史，而中国真正致力于现代化的转型也不过几十年的历史。由于历史的惯性，中国现代化转型的时间因素上必然涉及传统时期、近代时期、现代时期和后现代时期；从空间上看，信息化、全球化的浪潮在我们尚没有做好充分准备的条件下，将中国放在同一的轨道上、同一的起跑线上，因此，中国的现代化是在时空的压缩下进行的。没有西方发达国家早期的从容，也没有充裕的资源和发展空间供选择利用，形势紧迫而严峻，难度和风险巨大。

其次，动力来源不同。西方发达国家的现代化绝大部分属于内发型，其社会现代化的最初动力产生于本社会内部。例如早期商业文明的发达，多元化的文明与文化系统的汇合与撞击，独具特质的自治城市制度，社会与经济结构的多样化，政治权力较为分散，理性化法律的历史传统，16 世纪地理大发现以及随后的海外贸易扩张，以及宗教改革、科学革命与启蒙运动等，这

---

① 《十七大报告辅导读本》，人民出版社，2007，第 61 页。
② 参见唐德纲《晚清七十年》，岳麓书社，1999，第 6 页；胡鞍钢：《中国社会转型中的四大新特点》，《学习月刊》2005 年第 10 期；贺善侃：《当代中国转型期社会形态研究》，学林出版社，2003，第 27 页。

些因素或条件无疑是西欧社会特有产物。[①] 我国的现代化属于外发型，其最初动力来自社会外部的严峻压力。外发型模式例如日本 1868 年开始的明治维新、晚清的宪政和司法改革、土耳其 20 世纪 20 年代变革等，这些变革的历史动因大多是对外部挑战和刺激的一种反应或回应。

再次，推动主体不同。西方现代化是自然演进型，是社会生活条件发展到一定程度，在政治经济文化社会各种因素共同催化下，通过政治国家和市民社会的合力完成的。相反，中国的现代化进程是国家（政府）主导型，虽然一些阶层、团体或各类政治精英也在一定程度上发挥作用，但政府是现代化进程的主要组织者和推动者，这也是外发型现代化国家如日本、韩国以及拉丁美洲、东南亚等一些国家普遍的现象。因为，在 20 世纪的一百年中，中国在世界格局中的相对弱势地位基本没变，外部压力或"时空挤压"对中国现代化进程的制约因素基本没变，中国人民迫切希望缩短与世界强国的实力差距的愿望基本没变，这些情况的不变决定了历代政权、历届政府都只能以"改造中国"为己任，以追求社会与法律的现代化为己任。也就是说，自近代以来的世界格局和历史条件机遇的变化，使得早期西方国家那种社会演进的现代化进程在后进国家中不可能重现，早期西方国家通过社会与法律自发变革的从容不迫的历史机遇不会再有。这就是近现代世界历史造就的 20 世纪中国的命运，也是中国法律演进的命运。[②]

最后，现实国情不同。西方发达国家已经进入后工业化、后现代化时代，即在完成第一次现代化的基础上已经或基本完成第二次现代化。第一次现代化的典型特征是工业化和城市化的高度发达。其评价指标主要有 10 个，包括人均 GDP、农业增加值比重、服务业增加值比重、农业劳动力比重、城市人口比例、医疗服务质量、婴儿存活率、人均预期寿命、成人识字率、大学普及率等。[③] 根据《中国现代化报告 2007》的数据，2004 年在体现中国第一次现代化水平的 10 个指标中，人均 GDP、农业劳动力比重、服务业增加值比重、城市人口比例等 4 个指标没有达标，因此，中国现代化战略研究课题组组长何传启研究员认为，中国可能在 2015 年前后完成第一次现代化，达到发达国家 1960 年的水平。第二次现代化的典型特征是知识化和信息化的高度发达。其评价指标包括知识创新、知识传播、生活质量、经济质量四大指标，以及 16 个具体指标。2004 年，中国第二次现代化指数为 39 分，排在世界 108 个国家的第 51 位，综合现代化水平指数为 35 分，排世界 108 个国家的第 59 位。我国改革开放以来经济持续快速增长，国家面貌发生了历史性的变化，但还没有从根本上摆脱不发达的状态，仍然带有社会主义初级阶段的明显特

---

① 公丕祥主编《当代中国的法律革命》，法律出版社，1999，第 467 页。

② 蒋立山：《中国法律演进的历史时空环境》，《法制与社会发展》2003 年第 4 期。

③ 《解放日报》2007 年 1 月 29 日。

征：工业化的历史任务尚未完成，总体判断，还处于工业化的中期阶段；城乡之间、区域之间发展很不平衡；城乡二元经济结构的状况没有根本改变；人均收入仍居世界后列，属于下中等收入国家；劳动就业、社会保障、收入分配、教育卫生、居民住房、安全生产、司法和社会治安等方面关系群众切身利益的问题仍然较多，等等。① 因此，我国的社会转型还承载着完成现代化的艰巨历史任务。

观今宜鉴古，无古不成今。以上就是分析、认识我国司法改革的历史与现实的基础。忽略中国司法改革的演变历史，没有域外参照，就会失去中国司法改革的背景观察，模糊中国司法制度形成的内生性因素与外发性因素的认识，导致错误的结论和建议。

二　社会转型中的司法改革

（一）西方国家社会转型中的司法改革

在西方社会转型中，司法制度作为政治制度的重要内容也经历了较大变革，其司法改革也大致分为两个阶段。第一次大的变革是服务于法治社会的创建，基本上是在 18、19 世纪随着启蒙思想家们"三权分立"理论学说的建立和资产阶级国家的诞生，建立了现代司法制度。随着资产阶级政权的巩固，司法改革也提上日程。如 1799 年法国为加强中央集权，在司法制度上取消了地方自治制度、设置参政院受理行政诉讼案件等，基本上确立了法国的现代司法制度体系；英国于 1873 年开始加强司法改革，缩减合并一些法院，建立一个统一的法院体系，等等。其特征是司法制度已经比较完备，基本上实现了司法的独立、公正和权威；实现立法、行政与司法的彻底分立，司法功能定位于居中裁判解决矛盾纠纷，崇尚司法职业化、规范化和程序中心主义，严守司法的被动性和保守性、"忠于法律"，诉讼模式上职权主义与当事人主义泾渭分明。

一般认为，西方第二次大的司法变革开始于 20 世纪前期，急剧发展于 20 世纪中期，特别是第二次世界大战以后，最晚完成于 20 世纪 90 年代。此时期的特征是深化法治和简化法治并存的改革。② 在我国台湾地区苏永钦教授看来，西方一些老牌资本主义国家的司法问题在于，"法治信仰的深植，让其他传统的社会控制或争议解决机制功能日衰，司法承担了过多的任务，其产能却不能无限扩张，因此，改革的主要方向就在司法资源的更有效分配，并寻找替代的制度或让一些既存的替代制度复苏"。这些国家的司法改革的目标是简化程序，方便公民诉讼等，是简化型司法改革。例如，英国在 1993 年提出

---

① 参见《十七大报告辅导读本》，人民出版社，2007，第 61 页。
② 苏永钦：《漂移在两种司法理念间的司法改革——台湾司法改革的社经背景与法制基础》，《环球法律评论》2002 年春季号。

改革刑事诉讼制度的研究报告后，以伍尔夫勋爵为首的专门委员会又于 1996 年完成了民事诉讼制度改革的报告，并于 1999 年以该报告为基础制定了新的民事诉讼规则，主要目的是使诉讼当事人以及民众获得更便捷、更便宜、更全面的法律服务，使司法资源得到最佳利用。美国建国 200 多年来，一直进行不断的司法改革运动。尤其是 20 世纪初，美国著名法社会学家庞德于 1906 年曾严厉批评美国司法制度存在的问题，包括"法院组织的古老、司法程序的落后、司法效率的低下、司法结果的不确定"等，从而引发了 20 世纪的美国司法改革过程。因此，苏教授的分析颇有道理。但是，另一方面也应看到，当前这些国家的司法制度仍不断适应新的形势发展，处在不断改革、完善过程之中。例如自 20 世纪 50 年代以来，欧洲大陆以及北欧各国逐渐意识到欧洲司法制度的独立性和效率面临的挑战，于是开始重新设计其司法制度。其中最重要的改变之一就是由法官、议员、行政官员等共同组成的独立的"司法委员会"行使法官选任、法院经费预算等重要的管理职权，以改变欧洲各国一向司法地位不高、权威不彰的现状。例如，国际法学家协会于 1982 年制定的《司法独立最低标准》第 9 条规定："中央层次之司法行政责任宜授予司法机关，或者由司法机关与行政机关联合负责。"爱尔兰、荷兰等国也于近几年建立了新的司法委员会，负责法院的司法行政工作，从而放弃了以前的由司法部主管法院司法行政事务的做法。在英国，近年来对司法机构进行了较大的改革，例如对上议院的改革，旨在加强司法的独立。此时期的司法改革特征是：一方面，进一步完善司法的功能，彻底清除限制司法功能发挥的因素；另一方面，司法出现了一种改革固有缺陷以积极回应社会需求的现象。

（二）我国社会转型时期的司法改革

19 世纪末 20 世纪初的清王朝，面临着经济、政治、社会的多重危机。内忧外患之下，以收回治外法权为契机，仿行宪政、司法改革以拯救国家。一是实行司法与行政分离，"刑部著改为法部，专任司法"，"大理寺著改为大理院，专掌审判"，① 可视为现代司法职权配置的起点。随后的部院之争，更是反映了历史的惯性和司法独立的艰难。二是改革诸法合体、实体与程序不分的诉讼制度，首次制定《大清刑事民事诉讼法草案》（1906 年）和《刑事诉讼律草案》（1911 年），实行刑事诉讼和民事诉讼的分离。三是设置检察机构，专门负责刑事案件的侦查和起诉，实行控审分离。四是废除封建酷刑，改革纠问式审判制度和有罪推定原则，实行律师制度和陪审制度，保护当事人权利。五是创办各级各类新式学堂，培养法律人才，探索法律职业化，等等。晚清司法改革绝大多数改革措施实际上并未实施，而整个改革进程也最终因辛亥革命爆发而终结。晚清的司法改革是"冲击—反应模式"的司法改革，是在西方的冲击下被动而缺乏自觉的改革，其之所以没有成功，就在

① 《清末筹备立宪档案史料》（上），中华书局，1979，第 471～472 页。

于缺乏司法改革的政治经济文化等因素构成的内部条件。因为，司法权在当时的统治权力结构中无疑是处于辅助的地位，无足轻重，所以，对其进行大刀阔斧的改革，可以显示统治者的"洗心革面"，危险性小而不触及统治权的实质。可悲的是，晚清政府试图寄希望于一向弱势的部门及其改革来完成挽救腐朽的王朝的重大使命，无疑是病急乱投医，失败是不可避免的。从历史上看，很难设想在固守封建社会制度的条件下，会出现近代意义的司法改革。司法改革与政治改良是互动的，但是政治改良是前提，司法改革是政治改良的重要支撑。不过，后人对晚清司法改革的开创现代司法的历史意义还是肯定的。

民国的司法改革主要分为两个阶段：中华民国成立之初对司法改革是十分重视的，因为，以孙中山为首的革命党人试图通过司法的革新来阐发"现代司法的理念与精神"，① 贯彻宪政精神。在司法总长伍廷芳的主持下，南京临时政府在司法方面进行了一些改革，如废除刑讯，确立立法、行政、司法三权分立的司法独立原则，大力改革狱所管理，建立律师辩护和公开审判制度，废除外国在华领事裁判权，收回司法主权等。1928 年南京国民政府成立后所进行的司法改革可算作民国司法改革的第二个阶段，是经历了北洋政府时期武人干政、县知事兼理司法等政局动荡时代的混乱司法局面后的现代司法制度的重构。其中，最为突出的就是司法院和大法官会议的设置。司法院是最高司法机关，由办事机构和直属机关组成，拥有审判权和公务员惩戒权，负责统一解释国家法律、命令。其中，直属机关包括最高法院、行政法院、司法行政部和公务员惩戒委员会。此时，司法权已不再局限于大理院的审判权。1947 年实施的《司法院组织法》规定司法院设立大法官会议，行使解释宪法并统一解释法律法令之权。无疑，南京政府的这些司法改革完善和加强了司法职能，在制度构架上为走向法治提供了某种可能。此外，南京国民政府还改革了司法审级制度，实行三级三审制，建立严格的法官任用制度，促进法律职业化，等等。由于战事不断、时局动荡，国民党南京政府在司法制度的构建和改革方面仅仅是其执政初期的十年时间，改革的实践效果也必然有限。

中华人民共和国成立后不久的司法改革运动，从 1952 年 6 月开始到 1953 年 2 月基本结束，历时近 9 个月。这次司法改革主要是为了解决新中国成立初期全国司法机关存在的严重的政治不纯、组织不纯、思想不纯的问题，以巩固新生政权。② 首先是思想上整顿，组织全国各级人民法院学习《中共中央关于废除国民党的六法全书与确定解放区的司法原则的指示》、《政务院关于

---

① 方立新：《传统与超越——中国司法变革源流》，法律出版社，2006，第 120 页。

② 据统计，当时在全国 2000 多个法院中，有 24% 的司法人员存在政治不纯、组织不纯和思想不纯的问题。参见董必武《论社会主义民主和法制》，人民出版社，1979，第 54 页。

加强人民司法工作的指示》等文件，划清了新旧法律和新旧司法作风的界限。其次，在组织上，按照区别对待的政策，对反革命分子、贪污分子和其他犯罪分子予以法办，对旧法观点和旧司法作风严重、不适宜作为人民司法工作的人员调离人民法院，以上两类人员共处理了 5000 余人，前者是少数，后者是大多数。与此同时，吸收一些工农积极分子和青年知识分子充实法院机构。新中国这次司法改革运动取得了很大成绩，解决了政治不纯、组织不纯等问题，但在当时特定历史背景下，不可避免地存在一些负面的做法：突出法院的专政功能，忽视法院的司法的功能；片面强调司法人员的政治素质，导致司法人员的业务素质下降，司法机关和司法人员重政治轻业务的现象严重；由于错误地把一些法制基本原则当成旧法观点进行批判，使得现代法治精神难以生产；无视司法程序，以搞运动的方式代替司法程序等。因此，此次司法改革运动实际上是人民大革命胜利后为打碎旧的国家机器、废除旧法统所进行的政治斗争的继续与深入发展，其政治意义远远大于法律上的意义。

　　1978 年改革开放以来的司法改革，是在我国政治经济社会文化全面进步的背景下展开的，大致可分为三个阶段。第一个阶段是从 20 世纪 70 年代末即十一届三中全会到 80 年代初期，以 1982 年宪法颁布为标志，在此阶段政法机关相继恢复和重建，检察院于 1978 年恢复，司法部于 1979 年重建，律师制度也随之恢复。1979 年，刑法、刑事诉讼法等七部重要法律出台，开始初步实现有法可依。1982 年以后，原由司法部主管的审批地方各级人民法院、各专门人民法院的设置、变更、撤销，拟定人民法院的办公机构、人员编制，协同法院建立各项审判制度，任免助理审判员，以及管理人民法院的物资装备（如囚车、司法人员服装等）、司法业务经费等有关法院司法行政工作事项，均交由最高人民法院和最高人民检察院、地方各级人民法院和人民检察院及专门人民法院负责办理。我国法院的司法行政事务大部分由法院、检察院自行负责。司法机关的独立性大为增强。

　　第二个阶段是从 20 世纪 80 年代中期到 90 年代中期，随着社会主义市场经济体制的逐步建立以及法律的完善，特别是《人民法院组织法》的修改、《民事诉讼法》的正式颁布、《刑事诉讼法》的修改、《行政诉讼法》的实施，经济案件大幅度增加，当时的司法已经不能适应需要，由此引发了法院系统内部沿着递进轨迹进行改革：强调当事人举证责任——庭审方式的改变——审判制度改革——诉讼体制改革——司法制度改革。[1] 以庭审改革为核心的审判方式改革，发展到以权力制约为核心的法院内部机构改革，实现了立审分立、审执分立、审监分立；进行了以强化合议庭审判职能为核心的审判组织改革，努力实现审理与判决的有机统一；进行了以公开审判为核心的审判方式改革，强化了庭审功能，实现了由纠问式审判方式向抗辩式审判方式的转

---

① 景汉朝、卢子娟：《经济审判方式改革若干问题研究》，《法学研究》1997 年第 5 期。

变，使法庭真正成为审判的中心。审判组织趋于合理，以强化和落实合议庭的职权为中心，建立起符合审判工作规律的审判组织和工作机制；审判机构得到了发展与完善，先是成立了经济审判庭、行政审判庭，随着《法官法》、《检察官法》的颁布，法官职业化建设得到重视和加强。这一时期的司法改革较多地体现了自发性和自下而上的特点，主要实现了系统内部的改革。

第三个阶段是 20 世纪 90 年代末开始直到现在，党中央对司法改革给予高度重视，党的十五大和十六大分别提出了推进司法改革和司法体制改革的要求；1999 年、2005 年和 2009 年，最高人民法院制定下发了三个《人民法院五年改革纲要》，对 1999～2013 年期间人民法院司法改革的主要任务、总体目标、基本原则、重要措施作了全面部署；最高人民检察院先后下发了几个人民检察院《检察工作五年发展规划》。2004 年底，党中央转发《中央司法体制改革领导小组关于司法体制和工作机制改革的初步意见》，这一阶段的改革已经开始涉及改革司法体制、司法制度等深层次的内容。2007 年，党的十七大提出"深化司法体制改革，优化司法职权配置，规范司法行为，建立公正高效权威的社会主义司法制度，保证审判机关、检察机关依法独立公正地行使审判权、检察权"。因此，"独立、公正、高效、权威"这些我们孜孜以求的目标与"社会主义"特色共同成为我国司法改革的"关键词"。这一时期的司法改革体现了司法改革的规律，即当自发性内部性改革到了一定阶段后必然涉及司法改革整体性、合法性、合理性等司法体制的深层次问题，这不是仅仅依靠司法自身力量和资源就能解决的，所以，必须有统一的组织和领导。

中国司法改革的生成与推进，不仅有来自外部世界的挑战与影响，亦与国内诸方面条件或因素的激荡息息相关，这种内在性的因素决定着中国司法改革的运动能力与运动方向，铸造着这一改革进程的独特品格。① 在所有的社会形态中，重要变革的程度和特点远不是相同的，相反，它们因每一种社会形态的不同而不同。全部历史变革的最深刻的基础就是对理想的认识和现实的经验之间的或隐或显的冲突。② 纵观我国百年司法改革的历史主线，也总是在理想与现实之间艰难地穿梭、演进、徘徊、激荡。具体说来，百年里，西方列强的殖民侵略，全球化影响的日益加深，使得追寻民族独立、国家富强的百年梦想成为司法改革的外部背景，同时，我国传统司法制度和司法文化一定程度上的应对失灵，成为司法改革的现实基础。所以，司法改革不是自我自觉的演化，而是肩负着历史使命，或者说外部的政治经济社会的变革决定着司法改革的命运和前途。在法律主要表现为工具主义的传统氛围中，法制理论的首先任务在于论证法制近代化将会对国家强盛、民族复兴所产生的

① 公丕祥：《法制现代化的挑战》，武汉大学出版社，2006，第 523 页。
② 〔美〕昂格尔：《现代社会中的法律》，吴玉章等译，中国政法大学出版社，1994，第 144 页。

作用，其次才是法律自身的发展问题，比如法律的本位问题、法律制定中的技术问题等。① 晚清政府虽然也在外部因素的冲击下被动勉强地揭开了司法现代化的序幕，但为时已晚，错过了历史时机。诚如沈家本所言，"法与时转，治与时宜"。改革之前，晚清政府对外闭关锁国、故步自封，对内无视社会需求、镇压进步革命，以至于改革成为失时、失势的失败改革。反过来又试图通过司法改革挽大厦于将倾，无异于痴心妄想。南京临时政府时期乃至北洋政府时期同样没为司法改革提供良好的社会环境，司法改革也没有处理好与社会改革的关系。司法职业化的昙花一现再次验证了社会改革、社会外部环境对改革成败的决定作用，同时也表明司法改造社会的柔弱无力。北洋政府时期你方唱罢我登场的混乱局势使得司法改革成为闹剧。在这两个时期，社会与改革根本没有形成良性的互动。也就是说，社会需要改革的时候不改革，进行改革时社会又不能提供改革的环境和条件，司法改革焉能成功？而当下的司法改革，无疑是在参照中外历史经验教训的基础上进行的，显示出理性和成熟：找准努力方向和历史定位，把司法改革放到中国特色社会主义事业的全局中来谋划和推动，着眼于有利于提高党和国家执政能力，把握国家和社会重要战略机遇期，确保社会稳定的大局来认识，同时，又把司法改革放到当前国际国内形势深刻变化的大背景中来展开，并提出既要积极改革、加快改革，又要与经济社会的全面改革相协调、相适应。

从改革的领导力量上看，基本上是中央统一领导下的司法改革。因为，在中国司法现代化的进程中有两种资源，一种是本土的政治资源，即学者所谓的一国领土范围内的可资利用的政治组织、政权效能及其社会基础和影响。② 这是百年来社会形态内部实现变革的组织力量，也是中国的特色。另一种是本土的法律文化资源，这种情况鱼龙混杂，需要经过本土政治资源的催化和提炼才能转化为现代化的营养成分，这也是中国的特色。例如，建构在"性善论"基础上的"理想主义的乐感文化"重道德教化、宗法关系和良知发现，轻权力制约和程序正义，等等，这些传统如不能很好地改造和提炼往往会成为阻碍司法进步的因素。从百年的司法变革过程和实效上考察，可以看出，我们的司法现代化进程是两股力量合力和两种资源混合的形态：既不是仅靠中央政权的推动也不是仅靠本土法律资源的自然演化和"亿万中国人的价值、观念、心态以及行为"的漫长转变。③ 晚清司法改革的失败和民国司法改革的昙花一现就是两者分离造成的。

从司法改革的内容来看，百年司法改革在各个阶段虽有不同，但在改革的很多方面却惊人地相似。比如，司法制度的完善、司法独立的实现、法律

---

① 张晋藩：《中国法律的传统与近代转型》，法律出版社，2005，第436页。
② 蒋立山：《法律现代化——中国法治道路问题研究》，中国法制出版社，2006，第108页。
③ 苏力：《法治及其本土资源》，中国政法大学出版社，1996，第19页。

（司法）职业化推进、司法职权的配置、诉讼程序的完备、司法组织机构运行机制的成熟，等等，虽然在不同时代有着不同的本质和内涵，但这些目标都是各个时代的改革始终要努力破解的难题。① 这些表明，虽然在百年以前，中国的先贤们已经拉开了司法改革的序幕，但改革的对象和目标犹如从前，司法现代化的道路上我们还有很长的路要走，这也是从百年司法改革历史中得出的结论。当然，评价司法改革和评价司法制度要采取具体的和历史的方法。我国真正的法制现代化建设才几十年的时间，"中国只是在 20 年前才开始走上发展司法独立的道路，所以不可避免的是，传统中妨碍司法独立的特质仍然将通过结构、政治和发展等因素的作用延缓这一进程"。② 所以，虽然我国几十年来尤其是改革开放以来在法制建设方面取得了相当大的成就，但是民主政治建设和司法改革的任务还是相当艰巨的。当然，这绝不是要以西方的标准来评价中国的司法。中国的问题毕竟是"中国"的，诚如有学者所言："中国建构新的现代文明秩序的过程，一方面，应该不止是拥抱西方启蒙的价值，也应该是对它的批判；另一方面，应该不止是中国旧的传统文明秩序的解构，也应该是它的重构。"③ 西方发达国家已经走过的现代化道路并非一定是非西方国家将要走的道路，西方国家现代化过程所具有的渐进性、系统性、长期性、进步性等也不是现代化过程的一般特征，非西方国家现代化过程中有可能存在其他发展路径及其特点。在我国这些路径和特点就是一种复合性和多样性：既要继承自己优秀的司法文化传统，剔除妨碍法制进步的糟粕，又要学习借鉴人类优秀的司法文明成果，不简单地照搬国外司法制度。

　　此外，通过对百年司法改革的考察，还可以发现司法职权配置问题是贯穿司法改革始终的主线。晚清时期将司法权等同于审判权，与行政权相分离，法部与大理院分立，似乎非常彻底，但无疑留下了隐患，因为，事实证明，把司法权局限于审判权的范围之内，在一个长期行政与司法不分、司法依附于行政的集权体制下，脆弱的司法权和弱小的司法组织，随时都会被强大而又不断扩张的行政权淹没、吞噬。国民党南京政府通过司法行政权向司法院的回归和司法解释权的扩张来扩张司法权，以使其能与行政、立法相制衡。其实，在西方发达国家里，司法权与立法权、行政权的分立也经历了曲折过程。④ 总体上看，不同的历史阶段对两者的关系定位不尽相同，也很有争议，

---

① 参见方立新《传统与超越——中国司法变革源流》，法律出版社，2006，第 111 页。

② 〔瑞典〕由纳斯：《司法正义：西方和东方的历史掠影》，信春鹰主编《全球化与多元法律文化》，社会科学文献出版社，2007，第 178 页。

③ 金耀基：《中国现代化的文明秩序的建构》，刘军宁等编《经济民主与经济自由》，三联书店，1997，第 41 页。

④ 洛克的分权理论是将国家权分为立法权、行政权和对外权，孟德斯鸠在此基础上将国家权力分为立法权、行政权与司法权。参见〔英〕洛克《政府论》，叶启芳、瞿菊农译，商务印书馆，1994，第 20 页。

这恰恰说明了司法职权配置内部不仅仅是司法内部分工问题，而且是司法体制改革的根本问题。由于此前的改革没有解决司法职权配置和优化的问题，所以党的十七大报告中提出了要优化司法职权配置的改革任务。

三 社会改革中的司法转型

（一）司法类型的理论分析

近年来，关于司法类型的研究，影响较大的是达玛什卡教授的司法分类和美国法学家诺内特关于法律现象的分类。达玛什卡教授认为，政府结构和政府功能两种政治因素在很大程度上影响着程序规则的生长环境，并因此在很大程度上决定着程序制度的基本设计。政府的职能基本上有无为型和干预主义两种，在政府事务管理上相对应地分为协作式和科层式两种模式，国家也由此分为回应型和能动型两类，在此基础上，司法分为纠纷解决型和政策实施型两种基本类型。同时，达玛什卡教授认为由于这两种类型并非绝对，而是存在混合和变体，所以司法与国家权力一样呈现为"多面孔"。纠纷解决型的特点是：注重司法程序；当事人作为诉讼参与人，有较强的主体地位；司法仅致力于解决纠纷，并且是被动、中立而消极的，法官"仅负责主持对立双方的争论，并且只有在必须借由外部干涉才能监督和确保干扰主题的偶发争执之公平处理的场合才介入程序"。政策实施型的特点是：不太注重程序规则；诉讼中当事人无法自主选择程序行动；司法通过解决纠纷来实施国家政策，体现较强的司法能动性等。

美国法学家诺内特认为法律可分为压制型法、自治型法和回应型法三类。压制型法的特征是法律机构被动地、机会主义地适应社会政治环境，是以封建社会为典型的人治型法。其特征最重要的有两点：一是法律与政治紧密结合，甚至法律在很大程度上仍然与政治、行政、道德秩序没有区别。法律是巩固和保护权力的柔顺工具。二是法官的自由裁量权可以自由蔓延。在此环境中司法是压制型司法，确立了国家利益和公共利益至上的理念，纠纷和确认规则服从于政治功能，有意识地压制当事人的诉讼需求，最大限度地减少诉讼数量，以达到压制状态下的社会安定秩序，"当事人的权利是否得到保护似乎成为不相关的事至多成为当事人得到的副产品而已"。[①] 法官的行政化、官僚化色彩强，职业化程度低；司法权依附于行政权，独立性不强，甚至不独立。

自治型法是克服压制型法缺陷、控制国家公权，以及人类追求法治的需要，以资本主义上升时期的法为典型的一种法律形态。"按照该模式，整个社会的秩序以普遍性的规则为准绳，政治和法律、立法和司法之间泾渭分明，

---

① Guangyuan Zhou, "Illusion and Reallity in the Law of the Late Qing: A Sichuan Case Study", in *Modern China*, vol. 19, October 1993, No. 4, p. 428.

在审判独立的原则下法官占据着重要的位置。"① 自治型法框架中的司法是自治型的司法，是以法院为中心，其义务是审理诉讼，专长在于程序公平，功能在于约束权威和维护个体权利，但法院是"危险性最小的部门"，其调集和配置资源的能力最小，因而提出为实现目标所涉及的问题的能力也最小。追求程序正义和形式理性、严守司法的独立和中立、法律裁判与政治权力分离、法官职业化程度高是这种类型的司法的基本特征。不过，随着经济社会的发展，这种对形式正义的过分强调而对实质正义的忽略往往导致法律思维与社会现实的分离与冲突，司法机构日益僵化，无论是质上还是量上，典型的自治型司法越来越不能满足公正高效便捷解决社会纠纷的需要，社会公众也对司法权的机能产生了质疑。

回应型法是在扬弃和综合压制型法与自治型法的基础上诞生的，不拘泥于形式主义和仪式性，强调法律、制度、政策要有必要的目的和社会公认准则来引导。因此，回应型法"更多地回应社会需要"，其功能是调整而非裁判，就是精心设计和及时修正那些为实现法律目的所需要的政策。虽然在任何发达的法律秩序中都存在一种回应的可能，将这种可能变为现实却有赖于某种政治环境的支持。回应型法绝非正义领域各种奇迹的创造者，它的成就取决于政治共同体的意愿和资源。它的独特贡献是要促进公共目的的实现并将一种自我矫正的精神注入政府管理过程。回应型法环境中的司法是回应型司法，其往往通过更为积极、灵活和务实的方式和态度，在功能上不仅解决纠纷，而且产生政策。就是在解决纠纷时，其比以往也有很大的开放性，有更强的纠纷解决能力，使司法权不再拘泥于形式主义原则而能够在实质意义上回应社会的需要。此种司法相当于能动主义的司法。

从以上两大理论观点看，前者侧重于用横向比较的方法对司法所作的分类；后者侧重于从法律发展历史的沿革角度对法律现象所作的分类。借助于这两个理论，有的学者将我国的司法类型分为传统与现代型，压制型、管理型和超然、中立、开放型。中国传统司法现代转型时期的典型表现形式是管理型。在"管理型"司法模式中，司法权与行政权保持着同样的价值取向与目标，司法权主体仍然高踞于当事人之上，但与压制型司法有本质上的区别：压制型司法旨在消灭纠纷和诉讼，而管理型司法开始关注如何解决纠纷；对司法权主体具有自下而上的制度上的约束性；有了可以约束司法权的相关程序规定；司法权并非完全不顾及当事人个体利益，但是这种利益被吸收到对公共利益的关注中去。② 还有学者认为当前中国的司法当属于政策实施型。③

---

① 〔美〕P. 诺内特、P. 塞尔兹尼克：《转变中的法律与社会：迈向回应型法》，张志铭译，中国政法大学出版社，2002，P V。

② 沈国琴：《中国传统司法的现代转型》，中国政法大学出版社，2007，第16页。

③ 张海光：《当前中国社会转型下的司法转型问题》，《福建法学》2006年第2期。

因为，长期以来我国的司法机关被认为是实现统治阶级意志和巩固其统治的工具，国家利益至上，而司法机关自身的人财物不能自治。有学者认为："建立一种开放的、能动的、能适时地对社会需求作出积极回应的、实现社会对公平正义期望的回应型司法制度，在理论上是合理的，在实践中也是可行的。从理论上看，认知能力的提高、司法的能动性、司法的开放性为回应型司法制度的建立提供了理论上的支持；从实践上看，司法为民理念的实践、和谐社会的建设、法官职业化的深入为回应型司法制度提供了实践上的支持。"① 达玛什卡教授则认为："根据我的分析框架，中国的程序环境所展现的特征比较亲和于一种能动型的政府和一套科层式的权力组织机制。"其实，正如以上两种理论都承认，任何理论上的分类都是相对的，都只是人们基于一定标准对现实的一种概念上的选择性重构，是一种观念上的理想类型，亦即"经过价值关联而建立起来的思维图像"。② 实际上都是各种类型的混合体和结合体，只不过在一定的时期某种类型成分在一个国家司法权体系中显著一些、强烈一些。所以，以上两个理论只是分析司法的工具，可以提供视角和工具帮助我们分析我国的司法特性，但不可本末倒置地将我国的司法特性机械地分别装进不同的理论之筐中，绝不能以西方的法治模式来评判我国的司法制度。我国的司法类型带有转型社会的明显特征，呈现从传统司法向现代司法转变的混合型司法的特征。从传统型法律向现代型法律的转变，建设现代法治国家，反映了法律发展及其变革的客观要求和基本目标。当然，要注意不能将传统与现代这个二分架构绝对化、凝固化，要看到二者之间的内在相容性以及从前者向后者创造型转化的历史可能性。中国是一个封建主义传统影响很深的国家，有压制型司法的传统惯性。所以，总体上看，西方传统意义上的自治型司法在我国难有市场，而积极灵活、务实的回应型司法在我国初露端倪，甚至同我国要建设服务型政府一样，服务型司法也似乎要成为司法转型的方向。从司法功能上看，我国的司法既有解决纠纷的使命，又有服务大局、弥补立法滞后、监督制约行政权的政策功能。所以，我国司法呈现的多面孔，则是我们必须正视的现实。

（二）司法转型的现实框架

发展社会主义民主政治是中国共产党始终不渝的奋斗目标，依法治国是党治国理政的基本方略，公正高效权威的社会主义司法制度是建设目标，但是如何建设，选择什么样的发展道路和体制模式，首先，必须从我国的国情出发，充分考虑我国的社会历史背景、经济发展水平、文化发展水平等重要因素。其次，必须清醒地认识到中国目前的社会转型动力主要来自改革。中

---

① 张敏：《回应型司法建设论纲——关于司法面临挑战与应对的一点思考》，http：//linhai. tzfyzxw. gov. cn/InfoPub/InfoView. 2008 - 4 - 8。

② 吴卫军：《司法改革原理研究》，中国人民公安大学出版社，2003，第 37 页。

国的改革是全面深层次的逐步改革。一方面，政治体制改革为司法改革提供了可能与方向。司法改革应当从属于政治经济文化社会的改革，"是一种回应性改革，是在受到现实社会强力需要情况下做出的积极反应，而不是仅凭理性的推定"。日本和晚清司法改革成功与失败的两个例子，进一步使我们看到政治改革与司法改革的关系：政治改革为司法改革提供可能与条件，相反，因为司法是危险性最小的部门，推动司法改革可以曲线完成其他政治改革所不能快捷达到的目标。另一方面，司法改革的政治目的的从属性可以促进司法自身发展目标的实现。当然，其成功与否取决于政治改革目的与动机的科学、合理、正当等因素。例如，日本的当代司法改革是在政治改革、行政改革、推进地方分权、放宽限制、经济结构改革等背景下进行的。日本行政改革在于使国家社会从事前限制、调整型社会向事后监督、救济型社会转变，推进地方分权的目的是改革庞大臃肿的行政系统，提高行政部门统治能力的素质和行政信息的公开性，提高行政透明度。但是在这些改革受挫之后，司法改革得到了政界、财界以及学界的鼎力推动。① 当前，我国已经将司法改革作为政治建设和政治体制改革的重要组成部分，将司法改革纳入整个全面改革的轨道，为司法改革提供了可能，因为我国司法权在国家权力结构和社会现实中的地位无法完成自我的改革，必须在我国的政治经济文化整体发展和改革中通盘进行。改革需要处理好总体目标与具体措施之间的关系，不仅要使具体措施服从服务于总体目标，而且要使具体措施之间相协调相补充。这需要改革的决策者对改革有一个清醒认识与通盘把握。

　　经济领域的转轨和转型是司法改革的深厚动力，有些情况下可以说是巨大压力，国内社会主义市场经济的推进和加入 WTO 也向司法提出了改革需求。经济条件像一根红线贯穿于法制现代化的全部过程中。社会主义市场经济是法治经济，我国虽然近年来法律体系建设加快，但有法制而无秩序的现象还没有得到很好的克服；② 国内外的纠纷增多，司法服务于经济建设的功能还没有充分发挥出来。而在拉丁美洲和加勒比地区，司法改革的一个重要目标是推动经济发展。③ 我国民商事审判和执行领域中存在的问题也十分突出，主要表现为：第一，随着经济全球化和国内统一市场的形成，跨地区的民商事案件，尤其是商事案件不断增多，并且呈现新、难、多、繁等特点，案多人少的矛盾凸显，需要从体制上思考应对之策。第二，商事案件往往标的额

---

① 季卫东：《世纪之交日本司法改革及其述评》，《人民法院报》2001 年 11 月 5 日。

② 有学者认为，制度形成只是秩序形成的前提条件和起始阶段，它并不意味着秩序的必然形成。在制度形成阶段与秩序形成阶段，存在时间因素、社会资源、形成机制、利益冲突方式和冲突终结方式等多方面的因素，致使我国法律秩序的形成滞后于法律制度的建设。参见蒋立山《中国法律演进的历史时空环境》，《法制与社会发展》2003 年第 4 期。

③ Ibrahim Shihata，"Ldgal Framework for Development：The World Bank's Role in Legal and Judicial Reform"，*Judicial Reform in Latin American Caribbean Conference Report*，1995，p. 13.

大、涉及面广、管辖争议、滥用管辖权以及审理中的地方保护主义和部门保护主义现象十分突出。有关部门和个人对商事案件审判与执行的不当干预相当严重。一些地方法院很难做到中立、公正裁判，甚至审判出现了"主客场"制，案件的外地当事人对法院和法官极不信任，千方百计想把案件放到本地诉讼、在本地法院执行。打官司变成了名副其实的"打管辖"或"打关系"。第三，许多地方商事审判的司法环境恶劣，一些银行等金融组织，公安、工商、税务等执法机关，检察院、法院等司法机关对外地法院的调查取证、财产保全、协助执行等方面的司法工作不予配合甚至拒绝，社会主义法制的统一和尊严受到严重挑战，等等。如果不迅速有效地解决这些问题，民商事审判就无法真正承担其服务于建设公正高效权威社会主义司法制度、建立完善社会主义市场经济体制、促进我国经济社会又好又快发展的历史使命。

美国学者亨廷顿认为，冷战结束后，意识形态的差异不再是世界冲突的基本来源，世界冲突将主要源于文化的差异，主宰全球的将是"文明的冲突"。①文化的差异是当代世界各国最显著的差别，也在很大程度上影响和制约一个国家的现代化进程，包括司法的现代化。综观世界各国的法治历程，大凡法治搞得比较成功的国家，无一不是较好地坚持了法治规律与本国国情的创造性结合。② 在我国的国情中，社会主义文化是重要的一个方面，其"预先规定了新的一代的生活条件，使它得到一定的发展和具有特殊的性质"。社会主义文化体系本质上属于社会主义意识形态，是在弘扬中华优秀传统文化基础上，既保持民族性、又体现时代性的和谐文化。司法的转型和现代化是无法离开社会主义文化土壤的。

我国于 2001 年加入了 WTO，这给我国的司法转型带来了机遇和挑战。因为，加入 WTO 后，越来越多的涉外纠纷以案件的形式涌向法院。WTO 的规则要求每一个成员国（地区）的司法制度必须独立，司法必须高度透明、高度统一，平等对待，不得有任何歧视。相比之下，我国有些地方的司法审判现状与这些标准还是有一定差距的，尤其是地方保护、部门保护等现象时有发生。③ 有压力才有动力，有动力才能改革。同时，世界范围内的司法改革浪潮，也使我们进一步深化改革有了国际参照系。司法改革可以说是一股世界性的潮流，不仅我们在进行司法改革，世界许多国家都在积极进行司法改革。这些都是我国司法转型的外部有利因素。因为，西方国家有时间、有机会去调整他们的法律制度来适应现代化的需要，这是一个在诸多方面都相当艰辛的过程，一路上会犯很多错误。新的正在发展之中的国家可以从这些错误中

---

① 参见〔美〕塞缪尔·亨廷顿《文明的冲突与世界秩序的重建》，周琪、刘绯等译，新华出版社，1998。

② 袁曙宏、韩春晖：《社会转型时期的法治发展规律研究》，《法学研究》2006 年第 4 期。

③ 信春鹰：《中国需要什么样的司法权力》，《环球法律评论》2002 年春季号。

受益，它们可以从西方各取所需，避免西方曾遇到的问题。①

（三）司法转型的推动力量

西方发达国家的司法文明的发展基本上是自我演化的结果，其司法转型也基本上是靠自我扬弃，尤其是在三权分立的制度确立之后，司法的改革和发展更是如此。在英国，司法权最终战胜王权经历了一个漫长而艰难的过程。"自12世纪起，所有西方国家，甚至在君主专制制度下，在某些重要方面，法律高于政治这种思想一直被广泛讲述和经常得到承认"，②但即使在英国也是直到16世纪才实现司法权的真正独立。其标志事件就是英格兰大法官爱德华·柯克与詹姆斯一世国王就国王是否有权审理案件发生的一场辩论。柯克大法官的结论是国王没有审判权，从此，司法权最终战胜了王权。在英国，针对英国法律发展的保守与缓慢，丹宁勋爵就曾力主上议院（作为英国的最高司法机关）。在其担任司法职务的近40年间，丹宁以自己丰富的法律实践经验，积极大胆地参与英国第二次世界大战后的司法改革，对英国社会产生了重大影响。在当代，沃尔夫勋爵于20世纪90年代就着手对英国民事司法制度进行改革。在美国，司法变革影响国家制度和社会生活的作用更为明显。最著名的就是1803年美国联邦最高法院首席大法官约翰·马歇尔对马伯里诉麦迪逊一案的里程碑意义的判决，它从此确立了违宪审查制度，也正式确立了美国司法权在政治生活中的至高无上地位。多年以来，美国司法权一直是通过案例和改革而形成政策，从而左右和影响一个国家，这种能动性和优越性无可匹敌。然而，美国司法权在国家政治生活中无比的优越性不是天上掉下的馅饼，而是靠联邦最高法院的司法至尊们用智慧和勇气甚至煎熬争取来的。

反观我国的司法转型是否也可以走英美模式呢？显然不能。中国的历史与现实的语境决定了中国司法的转型只能走"内生推动"的模式，只能靠国家、社会和司法主体三者合力的推动。首先，我国像其他发展中国家一样，在社会转型时期，改革模式基本上是国家主导型，各项改革基本上是由国家实施和推进的，其目的是为经济社会的总体发展目标服务。正如有学者指出，我国实现法律现代化的最大资源是本土政治资源，忽视了这个本土资源，法治本土资源问题的研究就会显得过于单薄。③因为在我国，原本就弱势的司法

---

① 宋冰编《程序、正义与现代化——外国法学家在华演讲录》，中国政法大学出版社，1998，第146页。

② 〔美〕伯尔曼：《法律与革命——西方法律传统的形成》，贺卫方、高鸿钧、张志铭、夏勇译，中国大百科全书出版社，1993，第11页。

③ 事实上，我国从晚清法律转型到国民党南京政府的司法改革到新中国以后的政治动员模式，无不是靠中央政权的力量推动社会变革，至于效果因政权的历史合理性和能力等多重因素而不同则另当别论。参见蒋立山《法律现代化——中国法治道路问题研究》，中国法制出版社，2006，第108~111页。

权分属不同的机构行使，并没有像西方国家形成司法（法院）中心主义，并且现实时空条件也不允许像英美国家那样司法通过自身努力强大起来。另外，由国家中央政权推动司法改革可以克服司法机关自身改革所带来的局限性。司法权是国家权力的一种，同其他国家权力以及社会各方面都有着密切的联系。司法权运行方式方法的任何变动，都会在整个国家中"牵一发而动全身"。因此，绝不能把司法改革当成人民法院内部的事情。

其次，司法自身力量。事物的发展最终取决于内在因素的变化，所以，司法的转型还是要靠司法自觉变革。其实我国在实践中，法院基于自身的困境已经做了许多改革，尤其是工作机制上的完善取得了较大的成绩，可以说为深化司法体制的改革和实现司法的现代化奠定了坚实的基础，准备了充分的条件。司法改革的推进，需要不断提高广大司法工作者对改革的必要性的认识，不断增强司法工作者对各项改革措施的认同感和使命感，才能有他们的热情支持和积极参与。改革中，要注意思想工作先行，在改革和司法工作者利益之间寻找平衡点，既坚决推行各项改革措施，又体现人性关怀，坚持从群众中来、到群众中去，做到决策民主化，推动法院改革的健康发展。

最后，苏永钦教授评价我国台湾地区司法改革时用了一个形象的比喻："茶壶里的风暴"，意思是说台湾早期的司法机关自身热火朝天地进行司法改革，但社会和民众对此很冷淡，究其原因，乃是改革者犯了一个致命的错误，在于其将司法改革只当作司法系统内部的专业性的事情，而无视民众的反应。苏教授认为："必须跳出专业主义的窠臼，扬弃只有司法者才懂司法问题的傲慢与偏见，学习从人民的角度看司法问题。"[1] 意思是要求司法变革应有民众的广泛参与，应认真倾听人民群众的呼声，尊重广大人民群众的意见，满足人民群众的司法需求。也许像有些学者所说："人类最高的政治理想是通往善治。善治的本质特征就在于它是政府与公民对公共生活的合作管理，是政治国家与公民社会的一种新型关系，是两者的最佳状态。"[2]

（四）司法转型的表现形态

中国渐进式改革的目标是在改革的过程中不断变化的，而且是不断修正和调整的。因此，改革之初，并没有一个固定的司法改革目标模式。党的十七大提出建设公正高效权威的社会主义司法制度，如果从学理角度考察，我国的司法将是从传统到现代转型的混合型司法，并且，中国司法转型的现实定位是：现实挑战和应对使我国的司法转型不得不肩负着历史补课和未来构建的双重任务。具体来说表现为以下几个方面。

---

[1] 苏永钦：《司法改革的再改革》，（台北）月旦出版社，1998，第52页。

[2] 俞可平在《南昌大学学报》上撰文。参见《法制日报》社与最高人民法院中国应用法学研究所合编《法制资讯》2008年第2期。

1. 在司法理念上

改革开放以来中国的政治、经济、社会状况发生了根本变化，这些变化对司法制度提出了新的要求；政府、社会和民众对司法的认识也在变化，作为政治意识形态组成部分的新型司法理念也逐渐培养起来。司法理念的转变可以说是中国几十年司法改革的首要成就。

首先是法治理念，这是司法最基本的理念。法治是与人治相对立的一种治国理念，强调法律在实现社会治理和国家管理中的权威性，不允许有超越法律的特权。由于我国是人治传统很深的国家，加上新民主主义革命的现实需要和新政权要集中力量建设国家，新中国成立以来，治国理政主要是靠决议和政策以及领导人的指示，民主法制未受到应有的重视，甚至有"要人治，不要法治"的论断。表现在司法中，法律虚无主义盛行，只讲法律的阶级性而无视法律的社会性，办案不靠法律，只讲政策，阶级分析的观点放在首位，突出强调司法的专政功能和司法工作人员的政治素质，到"文化大革命"时期甚至发生了砸烂公检法的极端恶果。1978 年的改革开放是我国司法发展的转折点和里程碑，从此以后，法制、法治、司法得到恢复和重视。党中央将"党政分开"作为政治体制改革的切入点，逐渐打破"党的绝对一元化领导"模式，开明地宣布和力行：党不得凌驾于法律之上，必须在宪法和法律范围内活动，党不得以党代政、以党司法。尤其是 1997 年党的十五大正式将"依法治国，建设社会主义法治国家"作为基本治国方略和政治发展目标写入其政治报告；1999 年 3 月，九届全国人大二次会议将"依法治国，建设社会主义法治国家"正式载入宪法。"以事实为根据，以法律为准绳"的司法原则得到越来越好的贯彻，以权压法、以权代法和不当干预司法的行为和做法越来越受到抨击，司法的地位逐渐提高，司法逐渐成为解决社会矛盾纠纷的最重要的方式。不仅如此，公正、独立、中立、效率、程序正义、职业化、权威性等理念已为广大法官和社会公众广泛接受，司法的权威越来越高，司法逐渐成为树立法律信仰、依法办事、依法治国的重要载体。

其次是以人为本的理念，这是司法对人终极关怀的理念，是社会主义司法制度的本质要求，是社会主义司法优越性的最集中体现，也是符合当代世界潮流的理念。以人为本的司法理念就是司法尊重人民的主体地位，发挥人民首创精神，实现、维护、保障、发展人民各项权益和利益，促进人的全面发展，使"每一位国民都从统治客体的意识中摆脱出来，最终成为负担自律性及社会性责任的统治主体，共同构筑自由而公正的社会"。在 20 世纪 90 年代的英国，进行大刀阔斧的司法改革就是为了使本国的人民有一个有利于实现公正的司法制度，实现"所有人的正义"。[①] 我国台湾地区 1999 年颁布的

[①] 最高人民检察院法律政策研究室组织编译《所有人的正义——英国司法改革报告》，中国检察出版社，2003。

"司法改革具体革新措施"中明确揭示要"实现司法在民的理念"。① 改革开放以来，我国司法职能的健全、司法审判受案范围的扩展使公民的诉权受到越来越健全的保护，诉讼模式从单一的纠问式到抗辩式的复合模式转变以及人民陪审员制度等司法民主化程度的不断提高，司法神秘色彩淡去，逐渐真正实现人民的司法。正在进行的司法改革，使司法制度和工作机制使司法越来越简便、高效、低成本、便民、利民，越来越多地体现司法为民的宗旨。在司法改革方案设计和实际运作中，效果的检验标准是民众满意和社会进步。因此，司法服务不仅体现在办案的多少，而且要体现在多大程度上满足社会、民众的需要。

最后，"党的事业至上，人民利益至上，宪法法律至上"的理念是中国特色的司法理念，被人民法院确立为工作指导思想。其中，党的事业至上的理念尤为重要，是实现依法治国和司法为民、人民当家作主的保障和关键。中国共产党是以"三个代表"重要思想为指导的执政党，除了国家、人民和民族利益外，没有自己的利益。树立和坚持党的事业至上的理念是司法转型沿着正确政治方向和取得成功的保障。因为，中国共产党是中国特色社会主义事业的领导核心。党和国家的根本任务具有统领性、目标性和引导性的根本地位。② 司法作为实现社会主义法治的重要手段和途径，其历史使命也应当与国家的发展目标相统一、相一致。现阶段我们党和国家的根本任务就是沿着中国特色社会主义道路，集中力量进行社会主义现代化建设，把我国建设成为富强民主文明和谐的社会主义国家。因此，我国社会主义司法坚持党的事业至上的理念完全不同于西方国家司法的党性，不同于西方国家司法为执政党服务、为所代表的阶级阶层服务的狭隘动机。③ 不同于新中国成立前国民党的司法党义化理念。因为国民党着眼于上层组织机构制度的精英社会的构建而无视底层社会的改造，④ 以至于司法的党义化演变成司法党人化，在当时社会的半封建半殖民地现实中又逐渐变成阻碍司法进步的力量。随着我们党执政理念和执政方式的转变以及执政能力的提高，我国司法的本质、理念、功

① 参见李子春《司法政策历史社会分析》，载澄社、民间司法改革基金会主编《司法的重塑——民间司法改革研讨会论文集（一）》，台湾桂冠图书股份有限公司，2000，第66页。
② 中共中央政法委员会编《社会主义法治理念教育读本》，中国长安出版社，2006。
③ 据统计，在美国从克利夫兰到卡特共17位总统中，有13位总统任命本党成员为联邦法官，本党成员的法官占他们任命的联邦法官总数的90%以上。其余4位所任命的本党成员占任命总数的80%以上。法官在依照选举程序产生时，仍然具有深刻的党派背景。在"党派选举"的州，"法官是作为一个政党的成员或候选人而选出的"；在"非党派选举"的州，"不管选举过程和政治如何，法官仍然可以带着一个政党所主张的社会准则来到这个机构（指司法机关）"。控制和制约司法机构往往是美国两党竞争的目标。参见陈其人等《美国两党制剖析》，商务印书馆，1984，第57~59页。
④ 参见黄仁宇《大历史不会萎缩》，广西师范大学出版社，2004。

能与党的事业的关系越来越耦合。

2. 在司法职能和功能上

长期以来，我国的司法功能一直定位于"无产阶级专政的工具"、维护统治秩序的"枪杆子"、阶级斗争的"刀把子"，只重视其专政的属性和惩罚犯罪的职能，而忽视了其他职能。改革开放以来，我们对司法职能作用的传统认识发生了重大改变，由原来单一的惩罚职能、对敌专政的工具向保障民权、关注民生转变，由单纯维护统治秩序向促进经济社会发展转变。也就是说，司法从压制型、管理型逐渐向回应型、服务型转变，即司法不仅服务于改革开放的大局，而且"司法工作者应当以国民社会医生资格，按照国民各自所处的具体生活状况及其各自的法律需要，为其提供法律服务"。目前，我国各级人民法院的职能和功能主要有以下特点。

2008 年全国法院受理案件总量首次超过 1000 万件，比 2007 年增加了 150 万件。这说明社会转型时期，人民法院构建和谐社会的功能和解决社会矛盾纠纷的职能日益增强。具体来说，基层人民法院已经成为最重要的纠纷解决机构，承担 80% 以上的案件处理任务。现在我国基层法院大多实行更为便捷、灵活的纠纷解决程序，注重非职业化特点和接近社会民众，通过调判结合的方式，不断增加司法的亲和力和公信力。此外，基层法院还通过司法审判发挥着越来越多的预防犯罪、宣传法制、维护社区稳定等功能。

中级人民法院和高级人民法院的职能兼具解决纠纷和维护社会公平正义职能。中级人民法院主要受理当事人不服基层法院一审裁判的上诉案件，并且受理行政案件、跨行政区域的重大民商事案件。2007 年 10 月和 2012 年 8 月我国两次修订了《民事诉讼法》，改革完善了民事案件的再审制度。2008 年最高人民法院发布了《全国各省、自治区、直辖市高级人民法院和中级人民法院管辖第一审民商事案件标准》，通过审判案件的管辖制度改革和再审制度改革，使高级人民法院一般只受理具有普遍法律适用意义的案件，减少高级人民法院直接审理案件的数量；加强高级法院解决本辖区司法冲突、保障司法体系统一和法律适用统一的规则之治的功能。此外，中级和高级人民法院通过行政案件的管辖，还逐渐加强行政审判，以强化权力制约功能。

最高人民法院除审理二审、再审案件和受理少量的一审案件外，其职能还包括通过司法解释、审理死刑复核案件、发布指导案例来统一法律适用，实现最高司法机关的科学职能。此外，通过制定司法解释或对个案法律适用问题的批复、对典型案件的审理，以及专门制定发布司法规范性指导文件等，发挥一定的公共政策形成功能。当然，"司法机关不仅仅是政治国家实现政策目标的工具，也是社会实现其价值追求的一种机制"。①

---

① 苏永钦：《司法改革的再改革》，（台北）月旦出版社，1998，第 52 页。

3. 在司法价值目标上

党的十七大提出的建设公正高效权威的社会主义司法制度，是我们党在新的历史时期，对司法规律的正确认识和科学总结，是实施依法治国、建设社会主义法治国家基本方略的核心内容，是我国司法转型的价值目标。

公正是司法的灵魂，是司法的基本价值所在，是司法能够存在的基本条件。司法公正包含实体公正和程序公正。实体公正是由诉讼所实现的个别公正，注重诉讼的结果，而程序公正重视的是诉讼程序中的公正，强调以看得见的方式实现正义。实体公正与程序公正是辩证统一的整体，不存在孰先孰后的区别。在过去，我们过分强调实体公正而忽视程序公正，而当前，实践中也有一种单纯追求程序正义和形式正义的片面做法。转型时期，司法要坚持实体公正与程序公正相结合，也就是说，在具体工作中，既要维护司法的透明性，坚持依法公开、及时公开、全面公开原则，又要保持客观中立，避免受到新闻媒体、社会舆论乃至地方政府的影响。

高效是依照法定程序，在法定期限内及时、有效地处理案件。司法效率的提高，可以使当事人的诉讼成本得以减少，而纠纷的迅速解决与权利的迅速实现，也大大促进了社会效益的增加，这也正是司法公正的必然要求与具体体现。在过去，司法高效的问题并没有成为人民司法的主要矛盾，但是在新时期，随着改革开放的深入，社会结构、社会组织、社会治理方式、利益格局的深刻变革以及人民法律意识的提高，越来越多的人民内部矛盾大量地通过诉讼案件的形式涌向法院，一些发达地区的法院已经不堪重负，诉讼迟延、久拖不决现象非常普遍，严重影响了司法的公正。此外，单一的纠纷解决方式已经无法满足转型社会的司法需求，因此，如何提高诉讼效率、降低诉讼成本、节约司法资源、实现司法高效成为迫在眉睫的目标。实现司法高效就是人民法院依法及时作出判决，防止当事人受诉讼所累，就是建立民事诉讼程序的简化形式，在民事简易程序的基础上建立速裁程序制度；就是对一些社会影响较大、对立情绪较强、涉及面较广的案件，要尽可能在调解方面多做工作，争取用和解的方式解决纠纷，并与其他部门和组织共同探索新的纠纷解决方法，促进建立健全多元化的纠纷解决机制，防止因片面追求"高效"而一判了之，最终导致"官了民不了，案了事不了"。

司法权威是法律权威的体现，也是法律权威的证明，是国家法律得以被信仰和遵守的条件。司法权威是党的权威和国家权威的重要组成部分。维护司法权威，就是维护党的权威，就是维护国家的权威。[①] 公正高效的审判，只有得到社会公众的广泛认同和一体遵从，才可能发挥其应有的作用。我们之所以在公正高效的基础上，增加"权威"要素，并将着力点放在司法权威的制度建设上，很大一个原因就在于，司法公信力不高、司法权威缺失一直是

---

① 公丕祥：《董必武的司法权威观》，《法律科学》2006 年第 1 期。

困扰我国人民法院工作的突出问题。权威是社会主义司法制度的力量，是公正和高效的意义体现。司法权威的树立，不仅要加强法治宣传教育，在全社会形成崇尚法治的风尚，还要引导人民群众自觉履行人民法院的生效判决，形成尊重司法的习惯。更重要的是司法自身的改革与努力，做到审判过程和结果的公正，司法程序的合法和正当；改革和完善再审制度，强化各方诉讼主体的既判力意识，防止无限申诉和再审；加强执行工作，切实解决"执行难"问题，避免大量的"法律白条"冲击司法权威；积极争取各级党政领导干部支持人民法院依法独立公正地行使审判权，维护社会主义司法权威。

在司法实践工作中，只有实现了公正、高效、权威三者的有机结合，才可能维护社会的公平与正义。司法失去公正，高效就没有意义，权威也难以树立；司法不讲效率，案件久拖不决，公正就不会实现；司法审判没有权威，即使办理的案件和作出的判决再多，也不能起到化解矛盾、定分止争的作用。要实现建立公正、高效、权威的司法制度目标，必须进行改革创新，以公正赢得权威，以高效体现公正，以权威保障公止，不断完善社会主义司法制度。

4. 在司法政策上

司法政策是一个国家的司法机关为了实现一定的目的而采取具体的、积极的司法策略和措施。司法政策历来就有司法能动主义（Judicial Activism）和司法保守主义（Judicial Self-Restrint）之争。其实，在不同的时期和不同的领域，司法政策有不同的侧重，很难说是非此即彼的关系。在社会转型时期，司法既要发挥能动作用，又要按照司法的规律性办事；既要处理好社会对司法的无限性要求的矛盾，又要坚持司法功能的有限性；实现依法履行职责与服务大局的高度统一。

首先，在刑事司法审判中，在坚持罚当其罪的前提下，贯彻宽严相济的刑事政策，实现打击犯罪与保护人权的协调统一、惩治与教育的协调统一。宽严相济是我们一贯的刑事政策，在社会转型时期，在构建和谐社会的背景下，贯彻这一刑事政策，对最大限度地化解矛盾纠纷、减少对抗、促进和谐，最大限度地遏制、预防和减少犯罪，维护社会稳定具有十分重大的现实意义。从严就是突出打击重点，充分发挥刑罚的威慑力，营造浓厚的打击氛围；从宽就是注意把握好从宽的对象、从宽的幅度以及运用和谐的司法方法；相济就是重罪从严、济之以宽，轻罪从宽、济之以严，防治片面强调从严和片面强调从宽两种倾向，坚持审时度势，推进配套制度和司法方法，从而取得刑事司法的良好社会效果，实现遏制犯罪、稳定治安大局、增强人民群众安全感、促进社会和谐的局面。①

其次，在民事司法审判中贯彻调判结合的司法政策。过去我们对于调判

---

① 最高人民法院于 2008 年 5 月 13 日至 14 日在北京召开的刑事审判工作座谈会上，最高人民法院院长王胜俊的讲话以及山东、吉林等省的发言材料。

关系的认识和运用出现了从一个极端到另一个极端的失误。我国 20 世纪 50 年代到 80 年代初，在"调解为主"的方针指导下，有些法院一度把民事调解推向极端，把调解绝对化，片面强调调解率，结果使民事调解工作中出现了暗箱操作、久调不决、强迫调解、欺骗调解等弊端，法院工作因此陷于被动，办案效率低，群众认可度差。90 年代后期，随着公开审判方式的改革，有些法院又开始突出强调裁决，推行"一步到庭，当庭宣判"，即所谓符合现代司法理念的庭审方式，结果一些地方重判轻调的问题突出。现在"能调则调，当判则判，调判结合，案结事了"就是比较和谐而成熟的司法政策。① 随着社会矛盾和诉讼案件的增多，社会管理手段和法律的滞后日趋明显，单纯的法律手段和简单的依法裁判已经不能适应司法的需求，为了充分实现司法的化解社会矛盾的功能，人民法院适时提出"调解优先，调判结合"的工作原则，旨在强化诉讼调解以及其与非诉讼调解的结合。

最后，在行政审判中坚持依法保护行政相对人合法权益与监督、维护依法行政相统一的政策。依法保护行政相对人的合法权益就是保护相对人的诉权，依法受理涉及公民人身权、财产权的行政案件，依法受理与人身权、财产权密切相关的其他经济社会权利的行政案件，解决行政相对人"告状难"的问题，解决损害当事人利益的问题，解决一些案件审判效率不高、审判周期过长、久拖不结的问题。在监督行政机关依法行政的同时，对于行政机关依法实施的行政管理活动及合法的行政行为，给予及时有力的支持。依法正确受理和及时执行非诉行政执行案件，支持行政机关依法行政。对于各级行政机关依法实施经济调控、市场监管、公共服务、社会管理职能，也要积极提供有效的司法保障。

5. 在司法事业发展上

司法转型不仅体现在司法与外部的关系上，而且还突出地体现在自身的发展上。首先，经过几十年的理论和实践探索，我国的司法理论日趋成熟，并形成了中国特色社会主义司法理论体系。这个体系是中国特色社会主义理论体系的重要组成部分，是马克思主义法学理论与中国特色社会主义建设实践相结合的产物，是人类社会司法规律与中国国情高度融合的产物。例如，坚持党的领导、人民当家作主与依法治国的统一，坚持能动司法，坚持法律效果和社会效果统一等，就是中国特色社会主义司法理论的实践要求。当然，随着社会实践的发展变化，司法理论也随着中国特色社会主义理论的不断丰富和发展而呈现与时俱进性和开放性。例如，新时期，人民司法深入贯彻落实科学发展观，就是理论上认同、实践上自觉的表现。其次，司法工作有了明确的主题，这就是服务大局、为民司法。新中国成立 60 多年来，服务大局、为民司法成为人民司法贯彻始终的主题，只不过不同的时期有不同的内

---

① 　参见袁春湘《司法的中庸之道》，《人民司法》2008 年第 1 期。

涵和不同的要求，甚至有不同的紧张关系。例如，新中国成立初期和"文化大革命"时期，司法的服务大局主题在一定程度上就先于或吞噬了为民司法的主题。当前，这一主题的内部关系，按照科学发展观的要求应达到前所未有的和谐统一。最后，司法不仅要为大局，要服务于国家社会的科学发展，而且要追求自身发展。具体来说，人民司法已经形成了自身发展的思路和目标体系，就是高举中国特色社会主义伟大旗帜，确保司法事业的政治方向；不断加强司法队伍建设，为司法事业科学发展提供有力的组织保障；不断加强基层基础建设，为司法事业的科学发展夯实根基；不断深化司法改革，为司法事业科学发展提供体制机制保障。

第八章　法律监督与构建和谐社会

法律监督，是我国政治制度和司法制度的重要内容，是构建和谐社会的重要力量和制度安排。检察机关作为国家的法律监督机关，是追诉犯罪、惩防腐败、维护法制统一和司法公正的专门机构，在构建和谐社会的历史进程中，检察机关必须坚持以中国特色社会主义理论体系为指导，着眼于中国特色社会主义事业的总体布局，通过不断加强自身建设，大力推进理论创新、制度创新和政策创新，全面履行法律监督职责，为促进和保障民主法治、公平正义、诚信友爱、充满活力、安定有序、人与自然和谐相处的社会主义和谐社会发挥应有的职能作用。

第一节　法律监督在和谐社会中的性质和作用

一　正确认识法律监督的内涵和功能

宪法第 129 条规定："中华人民共和国人民检察院是国家的法律监督机关。"现行宪法的这一规定，与新中国第一部宪法即 1954 年宪法中关于检察机关地位的规定，是一脉相承的。它明确了检察机关的性质，即我国检察机关是代表国家行使职权的"法律监督机关"。这也意味着法律赋予检察机关的权力即检察权，在性质上是法律监督权。

（一）法律监督的基本含义

法律监督是我国检察机关和检察权的性质和定位。只有正确理解法律监督的深刻内涵，才有可能正确认识检察机关的性质和地位，才能准确把握检察权的功能和作用，进而保证检察权的正确行使和高效运行，有力地促进和保障社会和谐。

在我国，"监督"是一个广泛使用的术语，在不同的语境中可能有不同的含义。例如，上级对下级的监督、下级对上级的监督、平等主体之间的监督、外部的监督、内部的监督等。监督的主体不同，监督的目的和功能也就不同。①在宪法中，虽然多次使用了"监督"的用语，如"受人民监督"（第3条）、"接受人民的监督"（第27条）、"监督宪法的实施"（第62、67条）、"监督国务院、中央军事委员会、最高人民法院和最高人民检察院的工作"（第67条）、"监督本级人民政府、人民法院和人民检察院的工作"（第104条）等，但是在所有这类场合都没有使用"法律监督"的用语。唯独在第129条规定检察机关的性质时使用了"法律监督机关"的用语。这表明，"法律监督"一词在我国宪法中的使用极为严谨，是用来特别指称检察机关依法进行的监督的。

对于"法律监督"一词，既不能从字面来理解，把它解释为"监督法律"、"用法律来监督"或者"通过法律的监督"，都是不准确的；也不能简单地从法制的动态意义上来理解，把它解释为与立法、执法、司法和守法并列的一个环节即法律监督环节，这也不符合我国宪法和法律规定。虽然我国检察机关对行政执法、司法和守法，对国家机关、公职人员、社会组织和公民，都有一定范围和程度的法律监督职能，但都是限定在特定范围和特定的程序之中。正是在这种意义上，一些法理学著作和法学词典在定义"法律监督"概念时，往往把它分为广义与狭义，广义的法律监督，是泛指国家机关、社会组织和公民依法对国家立法、执法、司法和守法进行监督的活动；狭义的法律监督，是指检察机关依照法律的授权和法定的程序，检查、督促纠正违法行为的专门活动。应当承认，广义的法律监督已经是我国法学理论中约定俗成的一个概念，而狭义的法律监督则是我国宪法和法律中具有特定内涵和外延而又未明文界定的概念。完全否定这两个概念之间的一致性、统一性或共同性，试图以狭义的概念取代广义的概念或者以广义的概念取代狭义的概念都是不现实的，既不能被法学界广泛接受，也不利于法律监督的制度和理论的发展。检察机关的法律监督是作为法制环节②的法律监督的一个重要方面和专门机制，既要反对法律监督概念的多元化和泛化，也不能简单地坚持法律监督主体的一元论。③ 在本章中，一般在狭义上使用"法律监督"概念，

---

① 那种认为监督就必须是居高临下、监督者一定要凌驾于被监督者之上的观点，是把监督中的一种含义绝对化的结果。它否定了现实社会政治生活中其他监督形式客观存在的事实，因而在理论上具有片面性。

② 所谓法制环节，是指构成动态的法制系统的立法、执法、司法、守法和法律监督（护法）五个环节。

③ 王桂五先生在其主编的《中华人民共和国检察制度研究》（中国检察出版社，2008，第177～178页）中，针对法律监督多元化的主张，提出要坚持法律监督权的一元论。"所谓法律监督权的一元论，有两种涵义：一是指在我国的权力结构中，即在国家权力机关的隶属下，只能有一个专门行使国家法律监督权的系统，即检察系统；另一是指检察机关的各项职能都应当统一于法律监督。"但是，他在下文中又指出："它（检察机关的法律监督权）是由国家权力机关的法律监督权所派生的，是国家权力机关行使法律监督权的一个方面和一种形式。国家权力机关的法律监督权可以由它直接行使，但大部分是由检察机关行使，但不能由其他机关行使。"这实质

即指检察机关的法律监督。

为了进一步揭示法律监督的内涵和外延，把握它与国家权力机关的监督、行政机关的监督、社会组织的监督、人民群众的监督之间的联系与区别，在前文所论法律监督的特征即国家性、专门性、规范性和程序性的基础上，还可以从法律监督的对象、方式和效力等方面来认识和理解法律监督。

1. 法律监督的对象和范围

从法律监督的根本职责即维护法制统一的意义上说，法律监督的对象应当是法律实施。但是，法律实施的范围十分广泛，既包括宪法的实施，也包括各个部门法和地方法规等的实施；既包括国家机关适用法律的行为，也包括社会组织和公民遵守法律的行为；既包括合法行为，也包括违法行为和犯罪。监督法律实施就是要保障法律得到统一正确的实施。这是一项复杂的社会工程，需要各种主体以不同的方式参与和支持。检察机关只是监督法律实施的一个专门机关，不可能对法律实施中的所有主体的所有违法行为进行监督，而只能对关系到法制统一的严重违法行为[1]进行监督，为法律实施提供一种最低限度的又是最有力的监督保障。在法律上，检察机关的法律监督，在内容上受到严格的限制，即对执法情况的监督只限于对国家工作人员职务活动中构成犯罪的行为进行立案、侦查和公诉，对司法情况的监督只限于对三大诉讼活动中确有错误的判决、裁定以及违反法定程序的情况进行监督，对守法情况的监督只限于对构成犯罪的行为进行追诉。相对于监督民事法律和行政法律的实施而言，监督刑事法律的实施是法律监督的主要任务和工作重点。[2]但是，不能由此认为法律监督就是刑事法律监督，忽视或者放弃民事法律监督和行政法律监督的职能和责任。

法律监督的对象是否包括部分立法活动，在认识上存在一定的分歧。首先，人民检察院是由国家权力机关产生的，并对其负责、受其监督，检察机关与国家权力机关之间不存在制衡的关系，因而不具有对国家权力机关的立法

上意味着法律监督的主体有两个，即国家权力机关和检察机关，同时，又把检察机关的法律监督统一于国家权力机关的法律监督。这种一元论本身是不彻底的，进一步而言，国家权力机关的法律监督也只是作为法制环节的法律监督的一个方面，把检察机关的法律监督统一于国家权力机关的法律监督只是一个层次，在更高的层次上，它们都统一于作为法制环节的法律监督。另外，我国宪法和法律并没有规定国家权力机关有法律监督权，准确地说，检察机关的法律监督权派生于国家权力机关的监督权而非法律监督权。

[1]　在法学理论中，违法行为可分为一般违法行为和犯罪两类。犯罪属于严重违法行为，但从逻辑上说，严重违法行为不限于犯罪。至于不构成犯罪的严重违法行为包括哪些，现在尚无统一的认识。为了便于界定法律监督的对象范围，我们认为，国家机关和公职人员在适用法律中发生的违法行为和犯罪都属于严重违法行为。

[2]　王桂五曾经指出："检察监督范围虽然十分广泛，但在一般情况下，监督刑法的实施，总是它的第一位的任务。"王桂五主编《中华人民共和国检察制度研究》，中国检察出版社，2008，第190页。

活动进行监督的权力。但是，上级人民检察院对下级国家权力机关的立法，对行政机关的立法是否具有监督的权力，从检察机关的根本职责即维护法制统一以及检察机关与行政机关之间存在监督制约关系这两个意义上说，检察机关应当具有这种权力。全国人大常委会、国务院、地方国家权力机关的立法活动在一定程度上和范围内属于宪法和法律的实施措施，而宪法和法律的实施都属于法律实施，因此，从逻辑上说，监督法律实施包含着对部分立法活动的监督。① 其次，从《立法法》的有关规定看，最高人民检察院享有提出法律案的权力（第12条、第24条），提请法律解释的权力（第43条）和对同宪法或者法律相抵触的行政法规、地方性法规、自治条例和单位条例提请审查的权力（第90条）。这三项权力都可以视为监督立法活动的实现方式，但是，这些权力都不是最高人民检察院特有的权力（全国人大常委会、国务院和最高人民法院也具有这些权力），也不是各级人民检察院共有的权力。在这种意义上，可以说这三种权力不是法律监督权。从另一方面来说，既然它们是最高人民检察院的权力，又具有监督的性质，就应当属于法律监督权的一部分。显然，简单地否定法律监督包括对立法活动的监督，是不准确的；同时，笼统地认为检察机关享有对立法活动的法律监督权，也是不切实际的。法律没有专门赋予检察机关对立法进行法律监督的权力，但是检察机关对立法享有一定的监督职能。②

随着依法治国进程的推进，法律可能扩展或者缩小检察机关法律监督的范围。但是，在任何情况下，检察机关都必须在法律规定的范围内行使法律监督权，而不能自行扩大或者缩小监督的范围，特别是不能任意对法律没有规定的事项进行法律监督。法律监督在内容上的这种局限性，是由法律监督机关的特定性和法律实施的广泛性决定的。我们国家是单一制国家，这就意味着国家最高权力机关制定的法律在全国范围内具有一体遵行的效力。法律监督是法律在全国范围内统一正确实施的重要保证。但是从另一方面看，随着社会主义法制的健全和发展，法律调整的对象不断增加，法律实施的领域和范围不断扩大，法律监督机关不论是在人员配备上还是在监督手段上，都不可能也没有必要对法律实施的各个领域、各个方面、各种问题统通进行法律监督，而只能作为法律实施的底限保障，选择法律实施中的一些重大问题作为法律监督的对象。至于哪些问题作为法律监督的对象，要由法律来规定。这是防止法律监督的范围任意扩张的法治原则。

2. 法律监督的方式和手段

在我国，对法律实施情况的监督是通过多种途径实现的。党的监督、人

---

① 参见孙谦《检察：理念、制度与改革》，法律出版社，2004，第51页。

② 张智辉把这种权力称为"检察机关的法律话语权"，参见《检察权研究》，中国检察出版社，2008，第212页。

大监督、监察监督、审计监督、民主党派监督、社会舆论监督、群众监督、法律监督以及其他各种形式的监督，构成了一个完整的社会主义监督体系。检察机关的法律监督只是这个监督体系中的一个重要组成部分。与其他各种形式的监督相比，检察机关的法律监督是一种专门性的监督。法律监督的专门性突出表现在三个方面：第一，法律监督的主体是唯一的，即检察机关。只有检察机关才是宪法规定的"国家的法律监督机关"，只有检察机关的监督才具有法律监督的性质。第二，法律监督的手段是专门的。按照宪法和法律的规定，检察机关进行法律监督的手段是由法律特别规定的。如对职务犯罪立案侦查、对刑事犯罪提起公诉、对诉讼过程中执法机关违反法律的行为提出纠正违法意见或检察建议等，都是只有检察机关才有权使用的监督手段。第三，法律监督权是一种国家权力，也是检察机关的专门职责。检察机关如果放弃对严重违反法律的行为进行监督，就是失职；而社会组织和公民个人享有的监督权利，可以选择行使或者放弃。

法律监督的方式和手段具有多样性。首先，检察机关实行法律监督的主要手段是进行诉讼，以司法的方式实现监督。譬如，以国家的名义提起公诉，提起抗诉，立案侦查职务犯罪，审查批准和决定逮捕，对其他执法、司法机关的侦查、审判、执行等诉讼活动中的违法行为提出纠正意见或者检察建议。其次，检察机关也可以通过非诉讼的方式，在诉讼之外以提案、建议、报告等方式进行法律监督。譬如，向立法机关提出法律案、提请审议、提请立法解释，对检察机关适用法律中的问题进行司法解释，向行政机关、社会组织提出预防违法犯罪的建议、报告，向公民和法人宣传法制等。法律监督方式和手段的多样性、多元化与法律监督本质和职能的唯一性、统一性并不矛盾。各种检察职能包括诉讼职能和非诉讼职能统一于法律监督，都是法律监督的实现方式和途径。法律监督方式和手段的多样性与法律监督性质的唯一性是统一的，共性寓于个性之中，个性体现共性。检察机关不具有与法律监督平行或并列的其他职能。我们反对检察定位和性质的多元论，即反对把公诉职能和侦查职能与法律监督职能并列，或者把检察机关定位为公诉和侦查机关。正是在这种意义上，我们坚持法律监督一元论，因为只有一元论才符合我国宪法和法律关于人民检察院是国家的法律监督机关的规定，才具有理论上的彻底性，才能理解各种检察职能之间的内在联系，发挥检察职能的整体效能，坚持检察改革的正确方向。

法律监督主要是一种主动查究和督促的法律行为，但是，往往是在法律规定的属于法律监督范围的情形出现以后，检察机关才能启动法律监督程序，实施监督行为；而且，司法活动、行政活动、国家工作人员的职务活动中可能出现的各种违法行为，在程度上是不同的，只有在违法行为达到一定程度之后，检察机关才能启动法律监督程序实施监督。这就是法律监督的事后性。事后性是法律监督的一个突出特点，但也是相对的，并不排除检察机关开展某些预防性的、事前和事中的监督活动。譬如职务犯罪预防工作，检察机关根据已经发生的职务犯罪的特点、原因和规律，进行预防职务犯罪的宣传教育，帮助有关部门或单位建章立制。这类检察活动本身也属于法律监督，但并不是法律监督的主要方面，而是按照法律监督的要求合目的的延伸，是附属的、辅助性的法律监督职能。当然，这并不是说职务犯罪预防工作等事前、事中的法律监督不重要，相反，如果这些工作开展得好，对于提高法律监督的整体效应、维护国家法治、减少违法犯罪，都具有重要意义。再如，检察机关提前介入公安机关侦查重大刑事案件的活动，其目的是及时了解案情，提高审查批准逮捕和起诉的效率，配合和督促公安机关依法、快速地侦破重大刑事案件，因而检察机关在提前介入的过程中虽具有一定的法律监督作用，但并不干涉公安机关的侦查活动。事后性不仅反映了法律监督主要职能的特点，而且界定了法律监督强制力的范围。事前和事中或者预防性的法律监督一般不具有强制力，而只有一定的建议、说服和督促作用。因此，事后性、强制性的法律监督与预防性、督促性的法律监督的区分，有助于我们理解和把握法律监督的方式和手段，做到文明执法，保证执法的法律效果、政治效果和社会效果的有机统一。

　　3. 法律监督的程序和效力

　　法律监督必须严格遵守法律规定的程序。首先，法律对检察机关的法律监督规定了一定的程序规则，这些程序规则可能因监督的对象不同而有所不同。譬如，对职务犯罪立案侦查有立案侦查的程序，对刑事犯罪提起公诉有提起公诉的程序，对人民法院已经生效的判决、裁定提起抗诉有提起抗诉的程序，纠正违法有纠正违法的程序。检察机关在进行法律监督的时候，必须严格遵守这些程序性的规定。其次，法律监督的效果主要在于启动追诉程序、再审程序或者执法机关内部的审议、决策程序。对于严重违法构成犯罪的，法律监督的功能是启动追诉程序，提请有权审判的法院进行审判；对于执法行为构成违法的，法律监督的功能是提请主管机关纠正违法；对于违反法律的判决、裁定或决定，法律监督的功能是提请作出决定的机关启动再审等救济程序以纠正错误。法律监督的最终结果，往往由有关机关依法决定，而不是由检察机关决定。归根到底，法律监督权是一种提请追诉和督促纠正的权力，而不是一种实体处分的权力。因此，检察机关不可能成为"审判机关之上的审判机关"，检察官也不可能成为"法官之上的法官"。法律监督的程序性既是对检察权的限制和制约，也是对受其监督的国家机关正确行使权力的保障和对公民与法人权利的保障。因此，法律监督权与其他国家权力可以并行不悖，并形成相互制约的机制。

　　程序性是法律监督实现方式的主要特点，但它并不排除法律监督具有一定的最终决定权和对实体性违法行为的监督。首先，检察机关在法定职权范围内具有一定的最终决定权，譬如不起诉决定、不批准逮捕的决定、撤销案件的决定等。对于这些方面的监督和制约，除了刑事诉讼法的有关规定之外，近年来检察机关试行人民监督员制度，形成了有效的社会监督。其次，法律监督的对象既包括实体性违法行为，也包括程序性违法行为。譬如，检察机关对职务犯罪的监督、对生效判决的监督等，都可以实体违法为监督对象。正如王桂五先生所言："法律监督，既包括了对实体法的实施的监督，也包括了对程序法的执行的监督；既包括对刑事法律的实施的监督，也包括对民事法律和行政法律的实施的监督；既包括对刑事诉讼活动的监督，也包括对民事诉讼活动和行政诉讼活动的监督；既通过诉讼形式进行监督，也通过非诉讼形式进行监督。"①

从上述三个方面的分析，可以进一步理解和把握法律监督的基本内涵，划清法律监督与人大监督、纪律检查、行政监察、社会监督等监督形式之间的界线。但是，要准确地定义"法律监督"仍然是一件不容易的事情。我国检察理论研究的先驱王桂五先生给"法律监督"下了一个简明的定义："法律监督是由法定的机关对遵守和执行法律的情况实行的国家监督。"②这个定义把法律监督放在"国家监督"之内，突出了它的国家性、专门性和规范性，也把监督的范围限定在"对遵守和执行法律的情况"之内，明确了它是对法律实施的监督，但是，这个定义没有说明监督的方式和手段，对监督范围的界定也不够具体。张智辉研究员经过系统的研究，提出了一个更为明确的定义："所谓法律监督，如前所述，就是根据法律的授权，运用法律规定的手段，对法律实施的情况进行的具有法律效力的监督。"③这个定义说明了法律监督的渊源、手段、范围和效力，提供了理解法律监督内涵的一个框架，解释了"法律监督"这一术语中"法律"与"监督"之间的逻辑关系。韩大元教授指出："现行宪法中所称的'法律监督'应从狭义理解，是指检察机关依照法律规定对执法和司法活动的合法性进行监督。"④ 这一定义把法律监督的范围缩小到执法和司法活动，抓住了法律监督的重点，但是，遗漏了对犯罪的监督，也排除了对部分立法的监督，对于各项检察职能统一于法律监督的解释，在理论上也有一定的不足。上述这些定义都有助于我们理解法律监督的含义，但各有其局限性。综合上述定义，"法律监督"作为我国宪法和法律中使用的一个专门术语，是指检察机关根据法定职责和程序，检查、督促纠正或提请制裁严重违法行为，预防违法和犯罪，以维护法制统一和司法公正的专门工作。随着检察实践和检察理论的发展，法律监督的概念也将不断地更新和完善。

---

① 王桂五主编《中华人民共和国检察制度研究》，中国检察出版社，2008，第181页。
② 王桂五主编《中华人民共和国检察制度研究》，中国检察出版社，2008，第167页。
③ 张智辉：《检察权研究》，中国检察出版社，2008，第71页。
④ 韩大元主编《中国检察制度宪法基础研究》，中国检察出版社，2007，第60页。

（二）检察权的法律监督性与司法性

所谓检察权的性质，就是检察权区别于其他国家权力的基本属性。关于检察权的性质，学术界有司法权说、准司法权说、行政权说、司法与行政双重属性说、法律监督权说等。法律监督是检察权的根本属性，司法是检察权的兼有属性。

法律监督是检察权在国家权力结构中的基本定位，反映了检察权的宗旨、功能及其与其他国家权力之间的关系。首先，从检察权在国家权力结构中的定位来看，检察权是从属于国家权力机关，与行政权、审判权等并列的独立的国家权力。在实行"三权分立"的国家，检察权在国家权力结构中没有这种独立性。但是，在把检察权视为行政权的国家，普遍认为，检察权是一种"特殊"的行政权，无论是在检察机关的设置方面，还是在检察官的管理方面，都将其作为不同于一般行政机关和行政人员的机关和人员，予以特殊对待；而在把检察权视为司法权的国家，虽然按照司法官员而不是行政官员来管理检察官，按照司法规律来管理检察工作，但又认为，检察权不同于完整意义上的司法权，是一种"准司法权"。这种理论上的不彻底性，是由"三权分立"的局限性造成的。这种状况恰恰说明，检察权在本质上具有其自身的特殊性，只是在"三权分立"的框架下，这种独立性难以立足而已。在我们国家，一切权力属于人民，人民代表大会代表人民行使国家权力。由人民代表大会产生行政、审判、检察等国家机关，并按照民主集中制和分工负责的原则行使国家权力。这样就克服了把国家权力局限在三种权力之间进行分配的弊端，使检察权真正成为国家权力中的一项独立的权力。在我们国家的权力结构中，无论是从宪法的刚性规定上看，还是从权力运作的实际情况来看，检察权都是作为一种独立的国家权力存在的，是隶属于国家权力机关的一种独立于行政权和审判权的法律监督权。

其次，从检察权的内容来看，检察权本身具有监督法律实施的特点。检察权，顾名思义，就是检察机关依法享有的监督权力。① 我国法律赋予检察机关的权力，主要是对职务犯罪进行立案侦查的权力，对刑事案件提起公诉的权力，对刑事诉讼、民事审判活动和行政诉讼进行监督的权力。检察机关的这些权力，与其他国家机关所拥有的权力相比，最根本的区别就在于它本身具有法律监督的性质和功能。检察权最显著的特点是运用国家权力对执行和

---

① 王桂五先生经过初步的考证认为，在古代文献中，"检察"一词的主要含义是法律检察或法律监督，至少是包括法律监督。在清朝末年司法改制时采用"检察"这一概念不是偶然的，与我国的传统法律文化相联系（参见《中华人民共和国检察制度研究》，中国检察出版社，2008，第170~173页）。赋予"检察"一词现代意义即以其概括公诉和监督等司法职能，可能源于日本，不过，这还有待于考证。当然，辞源意义只是一种参考，仅仅说明存在文化上的某种契合。

遵守法律的过程中发生的严重违法行为进行检察，或者要求有关机关依法纠正，或者提请审判机关依法裁决和惩处。与审判权的被动性相比，检察权具有对严重违法行为进行主动追诉的特点；与单纯的侦查权的工具性相比，检察权又具有提请追诉的目的性的特点。这些特点，使检察权在国家法治建设中具有其他国家权力所无法替代的、监督严重违法行为、保障宪法和法律统一正确实施的作用。这种特有的功能表明法律监督是检察权的本质属性。

最后，从检察权的宗旨来看，检察权行使的目的是为了维护法律的统一正确实施。在宪法中，把检察权作为与行政权和审判权相并列的一种独立权力设置的根本动因，既不是要让检察机关与行政机关分享行政权，也不是要让检察机关与审判机关分享审判权，而是要用检察权来监督和制约行政权和审判权。按照法律关于检察权具体权能的规定，检察机关对国家机关工作人员的职务犯罪进行立案侦查和对审判机关的审判活动过程与裁判结果进行监督，是实现其监督和制约行政权与审判权的重要途径。

从以上三个方面可以看出，检察权是一种具有法律监督性质的权力。在我国，检察权就其本质而言，是法律监督权。

我国检察制度既是国家政治制度的组成部分，也是国家司法制度的组成部分。检察权是一项具有法律监督性质的国家权力，即法律监督权；同时，又是一项具有司法性质的国家权力，即司法权。作为一项司法权，检察权与审判权既有联系，又有区别。

首先，相对审判权这一被动性的司法权而言，检察权是具有一定主动性的司法权。检察机关作为与行政机关、审判机关、军事机关平行设置的国家机关，对国家行政权、审判权和军事权的行使都有一定的监督和制约职能。虽然检察机关对不同性质的机关和同一性质机关的不同性质的职能活动采取了不同方式和方法的法律监督，[①] 有不同的监督和制约机制或程序，但是有一个共同点，那就是通过司法程序，或者提出纠正违法意见和检察建议，或者提起诉讼，诉诸审判；而且在多数情况下，检察机关法律监督的结果需要由审判机关最终裁决。

其次，检察机关以法律监督为本位，审判机关以司法裁判为本位，它们行使不同方面的司法权，执行不同环节或方面的诉讼职能。检察机关以法律监督包括侦查、起诉和诉讼监督等方式纠举违法犯罪，保证法律的统一正确实施；而审判机关以司法裁判包括受理案件、开庭审理、宣判等方式定分止

① 例如，检察机关对于一般行政权（即不涉及诉讼的行政权）的监督，目前仅限于侦查和起诉行政人员的职务犯罪。对于军事权的监督，仅限于军事检察机关对于军职犯罪的侦查和起诉。由于军事权的特殊性，有关军事权的检察监督问题，现有的法律和理论都较少涉及，有待进一步探讨。另外，现行的宪法和法律没有具体规定检察机关制约一般行政权和军事权的职能和机制。这也是一个值得探讨的理论问题。

争，保障公民、法人和其他组织的合法权利。

再次，法律监督与审判的法律效力是不同的。法律监督的法律效力大致有两种情况：一是强制性的，即对公民、法人和其他社会组织的犯罪具有侦查或者批捕、起诉的权力；二是制约性的，即对行政机关、审判机关和军事机关的违法行为具有提出起诉、抗诉或者提出纠正违法意见和检察建议的权力。不管是强制性的还是制约性的，检察权的效力基本上是程序性的而非实体性的、终极性的。相比而言，审判的法律效力无论在程序上还是在实体上一般是决定性的、终极性的。虽然地方各级人民法院行使审判权都有当事人、律师、检察机关、国家权力机关的监督和制约以及审判系统内部的审级监督，但是，具体案件都是由审判机关最终裁判的。

最后，检察权相对于审判权这一核心司法权来说，是一种协作性、辅助性和保障性的司法权。法律监督职能和审判职能相结合，共同实现国家的司法职能。它们之间既有相互配合，又有相互制约。一方面，检察职能和审判职能相互配合，打击犯罪，化解矛盾，解决纠纷，形成惩治违法犯罪、维护合法权益的司法救济机制和在全社会实现公平正义的司法保障机制；另一方面，审判机关在审判程序中发挥着主导性或者决定性作用，检察机关除了在审查起诉程序中发挥着主导作用外，在诉讼的其他各个环节都扮演着辅助性的监督者角色。监督权本身是一种协作性、辅助性和保障性的权力。另外，检察职能与审判职能相结合，形成了对行政权运行的司法监督机制。目前，检察机关对行政机关的监督或者制约主要是对行政执法人员的职务犯罪进行侦查和起诉以及对参与刑事诉讼的行政机关的执法行为进行监督和制约，对于行政机关违法行为提起行政公诉的制度还没有建立起来。审判机关对行政机关的监督和制约主要是受理和审判公民、法人和其他组织提起的行政诉讼和检察机关针对职务犯罪提起的刑事公诉。如果检察机关具有行政公诉和刑事公诉两个方面的权力，与相应的审判权相结合，就可以对行政机关的违法行为和行政人员的职务犯罪形成更加有效的司法监督。由检察机关和审判机关通过分工负责，互相配合、互相制约，共同履行国家的司法职能，不但不会导致司法职能的混同或者混乱，反而通过相互制约，便于发现和解决司法中的问题，保证司法公正，有利于实现党的领导，有利于应对和处理复杂的社会问题。

检察机关和检察权的法律监督性质与司法性质是统一的。法律监督性质决定了检察机关和检察权在国家机构和国家权力结构中的独立地位和基本功能，司法性质决定了检察机关和检察权的活动范围和活动方式。它们分别从不同的层次、不同的角度和不同的领域规定和说明了检察机关和检察权的特点。

（三）法律监督的任务、功能和作用

2007 年 12 月 25 日胡锦涛总书记在全国政法工作会议代表和全国大法官、

大检察官座谈会上指出：“切实维护党的执政地位，切实维护国家安全，切实维护人民权益，确保社会大局稳定，是政法战线的首要政治任务。”检察机关的法律监督工作是政法工作的组成部分，承担着与其他政法机关共同的政治任务。“首要政治任务”决定了法律监督的政治方向和政治使命，检察机关和检察人员必须始终毫不动摇地、自觉地坚持正确的政治方向，执行政治使命。同时，检察机关完成首要政治任务的方式和途径是由法律监督的功能和特点所决定的。换言之，法律监督的功能是检察机关完成其首要政治任务的基本方式和特有途径，同时，法律监督所有功能的发挥都必须服务和服从于维护党的执政地位、维护国家安全、维护人民权益、确保社会大局稳定这四个方面的首要政治任务。

维护国家的法制统一是社会主义国家检察机关的根本职责。作为一项专门的国家职能，法律监督的基本功能就是保障法律的统一正确实施，维护法制统一和司法公正。法律监督的具体功能及其实现途径是多方面的，主要表现在三个方面：一是维护国家安全、经济安全和社会稳定。检察机关通过履行公诉等职能，追究犯罪人的刑事责任，维护社会的安宁和秩序。二是保障国家权力的正确行使。检察机关通过履行职务犯罪侦查、公诉等职能，对国家机关和国家工作人员遵守法律的情况进行监督，追究贪污受贿、滥用职权、玩忽职守等犯罪行为，有利于保证国家机关和国家工作人员在法律范围内从事公务活动，促进廉政勤政建设。三是维护法制统一和司法公正，保障社会公平和正义的实现。检察机关通过履行公诉、职务犯罪侦查和诉讼监督等职能，追诉犯罪，促使诉讼中的违法情况得到纠正，有利于维护公民和法人的合法权益，清除腐败犯罪，防止司法不公。

检察机关法律监督的作用既是重要的，也是有限的。首先，在社会主义国家的监督体系中，各种监督尽管对象、范围和方式不同，但是互相促进、互相补充，构成了一个有机统一的整体。检察机关法律监督的作用不能为其他监督所替代，同样也不能替代其他监督的作用。只有充分发挥各种监督的作用并形成整体效应，才能有效地保证法律的统一正确实施。其次，由于检察机关法律监督的范围是由法律规定的，因而对超出法律监督范围的违法现象，检察机关无权进行监督。同时，由于法律监督具有规范性的特点，法律关于监督程序和手段的规定是否完备，也会影响法律监督的效力，制约法律监督的作用。另外，检察机关对诉讼活动的法律监督基本上是一种建议和启动程序权。对诉讼中的违法情况提出监督和纠正意见，只是启动相应的法律程序，建议有关机关纠正违法，不具有终局或实体处理的效力。诉讼中的违法情况是否得以纠正，最终还是要由其他有关机关决定。特别是解决人民群众反映强烈的司法不公问题，不仅需要检察机关依法履行监督职责，也需要有关机关认真接受监督，自觉纠正违法现象。一方面，检察机关法律监督的作用是有限的，是因为受到自身监督能力的限制，也受到其他条件的限制，使其应有的一些作用没有充分发挥出来；另一方面，检察机关法律监督的作用是有限的，是因为按照法治原则，任何公共权力都应当受到法律制度、法律程序和其他权力的限制，这是社会主义法治条件下法律监督制度的重要特点。因此，要全面、客观地认识法律监督的作用，既不要因其重要性而夸大其作用，把它视为不受监督制约和法律约束的绝对权力，也不要因其有限性而否定或者贬低其作用，看不到它在推进和维护国家法治中的重要意义。

检察机关的法律监督职能，既要加强，也要受到有效的监督和制约。从国家法治发展或者法律实施的总体状况来看，法律监督的功能发挥得不够充分、监督乏力、监督不到位的问题仍然比较突出，法律监督的能力和公信力需要加强，有关的立法需要完善，有关的执法条件包括人力、物力支持等需要改善。同时，从检察机关的执法水平和办案质量来看，法律监督的功能发挥得还不够好，权力的滥用和腐败问题仍然存在，必须加强内部和外部两个方面的监督制约。检察机关内部的监督制约是重要的，应当通过健全和完善内部工作机制等改革措施进一步加强；外部的监督制约也是不可忽视的，应当根据检察工作的特点和规律加以完善和强化。检察机关的外部监督和制约主要有：一是接受党对检察工作的领导，检察工作中的重大部署、重大问题，都要及时向党委请示报告；二是接受人民代表大会及其常务委员会的监督，包括工作报告的审议、人事任免、质询、特定问题的调查及决定、逮捕人大代表须经许可等；三是接受政协的民主监督、舆论监督和人民群众监督；四是接受公安机关、人民法院和律师在法律程序上的制约。从法律监督的特点来看，它基本上属于程序性监督，即主要是依法启动程序或作出程序性的决定来发挥监督作用，一般不具有实体性的处分权或司法裁决权，必须接受权力机关或司法机关的裁决，而这些裁决本身就构成了对法律监督权的监督和制约。从国家监督体系来看，法律监督属于国家监督体系的一个组成部分，各个具有监督职能的部门之间具有一定的监督制约关系，因而法律监督本身必然要受到多重监督和制约。尽管在现行法律和制度上，检察工作受到的监督和制约是多方面的，甚至是全方位的，但是从实际的效果来看，仍然不尽如人意。问题的关键是，有关的监督制约机制设计得不够科学，执行得不够有效。因此，在强化法律监督的同时，必须充分认识加强对检察权运行的监督制约的重要性。检察机关不仅有义务接受各方面的监督，把监督制约看成改进工作的动力和契机，而且要主动地创新外部监督的方式、方法，从制度上保证监督制约机制更加有效地发挥作用。否则，法律监督的功能就难以全面实现。

二　法律监督在和谐社会中的角色定位

依法全面履行公诉、职务犯罪侦查、诉讼监督等各项职能，是人民检察院作为国家的法律监督机关服务于构建和谐社会的基本途径和立足点。发挥好追诉犯罪、保障人权、维护法制统一和司法公正的职能作用,是检察机关在构建和谐社会中的基本角色定位。在构建和谐社会的进程中,检察机关必须坚持法律监督这一特性和宪法定位,依法独立公正地行使检察权。如果脱离法律监督职能,片面地追求为构建和谐社会服务的新途径、新方式,就容易疏忽本职,偏离正确的方向。

首先,检察机关必须把依法独立公正行使检察权,全面正确履行法律监督职能,作为衡量为构建和谐社会服务成效的主要标准。当然,构建和谐社会,是我们党从全面建设小康社会、开创中国特色社会主义事业新局面的全局出发提出的一项重大任务,体现了我国改革发展进入新时期新阶段的新要求,特别是随着政治体制和司法体制的改革不断向前推进,检察职能的局部调整是不可避免的,检察政策的更新和发展也是不可缺少的。总的来说,构建和谐社会对检察工作提出了更高的标准和更多的要求,检察职能的延伸和扩展是主要的趋势,检察机关必须做好相应的准备工作,积极主动地参与和推动司法体制、工作机制和诉讼程序的创新发展,更好地发挥检察职能和作用。

其次,认识和把握检察职能与构建和谐社会的关系,既要看到检察机关在构建和谐社会中的地位和作用,围绕促进和保障民主法治、公平正义、诚信友爱、充满活力、安定有序、人与自然和谐相处的和谐社会建设,调整检察政策,更好地履行法律监督职能,也要看到检察事业的科学发展是构建和谐社会的一个方面,提高法律监督能力也是我们党提高构建和谐社会的执政能力的一个重要组成部分。检察机关必须适应构建和谐社会的新形势、新要求,不断开拓创新,加强制度建设、队伍建设和信息化建设,提高执法水平,为检察职能在构建和谐社会中发挥积极作用创造条件、奠定基础。

再次,认识和把握检察职能在构建和谐社会的作用,不能满足于简单地把各项检察工作与和谐社会的各项特征挂钩,而要深入地探讨各项检察工作服务于和谐社会基本目标的途径、方式,在把握检察工作基本规律的基础上阐明有关的政策要求,以指导实际工作。

最后,认识和把握检察机关在构建和谐社会中的自身建设和发展,不能满足于孤芳自赏地追求自我发展、职能拓展和威信提高,而要立足于社会主义的基本制度,着眼于现代化建设事业的总体布局,坚持以人为本,始终把维护和发展最广大人民的根本利益作为检察工作的根本出发点和落脚点,用工作力度、执法水平和办案质量来体现和检验我们的法律监督能力,用促进和保障社会主义和谐社会的实际成效来体现和检验检察机关自身建设和检察事业发展的水平。

三　法律监督服务于构建和谐社会的途径

和谐社会是介于小康社会与大同社会之间的一种社会理想,是在解决了社会基本生存问题后着力化解社会矛盾和控制社会冲突的发展状态。胡锦涛从民主法治、公平正义、诚信友爱、充满活力、安定有序、人与自然和谐相处等方面，全面论述了和谐社会的基本特征，对如何构建社会主义和谐社会进行了战略部署。党中央高度重视法治在促进、实现、保障社会和谐方面的重要作用，特别强调有权必有责、用权受监督、违法要追究的监督机制。检察机关作为国家专门的法律监督机关，是国家监督机制和司法体制中的重要组成部分，也是党依法执政的重要工具，要以构建和谐社会为导向，以法律监督能力建设为杠杆，完善内部管理机制、工作机制和监督手段，形成适应和谐社会建设需要的检察政策体系，规范、文明、公正、全面地履行检察职能，不断提高为构建和谐社会服务的水平。

最高人民检察院党组根据党的十六大的精神、十六届三中全会提出科学发展观以及十六届四中全会提出的执政能力建设和构建社会主义和谐社会的要求，结合检察工作实际，提出了"立检为公，执法为民"的工作宗旨、"强化法律监督，维护公平正义"的工作主题、"加大工作力度，提高执法水平和办案质量"的总体要求等一系列新思想、新政策，提出了法律监督能力建设的任务和要求。"检察机关的法律监督能力，总体来说，就是正确履行宪法和法律赋予的各项职责，维护法律统一正确实施的本领。从检察机关的职能和执法工作的特点来看，法律监督能力应当包括履行检察职能，打击预防刑事犯罪，维护社会稳定的能力；依法打击职务犯罪，促进廉政建设的能力；正确处理群众诉求，化解矛盾纠纷，促进社会和谐的能力；敢于监督、善于监督、规范监督，促进严格执法和公正司法的能力；强化自身监督和制约，严格、公正、文明执法的能力，等等。"加强法律监督能力建设，符合党在新时期新阶段执政能力建设的要求和构建和谐社会的需要，是全面提高检察工作水平的杠杆，是完善检察制度的核心目标。检察机关在构建和谐社会中发挥职能作用的大小和强弱，关键在于法律监督能力。因此，要围绕法律监督能力建设，深入研究检察工作规律，进一步深化检察改革，建立健全以业务工作为中心，队伍、业务和信息化三位一体的工作机制，努力使检察职能在构建和谐社会中发挥更大、更积极的作用。

（一）在检察管理机制的创新中提高法律监督能力

检察机关的管理机制是检察业务工作绩效的决定因素，是把既定检察资源转化为法律监督能力的关键环节。法定的检察职能好比一首交响曲，检察长是指挥，演奏能够达到什么样的效果，不仅取决于指挥的协调，而且取决于乐队成员和乐器的分工协同机制。管理机制就是这种内部的分工协同机制。管理机制由五大要素（绩效目标、职责分工、工作标准、工作流程和协同模式）和四大机制（信息机制、决策机制、执行机制和纠错机制）构成。管理机制的创新就是这五大要素和四大机制方面的更新、调整和发展。必须更新检察管理观念，牢固树立依靠科学管理提高法律监督能力的观念。

　　检察管理机制的创新要以科学发展观为指导，坚持以人为本，按照全面、协调和可持续发展的要求，设置管理要素，完善管理机制。检察队伍管理，要遵循司法规律和检察特点，建立科学的检察人员分类管理制度，按照检察官等级规定，依法管理检察官队伍，建立检察官逐级遴选制度，完善检察官职业准入和培训制度，逐步形成一支高素质专业化检察官队伍。检察业务管理，一要强调检察职能的整体性，注重各部门的协同；二要在全面履行各项职能的基础上，适应社会需要，突出工作重点；三要以科学的考评指标、合理的工作标准和可持续的考核监督机制，引导和激励检察机关及其部门和人员依法、公正、文明地行使检察权。

　　检察工作的规范化建设是提高检察机关科学管理水平、创建科学管理机制的重要内容。深入推进检察工作规范化建设，有利于加强检察机关履行法律监督职责过程中的内部监督制约，规范检察机关和检察人员的执法办案行为，提高检察机关的执法公信力。最高人民检察院从包括执法办案在内的所有检察活动的管理角度入手，结合检察机关特点和检察工作实践，在全面系统归纳检察管理内在规律的基础上，研究起草了《人民检察院规范化管理体系指导性标准》和《检察业务工作操作标准（范本）》，并在全国 56 个基层检察院开展试点工作，有效推动了检察机关的规范化建设。

（二）在法律监督程序的完善中提高法律监督能力

　　法律监督的程序和手段是法律监督能力的客观基础。现行法律对法律监督规定得比较原则，有的规定在实际工作中难以操作。比如，由于法律对检察机关的知情渠道和监督手段规定得不具体，检察机关难以及时发现违法情况，即使发现也缺乏必要手段进行调查核实；由于法律对有关部门接受监督的义务规定得不明确，监督的效力也受到了限制。检察机关加强法律监督能力建设，必须研究检察工作中影响或者妨碍法律监督职能正常发挥作用的法律问题，适时地提出合理的立法建议，通过国家立法不断完善法律监督的手段和程序。

　　在民事行政检察工作中，当前的主要问题是，法律对检察机关的民事审判和行政诉讼监督的规定过于原则，对相应的程序规定不具体、不完善，致使民行监督工作存在诸多障碍和困难，调卷难、抗诉难、再审期限长等问题长期得不到妥善解决，特别是实践中的上级抗、下级审的抗诉再审模式，导致案件办理周期长、改判难，影响了监督工作的力度和效果，一些明显裁判不公的案件得不到及时纠正。在民事行政案件的执行工作中，既有执行难的问题，也有违法执行的问题，而对执行工作目前还缺乏应有的监督。2011 年 3 月，最高人民法院、最高人民检察院联合会签了《关于印发〈关于对民事审判活动与行政诉讼实行法律监督的若干意见（试行）〉的通知》和《关于在部分地方开展民事执行活动法律监督试点工作的通知》（简称"两高"会签文件），虽然在一定程度上解决了上述有关问题，部分弥补了现行法律的不足，但"两高"会签文件的效力层次较低，不能从根本上解决民事行政法律监督问题。因此，加强检察机关的民事行政检察工作，应在法律层面上完善民事行政诉讼中的抗诉程序和增加执行监督程序。

在刑事检察工作中，当前的主要问题是，检察机关缺乏了解有关部门执法情况的机制和渠道，现有的监督手段较弱，不能保证监督的效力，对一些诉讼行为特别是涉及剥夺或者限制公民人身、财产权利的强制性侦查措施，缺乏有效的监督手段和方式。为了增强检察机关在刑事诉讼中的法律监督效力，切实维护诉讼当事人的合法权益，需要大力研究如何拓宽检察机关掌握执法情况的途径，增强发现违法犯罪的能力，强化监督措施，完善对强制性侦查措施的监督。

（三）在外部关系的协调中提高法律监督能力

检察机关的外部关系，不仅是检察业务工作的重要组成部分，是影响检察机关地位、形象和发展条件的重要因素，而且是提高法律监督能力的必要条件。当前，全国各地和各级检察机关的基础设施、经费保障以及检察工作的发展状况的不平衡，都与其外部关系的协调程度有关，反映了各个检察长外部关系管理水平的差异。因此，要在全国范围内取得检察工作的相对平衡发展，全面提高法律监督能力，就必须借鉴20世纪后期兴起的外部关系管理理论包括企业的、政府的外部关系管理的理论和经验，深入研究检察机关外部关系的管理规律，建立和推广科学的外部关系管理体系。

检察机关要获得党委、人大、政协、政府、法院以及公众和舆论的了解、理解、信任与支持，必须高度重视外部关系管理这种沟通、传播的观念和方法。检察机关的外部关系本质上是检察机关与党委、人大、政协、政府、法院等机关和组织以及公众之间双向的信息沟通、信息传播关系。检察外部关系管理是一门科学，主要研究检察机关如何运用各种信息传播、双向沟通的手段，为检察工作的发展创造良好的社会关系环境和社会舆论环境，使检察机关与社会环境之间相互适应、同步发展。同时，检察外部关系管理也是检察机关内求团结完善、外求和谐发展的一种艺术。在当今信息化时代，检察长不仅要重视外部关系的宣传功能和外交协调功能，而且要充分发挥外部关系的信息功能和决策功能。当前，我国一些检察长对外部关系的认识水平还不高，对外部关系的运用还受制于个人功利的、短期的和外在的因素，造成了外部关系功能的简单化、手段的平庸化、形式的表面化，因而具有很强的个人色彩和人治特点，没有将外部关系作为检察工作的一部分，没有形成长期稳定的外部关系管理机制。

检察外部关系管理要根据检察机关的性质和地位，结合检察职能的特点，分析检察机关与不同主体之间关系的性质和内容，分类建立外部关系的管理原则、管理措施和管理制度。在研究公关心理、公关交际、公关广告、公关媒介等现象和规律的基础上，提高外部关系管理的科学性和艺术性。外部关系管理方法按阶段划分主要有：一是识别外部主体，建立有关外部主体的动态数据库；二是对外部主体进行差异分析，识别外部主体的重要性、可靠性；三是与外部主体保持良性接触的频率、效率，并将此两项与竞争对手进行比较；四是调整检察工作和职能作用，以满足特定外部主体的需求，并及时以更加个性化的书面形式向有关外部主体反映或汇报，并征求其反馈意见，争取其对有关工作的参与。为提高外部关系管理的水准，检察长不仅需要掌握和运用一些外部关系管理方法，而且要善于发现检察机关与外部主体的互动中所存在的问题，调动副检察长、中层领导干部甚至普通检察官参与解决这些问题。这是检察机关的领导应该时时关注的，不可能一劳永逸地解决。在实行外部关系管理中，检察长还要关注如下几个方面：争取本系统上级领导的支持，着力研究分步实现的解决方案，在实施解决方案过程中灵活运用技术和技巧，组织良好的外部关系管理团队，系统的整合和管理机制的完善。

第二节　法律监督与法律实施

法律监督是保证法律统一正确实施的重要制度安排，是检察机关的职能定位和检察制度的本质属性；法律实施则是法律监督的主要领域和活动方式。从不同的角度，可以对法律实施作出不同的分类，譬如，宪法实施与法律法规实施，实体法实施与程序法实施，刑事法律实施、行政法律实施和民事法律实施，执法、司法、守法和法律监督，等等。检察机关法律监督作为一种公权力，其活动范围是根据法律实施的需要和法律监督介入的合理性、必要性和可能性来设定的。检察机关没有必要也不可能对法律实施的各个领域、各个方面、各种问题进行全面的法律监督，而只能作为法律实施的底线保障，选择法律实施中的一些比较严重的违法行为作为法律监督的对象。① 至于哪些方面或者哪个领域的法律实施属于法律监督的对象，要由法律来规定。这是防止作为公权力的法律监督的范围任意扩张的法治原则的基本要求。

在新中国立法史上，检察机关法律监督的范围几经调整。在新中国成立之初，1949 年 9 月通过的《中国人民政治协商会议共同纲领》和《中央人民政府组织法》，同年 12 月颁布的《最高人民检察署试行组织条例》，都笼统地规定检察机关有权对各种法律的实施进行监督。1954 年《宪法》和《人民检

---

① 王桂五先生曾经提出："我们主张全面的法律监督，而不赞成局部的法律监督。所谓全面的法律监督，就是：既包括对国家根本法宪法的实施的监督，又包括对各个部门法的实施的监督；既包括对犯罪行为的监督，也包括对其他违法行为的监督；既包括对执法的监督，也包括对守法的监督。"王桂五主编《中华人民共和国检察制度研究》，中国检察出版社，2008，第187 页。王先生的这一观点是根据列宁的法律监督思想并针对"唯刑事论"和"唯专政论"提出来的，有其合理性，也有其局限性。

察院组织法》进一步肯定了检察机关对法律实施进行全面监督的权力。但是，直到"文化大革命"时期检察机关被撤销，检察机关实际上执行的基本上是刑事法律监督权。1979 年的《人民检察院组织法》只规定了对刑事法律实施和狱政法规实施的法律监督，而没有规定检察机关对宪法实施的监督以及对民法、行政法实施的法律监督。1982 年的《民事诉讼法》（试行）和 1989 年的《行政诉讼法》先后规定了检察机关对民事审判和行政诉讼的法律监督权。1996 年、2012 年两次修订的《刑事诉讼法》和 2007 年、2012 年两次修订的《民事诉讼法》对有关法律监督的程序进行了完善，在这两大诉讼领域中法律监督权有增有减，设置更趋合理。

一　法律监督关系

法律监督关系，即检察机关在依法履行法律监督职能过程中与被监督者之间形成的法律关系。它是检察机关与其他国家机关、组织、法人和公民之间的法律关系，也是作为公权力的法律监督权与其他公权力和私权利之间的法律关系。这种法律监督的实质性特征是"监督"，因而又被称为"监督法律关系"。王桂五先生曾首创"监督法律关系"概念，① 主要目的在于揭示法律监督的对象、客体、范围、手段、内容、分类和要求。在本章第一节分析法律监督的内涵时，已经对这些内容进行了初步的论述，在这里，笔者拟进一步分析法律监督关系的性质，以明确检察机关在法律实施中发挥法律监督职能的方位。

（一）法律监督关系是一种公法关系

公法是规范国家职能及其实现过程的法律制度。检察机关是行使国家公权力的机关，其组织形式、职权配置和行使权力的程序都是由公法规定的。公法关系决定了法律监督关系具有如下特点。

首先，它具有职能上的国家权威性，是实现国家公共职能的一种形式和途径。在法律监督关系中，监督者是以国家的名义进行专门活动，而不是以个人名义进行活动，因而代表着国家的权威。监督者与被监督者的关系可能是平等的，也可能是不平等的。上级有权监督下级，下级有权监督上级，同级之间也可以进行监督。因此，监督关系不以平等性为要素。无论在刑事诉讼中还是在民事诉讼和行政诉讼中，作为法律监督者的检察机关都不是一方当事人，与当事人和其他诉讼参与人都不必存在平等的诉讼关系。

其次，它具有法律上的有限性。监督的内容和方式是由法律限定的，监督活动必须严格限定在法律规定的范围内和程序中，超越法定范围和程序即

---

① 他说："人民检察院作为国家的法律监督机关，在执行职务的过程中会与被监督者发生一定的权利义务关系。我们把这种权利义务关系称为监督法律关系，这是本书提出的一个新概念。"参见王桂五主编《中华人民共和国检察制度研究》，中国检察出版社，2008，第 18 页。

构成违法；同时，凡是法律有明确授权的，必须行使该权力，否则构成渎职。这就是所谓的"法无授权不得为，法有授权必须为"的公权力行使原则。由于当代中国处于社会转型时期和法治初创阶段，法律的原则和精神尚在形成和转化之中，有些内容还没有细化为规则，应当允许在符合法律原则和精神的前提下进行必要的探索。

最后，它具有实质上的公益性，监督者代表国家利益和社会公共利益进行活动，以维护公益为目标。在传统的公法关系中，"私人协议不变通公法"① 是一项基本原则，但是现代法治国家对这一原则已经作了"变通"，赋予公法关系一定的选择性，譬如辩诉交易中的程序选择，刑事和解中的量刑选择。不过，这些变通只是赋予公法关系一定的灵活性，扩大了公权力主体的自由裁量权，使"协议"在公法关系中取得了一定的合法性，并没有改变公法对权力主体的实质性限制。在这个意义上说，"私人协议不变通公法"的原则并没有被否定，只是公法本身融入了一定的选择性条款，为私人协议提供了一定的空间。在这个空间中行使自由裁量权必须以公益为原则，以法律为界限。因此，该原则仍然是有效的，但不是绝对的，而是相对的。

（二）法律监督关系是一种权力控制关系

法律监督是作为公共权力的监督权来设置的，是以公权力监督和制约公权力的制度安排。在法律监督关系中，检察机关参与的权力控制关系有两类，一是诉讼形式的法律监督，主要包括以刑事公诉权、抗诉权、纠正违法权以及通过检察建议监督和制约普通刑事侦查权、审判权、刑罚执行权等公权力，形成诉讼中的监督关系；以职务犯罪侦查权监督和制约所有国家权力的运行，通过刑事诉讼的方式监督职务犯罪的监督关系。二是非诉讼形式的法律监督，依照现行法律，主要是指检察机关参与社会综合治理和预防职务犯罪的活动。从理论上说，非诉讼形式的法律监督就是所谓的"一般监督"，即检察机关对最高国家权力机关和最高国家行政机关以外的其他国家机关和国家机关工作人员的行为的合法性进行的监督。② 一般监督的方式主要有三种，即通知纠正、要求纠正和检察建议。无论是诉讼形式的法律监督还是非诉讼形式的法律监督，都是以公权力为主要监督对象的，是控制公权力的制度安排。

在现实的检察政策和检察观念中，法律监督被赋予打击犯罪的功能，甚至把"打击"和"保护"与预防、监督等功能并列，且置于首位。这既有历史的原因（专政论根深蒂固），也有现实的需要（犯罪率居高不下，社会秩序不稳定，打击犯罪的任务比较突出）；既有法律上的原因（现行法律

---

① 〔意〕彼德罗·彭梵得：《罗马法教科书》，黄风译，中国政法大学出版社，1992，第10页。

② 王桂五说："一般监督是对有关国家机关和国家机关工作人员的行为的合法性实行监督。这里之所以加'有关'机关的限制，是因为检察机关无权对国家权力机关和国务院实行监督。"参见《王桂五论检察》，中国检察出版社，2008，第189页。

赋予检察机关的职权集中于刑事诉讼领域），也有理论认识上的原因（对法律监督在国家结构中的地位和实质功能认识不到位）。从法律监督理论出发来认识检察职能，检察机关"打击犯罪"的功能只是一种间接的、隐含的功能。对于普通刑事犯罪，检察机关承担着侦查监督、公诉、审判监督和刑罚执行监督四项职能，侦查监督、审判监督和刑罚执行监督显然是直接针对侦查权、审判权和刑罚执行权等公权力的。公诉职能看起来是直接针对犯罪的，其实从起源到现在，它都是以统一正确执行法律、制约侦查权和审判权为宗旨的，如果直接以打击犯罪为目的，公诉权就没有了存在的价值。当然，统一正确地执行刑事法律本身就有打击犯罪的功能，但这就不是直接意义上的打击功能了。对于职务犯罪，检察机关承担着侦查的职能，国家之所以把职务犯罪分出来并由检察机关侦查，这是因为侦查职务犯罪是检察机关实现对国家公权力进行法律监督的途径。其目的不是一般意义上的打击犯罪、维护社会稳定，而是为了保障公权力运行的合法性、维护国家政治秩序。因此，法律监督关系的实质是权力控制。

法律监督作为权力控制的特定形式，具有如下特点和规律。

首先，法律监督关系是一种程序性的权力控制关系，而不是实体性的权力控制关系。从监督的性质和内容来看，监督权可以分为实体性监督权与程序性监督权。实体性监督权，即对被监督行为作出实体性处理的权力；程序性监督权，即实体性监督权以外的其他监督权，包括了解权、参与权、调查权、侦查权、启动审查裁判程序权、参与审查裁判程序权、对作出实体性的处分或裁决的督促权、对执行处分或裁判的督促权等八项具体权能。实体性监督权往往必须配置给单一主体，即享有或者被授予处分权的集体或机关。程序性监督权则可以分散配置给不同的主体，对于特定的监督主体来说，可以享有一项或多项程序性监督的具体权能，也可以享有全部程序性监督的具体权能。法律监督没有最终的处分权，因而主要是一种程序性监督，即程序性权力控制。相比而言，实体性监督权被滥用的可能性较大，必须设置相应的权力制约程序，包括重新审查和裁判的程序以及集体合议程序。重新审查和裁判程序的启动，可以来自相对人的申诉，也可以来自其他监督者的提起。它实质上是一种救济程序、一种事后监督。集体合议程序则是通过对实体性处分权在决策集体中的分配和表决，加强和保证行使处分权过程的合理性，防止处分权的滥用。它实质上是一种集体决策程序、一种事中监督程序。行政监察由于其处理的违法违纪行为比较轻微以及行政效率原则和行政首长负责制的要求，一般适宜采用救济程序或事后监督，但并不完全排斥采用集体合议程序。具有终极性的实体裁判权的机关或组织（如人民代表大会、议会、司法机关、仲裁组织等）则一般适宜采用集体合议程序作为权力制约的程序，但也不应完全排斥提起重新审查或裁判的救济程序的可能性。换言之，对监督权的监督，可以选择

"以救济程序为主、以集体决策程序为辅"的模式，也可以选择"以集体决策程序为主、以救济程序为辅"的模式。程序性监督权由于受到实体性监督权的最终制约，因而被滥用的可能性比较小，可能造成的危害也因程序性监督权的性质和强度而有所不同。例如调查权，如果是普通公民进行的调查，其强度较小，可能造成的危害也小，甚至没有危害；如果是国家机关进行的调查，特别是侦查，其强度比较大，可能造成的危害也较大。因此，防止程序性监督权的滥用主要在于对专门机构的程序性监督进行规范和程序约束。专门机构的程序性监督权的行使有秘密的程序性监督与公开的程序性监督两种方式，也有强制的程序性监督与任意的程序性监督两种类型。对于秘密的程序性监督和任意的程序性监督，主要在于防止侵犯个人隐私权和国家秘密权，必须设置相应的保密责任机制；对于公开的程序性监督，除了保密责任机制以外，主要在于对启动公开的程序性监督程序的限制；对于强制的程序性监督，除了上述保密机制、启动监督程序的限制机制以外，主要在于对强制措施的规范和限制。

其次，法律监督关系是一种参与性的权力控制关系，而不是管理性的权力控制关系。从程序性监督权和实体性监督权的配置方式来看，在某些监督制度（如行政监察、人大监督等）中，监督者既享有实体性监督权，又享有程序性监督权。这种由某个机关完全享有了解权、调查权、程序启动权和实体处分权等各项具体监督权能的监督制度，我们可以称之为"管理性监督制度"。在某些监督制度（如法律监督、司法审查等）中，监督者只享有一个方面的权力，要么是实体性监督权，要么是程序性监督权，两者不可兼得。这种把程序性监督权与实体性监督权分别赋予不同机关以及把程序性监督权的各项具体权能分别赋予不同机关或个人的监督制度，可以称之为"参与性监督制度"。法律监督只享有程序性监督权而不享有实体性监督权，对被监督者没有管理的职能，主要是通过启动被监督者组织系统内部的管理机制和程序来实现监督的目标。检察机关无论是对公安机关、监狱机关还是对审判机关，都不能代替被监督者作出决定，只能要求被监督者作出相应的决定。相比而言，管理性监督权是一种全面的、绝对的监督权，因而被滥用的概率比较大，必须设置一定的参与性监督权对其加以控制。这就是法律监督权设置的合理性之一。虽然参与性监督权不具有最终决定权，相对管理性监督权比较弱小一些，被滥用的概率较小，被纠正的概率较高，但仍然存在被滥用的可能性。必须深入参与性监督权的各项具体权能（包括了解权、调查权、程序启动权）的层面，逐个考查各项权能的设置，看其有无明确的界限和程序（包括监督手段及其规范）。如果没有必要的界限和程序，任何一项具体的监督权能都有被滥用的可能性，只是程度不同而已。在这个意义上说，无论在管理性监督制度中还是在参与性监督制度中，合理的监督权都应当是有限的权力。换言之，监督权的合理性标准就是看所设置的监督权是否为有限的权力。

在参与性的权力控制关系中，程序控制和机动参与是两种基本方式。所谓程序控制，主要有两种形式，一是将程序的不同阶段交由不同的主体负责，二是使前后两个阶段的程序具有相互制约和监督的关系。所谓机动参与，就是监督者享有自主决定是否参与被监督者的权力行使过程的权力。参与是了解被监督者权力行使情况的有效手段，但是，除了各方需要充分陈述意见的情况如法庭开庭审理等以外，过多的参与、经常的参与或者常规性的参与也可能混淆监督者与被监督者之间的权力范围和责任界限，使监督者与被监督者一体化，而导致监督失效。机动参与和程序控制是以权力制约权力的监督方式。这种制度安排，是以分工为前提的，它的奥妙在于使监督转化为各种专项权力的一部分，只要在权力结构上使各项权力之间能够保持一定的平衡，监督就无处不在、无时不在，同时不致相互干预。

在我国，检察机关是国家的法律监督机关。从检察权的内容（包括职务犯罪的侦查权、公诉权和诉讼监督权）来看，它们都属于程序性监督权，即主要是依法启动程序或作出程序性的决定。它不具有实体性的行政处分权或司法裁决权，必须接受权力机关或司法机关的裁决，而这些裁决本身就构成了对法律监督权的监督和制约。从法律监督制度的类别来看，它属于相对监督制度。检察机关是监督机关，同时，也是我国监督体系中的一个组成部分，本身是一个受到多重监督和制约的机关。检察机关及其职能活动要受党的领导和监督、人大的监督、政协的监督、人民群众的监督以及新闻舆论的监督。在刑事司法程序中，公安机关、检察机关和审判机关分工负责，互相配合，互相制约。另外，在检察机关内部，在内部机构的设置和权力配置上也通过分权等方式设立了一系列监督制约机制，以保障检察权的依法行使。因此，用"谁来监督监督者"来质疑我国检察机关作为专门的法律监督机关的合理性，实质上是一个假问题。

（三）法律监督关系是一种权力保障关系

所谓监督，就是察看并督促。监督的内容主要有两个方面，一是了解和调查被监督者行使权力的情况，二是督促被监督者全面地、正当地行使既定的权力，追究违反法律和制度的行为者的责任。监督的目的是保障被监督者全面地、正当地行使权力。一切权力都需要监督，但在实际的政治生活中，掌权者都不喜欢监督，以权谋私的人更是仇恨监督；同时，监督者可能监督不到位，放纵被监督者滥用权力，也可能滥用监督，妨碍被监督者全面地、正当地行使权力。在平衡这两个方面因素的基础上处理好监督与被监督之间的关系，需要一定的政治艺术，更需要一定的制度安排。综观人类政治制度史，监督的模式有集权监督模式与分权监督模式，监督的方式有分工、分权、参与、程序控制、公开透明等。从内容来说，监督权就是对被监督行为进行了解、调查和启动审查裁判程序以及作出相应处理的权力。监督权并不直接参与社会管理或者行政管理，而是调查和处理社会管理或者行政管理等公共管理中违法行使公权力的行为，以保障公权力的合法运行。因此，法律监督关系是一种权力保障关系。这种权力保障关系是以分工为基础形成的专门职能，既不同于西方国家的分权制衡，也不同于西方国家以新闻自由为基础、以多党竞争和普选为途径的民主保障。

首先，法律监督关系是一种分工制约的权力保障关系，而不是分权制衡的权力保障关系。分工制约与分权制衡是两种权力配置方式和运行方式。分工制约是在实行民主集中制的政治体制中权力配置和运行的内在要求和基本原则，分权制衡是在实行三权分立的政治体制中权力配置和运行的内在要求和基本原则。因此，分工与分权、制约与制衡的区分首先应当放在两种不同的政体背景下研究。在政体意义上，分权是立法、行政和司法之间在组织和责任上的绝对划分。分工则是各种国家职能（不限于立法、行政和司法）在组织、人员和责任上的相对划分，并不排斥国家机关之间在部分职能上相互交叉、相互参与和相互配合。从宏观的权力结构上说，分权与集权是两种不同的政体。集权是一元化的权力结构，所有的国家权力都直接或间接地集中于或从属于一个机构（集体或个人）；分权是多元化的权力结构，各种国家权力即立法权、行政权和司法权在宪法和法律划定的范围内是互不隶属的、平行的，各负其责。因此，分权与集权之间的区别是显著而重要的，必须严格区分其政体性质和意义。

当然，在管理的技术层面或者在微观机制中，集权与分权的区分也具有一定的相对性、流动性。譬如，管理学家法约尔曾说："集权或分权问题是一个单纯的尺度问题，重要的是找到企业适合的尺度……选择集权还是分权，其尺度就是能否使总收益最大化。"这一解释淡化了集权与分权的性质和界限，撇开了政治原则，提供了一个评价它们的合理性的实用主义标准，对我们分析和评价分权与集权的是非也不乏启发和借鉴意义，但是，当我们研究和论述国家权力的分配和运行，特别是涉及国家政体的组织和活动原则时，就必须严格区分分工制约与分权制衡，分工与分权、制约与制衡。

我国的人民代表大会制度与分权制衡的政体存在根本的差别。在人民代表大会制度中，人民代表大会作为国家权力机关居于优先的、决定性的地位，其他机关即行政机关、审判机关、检察机关等都由它产生，对它负责，受它监督，其他机关之间存在一定的监督和制约关系，但都无权监督和制约人民代表大会。在国家权力机关与其他国家机关之间以及其他国家机关相互之间都不存在制衡关系，因为全国人民代表大会是最高国家权力机关，其他国家机关都是它的下位机关。因此，对于我国社会主义政体来说，制衡是一个异己的、不相容的概念，绝对不能把制衡与制约这两个概念混淆。

人民检察院对刑事诉讼的法律监督主要是通过办案实现的。在刑事诉讼中，人民检察院参与刑事诉讼的整个过程中，在依法对刑事诉讼实行法律监督的同时承担着侦查、审查批准逮捕、审查起诉、出庭公诉等职能。这些职能本身就体现了人民检察院的法律监督职权,人民检察院正是在审查批捕、审查起诉和出庭公诉等具体工作中进行法律监督的。也就是说,人民检察院的法律监督是通过具体办案实现的,办案是检察机关实行法律监督最有效的手段。同时,人民检察院在刑事诉讼中又是一个独立的执法主体,在依法独立行使侦查、审查批捕、审查起诉、出庭公诉、监督刑罚执行等职权中,对审判机关、监狱机关、安全机关、公安机关等国家机关和代理诉讼的律师都形成一定的制约关系。这种制约关系是宪法和刑事诉讼法规定的公、检、法三机关分工负责、互相配合、互相制约原则的制度化体现,是宪法和法律规定的检察机关作为法律监督机关并履行法律监督职能的一个方面的反映。对于检察机关的性质和职能来说,监督是本质性的、根本性的,制约是派生性的、从属性的。对于检察机关在国家政体和司法体制中的地位和作用来说,监督是本位性的、主要的,制约是延伸性的、次要的。从检察机关与其他机关的关系来说,监督和制约都是职能关系,是程序性的权力,并不意味着也不要求检察机关与受监督方和受制约方之间存在政治地位的高低差别,检察机关的权威来自法律监督的质量和合法性以及法律的设置,而不是来自检察机关具有或必须具备某种较高的法律地位或政治地位。这是法律监督与其他监督的一个重要差别(其他监督可以或者需要有地位差别)。当然,在具体的诉讼程序和环节,监督和制约的任务和表现形式不同,其地位和作用要具体分析,不一定有主次、本末、高低之分。

其次,法律监督关系是一种专门性的权力保障关系,而不是公众性的权力保障关系。监督的目的是要保障被监督的权力全面地、正当地运行,而不是削弱或取代被监督者的权力。专门性的权力保障关系意味着,监督者具备与被监督者同样的专业知识和技能因而具有专业上的话语权;监督者与被监督者同为国家机关因而不存在保密的限制;监督过程可以是公开的,也可以是不公开的。当然,专门性所包含的专业性并不意味着监督者与被监督者之间的分工可以否定彼此的独立性,变成监督者剥夺被监督者的权力,致使被监督者无权,否则,不仅监督权本身容易被滥用,而且使被监督者不能承担其应有的责任,进而使被监督者可能在其有限的权力范围内极尽舞弊之能事。这种不当分工常常发生在领导者与被领导者之间的关系中,监督者在地位上优于被监督者,本来可以有效地进行监督,但是,如果监督变成了职务替代,就会使被监督者处于无权地位,反而使监督失去了对象。保持被监督者的独立性,目的在于明确监督者与被监督者各自的责任范围。被监督者有职有权,才能负责任。如果说三权分立制度有其可资借鉴之处的话,那就是"(三权)分而任之,不责于一身,权不相侵,故其政事纲举目张"(曾纪泽语)。当然,监督不仅要防止权力的腐败和滥用,而且要保障权力的有效运行。没有监督,不行;监督过度,也不行。在中国古代,权力监督关系不仅是动态的、不确定的,因事而异、因时而异、因势而异、因人而异,缺乏长效的制度安排。

此外，监督关系比较复杂，有一重监督，有二重监督，也有多重监督；有专门监督，有明处的监督，也有暗处的监督。梁启超在其《论中国积弱由于防弊》一文中曾对这种制度安排提出过批评："古者长官有佐无贰，所以尽其权，专其责，易于考绩。后世惧一部之事，一人独专其权也，于是既有尚书，复有侍郎，重以管部，计一部而长官七人，人人无权，人人无责。防之诚密矣，然不相掣肘，即相推诿，无一事能举也。"监督是必要的，但是监督的成本不应过高。只有抓住监督的关键，才能提高监督的效率。

专门性的权力保障关系限制了监督的公开性，但并不完全排斥权力运行的公开性。相反，公开透明是全方位监督的基本方式。最大限度的公开透明是一种最经济、最有效的民主监督方式。所谓"最大限度"，是指公开透明要以不影响掌权者依照法律和内心确信来行使权力为限度。譬如，法庭合议应当保密，否则合议庭人员难以抵抗外在的压力。透明度原则在西方政治文化中具有特别重要的地位。西方人认为，透明度与反腐败的关系至为密切，甚至把政治透明视为反腐败的根本之策。例如，以反腐败为宗旨的最著名的国际组织就命名为"透明国际"。公开透明，不仅把权力运行置于其他权力的监督之下，而且把权力运行置于广大人民群众的监督之下。在任何体制下，一定的政治透明度都是实现监督的有利环境和必要条件。

二　法律监督与侦查

近年来，有关检警关系的比较研究兴起，改革我国检警关系以加强人权保障的呼声日益高涨。应当肯定，这些学术研究成果和主张在总体上反映了我国法治进程的发展要求，符合构建和谐社会的现实需要。但是，改革是一个长期的积累过程，涉及观念、体制、机制等多个方面，在现行政治体制和司法体制下，照搬国外任何一种检警关系模式都是不现实的。必须针对当前迫切需要解决的问题，在体制框架内寻找可行的解决方案。为此，首先要理清现行体制设置的法律监督与侦查的基本关系及其发展空间，然后探讨改革这种关系的途径，通过改革使刑事司法更好地实现刑事法治，更好地为构建和谐社会服务。

（一）法律监督与侦查的基本关系

《刑事诉讼法》第106条第1项规定，侦查是指公安机关、人民检察院在办理案件过程中，依照法律进行的专门调查工作和有关的强制性措施。侦查的基本任务是查明案件真实情况并搜集有关证据证实案情。立案前的查证工作一般称为调查，立案后由专门机关实施的调查和强制性措施则称为侦查。

侦查的主体除了公安机关、人民检察院外，还有国家安全机关（办理危害国家安全的刑事案件）、军队保卫部门（对军队内部发生的刑事案件行使侦查权）、监狱机关（对罪犯在监狱内犯罪的案件进行侦查）和设在海关的走私犯罪侦查机关（对海关业务管辖范围内的走私犯罪进行侦查）。上述六种侦查主体都必须按照刑事诉讼法的规定进行侦查活动，但是在案件管辖上各有特定的范围，在具体程序上也有一些特别的规定，譬如国家安全机关的侦查程序等。在这里，为了论述的便利，我们仅研究法律监督与公安机关对普通刑事犯罪的侦查之间的关系。

我国的侦查模式是一种以职权主义诉讼观为导向、以侦查机关为主导的非对抗制侦查模式。第一，虽然 1996 年刑事诉讼法的修改加强了庭审的对抗性，2007 年律师法的修订赋予律师会见嫌疑人无须批准、不被监听、会见时间提前为当天的权利，阅卷复制权提前到检察阶段，调查取证权更加完整自主，从而进一步引入了对抗制的因素，但是，我国侦查模式的非对抗制实质没有改变，侦查仍然是国家侦查机关的专门权力，限制人身自由和财产权利的强制性措施（包括侦查措施和强制措施）仍然没有采取普遍的令状主义，追诉方与被告方仍然不具有平等的诉讼地位。第二，虽然我国的侦查模式与对抗制侦查模式中的检警分立、各负其责有些类似，但是，检察机关通过监督立案、审查批准逮捕、监督侦查活动是否合法、决定是否提起公诉等职权对侦查形成了一定的监督和制约关系。在理论上，检察机关有权监督全部侦查活动；在实际上，检察机关对侦查活动的监督是不全面、不同步的，监督的途径和方式是有限的，因而它与当事人主义的对抗制侦查模式有明显的差别。第三，我国的非对抗制侦查模式也不同于大陆法系的职权主义的非对抗制侦查模式。在大陆法系的非对抗制侦查模式中，一般实行检警一体，侦查权属于检察机关，警察机关是检察机关的附属性的、辅助性的侦查执行机关，其侦查活动服从检察机关的指挥，但是在我国，公安机关和检察机关是明显分立的两个机关和系统，各自独立地行使一定范围的侦查权，检察机关无权指挥侦查，公安机关也不是检察机关的辅助性侦查机关。在职权主义观念上、在被告方的诉讼地位上，我国的侦查模式与大陆法系相近；在侦诉分离、侦查机关独立自主性上，我国的侦查模式与英美法系相近；同时，我国的侦查模式又具有大陆法系和英美法系的侦查模式所没有的一些制度安排和程序设置，因而是具有鲜明中国特色的侦查模式。

我国宪法第 135 条规定："人民法院、人民检察院和公安机关办理刑事案件，应当分工负责，互相配合，互相制约，以保证准确有效地执行法律。"这就决定了我国刑事司法体制的基本框架。基于这一框架，我国的检警关系模式是"分工制约"。结合我国的侦查体制和检察体制来考虑，法律监督与侦查的基本关系是监督、制约和有限的控制。

首先，检察机关对公安机关侦查活动的监督，既是原则，又有法定程序和方式的限制。监督的主要途径有：（1）立案监督。《刑事诉讼法》第 111 条规定，检察机关认为公安机关对应当立案侦查而不立案侦查的，应要求公安机关说明不立案的理由；检察机关认为公安机关不立案的理由不能成立的，应当通知公安机关立案，公安机关接到通知后应当立案。（2）发现和纠正侦查中的违法行为。《人民检察院刑事诉讼规则》（试行）第 565 条规定了 20 种侦查违法行为①属于检察机关监督的对象，检察机关发现这些违法的侦查行为后，应当提出纠正意见。（3）提前介入侦查活动。人民检察院根据需要可以派员参加公安机关对于重大案件的讨论和其他侦查活动，发现违法行为，应当及时通知纠正。（4）受理诉讼参与人的控告。诉讼参与人对于侦查机关或者侦查人员侵犯其诉讼权利和人身侮辱的行为提出控告的，人民检察院应当受理，并及时审查，依法处理。不过，上述这些通知立案、提出纠正违法意见等监督措施都不是刚性的，都需要公安机关自己去落实和执行，检察机关并没有保证上述通知和意见落实的手段。因此，检察机关对公安机关侦查活动的监督只是一种外部性的、督促性、建议性的、辅助性的监督，必须通过公安机关内部的管理机制来实现。

其次，检察机关对公安机关侦查活动的制约，主要是通过审查批准逮捕和决定是否提起公诉来实现的。当然，这两项制约机制，同时也包含着监督的成分，在审查批捕和审查起诉中发现了侦查活动中的违法行为，也可以采取上述的监督手段。审查批捕是对逮捕这一强制措施的适用进行司法制约。其他的侦查措施和强制措施都是由公安机关自行决定和执行的，只有逮捕这一最为严厉的强制措施的适用需要经过检察机关批准，因为逮捕不仅严格限制了人身自由，而且期限最长，可长达一年多时间。在西方国家，批捕权通常是由法官来行使的，被认为是一项司法权力，目的在于有效地保护人身自由。由于我国的司法体制不同，法官不具有实质的独立性，审判权是由人民法院统一行使的，也没有设置治安法官、预审法官等制度，由法官行使批捕权可能造成审判机关先入为主，妨碍审判中立和公正，因而由检察机关行使

---

① 《人民检察院刑事诉讼规则》（试行）（2012）第 565 条规定："侦查活动监督主要发现和纠正以下违法行为：（一）采用刑讯逼供以及其他非法方法收集犯罪嫌疑人供述的；（二）采用暴力、威胁等非法方法收集证人证言、被害人陈述，或者以暴力、威胁等方法阻止证人作证或者指使他人作伪证的；（三）伪造、隐匿、销毁、调换、私自涂改证据，或者帮助当事人毁灭、伪造证据的；（四）徇私舞弊，放纵、包庇犯罪分子的；（五）故意制造冤、假、错案的；（六）在侦查活动中利用职务之便谋取非法利益的；（七）非法拘禁他人或者以其他方法非法剥夺他人人身自由的；（八）非法搜查他人身体、住宅，或者非法侵入他人住宅的；（九）非法采取技术侦查措施的；（十）在侦查过程中不应当撤案而撤案的；（十一）对与案件无关的财物采取查封、扣押、冻结措施，或者应当解除查封、扣押、冻结不解除的；（十二）贪污、挪用、私分、调换、违反规定使用查封、扣押、冻结的财物及其孳息的；（十三）应当退还取保候审保证金不退还的；（十四）违反刑事诉讼法关于决定、执行、变更、撤销强制措施规定的；（十五）侦查人员应当回避而不回避的；（十六）应当依法告知犯罪嫌疑人诉讼权利而不告知，影响犯罪嫌疑人行使诉讼权利的；（十七）阻碍当事人、辩护人、诉讼代理人依法行使诉讼权利的；（十八）讯问犯罪嫌疑人依法应当录音或者录像而没有录音或者录像的；（十九）对犯罪嫌疑人拘留、逮捕、指定居所监视居住后依法应当通知家属而未通知的；（二十）在侦查中有其他违反刑事诉讼法有关规定的行为的。"

批捕权是一种相对合理的制度安排。检察机关的批捕权对公安机关的侦查权的运行是一种有效的制约。检察机关在审查批捕中，如果认为报请批准逮捕的证据存有疑问的，可以复核有关证据，讯问犯罪嫌疑人、询问证人。检察机关不批准逮捕的，公安机关应当立即释放在押的犯罪嫌疑人或者变更强制措施，并将执行回执在收到不批准逮捕决定书后的 3 日内送达作出不批准逮捕决定的人民检察院。审查起诉对公安机关的侦查活动也是一种有效的制约，而且在审查起诉中人民检察院对于需要补充侦查的，可以退回公安机关补充侦查，也可以自行侦查。侦查的目的在于追究犯罪嫌疑人的刑事责任，非经人民检察院提起公诉，人民法院就不能立案和审判，就不可能追究刑事责任。因此，除了自诉案件外，审查起诉是介于侦查与审判之间的一个必经程序，对侦查权和审判权都是一种制约。检察机关自行侦查需要补充侦查的案件，形成了侦查的替补机制，对于防止公安机关疏于履行职能、未尽侦查之责的情况，具有重要的制约作用。

最后，检察机关对公安机关的侦查权具有有限的控制功能。法律监督对侦查是否具有控制功能在理论上是有争议的。从检察机关的法律监督性质来说，检察机关对公安机关的侦查活动只具有法律监督的功能，立案监督、审查批捕、审查起诉都是法律监督的形式和实现方式，都是为了保障侦查权的正确行使。但是，法律监督不仅是一种权力保障，而且是一种权力控制。我们以往仅仅从权力保障的角度来理解法律监督是存在一定的片面性的。从现行法律来看，对是否立案的监督、对逮捕是否批准、对侦查终结后是否起诉、对重大疑难案件侦查活动的提前介入等，都具有一定的控制侦查权的功能，检察机关的决定影响甚至决定着侦查活动的进程。当然，这种控制是以侦诉分离的体制为基础的，相对于公安机关及其系统内部的管理性权力控制来说，不仅比较弱，而且比较有限，大部分侦查措施和强制措施都是由公安机关自主决定和执行的；相对于大陆法系检警一体制来说，不具有指挥侦查的权力。换言之，即使检察机关在各个方面都作出否定性的决定，也不足以阻止侦查活动继续到侦查终结，同时，即使检察机关在各个方面都作出肯定性的决定，也不足以保证侦查活动有效地进行到底。尽管如此，检察机关还有一项底线的控制手段，即如果公安机关在侦查活动中发生了渎职、侵权等职务犯罪，检察机关可直接立案侦查，追诉其刑事责任。因此，现行法律设置的检察机关对侦查活动的控制，是一种最低限度的侦查权控制机制。

（二）检警关系的改革

中国特色的侦查模式和检警关系是由我国的基本国情决定的，是与我国当前控制犯罪和保障人权的能力相适应的，但是这并不意味着它们是一成不变的或者具有永久的合理性。随着我国经济、政治、文化和社会的发展，控制犯罪的能力提高，依法治国的全面推进，侦查活动中保障人权的水平必须进一步提高，并在一个新的层次上实现打击犯罪与保障人权的平衡。从现实的需要和可能来看，未来几年里国家将通过改革和立法，在加强侦查措施的同时，加强对侦查的法律监督。具体而言，改革和完善对侦查活动的法律监督的措施主要有如下几个方面。

1. 完善检察机关对公安机关应当立案而不立案的监督程序

普通刑事犯罪的立案是由公安机关审查决定的。公安机关的立案标志着侦查的开始，并随之可能适用侦查措施和强制措施，以查明犯罪事实、查获犯罪嫌疑人。公安机关是否立案意味着国家是否追诉犯罪嫌疑人的刑事责任，被害人能否得到国家的司法救济。刑事诉讼法第111条规定："人民检察院认为公安机关对应当立案侦查的案件而不立案侦查的，或者被害人认为公安机关对应当立案侦查的案件而不立案侦查，向人民检察院提出的，人民检察院应当要求公安机关说明不立案的理由。人民检察院认为公安机关不立案理由不能成立的，应当通知公安机关立案，公安机关接到通知后应当立案。"这一条款规定了检察机关的通知立案权，相对于1979年刑事诉讼法的有关规定来说，增强了法律监督的力度，但是法律上既没有对立案侦查的期限作出规定，也没有赋予检察机关进一步的监督手段，因而在执行中存在公安机关"立而不侦"的问题。在学术讨论中，人们提出了一些解决办法：一是立法规定公安机关有定期向检察机关反馈侦查情况的义务；二是在规定期限内侦查未取得实效的，由检察机关行使侦查权；三是检察机关可建议该公安机关调换侦查人员。目前看来，第一种方法比较可行，第二、三种方法都存在一定的体制性障碍。譬如，第二种方法可能使检察机关承担过多的侦查任务，而无助于公安机关加强其侦查职能；第三种方法可能使检察机关在立案阶段介入公安机关内部的管理，有违现行体制。

2. 建立检察机关对公安机关不应当立案而立案的监督程序

不应当立案而立案的情况可能起因于执法水平不高，也可能起因于滥用侦查权，以刑事司法干预民事纠纷。"有的以合同诈骗犯罪立案来帮助民事案件当事人追债；又如人民法院为执行生效民事判决而扣押被执行人财产时，公安机关以被执行人报案而以抢劫立案为由出面干预执行。产生问题的主要原因并不是刑事立案的条件不明确，而是缺少有效的监督。"①公安机关不当立案，不管是执法水平问题还是滥用职权问题，其后果都是严重的，不仅可能侵犯当事人的人身权利和财产权利，而且损害了国家的刑事司法秩序和司法公正。2010年，最高人民检察院会同公安部制定下发了《关于刑事立案监督有关问题的规定》（试行），明确规定检察机关对于公安机关不应立案而违法立案的情形应当进行监督，从而将违法动用刑事手段插手民事、经济纠纷，或者办案人员利用立案实施报复陷害、敲诈勒索以及谋取其他非法利益等违法立案情形纳入了检察监督范围。有效解决公安机关不应立案而立案问题的

---

① 俞静尧：《刑事立案检察监督的现状分析与制度完善》，《人民检察》2005年第7期。

简单可行办法是修订刑事诉讼法第 111 条的规定，补充规定："检察机关认为公安机关不应当立案而立案的，或者犯罪嫌疑人认为公安机关不应当立案侦查的案件而立案侦查，向人民检察院提出的，人民检察院可以要求公安机关报送有关材料，并进行审查，经审查认为确实不应当立案的，人民检察院应当通知公安机关撤销案件，公安机关接到通知后应当撤销案件。公安机关对人民检察院撤销案件的通知有异议的，可以申请上一级人民检察院复议。"这样，通过赋予检察机关有限制的刑事撤案权，既可以使公安机关的刑事立案工作更加规范，也可以防止检察机关滥用撤案权。

3. 完善检察机关对公安机关侦查活动的监督程序

现行刑事诉讼法规定了检察机关监督侦查活动的两种途径，即发现和纠正侦查违法行为以及受理诉讼参与人的控告，但是检察机关缺乏了解侦查活动情况的途径，监督难以到位。《人民检察院刑事诉讼规则》（试行）补充规定了提前介入程序，但因没有得到法律的确认，效力不足，而且提前介入的案件范围有限，这样，总体上看，检察机关对侦查活动的法律监督力度较弱，难以防止和纠正侦查活动中发生的刑讯逼供、非法取证等违法行为。为了提高刑事诉讼的人权保障水平，规范侦查执法行为，保证司法公正，有必要通过国家立法进一步建立和健全侦查参与程序和非法证据排除规则。侦查参与程序就是规定检察机关根据需要可以随时参与侦查活动，引导侦查取证，纠正侦查违法，建议更换办案人。它是对检察机关提前介入程序的发展和完善，一是扩大了提前介入的案件范围，不限于重大疑难案件，原则上检察机关可以参与所有案件的侦查活动，这就打开了检察机关了解侦查活动的通道，为法律监督的实行创造了必要条件。二是明确了检察机关具有引导侦查取证和建议更换办案人的职权，既有助于提高侦查取证的水平，加大对犯罪的打击力度，又有助于防止办案人员疏于职责或者滥用职权。非法证据排除规则涉及侦查、起诉、审判多个环节，是保障人权的重要制度。在侦查环节，检察机关通过随机地参与侦查活动，本身有助于防止侦查权的滥用，便于及时发现和纠正侦查活动中非法取证等违法行为，形成执法规范的办案机制。

4. 建立强制性侦查措施的法律监督程序

在现代法治国家，凡是限制人身自由和财产权利的强制性措施原则上都要通过司法审查，实行令状主义。在我国，现在只有逮捕这一最严厉的强制措施需要检察机关批准，其他的强制性侦查措施，譬如搜查、查封、扣押、冻结等都未设置司法审查程序，均由公安机关自行决定和执行。由于司法体制和控制犯罪能力的局限，我国现在还不可能达到西方国家的人权保障水平，但是应当逐步提高人权保障水平，以适应我国依法治国的进程。目前，比较可行的改革方案是增设强制性侦查措施的法律监督程序，立法赋予当事人不服公安机关采取的搜查、查封、扣押、冻结等强制性侦查措施的，有权提请人民检察院进行监督，人民检察院受理申请后应当审查案件侦查情况，可以进行调查，决定是否撤销强制性侦查措施，或者宣告非法取得的证据无效。这实质上是一种事后的司法审查机制，虽然不如事前审查的力度大，但是比较适合我国侦查任务繁重的现状，对于强制性侦查措施的依法适用和人权保障水平的提高都会有相当大的促进作用。

5. 完善检察机关对公安派出所侦查活动和看守所监管活动的监督机制

对公安派出所的法律监督，一直是一个薄弱环节，主要有两个方面的原因，一是在体制上，检察机关在机构设置上缺乏与公安派出所相对应的机构，譬如在乡镇一般没有检察室，对公安派出所的侦查活动监督不到位；二是在侦查案件的性质和范围上，公安派出所侦查的刑事案件是比较轻微的，检察机关对这类案件的侦查活动重视不够。现在看来，公安派出所在侦查活动中发生的违法行为对人民群众造成的影响不可低估，对刑事司法形象的影响恶劣，而且轻微刑事案件的数量和比例较大，应当引起人们的重视。在十多年前，检察系统曾在部分地方设置过派出检察室，由于管理不善，发生了一些执法不规范甚至违法犯罪的情况，在1998年前后，大部分设在乡镇的派出检察室被撤销了。应当重新研究在乡镇设置检察室的问题，先在一定范围内试点，建立规范的管理制度，具有充分的可行性后，再逐步扩大试点乃至推广。对于看守所监管活动的法律监督，这些年来通过清理超期羁押等专项整顿活动，纠正和防止超期羁押的工作机制、受理在押人员投诉制度、换押制度和调查看守所工作人员违法行为的制度都初步建立起来了，目前的主要问题是国家尚未通过立法予以确认和规范。

三 法律监督与审判

（一）法律监督与审判的基本关系

按照宪法规定，人民法院和人民检察院各自依照法律规定独立行使审判权和检察权。在办理刑事案件过程中，实行分工负责、互相配合、互相制约。按照刑事诉讼法、行政诉讼法和民事诉讼法的规定，人民检察院是国家的法律监督机关，对刑事诉讼、行政诉讼和民事审判进行法律监督。人民检察院直接侦查职务犯罪案件，以保障国家各项权力的依法运行。这些法律规定表明，人民检察院的法律监督与人民法院的审判之间的基本关系是：

（1）法律监督与审判是两项独立的国家职能，分别由检察机关和审判机关行使，实行分工负责，既不能相互替代，也不能相互混淆。

（2）法律监督是监督和制约审判活动的国家职能，审判又是制约法律监督的国家职能；人民检察院依照法定程序监督和制约审判活动，人民法院通过行使审判权（特别是再审权）制约法律监督活动。

（3）人民检察院监督和制约审判活动的法定方式是起诉、抗诉、提出纠正违法意见和检察建议、侦查审判人员职务犯罪。

（二）检审关系的改革

近年来，学术界有关检审关系的争论比较多，主要问题是在未来的司法改革中，国家应当加强还是削弱乃至取消检察机关对审判活动的法律监督。核心是法律监督是否损害审判独立和司法公正。

从西方法治国家的通则或惯例来看，审判独立包括形式上的独立和实质上的独立。审判机关的独立和法官的独立，既是保障司法公正的关键制度，也是维护国家法治、保障人权的最后一道屏障。审判独立在理论上和实践中都得到了普遍的认同和实现，客观上确实有效地保障了司法公正，极大地提高了审判的公信力。然而，我们不能忽视西方国家的审判独立有两个制度前提，一是分权制衡的国家政体，司法机关独立于议会和行政机关；二是多党竞争的政党制度，司法机关实行政党中立。

从我国政治制度来看，审判独立只能排除行政机关、社会团体和个人的干涉，既不能排斥国家权力机关和检察机关的监督与制约，也不能排斥执政党的领导。这种审判独立的有限性是由我国的政党制度即中国共产党领导的多党合作制度以及国家政体即人民代表大会制度所决定的。首先，审判机关由人民代表大会产生，对它负责，受它监督。其次，中国共产党既要领导人民制定宪法和法律，也要领导人民实施宪法和法律，审判活动必须接受党的领导。最后，检察机关是国家的法律监督机关，对审判权的运行具有监督和制约的职能。

从我国的司法制度来看，在本质上，它是党的领导、人民当家作主和依法治国的有机统一；在司法权的来源上，它来自人民，属于人民，必须为人民服务；在司法权的配置上，侦查权、检察权、审判权、执行权既相互制约，又相互配合；在司法权的行使上，审判机关、检察机关既依法独立公正行使职权，又必须接受党的监督、人大监督、政协监督、群众监督；在司法形式上，实行专门机关工作与群众路线相结合。这一司法制度既继承了我国古代法制文明的优秀成果，是中华民族智慧的结晶，又吸收了国外法治文明的有益成分，但是它与西方国家的司法制度具有多方面的、重要的区别。

审判制度是国家的政治制度和司法制度的重要组成部分。我们研究和探讨当代中国的检审关系改革，不能脱离我国的基本国情，不能脱离我国的政治制度，也不能违背我国司法制度的基本原理，更不能照搬照抄西方国家的审判独立体制或者以其样本来改造我国的司法制度。当然，中国特色社会主义司法制度仍在发展和完善中，检审关系也确实存在一些不足的地方，需要随着中国特色社会主义事业的发展而改革、完善、发展，在坚持党的领导、人民当家作主和依法治国的有机统一的前提下，从我国基本国情出发，吸收和借鉴国外有利于保障严格公正司法、提高执法水平和效率、维护人民合法权益的做法，探索和总结司法实践中行之有效的经验和做法，通过体制、制度和机制的创新，不断完善我国的检审关系。

在可以预见的将来，检审关系的改革应当在保证审判独立性的同时，加强法律监督与审判之间的分工与制约。一方面，审判独立的核心是裁判的决定权只能由人民法院行使，法律监督机关不得代行裁判权，但是独立行使裁判权不等于简单地维护一审或者二审的终极性，不能形成有错不纠的、排斥监督的、僵化的审判独立；另一方面，法律监督是对审判权的一种司法性的、程序内的监督制约职能，必须具有优先的了解权、调查权和督促纠正的权威性，审判独立不是拒绝法律监督的借口，不能简单地维护审判权威而损害法律监督权威。国家立法完善法律监督与审判的关系，目的在于共同维护司法公正和司法权威。法律监督和审判之间的分工制约都必须以实现司法公正为宗旨。实现了司法公正，审判机关和检察机关的司法权威则两全；损害了司法公正，审判机关和检察机关的司法权威则两伤。30 多年来的司法实践经验表明，现行法律有关检察机关对审判机关的法律监督不是太强而是太弱，不是干扰了审判独立而是监督不到位。这既有程序不健全的问题，也有司法观念西化的问题。

1. 健全检察机关对审判活动的参与和调查程序

检察机关是监督和制约审判活动的司法机关，但是监督必须以了解审判活动情况为前提，不了解审判活动情况，要么无法进行监督，要么滥用监督。现行诉讼法规定了检察机关对审判的法律监督，但是缺乏前置性程序的设置。譬如，检察机关对民事裁判的抗诉，法律没有规定检察机关调阅审判卷宗材料的程序，一些地方的审判机关为了抵制法律监督而阻碍检察机关调阅卷宗，致使检察机关难以开展有效的法律监督。有的检察机关发现审判活动中审判人员有违法行为，或者受理了举报，但法律没有规定检察机关的调查程序，对于可能影响公正审判的一般违法行为也没有规定检察机关建议更换办案人的程序，这就难以充分发挥法律监督的职能，防止审判权的滥用。因此，除了立法规定检察长或者检察长委托副检察长列席审判委员会，通过参与来了解审判委员会讨论情况，防止舞弊外，还应当规定检察机关对审判活动中的违法行为的调查程序和对审判卷宗的调阅程序，为发现和调查审判中的违法行为开辟通道。这些权力和程序的设置都是外围性的、保障性的和制约性的，不涉及核心的裁判权的正确行使，既可以加强对审判的法律监督，又不至于损害审判独立。

2. 建立量刑听证程序

我国刑法规定的量刑幅度一般都比较大，而现行刑事诉讼法有关审判程序的规定没有把定罪程序与量刑程序分离或者说没有把量刑纳入法庭审理程序，使量刑问题得不到充分辩论，检察机关的公诉对审判机关量刑权力的制约作用发挥不出来，律师的辩护权也难以充分行使；没有诉辩双方的辩论，审判机关在量刑上的主观性就难以克服，有关量刑规则也就难以落实。因此，为了保障量刑公正，有必要修订刑事诉讼法，在审判程序中明确规定量刑环节或者阶段，赋予检察机关提出量刑建议的职权和被告人及其辩护律师对量刑的辩护权。检察机关量刑建议权与审判机关的量刑裁判权没有实质性的冲突，相反，量刑建议给法庭量刑裁判提供了建设性的参考意见。公诉人在量刑裁判以前的某个诉讼环节，如在起诉书中、在法庭辩论阶段或者在发表公诉意见时，在综合考虑被告人的犯罪事实、性质、情节和刑事政策以及相关案例的基础上，依法就适用刑罚包括刑种、刑期、罚金数额及执行方法等提出建议。这对于法庭作出量刑裁判是一种建设性的参考意见。本质上，量刑建议权是公诉权的一部分，是一种司法请求权，不具有终极性，在刑事审判中起着承前启后的作用，是国家实现刑罚权的一个不可缺少的环节。相应地，量刑裁判权则是审判权的一部分，是一种司法裁判权，只有法院才能决定对被告人适用的刑罚。检察机关的量刑建议权与审判机关的量刑裁判权都涉及量刑，但它们是两种不同性质、存在于不同诉讼环节的权力，不仅可以并行不悖，而且可以相辅相成。进一步言之，如果公诉人在法庭辩论或此前的某个诉讼环节就提出量刑建议，辩方还有机会对公诉人的量刑建议进行充分的答辩，提出不同的量刑意见和理由，法庭能更全面地了解量刑的各种情节，形成更加明确而公正的裁判意见。客观上，量刑建议及有关辩论必将促进当庭宣判率的提高，减少在量刑裁判环节上舞弊的机会。

3. 完善抗诉程序

抗诉包括民事抗诉、行政抗诉和刑事抗诉，民事抗诉和行政抗诉只针对已经生效的判决、裁定和调解，而刑事抗诉包括对未生效的判决、裁定和对生效的判决、裁定的抗诉。抗诉是检察机关监督和制约审判权的重要程序，是人民检察院履行诉讼监督职能的主要方式和途径，对促进司法公正，保障国家法律统一正确实施，具有十分重要的意义。① 目前看来，抗诉程序在实践中存在的主要问题是，一些人民法院存在滥用发回重审制度的现象，对抗诉案件基本上采取发回重审，降低了抗诉的效力和权威。2007年修订的《民事诉讼法》虽然把发回再审案件的范围限制在事实认定不清、证据不足的抗诉案件，其他案件则均由接受抗诉的同级人民法院审理。但在司法实践中，接受抗诉的同级人民法院对民事诉讼法的这一规定执行得还不够彻底，对一些适用法律错误和诉讼程序中存在违法行为的抗诉案件也发回下级法院再审，这种做法既不符合法律的规定，也不利于纠正错案，同时还浪费了司法资源，使原审法院规避了责任。法院应当严格执行民事诉讼法关于抗诉案件再审审级的规定，切实维护检察机关抗诉的严肃性和权威性。

---

① 参见《最高人民检察院关于刑事抗诉工作的若干意见》（高检发诉字〔2001〕7 号）。

4. 建立对死刑复核的法律监督程序

现行刑事诉讼法中的死刑复核程序缺乏法律监督的条款，唯一的法律监督途径是人民法院组织法规定的检察长列席审判委员会。对于死刑复核程序，虽然理论上对其性质（是否为审判活动）存在争议，但是，从死刑复核程序的构成来看，它必须依法组成合议庭，由合议庭或者审判委员会作出改判或者予以核准的裁定，这类改判或者裁定在性质上应当属于审判活动，应当纳入法律监督的范围。当然，死刑复核的案件比较多，全面纳入法律监督的范围有一定困难，范围可以限定在最高人民法院不予核准死刑或者长期不能核准的案件，监督的方式可以为对属于上述法律监督范围的案件，最高人民法院应当通报最高人民检察院并听取意见。这样，可以提高死刑复核工作的质量和效率，防止滥用死刑复核权，维护司法公正。

四　法律监督与裁判执行

一般而言，在裁判执行中，"执行难"和"执行乱"[①] 两个方面的问题同时存在、同样突出，并且相互关联。解决这两个问题的根本出路在于改革执行体制和执行程序，在加强执行力度的同时，加强执行的规范化建设和法律监督。由于民事执行体制和程序与刑事执行体制和程序不同，相对而言，在民事执行领域，"执行难"的问题比较突出；在刑事执行领域，"执行乱"的问题比较突出。这一现象本身在一定程度上反映出，分工制约机制对于解决"执行难"和"执行乱"两个问题都有重要的作用。

（一）法律监督与裁判执行的基本关系

民事、行政裁判的执行体制基本相同，[②] 人民法院是主要执行机关。刑事裁判执行的体制则不同，监狱机关是主要执行机关。法律监督与民事裁判执行和刑事裁判执行的法律关系不同，因而我们分别进行讨论。

首先，关于法律监督与民事裁判执行的基本关系。2007 年修订的民事诉讼法第 14 条规定："人民检察院有权对民事审判活动实行法律监督。"在执行程序中没有规定人民检察院进行法律监督的程序。这与 1991 年民事诉讼法的规定相同，仍然没有明确地设置民事执行的法律监督程序。换言之，按照 2007 年修订的民事诉讼法，对于民事执行中的一般违法行为，检察机关没有程序化的法律监督权力；只有在民事执行中发生了职务犯罪的情况下，检察

---

① "执行难"特指因执行法院或者执行法官之外的因素所导致的生效裁判确认的权利义务不能实现或不能完全实现的情形，是执行法院或执行法官在现行法律框架下难以克服的困难。"执行乱"则是指执行法院或执行法官故意或者过失地违背现行法律规定或执行依据，在执行过程中损害审判权威或侵犯当事人或者案外人合法权益的情形。参见张智辉主编《中国检察》（第 12 卷），北京大学出版社，2007，第 261 页。

② 行政诉讼裁判的执行问题比较少，为了叙述的便利，下文中将专门讨论民事执行和刑事执行问题，不单列行政裁判执行问题。

机关才能通过侦查程序进行法律监督。① 2012 年修订的《民事诉讼法》第 235 条规定："人民检察院有权对民事执行活动实行法律监督"，改变了这一状况。

其次，关于法律监督与刑事裁判执行的基本关系。按照 1996 年修订的刑事诉讼法的规定，检察机关对刑事裁判执行的法律监督主要有四种方式，即对刑罚执行的法律监督、对监管执法的法律监督、对被监管人控告申诉的受理和调查、对刑事执行中的职务犯罪进行侦查。对刑罚执行的法律监督，是指检察机关对罪犯收监、出监、减刑、假释、暂予监外执行的执法情况进行法律监督，纠正违法行为，维护司法公正。对监管执法的法律监督，是指检察机关对监管场所的安全防范、禁闭、分押分管、教育、生活卫生、会见通信等监管执法活动进行法律监督，纠正违法行为，维护监管秩序。对被监管人控告申诉的受理和调查，是指检察机关接受罪犯及其家属、监护人的控告、申诉，并予以审查、调查和处理，以维护被监管人的合法权益。对刑事执行中的职务犯罪进行侦查，是指检察机关对监管人员徇私舞弊减刑、假释、暂予监外执行、私放罪犯和在押人员、失职致使在押人员脱逃、虐待被监管人员等犯罪进行立案侦查。

（二）法律监督与裁判执行关系的改革

裁判执行是落实人民法院裁判的重要途径，是司法公正和司法权威的重要保障。"执行难"和"执行乱"的问题，固然有外部的社会环境方面的原因，但根本的原因是司法体制和诉讼程序不完善。立足国情，谋划司法改革，完善诉讼程序特别是法律监督程序是当务之急。

关于法律监督与民事执行关系的改革，首先是要不要对民事执行进行法律监督，其次是如何对民事执行进行法律监督。对于第一个问题，学术界已经讨论多年了，意见分歧仍然比较大。从 2008 年 4 月 1 日民事诉讼法实施以来的情况看，完善人民法院的民事执行程序是必要的，而且是有成效的，但是也有两个问题值得研究和解决：一是为了加强人民法院的民事执行体制，使上下级人民法院之间的监督关系发生了改变，增加了管理关系，强化了审判体制中的行政化色彩；二是人民法院系统内部的监督并不能替代外部监督，内部上下级之间、法院领导与法官之间共谋、干涉等现象难以解决，民事执行中的违法犯罪时有发生。民事执行行为本身具有司法和行政双重属性，国外大约有一半多的国家采取审判与执行分离的体制，通过分权来解决权力滥用问题。在我国现阶段实行审判与执行统一由人民法院负责，并在人民法院内部进行职能和部门的分离，有其优越性，也有其局限性和弊端。克服这种局限性和弊端的有效途径就是引入法律监督机

---

①　当然，一些学者和检察官认为，现行民事诉讼法关于人民检察院对审判活动进行法律监督的规定，包括对民事执行的法律监督。笔者认为，至少在法律程序上没有这方面的规定，因而缺乏法律监督的可操作性。

制。民事执行包括执行决定权、执行裁定权和执行实施权三种权力，是一种复合性的权力，不管它属于审判行为还是属于行政性司法行为，都不能成为拒绝或者排斥法律监督的借口。从法律和理论上说，审判活动要接受法律监督，行政性司法行为更要接受法律监督。问题不在于要不要法律监督，而在于法律监督的范围和程序如何设置。

2011年3月，最高人民法院与最高人民检察院联合会签的《关于在部分地方开展民事执行活动法律监督试点工作的通知》已明确规定，在山西、内蒙古、上海等12省、自治区、直辖市选定的市级和基层人民检察院，可以依当事人、利害关系人的申请，对人民法院在民事执行中的五种违法行为①实施法律监督。人民检察院的监督方式为提出书面的检察建议；监督对象为同级或者下级人民法院的民事执行活动；监督效力为人民法院应当在收到检察建议后一个月内作出处理并书面回复人民检察院；监督保障程序为人民检察院对人民法院的回复意见有异议的，可以通过上一级人民检察院向上一级人民法院提出，上一级人民法院认为人民检察院的意见正确的，应当监督下级人民法院及时纠正。《通知》的颁布实施有利于推动民事执行法律监督工作的深入开展，为后来民事诉讼法的修改提供了坚实的实践基础。但《通知》中规定的监督方式过于单一，检察建议的监督方式也缺乏应有的刚性效力，限制了民事检察监督职能的发挥。民事执行程序与民事审判程序确有相当大的差异，检察机关对民事执行的法律监督应当分别情况以不同的方式实施：一是对于民事执行中的职务犯罪进行立案侦查；二是对涉及原判决认定事实或者适用法律错误的，提起抗诉；三是对民事执行中的裁定、决定和执行实施行为违法的，视情节轻重，向人民法院提出纠正违法意见或者检察建议；四是必要时检察机关可以派员到执行现场，进行临场监督，防止发生违法行为。至于检察机关是否有必要参与执行和解、对债务人财产状况进行调查，还有待于进一步观察和研究。2012年修订的《民事诉讼法》第235条规定："人民检察院有权对民事执行活动实行法律监督。"

关于法律监督与刑事执行关系的改革，从上述有关它们之间的基本关系的讨论中，可以发现，现行法律关于检察机关对刑事执行的法律监督的范围和手段的规定是比较全面的，问题主要在于有关刑罚变更执行的法律监督程

---

① 五种违法行为包括：（1）人民法院收到执行案款后超过规定期限未将案款支付给申诉人的，有正当理由的除外；（2）当事人、利害关系人依据《中国人民共和国民事诉讼法》第202条之规定向人民法院提出书面异议或者复议申请，人民法院在收到书面异议、复议申请后，无正当理由未在法定期限内作出裁定的；（3）人民法院自立案之日起超过两年未采取适当执行措施，且无正当理由的；（4）被执行人提供了足以保障执行的款物，并经申请执行人认可后，人民法院无正当理由仍然执行被执行人其他财产，严重损害当事人合法权益的；（5）人民法院的执行行为严重损害国家利益、社会公共利益的。

序设置不够具体也不尽科学合理，监督的法律依据不健全，导致在减刑、假释、暂予监外执行三个方面存在比较多的违法现象。从程序设置来说，现行的法律监督程序主要是事后的备案审查，①检察机关对刑罚变更执行中发生的一般违法行为，采取纠正违法行为或者检察建议的措施，作用不大，效果微弱。有必要改革事后监督程序，建立同步监督程序，在监狱机关提请人民法院减刑、假释的建议书中应当附署人民检察院的意见，没有人民检察院的意见，人民法院不得作出减刑、假释的裁定。对于暂予监外执行的批准，应当在提请批准的请示报告中附署人民检察院的意见，没有附署人民检察院意见的，不得批准暂予监外执行。至于由检察机关替代监狱机关提请刑罚变更执行的建议，虽然有一定的合理性，法律监督的力度也大大增强了，但是，对现行体制的突破比较大，也可能产生新的问题，不具有现实的可行性。2012年新修订的《刑事诉讼法》第255条规定："监狱、看守所提出暂予监外执行的书面意见的，应当将书面意见的副本抄送人民检察院。人民检察院可以向决定或者批准机关提出书面意见。"

五　法律监督与行政执法

行政执法是实现国家公共管理职能的主要方式，在法律实施中占有相当大的比例和相当重要的地位。加强对行政执法的法律监督，对于保证法律的统一正确实施具有重要的意义。

（一）法律监督与行政执法的基本关系

从检察机关作为国家的法律监督机关的宪法地位来说，检察机关是从属于人民代表大会的"一府两院"中的专门监督机关，不仅对人民法院的审判活动具有法律监督职能，而且对行政机关的执法活动也具有法律监督职能，但是在现行立法和实际工作中，检察机关的法律监督主要在于诉讼领域和限制人身自由的行政执法行为，对于非诉讼领域的法律监督仅限于对职务犯罪的侦查。②换言之，按照现行法律，检察机关与行政机关的法律监督关系只有两种：一是检察机关对诉讼领域和限制人身自由的行政执法行为进行法律监督；二是通过对行政执法人员职务犯罪的侦查对一般行政执法行为进行法律

---

① 《刑事诉讼法》第263条规定："人民检察院认为人民法院减刑、假释的裁定不当，应当在收到裁定书副本后二十日以内，向人民法院提出书面纠正意见。人民法院应当在收到纠正意见后一个月以内重新组成合议庭进行审理，作出最终裁定。"按照司法部的《监狱提请减刑、假释工作程序规定》第15条的规定，监狱在向人民法院提请减刑、假释的同时，应当将提请减刑、假释的建议，书面通报派出人民检察院或派驻检察室。这实质上是一种事后备案审查制度。

② 1979年彭真在《关于七个法律草案的说明》中说："检察院对于国家机关和国家工作人员的监督，只限于违反刑法，需要追究刑事责任的案件。"参见《彭真文选》（1941～1990），人民出版社，1991，第378页。

监督。检察机关对于一般行政执法行为没有法律监督权，即没有一般监督权。[①]

（二）法律监督与行政执法关系的改革

从新中国的立法史来看，从新中国成立到1978年宪法，宪法和人民检察院组织法都规定了检察机关对除国家权力机关和国务院以外的国家机关及其工作人员执法行为是否合法进行法律监督的权力，即一般监督权。从1979年人民检察院组织法开始，国家立法不再规定检察机关的一般监督权。这不是简单的立法空白，而是因为关于检察机关应否和能否享有一般监督权的认识存在难以统一的分歧。在国家政治体制和司法体制不作较大调整的情况下，没有必要再就这个问题展开深入的讨论，以期达成共识，因而在近期内也不能期待国家通过立法来填补这一空白。现在需要研究的是，立足于现行法律，在诉讼领域并以诉讼的方式加强检察机关对行政执法的法律监督，一是要建立行政公诉制度，二是要健全行政执法与刑事司法的衔接机制。

首先，行政公诉制度，即检察机关对行政机关违反法律并对重大国家利益或社会公共利益造成侵害或者有侵害的现实危险的行政行为，依法向人民法院提起行政诉讼的制度。它是检察机关通过公诉职能监督和制约行政执法的重要方式，符合检察机关法律监督的性质和公诉职能的特点，符合行政诉讼制度的发展趋势，有助于纠正违法行政行为、促进依法行政，有助于维护国家法制统一、维护国家利益和社会公共利益、维护社会和谐稳定。为了防止检察职能过多介入行政执法，影响行政效率，对检察机关的行政公诉职能应作三个方面的限制：一是诉权限制，即只有在重大的国家利益和社会公共利益受到侵害或者有侵害的现实危险，并无人提起行政诉讼的情况下，检察机关才能提起行政公诉；二是程序限制，即检察机关发现行政违法行为后，应当先提出检察建议，只有在检察建议不被采纳后，才能提起行政公诉；三是管辖限制，即人民检察院对同级行政机关的违法行政行为，只能提请上级人民检察院向同级人民法院提出行政起诉。至于抽象行政行为是否应纳入行政公诉的范围，这涉及比较大的政治体制问题，即人民法院对行政行为的司法审查范围，以及司法与行政之间的制约关系应当强化到什么程度。现行的行政诉讼法没有规定对抽象行政行为的起诉权，不是简单的疏漏，而是出于政治上的考虑。目前把抽象行政行为纳入行政诉讼的范围，客观上有必要性，但政治条件还不成熟。

其次，行政执法与刑事司法的衔接机制（以下简称"两法衔接"机制）是近年来行政执法和司法实践中的一项机制创新。它是针对行政执法中大量

[①] 新中国成立以来，围绕检察机关是否应具有一般监督权的问题进行了多次讨论，至今仍存在较大的争议。参见王桂五《关于一般监督问题的争论及其经验教训》，《王桂五论检察》，中国检察出版社，2008，第188页。

存在行政机关不移送刑事案件、"以罚代刑"而刑事侦查机关难以发现的现象，为防止行政裁量权滥用、行政失职甚至徇私舞弊，在行政机关和司法机关共同努力下建立的一种工作机制。"两法衔接"机制能够有效整合行政执法与刑事司法资源，形成打击犯罪的合力，已引起党中央和全国人大的高度重视。2008年11月下发的《中央政法委员会关于深化司法体制和工作机制改革若干问题的意见》，将建立"两法衔接"机制列入司法改革任务。2009年10月，全国人大常委会在审议最高人民检察院《关于加强渎职侵权检察工作促进依法行政和公正司法情况的报告》时，对落实和推进"两法衔接"工作提出了明确要求。近年来，检察机关与其他相关机关紧密联系、密切配合，在推动"两法衔接"机制方面做了大量卓有成效的工作。2001年最高人民检察院制定了《人民检察院办理行政执法机关移送涉嫌犯罪案件的规定》，2004年会同全国整顿和规范市场经济秩序领导小组办公室、公安部联合制定了《关于加强行政执法机关与公安机关、人民检察院工作联系的意见》，2006年又会同全国整顿和规范市场经济秩序领导小组办公室、公安部、监察部联合制定了《关于在行政执法中及时移送涉嫌犯罪案件的意见》。这些规定初步建立了"两法衔接"机制，在实践中发挥了良好的作用，但是检察机关仍然处于被动的地位，缺乏发现行政机关不移送刑事案件的渠道，难以主动开展行政执法监督工作。2005年6月，上海市浦东新区人民检察院开发了全国首个"行政执法与刑事司法信息共享平台"，对拓宽行政执法监督案件来源进行了有益探索，取得了较为明显的成效，但要真正实现"两法"之间无缝衔接仍任重道远。从实际情况来看，目前主要有两种情形需要加强法律监督：一是行政执法机关移送公安机关后，公安机关不立案或者立而不侦；二是行政执法机关工作人员涉嫌贪污受贿、徇私舞弊、玩忽职守而故意不移送刑事案件。对于第一种情形，可以通过加强立案监督来解决；对于第二种情形，应当通过修订《行政处罚法》或者制定《行政程序法》赋予检察机关调查行政处罚情况的权力，以加强对行政处罚的外部监督。

六 法律监督与反腐败

当前，我国正处于改革发展的关键时期，腐败现象滋生蔓延的土壤和条件依然存在，腐败现象在一些领域易发多发，严重腐败案件时有发生，反腐败斗争的形势还比较严峻。2009年9月，中共中央通过的《关于加强和改进新形势下党的建设若干重大问题的决定》明确指出，坚决反对腐败，是党必须始终抓好的重大政治任务。必须充分认识反腐败斗争的长期性、复杂性、艰巨性，把反腐倡廉建设放在更加突出的位置，坚持标本兼治、综合治理、惩防并举、注重预防的方针，严格执行党风廉政建设责任制，在坚决惩治腐败的同时加大教育、监督、改革、制度创新力度，更有效地预防腐败，不断取得反腐败斗争新成效。《决定》是当前和今后一个时期深入开展党风廉政建设和反腐败工作的指导性文件,是党中央从完成经济社会发展的重大任务和巩固党的执政地位的全局出发,为做好新形势下反腐倡廉工作作出的重大战略决策。它标志着我们党对执政规律和反腐倡廉工作规律认识的进一步深化,反腐败政策和措施实现了系统化、科学化,标志着我们党和国家建设惩治和预防腐败体系的工作进入了新的历史阶段。

建立健全惩治和预防腐败体系(以下简称"惩防腐败体系"),是将反腐败作为一项系统工程,立足全局、整体,从更高的角度和更深的层次来解决腐败滋生蔓延的问题,而不是简单地"头痛医头,脚痛医脚",也不是靠单纯加大斗争力度和加重惩处强度来遏制腐败。惩防腐败体系的最大特点是惩防并举,注重预防,把反腐败寓于各项制度改革和重要政策与措施的创新之中;逐步将以惩处为主、以治标为主的反腐败斗争,转到以预防为主、以治本为主上来。这些核心理念将贯彻于干部人事制度改革、党内民主制度、党内监督制度、司法改革、政治文明建设等制度建设。

(一) 法律监督在惩防腐败体系中的定位和功能

检察机关作为国家法律监督机关,担负着查办和预防职务犯罪的重任,是惩防腐败体系中的一个重要环节,是党和国家反腐败的一支重要力量,是惩防腐败体系中的一个职能部门。这是法律监督在惩防腐败体系中的基本定位。

所谓惩防腐败体系,就是在各级党组织的领导下,各职能部门分工负责,教育、制度、监督并重,惩防并举、注重预防,依靠人民群众支持和参与的多层次、多主体、多措施相结合而又运作协调的有机整体。在这个体系中,检察机关是具有惩治与预防腐败双重职能的部门之一,也是一个对腐败犯罪依法享有侦查、公诉和诉讼监督的权力并对预防腐败承担一定政治责任和社会责任的法律监督部门。它和其他职能部门一样,必须在党的统一领导下,按照党的有关方针、政策和战略部署开展工作,必须在宪法和法律规定的范围内履行特定的职责。它和其他职能部门的不同有两点:一是惩治职能的法定性。检察机关只能按照刑事诉讼法规定的范围侦查腐败犯罪,既不是侦查所有的腐败犯罪,也不是查办所有的腐败行为。二是预防职能的相关性。检察机关开展预防职务犯罪工作必须紧密结合查办职务犯罪案件和各项检察职能,立足检察职能,并主要通过检察业务工作实现预防职责,既不是负有全面开展预防工作职责的部门,也不是专门开展预防工作的部门,更不是预防工作的主导部门。总体上说,检察机关在惩防体系中的定位应当是,依法查办一定范围的腐败犯罪并履行与检察职能相关的预防职责的职能部门。

概括地说,检察机关惩治和预防腐败的功能有三条主要的实现途径:一是侦查和起诉腐败犯罪,二是研究防治腐败犯罪的法律、政策和措施,三是宣传反腐败的法律、政策和措施,动员社会参与。在这三条实现途径中,第一条实现途径是法定的,检察机关必须严格依照法定程序,以司法的方式发挥惩治腐败的功能。第二、三条实现途径则主要是政策性的。检察机关既是国家的执法机关，也是党的执政机关。预防工作本质上是检察机关按照党和国家的有关政策履行预防腐败的政治责任和社会责任。因此，检察机关在这两个方面实现途径上发挥作用的方式具有多样性，包括宣传、教育、咨询、督促制度改进和纠正违法等，其中，检察建议和纠正违法是检察机关最常用的两种方式。

从诉讼的角度来说，检察机关发挥惩防功能的方式有两类，一类是诉讼的方式，二类是非诉讼的方式。诉讼的方式有法定程序的限定，界限比较明确。但是，非诉讼的方式具有很大的政策弹性，检察机关介入预防腐败工作的深度和广度往往难以把握。我们认为，除了有明确的政策要求外，检察机关作为国家的司法机关，以非诉讼的方式开展预防腐败工作既要积极探索，也要慎重对待。应当坚持两个原则，一是相关性原则，与检察职能没有关联的预防工作不宜主动参加；二是距离原则，检察机关与企业事业单位和社会团体等预防腐败工作对象应当保持一定的距离，防止发生利益联系甚至形成利益联盟。应当在坚持法律监督在惩防腐败体系中基本定位的前提下，主动地适应惩防腐败体系建设的需要，不断地创新工作机制，规范工作程序，提高惩防效能，在教育、制度和监督三个方面进一步发挥法律监督的惩防作用。

在教育方面，检察机关还要进一步扩展工作领域，发挥办案经验和案例资源的优势，深入机关、企业事业单位和其他组织开展廉政宣传和教育工作，通过广播、电视、报刊、网络等现代传媒，扩大受众面，提高宣传和教育的效率。

在制度建设方面，过去主要讲个案预防、单位预防、系统预防和行业预防，现在看来，既要结合办案，发现并帮助发案单位及时弥补制度漏洞，也要结合当前腐败犯罪的状况和古今中外廉政制度建设的经验，向党和国家有关部门提出制度完善的建议，从局部和全局两个方面推进我国的廉政制度建设。

在监督方面，要加大查办腐败犯罪的力度，提高办案水平和办案质量，排除地方保护主义和部门保护主义以及来自行政机关、社会团体和个人的干涉，充分发挥法律监督职能，依法严厉惩处腐败分子。

（二）完善检察机关行使职务犯罪侦查权的程序

职务犯罪侦查权属于刑事诉讼法调整的范围，检察机关要健全惩治腐败犯罪的程序和手段，加强惩治职务犯罪的力度，就必须进一步完善刑事诉讼法的有关程序。

第一，规定检察机关建立和使用必要的技术侦查手段。职务犯罪特别是贪污贿赂犯罪具有智能化程度高、隐蔽性强、取证难度明显高于普通刑事犯罪等特点。检察机关作为侦查贪污贿赂等腐败犯罪的主管机关，建立和使用必要的技术侦查手段，是侦破重大案件的需要，也是各国通行的做法。《联合国反腐败公约》明确要求赋予查办腐败犯罪的主管机关电子监听等特殊侦查手段。

第二，扩大检察机关侦查案件的机动管辖权。查处贪污贿赂、渎职侵权犯罪，往往要从原案或者相关联的犯罪案件入手来突破，但按现行刑事诉讼法的规定，这些案件不由检察机关管辖，因而不能立案侦查。建议规定检察机关查处贪污、贿赂、渎职等腐败犯罪案件，必要时可以对原案和与之密切关联的犯罪，如伪证、包庇、窝赃等直接立案侦查。

第三，完善侦查措施和强制措施的适用条件和程序。现行刑事诉讼法规定，传唤讯问犯罪嫌疑人的时间不能超过 12 小时，许多复杂案件难以在法定时限内突破，而监视居住只能在犯罪嫌疑人的住处或者居所执行，很难有效防止其与外界的联系和串供等。应当进一步完善法律关于监视居住的规定，明确检察机关在查处贪污、贿赂等腐败犯罪案件时可以指定监视居住场所；应当适当延长传唤讯问犯罪嫌疑人的时限。

（三）健全预防职务犯罪的工作机制，增强预防工作的实效

近年来，检察机关积极开展职务犯罪预防工作，深化预防工作专业化建设，取得了比较明显的成绩。但有些地方和部门对预防工作重视不够、投入不够，责任不落实，措施不到位，预防意见和建议转化为预防决策的渠道不畅通，未能充分发挥预防工作的治本功能。因此，需要进一步完善预防工作机制，增强预防工作实效。

首先，要充分发挥检察机关预防职务犯罪的优势，形成预防合力。检察机关要充分发挥结合办案开展职务犯罪预防工作的优势，通过预防建议、咨询活动和预防评估等方式，积极推动和协助相关行业、部门、单位加强内控机制建设，形成预防职务犯罪的合力。

其次，要建立职务犯罪情况报告、通报制度。检察机关要加强调查研究，对一定时期职务犯罪的特点和规律、发案的重点行业和领域，以及重大案件和典型案件进行总结和剖析，提出预防职务犯罪的对策和建议，向同级党委报告。同时，做好职务犯罪情况专项分析通报工作，针对有关地区、部门或者行业系统的职务犯罪的实际情况，提出建章立制、堵塞漏洞的建议和对策。

最后，要建立预防职务犯罪的技术服务系统。检察机关要在完善行贿犯罪档案查询系统的基础上，建立面向社会的预防腐败技术服务系统，实现行贿犯罪档案查询系统与行政监管部门不良行为记录系统的信息共享，发挥该系统的源头预防作用，促进社会信用体系和市场管理机制建设；推动查询系统在人事管理、基金管理等领域的运用。积极开展预防咨询，帮助有关部门和单位强化管理、完善制度，防止职务犯罪的发生。

第三节 法律监督制度的改革和完善

法律监督制度的改革和完善，即检察改革，是我国政治体制改革和司法体制改革的重要内容，是检察制度、检察机关和检察职能适应构建和谐社会的需要，是我国政治文明和制度文明发展的必然要求，是全面贯彻落实依法治国基本方略的具体体现。

一 检察改革的主要成效和基本经验

从党的十六大到十七大，根据党中央司法改革的部署，最高人民检察院积极研究和推进检察改革的措施，下发了《关于进一步深化检察改革的三年实施意见》（2005 年）、《关于贯彻落实〈中央政法委员会关于深化司法体制和工作机制改革若干问题的意见〉的实施意见——关于深化检察改革 2009 ~ 2012 年工作规划》（2009 年），与有关单位密切合作，先后推出了涉及检察工作体制性、保障性尤其是机制性的多项具体改革措施，取得了显著的成效，积累了丰富的经验，这是继续推进检察改革的基础。

（一）在体制层面，主要推行了三项改革

一是试行人民监督员制度。从 2003 年 10 月起，全国检察机关开展了人民监督员试点工作。人民监督员由机关、团体、企业事业单位推荐产生，主要职责是对检察机关办理职务犯罪案件中拟作撤案、不起诉处理以及不服逮捕决定的"三类案件"进行独立评议，提出监督意见；对检察机关和检察人员违法违纪办案的"五种情形"① 进行监督，提出纠正意见。在充分总结试点经验、深入开展调研论证的基础上，最高人民检察院于 2010 年 10 月下发了《最高人民检察院关于实行人民监督员制度的规定》，进一步增强了人民监督员制度的公信力与监督活动的公正性。人民监督员制度有利于规范检察机关的执法行为，提高职务犯罪侦查案件的办案质量，保障犯罪嫌疑人的人权，实施以来取得了良好的法律效果和社会效果，得到了社会各界的广泛认可。2012 年 6 月，国务院新闻办公室发布的《国家人权行动计划（2012 ~ 2015 年）》对人民监督员制度进行了充分肯定。虽然这项改革在检察系统内外还存在争议，也确实存在一些有待进一步完善的地方，但是从总体上说，它是一项增加人民群众参与、了解、监督检察工作的机会和途径的制度安排，有利于加强人民群众对检察工作的监督，促进检察工作的民主化，值得通过立法

---

① 人民检察院在查办职务犯罪案件中有应当立案而不立案的或者不应当立案而立案的，超期羁押的或者延长超期羁押不正确的，违法搜查、扣押、冻结的，应当给予刑事赔偿而不依法予以确认或者不执行刑事赔偿决定的，检察人员在办案中有徇私舞弊、贪赃枉法、刑讯逼供、暴力取证等违法违纪的情形。

加以完善。

二是在人民检察院内部设置专门机关办理未成年人刑事案件。未成年人是国家的未来，维护未成年人的合法权益，预防和减少未成年人违法犯罪，是构建和谐社会的应有之义。检察机关担负着维护司法公正、保护未成年人合法权益的法定职责。2006 年，最高人民检察院明确要求加强检察机关办理未成年人刑事案件的专门机构建设，并通过《人民检察院办理未成年人刑事案件的规定》，增加了办理未成年人刑事案件的 8 项制度。根据最高人民检察院的要求，检察机关一般应当设立专门工作机构或者专门工作小组办理未成年人刑事案件，不具备条件的应当指定专人办理。这项改革配合和推进了我国少年司法制度的建立和发展，落实了宽严相济的刑事司法政策，体现了司法的人文关怀和构建和谐社会的需要。

三是改革检察干部管理体制。根据有关中央文件的精神，针对当前西部及贫困地区司法人才短缺问题，通过招募大学生志愿者、招录选调生、公开招聘、聘请法学家挂职等措施，在一定程度上缓解了检察官短缺问题；针对上级检察机关的人员素质不适应工作需要和业务干部流向管理部门的问题，通过推行上级人民检察院检察官缺额从下级人民检察院检察官中遴选制度和分类管理试点，初步探索出一条检察官专业化的道路。关于改革部门、企业管理人民检察院的体制问题，包括铁路运输检察体制、林业检察体制和中央企业管理所属检察机关的体制，最高人民检察院已经形成了意见。"企业办司法"不符合法治原则，铁路、林业检察系统和中央企业管理所属检察机关的改革势在必行，但完成改制仍需要长时期的不懈努力。目前，铁路运输检察体制的改革已进入了实质推进阶段，2010 年 12 月中央机构编制委员会办公室和最高人民法院、最高人民检察院、财政部、人力资源和社会保障部、原铁道部联合签发了《关于铁路法院检察院管理体制改革若干问题的意见》。根据《意见》的规定，铁路检察系统改制的思路是，将铁路运输检察院的财权、人事权划归地方，与铁道部只保持业务指导关系。改制完成之前，各级铁路检察院将有 3 年时间的过渡期，用于完成各项移交工作。林业检察系统和中央企业管理所属检察机关改制也正在积极开展当中。

（二）在制度层面，主要推行了十项改革

一是深化"检务公开"制度。"检务公开"是检察机关依法向社会和诉讼参与人公开与检察职权相关的不涉及国家秘密和个人隐私等有关的活动和事项，主动接受社会监督，不断增强执法透明度和公信力的重大举措。1998年 10 月，最高人民检察院制定下发了《关于在全国检察机关实行"检务公开"的决定》，向社会公布"检务公开"十个方面的内容。至此，"检务公开"进入全面推行阶段。2006 年 6 月，最高人民检察院下发《关于进一步深化人民检察院"检务公开"的意见》，在"检务十公开"的基础上，充实了十三项新内容。2010 年 6 月，最高人民检察院下发了《关于在全国检察机关开展"检察开放日"活动的通知》，进一步拉近了检民之间的距离。这些制度完善，不仅拓宽了检务公开的渠道，丰富了检务公开的内容，增强了检察工作的透明度，为社会监督创造了条件，而且加强了制度的刚性，在实践中取得了较好的效果。

二是建立了执法过错责任追究制度。为加强检察机关内部监督，保障检察机关及其工作人员依法履行职责，正确行使职权，确保严格、公正、文明执法，最高人民检察院先后制定了《检察人员执法过错责任追究条例》（2007年）、《最高人民检察院检务督察工作暂行规定》（2007年）、《人民检察院执法办案内部监督暂行规定》（2008年），进一步明确了执法过错的界线、责任和追究责任的程序，加大了追究办案责任的力度，增强了内部监督的效果，提高了检察人员的纪律意识、责任意识和文明办案意识，对于提高检察机关的监督能力具有重要的保障作用。

三是建立了讯问全程同步录音录像制度。实行讯问全程同步录音录像，是检察机关职务犯罪侦查改革的重大举措。2005年11月1日，最高人民检察院院第十届检察委员会第四十三次会议通过了《人民检察院讯问职务犯罪嫌疑人实行全程同步录音录像的规定（试行）》，要求各级检察机关在办理直接受理侦查的职务犯罪案件，每次讯问犯罪嫌疑人时，应当对讯问全过程实施不间断的录音、录像。为进一步规范和深入开展讯问全程同步录音录像工作，2006年12月，最高人民检察院办公厅印发了《人民检察院讯问职务犯罪嫌疑人实行全程同步录音录像技术工作流程（试行）》和《人民检察院讯问职务犯罪嫌疑人实行全程同步录音录像系统建设规范（试行）》，前者从检察技术工作环节对讯问同步录音录像的受理、录制、封签、保存到录制资料的调用、结案后归档等作出了规定，保障了同步录音录像工作程序规范；后者明确了同步录音录像的设备标准、技术指标和功能要求，为各级检察机关同步录音录像系统建设提供了依据。实行讯问全程同步录音录像对于加强对检察机关职务犯罪侦查权的监督和控制，防止刑讯逼供，有效保障犯罪嫌疑人的人权，促进检察人员执法办案规范化和现代化具有重要的作用。

四是建立了"双报批、双报备"制度。最高人民检察院下发文件要求，省级以下人民检察院对直接受理侦查案件作撤销案件、不起诉决定需报上一级人民检察院批准，对直接受理侦查案件的立案、逮捕需报上一级人民检察院备案。这项制度对立案、逮捕、撤案、不起诉四个方面的执法活动加强了上级人民检察院的监督和控制，有利于克服侦查中的随意性、外部干扰和权力滥用，也为下一步实行县、市两级人民检察院决定逮捕职务犯罪嫌疑人需经上一级人民检察院批准的制度做了准备。

五是建立了基层检察机关公用经费保障标准制度。最高人民检察院与财政部共同制定的《县级人民检察院基本业务装备配备指导标准（试行）》以及经国家住房和城乡建设部等单位批准修订的《人民检察院办案用房和专业技术用房建设标准》，进一步提高了基层检察机关基本业务装备配备水平，满足了办案所需的基础设施建设。目前，各省、自治区、直辖市都已经出台了基层人民检察院公用经费保障标准，明确了地方各级财政的保障责任，解决了经费保障标准不一、保障力度不够、保障责任不明等问题，有助于克服一些地方实行财政零预算，检察机关为钱办案、以收定支等弊端。

六是建立了职务犯罪案件审查逮捕权上提一级制度。为加强对检察机关职务犯罪侦查权的监督制约，保障犯罪嫌疑人的合法权益，2009 年 9 月，最高人民检察院在建立"双报批、双报备"制度的基础上，印发了《关于省级以下人民检察院立案侦查的案件由上一级人民检察院审查决定逮捕的规定（试行）》，明确规定了省级以下（不含省级）人民检察院立案侦查的案件，需要逮捕犯罪嫌疑人的，应当报请上一级人民检察院审查决定，并详细规定了下级检察院报请审查逮捕程序、上一级检察院审查决定逮捕程序、追捕程序、发现不应逮捕的纠正程序、下级检察院不服不捕报请重新审查程序、逮捕担任各级人大代表的犯罪嫌疑人的报请许可程序、人民监督员监督程序、报请延长侦查羁押期限程序及通过检察专网报送案卷材料等。这项制度是检察机关优化检察权配置、强化内部监督、保障自侦案件质量的重要举措，在一定程度上解决了同一检察机关同时行使侦查、逮捕、起诉权而造成的权力集中、监督弱化等问题，符合职务犯罪侦查权的发展规律。实践证明，职务犯罪案件审查逮捕权上提一级后，并未出现自侦案件数量明显下滑的问题，反而由于上级人民检察院的及时介入侦查和引导取证工作，对下级人民检察院的侦查工作起到了积极的促进作用。

七是建立了刑事被害人救助制度。对被害人及其家属这一弱势群体进行救助是保障民生、化解社会矛盾、促进社会和谐的重要措施。2009 年 3 月，中央政法委员会、最高人民法院、最高人民检察院等八部门联合发布了《关于开展刑事被害人救助工作的若干意见》，对刑事被害人救助工作的指导思想、总体要求、基本原则，救助的对象、范围、标准，资金保障、组织机构及职责分工、基本程序等主要问题作了明确的规定，为开展救助工作提供了有力的政策依据。《若干意见》出台后，最高人民检察院党组高度重视，专门开会研究部署。2009 年 4 月，最高人民检察院下发《关于检察机关贯彻实施〈关于开展刑事被害人救助工作的若干意见〉有关问题的通知》，要求各地检察机关全面开展刑事被害人救助工作。《通知》还明确规定救助工作由刑事申诉检察部门负责，相关部门积极配合，并建立统计报表和定期通报制度，以推动救助工作深入开展。

八是推行了量刑建议制度。检察机关的量刑建议权属于公诉权的下位权能，是公诉权的重要组成部分。1999 年 8 月，北京市东城区人民检察院率先试行"公诉人当庭发表量刑建议"，东城区人民法院首次作出了采纳检察机关量刑建议的判决。2005 年 7 月，最高人民检察院出台了《人民检察院量刑建议试点工作实施意见》，正式将检察机关量刑建议列为检察改革项目，并指定11个单位开展试点。2009 年，最高人民检察院院根据《中央政法委员会关于深化司法体制和工作机制改革若干问题的意见》，将"推行量刑建议制度，会同有关部门推动将量刑纳入法庭审理程序"确定为公诉机制改革的重要项目，改革试点工作在北京、上海、浙江、重庆、四川、湖南、广东、福建、江苏等地更为广泛和深入地开展。

九是完善了检察委员会制度。检察委员会是各级检察机关实行集体领导，讨论决定重大案件和检察工作中其他重大问题的机构，是检察机关内部按照民主集中制原则进行集体决策的重要组织形式。2009 年 10 月，最高人民检察院出台了《人民检察院检察委员会议事和工作规则》，明确了检察委员会的审议议题的原则、范围、程序，这对于提高检察委员会的议事能力和决策水平，促进检察委员会民主决策、科学决策，保证依法正确行使检察权，推动检察工作科学发展具有重要意义。

十是健全了教育培训制度。为强化高素质检察队伍建设，提高检察人员法律监督能力，最高人民检察院于 2009 年 3 月出台了《关于 2009 年～2012年大规模推进检察教育培训工作的实施意见》，积极推进教育培训工作的科学化、规范化和制度化建设，建立了省级检察院领导班子轮训制度，开展了大规模检察教育培训工作，有效地提高了检察人员的法律监督能力。

（三）在工作机制层面，主要推行了十三项改革

一是初步建立了行政执法与刑事司法衔接机制。最高人民检察院与公安部、监察部联合发文，共同建立行政执法与刑事司法的衔接机制，拓宽了刑事立案监督的渠道，明确了监督的范围和衔接程序，对于检察机关监督纠正有案不立、有罪不究、以罚代刑等问题，查办涉嫌徇私舞弊不移交刑事案件等都发挥了积极的作用。

二是完善了审查逮捕、审查起诉工作机制。该工作机制要求检察机关在审查逮捕中应当讯问犯罪嫌疑人，听取犯罪嫌疑人及其律师的意见；要求检察机关在审查逮捕、审查起诉中应当加强证据审查，严格依法排除非法证据；要求检察机关适时介入侦查，引导取证工作。该工作机制的建立加强了检察机关对侦查活动的监督，也加强了检察机关办案的质量管理。

三是完善了公诉工作机制。最高人民检察院联合最高人民法院、公安部、司法部下发了 8 个文件，加强了公诉工作的监督功能，规定了抗诉工作的备案审查，规范了检察机关办理死刑第二审案件的程序，设立了死刑复核检察工作办公室。

四是完善了对刑罚执行和监管活动的法律监督机制。最高人民检察院先后专门就保外就医、社区矫正试点、死刑执行临场监督、减刑和假释、监外执行罪犯脱管和漏管、人民检察院与其派驻检察室的联系等问题，制定了《关于加强和规范监外执行工作的意见》、《关于在全国试行社区矫正工作的意见》和《关于人民检察院对看守所实施法律监督若干问题的意见》等改革文件，规范了监督工作，加强了检察机关对减刑、假释、暂予监外执行裁决的法律监督。

五是完善了民事、行政诉讼法律监督工作机制。2009 年，最高人民检察院通过的《关于进一步加强对诉讼活动法律监督工作的意见》提出了加强民事行政检察工作的具体要求。2010 年，最高人民检察院把加强和改进民事行政检察监督作为一项重要内容，于 7 月召开全国检察长座谈会暨第二次全国民行检察工作会议，并于同年 9 月下发了《最高人民检察院关于加强和改进民事行政检察工作的决定》。2011 年，最高人民检察院与最高人民法院联合会签了《关于印发〈关于对民事审判活动与行政诉讼实行法律监督的若干意见（试行）〉的通知》和《关于在部分地方开展民事执行活动法律监督试点工作的通知》，拓宽了民行检察监督的范围，丰富了民行检察监督的方式，规范了民行检察监督的程序，有力地推动了民事行政检察工作的健康发展。

六是调整了人民检察院直接受理案件侦查分工。监所检察部门负责监管场所发生的职务犯罪案件的侦查。2009 年 9 月，最高人民检察院下发了《最高人民检察院关于完善抗诉工作与职务犯罪侦查工作内部监督制约机制的规定》，明确规定人民检察院的抗诉职权与职务犯罪侦查职权应由不同业务部门行使，取消了民事行政检察部门的职务犯罪侦查权。民事行政检察部门对于在办案过程中发现的职务犯罪线索，应移送至职务犯罪侦查部门处理。其他内设机构在实施法律监督中发现涉嫌职务犯罪的，报经检察长同意可以进行初查。这一调整加强了人民检察院内部的统一性，促进了侦查资源的优化配置，有利于加强对司法工作人员的法律监督。

七是完善了羁押期限管理工作机制。在超期羁押专项治理过程中，把清理和纠正超期羁押与建立长效工作机制结合起来，最高人民检察院在总结全国检察机关有关工作经验的基础上，制定了《关于在检察工作中防止和纠正超期羁押的若干规定》，建立了羁押期限告知、期限届满提示、检查通报、超期投诉和责任追究等加强工作衔接和法律监督的制度，初步建立起纠正和防止超期羁押的长效工作机制。

八是初步建立了检察机关办案的质量标准。最高人民检察院先后制定了有关审查逮捕、起诉案件、不起诉案件、办理刑事赔偿确认案件的质量标准。

九是探索和初步建立了检察工作一体化机制。最高人民检察院先后下发了《关于健全职务犯罪侦查工作一体化机制的若干规定》、《关于加强上级人民检察院对下级人民检察院工作领导的意见》，规范和促进了检察工作一体化，加强上下级检察机关之间的监督和制约，也强化了检察工作的整体效能。

十是健全了举报工作机制。为畅通举报渠道，依靠群众加大反腐败力度，2009 年 6 月，全国检察机关开通了 12309 统一举报电话，最高人民检察院也在当天将网址正式更新为 www.12309.gov.cn，为群众举报职务犯罪线索提供了安全、便捷的渠道。2009 年，最高人民检察院发布了《人民检察院举报工作规定》（修订）和《关于进一步加强和改进举报线索管理工作的意见》，进一步健全了举报线索的管理程序，完善了对举报人合法权利的保护措施。

十一是完善了涉检信访工作机制。针对近年来社会矛盾多样多发，信访问题呈现新的复杂形势，处理信访工作的任务更加繁重的现状，2009 年中央政法委员会颁布了《关于进一步加强和改进涉法涉诉信访工作的意见》，最高人民检察院积极部署全面贯彻执行中央政法委员会的意见，制定了《检察机关贯彻〈中央政法委员会关于进一步加强和改进涉法涉诉信访工作的意见〉的实施意见》等规范性文件，重新规范了首办责任制、检察长接待日制度、检察长阅批群众来信制度，建立健全了涉检信访矛盾纠纷排查化解机制、涉检信访风险评估预警制度，明确强调了信访督查专员制度、责任追究制度等，为涉检信访工作的深入开展提供了有力的制度保障。[①]

十二是建立健全了规范检察机关扣押、冻结款物工作的长效机制。针对群众反映强烈的职务犯罪侦查活动中超范围扣押、冻结款物等问题，最高人民检察院于 2010 年 5 月出台了《人民检察院扣押、冻结涉案款物工作规定》，这已经是最高人民检察院在 1996 年《人民检察院立案侦查案件扣押物品管理规定（试行）》、2001 年《人民检察院扣押、冻结款物管理规定》、2006 年《人民检察院扣押、冻结款物工作规定》十多年内发布的第四个规定。通过上述一系列文件，逐步建立健全了规范扣押、冻结、管理、处理涉案款物的长效机制。

十三是完善了检察机关接受人大和社会各界监督机制。依法接受人大监督，是检察机关必须遵守的宪法原则。最高人民检察院先后下发了《办理全国人大代表建议、批评和意见及全国政协提案工作规定》和《关于进一步做好向全国人大常委会的专项工作报告有关工作的意见》等文件，完善了检察机关接受人大及其常委会监督的程序，健全了人大代表联络方式，深化了接受人大监督工作。检察机关加强与各民主党派、工商联和无党派人士的联络工作，自觉接受民主监督，是坚持和完善中国共产党领导的多党合作和政治协商制度的重要举措，是贯彻落实中央关于深化司法体制和工作机制改革的部署，也是建立党外人士对司法工作行使民主监督职能的工作渠道和工作机制的重要措施。最高人民检察院制定的《关于进一步做好向全国人大常委会的专项工作报告有关工作的意见》、《最高人民检察院与各民主党派中央、全国工商联和无党派人士联络工作办法》，促进了检察机关接受人大和社会各界监督工作的制度化和规范化。

上述各项检察改革虽然推进的程度各异，效果有别，但总体上说，改革的思路更加清晰，措施更加务实，成果更有可持续性。检察改革能够取得比

---

① 李晶晶：《信访工作：从"一招鲜"到"招招新"》，《检察日报》2010 年 3 月 6 日。

较大的成绩，除了有党中央的统一部署和最高人民检察院成立专门机构研究和推进外，主要有以下三条经验。

一是在现行政治体制下，在党中央的统一领导下，按照中央的统一部署，积极与有关部门协商，循序渐进。司法体制是政治体制的一个组成部分，脱离了现行政治体制（特别是政体和检察机关的宪法定位），司法改革是难以推进的；司法改革必须坚持党的领导，遵循党中央的部署，结合检察机关的实际，没有党的领导，检察改革难以取得进展。检察机关作为法律监督机关，其体制、制度和机制改革往往涉及监督对象和具有互相配合和制约关系的一些部门，不争取这些部门的配合，检察改革也是难以推进的。

二是地方各级检察机关的改革探索与最高人民检察院的统一部署相结合，调动两个方面的积极性，发挥两个方面的作用，在多样性的探索中寻求统一，在统一部署下鼓励创新。重大改革措施先行试点，改革方案的设计要充分论证，要接受实践的检验，在试点的基础上总结经验教训，修改和完善改革方案，然后扩大试点范围或者全面推行。把实证研究的理念、方法和技术引入检察改革的研究和论证工作，保证检察改革的理论研究和决策紧密结合检察工作实际，促进了科学决策，减少了改革的阻力和失误。

三是围绕党和国家的中心工作，抓住司法工作和检察工作中的突出问题，以专项治理为契机推进检察改革。譬如，在治理超期羁押的专项活动中，检察机关在抓清理和纠正的同时，谋划长效机制的建设，对于完善法律监督工作机制发挥了重要的作用。在当前和今后一个时期，我国政治体制改革和司法改革将是针对突出问题，在整体协调中局部推进，而不可能事先形成并完全按照一个完整、具体的改革蓝图来推进。这是由特定的历史条件决定的，必须适应这样的环境和条件，敏锐地抓住契机，适时地推进检察改革。"罗马不是一天建成的。"中国的司法改革也不可能在一个五年或者两个五年内完成，而是伴随着我国改革开放的全过程，是一项长期的、渐进的、累进的改革进程。

二 未来检察改革的阶段性特征

检察改革是中国特色社会主义检察制度不断发展和完善的过程，是我国社会主义政治体制和司法体制改革的一个组成部分，必须放在政治体制和司法体制中，围绕党和国家的工作大局和中心工作进行科学谋划。检察改革既是以过去的改革成果为基础的，又是在新的历史条件下的创新发展；既具有新时期新阶段的特点，又是整个社会主义初级阶段检察改革进程的一个环节和阶段，必须放在社会主义初级阶段改革的长期历史进程中，针对当前的突出问题进行长远谋划。

2008年中共中央转发的《中央政法委员会关于深化司法体制和工作机制改革若干问题的意见》对未来五年的司法改革进行了全面部署，也规定了检察改革的基本框架和基本内容。未来五年检察改革的任务就是贯彻落实中央政法委员会司法改革的意见。根据该意见和最高人民检察院的实施意见，未来检察改革的特点可以概括为：一条主线、一个重点、一个关键、四项内容。

一条主线，就是要以促进社会和谐为主线，谋划和推进检察改革。构建社会主义和谐社会，是党的十六届四中全会提出的治国理政目标，是新时期我们党从全面建设小康社会，开创中国特色社会主义事业新局面的全局出发提出的一项重大任务，是中国共产党带领全国人民长期不懈追求的社会理想。社会主义和谐社会，是民主法治、公平正义、诚信友爱、充满活力、安定有序、人与自然和谐相处的社会。检察机关作为国家的法律监督机关，在构建和谐社会中负有重要的使命和责任，必须以促进社会和谐为目标，以维护社会稳定、国家安全、市场经济秩序为基本要求。未来的检察改革，是以构建和谐社会为时代背景的，必须根据党和国家构建和谐社会的政策要求，改革和完善法律监督制度，更好地发挥检察机关的职能作用，促进社会和谐。

一个重点，就是要以加强对权力的监督和制约为重点，谋划和推进检察改革。加强对权力的监督和制约是党的十六大、十七大关于政治体制改革和司法体制改革的基本要求。检察机关以法律监督为专职专责，既要加强对法律实施各个环节的监督特别是对公权力运行的监督，也要加强对检察机关自身执法活动的监督和制约。强化人民检察院的法律监督职能，不是为了检察机关谋取更大、更广的权力，而是为了落实党和人民群众对检察工作的新要求、新期待；强化对检察机关自身执法活动的监督制约，不是为了限制和削弱法律监督职能，而是保证检察权的正确行使。这两个方面是相辅相成、并行不悖的，不仅要同时加强，而且要把加强对内对外的监督制约作为未来五年检察改革的重点。只有抓住了对权力的监督制约这个重点，检察改革才能深入发展，才能取得突破性进展。

一个关键，就是要抓住提高法律监督能力这个关键环节，谋划和推进检察改革。在中央政法委员会关于司法改革的意见中，绝大部分内容涉及检察机关，一半以上的内容明确要求加强法律监督。这说明党中央对加强法律监督寄予厚望，人民群众对加强法律监督的要求十分迫切，检察事业的发展具备了良好的政治和社会条件。检察改革的外部环境和条件改善了，能否顺利地、突破性地推进，关键就在于检察机关是否具备相应的法律监督能力。根据党的十六届四中全会关于构建社会主义和谐社会的决定和检察职能的特点，检察机关法律监督能力建设主要有三个方面：一是打击犯罪，化解社会矛盾，维护社会稳定，促进社会和谐的能力建设；二是开展廉政建设和反腐败斗争，惩治和预防腐败的能力建设；三是实行权力制约和监督，保障国家权力特别是司法权力依法运行的能力建设。

四项内容，就是要在优化职权配置、落实宽严相济刑事政策、加强队伍建设和经费保障四个方面深化检察体制、制度和工作机制的改革。职权配置的优化涉及刑事诉讼、行政诉讼和民事诉讼的各个环节以及各政法部门分工制约关系的调整；落实宽严相济刑事政策涉及刑事程序法和刑事实体法的有关规范和制度的调整；加强队伍建设涉及干部的考试、招录、培训、执行规范、廉政、机构设置、人员编制、职业保障等方面的改革；加强经费保障涉及经费保障的财政体制、基本保障标准、装备配备标准、设施建设标准、经费增长机制以及经费管理制度等方面。在这四个方面，直接作出体制性、制度性或者机制性的安排的只是一小部分，大部分内容是方向性的改革部署，具体的改革方案有待于在实践和研究中进一步探索。

三　未来检察改革的布局

优化职权配置、落实宽严相济刑事政策、加强队伍建设和经费保障等四项改革是党中央确定的未来五年司法改革的基本格局，也是检察改革的基本格局。从检察职能的特点和检察改革的阶段性特征来看，未来五年检察改革的布局可以从三个方面来理解和把握，即加强对其他机关的法律监督、加强对自身执法活动的监督制约和提高法律监督能力。

（一）强化法律监督职能

加强检察机关对法律实施的法律监督，是落实中央关于加强对权力的监督制约的要求，也是建立健全检察机关履行法律监督职能的程序、措施和工作机制，以全面有效地履行法定职责。这方面的改革探索将主要在刑事检察和民事行政检察两个领域展开。

刑事检察改革是检察改革的重心所在，也是涉及面最广泛、涉及问题最多的领域。在立案和侦查环节，一是要加强立案合法性的法律监督，包括应当立案而不立案和不应当立案而立案两种情形的监督程序的健全和完善，还包括行政执法与刑事司法衔接机制的完善。二是要探索和建立对公安派出所刑事执法活动的法律监督机制。三是要完善适用强制性措施包括强制性侦查措施和强制措施的法律监督程序，加强对侦查活动合法性的法律监督，包括介入侦查、引导取证、调查违法侦查行为、建议更换侦查人员、通知纠正违法侦查行为、查办刑讯逼供等侦查中的职务犯罪行为等。在审查批捕和审查起诉环节，一是要建立健全审查批捕、审查起诉中的非法证据排除规则。二是要建立侦查人员出庭作证的程序。在刑事审判环节，一是要建立量刑建议制度，并促进将量刑程序纳入审判程序。二是要完善对简易程序审判的法律监督程序。三是要加强审判活动的法律监督，完善和建立检察机关调阅审判卷宗、调查和纠正审判活动中的违法行为、建议更换办案人、建议再审等监督措施的适用程序；建立和完善对死刑复核的法律监督程序和工作机制；健全检察长和受委托的副检察长列席审判委员会的程序和工作机制。在未决犯羁押和刑罚执行两个环节，要改革换押制度，完善超期羁押责任追究制度，建立受理和调查在押人员投诉的制度，探索和建立刑罚变更执行的同步监督制度，建立和完善非监禁刑罚执行的法律监督程序和工作机制。

民事行政检察一直是检察工作的薄弱环节。虽然这方面的改革在理论上仍然存在一些不同的认识，在工作中也存在一定的阻力，但是社会各界普遍要求检察机关加强对民事诉讼、行政诉讼中公权力活动的法律监督。中央已经作出部署：一是要建立健全对民事、行政审判活动中的违法行为的调查程序和纠正违法行为程序、完善调阅审判卷宗的程序和工作机制，建议更换办案人的工作机制和建议再审的程序。二是要探索和建立对民事执行的法律监督程序。三是要探索检察机关提起民事公诉和行政公诉的程序，促进有关立法的完善。

另外，还要加强对行政执法活动的监督，继续推进行政执法与刑事司法的衔接机制改革，并随着劳动教养制度改革的推进，探索和建立对违法行为教育矫治的法律监督程序，以加强人权保障。

（二）加强对自身执法活动的监督制约

加强对公权力的监督制约不是针对个别机关、个别部门或者个别环节的，而是一项普遍的要求。检察机关不仅要旗帜鲜明地加强其对其他机关执法、司法活动的法律监督，也要坚定不移地加强对自身执法活动的监督制约。加强对检察机关自身执法活动的监督制约，是保证检察机关正确行使检察权、防止权力滥用、提高监督效率的重要措施。对于检察机关来说，只有做到了自身硬、自身廉、自身严，才能树立法律监督的权威，提高检察执法的公信力，才能有效地加强检察机关对其他机关执法司法活动的法律监督，为推进有关加强法律监督职能的改革奠定基础。加强检察机关对自身执法活动的监督制约，主要有两个方面，一是加强外部的监督制约，二是加强内部的监督制约。

加强外部的监督制约，一是加强人大监督、民主监督、新闻舆论监督和人民群众的监督，包括深化检务公开，促进人民监督员制度的立法和完善等；二是落实修订后的律师法，完善检察环节保障律师执业权利的制度。

加强内部的监督制约，一是贯彻落实基层检察院和市（自治州）检察院受理侦查的职务犯罪案件的决定逮捕权改由上一级检察机关行使，以加强对自侦活动的监督。二是完善自侦案件的立案撤案标准和监督程序。三是加强人民检察院内设的公诉部门、侦查监督部门、监所检察部门、控告申诉检察部门等对自侦部门侦查活动的监督制约，建立相应的工作机制。四是建立健全检察机关办案流程管理工作机制，加强办案的规范化建设，形成科学的管理机制和经常性的监督机制。

（三）提高法律监督能力

法律监督能力建设涉及队伍建设、业务管理和检务保障等方面，是关系到检察改革成败的关键环节，也是坚持科学发展，保证检察事业全面、协调、可持续发展的根本。维护公平正义和促进社会和谐，需要提高法律监督能力；

加强对宪法和法律实施的监督，也需要提高法律监督能力。如果不具备与构建和谐社会、全面推进依法治国和建设公正文明高效权威的社会主义司法制度相适应的法律监督能力，检察机关就难以履行好法律监督职能，提高社会公信力，增强法律监督的信心和决心，就难以落实中央关于司法改革的部署，克服检察改革中的阻力和障碍，实现改革的突破性进展。

首先，法律监督能力建设要深化队伍管理体制、制度和机制的改革。一是加强领导班子建设，建立健全检察长异地交流任职、基层检察长任免报省级检察院备案制度。二是加强职业道德建设，建立健全检察官执法行为规范和职业道德规范。三是加强检察队伍的专业化建设，推进检察人员分类管理制度的改革。四是加强编制管理，研究制定各级人民检察院编制标准和编制管理制度。五是加强检察人员素质建设，建立和完善检察人员招录制度和遴选制度，改革和完善检察人员培训制度。

其次，法律监督能力建设要深化检察业务管理制度和机制的改革。一是加强检察工作一体化，规范上级检察院领导和监督下级检察院工作的范围、方式、程序和责任，构建科学的检察业务考评体系；完善司法解释工作机制。二是加强检察业务规范化建设，深化检察委员会制度改革，完善议事规则，改善检察委员会组成人员的专业知识结构；深化人民检察院特别是基层检察院内部机构设置和职能分工的改革，探索和规范派出检察院、派驻监所检察室、驻乡镇检察室（站）的设置和工作机制；完善对举报、投诉、申诉的办理、督察、反馈机制，完善对举报人、证人的保护措施；建立在审查批捕和审查起诉中讯问犯罪嫌疑人，听取犯罪嫌疑人申辩、被害人意见和委托律师意见的制度；探索对未成年人和老年人犯罪适当从宽的法律机制；研究完善刑事赔偿工作机制；深化检察官办案机制改革；全面推行检务督察制度；完善检察信息化工作机制。三是加强有关实体法和程序法的研究，贯彻落实宽严相济刑事政策，探索附条件不起诉制度、刑事和解制度以及刑事被害人救助制度，研究和论证职务犯罪案件关联犯罪的并案侦查制度。四是加强与有关部门的协调和联系，探索和建立检察机关与公安机关、行政执法部门、公共服务行业之间情报信息共享、执法协作的工作机制。

最后，法律监督能力建设要深化保障体制和机制改革，突破检务保障的瓶颈，加强检察工作的技术、装备、经费和体制保障。一要研究重大职务犯罪案件的技术侦查、秘密侦查措施的适用，促进立法完善。二要制定检察经费分类保障标准、科技装备标准和基础设施建设标准，实现检察经费由财政全额负担，建立检察公用经费正常增长机制，并改革和完善检察经费管理制度。三要推进部门、企业参与人民检察院体制的改革，实现检察机关完全脱离部门和企业的转变。

第九章　环境法治建设、社会保障与构建和谐社会

第一节　环境法治建设与构建和谐社会

一　人与自然和谐的法治保障

和谐社会必然是法治社会。构建和谐社会，必须切实贯彻落实依法治国基本方略。要实现人与自然的和谐，必须建设完善的法律制度予以保障。

（一）实现人与自然和谐必须加强法治

和谐社会是民主法治、公平正义、诚信友爱、充满活力、安定有序、人与自然和谐相处的社会，其每一个环节和方面都与环境密切相关，需要通过法律手段予以引导、调整、规范和保障。

法治的价值在于其满足人们需要的功能，包括公平、效率、安全、正义、秩序和自由等。在环境资源保护、促进人与自然和谐方面，包括实现正义、完善秩序、促进安全、保证自由、提高效率等内容。以法律为手段实现人与自然的和谐，其要旨在于建立环境法律秩序和实现环境正义。在构建人与自然和谐的社会进程中，法治的作用主要体现在以下方面。

首先，调整各种重大环境利益及其中的资源利益关系。环境是人类生活、生产的基本条件，与环境相关的利益具有十分重要的地位。各种人与自然关系失谐现象的背后，无论是环境污染还是生态破坏，往往最终都隐含着经济利益的冲突。社会各地区、部门之间，企业、事业、个人等各种利益主体之间，存在与环境开发利用相关的复杂利益关系。这些关系，必须依法予以界定和规范，通过法律规定的权利、义务和责任体系予以调整。环境正义蕴涵在各种环境权利义务关系之中。

其次，建立环境管理秩序。保护环境和资源，保障自然资源的合理开发利用，促进人与自然的和谐，是国家的重要公共职能。国家对环境的管理，只能在法律规定的框架下进行。政府的责任、政策、环保措施，各级政府间

环境职责的设定和协调，环境管理的要求和措施等，都需要法治保障，以便切实做到依法管理环境。

再次，建立与和谐社会要求适应的社会秩序。要实现人与自然的和谐，建立资源节约型、环境友好型社会，必须根本变革我们的生产方式、生活方式和消费模式，必须改变我们一切根深蒂固的忽视环境价值的观念和做法，必须让政治、经济、军事、文化、教育、科技等各种社会关系在有利于保持自然生态平衡的条件下得到调整。这些都需要法治保障。

通过法律调整，在人与自然关系方面，应当实现环境民主，承认并保障公民和法人应有的环境权利；对自然环境和资源建立合理的占有、使用、分配和享用体系，并在失衡时采取适宜的调整补救措施；建立符合自然规律和社会经济规律的环境资源开发、利用、保护和管理秩序，并保障这种秩序与社会、经济等的发展秩序相协调；在利用和改造自然时严格按自然生态规律办事，避免破坏生态环境和自然资源，实现自然资源的合理永续利用，协调经济、社会、文化发展与自然利用保护的需求。

在人类社会正走向生态文明的时代，全党和全国人民努力贯彻落实以人为本，全面、协调、可持续的发展观，构建和谐社会的今天，需要特别强调的是，我们所说的人与自然和谐的法治保障是指整个国家的法治，而不仅仅是环境法治，是指要运用国家的全部法律武器来促进和保障人与自然的和谐相处。这是因为，人与自然的和谐相处是社会主义和谐社会的基本条件和重要组成部分，是人类生存和发展的基础，其重要性怎么强调都不过分，而且将越来越明显。人与自然的关系伴随着人与人的关系的各个方面、各个层次、各个环节。人还在娘肚子里的时候就与自然环境密切相关，人的一生每时每刻都离不开自然环境。人类社会的生产、生活、流通、消费，国家的政治、经济、军事、外交、文化、科技、教育等都离不开人与自然的关系。一句话，人类社会必须有一个良好的自然生态环境和充足的自然资源，构建和谐社会的各个环节都与实现人与自然的和谐密不可分。因此，国家的整个法律制度都要重视人与自然和谐相处问题。为此，应当把以人为本、全面协调可持续的科学发展观和构建和谐社会作为我国法治建设的一个基本指导思想，在国家的立法、执法、司法、守法等活动中坚决贯彻可持续的科学发展战略思想，既尊重社会经济发展规律，又尊重自然生态规律，把保护环境和资源、节约和合理利用资源，建设资源节约型、环境友好型社会的要求，贯彻、渗透和落实到国家和社会生活的各个方面，以及党政国家机关、企业事业单位和公民个人的一切行动中。为了贯彻可持续的科学发展观，建设资源节约型、环境友好型社会，促进和保障人与自然和谐相处，应当在适当的时候修改补充宪法，提倡法律生态化，提倡法学的各个学科都要更多地关注人与自然和谐的问题，从各自的角度研究建设资源节约型、环境友好型社会的法律问题，运用各种法律手段促进人与自然和谐相处，促进生态环境保护。

（二）适时修改宪法，加强人与自然和谐的宪法基础

宪法是国家的根本大法，是其他一切法律法规的立法基础，宪法关于环境和资源的规定是调整涉及自然环境的社会关系的基本规范，是环境资源立法的基石。

我国1978年宪法首次规定："国家保护环境和自然资源，防治污染和其他公害。"1982年宪法进一步细化和充实，除了自然资源所有制的规定外，对环境资源保护也加以规定："国家保障自然资源的合理利用，保护珍贵的动物和植物。禁止任何组织或者个人用任何手段侵占或者破坏自然资源"（第9条），"一切使用土地的组织和个人必须合理地利用土地"（第10条），"国家保护和改善生活环境和生态环境，防治污染和其他公害"，"国家组织和鼓励植树造林，保护林木"（第26条），等等。

加强宪法对环境的保护，是世界的发展潮流。主要体现在三个方面：（1）规定保护生态环境是国家的一项基本职责。例如，1994年7月通过的《摩尔多瓦共和国宪法》第126条规定：国家应该保证"（五）根据国家利益合理利用土地和其他自然资源"；"（六）恢复和保护自然环境并维持生态平衡"。（2）规定国家进行生态环境保护的基本政策和原则，其内容涉及生态保护、环境污染防治、自然资源的利用和保护等。例如，1995年7月通过的《亚美尼亚共和国宪法》第10条规定："国家为环境的保护和再生、合理利用自然资源提供保障。"（3）规定公民有在良好环境中生活的权利和相应的保护生态环境的义务。

20世纪90年代以后，有许多国家进而把可持续发展写入宪法，把环境保护与经济社会发展更紧密地结合起来。法国制定的环境保护宪法性文件是近年来出现的极具特色的立法例。建议我国将来在修改宪法时，在保留现行宪法对环境保护、资源利用的合理规定外，还应当从以下方面，加强和完善构建和谐社会的宪法规定：（1）明确规定坚持以人为本，全面、协调、可持续的科学发展观，构建和谐社会，建设生态文明，是国家的长远战略。（2）宣布保护环境、珍惜和合理利用资源，发展循环经济，建设资源节约型、环境友好型社会，是国家的基本国策。（3）明确规定公民的环境权利和义务，即公民享有在良好生态环境中生活的权利，有涉及环境资源保护的知情权、参与决策权、监督权、检举权等权利，同时负有保护环境和自然资源的义务。（4）在各有关国家机构的职责中规定环境资源保护要求，明确分工，使其相互配合和制约。

（三）推进法律生态化，充分发挥各部门法对促进人与自然和谐的作用

实现人与自然和谐、保护环境，涉及社会生活的方方面面，需要综合的法律调整。因此，需要将环境保护的理念贯穿到整个法律体系中，大力推进部门法的生态化，形成有利于环境保护的国家法律体系。生态学原理是处理人与自然关系的基本自然科学准则。"法律生态化"，简单说来就是把生态学的基本原理和环境保护的基本要求渗透贯彻到相关部门的立法、执法和司法活动中，就是把生态学原则应用到各有关法律领域，以有利于保护环境、构建人与自然和谐的关系为指针，对现行法律进行全方位的审视、修改、补充和完善，使传统上忽视或者缺失环境保护理念的部门法，体现科学发展观和构建和谐社会的要求，充分反映环境保护的利益、价值和诉求，确立全方位、多层次的环境保护法律制度体系，促进和保障人与自然和谐。

保护环境，实现人与自然的和谐，只有从政府到各企事业单位和公民共同行动才能达到。这是全民的事业，是全社会和国家的任务。从法律调整角度来说，这是国家整个法治建设的任务，各法律部门、各法律学科都要充分认识这一问题的重要性及其与本法律部门、本学科的关系，都要有生态保护观念，遵循自然生态规律，发挥自己的优势，研究相关问题，作出自己的贡献。

（四）完善环境法治，促进和谐社会建设

对于构建和谐社会，环境法具有不可替代的重要作用。因为环境法是国家调整人们在开发、利用、保护、改善和管理环境的活动中产生的社会关系的法律部门。它的调整对象就是人与自然关系领域的各种社会关系。它的目的就是保护自然环境，维护生态平衡，实现人与自然的和谐。它的任务、功能和作用，是规范人们的行为，建立环境与自然资源的管理秩序，保证自然资源的合理开发利用，防止环境污染和生态破坏，维护公民和人的环境权利，保证人民享有良好的生存和发展环境，保障人体健康，促进经济社会的可持续发展和国家的环境安全。

环境法是随着环境资源问题日益严重、人与自然关系的矛盾日益尖锐，在 20 世纪中期迅速发展起来的。当今世界各国都很重视环境问题的法律调整，不断加强环境立法，特别是 20 世纪 90 年代以后，适应可持续发展的要求，及时修订环境法律法规，完善相关制度，保护和改善环境，保障国家的可持续发展，实现人与自然和谐。

我国环境立法的迅速发展和环境法治的建立，对保护环境和资源、保障自然资源的合理利用、维护人与自然的和谐发挥了巨大的作用。但是，由于我国是人口众多的发展中社会主义国家，经济连续 30 多年迅速增长，人口猛增，科学、技术和教育还不发达，在环境保护方面说得多做得少，在实际上重经济轻环保，没有真正贯彻落实环境保护基本国策，没有严格执行国家的环境保护政策和法律法规，致使我国的环境形势仍然十分严峻，环境污染和生态破坏相当严重，人与自然关系在许多地方失谐。环境法本身也存在着不少问题和不足，需要进一步完善和健全。构建和谐社会，实现全面建设小康社会的目标，使得环境法的健全和发展的要求更加迫切。

二　健全环境法律体系

（一）中国环境立法的发展现状

改革开放以来，我们党和政府高度重视保护环境和合理利用自然资源，调节人与自然的关系。1978 年通过的宪法，首次规定"国家保护环境和自然资源，防治污染和其他公害"。1979 年全国人大常委会先后通过了《森林法》（试行）和《环境保护法》（试行）。

由于党和政府重视，在国家发展社会主义民主、健全社会主义法治的方针指导下，我国的环境资源立法得到了较快的发展。除 1979 年的《环境保护法》（试行）外，80 年代以后陆续制定了《海洋环境保护法》（1982 年）、《水污染防治法》（1984 年）、《森林法》（1984 年）、《草原法》（1985 年）、《土地管理法》（1986 年）、《矿产资源法》（1986 年）、《渔业法》（1986 年）、《大气污染防治法》（1987 年）、《野生动物保护法》（1988 年）、《水法》（1988 年）、《环境噪声污染防治条例》（1989 年）、《水土保持法》（1991 年）、《进出境动植物检疫法》（1991 年）、《领海及毗连区法》（1992 年）。1989 年国家又对《环境保护法》（试行）进行全面修订，颁布了新的《环境保护法》。

到 20 世纪 90 年代初，经过 10 多年的努力，我国初步形成了环境法体系，包括环境污染防治和自然资源保护的基本方面，初步规范了政府、企事业单位、公民涉及自然环境方面的各种社会关系，使环境保护事业走上了法治的轨道。但是，这个时期的环境法还很不健全，而且从指导思想到制度设计，基本上是对环境污染和生态破坏的末端治理，"头痛医头，脚痛医脚"，对预防重视不够，对自然资源是偏重开发利用，实际上是重经济建设轻环境保护，而且，环境保护法律规定常常得不到执行，环境状况不断恶化。

为了适应新形势的需要，国家进一步加强环境立法，主要采取了两种方式：一是对已经制定的环境资源法律法规进行修订，其中包括修订《水污染防治法》、《大气污染防治法》、《土地管理法》、《矿产资源法》、《渔业法》、《水法》、《森林法》、《草原法》、《海洋环境保护法》等；二是根据新的需要、新的精神制定新的法律，如《固体废物污染环境防治法》（1995 年制定，2004 年修订）、《环境噪声污染防治法》（1996 年）、《煤炭法》（1996 年制定，2011 年修订）、《节约能源法》（1997 年制定，2007 年修订）、《防洪法》（1997 年）、《专属经济区和大陆架法》（1998 年）、《防沙治沙法》（2001 年）、《海域使用管理法》（2001 年）、《环境影响评价法》（2002 年）、《清洁生产促进法》（2002 年制定，2012 年修订）、《放射性污染防治法》（2003 年）、《可再生能源法》（2005 年）、《循环经济促进法》（2008 年）等。

除了修订和制定法律外，国务院及其各有关部门、地方人大及政府也颁布了许多环境资源法规和规章。目前，我国已制定了环境和自然资源法律 29

部，环境保护行政法规 50 多部，环境保护部门规章和规范性文件 170 多件，国家环境标准近 600 项，签署国际环境条约近 50 项。

这一时期的环境立法不仅在调整范围和深度上比前一个时期进一步发展，而且在指导思想和价值取向上进一步提升，在制度上不断完善和创新。

经过 30 多年的努力，我国基本上形成了以宪法关于环境资源保护的规定为基础，以《环境保护法》为龙头，由各单项环境污染防治法、自然资源和生态保护法，以及关于环境资源保护的国务院行政法规、部门规章、地方性法规和地方政府规章、环境标准等组成的环境法体系，并成为国家整个法律体系的重要组成部分，在国家和社会生活中发挥着不可替代的重要作用。但环境法仍然不健全、不完善，需要进一步发展。

（二）中国环境立法存在的问题

环境法作为调整人与自然环境关系领域的社会关系的法律，是随着国家的政治经济形势、社会变革和环境保护要求而不断发展的。落实科学发展观，构建和谐社会，建设资源节约型、环境友好型社会和生态文明，必须进一步完善和健全环境法。

（1）环境法体系不健全。一是缺乏真正的综合性环境保护基本法。1989年制定的《环境保护法》虽然常被称作环境保护基本法，法律本身也规定了大环境概念作为自己的保护对象，但内容主要是污染防治，不能成为真正的综合性环境保护法或环境保护基本法。加之指导思想落后，制度措施的规定受当时局限，不能适应形势的需要，使得我国环境法体系缺乏真正的龙头法律或核心的基本法律。二是立法存在空白，一些应该制定的法律法规至今仍然缺失，如土壤污染防治法、化学品污染防治法、自然保护区法、环境宣传教育法、环境科技进步促进法、环境污染损害赔偿和纠纷处理法，以及关于资源节约和综合利用、生物安全、遗传资源保护的法律法规等。三是有些法律没有制定配套法规，使得有关规定很难执行。四是地方性环境法规发展不够和不平衡。

（2）较早制定的法律法规在指导思想上没有贯彻可持续发展战略思想，在具体规定上实际上是重经济轻环保，侧重于环境污染和生态破坏的末端治理，没有突出预防，对生态保护不力。

（3）没有很好贯彻依法治国方略，对政府行为规范不够，重在规定政府的权力，对相应的义务和约束性规定薄弱。在立法本位上偏向于义务本位，忽略对公民环境权利的规定，而重在义务规定。如《环境保护法》没有规定公民的环境权，却规定："一切单位和个人都有保护环境的义务"，然后泛泛地规定"并有权对污染和破坏环境的单位和个人进行检举和控告"。

（4）在管理模式和制度措施上，过多依靠政府管制和行政命令，运用市场经济调节手段不够，对调动企业自律、激励公众参与等社会调节重视不够。

（5）许多法律规定过于原则，可操作性不强，加之相关配套法规跟不上，很难执行。如 1999 年新修订的《海洋环境保护法》第 90 条第 2 款规定："对破坏海洋生态、海洋水产资源、海洋保护区，给国家造成重大损失的，由依照本法规定行使海洋环境监督管理权的部门代表国家对责任者提出损害赔偿要求。"这是一项很好的规定，但时至今日仍没有落实。有些法律法规不严谨、不衔接，模糊不清，不解决问题。如《环境影响评价法》对未作环评私自施工建设的项目，补救措施存在漏洞，对那些根本通不过环评但又已经建成投产并有重大经济利益的项目，往往是"建成的就是合理的"，至多一罚了之。另外，还有法律法规之间相互重复、矛盾、不协调，以及实体法规定多程序法规定少，等等。

（三）中国环境法的健全和完善

需要修订和制定的法律法规很多，环境资源立法任务很重，这里只能概括地提出一些建议并对其中部分立法加以简要说明。

（1）修订《环境保护法》（即制定真正的综合性环境保护法）。修订后的《环境保护法》应成为我国环境保护领域的基本法、牵头法。它应是对我国环境保护从全局和宏观上进行全面调整的综合性法律，既包括环境污染防治，也包括自然生态和资源的保护，还包括对各个环境要素保护的统筹协调。作为环境保护基本法，它应当宣示国家的环境保护基本政策、基本原则，规定环境与发展的综合决策机制和宏观调控措施；严格规范政府行为，明确规定各国家机构和各级政府及其相关部门在环境保护领域的职责和义务，建立合理的环境保护监督管理体制和基本制度以及协调机制；突出环境公平、正义，明确规定企事业单位的环境保护责任和义务及相关权利；明确规定公民（包括社团组织）的环境权利和义务，包括享有良好环境的权利、知情权、参与决策权和监督权等；建立合理的环保投入机制和生态效益补偿机制，强化污染和破坏环境的责任，建立环境纠纷处理、诉讼和法律服务制度；宣布积极参与保护人类环境的国际合作。

保护环境，节约和合理利用自然资源，实现人与自然和谐，关系到中华民族的生存、人民的生命健康和经济社会的可持续发展，乃至人类的生存和发展，具有永久的战略意义，应当把综合性的《环境保护法》列入宪法第 62 条规定的基本法律范围，由全国人民代表大会通过。这是贯彻落实科学发展观、构建和谐社会的需要，是中华民族长远根本利益的需要，必将大大提升 13 亿人民的环境保护意识，推进我国经济社会的全面、协调、可持续发展，提高我国的国际地位和形象。

（2）制定《耕地保护法》、《土地复垦与整理法》，修订《矿产资源法》。在土地资源保护方面，应当修订《土地管理法》；应当将《基本农田保护条例》提升为《耕地（或农地）保护法》，对保护耕地作出全面规定，既保护耕地数量，也保护和改进耕地质量，从法律上保护农民的命根子和国家的粮食安全。

制定《土地复垦与整理法》。我国土地资源相对匮乏，但因工矿、交通等建设而废弃的土地不少，而且大都未得到复垦。1988 年，国务院发布了《土地复垦规定》，对开展土地复垦工作起到了积极的推动作用，许多废弃土地得以恢复利用。但从全国的整体状况来看，土地复垦工作还非常薄弱，亟待加强。因此，应当总结各地的经验，在《土地复垦规定》的基础上制定《土地复垦法》。此外，国家近年来对土地整理工作也更加重视，各地在这方面也积累了不少经验。为了规范土地整理工作，实现土地整理的法律制度化，可以将土地整理与复垦结合起来，制定《土地复垦与整理法》。

（3）制定《节约用水法》。我国是水资源匮乏的国家，节约用水对于保护生态环境、满足人民的生活需要和经济社会发展具有极重要的意义，应当制定《节约用水法》或《节约用水条例》。同时，还需要制定《地下水管理条例》，加强对地下水的保护和合理利用。

（4）修订和制定有关环境污染防治的法律。在环境污染防治方面，应当抓紧制定《化学物质污染防治法》、《土壤污染防治法》，以及有关条例。

我国土壤污染十分严重，据不完全调查，2006 年全国受污染的耕地有1.5 亿亩，污水灌溉污染耕地 3250 万亩，固体废物占地和毁田 200 万亩，合计约占耕地总面积的 1/10 以上。土壤污染破坏生态环境，影响土壤结构和功能，威胁食品安全。土壤污染造成有害物质在农作物中积累，再通过食物链进入人体，危害人体健康。据估算，全国每年仅重金属污染的粮食就达 1200万吨，直接经济损失超过 200 亿元。因此，必须制定《土壤污染防治法》，依法加强土壤污染防治。

目前，我国有毒有害化学品所造成的环境污染、生态破坏及对人民生命健康的危害已经非常普遍和严重，但还没有专门的法律对此进行调整，已有的一些规定远远不能适应有毒有害化学品的管理工作。因此，国家应当在原有分散的行政法规和规章的基础上，尽快制定统一的《化学物质污染防治法》，对化学物质污染的防治原则、规划、制度、应急、赔偿、责任追究等作出规定。

（5）制定《自然保护区法》。我国是世界上生态系统和生物多样性最丰富的国家之一。建立各种自然保护区，是保护这些具有特殊科学、文化、美学价值的、不可替代的自然资源的最好形式。我国自 1956 年建立第一个自然保护区以来，截止到 2007 年底已建成各类自然保护区 2531 个，占国土面积的 15.19%。到 2011 年底，已经建立自然保护区 2640 处。但在管理、建设和保护方面存在不少问题，国务院 1994 年颁布施行的《自然保护区条例》已经不能适应需要。因此，必须加以全面修改，将其上升为《自然保护区法》，对有关问题进行具体规定，加强自然保护区的保护、建设和管理。

（6）制定《山区综合开发与保护法》，应当重视对特定区域环境资源开发利用和保护的法律调整。

这里提出研究山区环境资源开发保护的法律调整问题。我国是一个多山的国家，山地和丘陵占陆地国土面积的 2/3 以上。山区是林木的故园、江河的发源地、鸟兽的天堂、生物多样性最丰富的地方、矿藏的宝库，同时生态系统又很脆弱。因此，需要综合开发和严格保护。1992 年联合国环境与发展大会通过的《21 世纪议程》第 13 章专门规定了"管理脆弱的生态系统：可持续的山区发展"，要求制定行动方案，包括运用法律手段。2002 年约翰内斯堡可持续发展世界首脑会议通过的《约翰内斯堡行动计划》，也在第 42 段阐述了推进山区可持续发展的行动。联合国大会还在 1998 年和 2002 年通过决议宣布 2002 年为国际山区年和自 2003 年起 12 月 11 日为国际山区日。2006 年国际山区日，联合国粮农组织再次呼吁保护山地资源。因此，应当研究制定《山区综合开发和保护法》，对有关问题进行综合法律调整。这也是促进人与自然和谐的一个重要方面。我国台湾地区就制定了"山坡地保育利用条例"。

另外，我国各地建立了许多各种开发区，却常常成为污染源的保护地，应当考虑制定专门法规，加以规制。

（7）制定《环境污染损害赔偿法》和《环境污染纠纷调解与仲裁法》。现有的有关环境污染损害赔偿的零散法律规定，不能满足日益增多的污染损害赔偿需要。有必要制定专门的《环境污染损害赔偿法》，对环境污染损害赔偿中涉及的环境损害赔偿责任的构成要件、环境损害及赔偿的范围、损害赔偿额的确定、共同致害责任、环境损害赔偿保险和基金问题、环境损害赔偿责任的承担方式、证据收集、责任认定、解决途径和程序等重大问题予以规定。这是维护公民的环境权益、维护社会安定、促进区域社会关系的和谐的需要。

与此相联系，可以研究借鉴日本、韩国和我国台湾地区"公害纠纷处理法"、《环境纷争调停法》的经验，制定《环境污染纠纷调解与仲裁法》，在各级政府建立环境污染纠纷调解和仲裁机构，明确有关的原则和程序，形成处理环境污染民事纠纷的强有力的准司法机制。

（8）制定《环境保护科学技术促进法》。科学技术是第一生产力，科教兴国是国家的根本战略之一，保护环境、节约与合理利用自然资源都必须依靠科技进步。因此，应当适应环境资源保护形势的需要，总结实践经验，在国务院办公厅 1990 年发布的《关于积极发展环境保护产业的若干意见》和国家环境保护局 1997 年发布的《关于环境科学技术和环保产业若干问题的决定》以及 2006 年发布的《关于增强环境科技创新能力的若干意见》等政策法规的基础上，制定《环境保护科学技术促进法》，对有关问题作出全面规定，鼓励、引导、促进和保障环境科技的发展。

三　完善环境保护法律制度

（一）中国环境保护法律制度现状

我国的环境资源法从我国国情出发，吸收外国的有益经验，规定了各种环境保护法律制度，如水污染防治制度、大气污染防治制度、固体废物污染防治制度、噪声污染防治制度、土地和耕地保护制度、水保护制度、水土保持制度、森林保护制度、防沙治沙制度、野生动植物保护制度等。其中最重要的是对保护环境具有全局意义的环境资源保护基本制度。这是我国环境法30多年发展取得的重要成果。严格执行这些制度是实现人与自然和谐的根本保证。

环境资源保护基本制度贯穿于环境保护的全过程，涉及方方面面，大致可以归纳为基础性管理制度、预防性制度、排污管理制度、环境资源利用制度和法律责任制度等五类。

1. 基础性管理制度

（1）环境资源标准制度。环境标准制度是环境管理的基础性制度。因为要保护和管理环境就必须对环境质量、污染物的排放以及监测方法等作出统一的规定，环境标准就是为防治环境污染、维护生态平衡、保护人身健康，对需要统一的各项技术规范和技术要求作出的量值规定。环境标准制度则是关于环境标准的分类、分级、制定和实施的规定。

（2）环境资源监测和报告制度。环境监测是运用化学、物理学、生物学和医学等方法，对环境中污染物的性质、数量、影响范围及其后果等，进行调查和测定的活动。它是环境管理的基础性工作。其主要任务是：对环境中各项要素进行经常性监测，掌握和评价环境质量状况及发展趋势；对各单位排放污染物的情况进行监视性监测；为环境管理工作提供准确、可靠的监测数据和资料。环境监测实行日报、月报、年报和定期编报环境质量报告的制度。国家和省级环保部门每年6月都会发布环境状况公报。

在自然资源和生态保护方面也实行监测制度，如水资源监测，水土保持监测，湿地水禽监测，草原生产、生态监测等。

2. 预防性制度

（1）环境资源规划制度，是国家和地方各级人民政府对一定时期内环境保护和资源合理利用的目标以及实现目标的措施和手段所作出的总体安排。环境资源规划制度是关于这种规划的编制、内容、执行等事项的法律规定。制定环境资源规划，将其纳入国家经济社会发展计划之中，并严格执行，是实现环境保护、资源合理利用和经济社会可持续发展的宏观管理措施，具有极重要的意义。《环境保护法》第4条规定，国家制定的环境保护规划必须纳入国民经济和社会发展计划。各项自然资源法律也对规划及其编制、审批和实施等作了规定。

（2）环境影响评价制度，是指对规划和建设项目实施后可能造成的环境影响进行分析、预测和评估，提出预防或者减轻不良环境影响的对策和措施，进行跟踪监测的方法与制度。这是一项为规划和建设提供决策依据，防止产生不良环境影响的预防性制度。我国环境影响评价制度包括两个方面：一是对规划的环境影响评价，这属于战略环评；二是对建设项目的环境影响评价。对法律规定的国家政府部门编制的土地利用规划，区域、流域、海域的建设、开发利用规划和关于工业、农业、畜牧业、林业、能源、水利、交通、城建、旅游、自然资源开发的专项规划，分别按照法定的要求和程序进行环境影响评价。对建设项目的环境影响评价实行分类管理：可能造成重大环境影响的建设项目，编制环境影响报告书；可能造成轻度影响的，编制环境影响报告表；对环境影响很小的，填报环境影响登记表，并按规定程序审批。

（3）"三同时"制度，是指建设项目的环境保护设施必须与主体工程同时设计、同时施工、同时投入使用的制度。这是我国独创的，与建设项目环境影响评价制度相衔接的，预防产生新的环境污染和破坏的重要制度。该制度适用于新建、扩建、改建项目，技术改造项目和一切可能对环境造成污染和破坏的建设项目。《建设项目环境保护管理条例》对这项制度作了具体规定。另外，《水土保持法》规定，建设项目的水土保持设施，必须与主体工程同时设计、同时施工、同时投产使用；《水法》也规定，新建、扩建、改建建设项目的节水设施，应当与主体工程同时设计、同时施工、同时投产使用。

（4）浪费资源和严重污染环境的落后生产技术、工艺、设备和产品强制淘汰制度。这是从源头控制和预防浪费资源及污染环境的清洁生产制度。法律规定，国务院有关主管部门制定并发布限期淘汰的落后生产技术、工艺、设备和产品名录，生产者、销售者、进口者、使用者必须按名录规定在限期内停止生产、销售、进口和使用。

3. 排污管理制度

（1）排污申报登记制度，是指由排污者向环境保护主管部门申报其污染物的排放和防治情况，并接受监督管理的各种规则。《环境保护法》第 27 条规定："排放污染物的企业事业单位，必须按照国务院环境保护行政主管部门的规定申报登记。"《排放污染物申报登记管理规定》对申报登记的对象、内容、程序等作了具体规定。

（2）排污收费制度，亦称征收排污费制度，是指国家向排污者依法征收一定费用的一整套办法。向环境排放污染物是对公共环境的一种利用，而且往往产生不良影响，因此，应当缴纳一定的费用予以补偿。这是"污染者负担"原则的具体体现。

4. 环境资源利用制度

（1）环境资源领域的许可制度，是指从事开发利用环境资源的活动，必须事先向有关主管部门提出申请，经审查批准发给许可证后方可进行该活动的一整套管理办法。实行这一制度，是为了控制环境资源开发利用活动对环境资源的不良影响。它是世界各国通行的有效制度。在我国，有关环境资源的许可制度大致分为两大类：一是自然资源开发利用的许可制度，如森林法规定的林木采伐许可制度，水法规定的取水许可制度和河道采砂许可制度，野生动物保护法规定的狩猎、驯养繁殖、特许猎捕许可制度等；二是有关防治环境污染的许可制度，如海洋环境保护法规定的海洋倾废许可制度，固体废物污染环境防治法规定的危险废物收集、贮存、处置许可制度以及排污许可制度。

（2）自然资源有偿使用制度，是指除法律另有规定外，开发利用自然资源必须缴纳一定的税费。这是自然资源所有权的体现，是自然资源本身价值的要求。自然资源的价值是由其重要性、稀缺程度和资源勘探过程中付出的社会劳动确定的。随着人口剧增和经济迅速发展，资源日益短缺，资源的重要价值越来越凸显出来。实行资源有偿使用制度，可以促进资源节约、保护和合理而充分地利用。我国自然资源法律大多明确规定了资源有偿使用制度。资源有偿使用的方式主要是征收资源税、收取资源使用费和补偿费等。

（3）资源利用中的禁限和补救制度，是指法律法规对利用资源的行为方式、对象、时间、范围、工具等所作的禁止和限制性规定，以及对造成的难以避免的损害或破坏予以补救的规定。这是保护自然资源和生态的重要措施，是各项自然资源法的重要内容。

5. 法律责任制度

环境资源领域的法律责任，是指违反环境资源法或污染危害环境而依法应承担的否定性的法律后果。它是由环境资源法、民法、刑法、行政法等法律规范构成的综合性制度。依照这项制度，违反环境资源法的行政违法行为应承担行政责任，污染和破坏环境资源的侵权行为应承担民事责任，环境资源犯罪行为应承担刑事责任。

此外，还有环境保护目标责任制度、城市环境综合整治定量考核制度、排污总量控制和排污许可制度、限期治理制度、污染事故应急处理制度等。

（二）完善和健全环境保护法律制度

为了贯彻落实科学发展观，保护环境，节约和合理利用资源，实现人与自然和谐及可持续发展，必须总结实践经验，借鉴国外的有益做法，不断健全和完善我国的环境保护法律制度。其中应当特别重视以下方面。

1. 建立环境与发展综合决策机制

环境污染和生态破坏是在经济社会的发展中产生的，要解决环境问题，必须处理好经济社会发展与环境保护的关系，其中最根本的是要在经济社会发展的决策中考虑环境影响，预防环境问题的产生。政府在经济社会发展中的决策失误，往往会造成巨大的甚至是不可逆转的环境污染和生态破坏，要比个别人和个别企业对环境的危害严重得多。我国和其他国家在这方面的教训是很多的。因此，必须实行环境与发展综合决策，把环境保护融于经济社会发展的决策之中，把环境保护与经济社会发展紧紧联系在一起，在对发展经济和社会事业作出重大决策时，充分考虑环境和资源因素，审视其对环境的影响，避免和减少对环境的不利影响，使经济社会发展与环境资源相协调。这是国际社会的共识和经验。从目前来看，建立环境与发展综合决策制度，至少要考虑以下因素。

（1）切实落实各级政府对辖区内环境质量负责的规定，并明确政府首长负总责，把保护环境、节约资源放在突出的战略地位和重要议事日程，统筹辖区内的环境资源保护和经济社会发展，使二者相协调。

（2）加强宏观调控部门对环境资源保护的责任和作用，加强环境保护部门对经济社会发展宏观决策的参与，加强各有关部门的协作和配合，建立重大决策联合会审制度，从多方面和多角度保证环境与经济社会发展的综合决策，其中包括在制定经济社会发展规划和预算时充分考虑环境资源问题，作出统筹安排，并在财政资金方面加以保证。

（3）严格执行环境影响评价制度，并创造条件，逐步扩大战略环评的范围，使其包括各种重大经济社会决策事项。

（4）实行绿色国民经济核算，将自然资源和环境质量变化纳入国民经济核算体系，使人们了解经济增长是以环境和资源为基础和代价的，树立可持续发展思想，不以眼前的经济增长而毁掉国家和民族长远发展的生态环境和自然资源基础。

（5）建立全面的干部考核奖惩制度，把保护环境、节约资源、改善环境质量纳入干部实绩考核奖惩体系，因决策失误造成环境污染和生态破坏的，根据严重程度追究有关领导的党纪、政纪直至刑事责任。

（6）建立环境与发展综合决策公众参与制度，广泛听取企事业单位和公众对环境与发展决策的意见，组织有关专家对政府的决策进行多学科的全面论证。

2. 加紧推行污染物排放总量控制和排污许可制度

污染物排放总量控制，就是按一定区域的环境纳污容量控制该区域各种污染源的污染物排放，将其限制在环境容量允许的范围内，从而防止环境污染，保障该区域的良好环境质量。排污许可制度，是在环境容量和排污总量控制的限度内，由当地环保部门分别对各污染源的排污行为发放许可证，规定其排放污染物的种类、数量、浓度及其他相关条件。排污者只有取得排污许可证方可排污，而且必须严格按照排污许可证规定的条件排污。污染物排放总量控制和排污许可证制度，是许多国家通用的有效防止污染制度。其理据是环境有一定的自净能力，并非绝对不可排污，但自净能力是有限度的，排污必须控制在环境容量的限度内，所以必须对排污行为实行政府许可制度。

由于我国是发展中国家，需要快速发展经济，而且科学技术落后，长期以来实行的是污染物排放浓度控制制度和排污申报登记制度，即国家制定各种污染物排放浓度标准，排放污染物只要不超过标准即可；排污者也无须取得排污许可，只要依法向环保部门申报登记注册即可。浓度控制办法在改革前期对控制企业排污发挥了一定的作用。但随着经济的发展，污染源和排污量越来越多，各污染源加在一起所造成的环境污染越来越严重，污染物排放总量控制和排污许可制度势在必行。

3. 建立健全生态补偿制度

生态补偿制度是我国近年来探索建立的政府引导和市场机制相结合的新型环境法律制度。一般认为，生态补偿是指环境资源使用人或生态效益受益人在合法利用环境和自然资源过程中，对自然资源所有权人或对为生态保护付出代价者支付相应费用的法律制度，它是环境资源有偿使用制度的重要方面和最新发展领域之一。

生态补偿制度具有实现生态正义、社会公平和保护生态环境的双重功能，其理论基石包括外部效应理论、公共产品理论和生态资本理论。① 实行生态补偿制度，有利于加强国家和区域的环境资源保护和养育、改善环境质量，实现人与自然的和谐发展；有利于区域协调发展，缓解不同地区之间由于上下游、左右岸等生态区位不同以及环境资源禀赋、生态系统功能定位导致的发展不平衡、利益不均衡的问题；有利于社会财富在生态关联区域之间更公平地分享，填补区域、城乡经济发展鸿沟，从而维护人民群众的根本利益。

我国已经在林业、水土保持等领域初步建立了带有政府财政补贴色彩的生态补偿制度，一些省市还进行了市场化的生态补偿制度探索。

森林具有重大的生态效益，森林又是林区人民生产、发展和生活的物质基础，营林护林和造林与现实的经济利益之间存在一定的冲突，尤其是对于具有区域环境特点的生态林、风景林等非经济林来说，养护者应当得到补偿，否则，不仅社会公平正义难以实现，长此以往，造林人的经济生活也必将难以为继，造林人不可避免地又会蜕变为砍树人。为此，国家除征收专项用于造林育林的育林费、建立林业基金制度外，《森林法》还特别规定："国家设立森林生态效益补偿基金，用于提供生态效益的防护林和特种用途林的森林资源、林木的营造、抚育、保护和管理。" 2001 年国家启动森林生态效益补助资金试点工作，2004 年中央森林生态效益补偿基金制度正式确立并在全国范围内全面实施。2001～2006 年，中央财政共投入 100 亿元，对全国 6 亿亩公益林进行森林生态效益补偿，360 万农户 2000 万人直接受益。②

为保护和改善生态环境，国家还推行天然林保护工程和退耕还林工程，

① 沈满洪、杨天：《生态补偿机制的三大理论基石》，http：//www. xmems. org. cn/cgi-bin/ut/top-ic_ show. cgi? id = 15533&bpg = 11&age = 0。
② 《中国绿色时报》2007 年 2 月 8 日。

对林农和农民给予生态补偿。国务院专门制定了《退耕还林条例》，规定退耕还林必须坚持生态优先，国家按照核定的退耕还林实际面积向土地承包经营人提供补贴粮食、种苗造林补助费和生活补助费。

在水土流失地区，生态压力和群众的生存压力都非常大，而水土保持效果具有明显的外部性特征。因此，我国《水土保持法》规定，国家鼓励单位和个人按照水土保持规划参与水土流失治理，并在资金、技术、税收等方面予以扶持。

除政府主导的林业、水土保持等领域外，还有大量的生态环境保护行为需要实行包括市场化手段在内的生态补偿措施。比如，城市水源地的发展与保护的矛盾，江河上游水资源利用与中下游用水的矛盾，生态屏障的建设与投入的矛盾，喀斯特地区过度开垦导致的水土流失和石漠化问题，草原过度放牧或过度耕种带来的风沙问题，矿产资源开发地区的生态损害，以及自然保护区的保护问题，等等。① 浙江省最早对生态补偿进行了多渠道的探索，② 从地方到全省，逐渐形成了多种渠道、多种模式的生态补偿机制。

生态补偿关系到社会各种利益的平衡，涉及复杂的经济技术机制，对调动各方面的力量、积极性和资金去保护生态环境和实现社会公平正义，具有重要意义。因此，要运用生态学、经济学、法学和社会学等多学科的理论加强研究，总结国内和国际的实践经验，尽快建立健全一套可行的法律制度。在修订《环境保护法》时要将其作为一项根本制度固定下来，在其他相关法中也作出相应规定，并进而制定一项专门法规对整个制度作出全面而具体的规定，明确界定生态补偿的定义、补偿范围、补偿原则、补偿标准、补偿主体、补偿对象、生态效益评估办法、资金的筹集和管理、政府的责任、监督等。最终实现大家都来建设和养护生态环境，大家都来享用生态环境的服务和恩惠，人与自然和谐相处。2008 年 2 月 28 日通过的新《水污染防治法》迈出了可喜的一步，明确规定，国家通过财政转移支付等方式，建立健全水环境生态保护补偿机制。

4. 明确规定公民的环境权利，完善公众参与环境保护制度

每个人都需要环境，每个人都在环境中生活，环境是人赖以生存和发展的先决条件。所以，人人都有在适宜生存的环境中生活的权利，公民的环境权是一项基本人权。因此，许多国家的法律都明确规定了人和公民的环境权。

公民的环境权是其生存和全面发展的基础和前提，也是公民参与国家和社会环境保护事业的法律依据。因此，我国的宪法和环境保护法也应尽早明确规定人人有在良好的环境中生活的权利和保护环境、珍惜自然资源的义务。为了落实这项环境权利和义务，推动公众参与环境保护活动，还应进而规定

---

① http://www.agri.gov.cn/jjps/t20051227_ 524296.htm.

② http://www.zjep.gov.cn/stsjslt/sDetail.asp? aid = 14.

公民有获得环境信息的知情权，参与环境保护决策的权利，对政府的环境管理和企事业单位及他人的污染破坏环境行为进行监督的权利，以及在因环境污染破坏而遭受生命健康和财产损害时获得救济的权利，简言之，即环境信息知情权、环境保护决策参与权、环境管理监督权和环境污染损害救济权。

在完善公民环境权利义务的基础上推进公众参与环境保护活动，是建设资源节约型、环境友好型社会，促进人与自然和谐，构建和谐社会的必然要求和根本举措。因为人人都在利用环境资源，人人也都在影响环境资源，环境质量的好坏有赖于每个人，保护和改善环境是每个人的切身利益；保护环境是全民的事业，必须人人动手。

目前，我国关于公众参与环境保护的法律规定和制度还不完善，需要在政策和法律上作出进一步规定，推动环境保护方面的公众参与继续健康发展。

（1）通过《环境保护法》对公民的环境权利和公众参与作出全面的规定，明确公民的环境权利，提升公众参与的法律地位，使其成为环境保护的一项基本原则，贯穿于环境保护活动的全过程和各个方面。公众参与的权利应包括获得环境信息的知情权、参与环境保护决策权、环境监督权和获得环境侵害救济权等。

（2）总结《环境影响评价公众参与暂行办法》的实践经验，制定《环境保护公众参与办法》，对公众参与环境保护的原则、范围、方式、方法、保障措施等作出较全面的具体规定，保证公众以一定方式参与环境立法、参与宏观环境政策的制定和环境规划的编制，参与环境影响评价，获得和使用环境信息，提出与环境保护相关的批评、建议、检举、控告、索赔，监督其他市场主体的环境行为、监督政府的环境决策和具体环境行政行为，参与公益性环境保护活动，组织或参加环境保护社会团体等。

（3）对环境保护社会团体的成立、活动、权利和义务等作出具体规范，支持环保群众组织依法开展环境保护活动。同时，还要支持工会、妇联等群众组织积极参与环境保护活动。

（4）对开展社区环境保护活动作出规定，推动各地出现的"绿色社区"、"绿色学校"、"生态环保模范小区"、"绿色家庭"等进一步发展。

（5）严格执行国务院发布的《政府信息公开条例》和原国家环保总局发布的《环境信息公开暂行办法》，保证公众能够及时获得有关信息，为公众参与环境保护提供方便。

（6）建立环境公益诉讼制度，发动社会力量同污染和破坏公共环境的行为进行斗争。

（三）完善环境资源管理体制

经过30多年的摸索和改革，目前我国已经形成了各级政府对管辖范围内环境质量负责，环境保护行政主管部门实行统一监督管理，各有关部门依照法律规定实施监督管理的环境管理体制和各资源主管部门对相应自然资源进行监督管理的资源管理体制。2008 年国家又把国家环境保护总局提升为环境保护部。此外，国家还建立了全国环境保护部际联席会议制度。在地方上也建立了相应的环境和资源管理机构。但是，现有的环境资源管理体制还有待进一步加强和完善，其中需要特别注意以下方面。

1. 切实加强各级政府对环境资源工作的统一领导和协调

因为这项工作事关全局，决定着经济社会的可持续发展，涉及方方面面和多个部门，必须由政府负全责，进行综合决策、统管全局。因此，各级政府必须将环境资源保护工作放在更加突出的战略位置，深刻认识到保护环境、节约资源是实现经济社会可持续发展的关键，切实加强环境资源保护的统一领导、规划、协调和监督。为此，应当进一步明确划分各有关管理部门的职责分工，使其互相补充、配合、协调。

2. 加强并明确划分政府各有关部门的环境保护职责

特别应加强国家发展和改革委员会、财政部等国家宏观经济调控部门在保护环境、节约资源方面的职责和作用，将环境保护、资源节约和合理利用真正融合于国家经济社会发展的宏观调控中，在规划、资金、技术经济政策等方面落实，切实把环境与发展紧密结合起来。同时，加强工商、公安、商务等各有关部门的环境保护工作，使其与环境资源保护管理部门相互配合、一致行动。

3. 加强海洋管理机构

我国拥有 300 多万平方公里的海洋和 18000 多公里的大陆海岸线。海洋是重要的环境要素和自然资源，在国家和社会生活中的地位和作用越来越大，有效保护和合理开发利用海洋资源，是维持人与自然和谐的重要方面，是实现社会持续和谐发展的重要内容和条件。保护和合理开发利用海洋是国家的重要任务，而且涉外性很强，既需要积极参与国际海洋合作，严格履行我国承担的国际义务，又要从多方面维护我国的领海主权和海洋权益。目前的国家海洋管理体制，不适应国家海洋资源和环境管理的需要，应当以适当的方式加强国家的海洋管理机构。

4. 加强环境与资源保护领域的行政监察

行政监察是现代国家行政管理体制和制度的重要组成部分，对于保证政令畅通、维护行政纪律、促进廉政建设、改善行政管理、提高行政效能，具有十分重要的作用。在贯彻依法治国方略、加强依法管理环境和资源的进程中，应当加强行政监察。特别是因为我国的许多环境资源事件，是由行政执法不力或行政违法、渎职等行为造成的，尤其是在地方保护主义和片面 GDP 引导发展观的支配下，部分地方政府纵容甚至祖护污染环境、滥占耕地和破坏生态行为。要搞好环境保护，必须确保行政权力的行使符合环境法律的要求，必须强化行政监察。近年来，国家环境资源部门和地方各级环境资源部门与监察部门加强配合，联合执法，对环境资源违法违纪行为加强查处，发挥了很好的作用。2006 年原国家环保总局还与监察部联合发布了《环境保护违法违纪行为处分暂行规定》。今后应当进一步发挥行政监察的作用，依照《行政监察法》和相关的环境资源法律，加强对国家行政机关、国家公务员和国家行政机关任命的其他人员的环境资源违法违纪行为的监察，包括环境资源管理机关本身，以保证环境资源法律法规的实施。

5. 加强法院和检察院的环境资源保护工作

保护环境是整个国家的任务和工作，除了加强各级政府对环境的行政管理外，还必须加强环境司法工作。法院是国家的审判机关，检察院是国家的法律监督机关，它们都是最权威的维护公平正义的国家机构。只有法院、检察院切实贯彻落实科学发展观，重视环境资源保护工作，依法加强对环境资源民事、行政、刑事案件的审理，及时惩处环境资源违法犯罪行为，维护国家和公民的环境资源权益，才能真正保障环境资源法律法规的实施。近年来，贵阳、无锡、昆明等地法院成立环保法庭专门审理环境案件，是值得认真研究推广的好办法。

第二节　社会保障与构建和谐社会

一　中国社会保障制度的现状

和谐社会的对立面是社会不和谐。社会和谐不是说社会没有矛盾。矛盾无处不在，无时不在。任何国家或任何社会形态的任何时期都会存在贫富之间的矛盾、不同信仰之间的矛盾、秩序与自由之间的矛盾、官民之间的矛盾。社会不和谐是指上述矛盾得不到合理的处理和正确解决，因而发生重大对抗，以至于严重影响到社会安定、人们的幸福、文明的进步和历史的发展的一种社会状态。[①] 既然社会保障制度对于社会和谐程度具有重要的影响作用，在这里，通过对城镇职工社会保险制度和农民社会保障制度不完备所带来的社会问题的分析，进一步说明它们之间的密切关系。

（一）城镇职工社会保险制度不完备导致社会不和谐

1. 社会保险待遇偏低导致职工生活陷入贫困

例如，养老金待遇偏低，拉大了退休人员与在职职工的收入差距，降低了退休人员的生活水平，使相当数量的退休职工陷入贫困境地。虽然国家从 2005 年到 2007 年连续三年三次提高养老金水平，在 2008～2010 年又连续三次提高养老金水平，[②] 但由于在职职工工资外补贴高，养老金提高幅

[①]　李步云：《"和谐社会"论纲》，载李林主编《依法治国与和谐社会建设》，中国法制出版社，2007，第 3～4 页。

[②]　戚铁军：《"2007 年中国劳动保障报十大新闻"揭晓》，《中国劳动保障报》2008 年 1 月 4 日。

度小,① 退休职工与在职职工的收入差距依然很大,他们生活水平的差距自然也跟着拉大。失业保险金的给付标准确定为最低工资标准以下,而目前各地最低工资标准约为社会平均工资的 1/3,因而失业保险金标准偏低,不能保障失业者的基本生活需要。据河南省总工会对 6508 名失业职工调查,有 34% 的人靠节衣缩食度日,20% 靠亲友救济,只有 3.3% 人靠失业津贴艰难度日。② 这就使失业保险不能发挥促进社会稳定的功能。

2. 养老保险历史债务主体不明确导致个人账户空账运行

1997 年 7 月,国务院发布《关于建立统一的企业职工基本养老保险制度的决定》,使各地的养老保险统账结合的模式逐渐得到统一。2000 年 12 月,国务院发布《关于完善城镇社会保障体系的试点方案》,将企业缴费率确定为职工工资总额的 20%,职工个人缴费率确定为本人工资的 8%,至此统一的养老保险制度得以建立。1997 年确立的"社会统筹和个人账户"相结合的养老保险制度在十多年的运行中,在保障退休职工生活、促进经济发展、维护社会稳定方面发挥了重要作用,但是也出现了一些必须解决的问题。主要问题是:个人账户在空账运行。由于"养老保险历史债务"的责任主体不明确(即中央政府和地方政府分担的比例没有明确划分),导致养老保险个人账户空账运行。截至 2004 年底,养老保险个人账户空账规模累计已达 7400 亿元,而且每年还以 1000 多亿元的速度递增。③ 到 2033 年人口老龄化高峰时,当期养老金缺口将达 4400 多亿元,空账规模将高达 14 万亿元。④ 养老保险个人账户空账运行为养老保险制度持续稳定发展埋下了隐患,即在某个时期,被称作退休职工救命钱的养老金将因不能按时足额发放而使他们陷入贫困,进而引发社会不安定。

3. 医疗保险的统账结合模式导致职工看病贵、看病难

医疗保险制度在改革之前实行现收现付的筹资和支付形式,改革以后的医疗保险实行"个人账户与社会统筹相结合"的筹资模式,即职工个人缴纳的医疗保险费全部记入个人账户,用人单位缴纳的医疗保险费的 30% 记入个人账户,70% 记入社会统筹账户。起付标准以下的医疗费从个人账户中支付或由个人支付;起付标准以上、最高支付限额以下的医疗费,从统筹基金中支付;超过最高支付限额的医疗费用自行解决。这一改革是不成功的,主要问题在于:实行个人账户和社会统筹相结合的集资和支付模式后,个人账户

① 2007 年,全国共有 608 万人享受了特殊倾斜政策,月人均基本养老金从调整前的 1023 元增加到 1172 元。参见张春红《做实,告别养老保险的"空账"时代》,《中国劳动保障报》2007年 12 月 13 日。

② 陈佳贵、罗斯纳等:《中国城市社会保障的改革》,阿登纳基金会系列丛书第 11 辑,第187 页。

③ 刘文海:《把"隐形债务"限制在合理的范围》,《社会科学报》2006 年 11 月 9 日。

④ 张春红:《做实,告别养老保险的"空账"时代》,《中国劳动保障报》2007 年 12 月 13 日。

的积累如果本人由于健康而不用于支付医疗费的话，就可以长期存在账户中，以至于越积累越多而得不到使用；而生病多的人，个人账户的钱不够用，甚至总是空账，又不能从统筹资金中支付。由于从统筹资金中支付也是有限的，不论各地怎么确定个人账户和社会统筹的缴费比例，这种设计都不能发挥医疗保险互济和共同抵御风险的功能。所以，这种统账结合的医疗保险模式，由于职工承担了较大比例的医疗费用，在医疗费用不断攀升的情况下，其直接后果就是职工看病贵。[①]"看病贵"一方面使生病的职工花费较多医药费而陷入贫困；另一方面使收入低的职工出现小病扛、大病等死的情形，不仅严重影响了职工的生命健康，而且也容易产生社会不和谐的因素。

4. 统筹层次低影响劳动力自由流动、社会保险基金管理及应对突发事件

在"文化大革命"之前，劳动保险金由企业缴纳，费率为企业职工工资总额的3%。在开始实行劳动保险的头两个月，企业缴纳的劳动保险金全部存入中华全国总工会。从第三个月起，企业缴纳的劳动保险金的70%留在工会基层委员会，形成劳动保险基金，用于支付抚恤费、补助费和救济费；30%存入中华全国总工会，作为劳动保险总基金，用于举办劳动保险事业，例如举办疗养院、休养所、养老院、孤儿保育院、残疾人福利院等。工会基层委员会每月结算一次并将没有用完的劳动保险基金转入省市工会组织或产业工会委员会，作为劳动保险调剂金，劳动保险基金入不敷出的工会基层委员会可以向上级工会组织申请调剂。省市工会组织或产业工会委员会将上缴的劳动保险调剂金用于补助其所属的、劳动保险基金入不敷出的各基层工会组织和举办劳动保险事业，每年结算一次并将余额上缴中华全国总工会，不足开支时向全国总工会申请调剂。总之，这是一种由国家统一筹集、统一调剂使用社会保险基金的全国统筹筹资模式。

目前，我国实行的是"统分混合"的养老保险管理体制，名义上是地方政府分散决策，各自对本地区的养老保险计划负全责，事实上，自1998年以来，地方养老保险在资金出现缺口时就要求上级政府予以补助。1998年，中央财政为全国养老保险提供补贴24亿元，1999年为175亿元，2000年为327亿元，[②] 2006年进一步增加到774亿元，[③] 这就将地方负责制演变为中央政府财政兜底制。解决养老保险基金责任不清的最有效办法是实行全国统筹，即无论是企业缴纳的养老保险费形成的统筹账户还是个人缴纳的养老保险费形成的个人账户，资金统一由中央政府筹集、管理、调剂和使用，在养老保险支付出现资金缺口时由中央财政提供补贴，这就将名义上地方负责、实际上

[①] 张煜柠：《邓大松把脉医改——医患矛盾，问题主要集中在供方》，《中国社会科学院报》2008年12月9日。
[②] 胡晓义：《从"统分混合"走向"统分结合"》，《中国社会保障》2002年增刊。
[③] 贾康等：《关于中国养老金隐性债务的研究》，《财贸经济》2007年第9期。

中央出钱的暗补变为明补（1998~2001年间，对养老保险的基金补贴，中央财政支出占90%以上，而地方财政补贴还不足10%①），同时表明中央政府承担了养老保险的财政责任，进而增强人们在养老保险上的预期和信心，增强人们对于政府的信任和支持，增加社会和谐和凝聚力。

一直以来，养老保险仍停留在地市乃至县级统筹层次上，中央政府虽然想提高养老保险统筹层次，但到2001年底，除几个直辖市和个别省区外，绝大多数地区仍停留在低层次统筹状态。实际上，省级统筹虽然能减轻那些因历史负担重（武汉等老工业基地的企业基本养老保险缴费率高达24%以上）而导致缴费率居高不下的老工业基地的负担，却会增加另一些历史负担轻（深圳市2001年将养老保险企业缴费率降为6%）的地区的缴费负担，造成它们不愿意进入省级统筹。不平衡的缴费率恶化了地区之间的竞争环境，而且使得老工业基地即使通过畸高的缴费率筹集养老保险基金，仍无法满足离退休人员增加所带来的养老金需求增加的需要，因而不得不动用个人账户资金来弥补缺口。现实情况说明，中央财政与其被动暗补，不如通过全国统筹，将资金的实际缺口由过去的地方性缺口转化为全国性缺口，最终由中央财政解决。国家对历史债务处理不力，不仅使全国性养老保险制度不能建立，而且会在老工业基地和新兴工业城市之间形成一道无形的却又难以逾越的障碍，从而直接影响基本养老保险统筹层次的提高，加重中央政府的直接责任。

一般来说，社会保险统筹层次越高，社会公平的程度也越高，越有利于劳动力自由流动和统一劳动力市场的形成。世界上所有的建立了社会保险制度的国家，几乎都是实行全国统筹，唯有我国实行的是县级统筹。我国有3000多个县，与此相应就有3000多个统筹单位和管理主体。在这样的体制下，由于中央政府的监管部门离基金实际统筹单位过远，不仅难以将所有的社会保险费筹集在一个统一的管理者手中和进行适时的调剂（我国的社会保险基金存量余额仅为美国的1/16，原因尽管很多，但统筹层次低是其中的一个重要原因），而且社会保险基金风险比实行全国统筹的国家高很多（从概率上讲，是美国的2000多倍）。例如，审计中反映的社会保险基金没有实行专户管理的占地方政府违规动用社会保险基金的38.02%。② 因此，实行社会保险全国统筹是必须尽快解决的问题。

2008年5月12日在四川汶川发生的大地震进一步表明，社会保险全国统筹有利于应对类似地震这样的突发事件。汶川特大地震灾害造成大量参加社会保险职工伤亡、失业，社会保险经办机构需要支付的工伤保险费、医疗保险费、失业保险费骤增，特大灾害使得大量停产半停产的企业无力缴纳社会保险费，四川省社会保险面临增支与减收的双重压力，其中最为突出的是工

① 郑功成等：《中国社会保障制度变迁与评估》，中国人民大学出版社，2002，第104页。
② 郑秉文：《社保基金存在三大制度风险源》，《中国劳动保障报》2007年6月7日。

伤保险。社会保险出现的这种困境，凸显了我国社会保险统筹层次低、调剂金制度不完善带来的问题。① 如果我国实行的是社会保险全国统筹，在汶川发生特大地震、社会保险待遇支付急剧增加的情况下，比较充足的社会保险基金储备以及没有遭遇地震灾害的其他地区继续缴纳的社会保险费，就能够保证灾区按时足额发放各项社会保险待遇，保障灾区职工及其家庭的基本生活需求，以充分发挥社会保险"安全网"的功能。

5. 社会保险费多头征收增加了征收和管理成本

我国 1999 年 1 月 22 日发布的《社会保险费征缴暂行条例》第 6 条规定，社会保险费"可以由税务机关征收，也可以由劳动保障行政部门按照国务院规定设立的社会保险经办机构（以下简称社会保险经办机构）征收"。2011年 7 月 1 日起生效的《社会保险法》也未能有效地解决这个问题。据国家税务总局统计，2005 年，全国有 19 个省、市、自治区和计划单列市地税局征收各项或单项社会保险费，其他省份则由社会保险经办机构征收。这种由两个不同的机构征收社会保险费（税）的做法，在世界上是独一无二的。② 社会保险费由不同机构征收，导致了两个机构之间难以协调、征收和管理成本增加等问题的产生。由此，学术界长期以来展开了"费改税"或者"税改费"的讨论。例如，持"费改税"观点的学者认为，开征社会保险税是当前较佳选择，税的立法层次高于费，在执行中具有绝对的刚性是最主要的原因。③ 与此相对应，我们认为应当将《社会保险费征缴暂行条例》和《社会保险法》的规定改为社会保险费由社会保险经办机构征收，由企业从职工工资中扣除后，连同企业应缴纳的社会保险费在法律规定的期限内一并交到社会保险经办机构，在解决立法层次高低问题的同时，强化和提升社会保险经办机构在社会保险费征收过程中的权威性和强制力。

6. 社会保险基金管理混乱导致基金严重流失

2006 年 9 月国家审计署对 29 个省（自治区、直辖市）和 5 个计划单列市2005 年养老保险、医疗保险和失业保险基金管理使用情况的审计结果表明，违规截留挪用社保基金计 71.35 亿元，其中 1999 年底以前发生的有 23.47 亿元，2000 年以来发生的有 47.88 亿元，这些违规使用的基金部分无法追缴归还。基金管理存在的其他问题是：社会保险费代缴机构（税务局、人才交流服务中心、职业介绍服务中心等）没有按规定时间将征缴的 16.20 亿元社保

---

① 尹蔚民：《全力做好灾后恢复重建中的人力资源和社会保障工作》，《中国劳动保障报》2008年 7 月 18 日。

② 郑功成：《社保基金应该实行集权监督》，《中国劳动保障报》2007 年 6 月 8 日。

③ 《税费之争观点一览》，《中国劳动保障报》2007 年 1 月 18 日；邓大松主编《社会保险》，中国劳动社会保障出版社，2002，第 76 页。

基金交入财政专户；社会保险经办机构在决算时少计保险基金收入 8.12 亿元。① 尤其是 2006 年发生在上海的 32 亿元人民币社会保险基金被挪用的事件，引起了人们的巨大震惊。② 社会保险基金被违规动用，极大地损害了政府的形象和公民对政府的信任，削弱了社会保险基金对于被保险人生活风险的保障能力，最终影响社会保险制度的正常运转与社会的安定和谐。

　　7. 不完善的城市住房制度使得一批急需住房的人成为房奴

　　1994 年国务院发布《关于深化城镇住房制度改革的决定》；同年，建设部、财政部等部门根据决定的指导精神出台了《城镇经济适用住房建设管理办法》，将经济适用住房定义为"以中低收入家庭住房困难户为供应对象，并按国家住房建设标准建设的普通住房"。由此确立了经济适用房制度，它的初衷和立足点是社会保障性的，因而经济适用房制度是社会保障制度而不是经济制度。国务院在 1998 年颁布的《国务院关于进一步深化城镇住房制度改革加快住房建设的通知》中指出："停止住房实物分配，逐步实行住房分配货币化"，"建立和完善以经济适用住房为主的住房供应体系"。此后，经济适用住房成为住房供应体系中的主体，经济适用住房制度也从社会保障制度角色转变为经济制度的角色。2004 年，建设部等四部门下发的《经济适用住房管理办法》第 26 条规定："经济适用住房在取得房屋所有权证和土地使用证一定年限后，方可按市场价上市出售；出售时，应当按照届时同地段普通商品住房与经济适用住房差价的一定比例向政府交纳收益。"这一规定使得经济适用住房具有了社会保障性和经济性双重属性。

　　经济适用住房的双重性决定了制度实施的结果必然背离制度设计时的初衷：在政府主管部门监管审查不力的情况下，一些不具备购买经济适用房资格，但是具有一定的经济实力和社会关系的人，借助他们的优势购买了经济适用房。他们将买到的经济适用房出租或者在上市期限届满以后出售获取利益，经济适用房这时完全丧失了它的保障功能而蜕变为投资工具。经济适用房一旦被出售，就流向了商品房市场，经济适用房数量也随之减少。在我国住房供给短缺的情况下，这进一步加大了经济适用房供求矛盾。导致经济适用房减少和流失的另外一种情形是，当时具有购买经济适用房资格并且购买了经济适用房的人，在他们的经济条件好转以后，将经济适用房出租或者出售，这明显违背了经济适用房满足基本住房需求的立法初衷。与此相适应，真正符合居住经济适用房条件的人由于买不到房而不得不购买商品房，由此背上沉重的高额贷款包袱，成为时下被人们称作"房奴"的群体。拥有几套住房和为一套住房而成为房奴的人之间明显是不和谐的。

---

　　① 审计署：《三项保险基金整体情况较好》，《人民日报》2006 年 11 月 24 日。

　　② 郑秉文、黄念：《上海社保案折射出哪些制度漏洞》，《中国证券报》2006 年 10 月 13 日；林治芬主编《社会保障资金管理》，科学出版社，2007，第 19 页。

（二）农村社会保障制度不完备导致社会不和谐

1. 有限的社会保障待遇使一些农民处于贫困之中

由于农民不能获得社会保障的保护，需要自己支付医疗费用、养老费用，甚至义务教育费用，这使农民普遍处于贫困状态。据统计，1999 年全国社会保障支出 1103 亿元，其中城市支出 977 亿元，占 88.6%，农村支出 126 亿元，占 11.4%；城市人均 413 元，农村人均 14 元，相差 28.5 倍。[①] 该年度，全国有 65.7% 的人没有任何形式的医疗保险，[②] 而这些人主要是农民。研究表明，农村贫困人口中有 70% 是因为疾病造成的。[③] 农民收入少，但支出比城镇居民多，而多支出的部分主要是国家为城镇居民提供的社会保障部分，例如养老保险、医疗保险、中小学义务教育费用等。另据我国农村经济学家对 15 个省 46 个乡村的调查，民间借贷率高达 95%，其中高利贷发生率为 85%。所借的高利贷中，33.8% 是生活性借贷，29% 是必须支付的教育、医疗等费用，只有 11% 是生产性支出。[④] 前两项占借贷额的 62.8%。

导致农民贫困的原因是多方面的，缺乏社会保障待遇是一个主要原因。农民的贫困和城乡差距的扩大产生的严重后果是，动摇了底层社会对政府的信心，削弱了政府动员社会资源的能力，而且导致农民与政府之间的关系恶化。部分地区发生了农民与乡村干部械斗的恶性事件，甚至出现了农民围攻基层政府的群体性对抗行为，[⑤] 这些都已经严重影响到党和农民的政治关系。

巴西前总统卢拉·达席尔瓦曾在联合国讨论饥饿与贫困问题的专门会议上说："世界上杀伤力最大的大规模杀伤性武器是贫穷，这句话还要重复多少遍呢？"[⑥] 在现代化社会阶层结构中，规模庞大的社会中间层是社会稳定的坚实力量。1977 年，日本处于中层的人数达到 90%，成为独特的全民皆中游的"中流社会"。在美国，中间阶层约占总人口的 60%。我国目前能够归入中间阶层的就业人口所占的比例仅为 15% 左右。社会中间层过小、农村贫困阶层规模过大的后果是不利于社会稳定。农村居民在社会资源享受上的小份额与他们占总人口比例的大份额极不相称，表明他们中的大多数不能分享到社会经济发展所带来的成果。

---

① 李培林主编《农民工——中国进城农民工的经济社会分析》，社会科学文献出版社，2003，第 152 页。

② 中国（海南）改革发展研究院：《适应我国公共需求变化 加强政府社会再分配职能》，《光明日报》2006 年 1 月 15 日。

③ 中国（海南）改革发展研究院：《适应我国公共需求变化 加强政府社会再分配职能》，《光明日报》2006 年 1 月 15 日。

④ 景天魁等：《社会公正理论与政策》，社会科学文献出版社，2004，第 157 页；温铁军：《三农问题与世纪反思》，三联书店，2005，第 116、240 页。

⑤ 温铁军：《三农问题与世纪反思》，三联书店，2005，第 6 页。

⑥ 沈立人：《中国弱势群体》，民主与建设出版社，2005，第 283 页。

2. 有限的合作医疗待遇使一些农民处于疾病威胁之中

在经济体制改革过程中，医疗卫生领域出现了"过度市场化"的情形。"过度市场化"，是指一些本应由政府承担提供的服务和产品转由市场提供。在大部分卫生健康资源投向了城市的医疗保障政策下，过度市场化不仅加剧了医疗保健在城乡之间的不公平性，而且使农村不可避免地面临缺医少药的问题。由于农村数量众多的经济上贫困人口无法获得基本的公共医疗服务，流行病、常见病在威胁着他们。据权威统计，到 2005 年中国农村仍有一半农民因经济原因看不起病，在中西部地区，农民因此死于家中的比例高达 60% ~ 80%。即使在经济最发达的浙北农村，也有 30% ~ 40% 得了绝症的农民因无钱医治而死在家中。① 农村卫生医疗保健体系的缺失，不仅使农村居民身体素质普遍低下，而且导致大量残疾发生，这使得这些家庭更加贫困，也给国家扶贫增加了压力。实际上，大多数发达国家都拒绝让市场力量支配医疗卫生领域。中国在改革开放初期，政府预算支出占卫生总费用的比重为 36%，到了 2000 年下降到 14.9%，这表明居民个人承担的医疗费用在攀升——从 1980 年的 23% 上升到 2000 年的 60.6%。也就是说，我国政府承担的部分不到 40%，而这一数据在发达国家为 73%，在最不发达的国家为将近 60%。②

3. 受教育机会不平等使农民输在起跑线上

在我国，长期奉行向城市倾斜的财政制度，国家义务教育的范围实际上是城乡有别的。根据中国社会科学院"当代中国社会阶层结构课题组"2004 年发布的《当代中国社会流动》报告统计，2002 年全社会的各项教育投资是 5800 多亿元，其中用在城市的占 77%（城市人口占总人口不到 40%），而占人口 60% 以上的农村人口仅获得了 23% 的教育投资。③ 这种向城市倾斜的财政与教育政策在相当大的程度上导致了农民负担的加重和收入的减少，加上教育费用昂贵，使得许多农村青少年，尤其是女孩辍学回家，不能完成义务教育。作为由国家提供的公共产品，政府的责任是"使每个人从一开始就有足够的权力（物质条件）以便得到相同的能力而与所有其他人并驾齐驱"。④ 毫无疑问，由政府出面大力发展教育事业尤其是基础教育，是平等发展个人潜力的最为重要也是最为有效的途径。从小学到高中，城乡入学率的差距越来越大，到了大学阶段这个差距已经非常惊人了。据统计，1960 年以前，大学生中，来自城乡的比例为 3∶7，当时城乡人口的比例是 2∶8；到 2004 年，在

---

① 艾凌珊：《下决心解决农民看病难》，《经济日报》2005 年 5 月 30 日。
② 王绍光：《人民的健康也是硬道理》，《读书》2003 年第 7 期。
③ 杨瑞勇、刘洪翔：《义务教育与教育公平新论》，《新华文摘》2005 年第 5 期。
④ 〔美〕乔·萨托利：《民主新论》，冯克利等译，东方出版社，1998，第 389 页。转引自吴忠民《社会公正论》，山东人民出版社，2004，第 128 页。

大学生中，来自城乡的比例为 7∶3，而城乡人口比例为3∶7。① 农民的贫穷和昂贵的教育费用，是许多贫困农民家庭子女放弃上大学的重要原因。据媒体报道，没有能力缴纳学费的贫困学生占大学生的 20%，绝对贫困生占 8%，这些学生大部分来自农村。② 虽然国家在 2004 年 9 月 1 日新学期开学之前出台将还贷时间由 4 年延长至 6 年的新政策，共青团中央也启动了新长城助学计划，但是，由于适用范围窄，不能普遍解决贫困生的经济困难，多数贫困生依然忍受着贫困的煎熬，这对培养全面发展的高素质人才是不利的。

4. 社会保障不完善造成的贫困导致社会不安定因素产生

改革开放 30 多年来，中国已由一个高度平均主义的国家转变为城乡差距和贫富差距扩大，并且呈不断扩大趋势的国家。这是让人十分担忧的事情。因为这些差距超过了国际上中等不平等程度的国家。中国的贫困人口有 2 亿多人，他们大部分是农民。"天下可忧在民穷，天下可畏在民怨。"30 多年来，基层政权对农民实施的"只取不予"的政策，激起了农民的极大愤慨，在湖南、湖北、江西一带甚至演变成大规模的农民反抗事件。导致事件发生的原因是多方面的，但农民收入过低和负担过重（养老负担、医疗负担、供养子女读书的负担等）是最主要的原因之一。正如李培林教授等所说："无论是拉美、非洲还是世界上的其他地方，政治专制与社会动荡几乎总是与社会不公正相伴相随。在中国，一想到有近两亿人未能进入小康生活，一想到城市的繁华与农村的凋敝形成的鲜明对照，我们就不能不为潜在的社会不稳定风险而感到一种巨大的压力。"③ 如果政府能够在设法增加农民收入的同时，为农民提供最基本的养老、医疗、最低生活保障等待遇，再将农村基础教育和公共卫生保健责任承担起来，就能够极大地安抚农民，增强农民获得公平的国民待遇的感觉和体验，消除他们的被剥夺感和由此产生的愤愤不平的心理，减少农村社会的不安定因素。

（三）农民工和失地农民缺乏社会保障导致社会不和谐

1. 农民工缺乏社会保障无法应对生活风险

2007 年 7 月 24 日，全国人大常委会副委员长成思危透露，全国农民进城打工者已经有 1.5 亿。④ 他们分布在城市各个行业，特别是集中在制造业、建筑业、住宿餐饮业等行业。对于大多数背井离乡的农民来说，他们起初进城的目的就是打工赚钱。当他们进入城市以后，城市的繁华景象和城市人舒适的生活感染了他们，他们中的相当一部分人拼命工作，以寻求留在城市生活

---

① 中国"三农"形势跟踪调查课题组、中汉经济研究所农村发展研究部编《小康中国痛——来自底层中国的调查报告》，中国社会科学出版社，2004，第 230、394、439 页。

② 央视二台 2004 年 9 月 1 日《第 1 时间》栏目播报。

③ 李培林等：《中国小康社会》，社会科学文献出版社，2003，第 272 页。

④ 张英：《从"废乡"到"废人"——专访贾平凹》，《南方周末》2007 年 10 月 25 日。

的机会。然而，这些正当合理的要求在我国的现实生活中却成了他们的一种奢望——我国的大中城市无时不在"边缘化"那些进入城市的农民，使他们过着艰难的生活：他们得了职业病或发生工伤事故，得不到或者很少得到事故保险的保护。我国每年因工致残人员有 70 多万，其中农民工占绝大多数。乡镇企业中，83% 的企业不同程度地存在着职业危害。① 工伤事故是对农民工威胁最大的生活风险，而农民工从事的又是风险最多的工作，他们一旦遭遇工伤事故，雇主和用人单位就会把他们扫地出门，或只给少量的补偿金。② 他们生病以后，不能得到或者只能得到很不充分的医疗待遇。2002 年，93% 的人生病以后，他们所在单位分文未付，只有 7% 的人得到过单位几十元的帮助，③ 因此疾病是对农民工的又一大威胁。有些城市虽然为农民工办理了社会保险，但是，由于受统筹层次的限制，在农民工到异地打工或者返乡时，不能带走已经缴纳的社会保险费或者享受应当享有的社会保险待遇。例如，深圳市 1987 年就建立了社会保险制度，虽然 2004 年已经有 4 万多农民工到了退休年龄，但是，由于没有一人累计缴纳了 15 年的养老保险费，因而在 2004 年时，没有一人有资格按月领取养老金。④ 而且，农民工参加城镇社会保险的比例普遍较低。调查表明，某地农民工养老保险的参保率为 13.8%，参加医疗保险的占 10%，参加工伤保险的占 12.9%。由于统计口径和调查误差等原因，农民工实际参保率可能还要低。⑤

2008 年 1 月 1 日起实施的《劳动合同法》第 17 条第 7 项规定，用人单位与劳动者订立的劳动合同中应当有"社会保险"的条款；第 38 条第 3 项规定，用人单位未依法为劳动者缴纳社会保险费的，劳动者可以解除劳动合同。这些规定在强制用人单位参加社会保险上发挥了积极作用。然而，在我国劳动力供大于求、劳动力市场不规范的情况下，劳动者因为用人单位没有为其缴纳社会保险费而解除劳动合同几乎是不可能的事情。更为遗憾的是，《劳动合同法》在第 7 章"法律责任"中没有规定对不缴纳社会保险费的用人单位的处罚措施，使得第 17 条第 7 项的规定形同虚设，社会保险扩面目标难以充分实现，劳动者的社会保险权益得不到有效保障。庞大的农民工群体长期游离于社会保障体系之外的后果已露端倪，这就是城镇贫困阶层的出现和社会不稳定因素的产生。

2. 失地农民缺乏社会保障成为新的社会不安定因素

不断将农民从土地上剥离出来是中国现代化的根本出路，加快城镇化建

① 《人民日报》2006 年 6 月 15 日。
② 周清印：《一位人大代表的伤残民工调查》，《半月谈》（内部版）2009 年第 12 期。
③ 李强：《农民工与中国社会分层》，社会科学文献出版社，2004，第 118 ~ 119 页。
④ 卢海元：《走进城市：农民工的社会保障》，经济管理出版社，2004，第 51 ~ 52 页。
⑤ 刘军等：《当前农民工流动就业数量、结构与特点》，《中国劳动保障报》2005 年 7 月 28 日。

设的方式就是将农民从土地上剥离出来。但是，在许多地区的城镇化过程中，农民对于政府和开发商征地是不情愿的，常常引发农民不断上访的事件。这是因为，农民的土地被征收或征用以后，农民在失去土地的同时，得到的土地补偿安置费非常有限，不能解决农民长期的基本生活需要问题。农民在失地以后，政府或者开发商没有为他们安置新的、有稳定收入的工作岗位，有限的土地补偿费成为他们在一定时间唯一的生活来源，造成他们对未来的担心和恐慌。而且，农民失地以后，不再耕种土地，不再被看做是农民，而城市又没有接纳他们，他们不能像城市人那样，在没有工作可做时享受失业保险，在生病时享受医疗保险，在生活陷入贫困时享受最低生活保障待遇，他们成了既非农民也非城市人的失地农民。

2004 年，我国已有 4000 余万失地农民，[1] 他们失去了土地对于他们生活的微弱保障，土地补偿款成为替代土地保障的货币保障，这些钱是农民失去土地以后从事其他产业的资金基础，也是失地农民生活保障的唯一资本。在市场经济下，由于农户承受风险的能力非常有限，需要国家通过一系列制度对农民给予帮助和扶持，其中社会保障是不可缺少的有力的措施。由此，建立与社会主义市场经济体制相适应的农村社会保障制度，既是关系改革、发展和稳定大局的一项极为重要而又十分迫切的任务，也是中国当代新发展观的必然要求。随着我国现代化和市场经济程度的提高，社会保障制度在社会发展和进步中的作用越来越大，它的作用从初始的通过解决贫困人口的生存问题，达到既保障其生活又保障生产的目的，扩大到现在的维护社会安全、提高社会成员的生活质量以及最大限度地体现社会公平。所以，我国必须抓紧建立和完善与社会主义市场经济相适应的农村社会保障制度，使之成为促进经济发展和维护社会稳定、提升农民生活水平和生活质量的有力措施。

二　完善中国社会保障制度，促进社会和谐

我国目前国内生产总值位居世界第二，但人均产值与发达国家差距很大。2000 年，我国的人均国民收入仅为世界平均水平的 16.2%、中等收入国家的 42.6%、发达国家的 3%。2010 年，我国贫困人口的绝对数量仍然很大，城市有贫困人口 5000 万，[2] 农村有贫困人口 2688 万。[3] 这些年，我国城镇贫困人口数量呈上升趋势。按照国家统计局确定的标准，2010 年，我国农村人口贫困线是年收入 1274 元。如果按国际贫困标准（按购买力平价计算每人每天收入或消费不低于 1 美元，1 个购买力平价美元约折合 2.5 元人民币），即农民年人均纯收入不低于 900 元人民币水平，那么中国农村的绝对贫困人口相

---

① 吴忠民：《社会公正论》，山东人民出版社，2004，第 278 页。
② 潘家华主编《中国城市发展报告 No.4——聚焦民生》，社会科学文献出版社，2011。
③ 国家统计局：《2010 年国民经济和社会发展统计公报》，http://www.gov.cn。

当于农村总人口的10%，有1亿多贫困人口。[①]据国家统计局农调队2000年的统计，农村人口的返贫率高达30%。此外，2004年我国还有4000万失地农民。对于消除城乡贫困以及因贫困引发的其他社会问题，解决的途径有许多，比如发展经济、对农村进行扶贫开发等等，其中健全和完善城乡社会保障制度是解决以上问题的关键所在，也是构建和谐社会的关键所在。

建设能够解除国民后顾之忧的健全的社会保障体系，是顺应时代发展与人民呼声的正确选择，也是中国经历了30多年高速增长后，将经济增长成果转化为国民福利的理性选择。以中国当前的经济基础和发展趋势，足以支撑一个水平适度、覆盖城乡的社会保障体系。[②]

（一）完善城镇社会保险制度

1. 制定养老保险历史债务偿还法，化解历史债务

第一，要对历史债务的偿还主体作出明确规定，即要对中央财政和地方财政承担的债务份额通过法律的形式作出明确规定。

第二，要规定债务的筹资方式和不同方式中预计筹措的资金数额。资金问题是养老保险历史债务偿还中最核心的问题，中共中央《关于深化国有企业改革和发展若干重大问题的决定》明确指出，要采取多种措施，包括变现部分国有资产、合理调整财政支出结构等，开拓社会保障新的筹资渠道，充实社会保险基金。要将党的政策上升为法律，以保证资金按时足额筹措。

第三，规定将每年偿还养老保险历史债务的财政拨付额纳入国家财政预算，保证每年确定的债务额能够如数归还。应将每年应偿还的养老保险历史债务的数额列入财政预算，并按期拨付，逐步填实几乎被掏空的个人账户。

第四，规定设立专门的社会保障债务清偿所。

第五，规定在不能如期偿还时，相关部门负责人应承担的法律责任。政府财政部门是偿还历史债务的责任部门，一定要按照历史债务偿还法规定的时间和数额将债款划拨到养老保险经办机构的养老保险基金账户上去。如有迟延，社会保险经办机构应及时催促和提出最晚的归还期限。如果因迟延偿付，造成退休人员不能及时足额领到退休金的情况，应追究有关责任人员的法律责任。

2. 应对参加社会保险企业的规模和行业性质作出限制性规定

2008年1月1日起实施的《劳动合同法》第2条第1款规定："中华人民共和国境内的企业、个体经济组织、民办非企业单位等组织（以下称用人单位）与劳动者建立劳动关系，订立、履行、变更、解除或者终止劳动合同，适用本法。"由于劳动合同法的以上规定没有像1953年的劳动保险条例那样

---

① 吕银春等编《经济发展与社会公正——巴西实例研究报告》，世界知识出版社，2003，第241页。

② 郑功成：《在挑战中把握社保推行的机遇》，《中国青年报》2008年12月29日。

明确企业的规模和行业性质，没有规定社会保险的范围将逐步扩展，人们会理解为所有与劳动者建立了劳动关系的用人单位都应当为劳动者缴纳社会保险费，参加社会保险。然而，这样的规定不符合社会保险覆盖范围逐步扩展的内在发展规律，也不可能实现法律所要达到的调整目标。目前有相当数量的企业出于对劳动成本和利润的考虑，公然不参加社会保险，不为劳动者缴纳社会保险费，不仅使劳动者的社会保险权得不到保障，而且极大地损害了法律的严肃性和权威性。为此，在修订劳动合同法时，一定要明确规定有参加社会保险义务的企业的规模和行业性质，并且规定社会保险的覆盖范围逐步扩展的方向和原则，使这些法律法规能够得到切实执行，而不是形同虚设，切实发挥它们调整社会生活的功能。

不仅《劳动合同法》没有对有参加社会保险义务企业的规模和性质作出规定，2011 年 7 月 1 日生效的《社会保险法》也存在类似问题。例如，《社会保险法》第 12 条规定，"用人单位应当按照国家规定的本单位职工工资总额的比例缴纳基本养老保险费，记入基本养老保险统筹基金"；第 23 条规定，"职工应当参加职工基本医疗保险，由用人单位和职工按照国家规定共同缴纳基本医疗保险费"。在这里，立法没有对任何一类主体作出限制性规定。其后果是，那些小企业、个体工商户，由于规模小、雇用人数少，利润也少，没有能力参加社会保险、为雇员缴纳社会保险费，因而社会保险法的规定不能被它们遵守和执行，结果导致无视法律在社会保障和其他领域的蔓延和盛行。因此，社会保险法一定要对有参加社会保险的义务的主体的规模和行业性质作出规定，才能保证法律在颁布以后在现实生活中得到切实执行，以维护法律的权威性和严肃性。当然，社会保险的保护范围，应随着经济发展逐步扩大。

3. 应将医疗保险模式改为现收现付制

医疗保险与养老保险不同。老年是人们必经的一个生命历程，政府应通过立法将老年风险分摊到职工的在职阶段，即在职期间通过缴纳养老保险费为自己储存尽可能多的养老金，才能在进入老年退出劳动领域以后领取到养老金；而疾病是一个不可预测的生活风险，国家设立医疗保险旨在通过这种带有强制性的共同承担责任的联盟，使所有参加医疗保险的人参与风险调整，即在健康的人和生病的人、生病少的人和生病多的人之间进行调整。这种强制和调整是公平的，因为谁也不知道自己会不会生病、会在什么时候生病和生什么样的病，一旦生了重病，负担将落在公众身上。医疗保险之所以能够从经济上承担风险，是因为在有人生病的时候，大多数人是健康的和缴纳医疗保险费的。[①] 因此，在大多数建立了医疗保险制度的国家都实行现收现付的

---

① 〔德〕霍尔斯特·杰格尔：《社会保险入门——论及社会保障法的其他领域》，刘翠霄译，中国法制出版社，2000，第 7、23 页。

模式，用从所有参加医疗保险的职工那里筹集到的医疗保险费支付少数生病的职工的医疗费用，增强社会的互助与共济，减轻职工的经济负担以及因惧怕生病导致贫困和残疾而产生的恐惧心理，强化社会和谐，增加社会凝聚力。

4. 应建立社会护理保险制度

我国残疾人口总量由 1987 年的 5164 万人[①]增加 2007 年的 8296 万人，[②]残疾人占总人口的比例也有所上升。《第二次全国残疾人抽样调查主要数据公报（第一号）说明》指出，影响这一变化的因素是多方面的，其中人口年龄结构老化是重要因素之一。1987 年，我国 60 岁及以上人口的比例为 8.5%，到 2005 年已达到 11%。老年人由于生理机能衰退，脑血管疾病、骨关节病以及痴呆等发病率和致残概率增高。根据第二次全国残疾人抽样调查，60 岁及以上的残疾人约有 4416 万人，比 1987 年调查时增加了 2365 万，占全国残疾人新增总数的 75.5%。[③]由于家庭结构的变化和家庭功能的弱化，生活不能自理的残疾人照料和护理问题已经成为一个比较严重的社会问题。

近些年，我们经常从媒体或身边看到和听到有些残疾人特别是老年残疾人由于长期卧病在床需要请护工而耗尽家里所有积蓄或者临终之前凄惨生活的情况。面对这种情形，人们一方面尽量节约支出，以为可能出现的不测做准备；另一方面，不拼命工作，以蓄养精神，防止生病致残。这对于拉动内需和快速发展经济都会产生负面影响。因此，在健全我国医疗保险制度的同时，应设立护理保险制度，降低和减轻人们对于因病致残的担心和恐惧，使已经残疾的人得到比较好的护理，能够比较体面、有尊严地生活在世上。

2010 年，我国有 1.33 亿乡镇企业职工和 2.4 亿农民工，[④]其中绝大多数人没有参加社会保险，而他们都有参加社会保险的愿望和要求。由于这些群体人数众多，又处于青壮年期，除发生意外事故致残外，他们离进入老年还有二三十年甚至更长时间，国家在为已纳入社会保险保护的职工建立护理保险制度时，应尽快将乡镇企业职工和农民工纳入社会保险范围，有这样一个庞大年轻群体缴纳的各项社会保险费，就能够让人们比较从容地应对残疾、疾病、年老等生活风险。

5. 应进一步完善社会保险基金管理法，确保基金安全

首先，需要建立全国集中管理社会保险基金的制度。我国有 3000 多个县，与之相应就有 3000 多个统筹单位和管理主体。事实证明，分散管理不适合中国。（1）与欧洲国家根植于早期工人运动的"合作主义"的"社会统治、社会结构和社会文化"不同，我国一直是高度集权的社会结构和社会文

---

① 《中华人民共和国残疾人保障法立法报告书》，华夏出版社，1991，第 95 页。
② 《第二次全国残疾人抽样调查主要数据手册》，华夏出版社，2007，第 2 页。
③ 《第二次全国残疾人抽样调查主要数据手册》，华夏出版社，2007，第 9 页。
④ 《全国农民工总量达 2.4 亿人，外出数量为 1.5 亿人》，《中国青年报》2011 年 5 月 24 日。

化，社会组织自治能力正在成长，但远不成熟。因此，关系老百姓生存的社会保险基金由中央管理，人们更放心。（2）随着社会保险覆盖面逐步扩大，社会保险基金的规模也在扩大。近几年来，每年滚存余额已高达 1000 多亿元。据预测，到 2020 年前后，仅养老保险基金积累额就将高达十几万亿元。分散管理不仅不能维护基金安全，而且会增加基金风险，增大基金管理和运营成本，负效应大。（3）我国资本市场远未成熟，分散管理的基金投资渠道狭窄，收益低。分散管理的资金不能形成规模经济，进入资本市场以后，在遭遇通胀风险时还要承受市场风险。建立全国集中管理社会保险基金的制度，可以形成主权养老基金，集中投资也可以提高回报率。[①]

其次，严格区分社会保险基金的行政管理和财务管理的界限。社会保险行政管理部门主要负责社会保险方针政策、法律法规的制定以及实施情况的监督检查，例如确定社会保险基金筹集中社会保险费的比例、社会保险支付时的待遇标准、基金积累系数、基金的保值增值等，对如何确保基金收支基本平衡进行实证研究。同时，对一定时期内的就业情况、工资水平、价格水平、银行利率、财政承受能力等进行综合分析，以加强风险预测，做到防患于未然，使社会保险待遇水平与经济发展水平以及国家财政承受能力相适应，达到既促进经济发展又维护社会稳定的目的。社会保险财务管理是指社会保险基金收支活动。现阶段，我国是设立财政专户对社会保险基金进行专门管理，并实行收支两条线。一方面，社会保险基金是专项基金，必须专款专用，不能用于平衡财政预算；另一方面，按不同险种分别建账，分账核算，自求平衡，不互相挤占。此外，社会统筹基金与个人账户基金分别建账，在社会统筹基金入不敷出的情况下，体现国家财政的补足责任，不能挪用个人账户基金。可见，只有将事权与财权明确分开，才能实现科学高效的管理。

最后，需要建立社会保险基金管理监督机制。在这个问题上，学界存在不同观点。一种意见认为，劳动与社会保障系统坚持内部监督，在实际运作中，有证监会、保监会、银监会监督，财务上由审计署负责，但这是不够的，还需要建立符合社会各方利益的监督平台，让参加社会保险的职工和企业的代表加入监督机构中来。这样做的结果是能减少甚至避免在投资回报低、基金贬值的情况下，只有专家呼吁，而听不见企业和职工声音的情形。将利益相关者吸纳到监督机构中来，在基金出现贬值情况时，他们将迫使政府采取措施使基金保值增值。[②]另一种意见认为，社保基金应该实行集权监督。目前的分散监管（参与社会保险基金监管的部门有劳动和社会保障部门、财政、民政、税务、银行、审计、监察等）导致的恶果是，多部门平等参与制度运

---

① 郑秉文：《社保基金监管及其立法：中国能从欧盟学到什么？》，"中欧社会保障第三次高层圆桌会议"论文。

② 何平：《社保基金安全运营需要成熟的市场机制》，《中国劳动保障报》2007 年 6 月 12 日。

作，损害了主管部门的权威。这些年来，社会保险制度改革和基金监管的实践证明，凡是多部门参与就会搅成浑水，最终出了问题找不到责任承担者。监督一定要权力集中，实行集权监督，多部门参与监督并不意味着监督力度大，而是意味着谁也不监督。因此，劳动与社会保障部门应承担更多的监督责任，其他部门不应当有这个职责。集权监督是实行问责制的前提，也是问责制健康发展的条件。劳动与社会保障部门的基金监督管理机构应当承担基金及其投资运营的监督责任。集权监督必须做到公开透明，主管部门应定期报告社保基金收支情况，以接受社会对公共基金的监督。① 笔者赞成后一种的观点。自社会保险制度改革以来，社会保险基金有时被非法挪用，导致社会保险基金流失，影响到社会保险制度正常持续发展，引起百姓对政府的不满，这些都足以说明目前的社会保险基金监管制度是有问题的，需要进行修改完善。

（二） 完善社会补偿制度

1. 建立见义勇为补偿制度

近年来，见义勇为的报道频频出现于报端。见义勇为者的行为对于维护国家和人民的生命财产安全，打击违法犯罪分子，弘扬社会正义，促进社会精神文明建设起到了积极的推动作用。然而，由于我国在这方面的法制不健全，常常造成"英雄流血又流泪"的悲惨局面。例如，在北京，从1992年到1997年的五年中，共评选出126名"见义勇为好市民"，其中近半数有不同程度的负伤致残。他们面临着工作、生活、医疗等各方面的困难。已有近百人次上访，寻求帮助，但由于没有相应的法律规定，他们的问题一直不能得到妥善解决。② 近十多年来，一些地区制定了地方性的"见义勇为褒扬条例"，但在实施中还存在补偿金不能到位等诸多问题。从2007年起，山东省见义勇为基金会为23户见义勇为者困难家庭每月提供200~400元资助，而多数见义勇为者得不到资助，③ "英雄流血又流泪"的现象依然普遍存在。我国应尽快建立国家层面的见义勇为致损害的社会补偿制度。

2. 将优抚安置制度更名为社会补偿制度

社会补偿制度在我国被称为优抚安置制度，这是一种具有补偿和褒扬性质的特殊社会保障制度。现行的优抚安置制度是在1988年7月国务院颁布的《军人抚恤优待条例》的基础上建立起来的，条例对军人的抚恤优待问题作了具体规定。我国的社会优抚制度自建立以来，在国防和军队建设、维护社会稳定、保障优抚对象基本生活等方面发挥了巨大的作用。然而，由于情势的发展，必须对现行的社会优抚制度进行修改和补充，特别是要将见义勇为等

---

① 郑功成：《社保基金应该实行集权监督》，《中国劳动保障报》2007年6月8日。

② 参见《愿见义勇为蔚然成风》，《中国社会报》1997年5月8日。

③ 王海鹰：《勇士何以沦为乞丐》，《新华每日电讯》2008年12月8日。

行为纳入社会优抚安置的行列。如果国家出台"见义勇为致伤害抚恤优待条例",那么,优抚安置制度也将因其内容的增加应更名为社会补偿制度,这样,优抚补偿的范围就不仅仅限于军人及其家属。这既能体现法规名称下所涵盖的内容,也能与国际上的同类制度接轨,便于开展国际间的学术交流和探讨。

(三) 完善社会促进制度

在我国传统的社会福利项目中,教育福利和住房福利是其中的主要内容。人们从几乎完全福利性质的教育政策和住房政策中充分地体验到了社会主义制度的优越性。在对传统福利制度进行改革的过程中,在将原有的绝大多数企业福利进行社会化改革的同时,国家主要对计划经济时代建立的住房制度和教育制度进行了改革,但人们对这两项改革的最大感受是将"负担转嫁到了老百姓身上",因而需要进一步完善。

1. 使住房保障制度的宗旨不要偏离保障性

针对住房保障制度在立法和法律实施过程中存在和出现的问题,有学者建议,建立"内循环"制度,实现经济适用房保障中低收入家庭基本住房需求的功能,使经济适用住房的社会保障性得以回归。[①] 经济适用房"内循环"制度首先由《北京住房建设规划 (2006～2010 年)》确立,它是指通过严格审查和有效监督,使经济适用房始终在需要解决住房问题的中低收入家庭中流转而不会流向商品房市场,即去掉其经济性而使之向社会保障性回归。《北京住房建设规划 (2006～2010 年)》在制度创新方面做出的贡献,为我国制定既能体现社会公平又能很好地发挥社会保障功能的住房法律法规提供了有益的经验。这样的经验应当在全国范围内推广。

经济适用房供给量持续减少,是经济适用房制度在实施过程中出现的又一个突出问题。2003 年,各地用于经济适用房建设的总投资为 600 亿元,只占当年房地产总投资的 6%。[②] 因此,国家应根据经济整体发展水平以及居民的收入水平,合理确定经济适用房在房地产投资中所占的比重,加大经济适用房的投资力度,满足绝大多数中低收入者的住房需求,将他们从"房奴"的重压下解放出来。

由于购买住房的负担基本转嫁到老百姓身上,工资增长速度又不能与之相适应,不仅加重了人们的经济负担和心理负担,而且不利于经济和人自身的发展。在 2008 年 3 月 5 日召开的第十一届全国人民代表大会第一次会议上,住房问题已成为百姓最关注的十大问题中仅次于物价的第二大问题。[③] 因此,

① 王宏新、张健铭:《经济适用房"内循环"制度——住房政策社会保障性的回归》,《北京行政学院学报》2007 年第 2 期。
② 李剑阁主编《中国房改:现状与前景》,中国发展出版社,2007,第 56 页。
③ 2008 年 3 月 7 日《新闻联播》播报。

应借鉴国外成熟的经验，结合我国国情，制定出具有社会保障性质的住房制度，实现"居者有其屋"的目标。

2. 改变义务教育阶段资源不平衡的现状

针对义务教育中存在的突出问题，2006年6月29日，十届全国人大常委会第二十二次会议对10年前制定的《义务教育法》进行了修订，并审议通过。新义务教育法对我国义务教育的改革和发展起到了积极的推动作用。然而，人们对义务教育阶段的重点校和非重点校之分、学杂费之外的各种收费、学生屡减不轻的课业负担等导致的一些学校和教师腐败、家长经济负担过重、学生的体质和视力普遍下降以及创造性和社会责任心被逐渐销蚀等问题表示出不满和担忧。这些必须通过进一步健全和完善义务教育法加以解决。在此过程中，政府应加大对普通中小学校和农村中小学校的投资力度，尤其是在教师的配备、教师的工资待遇、校舍建设、教学设施等方面，缩小城市一般中小学校与重点中小学校以及城乡中小学校的差距，改变教育资源片面向重点中小学校集中和倾斜的不正常状态。

3. 建立未成年人社会促进制度

这里所说的未成年人是指由于失去父母或被父母抛弃或父母双双服刑或父母一方服刑被另一方抛弃的、生活没有着落的未成年人。到2008年底，我国实际处于街头生活状态的流浪未成年人数量约在100万至150万之间。① 为了帮助这些可怜的孩子，社会上一些好心人自掏腰包或者自筹资金办学校，一些民间慈善机构也通过收容流浪未成年人，解决这些未成年人的生活和学习问题，承担起社会或者政府应当承担的责任。但他们在从事这些善举的过程中遇到了许多困难，甚至不得不放弃他们的社会工作。

家庭和慈善机构对于流浪未成年人的保障，是农业社会的自我保护方式。在市场经济社会，旧有的家庭或者慈善机构的保障方式无法保障人们的老弱病残等生活风险，政府必须承担起解决城乡居民因年老、疾病、伤残、失业等生活风险引起的贫困问题，社会保护的责任历史性地落在国家肩上。

为了解决农村和城市生活没有着落的未成年人的生活和上学问题，为他们的健康成长和日后的公平竞争提供相应的条件和环境，国家应当建立未成年人社会促进制度，为这一问题的解决提供制度和法律保障。2006年3月，民政部等15部委下发的《关于加强孤儿救助工作的意见》提出了"把机构集中收养的孤儿、弃婴与社会上散居孤儿和事实上无人抚养的未成年人相结合"的原则。该意见的出台，无疑大大推动了我国城乡无人抚养的未成年人福利事业的发展，但由于"意见"属于政策性规定，规范性不强，不能有力地保护城乡无人抚养未成年人的利益，因此必须将《意见》上升为法律，才能有效地发挥其保护城乡无人抚养未成年人生存权和受教育权等权利的功能。

---

① 杨玉芹：《流浪未成年人救助保护中心建设标准颁布》，《中国社会科学院报》2008年12月4日。

4. 应将社会福利制度更名为社会促进制度

社会保险制度旨在保障人们生老病死等一般生活风险，社会福利制度旨在为人们的平等发展创造机会和条件。如果说前者是为了保障人们的生存权的话，后者则主要是为了保障人们的发展权。为了准确体现这个项目的精神实质以及便于在国际范围的学术交流，社会福利制度应更名为社会促进制度。

（四）完善城镇社会救济制度

我国的最低生活保障制度在实施过程中还存在覆盖范围有限、标准偏低、资金缺口较大等问题。针对以上问题，今后应从如下方面加以完善。

第一，扩大低保覆盖范围。逐步将社会救济的对象是"三无"人员的认识和做法转向《条例》规定的"共同生活的家庭成员人均收入低于当地城市居民最低生活保障标准"的人身上。在这里，标准只有一个，即家庭人均收入低于最低生活保障标准，而不问是在什么性质的企业工作、是否在职等因素。

第二，适当提高待遇标准。调整的原则应该是，最低生活保障标准随物价指数的上升和职工工资的提高而相应增加，使这些贫困人口的生活不因物价上涨或在职人员工资增加受到影响，使他们能够分享到经济发展和社会进步的成果。

第三，各级财政要加大对最低生活保障的资金投入。比较充足的资金是最低生活保障制度得以切实实施的物质保障，前述各种问题，主要出在地方财政不足上。因此，只有合理确定各级财政在最低生活保障资金筹集上分担的份额，才能建立稳定可靠的资金筹措机制。2000 年以来，国务院下发了几个文件，规定财政确有困难的地区，中央财政要酌情给予支持，成为解决最低生活保障资金不足的政策保障。实际上，中央财政资金投入自 2001 年起就开始常规化，2003 年中央投资比例占 60.9%，2005 年为 58.7%。[1] 然而，由于中央与地方财政分担份额没有明确界定，地方各级政府将中央政府的高额投入看成对地方政府的补贴，这不仅加重了中央财政的负担，而且影响地方政府筹资的积极性。地方应是低保资金的主要提供者，政府应多渠道、多层次筹集低保资金，最大限度地满足为低保对象提供待遇的需要。

第四，做好三条保障线的衔接工作。要切实按照劳动和社会保障部、民政部、财政部《关于做好国有企业下岗职工基本生活保障、失业保险和城市居民最低生活保障制度衔接工作的通知》的要求，做好三条保障线的衔接工作。对于确实无力支付基本生活保障和失业保险金而使下岗职工和失业者生活失去来源的，民政部门可采取应急措施，提供临时救济。

---

① 于秀丽等：《中国城市低保制度的理论与现实困境》，《社会保障制度》2008 年第 5 期。

(五) 完善农村社会保障制度

1. 完善农民养老保险制度

积极推进"新农保"工作，是落实科学发展观、建设和谐社会的重大举措，也是广大农民群众的热切期盼。

（1）应当加快新农保立法，健全相关法律法规。新农保立法的关键，是要建立健全的业务、财务、基金和档案管理等规章制度，建立严密可控的实务流程，推行和普及规范化操作，确保农民养老保险管理工作规范、安全、可控。

（2）应当打破户籍界限，建立一体化的社会养老保险体制。新农保的最终归宿是与城镇养老保险制度合并，实现城乡社会养老保险的一体化发展。根据我国社会养老保险体制现状，在进行新农保制度设计时，应根据经济社会发展和参保人职业的变化，打通各类不同层次养老保障制度之间的转换渠道，以便参保人根据自己的职业变换自主选择养老保险门类。在此基础上，逐渐形成一体化的社会养老保险体制。

（3）农民养老应当逐渐与家庭养老和土地剥离，实现养老保障的社会化发展和现代化转型。所谓土地养老是建立在生产劳动的基础上的，农民年老，不能劳动，没有收益，就谈不上土地养老。因此，逐步实现农民养老与土地的分离，使农民摆脱对土地的依附，才能真正解决农民的养老问题。

（4）应当加大财政投入，吸引更多农民参保。数据表明，到2002年全国社保费用总支出中，占总人口80%的农民，只享有社会保障支出的10%左右；而占总人口20%的城市居民，却占到社会保障费用的90%。从人均社保费用看，城市居民是农民的20倍以上。政府要加大投入，主要解决两个问题：一是对参保人员根据年龄的不同给予相应的补贴，鼓励更多的人参保；二是建立养老保障待遇调整的储备基金，保证被保险人领取的养老金数额与社会经济发展水平基本同步发展。

（5）应当坚持强制投保为主、自愿投保为辅的原则。

（6）应当加强试点，不断完善各项规章制度。新农保尚处于试点阶段，要不断总结经验或进行修正。同时，新农保工作环节多、任务重、周期长，应下大力气，尽快完善相关配套措施。运用法律手段对新农保的组织结构、运行管理、资金筹措、经费开支、风险防范等进行规范，做到管理严密、运营安全、保值增值、安全可靠，使新农保成为真正的"惠农大餐"。

2. 完善新型农村合作医疗制度

现实表明，农民最担心和害怕的不是养老的问题，而是生病问题，建立合作医疗制度不仅能解除人们生病时的后顾之忧，而且在其生病时能为他们提供必要的保障。据调查，全国农村人口慢性病患病率达86%，平均每个农民年患病时间在8天以上，因病休工5天以上，每年全国农村因疾病至少损失 27 亿个劳动日，造成数百亿元经济损失，严重影响农村经济发展。① 建立合作医疗制度以后，农民就不用"小病扛，大病拖"，可以及时就医或住院，尽快恢复健康。

从近几年发展的情况看，新农合的主要内容是：以政府投入为主，农民自愿参加，在农村建成县、乡、村三级医疗网络，实现"小病不出村、大病不出乡、重病不出县"的基本目标；合作医疗基金由农民个人、地方政府和中央政府出资建立，以大病统筹为主，设立报销起付线、封顶线和最高限额，病越重报销的比例越高；在政策导向上向乡（镇）卫生院倾斜，农民在乡（镇）卫生院住院看病，报销比例比县、市级医院高，等等。

解决好农民的健康与医疗问题，关系到"新农村"建设的兴衰成败，也关系到农村地区的经济发展和社会稳定。如何进一步改革和完善新农合制度？现提出建议如下。

（1）控制医药费用，扭转医疗卫生行业的逐利倾向。"医改"应坚持公共医疗卫生事业的公益性质，剔除其"自我创收"的逐利机制。

（2）加大政府投入，适当向农村倾斜。医疗保障是公共卫生问题，经济学上称之为"公共产品"或"公共卫生服务"，这是一个"市场失灵"的领域，不能靠自愿互利方式解决。因此，政府应加大对医疗卫生事业的投入。

（3）防治结合，建立农村疾病防控体系。我国医院目前是"重治疗、轻预防"。实际上，其职能除了治病救人，还有健康促进。中国有 9 亿人口居住在农村，由于经济不发达，卫生和技术条件十分落后，疾病预防显得尤为重要。疾病预防就是把全民慢性病健康教育、饮食健康教育和体育运动健康教育等抓起来，提高国民健康意识和身体素质，有效减少疾患发生率。

（4）完善医疗救助制度，建立保护健康的"网底"。医疗救助制度对于"因病致贫"和"因病返贫"的家庭而言，是帮助他们恢复家境、摆脱贫困、切断贫病循环链的"治本"之策，也是国家帮贫、扶贫的重要目标。因此，应将医疗救助纳入整个社会救助体系，将这个"网底"做牢固。

3. 建立农民职业伤害保障制度

长期以来，在我国几乎没有哪个人或哪个组织提及农民的职业伤害保险问题。对农民职业危害的忽视和保障制度的缺位，将造成对可持续发展的侵害。对此，一方面要改变单纯追求 GDP 增长而忽视农业职业危害的做法；另一方面，要为农民建立职业伤害保险制度，使农民在遭遇农业职业危害时，能够得到有效的保护。

4. 完善农民的最低生活保障制度

作为农村社会救济新形式的最低生活保障制度存在的问题与农村养老保

---

① 江苏省铜山县卫生局编《铜山县实施农民合作医疗保险制度资料汇编》（1997 年 5 月）。转引自史探径主编《社会保障法研究》，法律出版社，2000，第 315 页。

险和合作医疗制度基本相同，这就是：第一，社会救济资金严重不足。第二，覆盖范围小、待遇标准低。第三，农村低保转化为治理手段。

对于如何使低保由治理手段回归到救助目标，有学者认为，出路在于国家财政转移支付到农户时，需要考虑增加基层组织的治理资源，财政转移支付产生的政治效应向治理转化，转化为现实的治理能力。此外，培训村民的民主意识、约束低保实施中的偏离现象，也是必须考虑的问题。① 在具体操作上，要根据不同地区的经济发展水平，确定不同的最低生活保障标准，这样既能保障特困农民的最低生活需求，又不会让国家背上沉重的经济包袱。

三　完善社会保险法，夯实和谐社会的法治基础

《社会保险法》自 2011 年 7 月 1 日起施行，这是我国人民社会生活中的一件大事。但该法在实施过程中也存在覆盖范围、统筹层次、社会保险费征缴基数和养老金替代率、社会保险费征收、社会保险基金筹集模式、社会保险基金管理、社会保险基金运营等方面的问题。

（一）社会保险的覆盖范围

社会保险覆盖范围是指社会保险法律法规规定，社会中哪些人有缴纳社会保险费、参加社会保险的义务，并在他们遭遇生老病死残等生活风险时，为他们提供社会保险待遇的制度。

改革开放以后，我国的社会保险行政法规将养老保险的覆盖范围由 1953年的国营企业和部分集体企业职工扩大到几乎所有城镇职工。《社会保险法》第 10 条第 1 款规定："职工应当参加基本养老保险，由用人单位和职工共同缴纳基本养老保险费。"这条规定表明，用人单位的职工是法定义务保险人，即他们必须参加养老保险。第 2 款规定："无雇主的个体工商户、未在用人单位参加基本养老保险的非全日制从业人员以及其他灵活就业人员可以参加基本养老保险，由个人缴纳基本养老保险费。"这款规定说明，所列三类人没有必须参加养老保险的义务，他们可以参加基本养老保险，也可以不参加基本养老保险，属于自愿参加养老保险的人群。第 20 条第 1 款规定："国家建立和完善新型农村社会养老保险制度。"第 22 条第 1 款规定："国家建立和完善城镇居民社会养老保险制度。"这些规定不具有规范性，只是表明国家选择了通过社会保险制度将城乡居民的生活风险都保护起来的政策取向。社会保险法进一步将养老保险的覆盖范围扩大到职工、无雇主的个体工商户、非全日制从业人员、灵活就业人员。第 20 条第 1 款规定："国家建立和完善新型农村社会养老保险制度"；第 22 条第 1 款规定："国家建立和完善城镇居民社会养老保险制度"，养老保险几乎覆盖全民。

但是，社会保险法的规定只具有政策取向的性质，而不具有强制施行的

---

① 贺雪峰、刘勤：《农村低保缘何转化为治理手段》，《中国社会导刊》2008 年第 3 期。

效力，这不仅对社会公平的实现不会产生太大的作用，而且会极大地影响到法律的权威性。为此，社会保险法要在适当时候进行修订，首先应当参照1951年劳动保险条例的规定，对参加社会保险企业的规模及行业作出明确规定，凡是符合社会保险法规定的参保条件的企业，必须参加社会保险，否则给予严厉的处罚；同时，参照1953年对劳动保险条例修订时扩大覆盖范围的做法，逐步扩大社会保险覆盖范围；此外，还要参照国外规定，将具有雇佣关系劳动者有条件地纳入社会保险范围，使他们放弃农村耕地和宅基地，成为真正的城市居民，才能理顺社会保险覆盖群体，推进我国城镇化进程。

（二）社会保险的统筹层次

社会保险统筹层次是指在哪一级行政管理层面上征缴社会保险费、发放社会保险待遇和管理运营社会保险基金。社会保险统筹层次越高，社会公平的程度就越高，也越有利于劳动力的流动和统一劳动力市场的形成。

在我国城乡差别、地区差别、代际差别较大的国情下，统筹层次的高低对于体现社会公平尤为重要。就城乡来说，先不说解放战争的胜利，在某种意义上可以说是农民用小车推出来的。改革开放之前，在国家建立工业化基本体系的时候，我国的广大农村和农民兄弟为国家工业化积累做出过重要贡献，从1954年到1978年的29年时间里，国家通过工业产品价格"剪刀差"和收缴的农业税从农业部门提取资金达6070亿元，扣除国家支农资金，农业部门资金净流出额为4500亿元，平均每年达155亿元。[1] 新中国前30年，国家以农业税和统购统销这两大渠道，平均每年从农民和农业那里获取20%～30%的农业剩余，作为我国工业化的"原始积累"。甚至在20世纪90年代和新世纪初，农民每年的贡献仍高达1200亿元。[2] 改革开放以后，农民对国家经济社会发展的贡献更是有目共睹，撇开高大的楼房、宽阔的马路、清洁的市容不说，仅低廉的农村劳动力就为国民经济提供了大量积累。在二元化劳动力市场上，农民工与国有企业职工的工资有着明显的差别。仅按工资计算，1998年，国有企业职工的工资比农民工高32%，如果加上农民工享受不到的社会保障待遇，国有企业职工的工资比农民工高127%，计7381元，这就意味着，每雇用一名农民工，就可以节省7381元工资支出，或者说，每一个农民工为雇主的利润或通过产品价格的下降为消费者福利或整个国民经济的剩余积累贡献了7381元。1999年，农民工人数是9546

---

[1] 阎志民主编《中国现阶段阶级阶层研究》，中共中央党校出版社，2002，第408页。另据国家统计局农调总队测算，从1952年到1992年40年间，农业因价格剪刀差为工业提供了12580亿元的巨额积累资金，扣除财政支农资金和财政从农业部门的收入差额，广大农民在生活非常艰苦的情况下，为国家提供了10636亿元的积累资金。参见国家统计局农调总队课题组《城乡居民收入差距研究》，《经济研究》1994年第12期。

[2] 朱镕基在2001年全国人民代表大会记者招待会上答记者问。转引自卢海元《实物换保障：完善城镇化机制的政策选择》，经济管理出版社，2002，第230页。

万，他们的剩余积累总计为 7046 亿元，相当于当年国内生产总值的 9%。就地区来说，不说西部劳动力东移，仅西气东输、西油东输、西煤东输就为东部发展做出了巨大贡献。就代际来说，现在已经退休的人员，在社会主义革命和社会主义建设时期，为国家做出过有益的贡献，但是，他们在职期间的多数年头是在低工资年代，没有多少积蓄，退休金低，生活比较困难。如果提高社会保险基金统筹层次，就能够通过城市反哺农村、东部支援西部、代际社会赡养，大大缩小目前存在的这些巨大差别，更充分地体现社会公平，激励人们建设国家的积极性。何况，在 2008 年 12 月 23 日，国务院就提出了到 2009 年底在全国范围内全面实现养老保险基金省级统筹，到 2012 年实现全国统筹的目标。社会保险法有关养老保险实现全国统筹的时间规定，应当与国务院设定的时间目标相一致，才能立信于民，使人们对养老保险全国统筹时间有一个明确预期。而养老保险逐步实行全国统筹，意即在一段时间仍实行省级统筹，这与国务院设定的时间目标有较大距离。

（三）　社会保险费征缴基数和养老金替代率

社会保险费征缴基数是指受保险人向税务部门缴纳个人所得税的个人工资收入（领薪者）或者经营收入（自营业者）。养老金替代率是指达到法定退休年龄退出劳动领域时，领取到的养老金占退休前工资的比例。

在经济体制改革以后，尤其是建立社会主义市场经济的过程中，在经济成分呈现多元化的同时，人们的收入也出现了多元化的态势。职工从用人单位领取到的收入中，除了工资之外，还有各种补贴，补贴的数额甚至超过工资数额。在这种情况下，社会保险费的征缴基数是以工资还是以实际收入为基数就成为应当讨论的问题。因为我国退休人员退休金标准与在职时收入相比低了不止一半，究其原因，问题出在养老金征缴基数不合理上。职工在退休之前，除了领取基本工资以外，各种劳务费、补贴数额可观，甚至高于基本工资。然而，退休金的缴费基数是基本工资而不包括其他收入，使得退休人员领取到的退休金只有基本工资的一半左右，大大降低了退休人员尤其是那些退休早、退休金水平低的老职工的生活水平，相当数量的退休职工甚至陷入贫困境地。虽然到 2011 年 2 月为止国家连续七次提高养老金水平，① 但是，退休职工与在职职工的收入差距依然很大，引起了退休人员的不满。养老金是在劳动者退出劳动领域而收入中断后，国家向退休者提供的保障其基本生活需要的收入补偿制度。它的任务是"保障受保险人和他们的家庭有一

---

① 按照国务院部署，从 2010 年 1 月 1 日起，为 2009 年 12 月 31 日前已退休的企业职工调整基本养老金，调整幅度为 2009 年企业退休人员月人均基本养老金的 10%，参见任宝宣《五千多万企业退休人员领到新增养老金》，《中国劳动保障报》2011 年 2 月 11 日。

个没有经济顾虑的晚年生活"。① 所以，如何确定养老保险费缴费基数以及养老金的替代率，是值得思考和探讨的问题。

（四）社会保险费征收

社会保险费征收是指由法律规定的代表国家对社会保险费进行征缴的机构的执法行为。

我国采取征收社会保险费的筹资方式既要有利于社会保险制度的持续稳定发展，又要有利于增强人们的社会保险观念。首先，依法缴纳社会保险费是企业和职工的法定义务，必须履行，不履行将承担一定的法律责任，这与公民必须履行纳税义务是一样的道理。在这里，只存在守法和违法的问题，而不存在征税比收费更具有强制力的问题，因为只要是法律规定的义务，都必须履行，不存在义务强弱的问题。其次，社会保险费由社会保险经办机构征收和管理，并用于社会保险待遇的支付，能够保障社会保险基金专款专用。在社会保障体系中，除了社会保险基金具有经济对偿的性质外，即受保险人需要先履行缴纳社会保险费的义务，才能获得享受社会保险待遇的权利，而其他项目（例如社会福利、社会救济、优抚安置等）的收入支持属于收入补偿，即待遇获得者不需要事先缴费，在符合法律规定的条件的情况下，就可以获得一定的待遇，所需资金从国家税收中支付。可见，依法向义务人征收社会保险费筹集社会保险基金，再由社会保险基金支付社会保险待遇，与由国家通过税收筹集国家财政，再从中支付社会救济、社会福利、优抚安置所需，都需要国家制定法律，才能筹集到足够的资金，因此社会保险费的征收机构应当像我国的税收征收机构一样，由国家最高立法机关制定，而不能授权国务院制定。

（五）社会保险基金的筹资模式

社会保险基金的筹资模式是指筹集社会保险基金采取的方式。社会保险基金的筹集遵循"以支定收、略有结余、留有部分积累"的原则。

社会保险基金究竟采取哪种模式，是由各国的经济发展水平、人口结构等因素决定的。我国养老保险采取"社会统筹和个人账户相结合"的模式能不能达到应对老龄化高峰的初衷，还有待实践检验。而十几年来的实践证明，医疗保险制度改革为"个人账户与社会统筹相结合"的模式，不仅没有有效发挥医疗保险的调剂功能，而且加重了健康状况差的人的经济负担，以至于2005年国务院发展研究中心发表报告时作出了"医改基本不成功"的判断。② 国家需要对已经改革了的医疗保险制度进行再改革，然而，我们不能从新颁布的社会保险法文本上明确看出医疗保险采用哪种筹资模式。

---

① 〔德〕霍尔斯特·杰格尔：《社会保险入门——论及社会保障的其他领域》，刘翠霄译，中国法制出版社，2000，第74页。

② 雷顺莉等：《"高级幕僚"朱幼棣的医改梦》，《作家文摘》2011年1月28日。

（六）社会保险基金的管理

社会保险基金的管理是指由社会保险费征收机构征缴来的社会保险基金由哪个机构进行管理和支付。

《社会保险法》第 64 条第 1 款规定："社会保险基金包括基本养老保险基金、基本医疗保险基金、工伤保险基金、失业保险基金、生育保险基金。各项社会保险基金按照社会保险险种分别建账，分账核算，执行国家统一的会计制度。"1999 年 3 月 19 日劳动和社会保障部发布的《社会保险费申报缴纳管理暂行办法》第 12 条规定："征收的社会保险费，应当进入社会保险经办机构在国有商业银行开设的社会保险基金收入户……"第 13 条规定："社会保险经办机构对已征收的社会保险费……按以下程序进行记账：（一）个人缴纳的基本养老保险费、失业保险费和基本医疗保险费，分别记入基本养老保险基金、失业保险基金和基本医疗保险基金，并按规定记入基本养老保险和基本医疗保险个人账户……"从这些规定可以看出，我国社会保险基金由社会保险经办机构管理。

《社会保险法》第 71 条规定："国家设立全国社会保障基金，由中央财政预算拨款以及国务院批准的其他方式筹集的资金构成，用于社会保障支出的补充、调剂。"这表明，全国社会保障基金是社会保险基金的另一个来源渠道和管理机构。

可见，我国社会保险基金由社会保险经办机构和全国社会保障基金两个机构管理。社会保险基金管理出现的问题说明分散管理不适合中国：一是全国有 2000 多个统筹单位和管理主体，给统一管理和调剂造成了障碍；二是社会保险覆盖面在逐步扩大，增加了基金的风险，增大了基金管理和运营成本，负效应大；三是分散管理的基金投资渠道狭窄，收益低。[①]

（七）社会保险基金管理的监督

社会保险基金管理的监督是指监督部门对管理社会保险基金的机构在社会保险基金的征缴、支付、管理、投资运营中进行的监督。

我国《社会保险法》第 76 条、第 78 条、第 79 条、第 80 条规定，各级人民代表大会常务委员会、财政部门、审计部门、社会保险行政部门、社会保险监督委员会对社会保险基金管理负有监督责任，实行分散监督模式。

（八）社会保险基金的运营

社会保险基金的运营，是指对社会保险费征缴机构筹集到的社会保险资金（主要是养老保险基金）以及不同社会保险项目支付以后结余滚存下来的资金加以投资运营，使其保值增值，避免在通货膨胀情况下发生贬值，更好更充分地发挥其补偿劳动者减少或者丧失的收入，使劳动者的基本生活水平

---

① 郑秉文：《社保基金监管及其立法：中国能从欧盟学到什么？》，"中欧社会保障第三次高层圆桌会议"论文。

能够得以保障的行为。

我国《社会保险法》第 69 条第 1 款规定："社会保险基金在保证安全的前提下，按照国务院规定投资运营实现保值增值。"

在社会保险基金投资运营中，对基金的安全威胁最大的是有些社会保险机构和地方政府违反国家规定，将社会保险基金投资于固定资产或委托金融机构贷款，或者投资入股和经商办企业，导致基金大量流失。在现实操作中，各级政府以及不同的政府部门都有权制定社会保险基金管理运营的行政规范性文件，这些出自不同部门的规范性文件在立法原则、规范内容上缺乏统一，带来了社会保险基金投资运营失败、投资无法收回的严重后果。所以，需要根据我国实际，参照国外经验，制定具体可行、能够保证基金保值增值的投资运营规范。

后 记

　　《构建和谐社会的法治基础》是 2006 年立项的中国社会科学院重大课题，按要求早就应当完成并正式出版，但由于种种原因，直到 2011 年底才结项，到今年才得以付梓，实在是一场令人无奈的"持久战"。

　　2002 年，中国共产党的十六大提出了构建社会主义和谐社会的战略任务。2006 年十六届六中全会专门做出了《关于构建社会主义和谐社会若干重大问题的决定》，进一步提出了按照民主法治、公平正义、诚信友爱、充满活力、安定有序、人与自然和谐相处的总要求来构建社会主义和谐社会；强调构建和谐社会，必须坚持民主法治，加强社会主义民主政治建设，发展社会主义民主，实施依法治国基本方略，建设社会主义法治国家，树立社会主义法治理念，增强全社会法律意识，推进国家经济、政治、文化、社会生活法制化、规范化，逐步形成社会公平保障体系，促进社会公平正义。正如社会主义市场经济是法治经济，社会主义民主政治是法治政治一样，社会主义和谐社会必然也必须是法治社会。构建社会主义和谐社会，须臾不可离开有法可依、有法必依、执法必严、违法必究，须臾不可离开科学立法、严格执法、公正司法和全民守法。现代法治既是构建和谐社会的重要基础，也是构建和谐社会的根本保障。

　　法律作为社会关系的调整器、法治作为社会秩序的稳定器、法学作为研究社会行为规范的一门科学，其作用方式、控制领域和研究对象，大都与分配社会利益、调整社会关系、规范社会行为、解决社会矛盾、维系社会秩序、保证社会稳定有关。从国外的法学学科角度来看，其中与构建和谐社会关联度最高的，当数受社会学影响并主要运用社会学原理和分析工具而派生出来的法律社会学（也称"法社会学"、"社会学法学"。法律社会学还包括法人类学、法文化学等分支）。此外，德国历史法学派的萨维尼倡导从历史的演化过程中研究法律和"民族精神"的内在联系和规律；奥地利法学家埃利希首倡"法律社会学"的术语，并出版了《法律社会学基础》一书，奠基性地研究了社会生活中的"活的法律"；美国社会法理学的代表人物庞德教授关于"社会利益"、"社会工程"和通过法律对社会进行控制的研究成果；法国迪尔凯姆提出的社会连带学说，以及法国公法学教授狄骥创立的社会连带主义法学（Social Solidarity School of Law）；德国韦伯和哈贝马斯的政治社会学理论等，也都从法学、社会学、政治学等学科角度对社会关系、社会秩序、社会行为、社会利益、社会和谐、社会矛盾等问题进行了不同角度的研究。国外法学的其他一些学派，如经济分析法学、规范分析（纯粹）法学、制度法理学、行为主义法学、存在主义法学、批判法学、程序法学、统一法理学等，同样程度不同地涉及了社会秩序、社会和谐、公平正义、规范效力等法律中的价值、规范和事实问题。此外，外国的一些汉学家、中国问题专家，还从不同的学科背景来专门研究中国的社会问题，其中有些研究涉及中国社会中的法制（法律或者法治）问题，如美国的费正清、黄宗智、科恩、黎安友、爱德华，瑞士的胜雅律等。这些学者、学说和学派的研究方法、研究视角和思路、研究资料和成果，对于开展构建和谐社会法治基础的研究，有着重要的借鉴意义。

　　按照本课题的设计初衷，"构建和谐社会的法治基础"将着力研究和回答以下重点问题：一是构建和谐社会的法理基础，包括法律与社会的关系，法治（法治社会）与和谐社会的关系，和谐社会的法律本质、法律特征、法律功能、法律关系、法律实效，构建和谐社会对法治的要求，和谐社会的法治标准，法治对构建社会主义和谐社会的作用，法治是构建和谐社会的价值前提、规范基础和制度（机制）保障等。二是构建和谐社会的法治原则，包括从法治社会的角度看，构建社会主义和谐社会应当包括人民主权、宪法和法律至上、尊重和保障人权、依法行政、公正独立司法、监督制约公权力、法治统一等法治原则。三是构建和谐社会的法治价值和法治文化，包括法治价值基础，和谐社会的法治价值体系；作为和谐社会法治价值的民主、平等、公正（公平和正义）、人权（权利和利益）、秩序（和谐有序）；和谐社会中法治价值的冲突与平衡模式。法治文化基础，法治文化对于构建和谐社会的意义，和谐社会法治的信仰文化、期待文化、教育文化、政治文化、社会文化，法律观念的更新等。四是构建和谐社会的法治机制，包括法治的利益协调机制，法治的社会保障机制，法治的行为规范引导机制，法治的社会调控机制，法治的矛盾调处机制，法治的公共安全预警机制，违法犯罪的预防和惩处机制，纠纷解决的法律与非法律机制等。五是构建和谐社会的法律体系，包括和谐社会法律体系的构成，法律体系协调对于构建社会和谐的意义和作用，法律体系协调的标准和原则，有关部门法与和谐社会的协调发展，国内法与国际法的协调发展。六是构建和谐社会的法治系统，包括构建和谐社会的民主立法，民主立法与人民意志表达、利益分配，民主立法与法律体系协调发展，民主立法与法律实施。七是构建和谐社会的法治政府和依法行政，包括法治政府的观念与构建和谐社会，法治政府在构建和谐社会中的角色和作用，依法行政、政务公开与构建和谐社会，行政程序、行政立法、行政执法、司法行政等制度的改革完善。八是构建和谐社会的公正司法，包括司法在和谐社会中的性质与作用，公正司法对于构建和谐社会的意义，司法体制改革与构建和谐社会，司法解决纠纷的理念更新与制度完善，司法的权利救济，公正司法与构建和谐社会。九是构建和谐社会的法律监督，包括法律监督在和谐社会中的性质、作用和意义，法律监督与法律实施、法律实效，法律监督与预防和惩治腐败等内容。现在展现于读者面前的书稿，在结构、内容和侧重点等方面，都有许多不得已的调整和变化。

通过对"构建和谐社会的法治基础"的研究，冀图从法理上对构建社会主义和谐社会的法律基本观点和主要范畴进行分析，找出法律与和谐社会的内在联系，揭示法律（法治）对于构建和谐社会的重要作用和意义，并按照社会主义和谐社会的理念、价值、特征和要求，重新认识和解释传统法理学中法律的某些基本概念和范畴，从而为构建和谐社会提供尽可能坚实的法理依据；冀图从法治的原则、价值、文化、机制四个维度，构建社会主义和谐社会法治的原则框架、价值标准、文化条件和运作机制的"软件"基础，并努力阐明这些"软件"对于构建社会主义和谐社会的重要性以及它们之间的相互联系、互动关系；冀图按照构建社会主义和谐社会的要求，从法律规范的层面，分析法律体系的构成、标准、原则以及法律体系全面协调发展与构建和谐社会的关系，具体探讨有关法律如社会保障立法、环境资源立法等对于构建和谐社会的作用，并进一步从法律体系与和谐社会协调发展的角度，对构建和谐的法律体系提出更高的要求、做出相应的设计；冀图根据构建和谐社会的理念和要求，从法治的主要环节——民主立法、依法行政、公正司法和法律监督——进行反思和重构，力图使它们能够在观念、规范、制度、程序、运作等主要方面，能够适应并且服务于构建社会主义和谐社会的需要，符合建设法治社会、法治国家的需要，等等。

经过七年多断断续续的工作，在所有作者的共同帮助、支持和配合下，本课题终于完成了。这里，我只敢说"完成"了，并且是"终于完成"了，而不敢也没有用"圆满完成"、"高质量完成"、"十分满意地完成"等词语来修饰和形容，因为我知道它还有差距、遗憾、不足或者缺失，还有一些需要完善、打磨、更新或者提高的地方，但我和其他作者一样，大家实在没有时间、精力和条件再来做这些工作，只好就此交稿付梓了。对于书中的不足、缺憾和瑕疵，敬请各位读者不吝批评指正，并给予宽容和原谅。

本书共分十个部分，各部分的写作分工如下：

导　言　李　林（中国社会科学院法学研究所）

第一章　马长山（华东政法大学）

第二章　胡水君（中国社会科学院法学研究所）

第三章　卓泽渊（中共中央党校）

第四章　李　林（中国社会科学院法学研究所）

第五章　莫纪宏（中国社会科学院法学研究所）

　　　　黄金荣（中国社会科学院法学研究所）

第六章　吕艳滨（中国社会科学院法学研究所）

第七章　李　林（中国社会科学院法学研究所）

　　　　胡云腾（最高人民法院）

　　　　袁春湘（最高人民法院）

第八章　谢鹏程（最高人民检察院）

第九章　马骧聪（中国社会科学院法学研究所）

　　　　陈茂云（北京市中伦律师事务所）

　　　　刘翠霄（中国社会科学院法学研究所）

以上作者，有的是师长，有的是朋友，有的是同仁，有的三种或者两种身份兼而有之。对于上述各位作者，我要再一次对他们表示最诚挚的谢意！此外，我要代表全体作者对前期参加本课题结项评审的张恒山教授、张志铭教授、舒国滢教授、吴玉章研究员、韩延龙研究员、陈春龙研究员、徐立志研究员、张广兴编审表示最衷心的感谢！尤其要对为本课题的立项、研究、结项和出版等提供了大量默默无闻帮助和服务的中国社会科学院科研局领导刘白驹，法学研究所科研处处长谢增毅、项目官员张锦贵表示崇高的敬意和谢意！

李　林

2012 年 12 月于北京沙滩北街

图书在版编目(CIP)数据

构建和谐社会的法治基础/李林等著. — 北京:
社会科学文献出版社,2013.7
ISBN 978 - 7 - 5097 - 4728 - 5

Ⅰ.①构… Ⅱ.①李… Ⅲ.①社会主义法制 - 研究 -
中国 Ⅳ.①D920.0

中国版本图书馆 CIP 数据核字(2013)第 118454 号

构建和谐社会的法治基础

著　者/李　林等

出 版 人/谢寿光
出 版 者/社会科学文献出版社
地　　址/北京市西城区北三环中路甲 29 号院 3 号楼华龙大厦
邮政编码/100029

责任部门/社会政法分社 (010) 59367156　　责任编辑/赵建波
电子信箱/shekebu@ ssap. cn　　责任校对/胡锦华　邓　敏
项目统筹/刘骁军　　责任印制/岳　阳
经　　销/社会科学文献出版社市场营销中心 (010) 59367081　59367089
读者服务/读者服务中心 (010) 59367028

印　　装/北京鹏润伟业印刷有限公司
开　　本/787mm×1092mm　1/16　　印　　张/32.75
版　　次/2013 年 7 月第 1 版　　字　　数/653 千字
印　　次/2013 年 7 月第 1 次印刷
书　　号/ISBN 978 - 7 - 5097 - 4728 - 5
定　　价/98.00 元